贺国强党建工作文集

（上）

人民出版社
党建读物出版社

作者近影

编辑说明

2002 年 11 月至 2012 年 11 月，贺国强同志先后担任中共中央政治局委员、中央书记处书记、中央组织部部长，中共中央政治局常委、中央纪委书记。十年间，贺国强同志作为党中央领导集体的重要成员，作为这一时期党的建设工作的参与者和组织者，按照党中央的要求，就加强和改进党的建设，特别是做好新形势下的纪检监察工作和组织工作，形成了一系列文稿。把这些文稿选辑成书，既是对这一时期党中央关于党的建设若干重大部署的历史记录，也可以从一个侧面反映这一时期党的建设新的伟大工程的发展历程。

《贺国强党建工作文集》，主要收录贺国强同志在中央工作十年间的文稿，同时也收录了贺国强同志在地方和中央部门工作期间有关党建工作的部分文稿，内容涉及党的建设的各个方面。本书根据党的十八大关于党的建设新的伟大工程"五位一体"的总体布局，分为思想建设篇、组织建设篇、作风建设篇、反腐倡廉建设篇、制度建设篇五个专题，每个专题内的文稿均按时间顺序编排，共选入贺国强同志在不同时期的报告、讲话、谈话、文章、批语、信函 210 篇，绝大部分为首次公开发表。在编辑过程中，对部分文稿作了文字修订，对部分引文作了注释。书中文稿的标题,大多为编者所加。

　　贺国强同志逐篇审定了编入本书的全部文稿。

　　中央领导同志对本书提出了宝贵意见。中央有关部门对本书编辑工作提出了指导意见,有关地方和单位为资料收集整理和编辑工作提供了支持。有关领导同志和专家帮助审阅了书稿。人民出版社、党建读物出版社对本书出版给予了积极协助。在此,一并表示谢忱。

　　参与本书编辑工作的有:付国清、裴秀堂、李家政、钱春华、江荣全、陈曦、陈劲松。

本书编辑组

2013 年 12 月

目　　录

（上）

一、思想建设篇

二、组织建设篇

（下）

三、作风建设篇

四、反腐倡廉建设篇

五、制度建设篇

一、思想建设篇

运用马克思主义唯物辩证法
认识和处理问题*

（1990 年 11 月）

　　马克思主义的唯物辩证法是关于联系和发展的一般规律的科学，是具有普遍指导意义的世界观和方法论。普遍联系和永恒发展是物质世界、也是唯物辩证法的根本特征，强调"扬弃"是唯物辩证法的重要内容。所谓"扬弃"，就是指新事物代替旧事物不是简单地抛弃，而是克服、摒弃旧事物中消极的东西，又保留和继承以往发展中对新事物有积极意义的东西，并将其发展到新的阶段。"扬弃"的要求，就是既批判又继承，既克服又保留，既否定又肯定。正确理解和掌握这一思想，对于我们在实际工作中正确地分析过去，客观地看待今天，科学地预测明天，有着极其重要的现实意义。

　　学会运用"扬弃"的观点，联系当前思想和工作实际，我认为需要正确认识和处理好以下几个方面的问题。

＊　这是贺国强同志在中央党校学习期间撰写的一篇理论文章的主要部分。贺国强同志当时任中共山东省委常委、济南市委书记。

一、正确对待历史

历史是客观存在的，又是永恒发展的。历史是当时的现实，今天的现实也是将来历史的一部分。我们今天所从事的事业，无论意义如何深远，成绩如何巨大，放到历史长河中去看，也只是"一瞬间"和"沧海一粟"。不能简单以今天的标准来否定过去。我们看问题、办事情，一定要从当时的背景、环境、条件等出发，做到尊重历史而不是割断历史。

对待历史人物，不能简单地全面肯定或全面否定。一方面，任何历史人物（包括伟人）都不可能完美无缺；另一方面，任何历史人物也都离不开当时的历史条件和客观环境。因此，那种"一说某某人好就十全十美，甚至神秘化"和"一说某某人坏就一无是处，把优点也说成缺点，甚至一棍子打死"的观点和做法都是极端错误的。党的十一届六中全会作出的《关于建国以来党的若干历史问题的决议》，对毛泽东同志作了实事求是的评价，在充分肯定他的伟大历史功绩、同时指出他晚年所犯错误及其犯错误的根源之后，仍称赞毛泽东同志是一个伟大的马克思主义者，伟大的无产阶级革命家、战略家和理论家。这一历史性的评价得到了国内外普遍赞誉，对于统一全党和全国人民的思想，对于稳定中国政局，对于在中国继续坚持马克思列宁主义、毛泽东思想，对于建设有中国特色的社会主义都有着非常重要的意义。相反，前一个时期，在苏联出现了一股全盘否定斯大林的思潮，这不仅歪曲了历史事实，而且导致了企图否定列宁、否定十月革命、否定卫国战争、否定苏联 70 年社会主义革命和建设的成就等反社会主义思潮的泛滥,自己把自己否定了、搞乱了,其后果是不堪设想的。因此,在一定意义上来讲,是否善于总结历史经验、正确评价历史人物是一个政党是否成熟的重要标志。

在对待历史文化遗产上,我们要坚持"扬弃"的观点,继承和发扬人类历史上的一切优秀文化成果,尤其是民族文化的优秀成果。正如毛泽东同志在《新民主主义论》一文中指出的,"中国的长期封建社会中,创造了灿烂的古代文化。清理古代文化的发展过程,剔除其封建性的糟粕,吸收其民主性的精华,是发展民族新文化提高民族自信心的必要条件;但是决不能无批判地兼收并蓄"[1]。

复古主义和虚无主义都是错误的,在当前改革开放的新形势下,尤其要注意克服民族虚无主义倾向。世界上任何一个民族,只要它能存在,就说明有其生存发展的条件,有本民族独特的优势。我们中华民族有五千年的文明史,历史上曾创造过光辉灿烂的文化,为人类历史的发展作出过重大贡献;我们有勤劳朴实的中国人民,有坚强不屈的民族精神。这些构成了"中华民族之魂"。当然,由于各种原因,特别是由于西方列强的入侵和清政府、国民党反动派的腐败无能,近代以后中国积贫积弱、民不聊生。中国共产党领导中国人民经过长期的斗争,推翻了帝国主义、封建主义、官僚资本主义这三座大山,建立了新中国,在中国这块古老的土地上建立了社会主义制度,社会主义现代化建设事业取得了举世瞩目的成就。

---

〔1〕 《毛泽东选集》第 2 卷,人民出版社 1991 年版,第 707—708 页。

为了进一步发展生产力,实现现代化建设"三步走"的发展战略,我们在继承发扬民族优良传统、总结我们自己经验的同时,也要学习借鉴外国一切有益的经验,但前者永远是主要的,而且任何借鉴都不能脱离我们自身的实际。采取民族虚无主义态度,全盘否定我们中华民族五千年的文明史,从本质上讲是对历史的歪曲,是不科学的,甚至是别有用心的。

二、正确对待改革开放

在改革开放问题上,同样要坚持马克思主义哲学的"扬弃"观点。马克思主义哲学关于"扬弃"的理论包含两方面的含义:一是新过程对旧过程质的否定,同时也吸收借鉴旧过程中某些有益的东西,如社会主义制度对资本主义制度的取代;二是在保持旧过程原来质的基础上,否定一些不合适的东西,如我国在社会主义制度下实行的改革开放。根据社会历史发展规律和我国国情,我国人民在中国共产党领导下走上了社会主义道路。社会主义制度从本质上讲是优越于历史上任何剥削制度的崭新制度。我国目前仍处于社会主义初级阶段,加上社会主义制度本身也需要一个逐步发展完善的过程,因此,我们要进行改革。但这种改革是在坚持社会主义制度的前提下,改革那些不适应生产力发展的生产关系、不适应经济基础的上层建筑,克服我们现行体制与运行机制中存在的弊端,调动起全国人民的积极性,进一步发展生产力,赶上世界发达国家的水平,最终战胜资本主义。因此,我们的改革是社会主义制度的自我完善和发展,而决不是搞"全盘西化"。

实行对外开放是发展社会主义有计划商品经济的客观需要,是改革的一个重要组成部分。在当代社会化大生产高度发达、科学技术进步日新月异、国际经济交往日益广泛的情况下,任何国家都不可能在闭关锁国的状态下发展自己的经济,何况我国是在经济技术比较落后的基础上进行社会主义现代化建设,更必须实行对外开放政策。但是,不能一说开放就良莠不分、生搬硬套,而要像邓小平同志所说的,"我们要有计划、有选择地引进资本主义国家的先进技术和其他对我们有益的东西,但是我们决不学习和引进资本主义制度,决不学习和引进各种丑恶颓废的东西"〔1〕。总之,在实行对外开放过程中,要坚持"有所引进、有所抵制"和"排污不排外"的原则,使我们的对外开放事业沿着社会主义方向健康而迅速地发展。

三、正确对待干部

作为领导干部尤其是负主要责任的领导干部,很重要的一项职责就是选拔任用干部。按照马克思主义唯物辩证法的理论,我认为在对待干部问题上,需要坚持以下几点。

第一,要客观公正地评价干部。就总体来讲,我们的干部绝大多数是好的和比较好的,这是毫无疑义的,但这只是问题的一个方面。问题的另一方面,就是对每一个干部,尤其是直接管理的下属干部,要有一个客观的、实事求是的估价,不能

---

〔1〕《邓小平文选》第2卷,人民出版社1994年版,第168页。

人云亦云。评价一个干部,一定要坚持唯物辩证法,要看他的本质和主流,看他的全部历史和全部工作,不能简单地肯定一切或否定一切,更不能只凭个人好恶或主观印象。

第二,要如实、科学地看待干部的政绩。作为一名干部,在任期之内或工作期间,总要尽职尽责,努力做出一定的政绩,以不辜负党和人民的重托。作为上级党组织,也无疑应该经常考核一个干部的政绩。评价一个干部的政绩,同样要以唯物辩证法为指导,要把个人的努力置于集体领导、客观环境、历史过程中去分析,正确处理好前任和现任、主观努力和客观条件、短期行为和长期行为、个人与集体的关系,真正做到全面、准确、科学。

第三,要满腔热情地爱护干部。十全十美的干部是没有的,在改革开放的新形势下,工作中出现这样那样的失误是难免的。那种对干部一犯错误(这里主要指工作中的失误)就全盘否定,不历史、客观地分析所犯错误的原因就采取"一棍子打死"的做法是万万不可取的。根据我的体会,满腔热情地关心爱护干部可概括为四句话:当干部有了成绩时,领导要给以鼓励表扬;当干部在工作中遇到困难时,领导要替他排忧解难;当干部在工作中出现了某些失误时,领导要主动承担责任;当发现干部有某些错误倾向和苗头时,领导要及时教育帮助。

还有一个如何对待匿名信的问题。对此要作实事求是的分析。目前,在党内、社会上存在不正之风以及个别干部搞打击报复的情况下,有些人检举揭发违法乱纪干部不敢写真实姓名,这是可以理解的,也是允许的;但也确有一些人以匿名信的方式诬告干部。因此,对匿名信一概不查是不对的,完全相信、件件都查也是不对的。本着既爱护干部又对群众负责的精神,在对待匿名信问题上,我们一是对匿名信的内容要有一个基本的分析,凡属那些内容太离奇、根本不存在可能的匿名信则不查;二是按照干部管理权限,需要调查处理的干部应事先征求主管单位组织部门和分管领导的意见;三是对需要查清的问题,可以在不影响调查的情况下适时与本人沟通、要求作出说明,在调查结束后再把调查结果告诉本人;四是根据所调查材料及匿名信影响的范围,在适当的范围内公布调查情况;五是严肃认真地进行处理,对确有问题的干部依纪依法进行处理,对确系诬告而且造成恶劣影响的,则严肃处理诬告者。总之,要通过采取这些措施,惩恶扬善、澄清是非,努力调动广大干部干事创业的积极性。

"我和毛主席是老乡"*

（1993 年 12 月 16 日）

今天本来准备了一个讲稿,但听了刚才八位同志的演讲,我很受启发。再加上原来准备稿子内容是给大家提要求,我觉得这从形式到内容都与现场的气氛不相称,所以我想也即席作一段演讲。这里要说明的一点是,我不会演讲,也没有准备。刚才我边听大家讲,边在琢磨着讲点什么呢? 我想,还是讲一段我自己的亲身经历吧,题目就是:我和毛主席是老乡。

我出生在湖南山沟里的一个贫苦农民家庭,我离开家乡已经整整 32 年了。有一句俗话说,乡音难改。很多同志一听我的口音,就知道我是湖南人。是的,我是湖南人,而且我是湖南湘潭人,我和毛主席是老乡! 我为此感到非常幸运,也感到非常自豪! 我们家是湖南省湘乡县,按现在的行政区划,湘乡是县级市,湘潭是地级市,湘乡属于湘潭市管辖。从地理位置来讲,毛主席的家乡韶山,是位于湘潭和湘乡交界的地方。去过韶山的同志可能都知道,韶山前面有一座山,叫韶峰,这座山就是湘潭和湘乡的分界线。也就是说,韶山和我们家就

---

* 这是贺国强同志在化工部机关团委纪念毛泽东同志诞辰一百周年青年演讲会上的演讲。贺国强同志当时任化工部常务副部长、党组副书记兼机关党委书记。

相隔一座山,距离只有45华里。因此毛主席在湘乡的活动很多,毛主席当年就是在湘乡的东山学堂上的学,毛主席的外婆还是湘乡人。我在湘乡县城读的中学,和东山学堂只有一河之隔,我们经常到那里去参观。所以从这些意义上来讲,我确实是毛主席的老乡。现在,每当会见一些客人,甚至会见外国友人的时候,人家问我是哪里人,我说是湖南湘潭人,那么他们都会讲:那你和毛主席是老乡了。我就讲,是的,而且还要补充一句:我家离韶山只有45华里。

我第一次到韶山是1956年,当时我在湘乡县城上中学,是我们学校集体组织去的。我们当时自己挑着铺盖卷,自己带着大米,自己挑着锅碗瓢盆,到韶山一共参观了三天。当时,我们就住在韶山学校,第一次去参观了毛主席的故居,参观了毛主席游泳过的地方。特别荣幸的是,毛主席的一个堂叔,80多岁了,亲自给我们讲了毛主席青少年时代的很多故事。1961年,我从老家考上了大学,考到了北京化工学院,也就是从毛主席的家乡来到了毛主席的身边——首都北京上大学,我的心情非常高兴、非常激动。到北京上学后,第一件事就是想,什么时候能到天安门广场照张相寄回家。当年的寒假,我们几位没有回家的农村来的同学,在我们学校的一位系学生会主席带领下,来到了天安门广场,很幸福地在天安门城楼下、在人民大会堂前、在人民英雄纪念碑前照了相。紧接着,我们就把相片寄回了家乡。

到了北京,多么希望能够见到毛主席啊!这一天终于来到了,1961年的10月1号,国庆纪念日,我们学校的学生都要到天安门广场参加纪念活动。这天早上,两点钟我们就起了床,经过吃饭、准备,坐一段车,还要步行,早上 6 点钟以前就入场完毕。在上午 10 点,毛主席和其他领导人登上了天安门城楼。我们虽然隔得很远,但还是模模糊糊地看到了,当时,我和大家都非常高兴。活动结束后,在广场的青少年学生汇聚到天安门前,毛主席这时在城楼上,从东边到西边,挥手向我们致意。在这个时候,我终于看清毛主席了!这是第一次见到毛主席。从这以后,1961 年、1962 年、1963 年连续三个国庆节,还有两个"五一"劳动节,天安门广场都举行庆祝大会,而且每次庆祝大会毛主席都参加。所以,我接连五次在天安门广场见到了毛主席,这应当说是我一生最幸运的事情。

我在北京上大学的六年期间,由于没有钱买车票,只回过一次家。那次回家时我又到了韶山。大学毕业后,我分配到山东工作,1969 年我回家结婚,借这个机会又一次到了韶山。前不久,我应邀参加湘潭市纪念毛主席诞辰一百周年庆祝活动和大的经贸活动,又一次回到了韶山。这一次到韶山一看,和原来一样的是,广大人民群众对毛主席的敬仰之情如故,而且随着纪念毛主席诞辰一百周年活动形成了高潮,到毛主席故居参观瞻仰的人络绎不绝,围得水泄不通。同以往不同的一点,就是增添了改革开放的气息,到处呈现一派生机勃勃的景象。从我们家到韶山这 45 华里,原来是一条羊肠小道,现在也修了公路,通了汽车。这次到韶山,也使我再一次地感受到了人民对毛主席的敬仰。从湖南回来以后,自己的心情一直不能平静。为了纪念毛主席诞辰一百周年,最近报纸、电台、电视台都搞了一系列活动,特别是电视台的节目,我每一场都看,很多节目都是流着眼泪看完的。

　　我自己也在回想,这么多年来,我总感到对毛主席有一种特殊的感情。这个感情,第一是乡情,因为我和毛主席是老乡;第二是真情,就是从内心里、从小就热爱毛主席,敬仰毛主席,因为毛主席是伟大的革命家、伟大的思想家、伟大的军事家;第三是恩情,不忘毛主席的恩情,是党和毛主席使我们家翻了身、分了田地,是党和毛主席把我从一个贫苦农民的孩子培养成一个大学生,从一个学生培养成一位党的干部。所以这些年来呀,凭着对毛主席的特殊感情,使我能够认真地学习、勤奋地工作,严格要求自己,好好做人。在改革开放的今天,在建设社会主义现代化的今天,我还要继续按照毛主席的教导,按照邓小平同志建设有中国特色社会主义的理论和路线,紧密团结在党中央周围,继续积极工作,努力拼搏,为走向21世纪而努力奋斗!

进一步解放思想，
加快福建改革开放步伐[*]

（1998 年 1 月 21 日）

今天我们召开的新一届省政府第一次全体会议，深入学习贯彻了党的十五大精神，目的就是要进一步统一大家的思想和行动，努力做好政府各项工作。我们这一届政府担负着推进福建新一轮创业、实现跨世纪发展宏伟目标的重大责任，能不能把一个更加繁荣、更加富裕、更加文明的福建带入 21 世纪，关键在于我们能否不断解放思想，努力开拓进取。回顾近 20 年来改革开放的历程，福建有今天这样生机勃勃的大好局面，是解放思想、实事求是的结果。面对前进道路上遇到的大量新情况、新问题，也必须进一步增强解放思想、实事求是的坚定性和自觉性，继续大胆探索，努力开创各项工作的新局面。

解放思想，就是要体现在认真贯彻党的十五大精神上。前不久召开的党的十五大，是在我国改革开放和社会主义现代化建设承前启后、继往开来的重要时期召开的历史性会议。

---

* 这是贺国强同志在福建省人民政府全体会议上讲话的一部分。贺国强同志当时任中共福建省委副书记、福建省省长。

十五大的一个重大成果,就是把邓小平理论确立为党的指导思想并写进了党章,对长期困扰我们的一些重大理论和实践问题作出了新概括、新回答、新结论,为我们进一步解放思想、开拓前进提供了更为广阔的空间。邓小平理论和十五大精神最核心的一条,就是要求做到解放思想、实事求是。我们深切感到,建设有中国特色的社会主义事业,搞改革开放,搞经济建设,实现十五大提出的跨世纪发展目标,靠陈旧的思想观念、落后的思维方式不行,靠萎靡不振的精神状态也不行。我们必须认真贯彻十五大精神,努力实现思想观念的实质性更新、思维方式的科学化变革、精神状态的振奋型改变,拓宽发展和改革的思路,围绕经济建设这个中心,推动经济体制改革有新的突破、政治体制改革继续深入、精神文明建设切实得到加强,使各个方面相互配合,实现经济发展和社会全面进步。

解放思想,就是要体现在正确把握形势抢抓机遇上。在经济发展的不同阶段,总是孕育着不同的机遇。福建之所以能取得今天的成绩,就是因为抓住了改革的机遇、开放的机遇、发展的机遇。所以,机遇意识只能加强不能削弱。发现机遇,抓住机遇,用好机遇,关键就在于解放思想。现在有一种观点认为,随着全国改革开放的进一步深入,福建的政策优势逐步弱化,在抓机遇方面已无优势可言。这种观点是片面的,我们在抓住机遇、加快发展上仍有先行一步的优势。首先,要看到我省是中央确定的综合改革试验区和东南沿海加快发展的省份,初步形成了外向型经济格局,在用好、用足、用活中央赋予的政策方面还有潜力可挖,在深化改革、扩大开放中仍然负有率先试验的责任。其次,要看到经过 19 年的改革和发展,我省已拥有一定的经济实力,形成了比较明显的体制、观念、人才、综合经济环境等方面的优势。第三,要看到我省拥有独特的台港澳侨优势。香港回归和澳门即将回归,闽港澳、闽台经贸合作与交流将更加密切,中央实行对台经贸"同等优先、适当放宽"的政策、两岸直航试点进一步推进以及正在拟议中的海峡两岸经济合作福建实验区的建设,福建在加强两岸经贸合作与交流、实现祖国和平统一大业中的地位更加突出。福建作为我国重要"侨乡",侨力资源也是我们的独特优势之一。第四,国家将在流通体制、进出口贸易以及金融领域出台一些新的举措,这些政策的调整,将为我省调整和优化经济结构、深化外经贸改革、加快社会主义市场经济体制的建立、加快与国际惯例接轨的进程带来新的机遇。我们要实事求是地估价和把握当前我们面临的形势,找准自己的位置,发挥好自身的优势,坚定前进的信心,通过解放思想,更紧密地联系福建实际,以新的观念、新的姿态,不断调整和完善发展思路,把福建的发展搞得更快一些、更好一些。

解放思想,就是要体现在创造性地开展工作上。邓小平同志告诫我们:"干革命、搞建设,都要有一批勇于思考、勇于探索、勇于创新的闯将。没有这样一大批闯将,我们就无法摆脱贫穷落后的状况,就无法赶上更谈不到超过国际先进水平。"〔1〕当前改革已进入攻坚阶段,许多深层次的问题既绕不过去,也回避不了,必须以改革和创新的精神,创造性地加以解决。在经济体制改革方面,要按照十五大精神,打破姓

---

〔1〕 《邓小平文选》第 2 卷,人民出版社 1994 年版,第 143 页。

"社"与姓"资"、姓"公"与姓"私"的束缚，大胆利用一切反映社会化生产规律的经营方式和组织形式，使改革在一些重大方面和关键环节上取得新突破。当前，要着力在加快国有企业改革、进一步壮大公有制经济的同时，根据我省的特点和优势，积极创造公平竞争的环境，鼓励和支持非公有制经济发展，引导多种所有制经济共同发展。在结构调整方面，要克服部门、地区的局部利益，克服"宁当鸡头，不为凤尾"的狭隘意识，拆除围墙，鼓励跨地区、跨行业、跨所有制的联合，组建若干个具有市场竞争力的大集团、大公司，善于从社会化大生产的要求和分工中取得更大发展；与此同时，按因地制宜、"一厂一策"的原则，采取多种形式，加快"放小"的步伐。在对外开放方面，要用足、用好、用活现有的政策，下大气力改善投资环境，支持和保护外商合法经营和合法利益，充分调动外商的投资积极性，塑造福建对外开放的新形象。在资金融通方面，要打破过去"政府独家经营"模式，多渠道筹措和融通资金，大胆吸收内资、外资和国有、非国有资金参与投资建设，形成全社会多种投资主体参与重点建设的良好局面。在人才培养方面，要破除"论资排辈"的观念，按照跨世纪经济建设和社会发展的人才需要，加大改革和发展的力度，建立有利于人才培育和使用的激励机制，加快人才的培育和引进，吸引海内外专家来闽工作。总的来说，新的形势要求我们克服旧观念，打破老框框，更加坚定不移地按照"三个有利于"的标准，一切从实际出发，一切按经济规律办事，以科学的态度继续大胆地探索，大胆地实践，在不断克服困难、解决问题中推进福建的经济建设和社会发展。

解放思想，就是要体现在始终保持奋发向上的精神状态上。改革开放以来，我们党对精神状态问题的强调，总是与解放思想同时并举。邓小平同志在《解放思想，实事求是，团结一致向前看》一文中，要求树立"勇于思考、勇于探索、勇于创新"的精神状态；在1992年发表的视察南方重要谈话中，又号召全党同志发扬"大胆地试，大胆地闯"的精神。党的十五大进一步重申了解放思想、振奋精神的问题，强调要"抓住机遇而不可丧失机遇，开拓进取而不可因循守旧"。精神状态问题同思想解放问题之所以每每相关提出，是因为一定的精神状态总是在一定的历史条件下形成，总是同思想观念联系在一起，有什么样的思想观念，就有什么样的精神状态，也就有什么样的工作业绩。面对当前繁重而艰巨的工作任务，那种对事业漠然处之、无所用心，缺乏进取心和拼搏精神，甚至置身局外的精神状态，是非常有害的。我们决不能满足现状、不思进取，决不能消极畏难、无所作为，决不能追求安逸、贪图享受。只有保持良好的精神状态，艰苦奋斗，努力拼搏，形成一个敢闯、敢干、敢冒的工作氛围，才能创造性地解决改革攻坚阶段的新问题。各级领导干部不仅自己要有为福建跨世纪宏伟目标奋斗不息、建功立业的雄心壮志，而且要支持各级干部和广大群众去闯、去干、去冒，勇于为他们干事创业创造条件、提供支持，把广大干部群众的积极性、创造性引导好、发挥好、保护好，以更加昂扬的姿态、更加充沛的热情、更加主动的精神，冲破教条主义、主观主义的束缚，不断解放思想，勇攀新高峰，再创新业绩。

坚持群众路线，搞好"三讲"教育[*]

（1999 年 7 月 31 日）

查找问题、自我剖析是"三讲"教育[1]的重要步骤，也是决定"三讲"教育成败的关键环节。中央要求，在这次"三讲"教育中，要充分发扬党内民主，走好群众路线，坚持开门搞教育。为此，我们先后两次在较大范围内征求了广大干部群众对市级领导班子、领导干部的意见，并按照原汁原味、如实反馈的要求进行了归纳梳理。从归纳梳理后的意见看，多数同志是按照中央和市委的要求，围绕党性党风和工作上的突出问题，对市级领导班子、领导干部提出意见的。我相信，这些意见和建议，对帮助市级领导班子、领导干部搞好"三讲"教育，解决好党性党风方面存在的问题，对推动和促进全市各方面的工作，都会产生积极的作用。这里，我就如何正确对待群众意见的问题，着重强调三点。

---

   *   这是贺国强同志在重庆市市级领导干部会上讲话的一部分。贺国强同志当时任中共重庆市委书记。

[1]   1998 年 11 月 21 日，中央下发了《中共中央关于在县级以上党政领导班子、领导干部中深入开展以"讲学习、讲政治、讲正气"为主要内容的党性党风教育的意见》。根据中央的统一部署和总体安排，这次"三讲"教育，采取自上而下的办法，分级分批进行，从 1998 年到 2000 年年底，全党共有 70 万名领导干部参加了"三讲"教育。

第一，要高度重视。从归纳整理的情况可以看出，群众对我们市级领导班子、领导干部所提的意见、建议和希望，无论是从哪个方面、哪个角度提出的，无论是尖锐的还是委婉的，无论它们的客观性和可信度如何，至少可以说明：一方面，群众对"三讲"教育的认识是到位的，态度是严肃、认真、诚恳的，对我们市级领导班子、领导干部是关心、爱护的；另一方面，群众对我们市级领导班子、领导干部的思想和工作状况，有什么优点和长处、缺点和问题是了解的。对将要反馈的意见，有的同志可能没想到有这么多，没想到有这么尖锐，可能还缺乏应有的思想准备。因此，我在这里先打个招呼，希望大家不仅要充分认识群众意见对帮助我们查找班子及个人问题的重要性，同时还要有足够的心理承受能力，要有脸红、出汗的思想准备。尤其是班子的主要负责同志，一定要站在讲政治的高度，虚心听取群众提出的各种意见。

第二，要深刻反思。群众提出的意见，比较具体、客观，涉及了理想信念、理论修养、民主集中制、大局意识，涉及了党风廉政建设，以及思想工作作风、干部选拔任用和教育管理等方面，有影响改革发展稳定方面的问题，有影响班子发挥整体合力方面的问题，有影响党群干群关系方面的问题，也有工作思路和履行职责等方面的问题。对此，我们一定要认真分析，正确处理好班子集体总结经验教训与领导成员自我剖析的关系、上届班子和现班子的关系、下属出现的问题与上级领导责任的关系，敢于把自己摆进去，理清楚哪些是需要纠正的，哪些是需要引起注意的，哪些是需要澄清的，哪些是需要改进和加强的，分清是非，找准问题，明确责任。对于群众提出的意见,一定要站在讲党性、讲原则、讲真理的高度,以对党、对群众、对个人高度负责的精神,自觉地拿起批评和自我批评的武器,透过具体问题的表象,从世界观、人生观、价值观上查找思想根源,划清是非界限,总结经验教训,切忌避重就轻、避实就虚。一定要通过对这些意见的反思,客观评价班子的工作成绩,辩证地看待重庆经济社会发展和领导班子、领导干部队伍建设上存在的薄弱环节,认清重庆当前改革与发展的基本形势,明确今后的努力方向。

第三,要正确对待。通过前一阶段的学习教育,应该说,为查找问题、自我剖析奠定了很好的思想基础。因此,我们一定要以闻过则喜的胸怀、善纳忠言的勇气,虚心听取群众的意见,诚心诚意地接受群众的帮助。从梳理汇总意见的情况看,群众提出的意见,大多数是实事求是的,是中肯的,是从党的利益和全市大局出发的。有的相当尖锐,有的不一定准确,有的也可能属于误解,但出发点是好的。对此,我们必须正确对待,虚心采纳。既要从总体上把握,又要认真对待每一条意见。凡是属实或基本属实的,要敢于认账,痛定思痛,下定决心,主动查找;对比较直接、具体的意见,要逐一进行对照检查,并通过剖析材料或其他形式作出明确回答;对那些比较宏观的意见,要冷静思考,举一反三,从中找出主客观原因;对有出入的意见,也要本着言者无罪、闻者足戒,有则改之、无则加勉的态度,正确对待。同时,还要注意从群众对其他领导干部的意见中得到启迪和警醒,吸取教训,提高自己。

用"三个代表"重要思想
指导党建理论研究[*]

（2002 年 12 月 11 日）

刚刚胜利闭幕的党的十六大,全面分析了新世纪新阶段党和国家面临的新形势新任务,科学总结了我们党领导人民建设中国特色社会主义的基本经验,把"三个代表"重要思想确立为我们党必须长期坚持的指导思想,提出了全面建设小康社会的奋斗目标和行动纲领,提出了全面推进党的建设新的伟大工程的新任务新要求,选举产生了朝气蓬勃、奋发有为的新的中央领导集体。当前和今后一个时期,我们第一位的任务,就是认真学习贯彻十六大精神,把思想和行动统一到十六大精神上来,通过扎扎实实的工作,为实现十六大提出的奋斗目标和各项任务提供坚强的组织保证。

十六大报告强调指出:"党在思想理论上的提高,是党和国家事业不断发展的思想保证。必须把党的思想理论建设摆在更加突出的位置。""要坚持马克思主义基本原理,又要谱写新的理论篇章,要发扬革命传统,又要创造新鲜经验。善于

---

* 这是贺国强同志在学习贯彻党的十六大精神暨中央组织部党建研究所成立十五周年座谈会上讲话的主要部分。贺国强同志当时任中共中央政治局委员、中央书记处书记、中央组织部部长。

在解放思想中统一思想,用发展着的马克思主义指导新的实践。"这些重要论述,对新世纪新阶段党的理论工作提出了新的更高的要求。我们一定要进一步增强责任感和使命感,适应新形势新任务的要求,解放思想,实事求是,与时俱进,开拓创新,进一步加强党建理论研究工作,为全面推进党的建设新的伟大工程作出应有贡献。

第一,党建理论研究要坚持以"三个代表"重要思想为指导。党的十三届四中全会以来,以江泽民同志为核心的党的第三代中央领导集体,在建设中国特色社会主义的实践中,加深了对什么是社会主义、怎样建设社会主义和建设什么样的党、怎样建设党的认识,积累了治党治国治军的新的宝贵经验,形成了"三个代表"重要思想。"三个代表"重要思想是对马克思列宁主义、毛泽东思想、邓小平理论的继承和发展,反映了当代世界和中国的发展变化对党和国家工作的新要求,是加强和改进党的建设、推进我国社会主义自我完善和发展的强大理论武器。开展党建理论研究,一定要牢牢把握"三个代表"重要思想的精神实质和科学内涵,自觉做到用"三个代表"重要思想武装头脑;要牢牢把握"三个代表"重要思想与马克思列宁主义、毛泽东思想、邓小平理论是一脉相承的科学体系,坚持马克思主义的基本立场、基本观点和基本方法,正确处理继承与创新的关系;要牢牢把握贯彻"三个代表"重要思想的根本要求,切实以"三个代表"重要思想指导党建理论研究工作,为加强和改善党的领导、全面推进党的建设新的伟大工程提供理论支持。要防止和克服研究工作中的主观性、片面性,避免任何形式的思想僵化和盲目状态,使研究活动沿着正确的方向深入下去。

第二，要认真总结并始终不渝地坚持13年来党的建设的宝贵经验。党的十三届四中全会以来的13年，以江泽民同志为核心的党的第三代中央领导集体，聚精会神抓党建，全面推进党的建设新的伟大工程，取得了辉煌的成就。全党同志深入学习邓小平理论和"三个代表"重要思想，党的思想、组织、作风建设全面加强，廉政建设和反腐败斗争深入开展，制度建设贯穿党的建设的全过程，党的创造力、凝聚力和战斗力不断增强，使我们党经受住了来自国际国内的各种风浪的考验，更加成熟，更加壮大。伟大的实践孕育宝贵的经验。13年来，在全面加强自身建设的实践中，我们党进一步加深了对自身建设的规律性认识，积累了丰富的经验。十六大报告科学、系统地总结了党领导人民建设中国特色社会主义的十条基本经验。这些基本经验是全党智慧的结晶，它同党的基本理论、基本路线和基本纲领一道，构成了一个完整科学的体系，我们必须长期坚持。特别是其中的第一条"坚持以邓小平理论为指导，不断推进理论创新"和第十条"坚持加强和改善党的领导，全面推进党的建设新的伟大工程"，是对党的建设基本经验的精辟概括，对加强和改进党的建设具有重大的指导意义。即将召开的全国组织工作会议，将运用党的建设的基本经验，概括总结十三届四中全会以来我们党全面推进党的建设新的伟大工程的规律性认识，我们要认真学习和领会，切实做到以"三个代表"重要思想统领工作全局。以"三个代表"重要思想为指导，就要全面正确地把握党的建设的基本经验和对党的建设的规律性认识，不断加深理解，并自觉将其运用到实践中去,运用到党建研究工作中去。同时,还要在实践中积极探索,注意积累和总结,不断丰富和发展,不断提高党建研究工作水平。

第三,要紧密联系全面建设小康社会的奋斗目标深入开展党建研究。十六大确定了本世纪头 20 年全面建设小康社会的奋斗目标。这个目标,符合邓小平同志关于分阶段、分步骤地实现现代化的战略思想,符合我国国情和现代化建设的实际,符合全国人民的根本利益和愿望。十六大报告指出:"为完成党在新世纪新阶段的这个奋斗目标,发展要有新思路,改革要有新突破,开放要有新局面,各项工作要有新举措。"组织战线的同志包括从事党建理论研究的同志,要充分认识实现全面建设小康社会奋斗目标赋予组织工作的重大政治责任,把紧紧围绕这一目标建设党的要求体现到组织工作的整体部署中去,落实到组织工作的经常性任务中去,落实到组织工作的各个环节中去。要深入研究和分析在推动这一目标实现过程中,党的思想、组织、作风建设遇到的新情况新问题,提出切实可行的解决办法和措施,使加强和改进党的建设的工作与实现这一目标的要求有机结合,更好地为实现全面建设小康社会的奋斗目标提供服务和保证。

第四,要根据推进党的建设新的伟大工程的新任务和新要求,抓住党建工作中的重大理论和实际问题进行深入研究。十六大报告根据新世纪新阶段我们党面临的历史任务,提出了加强和改进党的建设的指导思想、总体要求和目标任务,为继续推进党的建设新的伟大工程指明了方向。同时,报告还根据我国改革开放和社会主义现代化建设的实际,根据党的建设面临的实际,根据广大党员、干部和群众的思想实际,对加强和改进党的建设提出了一系列新任务和新要求。比如:如何按照"四个一定要"[1]的总体要求全面加强党的建设;如何建设一支高素质的领导干部队伍,形成朝气蓬勃、奋发有为的领导层;如何进一步深化干部人事制度改革,建立健全干部选拔任用和监督管理机制;如何在工作中坚持和健全民主集中制,增强党的活力和团结统一;如何切实做好基层党建工作,增强党的阶级基础和扩大党的群众基础;如何进一步加强和改进党的作风建设,深入开展反腐败斗争;等等。从事党建理论研究的同志,一定要按照中央的要求,以改革的精神,深入研究,集思广益,锐意创新,努力形成新认识,提出新观点,进而不断深化对这些重大理论和现实问题的认识,统一思想、鼓舞士气、凝聚人心,推动中国特色社会主义伟大事业不断向前发展。

第五,切实加强党建研究队伍自身建设,努力提高理论素养和业务水平。搞好党建研究,推进党建理论创新,提高党建研究队伍自身素质是关键。从事党建理论研究工作的同志要特别重视加强学习。一是要认真学习马克思列宁主义、毛泽

---

[1] "四个一定要",即一定要高举邓小平理论伟大旗帜,全面贯彻"三个代表"重要思想,保证党的路线方针政策全面反映人民的根本利益和时代发展的要求;一定要坚持党要管党、从严治党的方针,进一步解决提高党的领导水平和执政水平、提高拒腐防变和抵御风险能力这两大历史性课题;一定要准确把握当代中国社会前进的脉搏,改革和完善党的领导方式和执政方式、领导体制和工作制度,使党的工作充满活力;一定要把思想建设、组织建设和作风建设有机结合起来,把制度建设贯穿其中,既立足于做好经常性工作,又抓紧解决存在的突出问题。

东思想、邓小平理论和"三个代表"重要思想。当前,要认真深入地学习"三个代表"重要思想和十六大精神,从事党建理论研究的同志,要做到先学一步、多学一点、学深一些。要牢牢把握解放思想、实事求是、与时俱进的精髓和理论品质,坚持科学的态度,求真务实,勇于探索,大胆创新,多出研究成果。二是要努力学习历史知识和社会主义市场经济知识、法律知识、科学技术知识等反映当代世界和中国发展变化的一切新知识,拓展知识面,使自己的思想水平和业务能力适应形势发展和工作需要。三是要向实践学习。要联系实际,研究解决现实问题。要走出机关,深入实际、深入基层、深入群众,调查研究,汲取实践中蕴藏的丰富的理论营养,提高研究能力和创新水平。四是要善于总结。既要总结发扬过去的经验,又要根据新的实践总结新经验,创新理论;既要总结自身实践的经验,更要总结广大党员、干部、群众在实践中创造的经验。部机关,特别是我们部务会成员要高度重视党建理论研究工作,要按照"三个留人"[1]的要求,努力为大家创造良好的生活和工作环境,努力营造党建理论研究和创新的良好氛围。可考虑选派一些党建理论研究骨干到基层挂职锻炼,也可以从基层选调一些具有一定实际工作经验的同志到党建研究所或其他研究部门工作,通过这种双向交流,努力做到党建理论研究和实践的有机结合。

---

〔1〕 "三个留人",即用事业留人,用感情留人,用适当的待遇留人。

先进性教育活动试点要
坚持做到"六个贯穿始终" *

（2003 年 4 月 3 日）

　　在全党开展以实践"三个代表"重要思想为主要内容的保持共产党员先进性教育活动,是党的十六大作出的一项重大部署,是以胡锦涛同志为总书记的党中央为全面推进党的建设新的伟大工程和中国特色社会主义伟大事业作出的一项重大决策。为了切实搞好这次活动,经中央批准,成立了中央保持共产党员先进性教育活动试点工作领导小组,选择一些单位进行试点工作。前一段时间以来,在党中央的领导下,经过试点单位和各方面的共同努力,总体进展情况是好的。试点工作的时间不长,但从取得的成效看,广大党员、干部和群众非常拥护这项活动,证明了中央关于开展这项活动的决策是正确的,总体安排部署是符合实际的,只要扎扎实实地抓下去,就一定能够见到实效。同时,我们也要看到,现在取得的成绩是初步的,还存在一些值得注意的问题。对此,一方面要在下一步试点工作中逐步加以解决,另一方面也要通过总结,

---

*　　这是贺国强同志在中央保持共产党员先进性教育活动试点工作领导小组第二次会议上讲话的主要部分。贺国强同志当时兼任中央保持共产党员先进性教育活动试点工作领导小组组长。

为在全党开展这项工作提供借鉴。

从前段工作情况看,按照中央要求,切实做好试点工作,有几个问题有必要作进一步强调,概括起来是"六个贯穿始终"。

一、要把不断提高思想认识
贯穿试点工作的始终

思想认识能不能统一、能不能提高,是搞好试点工作的基础,而提高思想认识和统一思想认识,又是与推进试点工作紧密联系在一起的。因此,我们要努力做到工作每向前推进一步,思想认识也要提高一步,把不断提高思想认识贯穿试点工作的始终。从前段情况看,先进性教育活动试点工作要着重解决好三个思想认识问题。

一是"三讲"教育搞过了,农村"三个代表"重要思想学习教育活动也搞过了,再来搞先进性教育活动究竟意义何在?对这个问题,我认为可以从四个方面来认识。第一,这次先进性教育活动,是在党的十六大明确把"三个代表"重要思想确立为我们党的指导思想,提出了全面建设小康社会奋斗目标,对新时期党的建设新的伟大工程作出总体部署的新形势下开展的,这与前两次活动在背景上有了很大不同。第二,针对当前新的国际国内形势,特别是我们党所处的历史方位、环境以及党员队伍所发生的变化,包括在一部分党员中存在的一些亟待解决的问题,作为执政党的党员、干部要有忧患意识。解决面临的问题,关键是要保持共产党员的先进性,提高我们党的执政能力和领导水平。我们要从这样的高度来认识搞好先进性教育活动的重大意义。第三,"三讲"教育的对象主要是县处级以上党政领导班子和领导干部,农村"三个代表"重要思想学习教育活动的对象主要是农村基层干部,而这次先进性教育活动的对象是全体党员,教育活动的目的是要教育全体党员身体力行"三个代表"重要思想,发挥先锋模范作用,塑造共产党员的先进形象。第四,尽管"三讲"教育、农村"三个代表"重要思想学习教育活动成效显著,但"三讲"教育活动是 2000 年结束的,时间上已经有了一定的跨度,党内教育不是一劳永逸的,必须根据新形势新任务的要求,通过新的活动载体激活党员的思想,调动党员的积极性,进而始终保持党的先进性。所以,这次先进性教育活动不是前两次教育活动的简单重复,而是适应新形势新任务要求,在新的实践基础上的发展和创新,是新时期全面加强党的建设的一次创举。从某种程度上讲,是前两次教育活动的"回头看",是前两次教育活动的巩固和延伸。这三次大的教育活动,体现了我们党坚持不懈地加强自身建设的连续性和创造性,将一次比一次更广泛,一次比一次更深入。

二是工学矛盾的问题。一些同志认为,当前各项工作任务很重,事情很多,腾不出精力来抓教育活动,怕耽误和影响工作。怎样认识和解决这个问题呢?首先,教育活动同业务工作的目标是一致的。教育活动不是离开工作另搞一套,不是"两张皮"。通过先进性教育活动,使党组织的战斗力进一步增强,党员的先锋模范作用得到充分发挥,各项工作就有了可靠的组织保证,就可以收到事半功倍的效果。其次,要科学制定方案,合理安排好时间。比如,目前是农忙季节,承担农村试点任务的单位,就要根据农忙季节的特点来科学制定试点工作方案,科学安排时间。这也很重要。如果只强调先进性教育活动非常重要,而不管经济建设和其他工作忙不忙,那也不合适。第三,作为党员来讲,既要搞好当前工作,又要搞好学习教育活动,就必然要在时间上作出一些牺牲,许多活动内容要利用业余时间来开展。党员要有这样的自觉性,党组织对党员也要有这样的要求。

三是一些党员认为,不正之风是一些干部的事,教育活动与我们普通党员无关。解决这个思想认识问题,首先要讲清楚,这次教育活动是面向全体党员的。所谓全体党员,就是无一例外。党员有党员的标准,党章对所有党员的要求是一致的。对这一点要统一认识。当然,不同职务、不同岗位的党员,要解决的问题也不完全一样。普通党员也要解决当前存在的突出问题,比如党的观念不强、宗旨意识淡薄、精神状态不佳等问题。

以上是第一阶段要突出解决的三个思想认识问题。不同单位也有不同的思想认识问题。随着整个试点工作的不断深化,还会产生其他的思想认识问题。因此,我们要把提高思想认识贯穿试点工作的始终。

怎么贯穿始终呢?开会动员是一个方面,但这还不够。根据以往的工作经验,首先,领导的认识要到位。提高思想认识,先要提高领导的思想认识。领导的思想认识提高了,在试点工作中充分体现出来了,就能够带动其他党员。其次,要有一个合理的工作方案。制定方案的过程,就是吃透中央精神、掌握本地区本单位实际的过程;实施和完善方案的过程,就是思想不断提高、认识不断深化的过程。各个单位有各个单位的不同情况,制定方案要考虑到这一点,实施方案也要考虑到这一点。方案内容符合实际的,要认真贯彻实施;与实际情况有差距的,要及时修订。总之,要把思想认识的提高体现到工作方案的实施和完善过程中去。认识指导实践,实践推进认识的提高,这二者是互动的。第三,要真正解决问题。解决突出问题是和提高思想认识联系在一起的,试点工作一开始就要紧紧抓住解决突出问题这个关键。要边学边改,边学边解决问题,而不是把问题留到整改阶段才来解决。这样,随着试点工作的推进,党员的先锋模范作用进一步发挥了,党组织的凝聚力战斗力进一步增强了,大家看到了效果,认识就会提高,信心也就更加坚定了。

二、要把学习实践"三个代表"重要思想作为主线贯穿试点工作的始终

这次先进性教育活动试点工作,自始至终要以"三个代表"重要思想为指导,以学习实践"三个代表"重要思想为主要内容。这就要求试点工作努力做到谋划工作以"三个代表"重要思想为根本依据,推进工作以"三个代表"重要思想为根本动力,检验工作以是否贯彻"三个代表"重要思想为根本标准,切实把学习实践"三个代表"重要思想作为灵魂和主线贯穿试点工作的始终。

学习"三个代表"重要思想是实践"三个代表"重要思想

的基础,只有学习好才能实践好。要组织党员认真学习《保持共产党员先进性教育读本(试用本)》,让党员深刻领会"三个代表"重要思想的历史地位、科学内涵和精神实质,让党员知道"三个代表"重要思想的主要内容是什么,对照"三个代表"重要思想自己的差距在哪里,按照"三个代表"的要求自己应该怎样做。要教育和引导党员边学习边实践,在始终做到"三个代表"上下功夫,不断增强广大党员学习和实践"三个代表"重要思想的自觉性和坚定性。

根据十六大的部署,中央下一步将对在全党兴起学习贯彻"三个代表"重要思想新高潮作出部署。兴起新高潮与开展先进性教育活动的目标是一致的。一方面,相对即将在全党兴起的学习贯彻"三个代表"重要思想新高潮活动来说,试点工作已经先行了一步;另一方面,有了兴起新高潮活动的推动,将更加有利于我们把学习实践"三个代表"重要思想作为主线,贯穿试点工作的始终。我们要把二者紧密结合起来,早作研究,以在全党兴起学习贯彻"三个代表"重要思想新高潮为契机,进一步抓好试点工作。

三、要把激发党员参加先进性教育活动的 动力贯穿试点工作的始终

这次先进性教育活动是以正面教育为主,正面教育要有内动力。动力在哪里?首先是党员自身的内动力,这是最主要的。要看到绝大多数党员有学习实践"三个代表"重要思想的愿望,有保持先进性的要求,而且广大党员非常拥护中央

开展这项活动的决定。比如,广东省东莞市在非公有制经济组织中进行流动党员普查登记,很多"口袋党员"主动亮明身份,出现"组织找党员、党员找组织"的生动场面,就很能说明问题。我在中日友好医院调研时,许多党员也都表达了这种愿望。党员自己想学习、想提高,思想上有紧迫感和责任感,自觉参加学习、接受教育,自觉进行党性分析、接受评议,自觉整改、巩固提高,我们的工作就好做了。关键是要引导好、组织好,激发党员自我教育、自我改进、自我提高的自觉性。其次是群众的推动。先进性教育活动不搞运动,但要有群众的广泛参与。为什么要搞这次活动,怎样搞,要达到什么目标,这些道理不仅要让党员知道,而且也要让群众知道。通过试点工作,党组织有什么变化,党员有什么变化,要让群众来评价。第三是领导干部的带动。领导干部首先是一名普通党员,要以普通党员身份参加所在党支部的活动;同时又是领导者,要发挥带头和表率作用,给广大党员作出榜样。第四是营造良好的氛围。试点工作期间,中央和省级新闻媒体一般不作报道,但是对一些阶段性的工作可适当作些报道。在试点单位,要采取有效措施,营造良好的宣传舆论氛围,把试点工作的气氛搞得浓浓的,把大家的劲鼓得足足的。通过这几个方面的工作,可以更好地激发党员的内动力。把这几个方面很好地结合起来,试点工作就有了充足的动力。

四、要把创新贯穿试点工作的始终

"三个代表"重要思想是与时俱进的理论,是创新的产物。用"三个代表"重要思想指导试点工作,十分重要的一点,就是要坚持创新。先进性教育活动是在搞完"三讲"教育和农村"三个代表"重要思想学习教育活动之后开展的,要注意借鉴这些活动的成功经验。同时,要处理好继承与创新的关系,大胆实践,大胆探索,大胆创新。要使试点的过程成为创新的过程。

在试点工作中怎么创新?首先,要尊重基层的首创精神。党员和群众中蕴藏着无穷的智慧,要在坚持中央关于试点工作总的方针、原则的基础上,鼓励基层积极创新。其次,要善于总结基层的经验。从试点工作一开始就要注意总结经验。这些经验既可以用来指导下一步试点工作,也可以用来指导今后在全党开展先进性教育活动。比如组织领导是怎么加强的,调查摸底是怎么进行的,党员是怎么发动的,群众是怎么参与的,党性分析是怎么进行的,以及如何边学习边整改等,各个环节都要有典型经验,都要加以总结。还要做到每个阶段都要及时总结,一步一总结,不断积累经验。如果等到最后阶段才来搞总结,就会把许多鲜活的东西丢掉了。第三,要带着问题和题目到基层去研究。比如先进性教育活动的具体时间安排、阶段划分如何把握,流动党员、离退休职工党员怎么参加教育活动,以及通过试点工作如何加强流动党员的教育管理,如何在非公有制经济组织和社会中介组织中组建党组织、开展活动,如何搞好基层党组织的整顿和建设,等等,都需要到实践中去找答案。

五、要把见实效贯穿试点工作的始终

这次先进性教育活动试点，涉及 12 个省市、6 个部门，共有 17 个试点单位、100 多万名党员。从全党的角度看，是一个局部，是一次试点；从试点单位本身来看，是一次带有全局性的先进性教育活动。因此，要强调见实效。如何见实效？要抓住三个方面。一是要紧紧围绕发展这个党执政兴国的第一要务来展开，促进本单位深化改革，加快发展，维护稳定。这一条特别重要。二是要切实解决党组织和党员个人存在的突出问题，让群众满意。三是要认真研究回答中央提出的六个方面的问题，为在全党开展先进性教育活动提供经验。

试点工作见实效要从每个阶段、每个环节中体现出来，让党员和群众看到实实在在的效果。如果试点工作搞了一段时间，党组织、党员面貌依旧，再说什么领导如何加强了，开了多少会议，搞了多少调研，就没有说服力。所以，见实效很重要，这是一个根本性的要求，一定要贯穿试点工作的始终。

六、要把加强领导贯穿试点工作的始终

这个问题可以分为这么几个层次。第一个层次，中央试点工作领导小组要切实负起责任。我们是在中央的领导下开展工作的，担负着光荣而艰巨的任务。领导小组成员要深入试点单位，开展调查研究，搞好工作指导。试点工作领导小组第一次会议已经确定每个领导小组成员要联系一个试点单

位,希望随着试点工作的推进,在一些重要阶段和环节,领导小组成员都能够抽出一些时间到自己的联系点去搞些调研,进行面对面的指导,带回一些新的东西,这样有利于我们讨论研究工作,统一思想,指导实践。第二个层次,试点省市和部门党委(工委、党组)要切实加强领导,主要负责人要切实负起责任。第三个层次,试点单位党委要具体抓好落实。试点任务不是靠一两个人可以完成的,党委一班人都要切实负起责任。只有党委一班人都带好头、作表率,才能把试点工作一步一步落到实处。

学习谷文昌同志[*]

（2003 年 8 月 5 日）

  谷文昌^{〔1〕}同志是在党的培养教育下成长起来的一个先进典型，他自 1949 年从家乡河南林县随军南下到福建后，在东山县工作 14 年，带领全县人民顽强拼搏、不懈奋战，从根本上改变了东山恶劣的生态环境，不仅使全县人民摆脱了世代逃荒要饭的苦日子，而且为后来的全面发展奠定了坚实基础。谷文昌同志的事迹在福建省广为流传，我在福建工作的时候，曾经去过他工作过的东山县，他的感人事迹和创业精神给我留下了深刻的印象。今年 2 月，中央主要新闻单位集中报道了谷文昌同志先进事迹后，立刻在全社会引起了强烈的反响。谷文昌同志的名字传遍了大江南北，他的事迹赢得了社会各界特别是广大党员干部的广泛赞誉。大家普遍反映，谷文昌同志的事迹感人肺腑，发人深思，催人奋进。他和焦裕禄、孔繁森、郑培民等同志一样，是我们党的领导干部坚持立党为公、执政为民的优秀代表，是广大党员干部特别是各级领导干部学习的榜样。

---

  * 这是贺国强同志在学习谷文昌同志先进事迹座谈会上讲话的主要部分。
〔1〕 谷文昌，曾先后担任福建东山县委书记、龙溪行署副专员。

38

谷文昌同志自1981年因病去世，距今已经22年了，为什么他的名字能一直铭刻在当地人民群众的心中？一个县委书记在上个世纪五六十年代的业绩，为什么还能在几十年后的今天产生广泛的反响和强烈的共鸣？归根到底，就是因为他的先进事迹，集中体现了我们党全心全意为人民服务的根本宗旨。"乐民之乐者，民亦乐其乐；忧民之忧者，民亦忧其忧。"谷文昌同志的先进事迹又一次证明：一个党员干部，只要你心里装着群众，真心实意地为人民群众做好事、办实事，人民群众就惦记你、信任你、支持你；一个政党，只有顺民意、谋民利、得民心，才能得到人民群众的支持和拥护，才能永远立于不败之地。

我们号召广大党员干部向谷文昌同志学习，主要学什么？

要学习谷文昌同志执政为民的宗旨意识。谷文昌同志在几十年的革命生涯中，始终牢记党的根本宗旨，坚信"人民的需要就是我们的工作"、"为人民服务永无止境"，把解除群众疾苦和为人民谋利益作为自己的毕生追求，与广大人民群众同甘苦、共患难。为了帮助东山群众解除风沙之苦，他吃不好饭、睡不好觉，做梦也想着战胜风沙，根治旱涝，让人民过上好日子；为了实现东山人民"海岛变半岛"的愿望，他与县委、县政府的同志一道下定决心，率领群众艰苦奋战，修成一条海堤把海岛与大陆连接起来，使天堑变通途，使东山人民世世代代的梦想终成现实，等等。我们学习谷文昌同志，就要像他那样，在任何时候都把维护和发展最广大人民的根本利益放在首位，坚持用"人民拥护不拥护、赞成不赞成、高兴不高兴、答应不答应"来衡量我们的言行；就要像他那样，做到心里装着群众,凡事想着群众,工作依靠群众,一切为了群众,为群众诚心诚意办实事,尽心竭力解难事,坚持不懈做好事;就要像他那样,围绕人民群众最现实、最关心、最直接的利益,牢记"群众利益无小事",凡是涉及群众切身利益和实际困难的事情,再小也要竭尽全力去办。

要学习谷文昌同志艰苦奋斗的优良作风。谷文昌同志在艰苦的自然环境和工作条件面前,始终表现出大无畏的革命精神和坚韧不拔的必胜信念。为了人民的利益,他夙兴夜寐、呕心沥血,不畏艰难、奋力拼搏,时刻保持着高昂的工作热情和旺盛的革命斗志。他严于律己,清正廉洁,一直过着俭朴的生活,从不利用手中的权力为自己和子女获取好处,体现了共产党人的高尚情操。与谷文昌同志工作生活的时代相比,我们今天的工作环境和生活条件好了许多,但艰苦奋斗的优良传统不能丢。按照党的十六大的部署,开创中国特色社会主义事业新局面,实现全面建设小康社会的宏伟目标,我们面临的任务更加繁重,遇到的困难与挑战会更多。每一个领导干部都要充分认识自己肩负的重大责任,牢记"两个务必",始终保持共产党人的蓬勃朝气、昂扬锐气和浩然正气,大力弘扬艰苦奋斗的优良传统,勤奋工作、艰苦创业,为改革开放和现代化建设事业作出新的贡献。

要学习谷文昌同志求真务实的科学态度。谷文昌同志深入实际、尊重实践,坚持说实话、办实事、求实效。东山解放后,面临战争年代遗留的一些问题,谷文昌同志和县委一班人实事求是,以对人民高度负责的态度,妥善处理了这些问题。他在带领东山人民改造环境、发展生产的过程中,始终尊重科学,注重调查研究,坚持先试验、再推广的工作方法,虚心学习借鉴他人的成功经验,立足于当地实际,脚踏实地,一步一个脚印地做好各项工作。广大党员干部都要像他那样,实事求是,埋头苦干,切实转变工作作风,深入基层,深入群众,开拓创新,不虚报浮夸,不做表面文章,扎扎实实地工作,一步一步地创业。

要学习谷文昌同志致力发展的进取精神。谷文昌同志把发展经济作为实现人民群众利益的最重要的工作。为了尽早改变东山贫穷落后的面貌,他和县委一班人带领全县人民战飞沙、抓绿化,建水库、打水井,修公路、筑海堤,建海港、造盐田,积极引进优良品种,加快发展工业和农业,开展多种经营,为东山后来的发展奠定了坚实的基础。广大党员干部都要像他那样,勇于进取,不畏艰难,扬长避短,发挥优势,加快发展步伐,努力开创各项事业发展的新局面。

开展宣传学习谷文昌同志活动的根本目的,就是要加强领导班子和干部队伍建设,培养和造就大批谷文昌式的优秀干部特别是优秀县(市)干部。县(市)这一级,在我们党和国家的工作中处于承上启下的重要地位,是一个十分关键的领导层次。县(市)领导班子和领导干部,处在改革发展稳定的第一线,更直接地联系着广大群众,担负着把党的路线方针政策贯彻落实到基层的重要职责。基层领导班子和干部队伍的作风如何,直接关系到党和政府在人民群众中的形象,直接关系到党的执政地位和人民政权的巩固。在谷文昌同志的先进事迹中,最突出的一段是他在东山县工作的 14 年,特别是在担任县委书记时期,他团结县委一班人,带领全县人民艰苦奋斗,建设美好家园。从一定意义上说,如果没有在县里工作这14年,也就没有谷文昌同志这个典型。谷文昌同志为广大基层干部树立了一个很好的学习榜样。各级领导干部特别是基层干部要以谷文昌同志为榜样,以党和人民的事业为重,扎根基层,心系群众,求真务实,埋头苦干,为党和人民的事业作出更大的贡献。

加强省区市领导班子
思想政治建设*

（2003 年 9 月 12 日）

　　思想政治建设是领导班子建设的灵魂,也是一个常抓常新的课题。省区市领导班子,上对中央,下统市县,在我们党的组织结构和国家政权结构中占有重要地位,在党和国家事业发展中起着重要作用。省区市领导班子思想政治建设的状况如何,直接关系到党的路线方针政策的贯彻落实,关系到一个地区改革发展稳定的大局,关系到一方群众的幸福安康。只有不断加强省区市领导班子思想政治建设,进一步提高领导班子的整体素质,才能为实现全面建设小康社会的宏伟目标提供坚强保证。当前和今后一个时期省区市领导班子建设的重点,就是要在保持班子相对稳定的同时,突出抓好班子的思想政治建设,按照关于培养造就一大批忠诚于马克思主义、坚持走中国特色社会主义道路、会治党治国的政治家的要求,进一步提高领导班子的思想政治素质和领导能力,把省区市领导班子建设成为坚持贯彻"三个代表"重要思想的坚强领

*　这是贺国强同志在省区市领导班子思想政治建设座谈会上讲话的主要部分。这个座谈会是中央组织部在上海市召开的。

导集体,为实现全面建设小康社会的宏伟目标提供坚强保证。

一、坚持用"三个代表"重要思想武装头脑, 不断提高领导干部的思想理论水平

理论建设是党的思想政治建设的根本,理论素养是领导干部素质的核心。新形势下加强领导班子思想政治建设,首要的任务就是要用"三个代表"重要思想武装头脑、指导实践。"三个代表"重要思想是系统的科学理论,内涵丰富、博大精深。只有深入持久地学,才能真正学懂弄通。要坚持和完善党委理论中心组学习制度,把中心组学习与专题研讨、调查研究和解决实际问题结合起来,进一步提高理论学习的系统性、针对性。要充分发挥党校、行政学院、各类干部教育培训机构在干部理论培训方面的主渠道作用,有组织、有计划地举办专题研讨班,分批次对省部级领导干部进行培训。总之,要通过深入学习,使领导干部更加全面深刻地理解贯彻"三个代表"重要思想的根本要求,在对"三个代表"重要思想的时代背景、实践基础、科学内涵、精神实质和历史地位的认识上达到新的高度。

理论的价值在于指导实践,学习的目的全在于运用。要发扬理论联系实际的学风,一方面要紧密联系改革开放和现代化建设的实际,联系本地区工作的实际,认真思考研究新形势下面临的突出矛盾和问题,提出解决的措施和办法,推动工作的创新和发展;另一方面要紧密联系自己的思想实际,把理论学习与改造世界观结合起来,做到在改造客观世界的同时

改造主观世界,用改造主观世界的成效来推进客观世界的改造。要坚持和完善对领导干部理论学习情况的考核制度,切实把学习掌握理论特别是运用理论解决实际问题的情况,作为评价和使用干部的重要依据。

二、进一步增强政治意识、大局意识和忧患意识,努力成为善于治党治国的政治家

我们党所处的历史方位已经发生深刻的变化,这种变化集中地反映在我们党的执政地位、执政环境和长期执政所面临的全部挑战和考验中。面对挑战和考验,每一位党的高级干部,都要始终坚持把党的利益放在第一位,把党放在心中的最高位置,进一步增强政治意识、大局意识和忧患意识。

要进一步增强政治意识。要始终坚持正确的政治立场、政治方向,坚定正确的理想信念,毫不动摇地坚持党的基本理论、基本路线、基本纲领、基本经验。要严守党的政治纪律,在思想上、政治上、行动上与党中央保持高度一致,确保中央的政令畅通。对党的路线方针政策和中央的决策部署要坚决维护,对有损党的形象的政治谣言和小道消息要坚决制止。要有见微知著的政治鉴别力,在大是大非和重大考验面前,旗帜鲜明,立场坚定。要保持高度的政治敏锐性,对事关改革发展稳定大局的苗头性、倾向性问题见之于未萌,防之于未发,不断提高工作的预见性和科学性。

要进一步增强大局意识。要善于从全局的高度来观察和处理问题,识大体,顾大局,正确处理中央与地方、整体与局部

的关系。作为"封疆大吏"的省级领导干部当然要考虑本地区的发展。但我们国家是一个集中统一的国家,我们想问题、作决策、办事情,必须坚持全国"一盘棋",坚持在大局下行动。离开了全党全国的大局,地方的工作也不可能搞好。要坚持局部利益服从整体利益,坚决反对那种有令不行、有禁不止,"上有政策、下有对策"的错误倾向,坚决防止和纠正地方保护主义和分散主义。

要进一步增强忧患意识。要始终保持清醒的头脑,清醒地看到复杂的国际形势带来的严峻挑战,清醒地看到经济和社会发展中存在的矛盾和问题,清醒地看到前进道路上的困难和风险,忧党、忧国、忧民,常怀远虑,居安思危,未雨绸缪。对西方敌对势力西化、分化的图谋,要始终保持高度警惕;对社会上一些错误的思想和思潮,要善于识别,敢于斗争;对党内存在的问题和经济社会发展中的矛盾,要心中有数,不能麻痹大意,掉以轻心。要立足于把自己的事情办好,珍惜、维护来之不易的大好局面,进一步巩固党的执政地位。

三、坚持解放思想、实事求是、与时俱进,以创新 精神抓好发展这个党执政兴国的第一要务

加强领导班子思想政治建设,必须紧紧围绕发展这个党执政兴国的第一要务来进行。省区市领导班子要坚持解放思想、实事求是、与时俱进,扭住经济建设这个中心不动摇,聚精会神搞建设、一心一意谋发展,真正把思想政治建设的成效体现到发展先进生产力、发展先进文化、实现最广大人民的根本

利益上来。

要解放思想,更新观念。思想是行动的先导。解放思想,不仅仅是一个认识问题,也是一个实践问题。我们要按照十六大的要求,立足于形势、任务的发展变化,立足于本地经济社会发展的实际,大力破除那些不合时宜的陈规陋习,进一步强化与社会主义市场经济相适应的新观念。要克服小富即安、小进则满的思想,强化发展的观念;克服消极畏难、无所作为的思想,强化进取的观念;克服因循守旧、墨守成规的思想,强化创新的观念;克服地方保护、自我封闭的思想,强化开放的观念,等等,从而使我们的思想更加符合时代的要求,符合本地区的实际和人民的愿望。

要创新发展思路。思路决定出路。在保持连续性的基础上探索加快发展的新思路,对于一个地方的发展是极为重要的。创新发展思路,要深入调查研究,走群众路线;要扬长避短,发挥自身的优势,走符合本地区实际的发展路子;要防止盲目攀比,避免经济结构趋同;要树立新的发展观,注重经济社会协调发展、城乡协调发展、地区协调发展、人与自然协调发展,坚持走可持续的发展之路。各地的发展思路当然要根据情况和形势的变化作必要的适当的调整和完善。但经过科学论证的发展思路一旦确立,就必须从总体上保持思路的稳定性和工作的连续性。要防止换一届领导就换一个思路的做法,拿出"咬定青山不放松"的劲头,一届接着一届干,每届都有新贡献。

要创造性地开展工作。创造性地开展工作,主要是吃透"两头",做好"结合"的文章。一方面,要吃透中央精神,正确把握中央的大政方针;另一方面,要吃透本地区的发展基础、优势条件、制约因素以及当前和未来一个时期的热点、难点问题,尤其要吃透基层的实际情况,了解人民群众的呼声。更为重要的是,要将"两头"有机结合起来。结合得好,工作就能有新意,就能有创造性,就能加快发展。创新需要足够的勇气,有敢担风险的精神;要敢于正视困难,有攻坚克难的毅力;要尊重客观规律,有科学求实的态度。做好"结合"这篇文章本身就是创新。

四、围绕加强党的执政能力建设,
努力提高班子成员的领导水平

加强党的执政能力建设,是十六大提出的新要求,也是省区市领导班子思想政治建设面临的新课题。省区市领导班子和领导干部一定要按照十六大的要求,结合新的实践,不断提高科学判断形势的能力、驾驭市场经济的能力、应对复杂局面的能力、依法执政的能力和总揽全局的能力。

要不断提高驾驭社会主义市场经济的领导水平。要认真学习市场经济的基本知识,努力把握市场经济的运行特点和规律。要积极投身经济建设主战场,在实践中经受锻炼、积累经验、增长才干。要努力完善社会主义市场经济体制,规范市场经济行为。当前,特别要注意提高在对外开放条件下做好经济工作的能力。随着我国加入世界贸易组织,我国同国际社会的经济交流与合作越来越广泛和深入。在这种形势下,省区市领导班子一定要努力培养世界眼光,在观察经济形势、

进行重大经济决策、处理重大经济问题时,善于综合考虑国内形势和国际形势、国内因素和国际因素、国内市场和国际市场,不断提高同国际社会打交道的本领,掌握对外开放的主动权。

要不断提高统揽本地区经济和社会发展全局的领导水平。省区市领导班子要坚持想大事、议大事、抓大事,把握工作全局,抓住主要矛盾,突出工作重点,推动各项事业全面发展,努力提高统揽本地区经济和社会发展全局的能力和水平。一是要坚持因地制宜、分类指导。既要善于提出统一的发展思路来指导本地工作,又要善于帮助市、县研究制定符合自身实际的发展目标和发展思路,不能搞"一刀切"。二是要善于最广泛、最充分地调动各方面的积极性和创造性。既要充分调动各个部门的积极性,又要充分调动市、县的积极性,更要充分调动人民群众的积极性,营造全社会上下一心、同心同德加快发展的良好环境。三是要正确处理改革发展稳定的关系。善于把改革的力度、发展的速度和社会可承受的程度统一起来,在维护社会稳定中推进改革发展,通过改革发展促进社会稳定。

要不断提高驾驭复杂局面、应对突发事件的领导水平。在建设中国特色社会主义的道路上,我们将要应对可以预料和难以预料的,来自国内和国(境)外的,来自经济和社会政治生活中以及自然界的风险和挑战,善于驾驭复杂局面、应对突发事件,对于领导班子和领导干部来讲,是一种必备的领导能力。一是要增强对突发事件的预见能力。密切关注国内外形势变化,及时把握社会动态,加强分析研判,及早发现影响社会稳定的苗头,把问题解决在基层,解决在萌芽状态。要认真研究国内外重大社会突发事件、重大自然灾害以及突发公共卫生事件等的情况、特点和规律,学习借鉴国(境)外应对突发事件方面的有益经验,经常性地做好应对的思想准备、预案准备、机制准备和工作准备。二是要提高对突发事件的处置能力。培养和锻炼应对突发事件的良好心理素质,一旦出现问题,要处变不惊,审时度势,靠前指挥,妥善应对,迅速动员和组织力量,采取果断有力的措施把问题解决好。三是要进一步提高管理社会的水平。积极探索新形势下加强社会管理的办法和措施,特别是要提高正确处理新形势下人民内部矛盾的能力,为有效防范和处理突发事件奠定坚实的基础。

五、坚持贯彻民主集中制,不断增强 领导班子的团结和活力

民主集中制是实现党内民主的重要形式,是我们党和国家的根本组织制度和领导制度,是最重要的组织纪律和政治纪律,是科学的领导方法,也是把领导班子成员置于集体监督之下的重要监督机制。少数领导班子不协调、不团结,一个带有共性的原因就是民主集中制执行得不好。这个问题在一些省区市领导班子建设中是有教训的。加强领导班子思想政治建设,必须把坚持贯彻民主集中制放到重要位置上切实抓好。

要不断提高坚持贯彻民主集中制的自觉性。当前,省区市领导班子在执行民主集中制方面总体是好的,但也有少数领导同志对如何正确贯彻执行民主集中制在认识上不是很清

楚,在行动上不是很自觉。从领导班子建设的实践看,不断提高领导干部贯彻执行民主集中制的自觉性是一项长期任务。因此,要组织领导班子成员认真学习民主集中制的理论,剖析正反面典型。要把民主集中制作为党委中心组的重要学习内容,每年至少要进行一次联系实际的集中学习。要把民主集中制执行情况作为民主生活会的一项重要内容来检查。通过学习教育,加强党性锻炼,不断增强领导班子和领导干部贯彻执行民主集中制的自觉性。

要建立健全并严格执行民主集中制的各项规定。按照"集体领导、民主集中、个别酝酿、会议决定"的原则,进一步建立完善班子内部的工作分工、议事、决策规则和程序,进一步明确和完善全委会、常委会、书记办公会的职能与分工。凡属本地全局和战略性的重大问题、重要人事任免等,要由常委会或全委会决定,并逐步推行票决制。全委会要定期听取常委会的工作报告,对常委会成员履行职责的情况进行评议,加强全委会对常委会的监督。进一步建立和完善党内情况通报制度、情况反映制度、重大决策征求意见制度。要用坚强的党性和严格的纪律来保证民主集中制各项制度的执行。对一些地方存在的违反民主集中制的现象,必须坚决予以纠正。

要提高民主生活会质量,增强领导班子解决自身问题的能力。"三讲"集中教育以来,省区市领导班子民主生活会的质量有所提高,但仍然存在一些不容忽视的问题。从调研的情况看,提高民主生活会质量,思想要高度重视,领导要切实有力,事先要有充分准备,时间和精力要相对集中。会前要广泛征求意见,多做沟通的工作;会上要提倡思想见面,勇于开展批评和自我批评,有针对性地提出整改措施;会后要联系实际认真整改,整改的情况要在下一次民主生活会上进行反馈。中央有关部门要加强对省区市领导班子民主生活会的指导和督查。

要倍加珍惜、切实增强领导班子的团结。团结出凝聚力、出战斗力、出新的生产力,团结也出干部。省区市领导班子的团结,事关一方,事关大局,更是一个重大的政治问题。领导班子一旦在团结方面出了问题,就会影响一个地区经济、社会的发展,影响人民群众生活水平的提高,也影响个人的成长进步,造成不可估量的损失。省区市领导干部一定要始终高举团结的旗帜,像爱护自己的眼睛一样维护领导班子的团结。党政"一把手"在团结问题上觉悟要更高一些,心胸要更开阔一些,律己要更严一些,要负起主要责任,带头执行民主集中制各项规定,带头维护和增强班子的团结。要通过党政"一把手"的团结来带动和促进领导班子的团结,进而带动整个干部队伍的团结,营造"心齐、气顺、风正、劲足"的局面。班子其他成员要大力维护团结,相互支持、相互配合,做到"互相补台不拆台,你落下的我主动捡起来"。要勇于同影响和破坏团结的言行作坚决斗争,反对自由主义,自觉做到不利于团结的话不说,不利于团结的事不做。今后,要严格考察领导班子成员执行民主集中制的情况,凡民主集中制执行得不好的不能提为省级领导干部,更不能提拔当"一把手"。

地方党委要改进领导方法,切实发挥总揽全局、协调各方的作用。地方党委要按照把加强党的领导同充分发扬民主、严格依法办事有机地统一起来的要求,不断改进领导方法,提高领导水平。党委要充分发挥人大、政府、政协的作用,支持他们积极主动、独立负责、协调一致地工作,做到总揽而不包揽,协调而不代替。人大、政府、政协领导班子及其成员,也要增强党的观念,自觉维护党委的权威,认真贯彻执行党委的重大决策和部署,在党委的领导下,积极履行自己的职能。要从领导体制和人事安排上理顺党委、人大、政府之间的关系,兼任人大主任的党委书记要投入足够的精力抓好人大工作。党委要加强对工会、共青团、妇联等人民团体的领导,支持他们依法依章开展工作。

六、坚持正确的用人导向,为党和 人民把好选人用人关

毛泽东同志曾经说过,"领导者的责任,归结起来,主要地是出主意、用干部"[1]。能否按照德才兼备原则和干部队伍"四化"方针选人用人,体现着干部工作上的价值导向,也是衡量领导班子思想政治建设水平高低的一个重要标准。实践证明,用准一个干部,就等于树立起一面旗帜,就会对广大干部起到积极的引导、示范和激励作用;用错一个干部,就等于发出了一个错误信号,就会挫伤干部群众的积极性,甚至会败坏党的风气。这些年来,特别是《党政领导干部选拔任用工作条例》颁布实施以来,各地在选人用人上总的情况是好的。但是,与《党政领导干部选拔任用工作条例》的要求相

---

[1] 《毛泽东选集》第2卷,人民出版社1991年版,第527页。

比,与党和人民的期望相比,还有一定的差距。特别是一些地方和部门任人唯亲、封官许愿、跑官要官、拉帮结伙、拉票贿选等不正之风时有发生,严重影响了党的形象,极大地损害了党的事业,广大干部群众对此反映强烈。党委一定要高度重视选人用人的重要导向作用,切实把那些德才兼备、实绩突出、群众公认的优秀干部选拔上来,坚决刹住选人用人上的不正之风。

坚持正确的用人导向,必须从党委做起,坚持原则。在选人用人方面,党委负有最重要的责任,党委书记负有第一位的责任。党委在干部选拔任用工作上,必须坚持原则、公道正派。具体说,要着重把握好两个方面。一是要解决好知人识人的问题。看干部,一定要坚持德才兼备,注重实绩,看大节、看主流、看发展。考察识别干部,要实事求是,出以公心,既要看平时的表现,更要看关键时刻的表现。对于一个干部来讲,重大政治斗争、重大自然灾害、重大突发事件等,是严峻的考验;个人的职务升迁、工作调整,也是严峻的考验。对经受不住考验的,决不能重用。二是要把好选拔任用关。党委讨论决定干部选拔任用,一定要严格按照《党政领导干部选拔任用工作条例》的规定办事,真正做到坚持原则不动摇,执行标准不走样,履行程序不变通,遵守纪律不放松。目前,全国组织系统正在开展以公道正派为主要内容的"树组工干部形象"集中学习教育活动。坚持公道正派,是做好干部工作的基本要求,不仅适用于组工干部,也适用于党委的选人用人工作。希望省区市党委以坚强的党性、公道正派的作风和对党对人民高度负责的态度,切实把好选人用人关。

坚持正确的用人导向,必须深化干部人事制度改革,用制度保证把干部选准用好。要认真总结近几年来干部人事制度改革的成功经验,进一步完善改革的措施,研究和解决实践中出现的新情况新问题,提出深化改革的重点和基本要求,并抓好落实。要以扩大民主为改革的方向,坚持和完善民主推荐、民意测验和民主评议制度,积极推行考察工作预告制度、差额考察制度和考察结果通报制度以及领导干部任前公示制,进一步提高干部工作的公开程度和透明度,扩大党员、干部和群众对干部选拔任用的知情权、参与权、选择权和监督权。当前,要认真总结并适时出台公开选拔领导干部制度、党政机关干部竞争上岗制度、票决制、辞职制及规范"下海经商"、党政干部兼职等制度。

坚持正确的用人导向,必须加强对干部选拔任用工作的监督检查,防止和减少用人上的失察失误。加强干部监督,是党政领导干部选拔任用工作的重要环节,是防止和纠正用人上不正之风的重要保证。各级党委要全面贯彻前不久中央办公厅印发的《党政领导干部选拔任用工作监督检查办法(试行)》,认真搞好自查,着力解决干部选拔任用方面存在的突出问题。要抓紧建立并完善干部推荐、考察和选拔任用工作的责任追究制。要把监督的关口前移,切实改变出了问题才去检查、监督的状况。

七、牢记"两个务必",坚持立党为公、执政为民,切实改进领导班子作风

作风就是旗帜,就是形象,就是战斗力。各省区市领导班

子一定要按照中央提出的牢记"两个务必"的要求,切实改进作风,使新班子一开始就有一个新气象,有一个好的精神状态。

要保持谦虚谨慎,力戒浮躁之气。一个时期以来,各地都呈现出了抢抓机遇、加快发展的势头,这是很可喜的。但在一些地方的领导班子和领导干部中不同程度地出现了浮躁情绪。比如,有的随意提一些不切实际的目标和口号,盲目铺摊子、上项目;有的对事关当地长远发展和人民群众切身利益的工作不感兴趣,而是热衷于搞劳民伤财的所谓"形象工程"、"政绩工程";有的领导干部刚到一地,情况还没有熟悉,板凳还没有坐热,就急于调整、升迁;有的新提拔起来的领导干部,不是把精力用在工作上,而是精心营造自己的"安乐窝"、大搞"关系哲学";等等。这种浮躁之气和不正之风,对党的事业危害很大,也影响了干部的健康成长,必须下决心加以解决。领导干部一定要把谦虚谨慎作为一种高尚的人格修养来自觉追求,作为一种优良的领导作风来自觉发扬。条件好的地区的领导班子要看到差距和不足,不盲目自满,努力争创新优势、更上一层楼;条件比较差的地区的领导班子要坚持从本地区的实际出发,实事求是、量力而行,不能提一些不切实际的口号,勉强去干一些做不到的事情。要进一步改进干部的考核标准和方法,既要看"显绩",又要看"潜绩",既要看主观努力,也要看客观条件,特别要防止和克服那种数字出"官"、"官"出数字的现象,引导各级领导干部注重练"内功"、干实事,心思用在工作上、情感贴在民心上、作风拧在求实上、成绩记在集体上。今后县(市)委书记、县(市)长在一个地方原则上至少要干满一届。要在职级、待遇等方面制定有关政策,鼓励市县主要领导干部安心岗位工作。

要保持艰苦奋斗,力戒奢侈浪费。我们党是靠艰苦奋斗起家的,也是靠艰苦奋斗发展壮大、成就伟业的。现在,我国的综合国力和人民生活水平有了很大提高。但是,艰苦奋斗的传家宝决不能丢。领导干部要在工作上发扬艰苦创业精神,始终保持昂扬向上的精神状态,保持百折不挠的斗志,敢于面对前进道路上的困难和挑战,不畏艰难,奋力拼搏,勇于开拓,善于创新,团结带领群众攻坚克难,把中国特色社会主义事业不断推向前进;要在生活上保持艰苦朴素作风,牢记我国仍然处于社会主义初级阶段的基本国情,时刻不忘还有相当数量的群众生活困难,"先天下之忧而忧,后天下之乐而乐",坚持长期艰苦奋斗,坚决反对铺张浪费、损公肥私。

要密切联系群众,关心群众生活。坚持立党为公、执政为民,是学习贯彻"三个代表"重要思想的本质要求,也是加强领导班子思想政治建设的根本出发点和落脚点。领导干部一定要以实现人民愿望、满足人民需要、维护人民利益为己任,切实把关心群众生活方面的工作抓紧抓实抓好。一是要了解群众。要改进工作作风,深入基层、深入群众,特别是要到最困难的地方去,到群众意见多的地方去,到工作打不开局面的地方去,了解群众的所想所盼、所忧所乐,做群众的知心人、贴心人。二是要代表群众。在制定决策时,要把实现好、维护好、发展好最广大人民的根本利益,作为制定决策的依据,把人民拥护不拥护、赞成不赞成、高兴不高兴、答应不答应,作为衡量决策的标准。要坚持走群众路线,反映群众的意愿,集中群众的智慧,推进决策的科学化民主化。三是要服务群众。群众利益无小事。要时刻把群众的安危冷暖挂在心上,对群众生产生活面临的这样那样的困难,特别是对下岗职工、农村贫困人口、城市贫困居民以及受灾群众遇到的实际困难,一定要认真负责地加以解决。

要保持清正廉洁,反对以权谋私。近几年来查处的一些省部级领导干部违纪违法案件,触目惊心,发人深省。对领导干部来讲,廉政这根弦一刻也不能放松。要加强党性修养,努力改造主观世界,牢固树立正确的世界观、人生观、价值观和权力观、地位观、利益观,从思想上筑牢拒腐防变的堤坝。要管好自己,管好配偶、子女和身边工作人员,管好分管部门和单位的党风廉政建设。同时,还要进一步建立健全权力监督制度和机制,特别是要建立健全领导干部报告工作和廉洁从政情况、领导干部回复组织函询和谈话等党内监督制度,切实强化对领导干部的监督,防止发生不廉洁问题。

用发展着的马克思主义
指导党的建设*

（2004 年 2 月 16 日）

对于一个国家、一个政党来说,思想统一是行动一致的前提,理论上清醒是政治上坚定的基础。加强党的建设,着力解决提高领导水平和执政水平、提高拒腐防变和抵御风险能力这两大历史性课题,必须始终坚持把思想理论建设作为首要任务来抓,为坚持党的性质和宗旨、坚持党的先进性,为推动党和国家事业的不断发展提供科学的理论指导和强大的精神动力。

高度重视和善于进行理论创新。创新是一个民族进步的灵魂,是一个国家兴旺发达的不竭动力,也是一个政党永葆生机的源泉。实践基础上的理论创新是社会发展和变革的先导。面对日新月异的形势,党必须不断进行理论创新,增强创造力,才能带领人民群众不断前进,不断开创事业的新局面。中国共产党是一贯重视理论指导和勇于进行理论创新的党。我们党从诞生之日起,就把马克思列宁主义确立为自己的指

---

* 这是贺国强同志代表中共中央出席在越南举办的第二次中越两党理论研讨会上讲话的一部分。

导思想。80多年来,我们党在推进马克思主义中国化的过程中产生了三大理论成果,即毛泽东思想、邓小平理论和"三个代表"重要思想,分别被我们党的七大、十五大、十六大确立为党的指导思想。在实践中我们深刻认识到,马克思列宁主义、毛泽东思想、邓小平理论和"三个代表"重要思想是我们立党立国的根本指导思想,是全国各族人民团结奋斗的共同思想基础。马克思主义的基本原理任何时候都要坚持,否则我们的事业就会因为没有正确的理论基础和思想灵魂而迷失方向,就会归于失败。同时,马克思主义具有与时俱进的理论品质,它必然随着时代、实践和科学的发展而不断发展。否认马克思主义的科学性,丢掉老祖宗,是错误的、有害的;教条式地对待马克思主义,也是错误的、有害的。正确的态度,就是既坚持马克思主义基本原理,又谱写新的理论篇章,既发扬革命传统,又创造新鲜经验,善于在解放思想中统一思想,用发展着的马克思主义指导新的实践。实践没有止境,创新也没有止境。"三个代表"重要思想是马克思主义中国化的最新理论成果,它与马克思列宁主义、毛泽东思想和邓小平理论一道,是我们党必须长期坚持的指导思想。始终做到"三个代表",是我们党的立党之本、执政之基、力量之源。"三个代表"重要思想是发展的、前进的。在全面建设小康社会的新征程上,我们党将继续坚持以改革开放和现代化建设的实际问题、以我们正在做的事情为中心,着眼于马克思主义的运用,着眼于对实际问题的理论思考,着眼于新的实践和新的发展,与时俱进,开拓创新,努力在新的实践基础上,作出新的经验总结,形成新的理论概括,用新的理论成果推动当代中国马克思主义的丰富和发展。

大力加强用科学理论武装全党特别是领导干部的工作。我们党有一个传统,就是每当党的事业发展处在重大历史关头,总是特别重视理论指导,总是结合不断发展的实际加强党员、干部的理论学习。中共十三届四中全会以来,我们党在用科学理论武装全党方面采取了一系列重大举措:组织广大党员干部深入学习邓小平理论,兴起了学习邓小平理论的高潮;在全国县级以上领导班子和领导干部中普遍开展了以讲学习、讲政治、讲正气为主要内容的党性党风教育活动;围绕"干部受教育、农民得实惠",在全国农村普遍开展了"三个代表"重要思想学习教育活动;着眼于推进新世纪新阶段党和国家事业的继往开来、与时俱进,深入学习贯彻"三个代表"重要思想。中共十六大以后,新一届中央领导集体把兴起学习贯彻"三个代表"重要思想新高潮作为首要政治任务来抓。中共中央印发了《"三个代表"重要思想学习纲要》,下发了在全党兴起学习贯彻"三个代表"重要思想新高潮的通知。中央有关部门联合召开理论研讨会,组织宣讲团赴全国各地宣讲"三个代表"重要思想。与此同时,利用各级党校、行政学院、普通高等院校和其他培训机构,多渠道、全方位、大规模地培训干部,全面提高各级领导干部的素质。仅去年就对全国近2000名省部级领导干部和50万名县处级以上干部集中进行了轮训。各地区各部门按照中央的要求,紧密结合工作实际,把兴起学习贯彻"三个代表"重要思想新高潮不断引向深入,努力用"三个代表"重要思想武装头脑、指导实践、推动工作。这些重大举措,对于统一全党思想,提高全党的马克思主

义理论水平,推动社会主义现代化建设和党的建设,都起到了
重要作用。

把焦裕禄精神发扬光大[*]

（2004 年 5 月 14 日）

今天，我们在这里隆重集会，纪念焦裕禄同志逝世 40 周年。我受党中央委托参加大会，并代表党中央对焦裕禄同志表示深切的怀念，对焦裕禄同志亲属表示亲切的慰问，对弘扬焦裕禄精神，在全面建设小康社会伟大实践中艰苦奋斗、勇于奉献的广大干部群众表示崇高的敬意！

焦裕禄同志是中国共产党的优秀党员和优秀县委书记，是人民的好公仆，是广大干部学习的好榜样。焦裕禄同志的一生，是为党和人民的事业不懈奋斗的一生。1962 年 12 月，焦裕禄同志担任中共兰考县委书记。1964 年 5 月 14 日，因肝病不治，不幸逝世。在担任县委书记的日子里，为了改变兰考的贫困面貌，他带领全县人民不怕困难、艰苦奋斗，自强不息、顽强拼搏，同内涝、风沙、盐碱进行坚决斗争，表现出了大无畏的革命英雄主义精神。他始终保持人民公仆的本色，直到生命的最后一刻，想的仍然是群众的幸福安康，充分体现了共产党人一心为民的崇高风范。焦裕禄同志离开我们 40 年

---

[*] 这是贺国强同志受党中央委托在纪念焦裕禄同志逝世 40 周年大会上讲话的主要部分。

了,但他为了党的事业和人民的利益鞠躬尽瘁、死而后已的感人事迹和崇高精神,一直教育着广大党员干部牢记全心全意为人民服务的宗旨,为党和人民勤奋工作、无私奉献;一直激励着广大党员干部团结带领亿万人民奋发进取,把党的事业不断推向前进。

在全面建设小康社会新的历史时期,焦裕禄精神依然是鼓舞我们艰苦奋斗、执政为民的强大思想动力,依然是激励我们求真务实、开拓进取的宝贵精神财富。我们一定要顺应时代的要求和人民的呼唤,把焦裕禄精神不断发扬光大。

把焦裕禄精神发扬光大,就必须坚持立党为公、执政为民,切实实现好、维护好、发展好最广大人民的根本利益。40年来,人民群众之所以始终牢记焦裕禄的英名,缅怀焦裕禄的业绩,学习焦裕禄的精神,最根本的原因,是他"心里装着全体人民,唯独没有他自己"。他常说:"我们不是人民的上司,我们都是人民的勤务员。必须同人民群众同甘苦,共患难。"当兰考遇到特大雪灾时,焦裕禄同志心里首先想到的是群众。他说:"共产党员要在群众最困难的时候,出现在群众面前,在群众最需要帮助的时候,去关心群众,帮助群众。"他顶风冒雪,忍着剧烈的肝痛,走村串户,访贫问苦,切实为群众排忧解难,把党的温暖送到了群众心坎上。在焦裕禄同志的身上,生动体现了共产党人爱民、亲民、为民的高尚情怀。在新的历史时期,弘扬焦裕禄精神,最根本的就是要坚持立党为公、执政为民。每个党员干部,无论职位高低、能力大小,都要像焦裕禄同志那样,把为党和人民的事业奋斗作为人生的最高目标,把为人民服务作为人生的最大追求,把为人民谋利益作为工作的最高目的,真正做到权为民所用、情为民所系、利为民所谋。

把焦裕禄精神发扬光大,就必须坚持把发展作为党执政兴国的第一要务,牢固树立和认真落实科学的发展观和正确的政绩观。焦裕禄同志始终把群众的富裕、兰考的发展放在重要位置,他说:"党把这个县36万群众交给我们,我们不能领导他们战胜灾荒,应该感到羞耻和痛心。""面对着我们当前严重的灾害,我们有革命的胆略,坚决领导全县人民苦战三五年,改变兰考的面貌,不达目的,我们死不瞑目。"他团结带领兰考人民制定了治理"三害"的科学规划,并组织实施,为改变兰考的贫困面貌,实现兰考的长远发展打下了坚实基础,为党和人民创造出了实实在在的政绩。目前,我国改革发展正处在关键时期,抓好发展这个党执政兴国的第一要务,聚精会神搞建设、一心一意谋发展,要求各级领导干部必须牢固树立和落实科学的发展观,凡是符合科学发展观的事情,就要全力以赴地去做,不符合的就要坚决地去纠正。科学的发展观引导正确的政绩观的树立,正确的政绩观保证科学的发展观的落实。广大党员干部要树立正确的政绩观,坚持按客观规律办事、顾全大局、统筹兼顾,立足当前、着眼长远,脚踏实地、埋头苦干,努力创造出"为官一任、造福一方"的实绩,创造出经得起实践、群众和历史检验的实绩。

把焦裕禄精神发扬光大,就必须坚持弘扬求真务实精神,大兴求真务实之风。焦裕禄同志带领兰考人民治理内涝、风沙、盐碱"三害"的过程,就是扑下身子、求真务实、真抓实干的过程。他经常深入基层,深入田间地头,倾听群众的呼声,关心群众的疾苦,同干部群众一起解决生产和生活中存在的问题。他在兰考工作的一年多时间里,靠着一辆自行车和一双铁脚板,对全县 149 个生产大队中的 120 多个进行了走访、蹲点调研。这种求真务实、脚踏实地、真抓实干的精神,值得各级领导干部认真学习。在全面建设小康社会的进程中,我们要大力弘扬求真务实精神,大兴求真务实之风,脚踏实地地开展工作。各级领导干部要坚持深入基层、深入群众,坚持一切从实际出发,道实情、出实招、办实事、务实效,勤勉敬业、埋头苦干,切忌搞形式主义、摆花架子、做表面文章,各项工作都要务求取得实实在在的成效,以求真务实的工作作风和实际行动取信于民、造福于民。

把焦裕禄精神发扬光大,就必须坚持开拓进取,始终保持奋发有为的精神状态。焦裕禄同志在兰考工作期间,自然灾害频繁,群众生活困难,工作条件艰苦。面对这一切,他响亮地提出,要在困难面前找出路。他以“吃别人嚼过的馍没味道”的进取精神,以“敢于在困难面前逞英雄”的坚强意志,带领全县人民创造性地开展工作,谱写出了一曲曲治理灾害、战胜困难的壮歌。当前,团结带领人民群众全面建设小康社会,我们肩负的任务还很重,遇到的困难和挑战还会很多,要走的路还很长。这就要求我们必须像焦裕禄同志那样,开拓进取、自强不息,始终保持奋发有为的精神状态。要紧跟时代步伐,立足时代潮头,以与时俱进、开拓创新的精神,以克难攻坚、勇往直前的气概,以宽广的视野、高超的领导艺术,破解改革发展稳定中的各种难题,战胜前进道路上的一切艰难险阻,在全面建设小康社会的伟大事业中建功立业。

　　把焦裕禄精神发扬光大，就必须坚持艰苦奋斗、清正廉洁，始终保持共产党人的政治本色。我们党是靠艰苦奋斗起家的，也是靠艰苦奋斗发展壮大、成就伟业、铸造辉煌的。在我们党的优良传统中，艰苦奋斗放射着璀璨的光芒。焦裕禄同志始终坚持和发扬艰苦奋斗的作风，他说："兰考是个灾县，人民的生产、生活都有一定的困难，我们自己没有艰苦朴素、奋发图强、自力更生的决心，哪能改变兰考的面貌？"他用过的一条被子上有 42 个补丁，褥子上有 36 个补丁。焦裕禄同志清正廉洁，严于律己。他的亲戚多次来信要求找个工作，他回信解释说："国家安排人员是有计划的，我不能利用自己的职权给自己的亲属安排，不能带头违反党的政策！"焦裕禄同志以自己的一言一行，展现了共产党人崇高的思想境界。广大党员干部要像焦裕禄同志那样，在任何时候、任何情况下，牢固树立正确的权力观、地位观、利益观，立身不忘做人之本，为政不移公仆之心，用权不谋一己之利，始终保持共产党人的蓬勃朝气、昂扬锐气和浩然正气，始终与人民群众同甘共苦，以艰苦奋斗的光荣传统，以清正廉洁的良好形象凝聚人心，团结带领全国人民奋发图强，不断开创改革开放和社会主义现代化建设的新局面。

怎样树立正确的政绩观 *

（2004 年 7 月 3 日）

政绩观是关于政绩的总的看法，是对什么是政绩、为谁创造政绩、怎样创造政绩、怎样衡量政绩等重要问题的看法和态度。大量事实说明，领导干部政绩观的正确与否，无论是对事业的发展还是对个人的成长都是至关重要的。追求什么样的政绩，是衡量一名领导干部能否正确对待群众、正确对待组织、正确对待自己的试金石，也是领导干部能否健康成长的关键所在。因此，树立正确的政绩观，是干部队伍建设中一个非常重要的问题。那么，怎样才能树立正确的政绩观呢？

树立正确政绩观的基本前提，就是要奋发有为、开拓进取，创造党和人民满意的政绩。强调树立正确的政绩观，并不是不要政绩。恰恰相反，我们党历来鼓励和支持各级领导干部创造政绩，但这个政绩必须是真实的政绩，是党和人民满意的政绩。我们强调树立正确的政绩观，强调防止和克服热衷于上项目、铺摊子，强调力戒搞华而不实、劳民伤财的"形象工程"、"政绩工程"，这并不是不要政绩，也不是否定一切政绩，更不是让各级领导干部消极无为、得过且过。中央要求牢

＊　这是贺国强同志在省部级后备干部考察组长座谈会上讲话的一部分。

固树立和认真落实正确的政绩观,基本前提就是要求各级领导干部在正确的理论和科学的方法指导下,认真履行职责,创造出实实在在的政绩,真正做到"为官一任、造福一方"。

树立正确政绩观的基本要求,就是要坚持求真务实,真抓实干。求真务实,是我们党的思想路线的核心内容,也是正确政绩观的思想基础和实践方法。正确的政绩观从本质上讲,就是求真务实的政绩观。不求真务实,不坚持从实际出发,不按客观规律办事,作风漂浮,弄虚作假,是创造不出实实在在政绩的。我国仍处于并将长期处于社会主义初级阶段,我们想问题、作决策、办事情,都要符合中国现阶段国情。树立正确的政绩观,必须大兴求真务实之风,坚持一切从实际出发,既要积极进取,又要量力而行,不搞脱离实际的高指标和盲目攀比;坚持说实话、办实事、求实效,珍惜民力,不搞劳民伤财的"形象工程",不虚报浮夸,不做表面文章;坚持立足当前、着眼长远,多做打基础利长远的事,不急功近利。

树立正确政绩观的最终目的,就是要坚持立党为公、执政为民,实现好维护好发展好最广大人民的根本利益。胡锦涛同志指出:"树立正确的政绩观,说到底就是要忠实实践党的宗旨,真正做到权为民所用、情为民所系、利为民所谋。"[1]这里的"说到底",就是讲树立正确政绩观的最终目的。为人民群众谋利益,还是为个人谋私利,是衡量领导干部政绩观正确与否的分水岭。树立正确的政绩观,就要把实现人民群众的根本利益作为一切工作的出发点和归宿,把为人民服务作

---

〔1〕《十六大以来重要文献选编》(上),中央文献出版社 2005 年版,第 510 页。

为人生的最大追求,坚持为崇高理想奋斗和为最广大人民谋利益的一致性,坚持尊重社会发展规律和尊重人民历史主体地位的一致性,坚持完成党的各项任务和为人民办实事的一致性,真正做到立党为公、执政为民。

衡量正确政绩观的根本标准,就是要看创造的政绩是否经得起实践、群众和历史的检验。真正的政绩应是为党和人民踏实工作的实绩,应是经得起实践、群众和历史检验的实绩。之所以说要经得起实践检验,是因为实践是认识的基础,也是检验认识真理性的标准。政绩是在社会实践中创造的,判断是真实的政绩还是虚假的政绩,必须由实践来检验。之所以说要经得起群众检验,是因为人民群众是实践的主体,也是政绩的评判者。检验政绩的最终标准,是人民拥护不拥护、赞成不赞成、高兴不高兴、答应不答应。之所以说要经得起历史检验,是因为任何政绩都必须放到历史的长河中去考察,分析其作用和影响,不能只看短期效果而忽视长期的作用。

树立正确政绩观的关键,就是要牢固树立科学的世界观、人生观、价值观和正确的权力观、地位观、利益观。世界观、人生观、价值观和权力观、地位观、利益观决定着政绩观。树立正确的政绩观,归根到底要靠自觉加强主观世界改造。对于领导干部来说,尤其要注意正确对待权力、地位和名利。要正确对待权力,把权力用在为党建功、为国尽职、为民造福上;要正确对待地位,把职位作为为人民服务的平台;要正确对待名利,视个人名利淡如水,视人民利益重如山。

呼唤千千万万郑培民式的好干部[*]

（2004 年 7 月 21 日）

  郑培民〔1〕同志是党的领导干部的优秀代表。他在湖南工作 30 多年，先后在市（地）、省级多个岗位担任重要领导职务，2002 年 3 月在参加中央干部考察工作期间，因突发心脏病在北京逝世。2003 年 3 月 11 日胡锦涛同志就学习郑培民同志先进事迹作出重要批示后，全党掀起了向郑培民同志学习的热潮。在一年多的学习过程中，广大干部群众一致认为，广泛开展学习郑培民活动，大力弘扬郑培民精神，是时代的要求、事业的需要、人民的意愿。郑培民同志是继焦裕禄、孔繁森等先进模范人物之后，党的领导干部忠诚实践党的纲领和宗旨的优秀代表，他的事迹感人至深。在中央电视台 2002 年"感动中国"十大人物评选中，郑培民同志名列第一位。这说明，人民群众热爱、拥戴郑培民式的干部，也呼唤在我们党的干部队伍中能够涌现出千千万万个郑培民式的干部。郑培民同志的先进事迹和崇高精神，生动形象地回答了在新的历史阶段，党的各级领导干部和广大党员应该如何保持清醒的头

＊ 这是贺国强同志在郑培民精神研讨会上讲话的一部分。

〔1〕 郑培民，曾先后担任中共湘潭市委书记、中共湘西土家族苗族自治州州委书记、湖南省副省长、省委副书记和省人大常委会副主任、党组副书记。

脑,经受住各种风险和考验,始终保持共产党人的政治本色等一系列重大问题。学习和宣传郑培民精神,对于加强领导班子思想政治建设、造就高素质干部队伍,对于加强社会主义精神文明建设、培育民族精神,对于促进改革开放和社会主义现代化建设事业,都将产生重要推动作用。

我和郑培民同志早就相识,对他的先进事迹有比较多的了解,对他的人品十分敬佩,对他的逝世深感痛心。他的事迹公开宣传后,我对他的崇高精神有了更全面更深刻的了解。今年3月,我和中央组织部的同志到湖南调研,所到之处,大家忆培民、说培民、赞培民,言谈话语之中无不充满了对郑培民同志的怀念和崇敬之情。这些都深深地感染着我们,震撼着我们,教育着我们。我们真切地感受到了"金奖银奖不如老百姓的夸奖,金杯银杯不如老百姓的口碑"这句话的深刻含义。郑培民同志的先进事迹再次表明:群众在我们心里的分量有多重,我们在群众心里的分量就有多重;我们共产党人只有始终造福人民,才能得到群众的拥护和信任。

一年多来,各级领导干部、广大理论和实际工作者,积极响应中央的号召,深入研究和探讨郑培民精神的深刻内涵和时代特征,取得了丰硕的成果。总结和概括大家的研究成果,我认为,郑培民精神主要体现在以下四个方面:

一是心系群众、为民谋利。这是我们党全心全意为人民服务宗旨的集中体现,其核心所在,就是权为民所用、情为民所系、利为民所谋。郑培民同志信奉"老百姓比天还大",把"做官先做人,万事民为先"作为自己的行为准则,立下了"永做人民公仆"的誓言。在他担任领导干部20多年的时间里,一直身体力行这一誓言。他深怀公仆之心,倾注公仆之情,牢记公仆之责,时刻把群众需要视为第一责任,把群众满意视为第一追求,把群众情绪视为第一信号,把加快发展、改善群众生活视为第一要事。尽管岗位多次变动,职务越来越高,但他始终是老百姓的"好朋友"、"好兄长",被群众亲切地称为"爱民书记"、"亲民书记"、"为民书记"。郑培民同志用自己光辉的一生,在人民群众心中树立了一座共产党人执政为民、亲民爱民的丰碑。

二是求真务实、艰苦奋斗。这既是一种思想作风、工作作风,又是一种精神状态和价值取向,是我们党的优良传统和共产党人应该具备的政治品格。郑培民同志始终保持着求真务实、艰苦奋斗的优良作风,始终保持着勤奋工作、不断进取的精神状态。他坚持正确的政绩观,作决策、办事情,坚持一切从实际出发,从调查研究入手,实事求是,从不搞急功近利、劳民伤财的"形象工程"、"政绩工程";他不务虚名,不尚空谈,不事张扬,把"为人民办实事"看作是"当官的最高境界",务求把实事办实,好事办好,使人民群众得到实实在在的好处;他经常用"励精图治、艰苦奋斗"来警示自己,无论在什么岗位上,都带头与群众同甘共苦、艰苦创业,工作上不畏艰辛、勇挑重担,生活上不怕吃苦、不贪图享受。郑培民同志用自己的实际行动,展示了共产党人求真务实、艰苦奋斗的高尚情操和精神风范。

三是坚定信念、清正廉洁。坚定的理想信念,是我们不断前进的思想动力和精神支柱。一个有坚定理想信念的人,才会成为毛主席说的那种"一个高尚的人,一个纯粹的人,一个有道德的人,一个脱离了低级趣味的人,一个有益于人民的人"[1]。郑培民同志正是这样的一个人。他始终保持坚定的理想信念,始终保持清正廉洁的作风。他时刻警示自己,"政治信念的动摇,必然导致思想道德防线的全面崩溃"。因此,他始终注意世界观的改造,表示要永远做一名工人阶级的先锋战士、一个真正的共产党员。他认为,理想和信念是根本问题,世界观是总开关;他把"做人要有人格,做官要有官德,做事要有本事"作为自己为人处事的基本准则;他始终坚持正确的权力观、地位观和利益观,反复告诫自己,"大浪淘沙,警钟长鸣",始终做到一身正气、两袖清风。郑培民同志以自己的模范行为,树立了共产党人信念坚定、清正廉洁的光辉形象。

四是恪尽职守、鞠躬尽瘁。把一切交给党,顾全大局,恪尽职守,鞠躬尽瘁,无私奉献,是共产党员特别是党的领导干部党性的集中表现。郑培民同志把"全身心跟党,全身心投入,全身心服务"作为自己的人生追求,并以自己无私奉献的精神和行动,实践了"一切交给党安排"的诺言。他无论在什么岗位、做什么工作,都干一行、爱一行、钻一行、精一行,脚踏实地,埋头苦干,淡泊名利,勇于奉献。在每一个工作岗位上、在每一次考验面前,都向党和人民交上了一份满意的答卷。他讲政治,顾大局,在任何时候、任何情况下都把党和人民的利益放在首位,从不计较个人得失;他工作多次变动,都能自觉服从组织安排,哪里需要就到哪里去,从不讲任何价钱;他

---

[1] 《毛泽东选集》第 2 卷,人民出版社 1991 年版,第 660 页。

恪尽职守,不辞劳苦,忘我工作,最终累倒在工作岗位上。郑培民同志以自己的出色工作,展示了共产党人时刻把人民的事业放在第一位,大公无私、死而后已的高风亮节。

郑培民同志虽然已离开了我们,但他的精神永在,风范长存,永远值得我们学习。深入学习郑培民精神,最根本的是要始终坚持全心全意为人民服务的根本宗旨,自觉实践"三个代表"重要思想,始终做到"两个务必",当好推进改革开放和社会主义现代化建设的带头人,当好为民造福、为民解难的贴心人。要把深入学习郑培民精神,落实到抓好发展这个党执政兴国的第一要务上,创造出符合科学发展观和正确政绩观要求的实实在在的政绩;落实到不断增进对群众的感情上,努力当好人民公仆;落实到拒腐防变、抵御风险上,永葆共产党人的政治本色,使郑培民精神不断发扬光大,使郑培民式的干部不断涌现出来。

搞好先进性教育活动要
注意把握的几个问题*

（2005 年 1 月 6 日）

以这次保持共产党员先进性教育活动工作会议为标志，先进性教育活动正式在全党展开了。中央关于这次活动的指导思想、目标要求、指导原则都已经十分明确，为开展好活动指明了方向。深刻领会、全面贯彻中央的要求，确保先进性教育活动不走过场，不出偏差，取得实效，一个重要的方面，就是要正确把握好一些重要问题。在这次会议的讨论中，大家提出了一些问题。有些问题需要随着先进性教育活动的深入开展，大家共同探索解决。这里，我着重对几个重要问题谈些意见。

第一，关于吸收群众参与。广大党员工作、生活在群众之

---

*　这是贺国强同志在中央保持共产党员先进性教育活动工作会议结束时讲话的一部分。2004 年 11 月 7 日，中央下发了《中共中央关于在全党开展以实践"三个代表"重要思想为主要内容的保持共产党员先进性教育活动的意见》。经中央批准，成立了中央保持共产党员先进性教育活动领导小组，贺国强同志兼任组长。根据中央的统一部署和总体安排，这次先进性教育活动自 2005 年 1 月开始，至 2006 年 6 月基本结束。活动共分三批进行，每批半年左右时间，第一批为县及县以上党政机关和部分企事业单位，第二批为城市基层和乡镇机关，第三批为农村和部分党政机关。

中,党员的作用发挥得怎么样,有什么优点和长处,存在什么问题和缺点,群众看得最清楚,最有发言权。开展先进性教育活动,一定要充分相信群众,紧紧依靠群众,坚持走群众路线。一是要广泛征求群众意见。征求群众意见的方式可以多种多样,但无论采取什么样的方式,都要有利于群众讲真话、讲实话,有利于反映真实情况。对群众反映的意见和建议,要高度重视、认真研究,及时准确地反馈给党组织和党员个人。凡是反映的问题属实或基本属实的,都要认真制定整改措施;即使与事实有出入,也要本着言者无罪、闻者足戒,有则改之、无则加勉的态度,正确对待。二是要自觉接受群众监督。先进性教育活动全过程,都要让群众监督。特别是在整改阶段,要在一定范围内公布整改方案和整改结果,让群众知道改什么、如何改、什么时候改、达到什么目标,使整改工作始终置于群众的监督之下。三是要注意听取群众评价。集中教育活动结束前,要采取群众代表评议和在群众中随机抽样调查等形式,由上级党组织对下一级党组织的先进性教育活动开展情况进行群众满意度测评。多数群众不满意的,要及时进行"补课"。总之,先进性教育活动既要坚持自我教育,又要"开门"搞教育;既要坚持走群众路线,又不搞运动,努力形成群众有序参与、监督有力、评价客观的良好局面,切实体现服务群众和让群众满意的要求。

第二,关于党员领导干部带头。先进性教育活动能不能取得实效,关键在领导,而领导得力不得力,关键又在于领导干部的表率作用发挥得好不好。这次先进性教育活动面向全体党员,因此没有提"领导干部是重点",但领导干部的表率作用是非常重要的。县级以上党员领导干部既要以普通党员身份参加所在党支部的活动,又要以党员领导干部身份参加所在领导班子的活动,兼任多个领导职务的可以一个单位为主。各级党员领导干部特别是"一把手",一定要以身作则,带头参加学习,带头查找问题,带头开展批评和自我批评,带头制定和落实整改措施。同时,要敢于负责,坚持原则,认真抓好本地区本部门本单位的先进性教育活动。

第三,关于解决突出问题。是否真正解决群众反映强烈、通过努力能够解决的突出问题,是衡量先进性教育活动成效的一个重要标准。《中共中央关于在全党开展以实践"三个代表"重要思想为主要内容的保持共产党员先进性教育活动的意见》对党组织和党员队伍存在的突出问题进行了概括,这些问题是从宏观来讲的,各级党组织要认真对照,切实予以解决。具体到一个单位、一个基层组织、一名党员,要解决的问题会不尽相同,必须坚持有什么问题就解决什么问题,什么问题突出就着重解决什么问题。要抓住三个关键环节:一是找准问题。要从维护党和人民的利益出发,摒弃私心杂念,找准并抓住存在的突出问题。二是切实解决问题。对群众反映强烈、通过努力可以解决的突出问题,要制定整改措施,切实加以解决;对那些应该解决但由于受客观条件限制一时解决不了的问题,要向群众说明情况,采取措施逐步解决。整改目标要切合实际;整改任务要分解,落实责任;整改措施要切实可行,努力做到标本兼治。三是建立长效机制。善于发现问题,从体制机制上查找原因和漏洞,有针对性地健全和完善制度,是我们推动工作的一个重要方法。在先进性教育活动中,要注意总结经验,在建章立制上下功夫,努力探索建立长效机制。这里要强调的是,由于集中学习教育活动时间不长,不可能在这么短的时间内解决所有的问题,一定要坚持实事求是,不提不切合实际的口号和目标。

第四,关于组织处理工作。中央决定,这次先进性教育活动不单独搞一个组织处理阶段,民主评议也不确定党员的格次。对那些不完全履行党员义务、不完全符合党员条件的党员,要多做教育工作,促使他们尽快转化。作这样的安排,不仅体现了正面教育的要求,也不至于把大家的注意力都引导到对少数人的处理上,有利于调动广大党员的积极性,有利于党的团结统一。但不把组织处理作为一个单独的阶段,并不是说不要进行组织处理。要坚持党要管党、从严治党的方针,对那些经教育不改、不符合党员条件的,要根据党章和有关规定,按照正常程序进行组织处理。对党员进行组织处理,要严格把握政策界限,注意区分党员一时一事的表现和长期一贯的表现,注意区分主观因素和客观因素,不能以偏概全,不能简单采取以票取人或末位淘汰等办法。对受到组织处理出党的,要做过细的思想工作,教育他们做个好公民。对违纪党员,要按照《中国共产党纪律处分条例》规定,给予纪律处分。同时,要注意总结优秀党员的感人事迹,对群众认可、组织认定的优秀党员给予表扬、宣传。要把那些符合党员条件的先进分子及时吸收到党内来,壮大党员队伍。

第五,关于加强具体指导。先进性教育活动的教育对象分布在不同领域、不同行业,各自状况也有所不同,要在调查研究的基础上,加强分类指导,增强先进性教育活动的针对性和有效性。比如,要根据不同行业党员的特点提出保持党员先进性的具体要求。又比如,在时间安排上,总体上分三批,用一年半时间完成,但对有特殊情况的地区和单位,在确保质量的前提下,可根据实际情况作灵活安排。再比如,对一些有特殊情况的党员,要采取灵活多样的形式加强指导。对在县内流动的党员,一般在原单位党组织参加先进性教育活动;对流动到县外的党员,一般在流入地党组织参加先进性教育活动。对下岗失业人员中的党员,要把解决思想问题和解决实际问题结合起来,把关心下岗失业人员中的党员同关心其他下岗失业人员结合起来。对这部分党员,在完成规定学习内容的前提下,还要帮助他们转变就业观念,提高就业本领,鼓励他们再就业并团结带领其他下岗失业人员实现再就业。对城乡其他生活困难党员,要采取相应措施,使他们在先进性教育活动中受到教育,感受到党组织的温暖,增强战胜困难的勇气。对离退休干部职工党员以及年老体弱的党员,应视其身体情况,采取灵活的方式,组织他们参加先进性教育活动,在学习内容上不宜规定过多,对学习时间也不要规定过死。

第六,关于督促检查工作。要加强对先进性教育活动全过程的督查指导,上级党组织要加强对下级党组织的指导、监督和检查,及时了解掌握情况,发现问题,认真解决。重点要督促检查实施方案是否可行,工作力量是否到位,工作措施是否有力,工作效果是否明显,党员群众是否满意等。

在先进性教育活动开展时,中央和各地区各部门各单位将派出督导组。要抽调党性强、作风好、有较高政策理论水平、工作认真负责的同志作为督导组成员。督导组在实际工作中要注意四点：一是正确处理督导组和所去单位党委（党组）的关系。各地区各部门各单位的先进性教育活动，总的责任在党委（党组），但督导组也负有重要责任。督导组要紧紧依靠党委（党组）开展工作，多出点子，多帮促，做到既不包办代替，又认真负责地做好工作。二是恪尽职守。对每个阶段每个环节都要严格把关，严防走过场。在有关总体部署、目标要求和一些重大问题上，要坚持原则，说实情，讲真话，多与党委（党组）尤其是主要负责同志沟通，达成共识，共同把工作做好。三是注意工作方式。要善于抓重点，解难点，保证督导工作高效有序。要深入基层，多向基层同志学习，掌握第一手资料。要善于与党委（党组）负责同志合作共事，坦率诚恳地提意见，设身处地地想问题，真心实意地解难题。四是加强自身建设。督导组的全体同志要自觉做到振奋精神、刻苦学习、加强团结、严格自律，高质量地完成督导任务。各级党委（党组）要支持督导组的工作，为督导组顺利开展工作创造必要条件。

先进性教育活动要防止
走过场，做到"两不误"[*]

（2005 年 3 月 2 日）

前一段的先进性教育活动，进展比较顺利，也取得了比较好的成效，对此必须予以充分肯定。但对成绩不能估计过高，还要看到存在的问题和不足。这里，我还想特别讲一下，在统一思想认识问题上，目前一些党员干部存在的"两个担心"：一是担心先进性教育活动走过场；二是担心工学关系处理不好而影响业务工作。

第一，关于会不会走过场的问题。根据试点单位的实践，我认为，只要认真按照中央精神办事，抓好五个方面的工作，先进性教育活动就一定能够取得实效。一是不能搞形式主义，先进性教育活动的各项工作都要在"扎实"两个字上下功夫。二是必须紧密联系本地区本部门本单位的实际开展工作，不能搞成"两张皮"。三是必须坚持边学边改，切实解决群众反映的突出问题，让群众看到实实在在的变化。四是整改提高要坚持高标准、严要求，但所提的目标一定要实事求

---

* 这是贺国强同志在中央保持共产党员先进性教育活动领导小组第三次会议上讲话的一部分。

是、合情合理，不提不切实际的口号；暂时解决不了的问题，要耐心细致地向群众说清楚。五是领导机关、领导班子、党员领导干部带头，发挥表率作用。

第二，关于工学关系问题。我认为，这个担心也是不必要的。试点单位的工作实践充分表明，开展先进性教育活动，只要把握得好，就不是影响了工作而是促进了工作。正确处理工学关系，做到"两不误、两促进"，关键是要做到五点：一是要把先进性教育活动放在本地区经济社会发展全局和本部门本单位工作全局的高度来谋划来安排。二是要紧密联系本地区本部门本单位改革发展稳定的实际来部署来推进。三是要坚持正面教育，着力调动党员的积极性，激发党员的内在动力。党员都是工作中的骨干，通过开展先进性教育活动把工作骨干的积极性充分调动起来，将有力地推动各项工作的顺利开展。四是工作方案要科学合理，安排部署要统筹兼顾。五是对党员领导干部来讲，开展先进性教育活动是做好工作的难得机遇，要善于借助先进性教育活动的开展，很好地解决存在的突出问题，推进各项工作，同时进一步提高领导艺术和领导水平。

学习借鉴延安
整风运动的历史经验[*]

（2005 年 3 月 22 日）

延安时期是中国共产党和中国革命辉煌发展的时期,是毛泽东思想得到系统总结和多方面发展进而达到成熟、经过党的七大正式确立为党的指导思想的重要历史时期,也是党的先进性建设成效卓著的时期。在这一时期,毛泽东同志把党的建设称为"伟大的工程",提出了党的建设必须紧密联系党的政治路线的基本原理,把党的思想路线概括为"实事求是",对民主集中制的内涵作了完整、明确、科学的表述,把"理论联系实际、密切联系群众、批评和自我批评"概括为党的三大作风。党成功地开展延安整风运动,找到了一条通过集中教育处理党内矛盾、解决党内问题、加强党的建设的新路子。党培育了以"坚定正确的政治方向,解放思想、实事求是的思想路线,全心全意为人民服务的根本宗旨,自力更生、艰苦奋斗的创业精神"为主要内容的延安精神。在这个时期,我们党通过推进思想建设、组织建设、作风建设和制度建设,

---

[*]　这是贺国强同志在陕西省延安市调研保持共产党员先进性教育活动时讲话的主要部分。

使党的理论和路线方针政策顺应了时代发展的潮流,代表了社会发展的方向,代表了广大人民群众的根本利益,保持了马克思主义政党的先进性。所有这些,都充分体现了我们党加强先进性建设的不懈探索和伟大成就。

这里,我想着重谈一谈对延安整风运动的认识。1942年2月至1945年4月的延安整风运动,是在抗日战争处在最困难的阶段,为了实现党内在思想上政治上的统一和行动上的一致,同心同德地战胜困难,夺取抗日战争的最后胜利的背景下开展的。延安整风运动既是一次深刻的马克思主义教育运动,也是一次伟大的思想解放运动。它坚持马克思主义与中国实际相结合的正确方向,使全党端正了思想政治路线,从主观主义和教条主义的枷锁中解放出来,在马克思主义的基础上达到空前的团结和统一,为党的七大的胜利召开作了重要准备,为抗日战争的最终胜利和新民主主义革命在全国的胜利奠定了重要的思想政治基础。它是加强党的建设、提高党的战斗力的一次成功实践,从某种意义上讲也是一次全党范围内的先进性教育活动。延安整风运动中,毛泽东同志的《改造我们的学习》、《整顿党的作风》、《反对党八股》、《反对自由主义》,刘少奇同志的《论共产党员的修养》和陈云同志的《怎样做一个共产党员》等著作,被列为必读篇目。这些著作,闪耀着马克思主义的光辉,至今读起来仍然倍感亲切,具有很强的指导意义。回顾历史,延安整风运动为我们留下了宝贵的精神财富,为新时期加强党的先进性建设提供了重要的启示。

第一条启示是,加强党的先进性建设,必须坚持马克思主义与中国实际相结合的正确方向。延安整风运动自始至终坚持实事求是的原则,用马克思主义的普遍真理解决中国革命的实际问题,破除把马克思主义教条化、把苏联经验和共产国际指示神圣化的教条主义。实践证明,只有以先进理论为指导的党,才能实现它的先锋作用;只有用马克思主义的立场、观点、方法分析解决中国的实际问题,党才能不断走向胜利;只有坚持理论上的与时俱进,才能保持党的先进性。这是保持党的先进性的关键所在。

第二条启示是,加强党的先进性建设,必须坚持理论联系实际的学风,注重马克思主义的理论学习。延安整风运动,是从整顿学风开始的。毛泽东同志指出:"学风问题是领导机关、全体干部、全体党员的思想方法问题,是我们对待马克思列宁主义的态度问题,是全党同志的工作态度问题。"〔1〕整风运动期间,中央规定了 22 篇必读的学习文件,要求党员干部认真学习马克思列宁主义著作和党的文献,发扬理论联系实际的学风。实践证明,加强马克思主义理论学习,坚持不懈地提高全党的理论水平和运用理论解决实际问题的能力,是保持党的先进性的根本要求。

第三条启示是,加强党的先进性建设,必须按照正确的方针,采取批评和自我批评的方式解决党内矛盾。党内矛盾是客观存在的。同以往党内"左"倾错误实行的"残酷斗争,无情打击"相反,延安整风运动实行"惩前毖后,治病救人"的方针,从团结的愿望出发,认真开展批评和自我批评,坚持真

---

〔1〕《毛泽东选集》第 3 卷,人民出版社 1991 年版,第 813 页。

理、修正错误,正确处理党内矛盾,真正达到了既弄清思想又团结同志一道前进的目的。实践证明,认真开展批评和自我批评,正确对待和处理党内矛盾,是保持党的先进性的有力武器。

第四条启示是,加强党的先进性建设,必须坚持民主集中制,增强党的团结和统一。延安整风运动针对当时存在的山头主义、小团体主义、闹独立性、闹不团结等宗派主义问题,强调要坚持民主集中制,建设一个集中的统一的党。整风运动的主要成果之一,就是形成了以毛泽东同志为核心的中央领导集体,加强了党的领导、团结和统一。实践证明,民主集中制是党的根本组织制度和领导制度,是科学的、合理的、有效的制度,是加强党的先进性建设的重要保证。

第五条启示是,加强党的先进性建设,必须始终坚持领导干部带头。延安整风运动从抓党的高级干部入手,并以此带动全党同志思想水平的提高。毛泽东同志指出,"此次整风是全党的,包括各部门各级干部在内",而"主要与首先的对象是高中两级干部,特别是高级干部,只要把他们教育好了,下级干部的进步就快了"。[1] 实践证明,只有抓好了领导干部的教育,才能带动全党的教育。这是加强党的先进性建设的重要方法。

第六条启示是,加强党的先进性建设,必须把总结历史经验与把握发展规律结合起来。延安整风运动是一次全面总结党的历史经验的成功实践。它创造了把现实问题和党的历史

---

[1] 《毛泽东年谱(1893—1949)》(中),中央文献出版社2002年版,第391页。

问题相结合、自上而下和自下而上总结经验相结合的学习教育方法,使广大党员干部联系自身实际深刻认识问题,总结经验教训,从根本上提高对中国革命发展规律的认识。在整风运动后期形成,并在党的六届七中全会上通过的《关于若干历史问题的决议》,很好地总结了历史经验,为党的七大的胜利召开奠定了思想基础。实践证明,从党的奋斗历史中总结经验、认识规律,用以指导新的实践,是加强党的先进性建设的重要途径。

以上六条启示,是我对延安整风运动历史经验的一些认识。毛泽东同志曾经说过:"历史的经验值得注意。"〔1〕我们很好地学习和借鉴历史经验,必将从中受到教益、得到启示、获得力量,从而更好地推进党的先进性建设。在延安整风运动结束近 60 年后,中央决定在全党开展先进性教育活动,这是加强党的先进性建设的重大举措。我们要认真学习借鉴延安整风运动的经验。当然,对在整风运动后期,康生等人搞的"抢救运动"的错误教训也要认真汲取。回想延安时期在那么艰苦的条件下,整风运动都能取得那样大的成效,现在各方面的条件好多了,我们更应当把先进性教育活动抓得更好,抓出成效。那么,先进性教育活动怎样才能取得实效呢?这是我最近一直思考的问题,这次到延安调研,又受到一些新的启发。我认为,要确保先进性教育活动健康顺利地开展并取得实效,借鉴延安整风运动的历史经验,必须正确处理五个方面的关系。

---

〔1〕 《建国以来毛泽东文稿》第 12 册,中央文献出版社 1998 年版,第 595 页。

一是既要坚持正面教育为主,又要坚持从严治党。延安整风运动抛弃惩办主义的错误做法,贯彻治病救人的方针政策,立足于教育和提高党员,保证了整风运动的正确方向。即使对王明这样犯过严重错误、使党的事业遭受重大损失的人,毛泽东同志仍强调,对他要采取历史的方法,从实际出发的方法,自我批评的方法,开展耐心细致的思想工作。这次先进性教育活动提出以正面教育为主,也是在总结历史经验基础上作出的决定。中央认为,目前党员队伍的主流是好的,绝大多数党员是合格的,最根本的问题是要切实用"三个代表"重要思想武装全党,最大限度地激发广大党员实践"三个代表"重要思想的内在动力。因此,这次先进性教育活动不单独搞一个组织处理阶段,民主评议也不评定党员格次,对不完全履行党员义务、不完全符合党员条件的党员要多做教育转化工作,促使他们尽快跟上队伍。

但是,我们还要注意,坚持正面教育为主,不是说不要从严治党,搞一团和气;不搞一个单独的组织处理阶段,不是说不要进行组织处理,放任那些存在有这样那样严重问题和错误的党员。恰恰相反,我们要坚持从严治党的方针,对那些经教育仍不改正、不符合条件的党员,要根据党章和有关规定,按照正常程序严肃处理。对违纪党员,要按照《中国共产党纪律处分条例》的规定,给予纪律处分,以保持党组织的纯洁性。

二是既要坚持自我教育为主,又要坚持走群众路线。延安整风运动中,中央大力倡导深入群众开展调查研究,强调要紧密联系群众,加强同党外干部、党外人士的团结合作。毛泽东同志指出："一切脱离群众的行为,并没有任何的根据"〔1〕,"共产党是为民族、为人民谋利益的政党,它本身决无私利可图。它应该受人民的监督,而决不应该违背人民的意旨。它的党员应该站在民众之中,而决不应该站在民众之上"〔2〕。这次先进性教育活动是一次普遍的马克思主义学习教育活动,以党员自我教育为主,着重提高党员自我改进、自我完善、自我提高的自觉性。同时要充分相信群众,紧紧依靠群众,坚持走群众路线。要广泛征求群众意见,自觉接受群众监督,坚持"开门"搞教育。没有群众的参与,离开了群众的支持和监督,先进性教育活动要想取得实实在在的效果,是不可能的。当然,坚持走群众路线,也要注意加强对群众的教育引导,帮助其正确行使民主权利,有序参与先进性教育活动。我们的目标是形成一个群众参与有序、监督有力、评价客观的良好局面。

三是既要集中解决当前的突出问题,又要着眼长远建立长效机制。延安整风运动纠正了党内的主观主义、宗派主义和党八股等错误的思想作风,增强了全党同志的党性,严肃了党的纪律,巩固了党的团结。这次先进性教育活动要在解决实际问题上下功夫,把是否解决了群众反映强烈、通过努力能够解决的突出问题和群众是否满意作为衡量先进性教育活动成效的重要标准。各级党组织和党员都要有紧迫感,抓住这个难得的机遇,集中力量解决突出问题。当然,由于先进性教

---

〔1〕 《毛泽东选集》第3卷,人民出版社1991年版,第826页。
〔2〕 《毛泽东选集》第3卷,人民出版社1991年版,第809页。

育活动时间有限,要求解决所有问题是不现实的。对那些应该解决但由于各方面条件限制一时又解决不了的突出问题,要耐心细致地向群众说明情况,采取措施逐步解决。解决问题要量力而行,不提不切实际的目标和口号,但定下来能够做的事情要尽最大努力去办好。

解决现实存在的突出问题固然重要,但建立长效机制更为关键。延安整风运动的许多成果,最终体现在党的六届七中全会所作的《关于若干历史问题的决议》之中,体现在党的七大的政治报告和党章之中。这次先进性教育活动,在解决突出问题的过程中,要注意举一反三,由表及里,进一步认识和把握新形势下加强党的先进性建设的规律,努力在体制机制上进行加强和改善,努力使先进性教育活动取得的成效、创造的经验转化为经常之举,在今后的工作中长期遵循,这才是根本,这也是衡量此次先进性教育活动有没有取得实效的一个重要标准。

四是既要做好"规定动作",又要搞好"自选动作"。延安整风运动是党的建设史上的一大创举,本身就体现了一种创新精神。前些年我们在党内开展过一些集中教育活动,积累了许多行之有效的经验和做法,但这次先进性教育活动与以往相比,教育对象有新的特点,指导原则、目标任务和教育内容都有新的要求,也是一种创新活动。各级党组织要在遵循中央总体要求的前提下,坚持用创新的精神开展先进性教育活动。既要确保中央的总体要求不变通、不走样,完成好"规定动作",又要从实际出发,积极探索,做好"自选动作",丰富活动内容,增强先进性教育活动的吸引力和感染力。要紧密结合本地区本部门本单位实际,实行分类指导。广大党员中蕴藏着无穷的智慧和力量,在实践中一定会创造出很多行之有效的方式和载体。中央先进性教育活动领导小组及办公室要认真总结各地区各部门各单位创造的好经验好做法,以不断推进先进性教育活动深入开展。

五是既要搞好先进性教育活动,又要推动各项工作。延安整风运动是在抗日战争最困难、最关键的时候开展的。通过整风运动,党的战斗力迅速提高,在抗日救亡中进一步发挥了中流砥柱作用。邓小平同志说,没有那次整风,夺取抗日战争和解放战争的胜利是不可能的。这次先进性教育活动是我们党团结和带领全国人民为实现全面建设小康社会宏伟目标、推进中国特色社会主义伟大事业而奋斗的重要举措。按照中央的要求和部署,扎实开展好先进性教育活动,必将激发各级党组织的活力、调动广大党员的积极性,必将有力地推动当前的各项工作。各级党组织必须紧密联系本地区本部门本单位改革发展稳定的实际来部署、来推进先进性教育活动,周密安排、统筹兼顾,切实做到"两不误、两促进"。

像周总理那样
全心全意为人民服务[*]

（2005 年 4 月 10 日）

　　今天下午，我们怀着崇敬的心情，瞻仰了周恩来纪念馆和周恩来同志故居。睹物思人，感慨万千，深受教育。周恩来同志是中国共产党人的优秀代表。他一生个人几乎没有留下什么有形的东西，但他赢得了人民群众广泛、挚烈的爱戴和深切、持久的怀念。这是为什么呢？因为，周恩来同志用自己一生的不懈奋斗，用对党和人民、对国家和民族真挚的情感，把共产党人的崇高精神和优秀品格，完美地展现在世人面前，矗立起一座铭刻着中国共产党人光辉形象和浩然正气的丰碑。

　　周恩来同志是坚持党性的楷模，是全心全意为人民服务的典范。在他身上，集中体现了中国共产党人的先进性。大力弘扬周恩来同志的崇高精神和优秀品格，对于教育和引导广大党员坚持党性、牢记宗旨，立党为公、执政为民，具有十分重要的意义。

　　学习周恩来同志，就要像他那样坚定理想信念，矢志追求

＊　这是贺国强同志在江苏省淮安市召开的保持共产党员先进性教育活动座谈会上讲话的一部分。

真理。周恩来同志少年时代就立志救国,"为了中华之崛起"而发愤读书。青年时代经过艰苦求索,毅然选择共产主义作为自己终身追求的理想和目标,一生坚定不移。生命的最后一刻,他还和邓颖超同志一起低声吟唱《国际歌》。他把自己的全部精力,都奉献给伟大的共产主义事业。我们每个共产党员,都应该像周恩来同志那样坚定理想信念,自觉地把自己有限的一生和壮丽的共产主义事业联系起来,在现阶段就是要坚定不移地为中国特色社会主义事业而奋斗。一个人有了正确的理想信念,才会有崇高的思想境界和高尚的道德情操,才会有明确的奋斗目标,才能保持旺盛的革命意志和献身精神,这样的生命才有意义。

学习周恩来同志,就要像他那样忠于人民,坚持立党为公。周恩来同志始终把为人民服务作为人生的最高准则,殚精竭虑,鞠躬尽瘁。他的一生正如他自己所说的那样,"像条牛一样努力奋斗,团结一致,为人民服务而死"。[1] 周总理逝世以后,百万人泪洒十里长街的动人场面,惊天地、泣鬼神!周总理一生为人民,他也永远活在人民心中。作为一名共产党员,坚持党的根本宗旨,坚持立党为公、执政为民,必须切实解决三个方面的思想问题:一是为谁服务的问题。周恩来同志曾指出,立党为公,还是立党为私? 这是无产阶级政党和资产阶级政党的分水岭,是真共产党员和假共产党员的试金石。共产党员应当认识到,我们党的一切工作和活动都是为人民谋利益,党的一切政策都要符合人民的意愿,共产党员的人生

---

[1] 《周恩来选集》上卷,人民出版社 1980 年版,第 241 页。

价值取向就是全心全意为人民服务。二是对人民群众怀有什么样感情的问题。周恩来同志担任共和国总理长达 26 年,身居高位,却对普通百姓始终充满着真挚的热爱。1966 年,河北邢台发生大地震,他不顾安危,第二天就赶往余震不断的灾区,亲临指挥,慰问群众;1973 年,他重返延安,目睹老区群众生活困难的情景,禁不住潸然泪下,痛心自责:"我对不起老区人民。"我们共产党人最深厚的感情,就是对人民的热爱,要把群众当作自己的亲人。一个共产党员只有心里装着老百姓,一切为了老百姓,老百姓心里才会有他。三是怎么样诚心诚意为群众办好事、办实事的问题。实践党的宗旨是具体的、实在的,不是空洞的、抽象的。它需要通过党员的一个个实际行动来落实,一件件具体事情来体现。广大党员要牢记群众利益无小事,从人民群众最现实、最关心、最直接的利益问题入手,诚心诚意办实事、尽心竭力解难事、坚持不懈做好事,切实实现好、维护好、发展好最广大人民的根本利益,始终保持党同人民群众的血肉联系。

学习周恩来同志,就要像他那样勤奋学习,活到老学到老。周恩来同志一生酷爱学习,始终注意通过学习来提高自己。无论是青年求学时代,还是投身革命身肩重任后,他都一刻不放松学习,活到老学到老。"面壁十年图破壁"的诗句,充分表达了他热爱学习、勤奋学习的信心和决心。对古今中外人类创造的一切优秀文明成果,他都敞开胸怀,博采众长。他还善于向社会学习,向实践学习,坚持学以致用,做到了学与做、知与行的辩证统一。勤奋学习,是共产党员增强党性、提高本领、做好工作的前提。不学习就不能进步,就不能保持先进性。我们每个共产党员都应该像周恩来同志那样,把学习作为一种政治责任、一种精神追求来认识、来对待,发扬理论联系实际的学风,认真学习马克思列宁主义、毛泽东思想、邓小平理论和"三个代表"重要思想,广泛学习经济、法律、科学、文化、社会、历史等方面的知识,学习现代化建设所需要的一切知识,用人类创造的优秀文明成果充实自己,提高自己。

学习周恩来同志,就要像他那样勇于自我改造,不断加强党性修养。周恩来同志之所以能毕生保持高风亮节,这与他坚持不懈地进行自我改造、自我批评、自我约束,不断完善自己、不断提高自己,加强党性修养分不开。周恩来同志是党和国家主要领导人之一,在党和人民的心中有着崇高的威望,但是他把功劳归于集体,全心全意维护党的团结统一,从不谈个人的功绩,从不愿意别人宣传自己,并且时时注意反省和改进自身的不足。他经常深情地说,"应该把自己的错误告诉大家,这对自己是鞭策,同时可以取得同志们的监督"。周恩来同志还认为,"一个人如果平常批评不得,或者不将心事告人,这个人的短处或弱点就很难在平时得到补救。这种人不犯错误则已,一犯就会摔大跤,犯大错误"。〔1〕 这些话,讲得都十分深刻,发人深省。每一名党员都要用海纳百川的博大胸襟来正确对待群众提出的意见,都要勇于正视自身存在的问题,勇于开展自我批评,不断弥补自身不足、加强自身修养。

学习周恩来同志,就要像他那样廉洁自律,艰苦奋斗。无论是在艰苦的战争年代,还是在革命胜利后的日子里,周恩来

---

〔1〕 《周恩来选集》下卷,人民出版社 1984 年版,第 127 页。

同志都始终严格要求自己,艰苦朴素、勤俭节约、廉洁自律、克己奉公。他到工厂、大学视察,和群众一同在食堂排队买饭吃;家乡的同志托人给他带来一些土特产,他都予以谢绝。他是有着几亿人口大国的总理,但一条缝补有 14 块补丁的"百衲巾",生前用了整整 20 年。他在中南海居住的西花厅,年久失修,屋里的顶棚不时往下掉土,但他一直坚持不让修缮。他不仅严格要求自己,而且严格要求亲属。新中国建立初期,党内外都有人提议邓颖超同志到政府部门担任职务,但周恩来同志讲:"我当一天总理,邓颖超就不能到政府任职。"他鼓励侄女到内蒙古大草原做牧民,叮嘱侄儿不要透露他们的叔侄关系,告诫亲属要靠自己的扎实工作赢得群众的信任。这些感人的事例,真切地反映出周恩来同志一身正气、两袖清风的伟人风范。我们每个共产党员都应该以周恩来同志为榜样,继承和发扬党的优良传统作风,自觉抵制拜金主义、享乐主义的侵蚀,经受住改革开放和执政的考验,切实做到为民、务实、清廉,永远保持共产党人的蓬勃朝气、昂扬锐气、浩然正气。

周恩来同志的崇高精神和伟大人格,是我们党的宝贵精神财富。我们每个共产党员都要认真向周恩来同志学习,不断加强党性修养,提高自身素质,团结和带领广大群众前进,为改革开放和社会主义现代化建设事业作出应有的贡献。

多读书、读好书[*]

（2005 年 7 月 14 日、2006 年 2 月 4 日）

一

我赞成组工干部多学点哲学。"学好哲学、终身受用"。这对于我们坚持辩证唯物主义和历史唯物主义,树立正确的世界观、人生观、价值观,认真履行组工干部的职责,做好组织工作,大有好处。"公道正派"是组工干部优良作风和职业道德的核心内容,我们归纳的坚持"公道正派"要做到"对己清正、对人公正、对内严格、对外平等"四句话的要求,就富有一定哲理,体现了辩证唯物主义和历史唯物主义的要求。

（2005 年 7 月 14 日在《中组部干部五局党支部关于开展"读原著、学哲学"学习班的情况报告》上的批语）

二

干部四局青年读书小组成立已 10 年了,在部内也经常听

---

* 这是贺国强同志关于读书的两则批语。

到同志们谈及你们小组和你们的读书收获。春节期间,我仔细阅读了你们送来的几期《读书园地》,有的还读了几遍。这些文章既有理性思考,又有实践总结;既有工作体验,又有生活情趣。读后如沐春风,受益匪浅。多读书、读好书,勤思考、善总结,是提升素质、增长本领、陶冶情操的重要途径。希望你们坚持不懈、持之以恒。希望《读书园地》越办越好。向你们学习。

（2006 年 2 月 4 日在中组部干部四局关于《读书园地》办刊情况的报告上的批语）

向组工干部的优秀
代表祁爱群同志学习[*]

（2005 年 7 月 22 日）

　　祁爱群^{〔1〕}同志是新时期党的组工干部的优秀代表。她是江苏靖江人,大学毕业后留在西藏工作,长期扎根边疆、扎根基层,常年带病坚持工作,在担任那曲地区班戈县委常委、组织部部长期间,因突发脑溢血不幸去世。她的去世,在西藏各族干部群众中引起了强烈反响。我第一次了解祁爱群同志的事迹,是去年 5 月在成都召开的"树组工干部形象"集中学习教育活动座谈会上,当时听了祁爱群同志的先进事迹就很受感染和震撼,既为她英年早逝深感惋惜,也为我们组织系统有这样的好干部感到骄傲和自豪,要求学习她的事迹。去年底,中央组织部在对"树组工干部形象"集中学习教育活动总结表彰时,追授祁爱群同志"全国优秀组工干部"光荣称号,号召全国广大组工干部向她学习。今年 4 月,中央主要新闻媒体派出记者深入西藏对祁爱群同志先进事迹进行了实地采访,之后进行了集中宣传报道,使祁爱群的名字和她的事迹传

---

　　*　　这是贺国强同志在学习祁爱群先进事迹座谈会上讲话的一部分。

〔1〕　祁爱群,曾担任西藏自治区那曲地区班戈县委常委、组织部部长。

遍了全国各地,赢得了社会各界的广泛赞誉。广大干部群众普遍认为,祁爱群同志扎根西藏,不畏艰苦,无私奉献,始终坚持党的事业第一和群众利益至上,把全部精力都献给了藏北人民,以自己的实际行动展现了新时期组工干部公道正派的良好形象,以自己的青春、热血和生命谱写了一曲共产党人壮丽的奉献之歌。

祁爱群这一典型之所以能在组织系统引起强烈反响和广泛共鸣,之所以能得到社会各方面的一致认同,根本原因就在于她的先进事迹充分体现了一个共产党人忠诚实践"三个代表"重要思想的政治本色,体现了一名党员领导干部立党为公、执政为民的公仆意识,体现了一名组工干部自觉坚持公道正派原则、树立公道正派形象的职业风范。广大组工干部都要学习祁爱群同志,做祁爱群同志那样的组工干部。

要学习祁爱群同志对党忠诚、信念坚定的政治品质。祁爱群同志具有坚定正确的理想信念和坚强的党性观念,她把个人理想和价值的实现同党和人民的事业紧密联系在一起,始终把党和人民的利益摆在首位,讲政治、讲大局,一切听从党的召唤,无条件地服从党的决定,从不计较个人得失,表现出了对党和人民事业无限忠诚的思想境界和政治品质。祁爱群同志身上体现出来的高度的党性观念,是做好组织工作的基本要求,也是每一名组工干部必须具备的政治品格。我们学习祁爱群,就是要坚定共产主义理想和中国特色社会主义信念,牢固树立党和人民的利益高于一切的观念,牢记全心全意为人民服务的根本宗旨,不断提高思想境界和政治觉悟,把对崇高理想的追求与扎扎实实地做好本职工作结合起来,为改革开放和社会主义现代化建设贡献力量。

要学习祁爱群同志公道正派、廉洁奉公的凛然正气。祁爱群同志自觉把坚强的党性原则落实到组织人事工作中,始终坚持正确把握政策,按原则和程序办事,坚决抵制用人上的不正之风,用自己的实际行动诠释了公道正派的深刻内涵。祁爱群同志常说:"组工干部掌握着党和人民赋予的权力,没有一颗公平、公正的心,是做不好、也不配做组织人事工作的。""在原则面前不能动摇,只要心底无私、对得起组织和事业,就问心无愧。"我们组织部门的同志,从事着与祁爱群同志一样的事业,祁爱群同志遇到的许多考验我们同样会遇到。我们都应该自觉地以祁爱群同志为榜样,模范地贯彻执行党的干部路线和方针政策,始终做到"对己清正、对人公正、对内严格、对外平等",自重、自省、自警、自励,经受住权力、金钱和人情的考验,以坚强的党性、优良的作风和对事业高度负责的精神,切实为党和人民把好选人用人关。

要学习祁爱群同志扎根边疆、艰苦创业的奋斗精神。在祁爱群同志的一生中,先后经历了四次重大的人生选择。从江苏靖江到青藏高原,从"西藏江南"林芝到条件艰苦的那曲,又从那曲到被称为生命禁区的班戈,她的每一次选择,都是地理海拔上的一个新高度,也都是人生境界的一个新升华。在恶劣的自然环境和艰苦的工作条件面前,她继承和发扬特别能吃苦、特别能战斗、特别能奉献、特别能团结、特别能忍耐的"老西藏精神",不畏艰难、奋力拼搏、自强不息,始终保持了高昂的工作热情和旺盛的革命斗志。这种奋斗精神,是我们党的优良传统,也是新时期全面建设小康社会、加快推进社会主义现代化的重要精神力量。我们学习祁爱群同志，就要像她那样，牢记"两个务必"，始终保持共产党人的蓬勃朝气、昂扬锐气、浩然正气，扎扎实实完成好组织工作的各项任务。

要学习祁爱群同志心系群众、服务人民的公仆情怀。我们党的根基在人民、血脉在人民、力量在人民。能不能坚持全心全意为人民服务的根本宗旨，是衡量一名党员是否合格的根本标尺，也是检验一名组工干部是否公道正派的根本标准。祁爱群同志对人民群众有着深厚的感情。她常说，"鱼儿离不开水，我离不开藏北牧民"，"一定要对干部群众有感情"。她到班戈工作后学习的第一句藏语就是："请问你有什么难处和困难吗?"当贫困群众遭遇难处时，她热情伸出援助之手；当草原牧民遭受雪灾时，她战斗在救灾第一线；当看到同事居住条件较差时，她主动让出自己刚刚分配到的新居。祁爱群同志用短暂的一生，为我们展示了她情系百姓、勤政为民的公仆本色。我们学习祁爱群，就要像她那样，把对人民群众的深厚感情升华为一种庄严的使命，转化为自觉的行动，牢记"群众利益无小事"，真正做到凡事想着群众，工作依靠群众，一切为了群众，时刻把群众的安危冷暖挂在心上，努力为群众解决生产生活中的实际困难，以实际行动让人民群众感受到党的温暖，进一步密切党同人民群众的血肉联系。

要学习祁爱群同志淡泊名利、无私奉献的高尚品德。我们党之所以能得到人民群众的长期拥护、信赖和支持，一个重要原因就是广大党员始终把最广大人民的根本利益放在至高无上的位置，无悔付出、默默奉献。祁爱群同志就是这样一个为党为人民无私奉献的优秀共产党员。她的奉献精神，体现在她自己所说的"在西藏这块神奇的土地上放飞青春"的人生追求上,体现在她"任凭外界红尘满天,我自静心如故"的生活态度上,体现在她"党员不先吃苦,谁来吃苦"的思想境界上。祁爱群一家分居三地,长期不能团圆。丈夫身体不好,需要照顾;父母和女儿远在上海,无法尽儿女孝道和母亲职责;她自己也身患高血压、心脏病、肾病等多种疾病。但她却能做到舍小家顾大家,她说:"再苦的地方也要有人去工作,如果大家都不愿往艰苦地方去,那么谁来工作呢?"在班戈县工作的三年,她曾两次因病住院,但从不对人讲自己的病情,还常常通宵达旦地工作。我们学习祁爱群,就要像她那样,发扬甘为孺子牛、甘为人梯的精神,不畏艰辛,不讲条件,不计名利,为党和人民的事业兢兢业业、默默无闻地工作,在平凡岗位上创造不平凡的业绩,在无私奉献中实现人生的价值。

祁爱群同志的先进事迹,是新时期共产党员先进性的具体体现,也是对广大党员干部特别是组工干部进行先进性教育的生动教材。各级组织部门一定要自觉地运用好这一教材,把学习祁爱群事迹作为先进性教育活动的一项重要内容,把学习祁爱群同志的先进事迹与做好当前的各项工作结合起来,与加强组织部门自身建设结合起来,努力开创组织工作的新局面。

搞好先进性教育活动要在
分类指导上下功夫[*]

（2005 年 8 月 19 日）

　　根据全国的情况,参加第二批先进性教育活动的单位,可以大体分为街道社区,乡镇机关,国有企业和金融机构,学校,医疗卫生与科研、文化等事业单位,新的经济组织和新的社会组织等六个领域、行业。由于这六个领域、行业的情况各不相同,把分类指导作为搞好第二批先进性教育活动的重要思想方法和基本工作方法,对于确保第二批先进性教育活动取得实效和成为群众满意工程,至关重要。

　　搞好分类指导,从总体上来说,要注意以下五点:一是要推动中心工作。根据不同领域、不同行业的特点,找准先进性教育活动与中心工作的结合点,做到"两不误、两促进"。二是要坚持标准。切实把中央精神不折不扣地贯彻落实到各个领域、各个行业的先进性教育活动中去,做到执行政策不走样、工作标准不降低。三是要有针对性地解决突出问题。注意根据不同领域、不同行业的情况和特点,认真查找和着力解

────────────
＊　这是贺国强同志在第二批保持共产党员先进性教育活动中央巡回检查组组长第一次座谈会上讲话的一部分。

决突出问题。四是要从实际出发。充分考虑具体行业和单位的实际情况,不搞"一刀切"、"齐步走"。五是要大胆创新。注意研究新情况新问题,采取适合于不同领域、不同行业的方式方法,创造性地开展工作。

一、关于街道社区的先进性教育活动

街道社区是党在城市工作的基础。街道社区的先进性教育活动要把着力点放在构建城市社区党建工作新格局,创建管理有序、服务完善、环境优美、文明祥和的新型社区上,充分发挥党组织凝聚人心、服务群众的作用,调动广大党员参与社区建设的积极性,增强服务意识,提高服务本领,进一步推动街道社区党的建设,努力实现"领导班子好、党员干部队伍好、工作机制好、工作业绩好、群众反映好"的"五个好"目标要求。要着力解决部分党员党的观念淡薄、服务意识不强、服务本领不高的问题;着力解决一些街道社区党的基层组织不够健全,党的工作覆盖面不够宽的问题;着力解决一些社区组织定位不够准确、服务体系不够健全、服务领域不宽、服务方式单一、服务功能较弱、作用发挥不够明显的问题。

街道社区党员构成多样、流动性大,在思想觉悟、文化程度、就业方式、生活状况、利益诉求等方面呈现出较大的差异性,必须针对不同党员群体的特点,明确保持共产党员先进性的具体要求。要引导街道社区的党员领导干部和街道社区工作者,进一步增强执政意识和服务意识,努力改进作风,不断提高工作水平;引导离退休人员中的党员,发扬优良传统,保持革命本色,关心国家大事,紧跟时代步伐,积极参与社区服务活动;引导流动人员以及组织关系在街道社区的大中专毕业生中的党员,退役军人、自主择业军队转业干部中的党员,进一步增强组织观念,积极参加党组织的活动,主动接受党组织的教育管理,发挥应有作用。尤其是要下大力气抓好流动党员包括进城务工农民中的党员参加先进性教育活动的问题。

二、关于乡镇机关的先进性教育活动

乡镇处在农村改革发展稳定各项工作的第一线,是党和政府在农村工作的基础。乡镇机关的先进性教育活动,要把着力点放在深化农村综合改革、促进农村经济社会全面发展、努力增加农民收入上,切实解决少数党员干部缺乏事业心、责任心,群众观念淡薄,服务意识不强,能力素质不高,作风粗暴、方法简单等突出问题,进一步密切党群干群关系,确保党在农村的各项方针政策的贯彻落实。

乡镇机关的先进性教育活动,农民群众很关注,期望值很高,也直接关系到第三批先进性教育活动的顺利开展。能否收到实效,关键在于切实解决突出问题。要借鉴前些年开展农村"三个代表"重要思想学习教育活动的经验,增强党员的执政意识和群众观念,提高服务本领,为群众办实事做好事,让农民群众得到实实在在的利益。对乡镇工作中存在的突出问题,要客观分析、找准症结、抓住关键。对那些普遍存在、带有深层次原因、乡镇自身难以解决的问题,省、市、县和有关行业主管部门要上下联动共同解决。乡镇机关的先进性教育活动,在方法步骤、程序环节方面,可原则上参照第一批先进性教育活动对党政机关的要求。

三、关于国有企业和金融机构的
先进性教育活动

国有企业是国民经济的重要支柱,金融是现代经济的核心。国有企业与金融机构的先进性教育活动,要把着力点放在提高国有资产的质量和运营效率,增强国有经济的控制力、影响力和带动力上,充分发挥党组织的政治核心作用和党员的先锋模范作用,全心全意依靠职工群众,推进建立现代企业制度和商业银行股份制改革,完善法人治理结构和建立现代金融企业,转换经营机制。

国有企业的先进性教育活动,要坚持从实际出发,因企制宜。对那些生产经营正常、经济效益好的企业,要高标准看问题、严要求找差距,引导广大党员增强忧患意识、竞争意识,促进企业做强做大,提高核心竞争能力;对那些生产经营比较困难、经济效益下降、职工信心不足的企业,要引导广大党员正视困难和问题,坚定信心,促进企业理清发展思路,增强凝聚力,促进企业经营状况好转;对停产关闭破产和重组改制企业,要把党组织和党员队伍的先进性体现到"抓改革、保稳定"上来,落实好各项政策措施,引导党员振奋精神,自立自强,团结带领职工走出困境。对下岗、失业人员中的党员,党组织要从关心生活、理顺情绪入手,把解决思想问题与解决实际困难结合起来,引导他们转变择业观念,努力实现再就业。

金融系统在先进性教育活动中,要进一步理清工作思路,提高金融调控和监管效率,健全法人治理结构和经营机制,改善金融资产质量和经营效益。要加强金融系统各级领导班子建设,不断提高金融战略决策、经营管理、市场竞争、风险管理等方面的能力。要引导党员模范遵守党的纪律和国家的法律法规,自觉维护金融安全,努力提高服务水平。金融系统党的工作实行垂直管理,总部党委要进一步落实领导责任,切实履行职责,地方党委要密切配合,抓好金融系统基层单位的先进性教育活动。

针对企业和金融机构的实际情况,在学习形式和学习内容上,要区分情况,注重实效。对领导班子,突出树立和落实科学发展观,加强党对国有企业和金融机构的领导,提高管理和决策水平;对经营管理人员,突出增强执行力和创新精神,提高工作效率;对普通职工党员,突出业务能力培养,促其成为岗位技术能手。在学习方式方法上,要因人施教,因势利导。

四、关于学校的先进性教育活动

学校肩负着教书育人、提高全民族素质、科研创新,以及实施"人才强国"战略和"科教兴国"战略,造就高素质劳动者、专门人才和拔尖创新人才等重要使命。学校的先进性教育活动要把着力点放在办好人民满意的教育上,进一步规范办学行为,促进教育公平,提高教育质量,培养中国特色社会主义事业的合格建设者和可靠接班人。

要通过先进性教育活动,进一步落实"教育要为人民服务,要努力办好让人民满意的教育"的指导思想,促进群众反映强烈的"上学难、上学贵"问题的解决,促进教育公平、教育质量和校园环境问题的解决。要根据不同党员群体的情况,提出具体要求。对教师党员,要着重增强政治意识和纪律观念,提高教书育人、科技创新的能力和水平,树立高尚的师德,自觉为人师表;对学生党员,要坚定理想信念,树立勤奋学习、勇于实践、锻炼成才、报效祖国的良好学风;对后勤保障岗位上的党员,要强化服务观念,增强服务意识,提高服务水平。

要针对学校党员队伍文化水平较高、学习渠道较宽、学习载体比较丰富的特点,采取灵活多样的方式方法。可以在自学的基础上多组织一些座谈讨论;可以针对大家关心的热点问题,上党课、作形势报告;可以利用校园网络、广播电视、校报校刊、板报墙报等载体,拓宽宣传阵地。要注重发挥知名学者、学术带头人中的党员的表率作用,扩大先进性教育活动在高知识群体中的影响。要充分发挥教育行政主管部门和学校领导班子的作用,形成抓好学校先进性教育活动的合力。

五、关于医疗卫生与科研、文化等事业单位的先进性教育活动

医疗卫生单位是直接为人民群众服务的窗口行业,肩负着保障人民群众身体健康的重任。科研院所、文化艺术等事业单位在促进生产力发展、推动先进文化建设、满足人民群众

的物质文化需要方面发挥着重要作用。医疗卫生与科研、文化等事业单位的先进性教育活动,要把着力点放在加强职业道德建设上,把先进性教育活动与业务工作、行风建设结合起来,找准并努力解决社会普遍关注的突出问题,增强党员的社会责任感,充分发挥党员在遵守职业道德、提高服务质量等方面的表率作用。

医疗卫生系统要以增强宗旨意识和群众观念为重点,加强医德医风建设,规范医疗服务行为,促进医疗质量管理,切实维护人民群众的健康利益;促进解决人民群众反映强烈的"看病难、看病贵"以及少数医务人员服务意识淡薄、服务态度较差等突出问题。科技系统要以坚定高知识群体党员理想信念和增强创新意识为重点,进一步推动科技创新、成果转化和知识普及,不断提高服务经济社会发展的能力。文化系统要以增强文化工作者的政治责任感和社会责任感为重点,努力创作优秀作品,自觉抵制低俗文化,推进文化体制改革,努力满足人民群众日益增长的精神文化需求。

要充分发挥医疗卫生、科技、文化等事业单位知识分子比较集中、教育资源比较丰富的优势,搞好先进性教育活动。卫生、科技、文化主管部门要结合先进性教育活动,研究加强和改进行业、系统队伍建设、职业道德建设的思路、办法及具体措施,重点解决本行业内群众反映强烈的带有全局性的突出问题。同时,要从本系统、本行业基层单位反映出来的突出问题中,深入查找自身存在的问题,搞好整改,改进工作、改进作风,以实际行动支持基层单位搞好先进性教育活动。

六、关于新的经济组织和新的社会组织的先进性教育活动

　　新的经济组织和新的社会组织,已经成为我国经济和社会发展的重要力量,在社会生活中日益发挥着重要作用。新的经济组织和新的社会组织的先进性教育活动,要把着力点放在扩大党的工作覆盖面上,确保党的方针政策和国家的法律法规在新的经济组织和新的社会组织中的贯彻落实,促进新的经济组织和新的社会组织的健康发展。

　　在新的经济组织和新的社会组织中开展先进性教育活动,要把加强党的基层组织建设作为重中之重。要加大在新的经济组织和新的社会组织中组建党组织的工作力度,不断创新党组织的设置形式,努力扩大党的工作覆盖面。要借鉴一些地方向新的经济组织和新的社会组织派驻指导联络员的做法,注意教育引导新的经济组织和新的社会组织的业主关心党建工作、支持先进性教育活动的开展。

　　要切实解决新的经济组织和新的社会组织中少数党员理想信念淡薄、党员意识淡化、社会责任感不强、作用发挥不突出的问题。引导他们正确理解、带头宣传和坚决执行党的路线方针政策,带头维护国家利益、群众利益,带头提高业务技能、做好本职工作。要按照"小型、业余、分散、务实"的原则来开展新的经济组织和新的社会组织的先进性教育活动,做到既不降低标准,也不耽误生产经营;既为党员所欢迎,也为业主所接受和支持。

先进性教育活动要努力取得
实践成果、制度成果、理论成果[*]

（2005 年 10 月 19 日）

目前，按照中央的统一部署，先进性教育活动正在健康、顺利地开展之中。这段时间以来，我结合到基层调研、指导先进性教育活动，对中央关于开展先进性教育活动的重要精神又进行了深入学习，就先进性教育活动如何真正取得实效问题作了进一步思考。我认为，这次历时一年半、在全党 6900 多万党员中开展的保持共产党员先进性教育活动结束后，要努力取得实践成果、制度成果和理论成果等三大成果。

一要切实解决突出问题，取得实践成果。是否真正解决群众反映强烈、通过努力能够解决的突出问题，是衡量先进性教育活动成效的一个重要标准，也是能否实现先进性教育活动目标要求的关键。各地区各部门各单位要查找存在的突出问题，制定整改方案和措施，扎实进行整改。中央先进性教育活动领导小组要加强调查研究，及时发现工作中的新情况、新问题，注意总结新成效、新经验，搞好督促检查，加强具体

---

* 这是贺国强同志在中央保持共产党员先进性教育活动领导小组第十次会议上讲话的一部分。

指导。

二要建立健全保持共产党员先进性长效机制,取得制度成果。建立健全保持共产党员先进性的长效机制,是使党的建设适应新形势、新任务要求,使党员教育管理工作经常化、制度化、规范化,使广大党员永葆先进性的根本的制度建设。各地区各部门各单位要紧密联系改革发展稳定的实际和党员队伍建设的实际,认真落实中央先进性教育活动领导小组下发的《关于认真做好建立健全保持共产党员先进性长效机制工作的通知》精神,积极探索,大胆创新,突出重点,确定长效机制工作方案,抓紧建立健全相关制度,把有关工作要求落到实处。中央先进性教育活动领导小组要在指导好面上工作的同时,对在全党范围内当前需要建立健全的一批制度,明确分工,跟踪了解工作进展情况,及时提出意见建议,抓好落实,确保高质量地完成各项制度制定工作。

三要围绕先进性教育活动与党的先进性建设开展理论研讨,取得理论成果。胡锦涛同志提出"加强党的先进性建设"的重大命题后,全党进行了认真学习和领会,初步取得了一批成果。正在全党开展的先进性教育活动,是加强党的先进性建设的重要举措和生动实践,使我们从理论和实践上进一步加深了对党的先进性建设重大意义和深刻内涵的认识;各级党组织和广大党员在先进性教育活动中创造的新鲜经验,为进一步加强党的先进性建设理论研究提供了坚实的实践基础。我们要按照中央的要求,认真总结先进性教育活动的丰硕成果和新鲜经验,进一步从理论高度加以升华,为加强党的先进性建设理论研究作出应有的贡献。

围绕建设社会主义新农村这个主题
搞好农村先进性教育活动[*]

(2005 年 11 月 28 日)

　　按照中央的统一部署,参加第三批先进性教育活动的主要是农村基层党组织和农村党员。农村基层党组织是党在农村工作的基础,农村党员是贯彻党在农村各项方针政策的骨干力量。搞好第三批先进性教育活动,对于贯彻落实中央关于"三农"工作的决策部署,加强农村基层党组织和党员队伍建设,进一步巩固党在农村的执政基础,全面推进社会主义新农村建设,具有十分重要的意义。

　　应当看到,我国农村面广,基层党组织和党员队伍数量大,在农村开展先进性教育活动确实存在一些实际问题和困难。比如,农村党员分散性、流动性较强,常年外出务工经商的党员较多,年龄偏大、文化程度偏低的较多,党员的就业方式、收入水平、思想观念差异较大。又比如,少数农村基层党组织工作基础薄弱,缺乏必要的办公场所和活动经费,工作方法和手段难以适应新形势的要求,有的甚至处于瘫痪状态。

---

* 这是贺国强同志在第三批保持共产党员先进性教育活动工作会议上讲话的主要部分。

还比如,不同地区农村经济社会发展水平差异较大,一些地方农民群众生活还比较困难,有的农村宗族问题比较突出,个别地方党群干群关系比较紧张,等等。同时,也要看到在农村开展先进性教育活动有许多有利条件。党中央高度重视"三农"工作,提出的建设社会主义新农村的重大历史任务,得到全党全国人民特别是农民群众的衷心拥护;农村改革发展稳定的总体形势很好,面临着重大发展机遇;前些年在农村开展的"三个代表"重要思想学习教育活动和前一段的村级先进性教育活动试点,为在农村全面开展集中学习教育活动积累了经验;通过近年来开展的农村党的建设"三级联创"活动〔1〕,农村基层党组织建设得到进一步加强;安排在第二批进行的乡镇机关的先进性教育活动,较好地解决了一些农民群众关心的热点、难点问题;各省(区、市)为开展农村先进性教育活动作了较充分的准备。这些,都为搞好农村先进性教育活动创造了良好的条件、营造了良好的环境。我们既要正视存在的困难和问题,更要看到面临的有利条件,进一步深化认识、增强信心,紧密联系农村实际,紧紧围绕建设社会主义新农村这个主题,坚定不移地搞好农村先进性教育活动。

第一,注重解决"三农"工作中的实际问题。这是衡量农村先进性教育活动成效的重要标准。当前"三农"工作的形势总体上是好的,但制约农业和农村发展的深层次矛盾尚未

---

〔1〕 "三级联创"活动,指在县、乡镇和村三级党组织中开展的、以创建"五好"(即领导班子好、党员干部队伍好、工作机制好、小康建设业绩好、农民群众反映好)村党组织和乡镇党委、农村基层组织建设先进县为主要内容的创建活动。

完全消除,粮食增产、农民增收的长效机制尚未形成,城乡居民收入差距扩大的趋势没有根本扭转,农村经济社会发展、改善群众生产生活条件和维护农村稳定方面还存在一些亟待解决的突出问题。形成这些问题的原因是多方面的,解决这些问题也需要一个过程。在农村开展先进性教育活动,要从促进解决"三农"工作中的突出问题入手,推动农村的经济建设、政治建设、文化建设和社会建设。解决实际问题,要实事求是,真抓实干,量力而行,尽力而为,不提不切实际的口号、目标和要求。要坚持有什么问题就解决什么问题,什么问题突出就着重解决什么问题。具体到一个村,至少要解决一至两个突出问题。要把建章立制和落实整改措施结合起来,从制度上堵塞漏洞,防止类似问题再次发生。

上级党组织和各级涉农部门要把解决涉及"三农"的实际问题,与落实前两批先进性教育活动中提出的整改措施结合起来,与研究制定本地区本部门本单位的"十一五"规划和工作部署结合起来,与出台加快农村经济发展、促进农民增收的具体政策措施结合起来,以改进作风、服务农民的实际行动,关心和支持农村开展好先进性教育活动。

第二,切实加强农村基层党组织和党员队伍建设。这既是先进性教育活动所要达到的重要目标,又是搞好先进性教育活动的重要保证。要适应建设社会主义新农村的要求,研究解决农村经济结构调整和农村综合改革带来的新情况新问题,加强以党组织为核心的村级组织建设,创新农村基层党组织的设置方式、工作制度、活动内容、活动方式。要抓紧整顿软弱涣散、不起作用的基层党组织。对领导班子不健全的,要及时调整充实,尤其是要选好配强党支部书记。要加大教育培训力度,努力提高农村党员干部执行政策的能力、加快发展的能力、服务群众的能力、化解矛盾的能力、解决自身问题的能力,努力提高农村党员带头致富、带领群众共同致富的本领。要认真查找尚未与党组织取得联系的流动党员,力争使每一名党员都参加先进性教育活动。要采取有效措施帮助农村基层党组织和党员解决实际困难,按照中央的要求,认真落实配套经费和相关措施,切实解决部分农村党组织缺乏活动场所和经费等实际问题。要及时总结先进性教育活动中创造的好经验好做法,积极探索建立党员受教育、永葆先进性的长效机制。

第三,采取切合农村实际的方式方法开展先进性教育活动。在农村开展先进性教育活动,要充分利用冬季农闲和农民工返乡的时间,具体到一个村,集中学习教育时间一般不超过三个月。对农村党员进行教育培训,要以学习实践"三个代表"重要思想为主线,以学习《中国共产党章程》为重点,认真学习党的十六届五中全会精神,还可适当充实一些政策法规、市场经济知识、实用农业技术等方面的内容。各地区可以结合实际情况,组织编写一些通俗易懂、适合农村党员的学习教材,制作针对性强的音像资料。注意把自学和集中学习结合起来,妥善安排学习时间。注意运用理论宣讲、形势报告、问题解答等方式,发挥党员电化教育和农村现代远程教育网络的作用,以增强先进性教育活动的吸引力和实际效果。无论是征求群众意见,开展谈心活动,还是召开专题组织生活会,进行民主评议等,都要充分考虑农村的实际情况,不搞

"一刀切"。要厉行节约,反对铺张浪费,防止形式主义,不得增加农民负担,不得影响正常农业生产。

第四,注意掌握好政策。越是到农村基层,遇到的问题会越具体,矛盾也会越直接,尤其需要掌握好政策。一是要坚持正面教育、自我教育为主的方针。多做理顺情绪、化解矛盾的工作,多做凝聚人心、鼓舞士气的工作,多做启发自觉性、调动积极性的工作,切实珍惜和维护农村改革发展稳定的大好局面。二是要及时发现和妥善处理带有苗头性、倾向性的问题。对涉及农村宗族、宗教、社会治安、征地拆迁、民主选举等方面的问题,要按照有关政策稳妥处理。三是要坚持从严治党的方针。对那些不完全履行党员义务、不完全符合党员条件的党员,要立足教育转化,注意做耐心细致的思想工作。对经教育仍不改正、不符合条件的党员,要根据党章和有关规定,按照正常程序进行处理;对违纪党员,要按照《中国共产党纪律处分条例》的规定,给予纪律处分。四是要坚持走群众路线。充分相信群众,紧紧依靠群众,广泛征求群众意见,自觉接受群众监督,坚持"开门"搞教育。同时,要加强对群众的教育,引导群众有序参与。五是要关心爱护基层党员干部。农村条件比较艰苦,广大农村基层党员干部常年工作在第一线,身处矛盾焦点,工作很辛苦。各级党组织要在对他们严格教育、严格管理、严格监督的同时,注意了解他们的思想,理解他们的难处,支持他们的工作,关心他们的生活和进步,努力为他们创造良好的工作环境。

第五,切实加强领导,精心组织实施。中央先进性教育活动领导小组要从第三批先进性教育活动的实际出发,转变工作方式,改进工作方法,进一步加强领导和指导。要继续采取派出巡回检查组和督导组、建立领导小组成员联系点等方式,搞好督促检查。要加强调查研究,加强政策指导,保证先进性教育活动的健康开展。

第三批先进性教育活动的重点在农村,地方党委的责任更重、工作量更大。各级地方党委要进一步强化领导责任,主要负责同志作为第一责任人要亲自抓,分管领导要具体抓,其他党员领导干部要结合分工协助抓。要继续坚持和认真落实党员领导干部联系点制度、督查制度和群众监督评价制度,努力形成一级抓一级、层层抓落实的工作格局。要把领导和指导农村先进性教育活动的主要责任落实到县(市、区、旗)党委和乡镇党委,把组织实施的主要责任落实到村党组织。省(区、市)和市(地、州、盟)党委要高度重视,切实加强领导和指导,可以根据实际情况派出巡回检查组,负责农村先进性教育活动面上的巡回检查。县(市、区、旗)党委要派出督导组,加强督查指导。巡回检查组和督导组要紧紧依靠派驻单位党组织开展工作,认真履行职责。

各级地方党委要根据需要抽调一批熟悉党建工作、具有农村工作经验的党员干部,驻村帮助开展先进性教育活动。这是确保农村先进性教育活动顺利开展、取得实效的有效措施。要根据各地实际,结合培养锻炼干部,统筹考虑,周密安排,把这项工作落到实处。驻村干部要在乡镇党委的领导下,帮助指导村党组织全面贯彻中央和上级党委关于开展先进性教育活动的要求,正确把握相关政策;紧紧依靠村党组织,通过调查研究,充分了解社情民意,特别是群众关注的突出矛盾和问题,努力做好教育引导工作;积极帮助村党组织和群众排忧解难,促进突出问题的解决,推动各项工作。

各级党组织要采取为农村党员、群众喜闻乐见的形式,充分运用各种宣传媒体,及时宣传中央关于开展先进性教育活动的指示精神,宣传基层和群众创造的好经验好做法,宣传农村党组织和党员身边的先进典型,努力营造有利于先进性教育活动顺利开展的良好舆论氛围。中央和地方各级新闻媒体,要上下联动、形成声势,贴近实际,贴近生活,贴近群众,不断增强先进性教育活动宣传的吸引力和感染力。

党的理论创新的重大成果

（2005 年 12 月 5 日）

马克思主义政党的先进性，首先表现为理论上的先进性。中国共产党是一贯重视理论创新、理论指导、理论武装的党。我们党之所以在 80 多年的奋斗历程中始终保持了先进性，一个根本原因就在于随着时代的前进和实践的发展不断丰富和发展马克思主义，形成了中国化的马克思主义三大理论成果——毛泽东思想、邓小平理论和"三个代表"重要思想。

以毛泽东同志为主要代表的中国共产党人，根据马克思列宁主义的基本原理，把中国革命长期实践中的一系列独创性经验进行了理论概括，创立了毛泽东思想。毛泽东思想是马克思列宁主义在中国的运用和发展，是被实践证明了的关于中国革命和建设的正确的理论原则和经验总结，是中国共产党集体智慧的结晶。在毛泽东思想指引下，中国共产党领导全国各族人民，取得了新民主主义革命的胜利，建立了人民民主专政的中华人民共和国，确立了社会主义基本制度，发展了社会主义的经济、政治和文化。

---

* 这是贺国强同志在中央组织部机关保持共产党员先进性教育活动动员大会上讲话的一部分。

　　党的十一届三中全会以来,以邓小平同志为主要代表的中国共产党人,总结新中国成立以来正反两方面的经验,解放思想,实事求是,实现全党工作中心向经济建设的转移,实行改革开放,开辟了社会主义事业发展的新时期,逐步形成了建设中国特色社会主义的路线、方针、政策,阐明了在中国建设社会主义、巩固和发展社会主义的基本问题,创立了邓小平理论。邓小平理论是马克思列宁主义的基本原理同当代中国实践和时代特征相结合的产物,是毛泽东思想在新的历史条件下的继承和发展,是马克思主义在中国发展的新阶段,是当代中国的马克思主义,引导着我国社会主义现代化事业不断前进。

　　党的十三届四中全会以来,以江泽民同志为主要代表的中国共产党人,在建设中国特色社会主义的伟大实践中,加深了对什么是社会主义、怎样建设社会主义和建设什么样的党、怎样建设党的认识,积累了治党治国治军新的宝贵经验,形成了"三个代表"重要思想。"三个代表"重要思想是对马克思列宁主义、毛泽东思想和邓小平理论的继承和发展,反映了当代世界和中国的发展变化对党和国家工作的新要求,是加强和改进党的建设、推进我国社会主义自我完善和发展的强大理论武器,是中国共产党集体智慧的结晶,是党必须长期坚持的指导思想。

　　党的十六大以来,以胡锦涛同志为总书记的党中央,高举邓小平理论和"三个代表"重要思想伟大旗帜,面对复杂多变的国际环境和深刻变化的国内环境,继续把中国特色社会主义伟大事业推向前进。中央把学习贯彻"三个代表"重要思想作为首要政治任务,对在全党兴起学习贯彻"三个代表"重要思想新高潮作出部署,极大地巩固了全党全国人民团结奋斗的共同思想基础。在全党开展的以实践"三个代表"重要思想为主要内容的保持共产党员先进性教育活动,是进一步深入学习实践"三个代表"重要思想的一项重要举措,目的就是使广大党员进一步加深对"三个代表"重要思想的理解,不断在武装头脑、指导实践、推动工作上取得新的成效。

与此同时,以胡锦涛同志为总书记的党中央着眼于国际国内环境的新变化,坚持与时俱进,不断总结实践经验,不断推进理论创新,先后提出了科学发展观、构建社会主义和谐社会、加强党的执政能力建设和加强党的先进性建设等重大战略思想,在党的理论创新上取得了新的重要成果。

一是提出了科学发展观的指导方针。我们党对于发展问题的认识,是随着实践的前进不断深化的。新中国成立以来,党对如何解决中国的发展问题、中国应该走什么样的发展道路进行了长期不懈的思考和探索。以毛泽东、邓小平、江泽民同志为核心的党的三代中央领导集体,在不同历史时期,面对不同历史任务,深入探索我国社会主义经济、政治、文化和社会建设的规律,形成了一系列关于发展的重要思想,为我国社会主义建设和发展作出了卓越的理论贡献。党的十六大以来,以胡锦涛同志为总书记的党中央,着眼于新的形势和任务,明确提出了科学发展观的重大战略思想。2003 年 4 月非典疫情迅速蔓延期间,胡锦涛同志在广东考察工作时第一次提出,要坚持全面的发展观,努力促进社会主义物质文明、政治文明和精神文明协调发展。同年 10 月召开的十六届三中全会,明确提出了要坚持以人为本,树立全面协调可持续的发展观。2004 年初,胡锦涛同志在中央人口资源环境工作座谈会上对科学发展观进行了系统阐述。党的十六届四中全会和五中全会,都对树立和落实科学发展观、以科学发展观统领经济社会发展全局提出了新的要求。科学发展观进一步明确了我国经济社会发展的本质目标、基本内涵、总体思路、模式选择和根本动力,其第一要义是发展,基本要求是全面协调可持续,核心是坚持以人为本,实质是实现经济社会又快又好发展,实现途径是坚持做到"五个统筹"〔1〕。科学发展观是对邓小平理论和"三个代表"重要思想关于发展的思想的继承和发展,极大地丰富了马克思主义的发展理论。

二是提出了构建社会主义和谐社会的重大战略任务。实现社会和谐,建设美好社会,始终是人类孜孜以求的一个社会理想,也是包括中国共产党在内的马克思主义政党不懈追求的一个社会理想。党的三代中央领导集体在领导中国革命、建设和改革的过程中,对社会主义社会建设理论进行了积极探索和实践,作出了一系列重要论述,为我们推进社会主义社会建设奠定了理论基础。以胡锦涛同志为总书记的党中央,顺应历史发展变化和时代要求,在党的十六届四中全会上明确提出了构建社会主义和谐社会的重大战略任务。今年 2月,在中央举办的省部级主要领导干部提高构建社会主义和

---

〔1〕 "五个统筹",即统筹城乡发展、统筹区域发展、统筹经济社会发展、统筹人与自然和谐发展、统筹国内发展和对外开放。

谐社会能力专题研讨班上，胡锦涛同志发表重要讲话，深刻阐明了构建社会主义和谐社会的重大意义、科学内涵、基本特征、重要原则和主要任务，强调要建设"民主法治、公平正义、诚信友爱、充满活力、安定有序、人与自然和谐相处"的和谐社会。党的十六届五中全会把促进社会和谐作为制定"十一五"规划总要求的重要内容，将构建社会主义和谐社会确立为"十一五"时期经济社会发展的主要任务之一。提出构建社会主义和谐社会的重大战略任务，使中国特色社会主义事业的总体布局，更加明确地由社会主义经济建设、政治建设、文化建设三位一体，发展为社会主义经济建设、政治建设、文化建设、社会建设四位一体，进一步发展了马克思主义社会建设理论，为我们解决面临的各种复杂的社会矛盾、实现党和国家的长治久安提供了思想武器。

三是提出了加强党的执政能力建设的历史任务。我们党在新民主主义革命胜利后成为执政党，是一个具有深刻历史意义的重大转折。这就要求必须转变党的工作重心、领导方式。早在新中国成立前夕，我们党就鲜明地提出了进京"赶考"的问题。这个"赶考"，实质上考的就是党带领人民群众建设和巩固新政权的能力。新中国成立后，党的三代中央领导集体围绕党如何领导、如何执政的问题，不断总结历史经验，不断探索执政规律，不断提高党的领导水平和执政水平。党的十六大明确提出要加强党的执政能力建设，要求各级领导干部切实增强"五种能力"，即科学判断形势的能力、驾驭市场经济的能力、应对复杂局面的能力、依法执政的能力和总揽全局的能力。以胡锦涛同志为总书记的党中央着眼新世纪新阶段国内外环境的深刻变化和党肩负的历史使命对党的执政能力建设提出的新要求,继续推进党的执政能力建设。党的十六届四中全会通过的《中共中央关于加强党的执政能力建设的决定》,明确指出执政能力建设是党执政后的根本性建设,提出了加强党的执政能力建设的指导思想、总体目标和主要任务,要求全党"不断提高驾驭社会主义市场经济的能力、发展社会主义民主政治的能力、建设社会主义先进文化的能力、构建社会主义和谐社会的能力、应对国际局势和处理国际事务的能力",使我们党始终成为立党为公、执政为民的执政党,成为科学执政、民主执政、依法执政的执政党,成为求真务实、勤政高效、清正廉洁的执政党,从而把党的执政理论建设推进到了一个新的高度。

四是提出了加强党的先进性建设的科学命题。无产阶级政党的先进性问题,历来是马克思主义建党理论中一个带有根本性的重大课题。毛泽东同志提出思想建党的原则,强调保持党和党员的先进性,根本途径是加强党内马克思主义理论和无产阶级思想教育,不断提高党员的思想觉悟,把党员教育和锻炼成为坚定的共产主义战士。邓小平同志指出,执政党应该是一个什么样的党,执政党的党员应该怎样才合格,党怎样才叫善于领导?这是一个需要根据实践的发展和时代特征不断回答的问题。他强调办好中国的事情,关键在党,关键在人。江泽民同志提出的以坚持党的先进性为核心的"三个代表"重要思想,集中概括了新的历史条件下党的先进性的丰富内涵,揭示了党的先进性的本质特征,为新世纪新阶段加强党的先进性建设提供了科学理论指导。今年1月14日,胡锦涛同志在新时期保持共产党员先进性专题报告会上,第一次明确提出了党的先进性建设的重大命题,并提出了新的历史条件下共产党员保持先进性的基本要求。他强调,党的先进性建设是关系马克思主义政党生存发展的根本问题,是马克思主义政党自身建设的根本任务,也是一项事关改革开放和现代化建设全局的根本建设。提出这一重大命题,对于全面推进党的建设新的伟大工程和中国特色社会主义伟大事业具有重要意义。

从以上回顾可以看出,科学发展观、构建社会主义和谐社会、加强党的执政能力建设和加强党的先进性建设等重大战略思想,是与毛泽东思想、邓小平理论和"三个代表"重要思想一脉相承的。这些重大战略思想本身又是紧密联系、内在统一的,是一个有机的整体。全面贯彻落实科学发展观,本身就包含着构建社会主义和谐社会的要求,包含着提高党的执政能力、保持党的先进性的要求。构建社会主义和谐社会,离不开科学发展观的指导,需要通过加强党的执政能力建设和先进性建设来保证。加强党的执政能力建设和先进性建设,有利于把科学发展观落实到全面建设小康社会和社会主义现代化建设的各个方面,有利于实现构建社会主义和谐社会的目标。这些重大战略思想都贯穿了辩证唯物主义、历史唯物主义的世界观和方法论,坚持了解放思想、实事求是、与时俱进的思想路线;都体现了对社会主义初级阶段基本国情特别是当前我国发展的阶段性特征的把握,有利于我们在新的历史起点上抓住并用好重要战略机遇期,推动经济社会又快又好发展;都进一步深化了对共产党执政规律、社会主义建设规律和人类社会发展规律的认识。这些重大战略思想的提出，反映了我们党在实践中不断发展马克思主义的巨大勇气和远见卓识，充分说明中国共产党是一个顺应时代发展潮流、始终保持自身先进性的马克思主义政党。我们要深刻认识这些重大战略思想的科学内涵、精神实质，深刻把握它们之间的内在联系，自觉运用这些重大战略思想武装头脑、指导实践、推动工作，不断推进党的建设新的伟大工程，不断开创中国特色社会主义事业新局面。

让群众来评判先进性
教育活动的成效*

（2006 年 3 月 31 日）

人民群众既是我们工作的参与者和受益者，也是见证者和评判者。我们党反复强调，必须坚持用人民"拥护不拥护、赞成不赞成、高兴不高兴、答应不答应"来衡量我们的一切工作。评价先进性教育活动开展得怎么样，不能只看上级意见和自我感觉如何，更应看广大群众是否认可。要把群众满意度测评作为确保先进性教育活动真正成为群众满意工程的一个重要环节，认真组织实施，真正让人民群众来评判先进性教育活动的成效。

由于先进性教育活动时间跨度大、涉及面广，群众满意度测评工作政策性强，中央先进性教育活动领导小组办公室综合考虑各方面因素，选择部分单位进行了试点。从试点的情况看，群众满意度测评的效果是好的，也积累了一些经验。下一步，要在面上开展这项工作。搞好群众满意度测评，关键是要在充分调研的基础上，制定一个科学合理、务实管用的测评

---

* 　这是贺国强同志在中央保持共产党员先进性教育活动领导小组第十三次
　　会议上讲话的一部分。

方案。从试点单位的经验来看,制定测评方案要把握好以下四点:一是测评内容的设计要有利于客观反映先进性教育活动的真实情况,有利于准确表达广大干部群众对先进性教育活动的总体评价。根据中央提出的"提高党员素质、加强基层组织、服务人民群众、促进各项工作"的"四句话"目标要求,要细化量化测评内容,突出测评重点。二是参加测评的人员要有一定的代表性,参与面尽可能广一些。要充分考虑参加第一、二、三批先进性教育活动单位的不同情况,选择不同身份、不同界别的党员、干部和群众参加测评,要有一定数量的党代表、人大代表和政协委员。三是组织测评的方式方法以随机抽样调查、党员群众代表座谈评议为主,也可采取其他有效方式。四是测评的环节安排要简便易行,力戒形式主义。尽量简化操作环节,能合并的尽可能合并,能同步进行的要同步进行,不要增加基层的负担。

特别需要指出的是,这次群众满意度测评,不是对整个地区经济社会发展情况的测评,也不是对领导班子和党员干部进行测评,而是对当地先进性教育活动整体情况的测评。要正确对待群众满意度测评结果,不要过分注重满意率的百分比,而应该把关注点放在进一步了解民意、查找问题、深化整改上,使开展群众满意度测评工作的过程,成为进一步发扬民主、倾听群众意见的过程,成为检验成效、巩固成果、改进工作的过程。

大庆精神影响教育了几代人[*]

（2006 年 9 月 5 日）

我长期在工业战线工作,对大庆比较熟悉。上世纪 70 年代我在山东化工企业工作时,曾到大庆来参加全国石油化工系统学大庆会议,住了一个多月,学到了很多东西,当时的情形至今仍历历在目。时隔 30 年再来,感触很深。今天我们考察了 1205 钻井队,看望了钻井工人,参观了铁人王进喜纪念馆,与部分劳动模范见了面,对大庆有了进一步的了解。近半个世纪来,大庆在党和国家的亲切关怀和精心培育下,经过几代石油工人的艰苦努力,取得了令世人瞩目的成就,成为我国最大的石油生产基地。大庆油田的开发,实现了我国石油的基本自给,甩掉了我国贫油的帽子,改写了我们长期使用"洋油"的历史。这一点我们都有体会。大庆油田没有投产之前,当时我在北京上学,公共汽车上都有一个大气包,当时我就感到不解,这是什么? 过了不长时间发现这个气包没有了。后来才知道,我国建成了大庆油田,一举甩掉了贫油国帽子,那时是何等的振奋啊! 我认为,大庆油田的贡献可以概括为

---

* 2006 年 9 月 5 日至 8 日,贺国强同志在黑龙江省考察调研。期间在大庆市召开国有企业"四好"领导班子建设工作座谈会。这是贺国强同志在座谈会上讲话的一部分。

"六个出"：一是"出产品"，1960年大庆石油会战以来，累计产油18.7亿吨，占全国同期原油总产量的40%以上，此外还生产了大量的石化产品。二是"出效益"，大庆油田开发建设46年来，累计向国家上缴利税7575亿元，仅去年利税就超过1000亿元。前几天国家统计局公布的纳税大户，大庆油田名列第一。三是"出成果"，大庆油田自会战以来，出了一大批科技成果，包括油田本身的勘探开发、长时间的高产稳产，攻克了不少技术难关，有多项经济技术指标居世界前列。四是"出人才"，40多年来，大庆培养了一大批杰出人才，包括企业经营管理人才、科技人才、高技能人才和高素质的职工队伍。五是"出经验"，当年大庆创造的"三老四严"〔1〕、"四个一样"〔2〕等优良传统和管理经验，不仅对大庆的发展发挥了重要作用，而且对全国工业系统、各条战线都产生了重要影响。六是"出精神"，大庆在为国家创造物质财富的同时，形成了以"爱国、创业、求实、奉献"为主要内容的大庆精神、铁人精神。我们这些搞过工业的人，都是在学习大庆精神、学习铁人精神中成长起来的，大庆精神、铁人精神在脑子里深深地扎下了根。大庆精神、铁人精神，不仅对石油企业，而且对全国来讲都是一笔宝贵的精神财富。这些宝贵的精神财富教育了几代人，今后仍然需要继续学习，不断发扬光大。

〔1〕 "三老四严"，即对待革命事业，要当老实人，说老实话，办老实事；对待工作，要有严格的要求，严密的组织，严肃的态度，严明的纪律。

〔2〕 "四个一样"，即对待革命工作要做到：黑夜和白天干工作一个样；坏天气和好天气干工作一个样；领导不在场和领导在场干工作一个样；没有人检查和有人检查干工作一个样。

加强党的先进性建设的成功实践[*]

（2006 年 9 月 22 日）

2006 年 6 月 30 日，中央召开庆祝中国共产党成立 85 周年暨总结保持共产党员先进性教育活动大会，标志着先进性教育活动圆满结束。胡锦涛同志在会上发表重要讲话，对先进性教育活动进行了全面总结，高度评价了先进性教育活动。他指出，这次先进性教育活动是我们党参加人数最多、规模最大的一次马克思主义集中教育活动，是我们党在新的历史条件下用发展着的马克思主义武装全党的一项重大举措，是加强党的执政能力建设和先进性建设的一次成功实践。这次先进性教育活动取得了显著的成效。一是广大党员受到了一次深刻的马克思主义教育，进一步坚定了理想信念，提高了素质能力，增强了实践"三个代表"重要思想、落实科学发展观的自觉性，党员队伍中存在的一些突出问题得到初步解决，党员的先锋模范作用进一步发挥。二是基层党组织的创造力、凝聚力、战斗力进一步提高，一些软弱涣散和不够健全的基层党组织得到整顿和加强，党的工作覆盖面明显扩大，党执政的组

---

[*]   这是贺国强同志在中央党校就开展保持共产党员先进性教育活动情况所作专题报告的一部分。

织基础更加巩固。三是党组织和党员服务群众的行动更加自觉,党员干部的作风进一步改进,人民群众关心的一些重点问题得到初步解决,党群干群关系进一步密切。四是各地区各部门各单位按照科学发展观的要求,进一步理清了发展思路,努力解决影响改革发展稳定的一些主要问题,积极促进经济社会又快又好发展。五是各级党组织在加强党员经常性教育管理等方面形成了一批务实管用的新制度,推动了保持共产党员先进性长效机制建设。六是各级党组织认真总结先进性教育活动的成功实践和党的先进性建设的历史经验,深入研究党的先进性建设规律,丰富了党的先进性建设理论。先进性教育活动实现了"提高党员素质、加强基层组织、服务人民群众、促进各项工作"的目标,取得了丰硕的实践成果、制度成果和理论成果,得到了广大党员、群众的赞誉,受到了社会各界的好评。在全国 31 个省(区、市)600 多万名党员和群众参加的满意度测评中,满意率和基本满意率达到了 97%。通过这次先进性教育活动,我们党更加团结统一,党组织在人民群众中的威信进一步提高,广大党员的先锋模范作用进一步发挥。这次先进性教育活动的重大意义和深远影响,必将随着时间的推移、随着中国特色社会主义伟大事业和党的建设新的伟大工程的继续推进而不断显现出来。

回顾一年多来的实践,作为一名实际参与者和具体组织者,我感到,先进性教育活动的主要做法和启示,可以概括为以下七个方面:

一、坚持用发展着的马克思主义武装全党，切实把学习贯穿始终，努力提高全党的马克思主义理论水平和运用理论解决实际问题的能力

这次先进性教育活动，始终坚持以学习实践"三个代表"重要思想为主线，以学习党章为重点，以《保持共产党员先进性教育读本》为基本教材，组织党员认真学习"三个代表"重要思想和党的十六大以来党中央提出的科学发展观等一系列重大战略思想，努力做到真学、真懂、真信、真用。

为了搞好学习培训，各地区各部门各单位采取了许多行之有效的措施。许多地方结合自身实际，编写了适合基层党员特点的学习材料。各级党组织把党员自学与集中学习讨论结合起来，普遍采取理论宣讲、专题报告、领导干部讲党课、结对帮学、开办"党员夜校"等方式对党员进行辅导。对因病、出差以及其他原因未能参加学习培训的党员进行"补课"，对年老体弱、行动不便的党员"送学上门"，对流动党员通过各种方式取得联系、提出学习要求，运用党员电化教育、农村党员干部现代远程教育网络等手段，努力扩大教育覆盖面，切实增强学习效果。

实践证明，坚持用发展着的马克思主义武装头脑，不断提高全党的马克思主义理论水平，是我们党永葆先进性的根本保证。理论创新每前进一步，理论武装就要跟进一步。我们党已经有了指引中国革命和建设取得伟大胜利的毛泽东思

想,有了指引开创中国改革开放新的历史时期的邓小平理论,有了指引开创中国特色社会主义事业新局面的"三个代表"重要思想。党的十六大以来,以胡锦涛同志为总书记的党中央又提出了科学发展观等一系列重大战略思想。当前,加强党的思想理论建设,就是要坚持用马克思主义中国化的最新成果武装头脑,切实把思想统一到"三个代表"重要思想和科学发展观的要求上来,不断增强贯彻落实的自觉性和坚定性;坚持用马克思主义中国化的最新成果指导工作,努力把"三个代表"重要思想和科学发展观的要求转化为为党和人民的事业不懈奋斗的坚定信念,转化为观察和解决问题的科学方法,转化为指导改造客观世界和主观世界的行为准则;坚持用马克思主义中国化的最新成果研究问题,进一步深化对共产党执政规律、社会主义建设规律、人类社会发展规律的认识,更好地把我们的各项事业推向前进。

二、坚持围绕中心、服务大局,紧紧抓住 发展这个党执政兴国的第一要务,把 党的建设新的伟大工程同党领导的 伟大事业紧密结合起来

这次先进性教育活动之所以取得显著成效、受到广泛好评,很重要的一点,就是紧紧围绕改革发展稳定的大局来进行,紧紧围绕各地区各部门各单位的中心工作来进行,做到了先进性教育活动与生产工作"两不误、两促进"。

各级党组织自觉把先进性教育活动放到经济社会发展的

全局中,作为抓班子、带队伍、促进各项工作的难得机遇,统筹兼顾,合理安排,妥善处理工学关系,找准先进性教育活动与本单位业务工作的结合点,使先进性教育活动与各项工作相互促进。比如,党政机关按照加强党的执政能力建设的要求,着力提高领导科学发展的能力,转变职能,改进作风,服务基层,服务群众;国有企业与金融机构党组织充分发挥政治核心作用,着力提高国有资产的质量和运营效率,增强国有经济的控制力、影响力和带动力;医疗卫生单位党组织着力加强医德医风建设,改善医患关系,进一步规范医疗服务行为,办好人民满意的医院;农村基层党组织围绕建设社会主义新农村,理清工作思路,制定发展规划,组织广大群众积极投身新农村建设的伟大实践;等等。广大党员把在先进性教育活动中激发出来的政治热情和进取精神,转化为做好本职工作的强大动力,在改革发展稳定的实际工作中发挥了先锋模范作用。特别是许多共产党员在抗击重大自然灾害、防控重大疫情和处理突发事件中不顾危险冲锋在前,以实际行动充分展现了共产党员的先进性。

实践证明,党的建设只有紧紧围绕党的历史使命和中心任务来进行,才能从根本上把握党的先进性的真谛,才能使先进性建设充满生机与活力。切实抓好发展这个党执政兴国的第一要务,推动经济社会又快又好发展,是我们这一代中国共产党人的神圣使命,是党的先进性在当代中国最重要最具体的体现,也是新的历史条件下加强党的先进性建设的重要着力点和衡量标准。加强党的先进性建设,必须服从和服务于发展这个主题,紧紧围绕全面建设小康社会的宏伟目标,充分调动广大党员的积极性、主动性,把坚持党的先进性落实到发展先进生产力、发展民主政治、发展先进文化、构建和谐社会、实现最广大人民的根本利益上来,更好地推动社会主义经济建设、政治建设、文化建设、社会建设全面发展。

三、坚持走群众路线,以群众满意为根本标准, 进一步密切党同人民群众的血肉联系

这次先进性教育活动,认真落实胡锦涛同志提出的"真正成为群众满意工程"的要求,充分发扬民主,把群众参与、群众监督、群众评价贯穿于教育活动的全过程,真心诚意地为群众办实事、解难事、做好事,赢得了广大群众的广泛赞誉和衷心拥护。

各级党组织采取多种形式,广泛征求党内外群众的意见,接受群众监督,创造性地开展了群众满意度测评等活动。坚持边学边改、边议边改、集中整改,切实解决群众反映强烈、通过努力能够解决的突出问题。坚持尽力而为、量力而行,不提不切实际的口号、目标和要求,有什么问题就解决什么问题,什么问题突出就着重解决什么问题。坚持上下联动,对于基层没有能力解决的或单靠基层难以解决的问题,有关部门和单位共同配合、协力解决。据统计,在先进性教育活动中,各地区各部门各单位党组织和党员与困难群众结成帮扶对子1347万个,走访慰问困难群众2157万户,为困难群众捐款捐物价值138.7亿元,受到直接帮助的困难群众4059万人次,为群众解决了大量生产生活中的实际困难。

实践证明,加强党的先进性建设,要以密切党同人民群众的血肉联系为核心,以实现好维护好发展好最广大人民的根本利益为出发点和落脚点,以最大多数群众是否赞成、是否受益为决策的重要依据,把立党为公、执政为民的要求贯穿于党的全部工作中,保证党始终与人民群众同呼吸、共命运、心连心。必须牢固树立马克思主义的群众观,充分依靠群众、相信群众,善于从群众的实践中汲取营养和智慧;必须牢记群众利益无小事的道理,带着深厚的感情去做群众工作,着力从群众最现实、最直接的利益问题抓起,从群众意见最大、反映最强烈的突出问题改起,从群众最关注、最盼望的重点问题做起,在造福群众中体现党的先进性;必须进一步加强和改进新形势下党的群众工作,坚持做到解决思想问题与解决实际问题相结合,做好经常性工作与建立健全群众工作的长效机制相结合,综合运用说服教育、民主法治、示范引导、利益调节等方法,化解社会矛盾,理顺群众情绪,促进社会和谐。

四、坚持正面教育、自我教育为主,注重增强广大党员的党员意识,激发其内在动力

这次先进性教育活动,从学习培训到分析评议再到整改提高,从正面宣讲到典型示范再到警示教育,都注意把着力点放在坚定广大党员的理想信念和增强广大党员建设中国特色社会主义的自觉性、主动性、责任感上,多做理顺情绪、化解矛盾的工作,多做凝聚人心、鼓舞士气的工作,多做启发自觉性、调动积极性的工作,推动广大党员高标准地要求自己、剖析自

己、提高自己,切实解决自身存在的突出问题。

各地区各部门各单位的做法主要有以下四个方面:一是深入开展保持共产党员先进性具体要求大讨论。各级党组织积极引导党员根据党章的规定和胡锦涛同志提出的新时期保持共产党员先进性的基本要求,紧密联系各自实际,普遍提炼概括出体现时代精神、反映不同群体特征、符合行业和岗位特点的保持共产党员先进性的具体要求。广泛开展谈心活动。领导班子成员之间、党员领导干部与所分管的部门负责人之间、党员与党员之间、党员与群众之间普遍开展了谈心活动。通过谈心,一些同志多年的疙瘩解开了,一度疏远的感情拉近了,精神状态有了新的改变。许多同志反映,这么大范围的谈心活动,是多年来没有的。二是积极开展批评与自我批评。普遍召开党支部专题组织生活会和领导班子专题民主生活会,紧扣存在的突出问题,开展积极健康的思想斗争。广大党员深切地感到,通过开展批评与自我批评,较好地达到了既弄清思想又团结同志的目的,营造了浓厚的党内民主气氛。大家普遍反映,活动期间召开的民主生活会,是近几年质量最高的一次。三是扎实开展丰富多彩、各具特色的主题实践活动。主题实践活动是保持共产党员先进性的有效载体,它不仅拓展和深化了学习教育的内容,而且为党员发挥作用、服务群众搭建了平台。比如,延安等一些地方实行"党员承诺制",每个党员根据自身实际承诺为群众办几件实事,简单明了,实实在在,群众欢迎,效果很好。此外,还有一些地方实行了"设岗定责"、"结对帮扶"等做法。以上这些做法,已经在全国普遍推广,共有 1400 多万名农村党员参与了党员承诺和设岗定责活动。四是认真做好不完全履行党员义务、不完全符合党员条件的党员教育转化工作。这次先进性教育活动不单独搞一个组织处理阶段,对不完全履行党员义务、不完全符合党员条件的党员多做教育转化工作,促使他们尽快跟上队伍。对那些经教育仍不改正、不符合条件的党员,根据党章和有关规定,按照正常程序严肃处理。对违纪党员,按照《中国共产党纪律处分条例》的规定,给予纪律处分。据统计,先进性教育活动期间,各级党组织对 17 万多名不履行党员义务、不完全具备党员条件的党员进行了严肃的教育帮助,已经明显转变、跟上队伍的党员 11.3 万名。同时,根据党章和有关规定,按照正常程序进行了严肃的组织处理,仅 2005 年,全国受到组织处理出党的党员有 44738 名。这样做,使党员有压力、有动力,又没有思想包袱,既较好地调动了广大党员的积极性,又进一步纯洁了党的组织和党员队伍。

实践证明,始终抓住党员队伍这个主体,坚持正面教育、自我教育为主的方针,激发其自我教育、自我提高的内在动力,保持党的先进性就有了强大而不竭的力量源泉。这既是总结我们党的历史经验和这次先进性教育活动的新鲜经验得出的正确结论,也是今后加强党的先进性建设、保持党员队伍先进性必须遵循的重要原则。保持和发展党员队伍先进性,必须最大限度地调动和发挥党员的主观能动性,促使党员自重、自省、自警、自励,不断增强党员意识、责任意识、忧患意识、使命意识,在履行岗位职责中充分发挥先锋模范作用;必须教育和帮助党员勇于正视、认真纠正存在的问题,在党内不断弘扬积极因素、克服消极因素;必须充分发扬党内民主,尊重党员的民主权利,激发党员参与党内事务的积极性、主动性,努力在全党形成又有集中又有民主,又有纪律又有自由,又有统一意志又有个人心情舒畅的生动活泼的政治局面。

五、坚持着力解决基层党组织建设中存在的突出问题,加大建设和整顿力度,切实增强基层党组织的创造力、凝聚力和战斗力

加强党的基层组织建设,既是这次先进性教育活动的重要目标,也是搞好先进性教育活动的重要保证。各级党委把加强基层组织建设放在工作的重中之重,采取许多有力措施,努力把党的基层组织真正建设成为贯彻"三个代表"重要思想的组织者、推动者和实践者。

各地区各部门各单位在加强基层组织建设方面做了大量卓有成效的工作。比如,积极研究解决新的经济组织和新的社会组织大量涌现、城市社区功能不断增强、农村经济结构调整带来的新情况新问题,坚持从实际出发,因地制宜,大胆创新党组织的设置方式,扩大党的工作的覆盖面,努力做到哪里有群众哪里就有党的工作,哪里有党员哪里就有党的组织。积极探索新形势下流动党员管理的有效办法,努力构建以流入地党组织管理为主,流出地党组织和流入地党组织密切配合、有机衔接、双向互动、共同负责的流动党员管理机制,确保党员"流动不流失、离乡不离党"。又比如,各地加大对基层党组织的整顿力度,共整顿软弱涣散、不起作用的基层党组织15.6万个,调整充实基层党组织负责人16.5万名,集中培训

基层党组织负责人 291.9 万名。同时,注意选好配强党组织领导班子,特别是选好党支部书记。还比如,切实解决基层党组织在活动场所、经费等方面存在的实际困难。由于各种原因,全国有不少村级基层组织没有活动场所。对此,党中央十分重视,决定采取以地方财政投入为主、中央财政适当补助和中央管理的党费予以支持的办法,力争用两年的时间解决村级组织活动场所建设的问题。中央组织部、国家发改委和财政部联合下发文件,召开专门会议,对这项工作作出了具体部署。

通过开展先进性教育活动,基层党组织执行政策、服务群众、化解矛盾、求实创新的能力明显提高,凝聚力和吸引力进一步增强。要求入党的群众特别是青年明显增多,2005 年,申请入党的人数达到 1767 万名,其中 35 岁以下的占申请入党人数的 75.7%;当年发展党员 247 万名,其中 35 岁以下的占发展党员总数的 80.1%。

实践证明,加强党的基层组织建设是党的先进性建设的基础。党的基层组织建设好了,就能保证党的路线方针政策的贯彻执行,团结和带领群众完成改革发展稳定的各项任务;就能更好地服务群众,进一步密切党同群众的血肉联系;就能有效地加强对党员的教育、管理和监督,不断增强党组织对党员的凝聚力和党对社会、对群众的凝聚力。加强党的基层组织建设,必须坚持围绕中心、服务大局、拓宽领域、强化功能,以改革的精神研究新情况、解决新问题,适应经济社会发展的需要,科学、合理地调整和设置党的基层组织,形成健全严密的党的组织网络,改进基层党组织的活动内容和工作方式,使基层党组织成为人民群众信任和拥护、认真贯彻党的路线方针政策的坚强战斗堡垒。

六、坚持把解决问题、总结经验、探索规律结合起来,努力在取得实践成果的同时取得制度成果、理论成果

这次先进性教育活动,在取得实践成果的同时,大力加强制度建设,初步形成了党员长期受教育、永葆先进性的长效机制,取得了制度成果;广泛开展理论研究,为党的先进性建设提供了强有力的理论支撑,取得了理论成果。

各级党组织按照中央要求,把建立健全保持共产党员先进性长效机制工作摆上重要议事日程,注意把教育活动中创造的成功经验转化为经常之举、长效之策,建立起了一批系统性、针对性、可操作性都比较强的工作制度。中央先进性教育活动领导小组在抓好面上长效机制建设工作的同时,会同中央组织部及有关省市、部门和单位,组织专门力量,研究起草了适用全党的《关于加强党员经常性教育的意见》等四个长效机制文件。2006 年 6 月,中央政治局常委会议审议通过了这四个长效机制文件,由中央办公厅印发。这四个长效机制文件以及各级党组织制定的一批制度性文件的出台,标志着党的制度建设取得了新的进展。

2005 年 1 月 14 日,胡锦涛同志在新时期保持共产党员先进性专题报告会上的重要讲话,第一次鲜明地提出了加强党的先进性建设的重大战略思想,不仅为搞好先进性教育活

动进一步指明了方向,也为开展党建理论研究提出了新的重要课题、赋予了新的重要任务。各地区各部门各单位按照中央的要求,围绕保持共产党员先进性教育活动与党的先进性建设这个主题,以征文和理论研讨会为主要载体,广泛开展多层次、多形式的研讨活动。许多领导同志亲自撰写文章,亲自担任课题组组长,带头参加理论研讨,有力地推动了理论研讨活动的深入开展。广大理论工作者和实际工作者注意拓宽研究视野,深入总结我们党的先进性建设的基本经验,认真研究世界政党建设的经验教训,积极探索党的先进性建设的规律,形成了一大批有分量、有深度的理论成果。经中央批准,今年5月上旬,中央保持共产党员先进性教育活动领导小组和全国党建研究会共同召开全国"保持共产党员先进性教育活动与党的先进性建设"理论研讨会,对一些重要理论成果进行了研讨和交流。

实践证明,把取得实践成果、制度成果、理论成果作为先进性教育活动的整体目标明确提出来,是对集中教育活动工作思路的一大创新。三大成果是相互联系、相互促进的。实践成果是取得制度成果和理论成果的前提和基础;制度成果是对实践中的好经验好做法的总结和提炼,为进一步巩固和扩大实践成果提供了有力保证,也为取得理论成果创造了有利条件;理论成果是对实践经验的深入思考和总结,又对取得实践成果和制度成果具有重要的指导和推动作用。加强党的先进性建设,必须在取得实践成果上下功夫,着力解决党组织和党员队伍中存在的突出问题、影响改革发展稳定的主要问题、群众最关心的重点问题;必须在取得制度成果上下功夫,及时把基层创造的具体经验系统化、成功做法制度化;必须在取得理论成果上下功夫,充分尊重基层和群众的首创精神,鼓励理论工作者和实际工作者大胆探索、勇于创新,努力把实践中形成的规律性认识上升为理论。坚持实践探索、制度创新、理论研讨统一部署、同步推动,就能使党的先进性建设不断取得新的成效。

七、 坚持加强组织领导和工作指导,不断推进工作方式方法创新,确保党的先进性建设的各项工作有序推进

这次先进性教育活动,始终是在党中央坚强领导下进行的。先进性教育活动期间,中央政治局、中央政治局常委会以及中央党建工作领导小组多次召开会议,听取情况汇报,研究部署工作。中央政治局常委同志率先垂范,先后参加了新时期保持共产党员先进性专题报告会、牛玉儒同志先进事迹报告会,以先进性建设为主题进行集体学习,多次征求各地区各部门主要负责人和部分党外人士对中央政治局常委会工作的意见,召开专题民主生活会并向县团级以上单位党委(党组)通报会议情况,深入联系点进行调研指导,在全党全社会引起了强烈反响,激发了全体党员参加先进性教育活动的热情。中央先进性教育活动领导小组认真学习贯彻中央指示精神,对先进性教育活动每个批次、每个阶段的工作提前谋划,周密部署,精心指导,抓好落实,确保了先进性教育活动的顺利开展。

各级党组织强化领导责任,主要负责同志作为第一责任人亲自抓,分管领导具体抓,其他党员领导干部结合分工协助抓,形成了一级抓一级、层层抓落实的领导责任体系。认真落实党员领导干部联系点制度、督查制度和群众监督评价制度,形成了责任明确、领导有力、运转有序、保障到位的工作机制。派驻督导组或巡回检查组,加强督促检查。各地区各部门各单位还抽调大批党员干部深入基层,加强对先进性教育活动的具体指导。针对不同领域、不同群体党员的特点进行分类指导,特别是在第二批先进性教育活动中,坚持把分阶段指导同分领域、分行业指导结合起来,突出分领域、分行业指导,先后就不同领域和行业的先进性教育活动提出具体指导意见。重视宣传引导,把握正确导向,大力宣传典型,积极营造良好的社会舆论氛围。

实践证明,加强党的先进性建设,必须强化各级党委的管党意识,提高治党能力,坚持领导带头,严格执行党的建设工作领导责任制,落实党组织主要负责人第一责任人的职责;必须切实加强分类指导,注意从不同领域、不同行业的实际出发,找准党建工作的着力点,有针对性地采取措施;必须搞好组织协调,整合和运用各种资源,调动各方面的积极性,努力形成常抓不懈、齐抓共管的领导体制和工作机制,形成全党共同努力、全社会大力支持和积极参与的良好局面。

弘扬沂蒙精神[*]

（2007 年 11 月 16 日）

  临沂是著名的革命老区，有着光荣的革命历史传统。抗日战争和解放战争时期，这里是整个华东革命根据地的指挥中心，刘少奇、陈毅、罗荣桓、徐向前、粟裕等老一辈无产阶级革命家都曾在这里留下战斗的足迹。在艰苦的革命战争年代，沂蒙老区共有 20 多万人参军，120 万儿女拥军支前，10 万将士埋下忠骨，涌现出了许许多多战斗英雄和"红嫂"式的拥军支前模范，正像"沂蒙精神展"所介绍的，沂蒙人民用小车推动了历史、用乳汁养育了革命、用血肉之躯为共和国的诞生作出了巨大贡献。新中国成立以后，特别是改革开放以来，沂蒙人民解放思想、锐意创新，艰苦创业、苦干实干，走出了一条在艰苦条件下脱贫致富、加快发展的成功路子，在全国革命老区中率先实现了整体脱贫，经济社会发展取得巨大成就，城乡面貌发生显著变化，人民生活明显改善，昔日的革命老区已经成为具有勃勃生机和旺盛活力的发展热土。我在山东工作多年，曾多次来过临沂，看到这些可喜的变化，感到由衷的高兴，

————————

* 2007 年 11 月 15 日至 19 日，贺国强同志在山东省考察调研。这是考察调研期间与临沂市基层党员干部群众座谈时讲话的主要部分。贺国强同志当时任中共中央政治局常委、中央纪委书记。

相信沂蒙人民一定能够创造更加美好的明天。

在临沂这样一个区位条件、发展基础、自然禀赋都没有特别优势的地方,能够取得今天这样改革发展的大好局面,一个很重要的原因,就是你们继承和发扬了"爱党爱军、开拓奋进、艰苦创业、无私奉献"的伟大沂蒙精神。沂蒙精神与井冈山精神、延安精神、西柏坡精神一样,都是我们党的宝贵精神财富,具有强大的生命力。这种精神,既是沂蒙老区创造出辉煌历史的一大法宝,也是开辟美好未来的精神动力。

党的十七大高举中国特色社会主义伟大旗帜,提出了全面建设小康社会新的更高要求,对党和国家各项工作作出了全面部署。伟大的事业需要伟大的精神来支撑。实现党的十七大提出的各项奋斗目标,必须弘扬包括沂蒙精神在内的党的优良传统,大力加强和改进党的作风建设。

第一,要增强党性观念。"爱党爱军"是沂蒙精神的核心。新时期弘扬沂蒙精神,首先要发扬这一优良传统,切实增强党性观念。党性是党的性质、宗旨在党员思想和行动上的具体体现。坚强的党性,是共产党员发挥先锋模范作用的思想根基,也是党保持创造力、凝聚力和战斗力的力量源泉。党性不是抽象的,而是具体的。对广大党员干部来说,增强党性观念,一是要紧密联系改革开放以来发生的历史性变化,深刻理解我们党成功开辟中国特色社会主义道路、形成中国特色社会主义理论体系的重大意义,从而坚定中国特色社会主义的信念,坚定推进改革开放的信心,增强贯彻执行党的基本理论、基本路线、基本纲领、基本经验的自觉性和坚定性,增强贯彻落实科学发展观的自觉性和坚定性。二是要紧密联系本地区实际,创造性地贯彻执行党的路线方针政策,认真落实中央和上级党委作出的各项决策部署,研究提出适合本地特点的发展思路和发展途径,团结带领广大人民群众加快推进全面建设小康社会进程,创造更加美好幸福的生活。三是要紧密联系自身的思想实际,切实增强党的意识和党员观念,始终做到立场坚定、旗帜鲜明,坚决同社会上存在的各种危害党和国家事业发展、损害人民群众根本利益的错误思想和言行作斗争,弘扬新风正气,抵制歪风邪气,自觉维护改革发展稳定的大局。

第二,要密切联系群众。我们党的根基在人民、血脉在人民、力量在人民。保持党同人民群众的血肉联系,是我们党区别于历史上其他任何政党的根本标志,也是我们党永远立于不败之地的根本保证。沂蒙精神是我们党在同人民群众生死与共、血脉相连地进行革命斗争的过程中诞生的,也是在与人民群众同呼吸、共命运、心连心地推进改革开放和社会主义现代化建设的实践中继承和发展的。在新形势下弘扬沂蒙精神,就是要牢固树立群众观念,想问题、作决策、办事情要从大多数群众的利益出发,注意倾听群众意见,反映群众呼声,坚决克服高高在上、脱离群众的不良倾向。要把群众最关心、最直接、最现实的利益问题作为工作的着力点,千方百计地解决广大群众生产生活中的实际问题,特别要注意解决好水、路、电、气等问题,解决好就医、子女上学、冬季取暖、住房等方面的实际困难。要把帮扶困难群众作为一件关系全局的大事,多做雪中送炭的工作,解决他们的燃眉之急,确保困难群众基本生活有着落,使他们深切地感受到党和政府的温暖。要建立和完善领导接访和干部下访等制度,不断拓宽群众诉求表达的渠道,及时处理群众反映的问题,妥善化解矛盾,维护社会和谐。

第三,要发扬艰苦奋斗作风。艰苦奋斗是沂蒙精神的重要内容,是中华民族的传统美德,也是我们党的传家宝。现在,虽然我们的生活改善了、各方面条件好了,但艰苦奋斗的精神决不能丢。新时期发扬艰苦奋斗精神,就是要不畏艰难、敢于胜利,不断深化改革、推进发展,勇于克服前进道路上遇到的各种困难和问题,努力开创各项工作的新局面;就是要始终牢记"两个务必",一切从社会主义初级阶段基本国情出发,厉行节约,勤俭办一切事情,杜绝大手大脚、奢侈浪费;就是要认真落实中央有关规定,严格控制公务消费,严禁用公款大吃大喝、游山玩水、高消费娱乐;就是要节约政府资源,降低行政成本,坚决刹住违规建设楼堂馆所的不良风气,把有限的财力、物力和人力用在更好地促进发展上来,用在解决群众生产生活中的实际困难和问题上来。

第四,要弘扬求真务实精神。求真务实,是我们党的思想路线的重要内容,是共产党人应该具备的政治品格。当前,我国经济社会发展的形势很好,各地加快发展的积极性很高,特别是换届以后一大批干部走上新的领导岗位,想要干一番事业,这种积极性是值得肯定的。但越是在这种情况下,越要保持清醒头脑,防止浮躁情绪,抛弃私心杂念,真正做到脚踏实地、埋头苦干。要深入贯彻落实科学发展观,树立正确的政绩观,按照客观规律来谋划发展,一切从实际出发,量力而行,克服急于求成、急功近利的心态和做法,推动经济社会全面协调可持续发展,真正创造出经得起实践、人民、历史检验的业绩。要坚决反对官僚主义、形式主义,坚持讲真话、出实招、办实事、务实效,定下来的事情就要雷厉风行、抓紧实施,部署了的工作就要督促检查、一抓到底,一步一个脚印地把各项工作推向前进。要发扬沂蒙精神"开拓奋进"的优良传统,立足本地实际,发挥自身优势,以新的理念、新的思路、新的办法推进新农村建设、深化企业改革、发展社会事业、加强党的基层组织建设,不断开创各项事业的新局面。

第五,要保持清正廉洁。在改革开放和发展社会主义市场经济的条件下,能否保持清正廉洁,是每个党员干部面临的重大考验,也是我们的红色江山能否永不变色的重大考验。这些年来,一些领导干部没有经受住这个考验,私欲膨胀,贪污腐化,最终落得身败名裂,令人痛惜,也令人深思。每一名党员干部都要经常想一想今天的幸福生活是无数革命先烈抛头颅洒热血、用宝贵的生命换来的,想一想自己手中的权力是人民赋予的、必须始终用来为人民服务,从而在思想上筑牢拒腐防变的坚固防线。要严格执行领导干部廉洁自律的各项规定,严于律己,审慎用权,时刻警惕权力、金钱、美色的诱惑,防止手中的权力商品化、庸俗化,决不能把权力变成谋取私利的工具。要讲操守,重品行,自觉践行社会主义荣辱观,自尊自爱,洁身自好,模范遵守社会公德、职业道德、家庭美德,树立良好的个人品德,培养健康的生活情趣,提高精神境界,保持高尚情操,坚决抵制腐朽思想观念和生活方式的侵蚀,做践行社会主义核心价值体系的模范。要认真贯彻中央《关于加强农村基层党风廉政建设的意见》,进一步加强农村基层党风廉政建设,保证中央关于"三农"工作的各项方针政策落到实处,维护好农民群众的利益,以优良的作风保证社会主义新农村建设各项任务的落实。

查办案件处处需要辩证法[*]

（2008 年 2 月 18 日）

　　查办案件的工作对象是人，人是有思想的，是发展变化的。这就要求我们必须按照唯物辩证法去看待事物，分析问题，查办案件。我在中组部工作的时候，提出组工干部要学习哲学。组织工作和纪检监察工作都是做人的工作的，有相通之处，这里，我也向同志们提出要多学点哲学。实际上，我们在查办案件工作中处处存在着辩证法，处处需要辩证法。比如，事实是查办案件的基础。我们查办案件时必须坚持实事求是，重证据、重事实，一是一、二是二，不得夸大、不得缩小、更不得虚构案件事实。我们常讲"以事实为依据，以法律为准绳"，道理就在这里。又比如，我们查处腐败分子，一方面显示我们党坚决反对腐败的决心和信心，另一方面又要维护改革发展稳定的大局和党的形象，一定要把查办案件工作放到党和国家工作大局中来把握，与经济发展、政治稳定、社会和谐等因素统一起来，把握好查办案件的时机和节奏。既要严厉惩处腐败现象，也要认识到并不是查处的案件越多、查处

---

[*] 这是贺国强同志在中央纪委监察部机关查办案件工作座谈会上讲话的一部分。

155

的干部职务越高、量纪量刑越重就越好。再比如,要用历史的观点来看待人和事。有的事情现在看是错的,但在当时的条件下可能是对的;有的事情现在看是对的,但在当时可能是错的。这就需要我们全面、历史地看待问题,从事件发生的时间、背景和当时的政策界限等方面分析情况,得出正确的结论。还比如,有些案件线索刚开始很大,但是查了之后,发现不是那么回事,或者没有那么严重,甚至是诬告,这就涉及如何正确看待查案问题。我们要实事求是地看待所查的案件,如果查清之后,发现干部没有问题,就要保护干部。保护干部也是纪律检查机关的重要职责,也是政绩。还比如,案件审理室既承担案件审理,又受理案件申诉。审理案件要敢于正视事实,公道公正;受理申诉,要有错必纠,实事求是。查办案件是政绩,认真办理申诉案件也是政绩。

领导干部要吃透"上情"、把握"下情",做好结合文章[*]

（2008 年 4 月 15 日）

坚定不移、不折不扣地贯彻执行党的路线方针政策和决策部署,是对每一个领导干部的基本政治要求。同时必须看到,我国幅员辽阔,就拿县一级来讲,全国两千多个县(市)情况千差万别,贯彻落实中央的方针政策,开展各项工作,不可能千篇一律,不可能一个模式,只有因地制宜,紧密结合本地实际开展工作,才能把中央的决策部署落到实处。因此,做好"上情"和"下情"的结合这篇文章十分重要。

要吃透"上情"。也就是要准确理解、全面把握党的路线方针政策以及上级的指示精神。中央的方针政策和决策部署,都是集中各地的意见和经验,经过反复提炼、论证总结出来的,具有普遍性、科学性和指导性。必须加强学习,真正把握中央精神的基本要求、政策措施,切不可望文生义,断章取义,随意解释,以偏概全。

要把握"下情"。也就是要了解和掌握本地的经济、政

---

* 2008 年 4 月 10 日至 15 日,贺国强同志在湖南省考察调研。这是考察调研期间与湘西土家族苗族自治州部分州县领导干部座谈时讲话的一部分。

治、文化、社会和党建工作等情况，干部群众的思想实际以及工作的成绩和不足等。许多同志刚刚走上新的领导岗位，对本地区本部门的工作有个熟悉的过程。这就要求大家不能整天浮在上面、泡在会里，而要真正深入实际、深入基层、深入群众，全面掌握和深入分析第一手资料，不断深化对本地实际和经济社会发展规律的认识，为做好领导工作奠定基础。

要搞好结合。也就是把中央精神与本地实际创造性地结合起来，研究制定科学的政策决策和工作举措。对中央的方针政策，我们既不能简单地照抄照搬，搞上下一般粗；也不能各行其是，搞"上有政策、下有对策"。必须找准"上情"与"下情"的对接点，把中央大政方针与本地的实际情况有效地结合起来。结合得好，工作就有新意，就能出政绩，就能体现水平。比如，中央提出建设社会主义新农村，并制定出台了一系列政策措施，具体到我们这个县（市）怎么抓，从哪里突破，确定什么样的思路，选择什么样的模式，并没有现成的答案，需要我们很好地研究中央的精神，很好地掌握本地的实际，针对新农村建设起点有先有后、进程有快有慢、水平有高有低的实际情况，严格遵循推动新农村建设的原则要求，加强分类指导，不搞"一刀切"，不用行政命令强行推广单一模式，不提脱离实际的口号，不定超越阶段的目标，不做违背农民意愿的事情，保证新农村建设沿着正确的轨道健康发展。

要狠抓工作落实。目标任务确定之后，最重要的是求真务实、真抓实干，把决策部署付诸实践、见诸行动、取得成效。"上面千条线，下面一根针。"在我国的行政层级中，县是一个很重要的层次，中央的大政方针归根到底要通过这一级组织来贯彻落实。必须把狠抓落实作为重要任务,真正做到精力上投入、时间上保证,雷厉风行,一抓到底,扎扎实实地推进各项工作。要健全抓落实的体制机制,强化目标管理,完善考核、评价和监督检查制度,克服形式主义、官僚主义,杜绝失职渎职、不作为、乱作为等行为。

以科学发展观指导纪检监察工作*

（2008 年 10 月 7 日）

科学发展观是发展中国特色社会主义必须坚持和贯彻的重大战略思想，也是深入开展党风廉政建设和反腐败斗争必须坚持和贯彻的重大战略思想。推进党风廉政建设和反腐败斗争，必须自觉地以科学发展观为指导，运用科学发展观所体现的马克思主义的立场、观点、方法来谋划、部署和推进各项工作，把科学发展观的要求体现和落实到党风廉政建设和反腐败工作的各个方面。

第一，紧紧围绕保障和促进科学发展来谋划和推进纪检监察工作。发展是科学发展观的第一要义，是解决中国一切问题的"总钥匙"。纪检监察机关必须着眼发展这个党执政兴国的第一要务，进一步树立大局意识、中心意识和服务意识，注意了解和掌握党和国家有关经济社会发展的决策部署与政策措施，注意了解和掌握我国经济社会发展过程中出现的新情况新问题，注意了解和掌握经济社会发展的动态和趋势，注意了解和掌握国际经济形势的发展变化对我国经济社

---

* 这是贺国强同志在中央纪委监察部机关开展深入学习实践科学发展观活动动员大会上讲话的一部分。

160

会发展带来的影响,始终着眼党和国家工作全局谋划反腐倡廉工作、制定反腐倡廉政策、出台反腐倡廉举措,使纪检监察工作更好地服务和促进科学发展。

第二,切实把以人为本的理念贯穿到纪检监察工作中去。以人为本是科学发展观的核心。在纪检监察工作中做到以人为本,就是要维护群众利益、保障党员权利。要坚定不移地相信和依靠群众,把人民群众的呼声作为反腐倡廉的第一信号,把维护人民群众的根本利益作为反腐倡廉的第一考虑,把密切党同人民群众的血肉联系作为反腐倡廉的第一目标,切实解决损害群众利益的突出问题,真心实意为群众办好事、办实事;要及时回应人民群众的期盼和社会各界的关切,妥善处置、及时化解影响社会和谐稳定的热点、难点问题;要拓宽人民群众参与反腐倡廉建设的渠道,接受群众监督,发挥人民群众在反腐倡廉中的积极作用。要严格依纪依法办案,严肃查处各类违纪违法案件,保持惩治腐败的强劲势头,以反腐败斗争的实际成效取信于民。要坚持查实问题是成绩、澄清是非也是成绩,把加强对干部的监督同信任干部、激励干部结合起来,保护他们干事创业、改革创新的积极性。要把处理人与教育人、挽救人有机结合起来,既要严肃执行纪律,又要重视保护党员干部的民主权利和合法权益,即使对那些犯了错误的同志,也要按照"惩前毖后,治病救人"的方针,宽严相济,区别对待,努力取得良好的政治效果、社会效果和法纪效果。

第三,坚持按照全面协调可持续的要求和统筹兼顾的方法开展纪检监察工作。全面协调可持续是科学发展观的基本要求,统筹兼顾是科学发展观的根本方法,这也是做好纪检监察工作的根本要求和方法。要善于从全局和战略高度观察和审视党风廉政建设和反腐败斗争面临的形势和任务,把反腐倡廉建设纳入经济社会发展和党的建设的全局之中,寓于各项改革和重要政策措施之中。要坚持标本兼治、综合治理、惩防并举、注重预防的方针,整体推进反腐倡廉教育、制度、监督、改革、纠风、惩治等工作,把教育的说服力、制度的约束力、监督的制衡力、改革的推动力、纠风的矫正力、惩治的威慑力结合起来,使各项工作相互协调、相互促进。要突出重点,牢牢抓住那些带有全局性、根本性、关键性的工作,做到提纲挈领、纲举目张。要把战略性目标与阶段性任务结合起来,坚持整体规划,分阶段实施,特别要注意针对一个时期群众反映强烈、基本具备治理条件、经过努力在短时期内能够取得成果的突出问题,提出明确具体的目标和任务,集中力量进行整治,使反腐倡廉工作稳步向前推进。要发挥纪检监察机关合署办公的优势,全面履行纪检监察两项职能,进一步形成党政监督的整体合力。要把发挥纪检监察机关的职能作用与发挥党委、政府及其有关部门的职能作用和全社会的支持参与结合起来,特别是要严格执行党风廉政建设责任制,巩固和发展全党全社会齐抓共管的良好局面,共同推进反腐倡廉建设。

第四,以改革创新精神推动纪检监察工作不断取得新进展。科学发展观是创新的理论,以科学发展观指导纪检监察工作,必须要有创新的精神。纪检监察机关要适应世情、国情、党情的发展变化,以解放思想为先导,以改革创新为动力,促进纪检监察工作观念更新、实践创新和体制机制创新。要认真学习领会中央关于反腐倡廉的重要决策部署和指示精神,全面准确把握科学发展观对纪检监察工作的新要求,同时深入开展调查研究,对党风廉政建设和反腐败工作的成绩和薄弱环节、对党员干部的状况和要求做到心中有数,在此基础上做好"上情"与"下情"的结合、继承与创新的结合。要紧密结合纪检监察工作的实际,在加强和改进教育培训、增强针对性和有效性,保持查办案件工作力度、充分发挥办案的治本功能,加大监督工作力度、做到关口前移,扩大党内民主和人民民主、保证权力公开透明运行,加强制度建设、形成用制度管权管事管人的机制等方面,加大创新力度,不断推进反腐倡廉建设实践和理论创新。

善于继承，敢于创新，甘于奉献[*]

（2008 年 10 月 15 日）

邓小平同志曾经说过，世界上的事情都是干出来的，不干，半点马克思主义都没有。当前，我们党和国家正处于历史上最好的发展时期，这为我们每个人发挥才智、施展抱负提供了大好机遇和广阔舞台。在座的各位同志年富力强、风华正茂，正处在干事创业的黄金年华。希望大家一上任，就要以一种时不我待、奋发进取的精神状态投入到本职工作中，勤奋工作、踏实工作、忘我工作，以新的工作进展和工作成效回报组织和群众的信任。这里我强调三点：

一是要善于继承。每项事业都是在以往的基础上发展的，每个人都是沿着前人的足迹前进的。作为领导干部，善于继承是保持工作连续性、稳定性的必然要求，也是一种尊重历史、尊重前辈的科学态度和思想境界。长期以来，纪检监察工作积累了许多行之有效的做法和经验，形成了许多好的制度和规定，我们必须在今后的工作中坚持和遵循。大家要结合纪念改革开放 30 周年和纪律检查机关恢复重建 30 周年，认

---

* 这是贺国强同志在中央纪委监察部机关 2008 年度竞争上岗任职人员集体谈话会上讲话的一部分。

真总结本部门本单位本岗位的工作经验，努力探索和掌握工作规律，不断提高工作水平，使各项工作在总结中提高、在继承中发展。

二是要敢于创新。创新是民族进步的灵魂，是国家兴旺发达的不竭动力。当前，党和国家事业发展对纪检监察工作提出了许多新的更高要求，党风廉政建设和反腐败工作面临许多新情况新问题新矛盾，这些都要求我们以改革创新精神推进纪检监察工作。年轻同志最少保守思想、最具创造活力，大家一定要解放思想，开拓进取，深入实际，调查研究，认真总结基层和群众创造的新鲜经验，积极借鉴国（境）外反腐倡廉的有益做法，努力推进纪检监察工作理念、思路、方法和体制机制的创新，不断开创各项工作的新局面。

三是要甘于奉献。纪检监察工作责任重大、工作辛苦，没有一点苦干的劲头、没有一点奉献的精神不行。希望大家以身作则、身先士卒，恪尽职守、埋头苦干，无私奉献、任劳任怨，认真抓好本单位本岗位的各项工作，切实以自己的实际行动和工作成绩赢得组织和群众的认可。此外，我还想强调的是，大家刚走上新的工作岗位，工作热情比较高，一定要处理好虚心学习与大胆工作的关系，既要谦虚谨慎、虚心学习，抓紧了解熟悉情况、站稳脚跟；又要尽快进入角色，大胆放手工作，以自己的实际行动证明能够胜任新任职工作，证明这次通过竞争上岗、组织派我到新单位任职的决定是正确的。同志们在工作中有好的意见建议，或者遇到什么困难，可以向组织提出来，大家一起来研究、解决。中央纪委监察部各位领导同志、机关各单位和派驻机构负责同志要满腔热情地支持新任职的同志开展工作,关心他们的成长进步,积极为他们排忧解难,使他们在新的工作岗位上更快地成长起来。

学习实践科学发展观活动的成效要体现在为群众解决实际问题上[*]

（2008 年 10 月 30 日）

开展深入学习实践科学发展观活动，根本目的是促进经济社会又好又快发展，重点是要解决影响和制约科学发展、群众反映强烈的突出问题。确保学习实践活动取得实效，很重要的一点就是要围绕改善民生，办几件群众迫切要求办的实事，使群众真正感受到学习实践活动带来的新变化、新气象。党的十七大和十七届三中全会就保障和改善民生提出了一系列重要政策措施，最近中央为解决困难群众的生活又出台了一批扶持措施，我们一定要按照中央的要求，把保障和改善民生放到更加突出的位置，采取切实措施解决好人民群众最关心、最直接、最现实的利益问题，使人民群众共享改革发展的成果。比如，我们昨天考察的柳山湖镇移民新村和赤壁市民政局儿童福利院，让我们很有感触。柳山湖镇既是为三峡工程建试验坝而形成的一个移民乡镇，也是一个血吸虫疫区移民镇。50 年前，村民为修建三峡试验坝作出了牺牲，从条件

---

* 2008 年 10 月 28 日至 30 日，贺国强同志在湖北省赤壁市调研指导深入学习实践科学发展观活动。这是调研期间讲话的一部分。赤壁市是贺国强同志这次学习实践活动的联系点。

好的地方搬到了条件差的地方。现在三峡工程26台机组都开始发电了,我们不能忘记这些为三峡工程作出过贡献的村民们。这些年来,在各级党委、政府的关心帮助下,他们大力推进移民新村建设,移民村的村容村貌发生了喜人变化。但他们目前也还存在一些实际困难,各级党委、政府及有关部门还要满腔热忱地积极帮助解决。赤壁市民政局儿童福利院是鄂南地区唯一的一所儿童福利院,这些年来他们积极改善办院条件,在救孤助残和解决下岗职工、进城务工农民、特困户、低保户、残疾人等困难家庭子女接受学龄前教育等方面作出了积极贡献。在福利院旁边还有个光荣院,专门为"五保户"、孤寡老人等提供服务。这些都体现了我们以人为本、关注民生的理念和要求。要坚决纠正损害群众利益的不正之风,着力解决教育收费、医疗卫生、涉农负担和征地拆迁、食品药品质量、物价监管等方面群众反映强烈的问题,强化对社保基金、住房公积金、扶贫救灾专项资金的监管,不断加强部门和行业作风建设,切实纠正以权谋私、与民争利的不正之风。今年年初低温雨雪冰冻灾害给湖北造成了很大损失,当前一些企业特别是中小企业效益下滑或停产关闭,部分群众特别是灾区群众、低收入群众生产生活遇到不少困难。现在即将进入冬季,我们要切实做好关心群众生产生活的工作,加强对城乡困难群众的救助,妥善安置受灾群众,努力解决他们的实际困难;要注意保持市场价格特别是生活必需品价格的基本稳定,重点保证粮油肉菜等重要商品的市场供应。要加强安全生产工作,认真排查和整治各类安全事故隐患,坚决遏制和防止重特大事故发生。

更加自觉更加坚定地
贯彻落实科学发展观[*]

（2009 年 1 月 7 日）

　　科学发展观的重大战略思想，是以胡锦涛同志为总书记的党中央着力推进实践基础上的理论创新的一大重要成果。这一思想最早发轫于胡锦涛同志 2003 年 4 月在广东考察抗击非典工作时和 7 月 28 日在全国防治非典工作会议上的重要讲话，明确提出于胡锦涛同志 2003 年 10 月 14 日在党的十六届三中全会第二次全体会议上的重要讲话，全面阐发于胡锦涛同志 2004 年 3 月 10 日在中央人口资源环境工作座谈会上的重要讲话，在党的十七大报告中作为中国特色社会主义理论体系的重要组成部分进行了系统阐述，并写入了十七大修订的党章。科学发展观提出以来的这六年，是党中央团结带领全党全国各族人民战胜各种难以预料的困难和风险、推动党和国家事业全面进步的六年，也是科学发展观本身不断丰富发展、经受实践检验、日益深入人心、彰显真理力量的六年。

---

　　* 这是贺国强同志在中央政治局常委会深入学习实践科学发展观活动专题民主生活会上发言的一部分。

一、科学发展观是立足新世纪新阶段 我国发展实践、把握发展规律、 顺应时代潮流提出来的

我觉得,科学发展观的提出有以下背景:一是经过改革开放 20 多年的快速发展,我国经济实力和综合国力显著增强,党和国家面貌发生了历史性变化。二是随着经济体制深刻变革、社会结构深刻变动、利益格局深刻调整、思想观念深刻变化,我国的发展也出现了一系列新的重要阶段性特征,在若干方面存在不协调和诸多的制约因素。三是当前和今后一个时期,我国面临的既是发展机遇期,也是矛盾凸显期。四是和平与发展仍然是时代的主题,经济全球化深入推进,我国加入世贸组织后,也同样面临机遇和挑战。要适应上述这种国际国内背景和形势,奋力开拓中国特色社会主义更为广阔的发展前景,就必须进一步解放思想、实事求是、与时俱进,深刻总结我国发展实践,积极借鉴国外发展经验,以新的思路、方法和途径推动我国经济社会全面协调可持续发展。科学发展观正是在这样的时代背景和实践基础上孕育、诞生和发展的。

二、科学发展观的深入贯彻落实有力地促进了 我国经济社会的全面协调可持续发展

六年来,我们党牢牢把握发展这一科学发展观的第一要义,聚精会神搞建设,一心一意谋发展,努力推动经济社会又

好又快发展。特别是近一年多来,针对国际金融危机引发的国际国内经济形势的急剧变化,中央及时果断地制定和调整宏观经济政策,准确把握宏观调控的时机、方向、重点和力度,使我们赢得了时间、争取了主动,对遏制我国经济增速下滑趋势起到了重要作用。这些年,我国经济保持平稳快速发展,从2002年到2007年,GDP年均增长10%以上,经济总量达到25.73万亿元,5年间翻了一番,跃居世界第4位。财政收入大幅增加,国家财政收入达到5.1万亿元,5年间增加了近两倍,年均增收6000亿元以上。对外贸易成效显著,进出口总额达到2.17万亿美元,年均增长28.5%,从世界第6位跃居世界第3位;国家外汇储备达到1.52万亿美元,5年间增长了4倍多,居世界第1位;累计实际使用外商直接投资3493亿美元,居世界第2位。各项改革全面推进,一些重要领域和关键环节的改革取得重大突破。实施依法治国、科教兴国、人才强国、可持续发展战略以及区域发展总体战略取得重要进展,社会主义新农村建设扎实推进。调整经济结构和增强自主创新能力取得重要进展,载人航天、月球探测等重大科技工程成功实现,能源、交通、通信等基础设施和重点工程建设成效显著。环境保护和节能减排力度加大,2006年单位GDP能耗首次下降,2007年化学需氧量、二氧化硫排放总量首次出现双下降,2008年这几项指标均实现下降。

三、科学发展观的深入贯彻落实使人民 得到更多实惠,促进了社会和谐

科学发展观的核心是以人为本。近年来,党中央坚持把实现好、维护好、发展好最广大人民的根本利益作为一切工作的出发点和落脚点,提出和落实构建社会主义和谐社会的重大战略思想,在保障和改善民生方面办了许多多年想办而没有条件办的好事实事大事。人民生活显著改善,从 2002 年到 2007 年,城镇居民人均可支配收入、农村居民人均纯收入、城乡居民人均储蓄存款余额均翻了近一番。社会建设全面加强,实施积极的就业和再就业政策,五年年均新增城镇就业 1000 多万人、转移农村劳动力 800 万人以上;取消农业税,终结了农民种田交税的历史;城乡义务教育全面纳入公共财政保障范围,实现全免费;公共卫生网络体系基本建成,全国普遍开展了新型农村合作医疗试点工作;城乡公共文化服务体系不断健全;社会保障体系框架基本形成,城乡全面推进低保;等等。这些在我国发展史上均具有里程碑意义。

四、科学发展观的深入贯彻落实促进了 党和国家各项事业的全面发展

统筹兼顾是科学发展观的根本方法。六年来,中央总揽全局、统筹兼顾,全面推进党和国家各项工作。一是统筹中国特色社会主义各项建设。在全力推动经济平稳较快发展的同

时,加强社会主义政治建设、文化建设、社会建设,中国特色社会主义事业总体布局由"三位一体"发展为"四位一体"。二是统筹现代化建设和祖国和平统一大业。坚定不移地贯彻"一国两制"、"港人治港"、"澳人治澳"、高度自治的方针,保持港澳繁荣稳定。从战略高度把握台海局势重大变化和两岸关系发展面临的难得历史机遇,制定《反分裂国家法》,坚决维护国家主权和领土完整;成功开启两岸政党交流,推进两岸关系和平发展,两岸"三通"迈出历史性步伐。三是统筹经济建设和国防建设。加速推进中国特色军事变革,全面加强军队革命化、现代化、正规化建设,国防和军队建设取得历史性成就。四是统筹国内国际两个大局。坚持独立自主的和平外交政策,广泛加强同各国的交流合作,在国际事务中发挥重要建设性作用,为全面建设小康社会争取了良好国际环境。五是统筹改革发展稳定各项工作。坚持把改革的力度、发展的速度同社会可承受的程度结合起来,提高改革决策的科学性,增强改革措施的协调性,完善维护社会稳定的体制机制和政策措施,强化社会治安综合治理,维护了社会稳定。

五、科学发展观的深入贯彻落实使党的领导水平和执政能力进一步提高

深入贯彻落实科学发展观,在新的历史起点上发展中国特色社会主义,对党的领导水平和执政能力提出了新的更高要求。党中央顺应世情、国情、党情的新变化,贯彻为民、务实、清廉的要求,紧紧围绕提高党的领导水平和执政水平、提

高拒腐防变和抵御风险能力这两大历史性课题,创造性地提出加强党的执政能力建设和党的先进性建设,在全党开展保持共产党员先进性教育活动和深入学习实践科学发展观活动,推动广大党员干部用中国特色社会主义理论体系武装头脑、指导实践、推动工作,全面加强党的思想、组织、作风、制度和反腐倡廉建设,党的建设总体布局由"四位一体"发展为"五位一体";各级党委的领导核心作用、基层党组织的战斗堡垒作用和广大党员的先锋模范作用进一步发挥,党的创造力凝聚力战斗力显著增强;我们党驾驭社会主义市场经济、发展社会主义民主政治、建设社会主义先进文化、构建社会主义和谐社会、应对国际局势和处理国际事务的能力进一步提高,应对各种风险和突发事件的能力显著增强。这一点,通过2003年我们成功夺取抗击非典斗争重大胜利,去年成功夺取抗击南方部分地区严重低温雨雪冰冻灾害和四川汶川特大地震灾害斗争重大胜利,成功举办北京奥运会、残奥会等重大活动,就得到了充分证明。

六、科学发展观的深入贯彻落实丰富了中国特色社会主义旗帜、道路和理论体系的内涵

举什么旗、走什么路、实现什么目标,历来是关系党的事业发展的根本问题。党的十七大深刻总结改革开放以来党的全部理论创新和实践发展成果,提出了中国特色社会主义伟大旗帜、道路和理论体系,对这一根本问题作出了鲜明回答。科学发展观创造性地探索和回答了实现什么样的发展、怎样

发展的重大理论和实际问题,是同马克思列宁主义、毛泽东思想、邓小平理论和"三个代表"重要思想既一脉相承又与时俱进的科学理论,是中国特色社会主义理论体系的重要内容,是马克思主义中国化的最新成果,展示了以胡锦涛同志为总书记的党中央坚持和发展马克思主义的巨大勇气和政治智慧。实践发展无止境,理论创新无止境。当前,学习贯彻中国特色社会主义理论体系,最紧迫的就是学习贯彻科学发展观;坚持中国特色社会主义道路,最现实的就是坚持走科学发展道路。我们要结合新的实践和发展,更加自觉更加坚定地深入学习领会、坚决贯彻落实、不断丰富发展科学发展观。

王瑛——"永远的巴山红叶"*

（2009 年 2 月 25 日）

　　王瑛[1]同志长期在基层从事纪检监察工作,2006 年 7 月被查出肺癌晚期后始终带病忘我工作,2008 年 5 月四川汶川特大地震发生后,正在医院接受治疗的她立即返回工作岗位并赶赴抗震救灾第一线。2008 年 11 月,王瑛同志倒在工作岗位上。王瑛同志的事迹感动了许多人,群众称赞她为"永远的巴山红叶"。2008 年 12 月 8 日,胡锦涛同志在一份材料上作出重要批示,指出"王瑛同志是优秀纪检干部的代表,要宣传她的感人事迹"。这一重要指示,对王瑛同志给予了高度评价,充分体现了党中央对广大基层干部特别是纪检监察干部的关爱,对于树立先进典型、弘扬新风正气具有重要的指导意义。为了贯彻落实胡锦涛同志的重要指示精神,中央纪委、中央组织部、中央宣传部联合组织中央新闻单位的记者,到南江县进行了采访。新闻单位的记者克服各种困难,深入王瑛同志工作、生活过的地方,采集了大量素材,撰写了生动感人的通讯报道。

---

　　*　　这是贺国强同志在接见王瑛同志先进事迹报告团成员时讲话的主要部分。
　　[1]　王瑛,曾先后担任四川省巴中市南江县委常委、组织部部长和县委常委、县纪委书记。

从 2009 年 2 月 8 日开始，中央各大新闻媒体连续集中报道了王瑛同志的先进事迹，人民网、新华网等重点网站以及地方媒体也进行了大量报道。这些天来，王瑛的名字传遍了祖国的大江南北，她的事迹在全社会引起了强烈反响，一个党性坚强、坚持原则、无私奉献、铁骨柔情的优秀纪检监察干部形象展现在大家面前，无论是党员干部还是普通百姓，都很受感动，很受教育。成千上万的网民在网上留言，对王瑛同志的事迹和精神给予高度评价，把她誉为"巴山红叶"。据统计，截至 2 月 13 日，短短五天的时间，六大新闻网站点击率达 1400万人次，跟帖 14000 条。

这段时间，我含着眼泪认真阅看了主要新闻媒体的全部报道，也阅看了部分网民的留言，王瑛同志的先进事迹深深感动了我，感染了我。她长年工作在纪检监察第一线，热爱纪检工作，坚决查处违纪违法案件，创造了纪检工作服务于经济社会发展的"五个零"〔1〕工作方法，在全县各村设立村级廉政监督员制度，认真开展抗震救灾款物专项监督检查，展示了她坚守党性原则，为基层反腐倡廉工作作出的突出贡献；她为长年奔波的"背二哥"〔2〕筹建宾馆和餐厅，资助贫困学生上学，为交通不便的山村建起"连心桥"，展示了她心系群众，热爱人民，以实际行动增强党同人民群众血肉联系的公仆情怀；她从不为自己和亲属谋取私利，多次拒绝他人要其利用职权办

〔1〕 "五个零"，即建立投诉中心，为民服务零距离；召开专题听证会，干群关系零隔阂；开展"三最佳"创评，监督监察零空白；评选诚信先进，再塑形象零起点；实行投诉查结制，案件查处零搁置。

〔2〕 "背二哥"，四川方言中指以背运东西为生的人。

事的请托,住院治病期间拒收钱物,长年坚持住旧职工宿舍楼,去世前还保留那张八万元的贷款账单,展示了她严于律己、廉洁简朴的可贵品格;她顽强地与疾病作斗争,珍爱生命,孝顺老人,照顾丈夫,教育儿子,展示了她热爱亲人、热爱生活的真挚情感。我深深为我们党有王瑛同志这样的好党员感到骄傲,为我们纪检监察战线有王瑛同志这样的好战友感到自豪。

每一位共产党员特别是党员领导干部都应当以王瑛同志为榜样,学习她对党和国家无限忠诚的政治品质,学习她对腐败分子和消极腐败现象坚决斗争的职业操守,学习她对广大干部群众关心爱护的公仆情怀,学习她对自己和亲属严格要求的高尚情操,学习她求真务实、真抓实干的优良作风。要以王瑛同志为镜子,认真对照自己,查找差距和不足,像王瑛同志那样,加强党性修养,树立和弘扬良好作风,真正做到为民、务实、清廉,努力成为党的好干部、人民群众的贴心人。

最近,中央纪委、中央组织部、中央宣传部、中央深入学习实践科学发展观活动领导小组,将联合下发向王瑛同志学习的通知。王瑛同志生前已被评为"全国纪检监察系统先进工作者标兵",中央组织部近日已追授王瑛同志"全国优秀共产党员"称号。各级党组织要按照中央的要求,进一步把学习宣传活动搞好。要与正在全党开展的深入学习实践科学发展观活动结合起来,与在全国纪检监察系统开展的"做党的忠诚卫士、当群众的贴心人"主题实践活动结合起来,精心组织、周密安排好广大党员特别是领导干部的学习活动。希望新闻单位在前一段工作的基础上,进一步深化和拓展宣传,充分运用各种新闻媒体,采取生动有效的形式,广泛深入地宣传王瑛同志的先进事迹,使王瑛同志的精神发扬光大,使学习宣传活动发挥弘扬正气、凝聚人心、振奋精神的重要作用。

指导思想的与时俱进是
马克思主义政党先进性的重要体现[*]

（2009 年 10 月 21 日）

贺国强：非常高兴与各位见面。首先，我代表中共中央对以中央政治局委员、国会主席通辛同志为团长，中央政治局委员、常务副总理宋萨瓦同志为副团长的老挝党九大筹备工作组代表团访华表示热烈欢迎。

中老两党两国是好邻居、好朋友、好同志、好伙伴。我们两党两国之间经常就治国理政方面的情况和经验进行交流，相互学习，具有重要意义。特别是这一次代表团来访主要是为了筹备老挝党的九大，我在这里也预祝老挝党的九大筹备工作进展顺利。我知道，老挝同志在华访问期间已同我们有关部门的同志进行了很好的交谈，也访问了一些地方省市，还希望我在这里介绍哪些方面的问题，也请你们提出来。

通辛：此次我是受中央政治局委托，率领九大政治文件筹备小组的成员来华访问的。我们目前已经起草了第一份党的九大政治报告草案，并把它交给中央、全国各族人民进行审

---

* 这是贺国强同志在会见老挝人民革命党九大筹备工作组代表团时谈话的节录。

议。经过政治局以及中央委员会的研究，我们觉得报告中还有很多地方需要进一步完善，在这个过程中，我们也特别需要向中国等国家的同志学习。

通过跟中方有关部门领导的交流，我们进一步明确了思路和做法。此次访华我们学到了许多宝贵的经验，回国后我们将把这些经验与老挝的实际结合起来，更好地完成我们的政治报告，使其符合老挝的国情及国际形势的发展。如果我们能够圆满地完成九大政治报告起草工作，并使之顺利通过，那么我们就完成了一个党和国家交给我们的、具有历史意义的重要任务。在报告中，我们会提出进一步巩固和加强老中全面友好合作关系，使之不断开花结果，使老中两党两国关系成为真正的全面战略合作伙伴关系。

贺国强：中国共产党已经召开了 17 次全国代表大会，我个人也有幸参与了党的十六大和十七大的筹备工作。我感到开好一次党的代表大会，最重要的是三件事情：一是要有一个好的政治报告；二是修改好党章，尽管修改党章并非每次党的代表大会都要进行，但从最近几次大会看，我们党都对党章进行了修改；三是选举一个好的中央委员会。不管是政治报告、修改党章还是选举中央委员会，最重要的一点就是要始终坚持解放思想、实事求是、与时俱进。特别是坚持党的指导思想的与时俱进，这一般都是经过党的代表大会来决定。要不断结合形势的发展变化，根据本国的国情，推动党的指导思想实现飞跃。毛泽东思想、邓小平理论、"三个代表"重要思想，都是经过党的代表大会确定为党的指导思想的。我们党的十七大又提出，科学发展观是我国经济社会发展的重要指导方针，是发展中国特色社会主义必须坚持和贯彻的重大战略思想。指导思想的飞跃，能够使我们党始终保持先进性。这是我的一个很重要的体会。

借此机会，我再向老挝同志介绍一下我们党召开十七届四中全会的情况。

今年9月，我们党召开了十七届四中全会。这次全会着重研究了加强党的自身建设问题，全会审议通过了《中共中央关于加强和改进新形势下党的建设若干重大问题的决定》，总结了我们党执政60年来加强自身建设的基本经验，提出了加强和改进党的建设的总体要求、目标任务、重要举措，对加强和改进新形势下党的建设作出了战略部署。改革开放以来，我们党每次全国代表大会届内，都安排一次中央全会，专题讨论党的建设问题。这一次中央全会研究党的自身建设是在什么形势下来考虑的呢？第一，今年是新中国成立60周年，也就是我们党已经执政了60年，我们要认真总结执政60年的经验。第二，面对当前比较复杂严峻的形势，如何应对国际金融危机的不利影响，实现经济平稳较快发展，需要切实加强党的领导。第三，从去年开始，我们在全党开展了深入学习实践科学发展观活动，活动中各地创造了很多好的经验，我们需要把这些经验总结转化为制度。第四，党的自身建设中还存在许多迫切需要解决的突出问题，如果这些问题不解决，必将影响到党的执政能力，影响到党的先进性。以上就是这次中央全会专题讨论党的建设问题的几点背景。

党的建设涉及的问题很多，这些年来我们党的中央全会多次研究过党的自身建设问题，党的十七大也作出了全面部署,这次全会不必要面面俱到,因此我们选择了若干重点问题,也就是说针对迫切需要解决的问题来加以研究并作出决定。这次全会着重研究了六个方面的问题:第一,建设马克思主义学习型政党。主要是全党都要加强学习,特别是加强理论学习,要用先进的理论,用中国特色社会主义理论体系来武装全党,这是当前首先要解决好的问题。第二,坚持和健全民主集中制。积极妥善地发展党内民主,这也是大家关注的问题。最主要的是处理好民主与集中的关系。第三,深化干部人事制度改革。主要是通过改革进一步提高干部选拔的公信力,解决好如何选准、选好干部的问题。第四,做好抓基层打基础工作。我们党现在有 7500 多万党员、370 多万个基层党组织,怎么能够有效地把基层工作做好,让他们发挥好作用,同时要研究基层组织建设中的新情况和新问题,这也是我们要做好的一件事情。第五,弘扬党的优良作风。我们党的优良作风是党在长期革命、建设和改革实践中形成的。在新形势下,既要继续弘扬这些好的作风,也要克服新形势下出现的问题和不良作风。这是需要特别强调的问题。第六,加快推进惩治和预防腐败体系建设。针对党内存在的腐败问题,既要严厉惩治,又要有效预防,要坚持惩治和预防两手抓、两手都要硬,整体推进反腐倡廉建设。

过去在长期的革命、建设和改革实践中,中国得到了老挝党、政府和人民的宝贵支持,我们对此深表感谢。在今后的工作中,无论是推进经济社会发展,还是加强党的自身建设,我们同样要很好地学习老挝党的经验和做法。在治国理政过程中,加强两党两国的合作是很有意义的。

通辛:感谢贺国强同志向我们介绍了如此宝贵的做法和经验。明天代表团就要回国了,今天与您的会见将永远保留在我们的记忆中。

继承和弘扬井冈山精神[*]

（2010 年 3 月 7 日）

江西是中国革命的摇篮,也是伟大的井冈山精神的诞生地。以"坚定信念、艰苦奋斗,实事求是、敢闯新路,依靠群众、勇于胜利"为主要内容的井冈山精神,不但培育了中国革命的燎原之火,而且成为中国革命富有民族特色的精神之源。在中国共产党的历史上形成的全部优良传统及革命精神,都与井冈山精神有着直接的渊源关系。中央在井冈山建立了干部学院,我也曾经多次到井冈山学习参观,每去一次,井冈山精神对我的思想都是一次洗礼。在新的时代条件下,我们要继承和弘扬井冈山精神,加强优良传统教育,引导广大党员干部继承光荣传统、发扬优良作风、永葆政治本色。

弘扬井冈山精神,必须坚定理想信念。井冈山革命的星星之火所以能燃遍全国,走向胜利,根本原因就是红军干部战士心中牢固树立了为共产主义而奋斗的坚定理想信念。在新形势下弘扬井冈山精神,必须加强理想信念教育,引导广大党员干部坚守根本宗旨、树立崇高理想,增强立党为公、执政为

---

[*] 这是贺国强同志在参加十一届全国人大三次会议江西代表团审议时发言的一部分。

民的责任感和使命感;加强中国特色社会主义理论体系教育,增强广大党员干部高举中国特色社会主义伟大旗帜、深入贯彻落实科学发展观的自觉性和坚定性。

弘扬井冈山精神,必须自觉艰苦奋斗。当时井冈山的条件那么艰苦、斗争形势那么严峻,但红军干部战士始终保持了艰苦奋斗的良好作风。现在我们要加快推进社会主义现代化建设,完成全面建设小康社会的奋斗目标,必须发扬艰苦奋斗、艰苦创业的精神,自觉养成勤俭节约、艰苦朴素的良好习惯,切实做到静以修身、勤以为政、俭以养德,坚决反对铺张浪费和大手大脚,自觉抵制享乐主义和奢靡之风,带领广大干部群众团结奋斗、共克时艰。

弘扬井冈山精神,必须始终做到实事求是。在井冈山时期,毛泽东等老一辈无产阶级革命家正是坚持了实事求是,把马克思主义普遍原理同中国革命的具体实际结合起来,才使我们党摆脱了"左"倾路线的影响,开辟了农村包围城市、武装夺取政权的正确道路,使中国革命一步一步走向胜利。在建设中国特色社会主义的实践过程中,我们必须始终坚持解放思想、实事求是、与时俱进的思想路线,坚持一切从实际出发,自觉按客观规律办事,立足当前、着眼长远,既尽力而为又量力而行,不搞脱离实际的"政绩工程"和劳民伤财的"形象工程",努力做出经得起实践、群众、历史检验的实绩。

弘扬井冈山精神,必须坚持依靠群众。群众路线是党的根本工作路线,这是由我们党的全心全意为人民服务的宗旨所决定的。井冈山斗争的经验告诉我们,必须始终紧紧依靠人民群众,诚心诚意为人民谋利益,才能从人民群众中汲取前进的不竭力量。我们弘扬井冈山精神，就是要树立群众观念，坚持群众路线，经常深入实际、深入基层、深入群众调查研究，了解群众疾苦，倾听群众呼声，解决群众困难；要坚持问政于民、问需于民、问计于民，虚心向群众学习，热心为群众服务，诚心接受群众监督。

给中央纪委监察部
团员青年推荐一本书[*]

（2010 年 4 月 22 日）

　　得知中央纪委监察部机关团委要在团员和青年同志中开展"学习·实践·成才"活动，大力推进学习型团组织建设，我感到很高兴。你们要我为机关青年同志推荐一本有教育意义的好书，我觉得，好书有很多，我就推荐一本讲读书的书——《毛泽东的读书生活》。毛泽东同志是中国共产党和新中国的缔造者，他为中国革命和建设建立了不朽功勋。他博览群书，又不唯书；他重视书本知识，也重视实践知识；他提倡读有字之书，也提倡读无字之书。《毛泽东的读书生活》通过朴实的叙述，从一个侧面反映了毛泽东同志孜孜不倦的读书生活和精益求精的学习精神。我们在学习毛泽东同志经典著作的同时，看看这本书，了解他的读书生活，学习他读书的精神、态度和方法，很有益处。

　　青年人富于理想，朝气蓬勃，前程远大。但岁月如梭，如果不善加珍惜，宝贵的时间也会在不经意间悄然流逝，因此，

---

* 这是贺国强同志给中央纪委监察部机关团委的一封信。

青年同志要只争朝夕、奋发有为。我觉得青年干部尤其要做到以下几点：一是要勤奋学习。学习中国特色社会主义理论体系，学习哲学和历史，学习与履行职责有关的知识。还要向实践学习，向他人学习，把学与思、知与行结合起来，学以致知，知以致用。要树立终身学习的理念，提高素质，陶冶情操。二是要磨砺品性。坚定中国特色社会主义理想信念，恪守社会主义核心价值，知荣辱，辨美丑，勿以善小而不为，勿以恶小而为之。要心胸开阔、达观向上，严于律己、宽以待人，胜不骄、败不馁。三是要踏实工作。"天下难事，必作于易；天下大事，必作于细"，凡事既要从大局着眼，又要从细微处着手，严谨细致、认真负责，切忌心浮气躁、好高骛远。要养成求真务实的习惯，讲真话、办实事、求实效，不做表面文章，不搞形式主义。以上三个方面，和青年同志们共勉！

希望机关团委认真开展好学习型团组织建设活动，并与开展"做党的忠诚卫士、当群众的贴心人"主题实践活动结合起来，认真贯彻落实《关于进一步加强和改进纪检监察干部队伍建设的若干意见》，促进广大团员和青年提高思想素质和能力水平，养成良好作风，在建设中国特色社会主义伟大实践中、在履行纪检监察职责的光荣使命中，锐意进取，求实奉献，发挥出生力军的作用。

祝同志们学习好、工作好、身体好！

中国走出了一条符合
自身实际的发展道路*

（2010 年 6 月 8 日）

贺国强：感谢贝卢斯科尼总理会见我和我的代表团。我这次对意大利的访问很成功。十分感谢贵国政府的周到安排与热情接待。

贝卢斯科尼：非常感谢你来访。现在我们与中国有着非常友好的关系。我非常赞赏中国的外交政策，中国所奉行的和谐世界理念是当今世界上唯一可行的外交政策。中国取得的成就有目共睹，中国在国际社会中的地位越来越重要，全世界都以极大的热情关注着中国经济的飞速发展，我对中国的发展甚至感到有些嫉妒。

贺国强：很感谢总理阁下对中国发展的赞扬。目前中意关系发展良好，我此次访问的目的就是要进一步加深两国的友好合作关系。我特别要告诉你的是，访意期间，在总理阁下的家乡米兰，我们举办了中意中小企业合作论坛和贸易洽谈会，双方签署了一批合作协议。在我访意前夕，意大利大型经

---

* 这是贺国强同志出访意大利期间会见意大利总理贝卢斯科尼时谈话的节录。

贸代表团对中国进行了成功访问,我本人还会见了代表团主要成员。在短短一周时间里,两国企业界大型代表团实现互访,足以证明两国关系发展良好,也足以证明两国合作空间广阔。

贝卢斯科尼:今年前三个月,意大利对华出口增长了24%。今年下半年"中国文化年"将在意大利举行,意大利总统纳波利塔诺也将访华。这些都将继续提升两国合作关系,意中关系发展前景非常广阔。意大利企业的科技优势与中国企业家的勤劳智慧相结合,可以共同创造意中合作更广阔的天地,实现双方共同的新发展。

贺国强:总理阁下对中国经济发展形势还是相当了解的。中国改革开放30多年来取得了巨大成就。城乡面貌发生了巨大变化,人民生活水平显著提高,我们为此感到十分自豪。但与此同时我们也清醒地认识到,我们面临的发展任务还很艰巨,难度很大。中国的困难主要有三点:一是人口众多,我们有13亿人,人均GDP仅相当于意大利的九分之一多;二是国家底子薄,经济社会发展面临不少制约因素;三是发展不平衡,东西部发展不平衡,城市与农村发展不平衡,经济与社会发展不平衡。

贝卢斯科尼:我们也有类似的问题。我对中国的情况有一些了解。近30年来,我多次到过中国,有机会近距离观察中国,也与中国领导人进行过深入交谈,深知中国发展还有很长的路要走,还需要很长的时间才能使全中国人民都过上好的生活。我认为,中国现行的政治体制适合中国特殊的国情需要,虽然完全的民主是一个很好的政治体制,但中国的民主需要一个过程。事实上,西方民主就是在非洲也不可行。现阶段的中国需要一个开明的领导层和一个强有力的领导核心,以便就重大问题作出决断,并带领人民逐步发展经济,逐步扩大政治自由与公民的权利。我与胡锦涛主席和温家宝总理多次谈到过这个问题,我赞同中国现行的政治体制。

贺国强:我们党执政以前,中国曾有两大特点,一是经济上非常落后,二是政治上一盘散沙。中国共产党执政60多年来,我们实现了国家统一和民族团结,推动了经济发展,提高了人民生活。在拥有13亿人口的落后国家发展经济,改善人民生活水平,是十分沉重的担子。我们党的执政宗旨始终是尽可能地改善人民生活。与此同时,我们也在推进民主建设,但我们是从本国国情出发的。

当然,我们过去也走过弯路,经历过曲折,但是我们总结、反思了过去的经验教训。实施改革开放政策以来,我们密切结合本国国情,找到了一条符合中国实际的发展道路。现在看来,总的方向是正确的,这条发展道路是正确的。当然,在发展过程中,我们仍要进一步完善和健全体制机制,并且要学习和借鉴包括西方国家在内的各国的治国经验,但不能照搬。

年轻干部要修身勤学敬业自律[*]

（2011 年 1 月 17 日）

党的十七大以来，我们纪检监察机关在自身建设中积极推进干部人事制度改革，加大竞争性选拔干部力度，有力促进了纪检监察干部队伍整体素质的提高。在刚刚结束的这次委部机关竞争上岗中，在座的 47 名同志通过竞争上岗走上了局处级领导岗位。今天我们委部领导同志一起来参加这次集体谈话会，主要是和新任职的同志见见面、谈谈心，给大家鼓鼓劲、加加油。这里，我代表委部领导班子，对新任职的同志们提几点希望和要求，与大家共勉，概括起来是八个字：修身、勤学、敬业、自律。

一、修　身

古人讲"修身、齐家、治国、平天下"，修身是根本。历代志士仁人身体力行，在修身方面留下了许多名言和典故。我们党高度重视继承这一中国传统文化的精髓，并将其与共产

---

* 这是贺国强同志在中央纪委监察部机关 2010 年度竞争上岗任职人员集体谈话会上讲话的主要部分。

党人的理想信念和崇高追求结合起来、赋予其新的时代特征和科学内涵。在延安时期，毛泽东同志就号召全党学习白求恩精神，做"一个高尚的人，一个纯粹的人，一个有道德的人，一个脱离了低级趣味的人，一个有益于人民的人"。刘少奇同志在著名的《论共产党员的修养》一书中指出，为了保持我们无产阶级的先锋战士的纯洁，提高我们的革命品质和工作能力，每个党员都必须从各方面加强自己的锻炼和修养。党的十一届三中全会后，邓小平同志指出："党和政府愈是实行各项经济改革和对外开放的政策，党员尤其是党的高级负责干部，就愈要高度重视、愈要身体力行共产主义思想和共产主义道德。"[1]党的十三届四中全会后，江泽民同志告诫各级领导干部要自觉加强个人的思想修养，加强对自己主观世界的改造，特别是弄懂"参加革命是为什么？现在当干部应该做什么？将来身后应该留点什么？"[2]的道理。党的十六大以来，胡锦涛同志多次强调，各级领导干部要自觉加强党性修养，常修为政之德，常思贪欲之害，常怀律己之心，真正做到一身正气、一尘不染，始终保持共产党人的高尚品格和革命气节。我引用这些论述，是想说明我们党对党员干部修身的要求是高度重视、一以贯之的。对于党员干部来讲，修身是成长进步之基，也是工作事业之本。结合纪检监察工作实际，我感到大家要着重从以下三个方面努力：

　　第一，要加强党性锻炼。党性是党的性质、宗旨、纲领和

---

〔1〕《邓小平文选》第2卷，人民出版社1994年版，第367页。
〔2〕《江泽民文选》第3卷，人民出版社2006年版，第184页。

作风等的集中体现,党性坚强是做合格党员的根本条件。从我们在党旗前庄严宣誓的那一刻起,党性修养就应当成为每个党员的立身之本和终生课题。这次新任职的同志大多是在上世纪六七十年代出生,生活在和平年代,成长在比较稳定的社会环境,而且大多数是从学校到机关,工作经历比较单一,相对来讲缺乏严格党内生活的锻炼和艰苦环境的磨炼。因此,大家更要自觉加强党性锻炼,努力使自己在政治上不断成熟起来。一是要坚定理想信念。就是要通过学习、思考、分析、比较,正确认识近代以来中国人民走过的艰苦卓绝的奋斗历史,正确认识新中国成立特别是改革开放以来我国发展取得的巨大成就,正确认识我国发展面临的重要战略机遇期,增强坚持中国特色社会主义道路和坚持中国特色社会主义理论体系的自觉性和坚定性,做中国特色社会主义事业的坚定实践者;就是要自觉划清"四个界限",即马克思主义同反马克思主义的界限,社会主义公有制为主体、多种所有制经济共同发展的基本经济制度同私有化和单一公有制的界限,中国特色社会主义民主同西方资本主义民主的界限,社会主义思想文化同封建主义、资本主义腐朽思想文化的界限,自觉抵制各种错误思想影响,做马克思主义的坚定信仰者。二是要忠诚于党和人民的事业。要坚持党和人民的利益高于一切,始终把党放在心中的最高位置,为了党的事业甘于牺牲奉献;要增强政治敏锐性和政治鉴别力,经得起各种风浪和复杂局面的考验,始终在政治上、思想上、行动上同党中央保持高度一致,维护党和国家的集中统一;要自觉践行党的宗旨,认真贯彻以人为本、执政为民要求,牢固树立群众观点,真心实意为群众办实事、解难事、做好事,坚决维护人民群众的根本利益。三是要对腐败分子和消极腐败现象坚决斗争。要坚定反腐败斗争的信心和决心,牢记使命、恪尽职守,坚持原则、秉公执纪,刚正不阿、不徇私情,不畏艰难、敢于碰硬,坚决反对腐败、严厉惩治腐败分子,坚决捍卫党纪国法的尊严。

第二,要加强人格修养。做"官"先做人,做人讲人格。人格是人的道德品质、气质修养、能力才干、作风素质等的综合反映,也是一个人思想境界高低的重要标志。加强人格修养,塑造高尚人格,是党员干部修身的重要途径和目标。希望大家牢固树立马克思主义的世界观、人生观、价值观和正确的权力观、地位观、利益观,始终保持崇高的精神追求,不断提高自己的人格修养。一是要强化道德修养。要模范遵守社会公德、职业道德、家庭美德,不断加强个人品德修养,在单位做一名好党员、好干部,在社会上做一名好公民,在家庭中做一名好成员;要模范践行社会主义核心价值体系和社会主义荣辱观,讲诚信、重品行,讲正气、知荣辱,讲义务、作表率;要弘扬社会主义新风正气,坚决抵制歪风邪气,自觉抵制拜金主义、享乐主义和奢靡之风的侵蚀,始终保持共产党人的蓬勃朝气、昂扬锐气和浩然正气。二是要培养健康生活情趣。要保持健康文明的生活方式,培养高雅向上的兴趣爱好,提高文化素养,摆脱低级趣味,切实把高尚的精神追求内化为自己的生活态度和生活方式。特别是对个人爱好要爱之有度、好之有道,慎加选择、有所节制,防止玩物丧志。三是要提高心理素质。现代社会是一个充满竞争的社会。年轻干部上有老下有小,正处在人生爬坡上坎的阶段,在单位是工作骨干,在家是顶梁柱,承受的工作压力、生活压力和心理压力都比较大。希望大家高度重视加强心理锻炼、提高心理素质,养成积极向上、理性平和、豁达开朗、开放包容的良好心态,正确对待工作和生活中的各种困难和挫折,学会调节情绪、缓解压力,凡事要看远一点、看开一点、看好一点,做到拿得起、放得下,以良好的心理素质应对工作生活中的各种挑战。

第三,要加强身体锻炼。身体是革命的本钱。加强体育锻炼不仅是党员干部个人健康成长的需要,也是工作和事业的需要。毛泽东同志一生十分重视并大力提倡体育锻炼,在湖南第一师范学习期间就经常参加游泳、登山等体育运动,在《新青年》杂志上发表的《体育之研究》一文中倡导"文明其精神,野蛮其体魄"。在这方面,我们要向老一辈革命家学习。现在,社会生活节奏加快,许多人忙于工作,忽视了体育锻炼。这些年,一些干部年纪轻轻就疾病缠身,有的甚至英年早逝,实在令人叹惜。人们常把健康比作"1",把事业、财富等比作"0",前面的"1"没有了,后面的"0"再多也没有意义。因此,大家一定要把保持身体健康放在重要位置。一是要自觉养成锻炼身体的良好习惯。体育锻炼不仅能促进身体健康,还能陶冶性情。我们常有这样的体会,一场运动下来,出一身汗,不仅身体疲劳消除了,心里积存的"不快"或"忧郁"也得到了缓解。要增强健康意识,持之以恒地进行锻炼。二是要合理安排工作和休息。我国著名的医学经典《黄帝内经》中就有"法于阴阳,和于术数,食饮有节,起居有常,不妄作劳,故能形与神俱,而尽终其天年,度百岁乃去"的记载,深刻揭示了养成良好生活习惯的重要性,今天仍有重要的借鉴和指导意义。常言说，文武之道，一张一弛。不认真负责是工作态度不端正，不合理分配工作时间以致长期紧张而影响身体健康，这种态度也是不对的。我们要正确处理工作与休息的关系，切实做到劳逸结合、张弛有度。三是委部机关要为干部身体健康创造条件。我了解到，近年来委部机关在干部健康保健方面采取了不少有效举措，今后要进一步加强和改进这方面的工作，特别是要切实增强工作的科学性，统筹合理安排工作，尽量减少加班，严格执行休假制度，为大家的工作、生活和健康创造有利条件。

二、勤 学

古人说："立身百行，以学为基。"学习是提高素质、增长才干的重要途径，也是做好工作、干好事业的重要基础。这次新任职的同志普遍接受过良好教育，不少同志还是硕士、博士，可以说都具有较高的文化水平和丰富的专业知识。但是，学习的任务丝毫不能忽视和放松。从大的方面讲，当今时代是一个大变革大发展的时代，科学技术日新月异，新事物新知识不断涌现，新情况新问题层出不穷，我们需要学习的东西很多；从小的方面讲，随着工作岗位的变化、职级的提高，大家现有的素质和能力与新岗位、新角色的需要之间又会出现新的不适应，迫切要求我们通过学习尽快胜任工作。因此，我们一定要增强学习的责任感和紧迫感，以建设学习型党组织和建设学习型纪检监察机关为契机，真正把学习当作一种工作责任、一种生活方式、一种精神追求，通过学习不断提高理论水平、工作能力和精神境界,更好地肩负起党和人民赋予的职责。

第一,要树立终身学习的思想。学习的态度不同,取得的效果自然就不一样。中央高度重视党员干部教育培训工作,制定了干部教育培训工作条例、印发了党员教育培训工作规划,中央纪委也印发了全国纪检监察干部教育培训工作规划,学习方面的要求越来越严格、制度越来越健全,为我们加强学习提供了有利条件。我们要认真参加组织要求和安排的各种学习,圆满完成各项学习任务。同时,又要增强学习的自觉性和主动性,把"要我学"变为"我要学",积极通过各种方式和途径学习。要带着兴趣学,把对党的事业的无限热爱、对科学理论的坚定信仰、对科学知识的不倦追求,转化为学而不厌的兴趣和快乐,使学习成为愉悦身心的爱好和习惯;要善于挤时间学习,减少应酬,排除干扰,合理安排工作与生活,正确处理工学关系,努力做到工作学习化、学习工作化;要持之以恒地学习,以"锲而不舍,金石可镂"的精神深入学、持久学、终身学,真正做到活到老、学到老、改造到老。

第二,要正确选择学习的内容。现在是知识爆炸的时代,各方面的知识浩如烟海,正确选择学习内容十分重要。一方面,要突出重点,切实加强政治理论和纪检监察业务学习。要认真学习马克思列宁主义、毛泽东思想和中国特色社会主义理论体系,学习党的路线、方针、政策,不断提高政治思想觉悟和理论政策水平,提高战略思维、创新思维和辩证思维能力。当前特别是要深入学习实践科学发展观,真正用科学发展观武装头脑、指导实践、推动工作。要立足工作实际,抓紧学习纪检监察工作各方面的业务知识,积极借鉴古今中外反腐败的有益经验,不断把握纪检监察工作规律,努力成为反腐倡廉工作的行家里手。另一方面,要兼顾全面,广泛学习工作所需要的一切知识。要本着缺什么补什么的原则,广泛学习经济、政治、文化、法律、社会、科技等方面知识,有针对性地填补自身知识的"短板",不断优化知识结构、丰富知识储备。特别是要下功夫学习马克思主义哲学,掌握正确的思想方法和工作方法,提高认识水平和工作水平,避免主观主义和形而上学;要下功夫研究历史,总结经验,把握规律,鉴古知今,促进工作。

第三,要掌握科学的学习方法。要继承和运用行之有效的传统学习方法,认真向书本学习,精读中外经典著作、广读增智益脑之书、勤读修身养性之书,不断在读书学习中获取真知灼见;要积极借助互联网等现代科技手段开展学习,充分发挥其直观快捷、知识量大、共享度高、互动性强的优势,进一步增强学习的自主性、开放性、针对性和灵活性;要认真向实践学习,深入实际开展调查研究,积极投身纪检监察工作实践,不断在实践这个"大课堂"中增长才干、提高本领;要认真向人民群众学习,甘当群众的"小学生",坚持问政于民、问需于民、问计于民,不断从人民群众中汲取智慧和力量;要认真向身边的同志特别是老同志学习,牢记"三人行,必有我师"的道理,加强与其他同志的交流与合作,不断在博采众长中成长进步;要发扬理论联系实际的学风,坚持学以致用、用以促学、学用相长,切实把学习的过程变为提高思想认识、解决实际问题、开创工作局面的过程。

三、敬　业

我国古代思想家朱熹说："敬业者，专心致志以事其业也。"爱岗敬业、尽职尽责是中华民族的优良传统，是社会主义职业道德的集中体现，也是对党员干部的基本要求。我们所处的时代是中华民族近代以来少有的稳定发展的时期，特别是本世纪头 20 年是我国全面建设小康社会、为实现中华民族伟大复兴奠定坚实基础的重要战略机遇期，这为我们每个人发挥聪明才智、施展远大抱负提供了广阔舞台。大家正处于年富力强、精力充沛、干事创业的人生黄金时期，一定要珍惜机遇、珍惜岗位、珍惜年华，勤奋工作、敬业工作、扎实工作，在平凡的岗位上作出无愧于时代的业绩。

第一，要求真务实、真抓实干。求真务实是党的思想路线的本质要求，真抓实干是做好一切工作的根本途径。邓小平同志说过，世界上的事情都是干出来的，不干，半点马克思主义都没有。年轻干部有朝气、有魄力、有活力，到新的工作岗位想干事、想出成绩，这种愿望和积极性是好的，应当鼓励和保护。但越是这样，越要保持清醒头脑，越要把工作热情和科学态度结合起来，坚持重实际、说实话、办实事、求实效，一步一个脚印地把各项工作落到实处。从新任职的第一天起，大家就要把全部心思用在"真干事"上、把全部本领用在"多干事"上，切实做到干一行、爱一行、钻一行、精一行；就要脚踏实地、埋头苦干，从自己做起、从身边做起、从点滴做起，克服心浮气躁、急功近利、好高骛远等不良倾向，兢兢业业、扎扎实实地做好每一项工作;就要身先士卒、靠前指挥,定下来的事情要雷厉风行、抓紧实施,部署了的工作要一抓到底、抓出成效,已经完成的任务要及时总结、完善提高,确保每项工作都取得实实在在的成效。

第二,要继承传统、勇于创新。当前,党和国家事业发展不断对纪检监察工作提出新任务新要求,使纪检监察工作面临许多新情况新问题,迫切要求我们以改革的精神、创新的思路、发展的办法推进纪检监察工作。年轻干部最少保守思想、最具创造活力,是推进纪检监察工作创新的有生力量。希望大家把继承与创新有机统一起来,既要继承和发扬长期以来党风廉政建设和反腐败工作的好经验好做法好传统,保持工作连续性和稳定性,又要坚持解放思想、实事求是、与时俱进,适应时代发展和实践需要,尊重基层和群众首创精神,不断研究新情况、探索新办法、解决新问题,积极推进反腐倡廉实践创新、理论创新和制度创新,为提高反腐倡廉建设科学化水平作出积极贡献。

第三,要淡泊名利、甘于奉献。这既是我们党对党员干部所一贯要求的,也是由纪检监察工作特殊性质所决定的。淡泊名利、甘于奉献,就是要一切以党和人民的事业为重,正确处理个人与组织、工作与家庭、失与得、苦与乐的关系,守得住清贫,耐得住寂寞,抗得住诱惑,在埋头苦干中实现人生价值,在拼搏奉献中绽放青春光彩;就是要谦虚谨慎、不骄不躁,正确处理高调做事与低调做人的关系,默默无闻地工作,踏踏实实地做事,甘当党风廉政建设的无名英雄;就是要自觉维护团结,与班子其他成员及单位同事互相尊重、互相信任、互相理解、互相支持,大事讲原则、小事讲风格,遇事多沟通、多协商、多补台,努力形成团结共事、心齐气顺的良好局面。

四、自 律

古人说:"善禁者,先禁其身而后人。不善禁者,先禁人而后身。"纪检监察干部担负着维护党纪政纪、推进党风廉政建设和反腐败斗争的重要职责,必须注重严于律己,切实做到要求别人做到的自己首先做到、要求别人不做的自己首先不做。近年来,我们坚持对纪检监察干部队伍严格要求、严格教育、严格管理、严格监督,明确提出了"五严守、五禁止"的要求。希望大家认真贯彻落实,坚持自重、自省、自警、自励,严格遵守政治纪律、工作纪律、办案纪律、保密纪律、廉政纪律,切实把各项纪律要求转化为自己的基本遵循和自觉行动。

第一,要慎独。慎独,是我国古代先贤倡导的一种自我修养方法,指一个人在独处一室、无人监督的时候,也能够严格要求、时刻检点自己的言行,不做有违道德和法律的事。人生最大的"敌人"是自己,最难战胜的也是自己。能不能"慎独",是检验一个人自觉性、自制力和意志力强不强的重要标志。希望大家时刻保持清醒头脑,处处严格要求自己,加强自我规范和约束,切实做到人前人后一个样、八小时内外一个样、有没有监督一个样,做到不仁之事不做、不义之财不取、不正之风不沾、不法之事不干,始终保持共产党人的革命气节和政治本色。

第二,要慎微。细节决定成败,祸患积于忽微。许多干部走上违纪违法道路,往往是从生活中的小事、小节开始的。希望大家无论在什么岗位、从事什么工作,都要算好"人生大账",时时刻刻、事事处处把握好自己,认真做好每件小事、管好每个小节,见微知著、防微杜渐、洁身自好,不以善小而不为,不以恶小而为之,切实做到不该说的话不说、不该拿的东西不拿、不该去的地方不去、不该办的事情不办,避免第一次放纵、守住第一道防线。

第三,要慎情。人之有爱,本由亲立。我们共产党人不是不食人间烟火的神仙,也是重感情、讲亲情的。党员干部关爱家庭、关爱亲人是人之常情,但是关爱什么、怎么关爱,则需要我们认真思考、严肃对待。从这些年来查处的违纪违法案件来看,不少领导干部就是因为对配偶、子女、亲属要求不严,甚至利用手中的权力为亲友谋取私利,最终毁掉前程。亲情再深也要理智对待,而不能错位、不能越界。希望大家树立正确的亲情观,既要讲亲情、更要讲情理,教育引导自己的配偶、子女和亲友奋发进取、积极向上,靠自己的努力干事发展,决不允许他们利用自己的职权或职务影响谋取不正当利益,防止为情所累、为情所伤、为情所误。

第四,要慎友。纪检监察干部并不是生活在真空中,也需要有正常的社会交往,但如何对待社会交往,需要认真把握。中央纪委监察部的工作性质和特点,决定了委部机关干部在社会交往问题上应有更加审慎的态度、更加严格的要求,不能随便交友、滥交友,更不能把人际交往异化为酒肉关系、交换关系和金钱关系。希望大家慎重对待社会交往,正确处理人际关系,注意净化自己的社交圈、生活圈和朋友圈,善交益友、乐交诤友、不交损友，远离"小圈子"、"小兄弟"，特别是对那些千方百计同你拉关系、给你送好处的人，一定要保持头脑清醒，不为所动，不为所用。

年轻干部的成长进步，既要靠自律，也要靠他律；既要靠自身努力，更离不开组织的关心、培养和帮助。委部机关各单位要切实加强对新任职干部的教育、管理和监督，及时给他们压担子、交任务，支持他们大胆开展工作，同时要从政治上、工作上、生活上关心爱护他们，为他们健康成长创造良好条件。

我们党和国家的事业是在一代又一代新人的成长中不断向前推进的。希望同志们牢记党和人民赋予的神圣职责，加强修养，勤奋学习，敬业工作，严格自律，为深入推进党风廉政建设和反腐败斗争作出新的贡献，以实际行动和工作实绩回报组织的培养和群众的信任。

做党和人民信得过的
纪检监察干部[*]

（2011 年 2 月 17 日）

彭儒[1]同志是井冈山时期的革命老战士，长期在纪检监察系统工作。她一生严于律己、宽以待人、艰苦朴素。在临终前，还叮嘱其子女，代交了五万元给组织，作为最后一笔党费。我们要学习她这种崇高的品质和优良的作风，做一个让党和人民信得过的纪检监察干部。

---

* 这是贺国强同志在中央纪委监察部机关党委《机关政治生活》第 29 期《中央纪委原专职委员彭儒同志的子女来信转交母亲最后一次党费》一文上的批语。

〔1〕 彭儒，湖南宜章人，中国共产党的优秀党员，久经考验的忠诚的共产主义战士，党的纪律检查战线的优秀领导干部，是中国工农红军最早的女战士之一，中央纪委原专职委员。

与韶山村党员群众代表座谈时的讲话[*]

（2011 年 5 月 10 日）

在中国共产党成立 90 周年前夕,我们一行来韶山,主要是缅怀我们伟大的领袖,我们党、我们国家、我们军队的主要缔造者和卓越领导人毛主席的丰功伟绩,学习和发扬毛主席的革命精神、崇高品格和优良作风。韶山村是毛主席诞生的地方。韶山村的党支部(特别支部)是毛主席亲手创建的,也是中共最早的党支部之一,在我国革命、建设和改革的各个历史时期都发挥了坚强的战斗堡垒作用,培养了一大批优秀党员干部,为全国的基层党组织建设积累了经验、提供了示范。

我个人作为毛主席的家乡人,是沐浴着毛泽东思想的阳光雨露成长起来的。我从上学开始就多次来韶山接受革命传统教育,每次来都感到心情非常激动,也很有收获。我记得第一次来韶山是在 1956 年,当时就住在韶山学校,虽然 50 多年过去了,但当时的情景仍然历历在目。这次在中国共产党成立 90 周年前夕再次来韶山,觉得意义更不一般,心情也更为

---

[*] 2011 年 5 月 7 日至 11 日,贺国强同志到湖南省考察调研。期间于 5 月 10 日前往韶山参观毛泽东同志故居,并与韶山村党员群众代表进行了座谈。

激动。

今天我们特意到韶山村党总支来,一方面是代表党中央来看望、慰问毛主席家乡的党员干部和人民群众;另一方面,也是借此机会召开一个座谈会,了解韶山这些年来的经济社会发展情况,学习韶山在加强基层党组织建设方面的好做法好经验,听取大家对党和国家工作特别是党风廉政建设和反腐败工作的意见和建议。

刚才,韶山四位基层党员群众代表先后发了言,大家用朴实、生动的语言介绍了韶山这些年的发展变化以及基层党组织建设取得的成绩,听了以后倍感振奋和鼓舞,也很受启发。特别是从大家的发言中,我很高兴看到我们韶山有坚强的党组织,有高素质的党员干部队伍,有很好的人民群众。这里,我要对韶山各级党组织、全体党员干部和广大人民群众为建设毛主席家乡所付出的努力和作出的贡献致以由衷的敬意!

中央高度重视毛主席家乡的建设,这些年采取了一系列重要举措,大力支持"一号工程"[1]建设和韶山各方面事业发展,目的就是希望韶山发展得更好更快,韶山人民生活得更加幸福。要做到这一点,除了各方面的支持外,主要还是靠韶山的党组织、党员干部和人民群众自身的努力。对于韶山来讲,无论是加快经济发展,还是加强党的建设,都要牢牢把握

---

[1] "一号工程",指党中央 2004 年决定组织实施的爱国主义教育示范基地重大项目建设工程,旨在对韶山、井冈山、延安三个爱国主义教育示范基地重点扶持、综合提高,进行建设保护。其中,韶山"一号工程"主要包括改扩建毛泽东广场、新建毛泽东遗物馆和改造毛泽东纪念馆等一批项目。

以下两个方面：

一是要继承光荣传统，弘扬优良作风。韶山是毛主席诞生的地方，是全国人民向往的地方，也是举世瞩目的地方。毛主席在这里度过了童年和少年时代，并从这里开始走向寻求真理、救国救民的革命道路。从某种意义上说，毛泽东思想也就是从这里开始孕育的。毛主席身上所集中体现的老一辈无产阶级革命家的革命精神、崇高品格和优良作风，已经成为我们党和国家光荣传统的重要组成部分，是他老人家留给全国人民特别是家乡人民的一笔宝贵精神财富。刚才我们参观了毛主席故居和遗物馆，内心受到强烈的震撼，思想上受到深刻的教育。毛主席的一生是光明磊落、大公无私、艰苦朴素的一生，是全心全意为人民服务、鞠躬尽瘁、死而后已的一生。特别是毛主席和他的亲属为中国革命的胜利和全中国的解放浴血奋战，共有六位亲人献出了宝贵的生命。我们昨天在长沙县参观杨开慧故居时了解到，除了杨开慧烈士本人，她家里还有两位亲属也牺牲了。所以，大家对毛主席的无比敬仰和爱戴是发自内心的。刚才听你们讲，村党总支和村委会每年都要到毛主席铜像前公开承诺为老百姓办实事，今年还计划建好韶山村特别支部展览馆，这些都充分体现了韶山人民对毛主席的尊敬和热爱，也是继承光荣传统的实际行动。毛主席等老一辈革命家亲手创建了中国共产党，缔造了人民共和国和人民军队，我们作为他们开辟的历史伟业的继承者和受益者，理应一代又一代地把毛主席的革命精神、崇高品格和优良作风传承下去并发扬光大，不断把革命前辈开创的伟大事业推向前进。对毛主席家乡的党组织、党员干部和人民群众来讲,在这方面不仅要切实发挥表率作用,而且要努力做得更好。

二是要把韶山建设得更加美好,让韶山人民生活得更加幸福。这既是韶山人民的迫切愿望,也是我们义不容辞的政治责任。如果说毛主席的家乡没有建设好,毛主席家乡的人民生活水平上不去,我们就愧对毛主席,愧对毛主席家牺牲的亲人。让人感到欣慰的是,这些年在湖南省各级党委、政府的领导下,在各方面的大力支持下,在韶山村广大党员群众的共同努力下,韶山村的面貌发生了翻天覆地的变化,人民生活水平显著提高,干部群众的精神状态很好。随着"十二五"规划的贯彻落实,随着各方面支持力度的继续加大,加上这些年自身发展奠定的良好基础,韶山的发展正面临着难得的历史机遇。希望韶山市、韶山乡、韶山村各级党组织和广大干部群众深入贯彻落实科学发展观,抓住机遇、开拓进取、艰苦奋斗,努力把韶山各项工作做得更好,让韶山人民过上更加幸福的生活。我们各级党委、政府要一如既往地关心、支持毛主席家乡的建设和发展,努力为韶山的发展创造更加有利的条件。

最后,衷心祝愿毛主席家乡的明天更加美好,毛主席家乡人民的生活更加幸福!

在攻坚克难、勇于创新中
实现远大构想、造就发展奇迹*

（2011 年 7 月 13 日）

贺国强：阿联酋特别是迪拜的发展，是当今世界各国经济发展中的一个奇迹。这是我第一次访问迪拜，过去虽有所耳闻，但百闻不如一见，通过访问我切实领略到迪拜的发展奇迹，而殿下本人正是这一奇迹的重要缔造者。结合我国以及迪拜的发展，我有三点体会：第一，一个国家和民族，不仅要有自己的发展构想，还要克服前进道路上的种种艰难险阻去实现它；第二，一个国家的领导决策层，一定要站得更高，看得更远，富有战略眼光，团结带领全国人民去实现宏伟的发展目标；第三，国家的各主要部门和单位要具备很高的效率，并勇于创新，才能把理想变为现实。出访前，我阅读了你的著作《我的构想》，在这本书中，有许多关于推动国家发展的精彩观点。其中你提到的"狮子与羚羊"的故事给我留下很深刻的印象，与中国广为流传的"龟兔赛跑"的故事有异曲同工之妙。其实，在中国，无论是中国共产党

---

* 这是贺国强同志出访阿拉伯联合酋长国期间会见阿联酋副总统兼总理、迪拜酋长谢赫穆罕默德·本·拉希德·阿勒马克图姆时谈话的节录。

成立 90 年来的发展历程,还是中国共产党在中国执政 62 年来的成功实践,再有中国实行改革开放以来 30 多年来的积极探索,都是本着攻坚克难、勇于创新的精神进行的,也因此创造了中国的发展奇迹。我们赞赏阿联酋的发展成就,愿在今后进一步加强相互学习和借鉴,实现共同发展。

谢赫穆罕默德:很高兴你曾读过《我的构想》这本书。我想接着你的话谈一下"龟兔赛跑"的故事,这个中国故事非常好,蕴含着深刻的哲理。大家都知道,当兔子和乌龟赛跑时,毫无疑问兔子肯定是会获胜的,但最后它却落后了、失败了,乌龟凭借着坚韧和耐心赢得了最后的胜利。这启发我们,人类不应该向后看,而是应该向前看。我知道,无论是中国还是中国共产党,在过去的发展和改革进程中都遇到了许多挑战,但你们带领伟大的中国人民战胜了这些困难,取得了今天不凡的发展成就。经过 30 多年的发展,中国商品已成为世界上最物美价廉的商品,同时,与中国打交道比同西方国家打交道容易得多,这也是我们实行"东向"政策的重要原因。

贺国强:感谢殿下对中国共产党和中国发展成就的积极评价。我了解到,在殿下的领导和推动下,"阿联酋 2021 愿景"已于去年正式启动,这相当于为贵国制定了一个 10 年规划。同样,今年是中国实施第 12 个五年规划的开局之年,我们力争经过努力奋斗,到 2020 年实现全面建成小康社会的发展目标,到本世纪中叶,即中华人民共和国成立 100 周年之际,基本实现现代化,达到中等发达国家水平。我很赞同殿下刚才所讲的,一个国家要想有大的发展,不仅要有远大的构想,还要能够动员全国人民齐心协力来实现这一构想。实现这一目标,首先要依靠人民,还要坚持对外开放的政策,加强同世界各国的联系与合作。

坚持改革开放，
我们国家的发展一定会越来越好[*]

（2011 年 12 月 25 日）

　　上世纪 70 年代末，我们国家在总结自身发展经验教训和借鉴世界各国发展经验的基础上，作出了实行改革开放的伟大抉择。经过 30 多年的改革发展，我国经济实力、综合国力、人民生活水平以及国际地位和影响力都上了一个大台阶。回想 30 多年前，我们国家在长期实行计划经济和对外封闭的背景下实行的改革开放，对我们来讲是一个新事物，没有现成经验，所以当时叫"摸着石头过河"。其中，兴办经济特区就是一项十分重要的举措。中央通过赋予经济特区一些特殊政策，让它们先行一步、先试一步，不仅让它们自身得到发展，还要让它们为全国改革开放探索新路、积累经验。我国最早批准设立了深圳、珠海、汕头、厦门四个经济特区，后来又实行了海南岛的开发开放和上海浦东新区的开发开放以及近年来天津滨海新区的开发开放。经过 30 年的改革和建设，各个经济特区不仅实现了自身的快速发展，而且为全国改革开放和社

---

* 这是贺国强同志率中央代表团参加厦门经济特区建设 30 周年庆祝活动期间，在会见参加厦门经济特区建设 30 周年庆祝大会港澳台侨人士代表时讲话的主要部分。

会主义现代化建设发挥了重要窗口和示范带动作用。厦门是我国最早设立的四个经济特区之一，经过30年的改革发展，已经从一个海岛小城发展成为一个现代化的国际城市。这30年，厦门地区生产总值增长了278倍，财政收入增长超过300倍，社会文明程度大幅提升，连续三届摘取"全国文明城市"桂冠。厦门和其他经济特区的发展实践充分证明，我们党和国家实行改革开放和兴办经济特区的重大决策是完全正确的。

厦门作为经济特区，有它的一些独特优势。福建是我国著名的侨乡，也是港澳台同胞的主要祖籍地，而我国的对外开放最早也是依靠港澳台同胞和海外华人华侨进行的。最早引进外资，最早开展"三来一补"贸易，都是从港澳台同胞和海外华人华侨开始的。目前，旅居世界各地的闽籍华人华侨有1100多万人，香港同胞中祖籍在福建的有100万人，澳门同胞中祖籍在福建的有10多万人，台湾同胞中祖籍在福建的占80%。这样一个优势，决定了福建及厦门在我国对外开放中的地位和作用。以前两岸处于对峙状态，福建处于海防前线，没有搞多少建设，福建真正的发展是从改革开放以后开始的。经过改革开放30多年的发展，福建及厦门都发生了翻天覆地的变化。我想对于这一点，在座各位都有同感。我要特别感谢今天在座的各位，包括你们的企业、公司，对福建及厦门改革发展的大力支持。借此机会，我也向所有关心、支持和参与厦门建设、福建发展乃至全国改革开放和现代化建设的港澳台同胞和海外华人华侨表示衷心感谢。

当前，我国仍处于可以大有作为的重要战略机遇期。中央决定要继续坚定不移推进改革开放,继续建设经济特区而且要办得越来越好。由于福建在对台经贸合作和两岸关系发展中有着特殊重要的作用,所以这两年中央批准加快海峡西岸经济区建设,也批准将厦门经济特区扩展到厦门全市。这两个决策体现了中央对福建、对厦门改革开放的支持。希望所有的港澳台同胞和海外华人华侨,在过去工作的基础上,抓住当前有利时机,继续积极推动两岸三地及国际间的交流合作。

今后,我们将继续贯彻"一国两制"、"港人治港"、"澳人治澳"、高度自治的方针,加强内地和香港、澳门的交流合作,保持香港、澳门长期繁荣和稳定;我们将继续坚持"和平统一、一国两制"的方针,加强两岸的交往与合作,努力为两岸同胞谋福祉;我们还将进一步发展与包括华人华侨所在地国家在内的世界各国的交流与合作。我想这一点不会改变,我国实行改革开放政策 30 多年来取得了巨大成就,走出了一条好的路子,当然没有必要改变,今后只能是越改越好、越变越好。我们今天欢聚在一起,共同回顾厦门经济特区发展的辉煌历史,共同纪念厦门经济特区建设 30 周年,非常有意义。展望未来,到 2020 年我国将全面建成小康社会,到 2050 年我国将成为中等发达国家,基本实现现代化。我想,只要我们坚持现在这条路线走下去,不动摇、不懈怠、不折腾,厦门的发展、福建的发展、我们国家的发展就一定会越来越好。

做好保持党的纯洁性的各项工作[*]

(2012 年 2 月 15 日)

　　胡锦涛同志在十七届中央纪委第七次全会上的重要讲话中,着重强调了保持党的纯洁性问题。讲话明确提出了新形势下保持党的纯洁性的总体要求和主要任务。总体要求是要"坚持党要管党、从严治党,坚持强化思想理论武装和严格队伍管理相结合、发扬党的优良作风和加强党性修养与党性锻炼相结合、坚决惩治腐败和有效预防腐败相结合、发挥监督作用和严肃党的纪律相结合,不断增强自我净化、自我完善、自我革新、自我提高能力,始终坚持党的性质和宗旨,永葆共产党人政治本色";主要任务是要"大力保持党员、干部思想纯洁,大力保持党员、干部队伍纯洁,大力保持党员、干部作风纯洁,大力保持党员、干部清正廉洁,大力加强监督和严明纪律"。

　　当前,中央之所以突出强调保持党的纯洁性问题,我理解主要有以下三个方面考虑:首先,保持党的纯洁性是马克思主义政党自身建设的永恒主题。纯洁性是马克思主义政党的本

---

* 2012 年 2 月 11 日至 15 日,贺国强同志在浙江省考察调研。这是考察调研
　期间听取省委、省政府和省纪委工作汇报时讲话的一部分。

质属性,也是马克思主义政党先进性的基本前提。我们党从诞生之日起就始终高度重视保持党的纯洁性。在领导中国革命、建设和改革的不同历史阶段,我们党在保持党的纯洁性方面的要求是一以贯之的、措施是坚决有力的、工作是持之以恒的。正是由于我们党不断通过严格党员标准、严明党的纪律、开展整党整风运动和集中教育活动、清除不合格党员、严厉惩处腐败分子等重大举措,始终保持党的纯洁性,我们党才能够不断发展壮大,才能够团结带领全国各族人民不断夺取革命、建设和改革的一个又一个伟大胜利。其次,保持党的纯洁性是我们党应对各种风险和考验、提高执政能力、巩固执政地位、完成执政使命的现实需要。当前,我们党的队伍总体上是纯洁、团结、有战斗力的,但在保持党的纯洁性方面也面临着严峻挑战。我们党所面临的执政考验、改革开放考验、市场经济考验、外部环境考验是长期的、复杂的、严峻的;精神懈怠的危险,能力不足的危险,脱离群众的危险,消极腐败的危险,更加尖锐地摆在全党面前。经受考验、化解危险、应对挑战,最根本的是要加强党的自身建设,始终保持党的先进性和纯洁性。我们党作为马克思主义执政党,只有不断保持纯洁性,才能提高在群众中的威信,才能赢得人民信赖和拥护,才能不断巩固执政基础、完成执政使命。其三,保持党的纯洁性是夺取全面建设小康社会新胜利、开创中国特色社会主义事业新局面的重要保证。实现党和国家新世纪的宏伟奋斗目标和艰巨历史任务,关键在于把我们党建设好。只有不断保持党的纯洁性,我们党才能不断增强创造力、凝聚力、战斗力,始终成为中国特色社会主义事业的坚强领导核心;才能始终成为"三个代表"，始终站在时代前列，承担起推动中国社会进步的历史责任；才能把全民族的意志、智慧和力量都集中到伟大事业中来，为实现中华民族伟大复兴提供坚强的政治和组织保证。

党的纯洁性的内涵是全面的、丰富的，体现在党的建设的诸多方面。保持党的纯洁性，扎实做好保持党的纯洁性各项工作，应着力把握好以下五个方面：一是要在继承和创新的统一中保持党的纯洁性。既要继承和发扬我们党 90 多年来保持纯洁性的优良传统和宝贵经验，又要适应世情、国情和党情的深刻变化，坚持用时代发展的要求审视自己、以改革创新的精神加强和完善自己，不断提高党的自我净化、自我完善、自我革新、自我提高能力。二是要在理论和实践的统一中保持党的纯洁性。一方面，要加强对保持党的纯洁性重大理论和现实问题的研究，系统总结我们党保持纯洁性的经验，认真分析保持党的纯洁性面临的新情况新问题，不断深化对保持党的纯洁性规律的认识，为新形势下保持党的纯洁性提供理论支撑和科学指导。另一方面，要把保持党的纯洁性的要求体现和落实到全面推进党的建设新的伟大工程和中国特色社会主义伟大事业的实践之中，不断提高党的建设科学化水平，使我们党在建设中国特色社会主义的历史进程中始终成为坚强的领导核心。三是要在自律和他律的统一中保持党的纯洁性。要通过党员、干部自觉加强理论学习和党组织强化教育培训，引导广大党员、干部坚定理想信念，增强宗旨意识，增强政治敏锐性和政治鉴别力，增强贯彻执行党的理论路线方针政策的自觉性和坚定性，为保持党的思想纯洁奠定坚实基础；要通过党员、干部严以自律和党组织的严格管理，引导和督促广大党员、干部自觉按照党员标准严格要求自己,履行党员义务,严守党的纪律,为保持党的队伍纯洁奠定坚实基础;要通过党员、干部自觉加强作风养成和党组织强化监督制约,引导和督促广大党员、干部继承优良传统作风,树立良好道德风尚,弘扬新风正气,抵制歪风邪气,为保持党的作风纯洁奠定坚实基础;要通过党员、干部自觉遵守廉洁自律各项规定和党组织深入推进反腐倡廉建设,引导和督促广大党员、干部过好权力关、金钱关、美色关,确保党的肌体健康,为保持党的清正廉洁奠定坚实基础。四是要在全面和重点的统一中保持党的纯洁性。各级党组织要充分发挥战斗堡垒作用,把保持党的纯洁性与深入开展党员学习教育活动结合起来,坚持围绕中心、服务大局,拓宽领域、强化功能,丰富内容、创新方式,不断增强党组织各项工作和活动的针对性、实效性和吸引力、感染力,提高党组织的创造力、凝聚力、战斗力。各级领导干部要发挥表率作用,带头用中国特色社会主义理论体系特别是科学发展观武装头脑、指导实践、推动工作,带头贯彻执行党的民主集中制,带头弘扬党的优良传统和作风,带头执行廉洁自律各项规定,切实做到为民、务实、清廉。广大党员要充分发挥先锋模范作用,胸怀全局、心系群众,奋发进取、开拓创新,立足岗位、无私奉献,努力在改革开放和社会主义现代化建设的实践中保持纯洁性。五是要在治标和治本的统一中保持党的纯洁性。既要重视治标,通过集中整顿、严肃执纪等,抓紧解决党员、干部思想、队伍、作风、廉洁等方面存在的不纯洁问题;又要更加注重治本、更加注重制度建设,通过深化改革和完善制度,建立健全加强对党员、干部教育培养、选拔任用、管理监督、激励惩戒的长效机制,努力从源头上防治各种不纯洁现象的发生,推动保持党的纯洁性工作科学化、规范化、制度化。

加快湖南发展的关键[*]

（2012 年 3 月 6 日）

　　解放思想是党的思想路线的本质要求，是发展中国特色社会主义的一大法宝；改革开放是强国之路，是新时期最鲜明的特征。实践发展永不停步，解放思想永无止境，改革开放需要不断推进。当前，我国正处于全面建设小康社会的关键时期和深化改革开放、加快转变经济发展方式的攻坚时期，面临许多前所未有的新情况新问题新矛盾，迫切需要我们通过进一步解放思想、更新观念，不断研究提出深化改革的新举措、推动发展的新途径、维护稳定的新办法。党的十六大以来，以胡锦涛同志为总书记的党中央科学分析国际形势的复杂深刻变化，立足我国社会主义初级阶段基本国情，适应我国发展新的阶段性特征，明确提出了科学发展观这一重大战略思想。在新的历史起点上继续解放思想、深化改革开放，最根本的就是要坚持以中国特色社会主义理论体系为指导，深入贯彻落实科学发展观，着力转变不适应不符合科学发展观的思想观念，着力解决影响和制约科学发展的突出问题，把全社会的发

＊　这是贺国强同志在参加十一届全国人大五次会议湖南代表团审议时发言的一部分。

展积极性引导到科学发展上来,把科学发展观贯彻落实到经济社会发展各个方面。

湖南自古就有心忧天下、敢为人先的优良传统,湖湘文化的一个重要特征就是敢想敢试敢闯。近现代以来,湖南涌现出一大批对中国社会进步和历史发展产生过重大影响的杰出人物和革命先驱,他们的一个共同特点就是,都是思想的先行者、改革的倡导者。改革开放以来特别是近些年来,湖南在解放思想方面做得是好的,改革开放的步伐也是快的。可以说,湖南能有今天的好局面好势头,很大程度上就得益于解放思想,得益于改革开放。没有思想的解放和改革的推进,就不可能有湖南一系列发展战略的提出,也不可能有长株潭城市群综合配套改革试验区〔1〕的设立和建设。包括袁隆平院士〔2〕能够在杂交水稻培育方面不断取得新成果,也是解放思想的产物。但我们也要看到,与中央的要求相比,与沿海地区和先进发达地区相比,湖南在思想的解放程度和改革开放的力度方面都还存在一定的差距,解放思想、深化改革还有很大的空间。今年是邓小平同志视察南方重要谈话发表 20 周年,视察南方重要谈话的核心思想之一,就是要进一步解放思想、加快改革开放步伐,用邓小平同志的话说,就是"没有一点闯的精神,没有一点'冒'的精神,没有一股气呀、劲呀,就

---

〔1〕 长株潭城市群综合配套改革试验区,即在以湖南省长沙、株洲、湘潭三市为核心、辐射周边区域的城市群,实施以资源节约型、环境友好型社会建设为主要内容的国家级综合配套改革试验区。

〔2〕 袁隆平,中国工程院院士,自 1971 年起任湖南农业科学院研究员,长期从事杂交水稻技术研究,被誉为"杂交水稻之父"。

走不出一条好路,走不出一条新路,就干不出新的事业"[1]。当前湖南发展正处于关键时期,加快湖南的发展,需要做的工作很多,但我觉得很重要的一条,就是要进一步解放思想、加快改革步伐。作为家乡人,我由衷地希望湖南广大干部群众发扬优良传统,进一步解放思想、更新观念,进一步深化改革、扩大开放,牢固树立发展意识、机遇意识、市场意识、创新意识,以时不我待、只争朝夕的精神抢抓机遇,以先行先试、敢为人先的勇气探索新路,以求真务实、真抓实干的作风推进工作,以昂扬向上、开拓进取的劲头加快发展,不断以思想的新解放、改革的新成果推动湖南经济社会发展实现新跨越。

---

[1]《邓小平文选》第3卷,人民出版社1993年版,第372页。

雷锋精神永远不会过时[*]

（2012 年 3 月 6 日）

3 月 5 日是毛主席作出"向雷锋同志学习"号召的纪念日，毛主席作出这一号召已经近 50 年了，雷锋精神也教育和激励了几代人。在雷锋同志身上所体现出的道德追求和崇高精神，已经成为我们民族精神和时代精神的重要组成部分，无论过去、现在和将来都是我们的宝贵思想财富，永远也不会过时。在实行改革开放和发展社会主义市场经济的新形势下，大力弘扬雷锋精神，尤其具有现实针对性和重要意义。党的十七届六中全会明确提出要深入开展学雷锋活动，要求推动学习活动常态化。当前全国正在广泛深入地开展学雷锋活动，湖南作为雷锋同志的家乡，尤其要把这一活动组织好、开展好。希望湖南各级党组织按照中央统一部署，充分发挥雷锋同志家乡的学习资源优势，把学雷锋活动作为弘扬社会主义核心价值体系的重要内容，并使之经常化，不断赋予新的内涵，让雷锋精神常学常新、代代传承。

---

[*] 这是贺国强同志在参加十一届全国人大五次会议湖南代表团审议时发言的一部分。

始终坚持党的基本路线不动摇[*]

(2012 年 3 月 7 日)

    今年是邓小平同志视察南方重要谈话发表 20 周年。最近我又重温了这篇光辉文献,更加深切地感受到了邓小平同志这次重要谈话对于 20 年来我们不断解放思想、加快改革开放和社会主义现代化建设步伐所产生的巨大引领和推动作用。邓小平同志视察南方重要谈话乃至邓小平理论的一个重要思想,就是强调"坚持党的基本路线一百年不动摇",这是关系我们党和国家事业发展的根本性、全局性、长远性的重大政治原则。

    党的十一届三中全会以后,我们党认真总结新中国成立以来社会主义建设的历史经验教训,作出了我国仍处于并将长期处于社会主义初级阶段的科学论断,形成了党在社会主义初级阶段的基本路线,其核心就是"一个中心、两个基本点",即以经济建设为中心,坚持四项基本原则,坚持改革开放。这条基本路线的确立,为发展中国特色社会主义提供了理论和实践的总纲。改革开放 30 多年来,我们党之所以能够

---

* 这是贺国强同志在参加十一届全国人大五次会议广东代表团审议时发言的主要部分。

团结带领全国人民,经受住各种困难和风险的考验,保持经济快速发展和社会政治稳定,最根本的就是坚决排除各种"左"和右的干扰、坚定不移地贯彻执行党的基本路线。实践证明,党的基本路线是立国、兴国、强国的根本法宝。我们要切实增强贯彻执行党的基本路线的自觉性和坚定性,做到思想上坚信不疑、政治上坚定不移、行动上坚决贯彻。

坚持党的基本路线不动摇,就要坚持以经济建设为中心这个兴国之要不动摇,不断巩固党和国家兴旺发达、长治久安的物质基础。改革开放30多年来,我们党团结带领全国各族人民,坚持以经济建设为中心,聚精会神搞建设、一心一意谋发展,取得了举世瞩目的伟大成就。2011年,我国国内生产总值已跃居世界第二,财政收入突破10万亿元大关,外贸进出口总额和外汇储备分别位居世界第二位和第一位,综合经济实力上了一个大台阶。但也要看到,我国仍处于并将长期处于社会主义初级阶段的基本国情没有变,人民日益增长的物质文化需要同落后的社会生产之间的矛盾这一社会主要矛盾没有变,人口多、底子薄、发展不平衡这一基本特征没有变,我国仍然是世界上最大的发展中国家。同时,我国经济社会发展呈现新的阶段性特征,面临许多新的矛盾和困难,需要我们通过发展的办法来应对和解决。这就决定了发展仍然是解决我国所有问题的关键,仍然是我们党执政兴国的第一要务。我们要立足新的实践,不断深化对"一个中心"的认识。我们现在所讲的发展是以科学发展观为指导的发展,必须把科学发展观的要求贯穿于党和国家工作的各方面,贯穿于经济建设的全过程,推动经济社会又好又快发展。

坚持党的基本路线不动摇,就要坚持四项基本原则这个立国之本不动摇,不断夯实党和国家生存发展的政治基石。1979 年 3 月,邓小平同志在党的理论工作务虚会上鲜明地提出要坚持四项基本原则。坚持社会主义道路,坚持人民民主专政,坚持中国共产党的领导,坚持马克思列宁主义、毛泽东思想这四项基本原则,已经写进了党章和宪法,成为全党全国人民的共同意志,成为发展中国特色社会主义必须坚持的正确政治方向和必须具备的根本政治保障。

在党的基本路线中,四项基本原则是管政治方向、政治保障的,其中,坚持社会主义道路讲的是我国社会的根本性质,坚持人民民主专政讲的是我国的国体和政治基础,坚持党的领导讲的是中国特色社会主义事业的领导核心,坚持马克思列宁主义、毛泽东思想讲的是立党立国的根本指导思想。邓小平同志曾指出:"如果动摇了这四项基本原则中的任何一项,那就动摇了整个社会主义事业,整个现代化建设事业。"[1]而在这四项基本原则中,最核心的就是要坚持党的领导。20 世纪 80 年代末以来,国际局势风云变幻,苏联、东欧等一些社会主义国家纷纷垮台,许多发展中国家政局动荡。而我们党和国家却能够在国际风云变幻中站稳脚跟,能够在国内政治风波、国际金融危机和经济风险以及严重自然灾害面前经受住考验,使中国特色社会主义事业的航船始终沿着正确方向破浪前进,最根本、最重要的一条就是我们党始终坚持四项基本原则不动摇。近年来我率团出访期间,同各国政

---

〔1〕 《邓小平文选》第 2 卷,人民出版社 1994 年版,第 173 页。

方发展的事实雄辩地证明,改革开放是决定当代中国命运的关键抉择,是发展中国特色社会主义、实现中华民族伟大复兴的必由之路;只有社会主义才能救中国,只有改革开放才能发展中国、发展社会主义、发展马克思主义。当前,世情、国情、党情继续发生深刻变化,我国发展中不平衡、不协调、不可持续问题突出,还存在制约科学发展的体制机制障碍,必须通过深化改革加以解决。我们要进一步总结经验、把握规律,整体规划、重点突破,继续把改革开放伟大事业推向前进。

"大姐书记"陈超英[*]

（2012 年 5 月 23 日）

今天上午,中央纪委监察部、国务院国资委和湖南省委在人民大会堂联合举办陈超英[1]同志先进事迹报告会。报告会开始前,我和有关方面的负责同志一起来看望大家,向大家表示问候和感谢,特别要向陈超英同志的亲属表示深切慰问。陈超英同志不幸因公殉职,你们失去了一位亲人,一位好同事,我们党失去了一位好党员,纪检监察战线和国有企业失去了一位好干部。对陈超英同志的去世,我们感到非常悲痛和惋惜。

陈超英同志在中建五局土木公司的 30 多年,坚持怀着对事业的忠诚和对职工群众的感情忘我工作,以点点滴滴的平凡和奉献践行了一名共产党人的信念。2011 年 6 月,陈超英同志在慰问职工家属返程途中因车祸不幸殉职。陈超英同志去世后,有关部门和单位组织开展了多种形式的学习宣传活动。我从一份材料上看到陈超英同志的先进事迹后,深受感

---

* 这是贺国强同志在会见陈超英同志先进事迹报告团成员时讲话的主要部分。

[1] 陈超英,曾担任中国建筑第五工程局有限公司土木公司党委副书记兼纪委书记、工会主席。

动和教育,当即批示指出陈超英同志既是国企干部的好榜样,又是纪检监察干部的好榜样,要求中央纪委监察部会同相关部门进一步做好陈超英同志先进事迹的总结、宣传工作。

陈超英同志长期工作在国有企业第一线,她恪尽职守、爱岗敬业,认真完成组织交给的各项工作任务,为企业改革发展稳定作出了积极贡献;她坚持原则、秉公执纪,认真履行纪委书记职责,顶住压力查处多起违纪违法案件,维护了国有资产安全和党纪国法尊严;她情系职工、一心为民,尽心竭力为职工办实事、解难事,与群众建立起深厚的感情,被职工亲切地称为"大姐书记";她淡泊名利、清正廉洁,从不计较个人得失,从未利用职权为亲友谋取不正当利益;她积极向上、热爱生活,走到哪里就把欢声笑语带到哪里……陈超英同志用自己的模范行动和生命历程生动诠释了新时期共产党员先进性和纯洁性的深刻内涵,树立了纪检监察干部可亲、可信、可敬的良好形象。她的事迹经中央和地方新闻媒体集中报道后,在社会上引起强烈反响。最近,中央纪委、人力资源和社会保障部、监察部追授陈超英同志"全国纪检监察系统先进工作者"荣誉称号。我深深为我们党有陈超英同志这样的好党员感到骄傲,为我们纪检监察战线有陈超英同志这样的好干部感到自豪。

各级党组织和广大党员干部特别是纪检监察机关和纪检监察干部,要深入学习陈超英同志的先进事迹和崇高精神,更加紧密地团结在党中央周围,高举中国特色社会主义伟大旗帜,深入贯彻落实科学发展观,胸怀大局,立足本职,扎实工作,以推动科学发展、促进社会和谐的优异成绩迎接党的十八大胜利召开。

组织先进事迹报告会是学习宣传先进典型的一种有效形式和重要途径,希望报告团成员以陈超英同志的崇高精神为动力,精心准备,认真宣讲,切实把陈超英同志的先进事迹和崇高精神学习好、宣传好、发扬好。

最后,祝同志们工作顺利、身体健康,祝报告会取得圆满成功!

不能忘记历史*

（2012 年 6 月 21 日）

贺国强：我知道总统先生今天有很多活动，十分繁忙，但是你仍然抽出时间来会见我们，我感到非常高兴。

普京：前不久，我在北京见过你。我也记得当时我们就两国关系问题、俄罗斯联邦的发展问题、中国的发展问题深入交换了看法。非常高兴能够再次见到你，欢迎你来到圣彼得堡，出席圣彼得堡国际经济论坛。刚才你在演讲中再次肯定了俄中战略协作伙伴关系的重要性。我也知道，双方都是非常真诚地把对方视为战略协作伙伴，为充实两国战略协作内涵做了大量工作。我对北京访问的成果表明，两国战略协作进展非常顺利。很高兴再次见到你。

贺国强：我首先要祝贺刚才的论坛开幕式非常成功。你作了非常重要的讲话，我仔细聆听了你的讲话。我打一个比喻：这个讲话就相当于你正式就任新总统以后，针对国内和国际形势所作的施政演说。特别是你提到的三个方面，使我印象很深。第一是你在讲话中表达了进一步推进改革的决心，

---

* 这是贺国强同志出访俄罗斯并代表中国政府出席第 16 届圣彼得堡国际经济论坛开幕式期间会见俄罗斯联邦总统普京时谈话的节录。

而且还提出了一些具体的措施。第二是你在讲话中多次提到中国,说明你高度重视发展与中国的合作。第三是你在讲话中表明了反腐败的决心,因为我在中国分管这方面工作,所以我听到这些非常高兴。

我对你不久前对中国进行的成功访问给予高度评价。在中国访问期间,胡锦涛主席和你举行了深入务实的会谈,就一系列重大问题达成新的共识,为今后两国关系发展指明了方向。当时,中国共产党中央政治局9名常委中有6名与你进行会见,这在中国外交礼遇中是不多见的。这说明我们高度重视发展中俄关系。我这次访问是你再次正式就任总统后第一个访俄的中国高级代表团,也是统一俄罗斯党第十三次代表大会后访俄的第一个中共高级代表团,此访的目的就是落实两国最高领导人达成的最新共识。

我想简单向你谈一下这两天访俄的感受。第一点感受是俄罗斯是个伟大的国度,俄罗斯人民是伟大的人民。在莫斯科访问期间,我们专门瞻仰了无名烈士墓,参观了卫国战争纪念馆。在参观卫国战争纪念馆时,我讲了一段话,大意就是,在上世纪三四十年代,德意日法西斯发动了侵略战争,给人类带来深重灾难。苏联在反法西斯战争中发挥了中流砥柱的作用,为了夺取胜利,有2700万苏联军民献出了宝贵生命。而中国在东方战场上顽强抵抗日本法西斯的侵略,也付出了巨大的牺牲。我们两国在东、西两个战场并肩作战、相互支援,特别是在攻克柏林后,苏联随后对日本宣战,苏联红军出兵中国东北打败日本关东军,为中国人民最终夺取抗日战争胜利作出了重要贡献。昨天下午,我来到了你的家乡圣彼得堡,我与圣彼得堡市立法会议主席会谈时说,圣彼得堡是一座英雄的城市。卫国战争中,圣彼得堡曾被围困 900 多天,战死和饿死 100 多万人,但没有一人变节投敌。新中国成立初期,苏联援助我国建设 156 个重点项目,为新中国建立独立完整的工业体系打下了良好基础。下一站访问伊尔库茨克的时候,我还要专门看望当年援华的老专家。我们不能忘记这些历史。第二点是我本人对俄罗斯也很有感情。从小学习的一些教材、观看的许多电影、听到的故事、唱的不少歌曲、学的外国语言等,都与俄罗斯有关。另外,俄罗斯近年来取得的发展成就也引人关注。还在你访问北京时,我对你说,我第一次访俄是在 1995 年,也就是 17 年前,当时正值苏联解体不久,经济比较萧条,社会秩序也比较混乱。17 年后再来俄罗斯,我感到俄罗斯发生了翻天覆地的变化,到处呈现出生机勃勃的景象。这就是我简单向你介绍的访俄两天来的感受。

普京:非常感谢你对我们国家发展历程所作的详细分析。刚才你提到了一个非常重要的话题,就是两国在二战期间的合作。当时,无论是苏联人民还是中国人民都遭受了非常严重的损失。我们两国并肩战斗,战胜了德意日法西斯。胜利是属于我们的,因为我们的事业是正义的。我们两国之间不折不扣的战略协作伙伴关系增强了我们的力量。我们高度评价中方对发展俄中关系表达如此积极的态度。

永远忠诚党的事业[*]

（2012 年 11 月 8 日）

　　党的十六大我参加了中央政治局领导班子，党的十七大又参加了中央政治局常委会领导班子，先后担任中央组织部部长和中央纪委书记，这是党中央和广大党员干部群众对我的信任，也给我提供了更好地为党和人民工作的机会。转眼之间，整整 10 年过去了。这 10 年，世界发生了复杂深刻变化，中国发生了新的历史性变化。我们的党更加成熟坚强，我们的国家更加繁荣富强，中华民族正满怀信心走向伟大复兴。能够在这样重要的时期、这样重要的岗位上工作，奉献自己的绵薄之力，是人生之大幸。

　　我出生在湖南山沟里一个贫苦农民家庭，是共产党使我们家翻身得解放；是改革开放使我们家过上了好生活；是靠党和国家的助学金使我成为一名大学生；是党组织的长期培养和大家的关心帮助，使我走上领导岗位，并成长为党的高级干部。我深深感到，自己的每一步都离不开党组织的教育培养，离不开广大党员和群众的信任支持，离不开曾经共事过的同

　　＊　这是贺国强同志参加中国共产党第十八次全国代表大会福建代表团讨论时发言的一部分。

志和同事们的关心帮助,我对党、对祖国、对人民始终怀有深深的感激之情。我参加工作46年,特别是改革开放这30多年来,亲身经历了国家的发展变化,深切感受到我们党的路线方针政策的正确,深切感受到人民群众对党的拥护和信赖,更加坚定了自己为共产主义事业奋斗终身的信念,更加坚定了一辈子跟党走的决心,更加坚定了全心全意为人民服务的理念。这些年来,我深感肩上的担子重、责任大,生怕自己工作做不好,影响党和国家事业发展和中央的形象,辜负中央的重托和人民群众的期望,总是有一种"诚惶诚恐"、"如履薄冰"的感觉,不敢有丝毫的懈怠和大意,总是想尽最大力量做好工作。我就是带着这样的情感来开展工作的。但我深知,由于自己的知识、经验、能力等所限,有的工作还存在一些不足,有的工作还没有做好。

　　人事有代谢,往来成古今。这次大会后我就要退出领导岗位、开始过退休生活了。作为一名有47年党龄的老党员,我坚决拥护新一届中央领导集体,坚决贯彻党的路线方针政策,将继续关注党和国家事业发展,继续以一个党员的标准严格要求自己。

二、组织建设篇

充分信任当代青年[*]

（1992 年 2 月 25 日）

　　关于如何看待当代青年，现在社会上议论比较多，经常听到的是对青年的指责比较多，我想就这个问题谈一点看法。应该对我们的团员青年有个全面的分析和估计。首先，广大团员青年的主流是好的，素质是好的。当代的团员青年，有很多优点。他们思想比较解放，对新生事物比较敏感，开拓进取精神比较强。另外，他们业务素质也比较好，八十年代、九十年代毕业的学生，比我们五六十年代毕业的业务素质要好。我们当时是在一个比较封闭的学校环境，也没有什么现代化的教学手段，更没有改革开放这样一个形势。而现在的学生、青年，接触的范围比我们那时广多了，他们的知识面宽多了，这一点，我们得承认。特别是作为今后现代化建设、改革开放以及科学技术发展所需要的外语和计算机这两方面的基础知识，我看当代青年比我们五六十年代的学生要好得多。所以，我说当代青年的主流是好的。但是另一方面，确实也要看到不足，当然这个不足不是指所有的青年身上都存在，而是存在

＊　这是贺国强同志在化工部机关团的工作会议上讲话的一部分。贺国强同志当时任化工部常务副部长、中共化工部党组副书记兼机关党委书记。

于一部分青年身上。我觉得这个不足,主要反映在这么几个方面:第一,就是对我们中国的国情不够了解,对近代史、现代史、社会主义革命和建设的历史不够了解。因此,对我们中国为什么要坚持中国共产党的领导,为什么要实行社会主义制度,为什么要强调安定团结,认识不深。因为他们没有经历过,不了解。第二,就是如何坚持唯物辩证法的观点,全面地、历史地看问题,也就是掌握科学的世界观和方法论的问题,看问题要全面地看,不要偏。这是我们部分青年在思想方法上一个不足的方面。第三,就是缺乏艰苦环境和基层工作的锻炼。特别是在机关工作的团员青年,相当一部分缺乏艰苦环境和基层工作的锻炼。对存在的这些问题和不足,怎么看?我觉得应该历史地来分析。存在这些问题和不足,不能一味责怪青年,讲责任的话,首先在我们党组织身上,在我们中老年身上,为什么呢?因为青年都是要培养、要教育,恰恰有些党组织放松了教育,忽视了教育。所以我觉得,作为我们党组织来讲、领导干部来讲,要正确地看待团员青年。首先肯定主流是好的,同时看到一部分青年中的不足,另外也要客观地、历史地分析这些不足产生的原因。总起来,应该是这样几句话:“充分信任,热情关怀,严格要求”。

领导班子建设要把好三个关口[*]

（2002 年 9 月 9 日）

领导班子建设是干部人事工作的重要内容。结合这些年重庆组织工作的实践和我本人的思考，我感到，新形势下加强领导班子建设，要着重把好三个关口。

第一点是要严把"入口"关。不符合条件和要求的，决不能进班子。要重点选配好"一把手"，确保"一把手"在政治上要强，在综合素质上要高。在选配"一把手"时，除了廉洁、勤政和其他要求以外，对能否正确贯彻执行民主集中制应作重点考察。因为能否正确地贯彻执行民主集中制，是一个领导干部思想觉悟高不高、党性观念强不强的重要标志。个人素质可能有高有低，能力也有强有弱，但如果民主集中制执行不好，作风不好，一个班子就搞不到一块去。所以，对那些作风霸道的人，即使有一定工作能力，也决不能做"一把手"。

第二点是要把好教育提高关。选拔上来的干部，在下一级岗位上肯定都是优秀的，但选拔到上一级岗位后，就不一定是最优秀的了。所以，干部进了班子后不能放手不管，还有个

---

[*] 这是贺国强同志在与中央组织部赴重庆调研组座谈时讲话的一部分。贺国强同志当时任中共重庆市委书记。

教育培养和提高的问题,毕竟上一级岗位不同于下一级岗位,干部的能力也不是在提拔后一夜之间就能提高的。如何提高干部的素质呢? 对干部个人而言,要虚心学习,刻苦钻研,勇于实践,埋头苦干;对组织而言,要经常性地帮助和教育干部,促进他们的成长和提高,对发现的问题和不足,即使是一些苗头,都应及时指出。

第三点是要畅通"出口"关。对不符合条件的要出得去,目前,这项工作的难度要大一些,要积极进行研究和探索。现在班子的结构,要求年轻化、知识化,对配备女干部、少数民族干部和党外干部也有一定的比例要求。对此,我个人的看法是,在落实中央关于班子结构比例要求的同时,要实事求是,不能勉强。

老干部工作是党和
国家的重要工作[*]

（2002 年 12 月 27 日）

　　中华民族历来就有尊老爱幼的传统美德。做好老干部工作，既是我们党的优良传统，也是党的事业继往开来的需要。因此，老干部工作很重要，具体体现在以下几个方面：一是政治性很强。老干部工作是党委的一项重要工作。从政治角度讲，老干部是党和国家的宝贵财富，他们为新中国的建立和建设作出了很大贡献，我们有责任、有义务把他们安排好、照顾好，发挥他们的积极作用。二是政策性很强。落实好中央有关老干部的方针、政策，就能调动老同志的积极性。和老干部工作相关的政策影响全局。制定新的政策，要加强调查研究，考虑问题要周全一些。要因地制宜，不能一项政策出台，一部分老同志高兴，一部分老同志攀比；条件好的地方能接受，条件差的地方落实不了。三是思想性很强。老干部工作除了落实生活待遇外，大量的是思想政治工作，老同志的思想政治工作做好了，老同志高兴，有利于党的事业。做老干部工作的同

---

* 　这是贺国强同志在听取中央组织部老干部局工作汇报时讲话的一部分。贺国强同志当时任中共中央政治局委员、中央书记处书记、中央组织部部长。

志要学会做思想工作,要加强学习,包括学些心理学,说话做事要注意了解掌握老干部的实际情况,增强思想工作的针对性和有效性。四是责任性很强。老干部工作大量的是服务性工作,要细致周到,把党和政府的温暖送到每一位老干部的心坎上。只要涉及老干部,无论哪方面的工作,一点一滴都要认真负责,不能出任何问题。

挂职干部要在实践中提高自己[*]

（2003 年 3 月 7 日）

选派中青年干部到三峡工程挂职锻炼，是中青年干部成长进步的需要，是三峡工程建设的需要，也是组织工作服务于经济建设这个中心的需要。正如刚才同志们讲的，到三峡工程挂职锻炼，是一次终身难忘、终身受益的经历。实践表明，中青年干部到基层锻炼，至少有三个方面的好处：一是有利于增长才干。通过深入基层，深入实际，开展工作，解决问题，锻炼提高了干部的自身素质和工作能力。尤其是选派干部到重点工程挂职锻炼，是一种创新，具有综合锻炼的作用。三峡工程作为当今世界上最大的水利枢纽工程，功在当代，利在千秋，是按照一流水平、一流管理、一流质量标准建设的世纪工程，是我国科技实力、综合经济实力和民族凝聚力的体现。在这样的地方锻炼，对大家培养战略思维、树立宽阔眼光、掌握现代管理知识和经验，提高全面驾驭能力、组织指挥能力，所起的作用会很大。二是有利于密切与群众的联系，积累群众工作经验。通过深入到基层和群众中去，与群众打成一片，拉近了与群众的距离，增进了与群众的感情，从而实实在在地受

---

[*] 　这是贺国强同志在与赴三峡工程挂职锻炼干部座谈时讲话的一部分。

到了一次群众观点和群众路线的再教育。三是有利于加强党性锻炼。坚强的党性是在艰苦复杂的环境中锻炼出来的,是在完成急难险重的任务中磨炼出来的。大家以三峡建设者为榜样,发扬不怕吃苦、乐于奉献的"三峡人精神"和顽强拼搏的过硬作风,进一步磨炼了意志和品质。我们必须在总结经验的基础上,将选派中青年干部到基层包括到重点工程锻炼这一好的形式加以完善,形成制度,长期坚持下去。

新世纪头 20 年,是党和国家事业发展的重要战略机遇期,在座的各位都是 40 岁左右、有培养前途的中青年干部,正处在精力充沛、经验丰富的年龄段。作为新世纪新阶段担当重任的中青年干部,一定要把个人的成长进步与中华民族的伟大复兴、祖国和人民的命运、中国特色社会主义伟大事业紧密地联系在一起,珍惜到基层锻炼这一难得的机会,自觉在实践中锻炼自己,努力掌握新知识,积累新经验,增长新本领,使自己成为政治上靠得住、业务上有本事,肯干事、干成事的干部,为改革开放和现代化建设作出新的贡献。

一要有强烈的自我锻炼意识。挂职干部与正式调任干部不同,这就使挂职干部本人容易产生"做客"思想,接收单位也容易把挂职干部当"客人"。希望大家一定要克服"做客"的思想和短期行为,真正安下心来、沉下身子、融入进去,大胆工作,勇于实践。要尽快进入情况、进入状态、进入角色,认真履行岗位职责,全身心投入到工作中。要树立强烈的自我锻炼意识,自觉地把完成工作任务的过程,当作自我锻炼的过程,当作苦练领导工作基本功、提高本领的过程。在锻炼中要把着力点放在以下四个方面:一是提高调研决策的本领。要深入基层,深入一线,掌握第一手资料,了解最新信息,作出准确判断,及时把调研成果转化为科学决策。二是提高组织实施、协调落实的本领。要增强全局意识、服务意识,注意相互配合,调动各方面积极性、创造性,把工作做细、做深,务求实效。三是提高处理复杂问题和指挥应变的本领。要善于在千头万绪的工作中抓住主要矛盾,在错综复杂的现象中把握本质,在突如其来的情况面前沉着应对。四是提高做群众工作的本领。要学会正确处理新形势下的人民内部矛盾,尊重群众、依靠群众、教育和引导群众,并切实帮助群众解决困难,充分调动群众的积极性。每位挂职干部对自身要有一个清醒的认识,要勇于正视不足,善于取长补短。工作中要高标准、严要求。在急难险重任务面前,自加压力,勇挑重担;在困难和挫折面前,振奋精神,迎难而上。

二要坚持边实践边学习。锻炼期间,大家都承担不少工作,方方面面的头绪也比较多,越是这样,越要注重学习,要做到学在前面,用在前面。要联系新的实践,在干中学、在学中干,把学与用、知与行结合起来,深化对知识经验的理解,提高实际工作能力。首先要学好理论,自觉运用马克思主义的立场、观点和方法指导工作、分析解决问题,进一步增强工作的系统性、预见性和创造性。其次要学习先进管理经验,学习新知识。三峡工程集聚了方方面面优秀人才,具有世界一流的管理水平,应用了工程建设方面的许多国际前沿技术,整体科技水平在世界上都是领先的。三峡工程是学习的大课堂,三峡建设者们是最好的老师。希望挂职锻炼的同志,一定要虚心学习,向实践学习,向三峡建设者学习,把新知识、先进管理经验、好作风学到手,不断丰富自己,提高自己。

三要善于总结和思考。善于总结和思考是智慧的体现,是成熟的标志,是提高能力的重要途径。不断总结的过程就是逐步积累经验、深化认识、提高能力的过程。要善于通过总结,把具体的感性认识上升为理性认识,从个别的现象中发现、把握规律,并用以指导和推动工作。要养成总结的好习惯。每经过一个工作阶段,每完成一项新的任务,都要及时进行总结,坚持正确的、修正错误的,不能事过无痕,没有积累。还要注重同志间的互相交流,互相启发,取长补短。总结越及时、越深刻,收获就越大,能力提高得就越快。

高标准、高质量建设好三所干部学院[*]

（2003 年 6 月 17 — 22 日）

　　干部培训基地作为加强干部教育培训的重要阵地，对于建设高素质的干部队伍有着十分重要的意义。我们党历来十分重视干部的培养和干部培训基地的建设。从建党初期到现在，我们党建设了包括各级党校、行政学院和其他各类干部院校在内的大批干部培训基地，培养了一批又一批德才兼备的干部，为党和国家的事业发展发挥了重要作用。早在井冈山时期，在非常艰苦的条件下，我们党就创建了红军军官教导队。在延安时期，我们党创建了抗日军政大学、陕北公学等30 多所学校。进入新世纪，面对国际国内形势变化和干部队伍建设的现状，为更好地适应全面建设小康社会、推进党的建设新的伟大工程的需要，必须进一步加强干部教育培训基地建设，为建设高素质的干部队伍提供保证。建设浦东、井冈山、延安三所干部学院，是党中央根据新时期新任务的要求和干部队伍、领导班子建设的现实需要，为加强干部教育培训工

---

*　　这是贺国强同志在中国浦东、井冈山、延安干部学院建设工作座谈会上讲话综合整理稿的一部分。贺国强同志当时兼任三所干部学院院长。

作而作出的重大举措,也是干部教育培训工作的重大创新。这三所干部学院建成后,将在功能上与中央党校、国家行政学院各有侧重、互为补充,使国家级干部培训基地布局更加合理、功能更加完备,为大规模培训干部提供重要保证;将发挥特殊的人文、教学和区位优势,在培训高层次人才方面发挥独特作用。我们一定要以与时俱进、开拓创新的精神,高标准、高质量地抓好三所干部学院的建设工作,努力把三所干部学院建设成为处于干部教育培训改革前沿的专门性、高层次的新型学校。

中央对三所干部学院的建设工作高度重视。曾庆红同志在主持中央组织部工作期间,为三所干部学院的筹划、建设倾注了大量心血,就学院选址、学院名称、办学方针和功能定位等提出了明确要求。从 2002 年底开始,经过各方面的辛勤工作,三所干部学院开工前的各项准备工作基本就绪,并陆续开工建设。希望大家以强烈的事业心和责任感,再接再厉,扎实工作,突出抓好工期、质量、资金"三大控制",做好学院的建设工作。一是抓进度,确保工程如期完工。三所干部学院要在 2004 年底建成,2005 年投入使用。为实现这一目标,必须以只争朝夕、时不我待的精神投入学院建设工作,统筹规划,合理调度,在确保工程质量的前提下,科学安排工期,使学院早日建成,早日投入使用。二是抓质量,确保建设优质工程。工程建设是百年大计,质量就是生命,来不得半点马虎和大意。施工单位和监理单位要讲信誉、讲质量,严格管理工程建设的每一个项目、每一个环节,确保工程不出现任何质量问题,确保工程能经得起时间的考验,经得起全国各地广大干部学员的检验。三是抓节约,确保资金合理使用。要发扬延安精神、井冈山精神等革命传统,牢记"两个务必",艰苦奋斗,厉行节约。严格财务管理,管好用好每一笔资金,不该花的钱坚决不花,不该办的事坚决不办,坚决反对铺张浪费。四是抓安全文明施工,确保创造良好的环境。要协调处理好与周边单位的关系;要文明施工,保持现场整洁;要防止发生安全事故,杜绝事故隐患。学院建成以后,要搞好环境的绿化美化,使学院建设与周围环境相协调。五是抓监督,确保建设廉洁工程。从工程建设一开始,就要加强监督、加强审计,将监督和审计工作贯穿到工程建设的全过程,把三所干部学院建设成为"放心工程"、"廉洁工程"。

这里,我重点就学院的教学和管理工作讲几点意见。

第一,把握正确的办学方针,把三所干部学院建设成为学习实践"三个代表"重要思想的新课堂。贯彻"坚持实事求是的思想路线,弘扬与时俱进的创新精神,继承艰苦奋斗的优良传统,实践执政为民的根本宗旨"的办学方针,最根本的就是把马克思列宁主义、毛泽东思想、邓小平理论和"三个代表"重要思想作为办学的根本指导思想,作为学员的必修课。要引导广大学员和教职工加深对"三个代表"重要思想的理解,推动"三个代表"重要思想进教材、进课堂、进学员的头脑,增强实践"三个代表"重要思想的自觉性和坚定性,真正把学习的成果转化为立党为公、执政为民的实际行动。

第二,着眼于构建干部教育培训新格局,把三所干部学院建设成为大规模培训干部的新阵地。浦东、井冈山、延安有大量独特的干部教育培训资源。延安是中国革命的圣地,党中央、毛主席在陕北和延安战斗生活了 13 年，与延安人民共同培育了以"坚定正确的政治方向，解放思想、实事求是的思想路线，全心全意为人民服务的根本宗旨，自力更生、艰苦奋斗的创业精神"为主要内容的延安精神。井冈山是中国革命的摇篮，以毛泽东、朱德同志为代表的老一辈无产阶级革命家在这里创建了中国第一个农村革命根据地，走出了"以农村包围城市，武装夺取政权"的中国革命成功之路，培育出了以"坚定信念、艰苦奋斗，实事求是、敢闯新路，依靠群众、勇于胜利"为主要内容的井冈山精神，点燃了中国革命的"星星之火"。上海是我们党的诞生地，是社会主义现代化国际大都市，有着光荣的革命传统。浦东作为中国改革开放的象征，有着可喜的现代化建设成果以及丰富的现代化建设经验。

延安、井冈山干部学院的功能定位，就是要充分利用延安、井冈山及其周边地区的革命历史资源，以丰富多彩的授课、参观、访问、调查研究和帮贫济困等活动为主要形式，把延安、井冈山干部学院建设成为面向全国的革命传统教育基地、基本国情教育基地和广大党员干部汲取精神营养、焕发革命激情、永葆革命青春的"加油站"，使学员能够在这里受到丰富生动的党性教育、革命传统教育、国情教育和专业知识教育，坚定建设中国特色社会主义的信念和共产主义的远大理想，提高学员的思想政治素质和执政能力。浦东干部学院的功能定位，就是要充分运用上海及周边地区的区位优势和教学资源，努力把学院建设成为具有国际性、时代性、开放性特点的新型干部教育基地和开展国际培训交流合作的窗口，让学员通过学习进一步增强改革开放意识，坚定不移走中国特色社会主义道路,提高现代化建设的本领。三所干部学院的建设工作,一定要着眼于大规模培训干部的需要,突出各自的特色,与中央党校、国家行政学院以及省(区、市)党校、行政学院进行合理分工,作出统一安排。只有这样,三所干部学院才能真正成为全国干部教育培训大格局中的有机组成部分,才能最大限度地发挥自身优势,才能保持旺盛的生命力。

第三,积极探索办学新模式,把三所干部学院建设成为干部教育培训工作改革创新的新学校。浦东、井冈山、延安干部学院的建设工作是一项全新的事业,要在继承的基础上,广泛借鉴国内外的先进办学经验,对学院的教学和管理工作进行全面创新。一是抓教学,突出办学特色。延安、井冈山干部学院的课程设置要着眼于全党的历史经验,突出延安、井冈山的特色,有鲜明的时代感和现实针对性,逐步形成以中共党史、党建和毛泽东思想发展史为重点学科的学科体系。浦东干部学院的课程设置要突出浦东特色,以能力培养为导向,以研究现实问题为重点,以上海及周边地区的教学资源为依托,形成主干突出、特色鲜明、能满足不同培训需要的课程体系。要不断探索适合学员特点的教学方法,创新教学模式,提高教学的针对性,增强课堂的吸引力。二是抓教材,提高教学质量。要在充分挖掘利用现有的各种优秀教材的基础上,根据教学工作的实际需求,抓紧开发一批政治观点正确、定位准确合理、内容科学系统、特色优势明显、形式新颖灵活的精品教材。要通过编写教材,为提高教学的科学性、规范性提供重要依据和支撑。三是抓师资,提高教学水平。要从造就马克思主义理论家、教育家的高度，充分发挥学院的优势，不拘一格吸引、培养和使用人才，逐步建立起一支政治强、业务精、作风正、水平高的兼专职教师队伍。

为"两手抓"、"双胜利"
提供坚强组织保证[*]

（2003 年 7 月 1 日）

面对非典疫情,党中央总揽全局,科学决策,沉着应对,作出了一手抓防治非典这件大事不放松、一手抓经济建设这个中心不动摇的战略决策,对于夺取抗击非典斗争全面胜利、促进经济社会协调发展、解决经济社会生活中的突出矛盾和问题都具有十分重要的意义,为做好党和国家当前各项工作指明了方向。组织路线是为党的政治路线服务的。万众一心抗非典,迎难而上促发展是当前全党的中心任务,也是当前最大的政治。为"两手抓"、"双胜利"提供坚强的组织保证,是组织部门义不容辞的责任。我们要围绕党和国家工作大局,把组织工作落实到坚持"两手抓"的生动实践中去,体现到夺取"双胜利"的实际效果上来。

进一步加强领导班子建设,充分发挥各级党组织的领导核心作用。在非典疫情的严峻考验面前,各级领导班子和领导干部从总体上说表现是好的,是有战斗力的。但也暴露了一些问题,主要是有的干部政治敏锐性不强,思想麻痹,缺乏

---

* 这是贺国强同志在 2003 年第 13 期《求是》杂志发表的署名文章的一部分。

危机意识和忧患意识;有的应变能力不强,知识水平不够,实践经验较少;有的责任感不强,作风不实,形式主义、官僚主义作风仍然存在;等等。我们要切实加强思想建设、组织建设和作风建设,有针对性地解决这些突出问题,不断提高领导班子建设水平。各级组织部门要坚持在"两手抓"的实践中考察、识别和锻炼干部,特别是要注重了解领导班子和领导干部四个方面的情况:一是政治意识、大局意识强不强,思想上、政治上、行动上是否与党中央保持高度一致,贯彻"两手抓"方针是否坚决;二是立党为公、执政为民的观念牢不牢,是否把人民群众的身体健康和生命安全放在首位,把不断提高人民的生活水平作为发展经济的根本出发点,真正做到权为民所用,情为民所系,利为民所谋;三是领导水平、工作水平高不高,是否具有较强的驾驭复杂局势、应对突发事件的能力,做到临危不乱,沉着果断,从容应对;四是思想作风、工作作风好不好,关键时刻能否坚守岗位,保持良好的精神状态,不畏风险、迎难而上,深入一线、靠前指挥,周密部署、狠抓落实。对在防治非典和促进经济发展中表现突出、作出突出贡献的,要及时表彰;对工作不力,甚至失职渎职、畏惧退缩的,有的要果断进行组织调整,有的要按有关党纪和政策法规进行严肃处理。同时,要在防治非典和促进经济发展中考验和锻炼干部,特别是年轻干部,使他们砥砺品格,增长才干。要及时发现和大胆起用那些有忧患意识、有远见卓识、有实事求是勇气、有应对突发事件能力的优秀干部,进一步优化领导班子结构,提高整体素质,增强战斗力。

进一步加强人才队伍建设,充分发挥各级各类人才的关键作用。防治非典和促进经济发展,既要群策群力,又要依靠科学、依靠人才。人才是最宝贵的资源,人才问题是关系到党和国家事业发展的关键问题。充分发挥各级各类人才的作用,对于我们夺取"双胜利"至关重要。在抗击非典的斗争中,我国医药科研工作者和广大医务工作者发挥了重要作用,作出了突出贡献,显示了科学和人才的巨大力量。当前,各级组织部门要在党委、政府的领导下,与有关部门密切配合,积极组织卫生、教育、科技等方面的专家和技术人员,集中优势力量,加快科技攻关,在关键项目、关键手段上取得突破性进展;要充分听取专家的意见,发挥专家组的作用,坚持科学决策、科学预防、科学救治,坚决打赢抗击非典这场硬仗;要关心战斗在防治非典斗争前线的科研人员和医务人员的健康和生活,帮助他们解决实际困难。同时,要组织和引导各类人才积极投身经济建设,更好地发挥他们作为先进生产力开拓者的重要作用。

进一步加强基层党建工作,充分发挥基层党组织的战斗堡垒作用和党员的先锋模范作用。党的基层组织是党的全部工作和战斗力的基础,是抗击非典的铜墙铁壁,是促进发展的坚强堡垒。各级党委及其组织部门要抓住防治非典和促进经济发展这个契机,采取有效措施,不断增强党组织的创造力凝聚力战斗力,进一步树立共产党员的良好形象。医疗卫生战线的基层组织处于同非典斗争的最前线,要团结带领广大共产党员和医务工作者,发扬救死扶伤、无私奉献的崇高精神,积极做好救治工作。街道社区是城市工作的基础,在地区性、社会性、公益性工作中具有明显的优势。要建立以社区党组织为核心的疫情防控领导机制,把社区内各方面的力量动员起来、整合起来,加强群防群控,把党和政府防治非典工作的各项措施落到实处。农村、企业、机关和学校、科研院所、文化团体等事业单位的基层党组织,要认真做好抗击非典和促进发展的各项工作,充分发挥战斗堡垒作用。各级组织部门要认真总结、大力宣传在防治非典和促进经济发展中涌现出来的先进基层党组织和优秀共产党员的事迹,组织和引导基层党组织充分发挥党的政治优势和群众工作优势,从实际出发做好工作、发挥作用;教育和引导广大党员以先进模范人物为榜样,坚守岗位,尽职尽责,奋力拼搏,无私奉献。要注意在防治非典和促进经济发展中,及时把那些优秀分子吸收到党组织中来,不断为党的肌体注入新鲜血液,不断增强党在全社会的影响力和凝聚力。

组工干部要树立公道正派的形象[*]

（2003 年 7 月 3 日）

组织工作的对象是党员、干部，是做人的工作的。从这个角度讲，我们的工作能不能做好，既要看业务水平如何，更主要的是看是不是公道正派。我认为，除了业务素质的要求外，要把公道正派作为组工干部职业道德和组织部门自身建设的核心内容，响亮地提出来，贯彻到组织部门自身建设的各个方面。这个建议得到了各方面的广泛赞同。中组部部务会决定，先在中组部机关，继而在全国组织系统，开展以公道正派为主要内容的"树组工干部形象"集中学习教育活动。

以公道正派为主要内容的"树组工干部形象"集中学习教育活动，是把组织部门建设成为学习实践"三个代表"重要思想表率部门的一项有力措施。公道正派是一种思想作风，也是一种人格力量。对共产党人来说，则是一种政治品质，是党性的重要体现。对组织部门和组工干部来说，它是立身之本、为人之道、处事之基，是组织工作的"生命线"。公道正派既是一种道德情操和思想境界，又是一项基本的行为准则和

---

* 这是贺国强同志在全国组织系统兴起学习贯彻"三个代表"重要思想新高潮、开展"树组工干部形象"集中学习教育活动电视电话会议上讲话的一部分。

工作要求;既具有很强的现实针对性,又是组织部门加强自身建设的永恒主题。组织部门实践"三个代表"重要思想,一个很重要的方面,就是要坚持公道正派的原则,增强公道正派的意识,树立公道正派的形象。为什么这么说呢?

第一,这是由党的根本宗旨和执政的根本要求决定的。全心全意为人民服务,是我们党的根本宗旨;贯彻"三个代表"重要思想,本质在坚持立党为公、执政为民。党管干部是党执政的重要内容,其实质就是代表人民管理干部。只有坚持公道正派的原则,才能为党和人民把好选人用人关。

第二,这是由组织部门的职能特点决定的。组织部门担负着管干部、管党员、管人才的重要职责。用群众的话说,组工干部是"管干部的干部"、"管党员的党员"。只有坚持公道正派,才能更好地履行职责;才能把人选准选好,树立正确的用人导向;才能把基层党组织和党员队伍管理好、建设好。否则,就是失职,就会失去人心,社会也有可能因此失去公平和正义。

第三,这是由继承和发扬组织部门的优良传统和作风的必然要求所决定的。公道正派,是组织部门的优良传统,也是党中央对我们的一贯要求。毛泽东同志曾经指出:"在干部政策问题上坚持正派的公道的作风,反对不正派的不公道的作风,借以巩固党的统一团结"。[1] 邓小平同志强调:"政治机关的干部,特别是管干部的干部,要很公道,很正派"。[2]

---

〔1〕《毛泽东选集》第2卷,人民出版社1991年版,第527页。
〔2〕《邓小平文选》第2卷,人民出版社1994年版,第22页。

江泽民同志要求,组织部门要树立公道正派、清正廉洁的新形象。胡锦涛同志指出:要切实加强组织部门的自身建设,继续发扬组织部门的优良传统和作风,坚决抵制各种腐朽思想和不良风气的侵蚀,把组织部门建设成为党性最强、作风最正、工作出色的部门。长期以来,各级组织部门和广大组工干部认真落实这些要求,使公道正派成为组工干部形象最鲜明的特点。在新的历史条件下,这个优良传统决不能丢。

第四,这是由组织部门和组工干部队伍的现状所决定的。当前,各级组织部门在坚持公道正派方面总体上是好的,绝大多数同志做得是好的。但也必须看到,在有些同志身上还存在种种不符合公道正派要求的现象,有的甚至还比较严重。比如,有的口大气粗,盛气凌人;有的利用职权为自己和亲属、朋友谋取特殊利益;有的组织纪律观念不强,在考察、推荐干部中夹杂个人感情;等等。一些地方出现的用人失察、失误,甚至跑官、要官、买官、卖官等不正之风和腐败现象,原因是多方面的,其中有一些与少数组工干部不公道不正派直接有关。解决组工干部在公道正派方面存在的问题,有效抵制和防止用人上的不正之风,必须坚持正面引导、自我教育,树立组织部门和组工干部公道正派的良好形象。

开展以公道正派为主要内容的"树组工干部形象"集中学习教育活动,要正确把握公道正派的具体内涵。结合中央组织部机关三个月的集中学习教育活动的实践,我将公道正派的内涵概括为"对己清正、对人公正、对内严格、对外平等"四句话,也就是从四个方面提出要求,把公道正派形象具体化。一是对己清正,就是政治上清醒、坚定,思想上坦荡、磊落,作风上清正、廉洁,堂堂正正做人,规规矩矩做事,清清白白做"官";二是对人公正,就是客观公正地考察、评价和使用干部,公道合理地了解、看待和处理问题,处人处事都要出以公心,坚持原则,实事求是,敢讲真话,主持正义;三是对内严格,就是坚持从严治部,严格要求、严格管理、严肃纪律,严把"入口关"、畅通"出口关";四是对外平等,就是胸襟开阔,海纳百川,谦虚谨慎,平等待人,用组工干部特有的人格魅力增强"党员之家、干部之家、知识分子之家"的凝聚力和亲和力。

开展以公道正派为主要内容的"树组工干部形象"集中学习教育活动,必须在四个方面下功夫。一是在深入学习上下功夫。形象是素质的外在表现。树立公道正派的良好形象,必须坚持内强素质,把学习放在首位,打牢坚实的思想基础,增强自我教育的自觉性,努力提高做好组织工作的政策水平、知识水平和工作水平。二是在联系实际上下功夫。广大组工干部要根据岗位职责和要求,联系个人的思想和工作实际,查找差距和不足,制定改进措施。通过这项活动,促进突出问题的解决,促进组织部门作风的进一步转变,促进业务工作的发展。三是在开拓创新上下功夫。既要大力弘扬我们在作风建设特别是坚持公道正派方面的好传统、好做法、好经验,更要坚持与时俱进,开拓创新,不断赋予公道正派以新的时代内涵,积极探索新世纪新阶段组织部门加强自身建设、树立公道正派新形象的方法、载体和途径。四是在建章立制上下功夫。集中学习教育活动成果怎么体现和检验?一方面,要通过活动的开展,使干部受到教育;另一方面,更为关键的是要建立和完善一套保持公道正派形象的制度和规范,纳入日常管理,使之制度化、经常化。总之,开展这项活动,我们要达到三个目的:一是使广大组工干部思想上受到教育,真正把公道正派的理念牢固地树立在心中;二是紧密联系实际,切实解决一些突出问题;三是建章立制,推进规范化、制度化建设,建立起保持公道正派的长效机制。

"一把手"要带好队伍、
敢于负责、当好表率[*]

（2003 年 9 月 12 日）

　　"一把手"在一个领导班子中,处于核心地位,负有全面责任,起着示范和导向作用。一个地方、部门和单位的工作情况如何,领导班子思想政治状况怎样,同"一把手"关系很大。因此,加强领导班子建设,抓"一把手"是关键。中央历来十分重视"一把手"的选拔、培养和监督,在这方面提出过许多要求。这里,我着重强调三点。

　　一是要抓班子、带队伍。"一把手"的主要职责是出主意、用干部。在加强领导班子建设工作中,"一把手"具有双重任务:一方面,要努力提高自身思想政治素质,真正做到理论清醒、政治坚定、作风过硬;另一方面,要抓好班子成员和干部队伍思想政治建设,带出一个政治上坚强有力的好班子,带出一支政治上合格的好队伍。作为"班长",如果工作几年下来,带不出一个好班子,带不出一支好队伍,那就没有尽到责任。因此,"一把手"一定要增强抓班子、带队伍的意识,努力

＊　这是贺国强同志在省区市领导班子思想政治建设座谈会上讲话的一部分。这个座谈会是中央组织部在上海市召开的。

提高抓班子、带队伍的本领。要以坚强的党性、良好的作风、规范的制度和人格的魅力抓班子带队伍,要从思想建设、组织建设、作风建设、制度建设等各方面,真正把领导班子和干部队伍建设好。

二是要切实负起责任。领导就意味着责任,"一把手"意味着全面的责任。作为"一把手",一定要有肩负重任、身受重托的光荣感,有奋发进取、为民造福的使命感,真正做到守土有责、恪尽职守,切实履行好党和人民赋予的领导责任,让中央放心,让群众满意。要把对上负责与对下负责统一起来,认真贯彻执行中央的路线方针政策,结合实际创造性地开展工作,切实做到"兴一方经济,富一方百姓,保一方平安"。要把对全局工作负责与对具体工作承担责任结合起来,既要对一个地方的改革发展稳定负起重大责任,也要对班子思想政治建设中存在的问题敢抓敢管,对班子内部、干部队伍以及实际工作中出现的问题和失误勇于承担领导责任,决不能回避问题,逃避矛盾,更不能揽功诿过,推卸责任。

三是要以身作则、当好表率。作为"一把手",一定要时时处处严格要求自己,在各方面起表率带头作用。要自觉学习,联系实际,学以致用,作学习的表率;要求真务实,开拓创新,埋头实干,作勤奋工作的表率;要坚持贯彻执行民主集中制,胸襟开阔,光明磊落,作团结的表率;要密切联系群众,谦虚谨慎,艰苦奋斗,作发扬优良传统的表率;要加强党性锻炼,努力改造主观世界,严于律己,作清正廉洁的表率。要始终保持共产党人的蓬勃朝气、昂扬锐气、浩然正气,以主要领导干部应有的精神和风范来影响和带动班子成员,影响和带动党员干部,影响和带动人民群众,共同推进各项事业。

正确理解和把握"党管人才"原则[*]

（2003 年 11 月 7 日）

　　"党管人才"原则是我们党适应全面建设小康社会、建立和完善社会主义市场经济体制的新形势，实施人才强国战略，改进和完善党的领导方式、执政方式，提高党的执政能力作出的重大决策，是"党管干部"原则在新的历史条件下的深化和发展。"党管人才"主要是管宏观、管政策、管协调、管服务，充分发挥党的思想政治优势、组织优势和群众工作优势，动员和组织全社会力量，统筹规划，突出重点，创新机制，优化环境，使人才工作呈现出生机和活力。

＊　这是贺国强同志在中央党的建设工作领导小组秘书组《党建要报》上的批语。

市长要当好城市的"雕塑家"*

（2003 年 11 月 30 日）

　　大规模培训干部，不断提高干部队伍素质，是党中央作出的重大战略决策，是提高党的执政能力的重要举措，是建设学习型政党、学习型社会的客观要求，也是全面建设小康社会的重要保证。市长培训是全国干部培训工作的重要组成部分，党中央、国务院一直高度重视。这些年来，有关部门密切配合，通力协作，使市长研究班办出了自己的特色，取得了很大的成绩。我们要认真总结市长培训工作的成功经验，切实把这项工作做得更好、更有成效。

　　我曾经在地方工作过多年，对城市工作很有感情，也有一些切身的感受和体会。对于一个城市的市长来说，工作任务很多、头绪很多。今天，我想借这个机会，主要就城市的规划、建设、管理工作谈点认识和体会，与大家一起讨论交流。

　　城市在一个国家或地区经济社会发展中发挥着举足轻重的作用。而规划、建设、管理好城市是城市经济和社会发展的重要内容和基础。可以说，一个城市的规划、建设、管理水平，

---

* 这是贺国强同志在中央组织部会同有关部门组织的大城市市长城市规划专题研究班座谈会上讲话的一部分。

是这个城市物质文明、精神文明、政治文明建设的象征,是这个城市所在地区综合实力的反映,是这个城市投资环境优劣的"窗口",是市民生活水平和素质高低的标志,也是这个城市的管理者特别是市长领导水平和领导艺术高低的体现。一个城市的规划、建设和管理工作能不能搞好,市长的责任很重。可以说,市长就是城市的"雕塑家",城市就是市长的作品。作为市长,必须不断深化对做好城市规划、建设、管理工作重要性和规律的认识,高度重视并切实抓好城市的规划、建设和管理工作。

第一,城市规划要体现科学性、超前性和权威性。城市规划是政府指导、调控城市建设和发展的基本手段,是建设和管理城市的基本依据。它作为政府重要的公共行政职能和公共政策指导,对于合理利用土地和空间资源,优化城镇布局,改善生产生活环境,传播和发展先进文化,促进经济发展等方面,发挥着重要的作用。编制城市规划要高标准、严要求。要树立系统观念,对整个城市的发展规模、方向和功能分布,产业结构的调整和优化,各种资源的利用和配置,要统筹考虑,合理布局,以体现规划的科学性;要立足当前,着眼长远,既要解决现实问题,又要充分估计未来的发展要求,保持城市建设的可持续发展,经得起历史的检验,以体现规划的超前性;经过法定程序批准后的规划具有法律效力,不能随便改动,不能因为政府换届或领导人调动而随意变更,要树立一届接着一届干的观念,以体现规划的权威性。我觉得,这"三性"是城市规划最主要的特点。现在城市规划工作中存在这样或那样的问题,其实就是在"三性"上出了问题,因此我们在规划工作中要不断加深对"三性"的认识,遵循"三性"的基本要求。

在编制城市规划时,我觉得还要特别注意把握好以下两点:

一是坚持从实际出发,突出城市个性和特色,避免城市形态雷同化。城市个性和特色的形成有赖于城市本身特定的历史、文化、风土人情,有赖于特定的自然条件和资源。每一个城市都有自己特有的个性,要注意充分利用和挖掘,善于用个性化来表现现代化,从而打造出富有特色和魅力的现代城市形态。比如我工作过的重庆,历来以"山城"、"江城"著称于世,又是一个错落有致、起伏较大的组团式结构城市,城在山中,水在城里,依山傍水,山水相连,这样的城市特点在中国众多大城市中是不多见的。因此,在规划中这样的特色一定不能淡化。我在重庆工作时就要求,重庆的城市建设一定要"显山露水",要有鲜明的立体感和层次感,把重庆建设成为山水园林城市。城市规划中切忌"千城一面",使外来客不知身处何方的城市,肯定是城市规划建设的败笔。

二是努力提高科学决策水平。城市规划是一门科学,市长不可能都是这方面的专家,这就需要我们一方面平时多学习,比如通过参加各种形式的专题研究班,努力掌握城市规划方面的基本知识;另一方面,要善于借助"外脑",聘请高层次的专家和有丰富实践经验的行家参与其中,在深入细致调查论证的基础上,确定科学的规划方案。我在重庆工作期间,兼任的市非常设机构领导职务只有两个,其中一个就是市规划委员会主任,市长任第一副主任。市规划委员会主要是对重庆市规划工作中的重要方案、重大问题进行集体研究、民主审议、科学决策,保证规划工作的科学性、超前性、权威性和集中统一管理。规委会下设两个专家委员会,集中了重庆市城市规划、设计、建筑、美术等多个领域的一批专家,并聘任了一些国内和国(境)外的专家,对重庆市的有关规划方案进行评审论证后提交规委会和市政府决策。我觉得通过这样的方式,组织专家参与城市规划方案制订,效果很好。此外,有些重大规划方案还可进行国内外招标。提高决策水平,还要坚持走群众路线,对群众关注的城市规划设计方案,要向社会公布,广泛征求和听取群众意见,使规划方案合理、适用、科学,使城市规划得到群众的理解和支持。

第二,切实抓好城市建设这一关键环节。规划方案制订后,如何付诸实施,要靠建设这个环节。城市建设总的要求是必须从实际出发,讲求实效,量力而行,有些项目规划方案制订后,如果建设条件不成熟,可以放一放,待条件成熟后再动工建设,决不能超出承受能力盲目上项目,劳民伤财。作为市长,一定要端正城市建设指导思想,审慎行使手中的权力。

关于城市建设,我想强调以下四点:

一是要认真实施"工期、质量、投资"三大控制。这是城市建设的一条重要经验。所谓工期控制,就是按合理的工期组织建设,确保按期完成。工期如果一拖再拖,不仅会加大成本,而且会因为市场变化导致预期效益受到影响。所谓质量控制,就是要确保工程质量。"百年大计,质量第一",要"严"字当头,坚决防止"豆腐渣"工程。城市建设本身是为民办好事,如果工程质量出了问题,最后变成了扰民工程、害民工程,那就无法向人民群众交代。所谓投资控制,就是要严格投资概算。资金是有限的,决不能敞开口子花钱。要确保这"三大控制",除了项目本身和外部条件外,更重要的是要选好项目法人和建设单位。选项目法人和建设单位,无论是内资还是外资,都要进行资质审查,并进行招投标,有些项目还可进行国际招投标。

二是要多渠道筹措建设资金。建设资金问题恐怕是当市长的最发愁的问题了。搞城市建设单靠财政投资显然是不现实的。要不断深化投融资体制改革,努力拓展投融资渠道。要积极探索和利用新的金融工具和融资方式,积极在政府投资中引入市场竞争机制;要进一步建立和完善资本市场,通过资本市场尤其是通过上市融资;要进一步放宽投资准入条件,广泛引导社会资本和民间资本的投入;要加大招商引资力度,吸引更多的国内外资金投入城市建设项目;要树立"不求所有,但求所在,更求所用"的观念,努力盘活现有存量,通过资产重组筹集资金。

三是要十分珍惜并用好土地资源。土地是不可再生的宝贵资源。当前城市建设中的一个突出问题,就是用地混乱。比如,有的地方突破城市总体规划规定的建设用地范围,随意扩大用地规模,低价出让国有土地,造成国有资产大量流失;有的地方乱办开发区,大量圈占土地,围而不用,造成土地浪费;有的地方不顾农民的长远生计,大量征用农民耕地,强制拆迁,造成大批农民失去土地,产生社会矛盾,影响社会安定,等等。对这些问题,党中央、国务院高度重视,已采取了一系列有力措施,作为市长必须坚决贯彻执行。其实,城市建设与用地在一定程度上是一对矛盾,这就需要我们妥善处理好二者之间的关系。一方面要高度集中土地审批权,严格控制土地供应总量;另一方面要优化用地结构和城市布局,提高资源利用率,注重保护和改善生态环境和人文环境。

四是要充分发动和依靠群众搞好城市建设。做好群众工作,充分发动和依靠群众,是我们党的宝贵经验。城市建设项目大多在城区施工,难度大,尤其要做好群众工作。工程建设要和解决群众反映强烈的问题结合起来,要先解决群众反映强烈的问题。具体建设方案实施前,要做好宣传工作,让群众知晓,并关心、支持工程建设。凡是与群众利益密切相关的问题,特别是涉及群众切身利益的拆迁问题,一定要高度重视,妥善处理,切实保障群众的合法权益。要通过城市建设工作,进一步激发起广大人民群众"建我城市、兴我城市、爱我城市"的热情,并把这种热情转化为不断推进现代化建设的强大动力。

第三,要把城市管理放在更加突出的位置。随着我国工业化、现代化水平的提高,城镇化已经进入快速发展的新阶段。城镇化的快速推进,使城市的科学管理显得尤为迫切。应该说,我国城市的"硬件"与发达国家的城市相比,的确存在一定的差距,但"软件"的差距更大。我们在重视"硬件"建设的同时,一定要高度重视"软件"建设,提升城市的管理水平和文明程度。作为市长,在这方面要狠下功夫。

加强城市管理,一要靠科学,注意吸收现代科技成果,提高管理的科学化水平;二要加强法制建设,要建章立制,将城市管理纳入法制化轨道;三要加强思想道德教育,注重提高市民的素质,发动群众参与城市管理,做到专业管理与群众管理相结合;四要落实责任,管理责任不仅仅是哪一个部门的,而是全社会的,条条、块块都有责任,特别是要把责任落实到块块,落实到基层,落实到社区。

对年轻干部要热情关心、
严格要求、放手使用*

（2003 年 12 月 10 日）

　　青年代表党和国家的未来。从年龄来讲，我们所说的年轻干部大多在 30 岁到 40 岁之间，有的只有 20 多岁。从现在起到未来 20 年，正是大家大显身手的时候，也是发挥重要作用的阶段。我们要抓住本世纪头 20 年的重要战略机遇期，实现全面建设小康社会目标，关键在年轻人。因此，我们培养干部，一定要有超前眼光，要立足于党和国家事业长远发展，着眼未来 5 年到 10 年、甚至 10 年到 20 年来培养干部，这就需要我们更好地重视年轻干部的成长，更加注重发挥年轻干部的作用，把这项工作作为一项长远的、战略性的任务来抓好。

　　一方面，要满腔热情地关心年轻干部的成长。一批年轻干部经过多年工作的锻炼和考验，各方面都比较成熟了，对他们应该大胆放手使用。有的可以放到重要的岗位压担子，特别是到一些困难大、责任重、富有挑战性的岗位经受锻炼。要建立一套良好的年轻干部选拔机制，使用干部要讲规范、看干部本人的条件，这是应该的，但与此同时，怎样破除论资排辈、

＊　这是贺国强同志在中央组织部机关青年干部座谈会上讲话的一部分。

求全责备等陈旧观念和做法,使优秀年轻干部脱颖而出,也要很好地研究。如非领导职务,无形中给优秀干部成长增加了台阶,是不是以后也不一定要把担任过非领导职务作为晋升同职级领导职务的必备条件。有的同志综合素质好,能力强,能带班子、带队伍,就可以直接担任领导职务,不一定非要先任非领导职务。有的同志勤勤恳恳、兢兢业业,自己工作做得不错,但带班子不是长项,就可以走非领导职务这个渠道。

要为年轻干部的成长创造良好条件。年轻干部的成长,既靠自身努力,同时环境也很重要,一个单位风气好、相互关系融洽,不仅大家工作愉快,也有利于干部成长。我们强调团结问题,就是因为团结出生产力、战斗力和凝聚力,团结也出干部。机关要建立谈心制度,注重人文关怀和心理疏导,及时了解年轻干部的思想动态。这项工作机关党委要做,但更多的责任要落实到机关各单位,因为各单位领导和年轻干部朝夕相处,要多关心培养、多做思想工作。

要为年轻干部排忧解难。相对而言,年轻干部的困难更多一些。他们上有老、下有小,生活负担重,又正是单位工作的主力,经常加班加点,工作压力比较大。但因为工龄短,职务不高,有的政策照顾不到年轻干部身上,这就需要想办法力所能及地帮助年轻干部解决困难。在这方面,我们自己年轻时有切身体会,现在也要设身处地替年轻人着想。据我所知,年轻干部比较大的困难:一是住房紧。安居才能乐业。要调查一下有多少年轻干部没房,研究一下怎么解决。二是加班加点多。关于这个问题,要科学合理安排好工作,尽量减少加班。要从领导做起,尽量晚上、双休日不集体加班,尽可能让大家多和家人在一起。总之,要尽量帮助年轻同志解决实际困难,解除他们的后顾之忧,为他们健康成长创造好的环境和条件。

另一方面,对年轻干部要严格要求。这是一个问题的两个方面,严格要求本身也是一种关心爱护。年轻干部自身要更好地成长进步,我感到有几条很关键。

要增强使命感。年轻干部要把自身所从事的工作与时代结合起来,与党和国家的事业结合起来,与所在机关和单位承担的各项任务结合起来,从而更加清醒地认识到自己的责任。与时代结合,就要准确把握国际国内形势,有时代感,站在时代的潮头。与党和国家的事业结合,就是要加深对本世纪头20年战略机遇期和全面建设小康社会目标的理解。与所在机关和单位的各项工作任务结合,就是要珍惜在中组部工作的机会和社会上对我们的信任,增强荣誉感和自豪感。正如有的年轻同志所说,没到中央组织部前,感到很神秘,觉得权力很大,来了后感觉不是那么回事,有的还曾有过失落感,但工作一段后感到在部里工作很光荣。因为我们是中央的一个部门,是代中央管干部、管党员、管人才的部门,在这里工作有荣誉感和自豪感,这是任何东西代替不了的。

要牢固树立正确的世界观、人生观、价值观,加强党性锻炼。年轻干部的优点是文化水平高、接受新事物快,但经历比较单一,缺乏严格的党性锻炼。今后,要把树立正确的世界观、人生观、价值观和加强党性锻炼放到首要位置,通过严格的党内生活和艰苦的工作磨炼,使大家进一步增强党性修养、坚定理想信念。

要夯实基本功。现在认真做好本职工作、不断提高自身素质,既是当前的需要,也是为将来成长打基础。基础打好了,个人将来的长远发展才会有潜力和后劲。我们所说的打好基础,一是要夯实理论基础。要下决心学好政治理论,如党的路线方针政策、党的建设知识等,对组织部门干部来说,这是首要的。二是要扩大知识面。首先是要掌握干好本职工作需要的知识,同时要掌握其他知识,只有这样,工作起来才会更加得心应手。三是要提高业务能力。这是最重要的基本功,包括提高解决实际问题的能力、处理复杂事情的能力等。

要重视实践锻炼。要加强干部交流轮岗、挂职锻炼等工作,使年轻同志在实践中进一步丰富阅历、增长才干。一方面,组织上要创造条件,使大家有机会去锻炼。正如许多年轻同志反映的,到不到基层锻炼大不一样。今后机关有关部门要摸摸底,凡是没有基层工作经历的年轻干部,要有计划地选派出去锻炼。另一方面,实践锻炼还在于自身努力,大家平时都要注意调查研究,注意加强学习,注意向有实践经验的同志请教,在自我学习、自我反省、自我总结、自我感悟中不断实现自我提高。

要解放思想,开拓创新。年轻干部的最大优势就是思想敏锐,敢提新思路、新见解。希望大家发扬优势,大胆创新。要在自己的工作中体现创新,同时也可以利用各种形式向组织和领导提出改进工作的意见和建议。

要发扬"两个务必",克服心浮气躁,扎实做好工作。在作风方面,年轻干部大多数是好的,但也有一些人心浮气躁,没提拔之前想方设法跑官要官,提拔后一心经营自己的"安乐窝"，过两三年又想提拔，或调整到条件好的单位去。当前，有的地方基层存在党政"一把手"调动过于频繁、平均任职年限过短的问题，这怎么行呢？有的干部搞形式主义，虚报浮夸，社会反响强烈。这些问题都要下大气力解决，也需要我们年轻同志引以为戒。大家要保持一颗平常心，首先要把本职工作干好。大家追求进步的愿望是好的，但更要树立在一个岗位踏实干、要干就干好的想法。组织上评价一个干部，很重要的一点就是看能否把本职工作干好。

组织部门要了解网络动态、提高工作透明度[*]

（2004 年 1 月 29 日）

现在是信息社会，很多思想动态都可以通过网络反映出来。我们开展工作，要关注社情民意，包括关注网络的动态及其对社会情绪的影响。最近，中央领导同志讲，国际上的大事、敏感事会影响到国内，国内的敏感问题被国际国内一炒作反过来也会影响到国内。在互联网快速发展的情况下，一些敏感事项在网络上传播很快。所以，我们一定要保持清醒头脑，增强政治敏感性，密切关注网络动态，并进行跟踪分析，防止炒作成热点。今天上午，我到办公厅了解这方面工作的情况，他们做了不少工作，但现在只有一个人每天用两个小时时间进行网上搜索，力量和时间都还不够。下一步，要增加力量，成立一个小组，专门负责。既要每天及时搜索各种情况反映，又要对大量情况进行综合分析、研究，特别是对中央一些大政方针的反映，对中组部开展的重点工作的反映，要特别关注、随时了解群众是支持、还是反对，有什么不同意见，有哪些好的建议和带有倾向性的看法，等等。对与组织工作相关的

＊　这是贺国强同志在中央组织部部务会务虚会上讲话的一部分。

一些问题,要加强分析,超前考虑,正确引导,防止炒作成热点。我们要善于运用好互联网,通过网民动态来了解社情民意。收集的网上信息不作为文件和刊物内容,不随意扩散,只是作为帮助部领导掌握社情民意的工具和渠道。办公厅要有专人负责这项工作,及时报送。

现在,社会上对组织工作都很关注,我们要尽量提高工作透明度,破除组织工作的神秘感。今后,凡是经过部务会集体研究决定,或经中央批准的事项,只要不涉及保密的,都要及时通过媒体向社会公布。部里要有专人负责新闻发布。凡是部里的一些大的工作部署,特别是群众关注的问题,只要我们有了明确的意见,不涉及保密范围,就可以公开发布。同时,该保密的要严格保密。有些文件还是要先党内、后党外。

把培养高层次人才作为
人才队伍建设的重点[*]

（2004 年 2 月 4 日）

　　中高级领导干部、优秀企业家和各领域高级专家等高层次人才，是我国人才队伍建设的重点。高层次人才队伍的关键作用，不仅体现在对经济发展和社会进步的直接贡献上，而且体现在对整个人才队伍建设具有重要的示范和带动作用上。高层次人才作为本部门、本领域的领军人物和将帅之才，是其他人才的发现者、培养者、使用者。古人讲：千军易得，一将难求。而往往求"一将"可得"千军"。培养用好了一个高层次人才，就可以带动一个人才群体；培养造就各级各类高层次人才，就可以带动整个人才队伍建设。高层次人才的使用情况，也会在全党、全社会产生很强的影响力和示范作用，大力培养使用高层次人才，使他们创业有机会，干事有舞台，发展有空间，社会有地位，能够在全社会形成一种积极的导向，激发广大干部群众以高层次人才为榜样，人人追求进步，个个竞相成才，把各类优秀人才集聚到党和国家的各项事业中来。

---

*　这是贺国强同志在贯彻落实全国人才工作会议精神座谈会上讲话的一部分。

　　长期以来,我国在人才队伍建设方面做了大量卓有成效的工作,培养造就了各个领域的大批优秀人才,为推动社会主义现代化建设事业发挥了重要作用。但与新形势新任务的要求相比,我国的人才队伍状况还存在着一些不相适应的地方,其中一个主要问题就是现代化建设急需的高层次、高技能和复合型人才短缺。在新的历史条件下,只有培养造就一批忠诚实践党的路线方针政策、善于治党治国治军的中高级领导干部,才能不断增强党的执政能力,不断把我国的社会主义现代化建设事业推向前进;只有培养造就一批熟悉国际国内市场、具有国际先进经营管理水平的优秀企业家,才能不断发展具有国际竞争力的大公司、大企业集团,在更大范围、更广领域和更高层次上参与国际经济技术合作和竞争,不断增强我国的经济实力;只有培养造就一批具有世界前沿水平的高级专家,才能应对科技进步日新月异的挑战,不断创造出令世人瞩目的科技成果,在日益激烈的科学技术竞争和综合国力竞争中取得主动。因此,我们一定要从党和国家事业长远发展的战略全局出发,切实把高层次人才队伍建设作为当前和今后一个时期人才工作一项重大而紧迫的任务摆上日程,以高层次人才队伍建设带动整个人才队伍建设,努力提高我国人才队伍的整体水平。

　　要加强宏观指导,启动和实施高层次人才培养工程。高层次人才队伍建设工作涉及面广、系统性强,做好这项工作,必须搞好总体谋划,加强宏观指导。各地区各部门要结合实际,研究制定各个领域高层次人才队伍建设的中长期规划,并抓紧出台相关的政策措施,及时指导工作。在实施过程中,要注意搞好分类指导和综合协调,保证各项规划和措施的落实。

在加强宏观指导的基础上,要抓紧组织实施各具特色的高层次人才培养工程。近年来,中央有关部门根据事业发展的需要及各类人才成长的特点,制定了各具特色的高层次人才培养计划和工程,有的已经实施,有的正准备实施。比如,中央组织部制定实施了《2001年—2005年全国干部教育培训规划》,对各级党政领导干部开展大规模培训,还会同有关部门开展了"博士服务团"、"西部之光"等人才培养计划;人事部等部门提出了"新世纪百千万人才工程";中央宣传部制定实施了"四个一批"的人才培养工程;中央统战部提出了加强新一代党外人士队伍建设的意见,建立了党外代表人物后备名单;教育部启动了"高层次创造性人才工程",实施了"长江学者奖励计划"等人才计划;科技部提出利用重点科技计划和重点科研基地,加强对学科带头人的培养;国务院国资委提出了加强中央企业人才队伍建设的意见和"555人才工程"实施方案;等等。对这些人才培养计划和专项工程,要在今后实践中进一步充实完善,切实抓出成效。同时要根据形势和任务的需要,启动一些新的专门人才培养工程。

要认真抓好省部级、地厅级后备干部的集中调整补充工作。在努力提高现有省部级、地厅级中高级领导干部素质的同时,要大力培养选拔中高级后备干部。经中央批准,中央组织部于去年第四季度着手进行省部级后备干部集中调整补充工作,并进行了考察工作试点。从今年3月份开始,将组织进行集中考察。这次考察将在总结过去经验的基础上,按照树立科学的发展观和人才观、正确的政绩观的要求,进一步改进考察方法,力求把后备干部选准选好。要通过这次调整补充,使中央掌握一批省部级后备干部。与此同时,各省区市和中央国家机关各部委要做好集中调整补充地厅级后备干部工作。

要大力加强国防科技高层次人才队伍建设。国防高科技人才队伍是我国高层次人才队伍极为重要的组成部分,这支队伍的状况如何,关系国家的发展与安全。近年来,军工系统大力推进国防高科技人才队伍建设,取得了明显成绩。但是,与面临的形势和任务相比,国防科技高层次人才短缺严重、后继乏人问题依然突出,这支队伍亟待加强。要组织专门力量,就加强国防高科技人才队伍建设问题进行专门研究,提出政策措施,切实把这支关系重大的人才队伍建设好。要着重培养造就能承担核心科研任务的高层次领军人才,切实解决好学科带头人的新老交替问题;要研究国防科研单位如何吸引和留住中青年人才,鼓励和吸引一流大学的毕业生从事国防科研事业,加快国防高层次人才培养的政策措施。要以此为契机,抓好国家重要人才安全工作,研究制定相关的政策措施,防止重要人才流失。

要切实发挥高校培养和积聚高层次人才的重要作用。高校是人才培养的摇篮、知识创新的重要基地和科技应用转化的推进器。在新形势下,如何更好地发挥高校培养人才、汇集人才的作用,加快培养高素质社会主义事业建设者和接班人,不断提高高校知识创新能力和科研水平,是当前我国人才工作中必须积极探索解决的一个重要问题。要围绕这个问题,就深化高等教育体制改革、调整学科和专业设置、加强师资队伍建设、创新人才培养模式等,进行专题研究,提出改进意见和办法,努力把这项工作大大向前推进一步。

要重视和加强高技能人才队伍建设。高技能人才是推动技术创新和实现科技成果转化不可或缺的重要力量。目前,我国高技能人才短缺,后继乏人。全国高级技工、技师仅占技术工人总量的 4% 左右,这与发达国家 20%—40% 的比例相差甚远。这个问题已经成为我国一些产业发展的一个制约因素,应尽快加以解决。要把高技能人才队伍建设作为一项重要的战略任务,纳入我国人才队伍建设的整体发展战略之中,摆上重要位置抓紧抓好,抓出成效。要推进国家高技能人才培训工程和技能振兴行动,通过学校教育培养、企业岗位培训、个人自学提高等方式,3 年培训 50 万名新技师,为高新技术产业发展提供人才支撑。

要加大吸引留学人员和海外高层次人才工作力度。要继续贯彻"支持留学、鼓励回国、来去自由"的方针,按照"拓宽留学渠道、吸引人才回国、支持创新创业、鼓励为国服务"的要求,鼓励留学人员以不同方式为祖国服务。要坚持以我为主、按需引进、突出重点、讲求实效的方针,积极引进海外高层次人才和智力。"筑巢引凤,水到渠成",要立足于把我们自己的事情办好,创造好的环境,提高对人才的吸引力。

要建立高层次人才库。中央组织部要直接掌握并联系一批优秀企业家和各类高级专家,人数大体控制在 3000 名左右(其中优秀企业家 1000 名左右,各类高级专家 2000 名左右)。各省区市和中央国家机关各部委也要直接掌握并联系一批本地区、本行业的优秀企业家和各类高级专家,人数可根据各地区、各部门实际确定,中央组织部要做好有关综合、汇总工作。要制定有关政策,在工作上、生活上为高层次人才提供保障,充分发挥他们的作用。

从党和国家事业长远发展的高度
重视后备干部队伍建设[*]

（2004 年 3 月 17 日）

后备干部队伍建设是领导班子和干部队伍建设的基础性工程，是关系党和国家工作全局，关系社会主义事业兴旺发达、后继有人的重要工作。我们党历来十分重视后备干部队伍建设，始终坚持把后备干部工作作为执政党建设的重要内容，作为关系到党的执政地位稳固和国家长治久安的战略大计，并在长期的革命、建设和改革实践中，不断深化认识，积累了丰富的经验。这次省部级后备干部集中补充调整工作，是党中央高瞻远瞩、审时度势，站在为实现全面建设小康社会宏伟目标提供坚强组织保证的战略高度作出的重要部署，必将对干部队伍建设产生深远的影响和积极的推动作用。我们要紧密联系全党全国工作大局，深刻认识进一步加强后备干部队伍建设的重要性和紧迫性，切实增强做好这次省部级后备干部集中补充调整工作的责任感和自觉性。

第一，进一步加强后备干部队伍建设，是实现全面建设小

---

[*] 这是贺国强同志在第一批省部级后备干部集中考察工作会议上讲话的一部分。

康社会宏伟目标的战略措施。全面建设小康社会,关键在党,关键在各级领导班子和领导干部。当今世界,人才资源已成为最重要的战略资源,人才在综合国力竞争中越来越具有决定性意义。一个国家、一个政党,能不能持续不断地培养造就各领域的优秀人才,特别是优秀的领导人才,在很大程度上决定着这个国家、这个政党的兴衰存亡。建设一支忠诚实践党的路线方针政策,能够担当重任、经得起风浪考验的领导干部队伍,特别是培养造就一大批善于治党治国治军的优秀领导人才,是党和国家长治久安的根本大计,也是我们正确应对国际风云变幻、抓住当前有利时机、夺取社会主义现代化建设新胜利的根本保证。加强领导班子和领导干部队伍建设,必须加强后备干部队伍建设。这是一项既立足当前、又面向长远的战略性任务。后备干部队伍是各级领导班子的重要来源,没有高素质的后备干部队伍,就没有高素质的领导干部队伍。后备干部工作在整个干部队伍建设中的基础性、战略性地位,决定了我们必须高度重视并切实抓好这项工作。

应该看到,本世纪头 20 年,既是全面建设小康社会、加快推进现代化的重要时期,又是培养造就大批优秀领导人才的关键时期,也是年轻干部锻炼成长、发挥作用的大好时期。全面建设小康社会的伟大事业,需要大批高素质的优秀领导干部。未来 10 年到 20 年内,对于现在 50 岁左右、40 多岁乃至 30 多岁的中青年干部来说,正是担当重任、大有作为的时期。这批干部文化程度较高、思想敏锐、事业心较强,在改革开放和现代化建设的实践中积累了相应的领导经验。只要我们切实加强后备干部队伍建设,从中培养选拔一批又一批德才兼备的优秀干部,及时补充到各级领导班子中来,就能够不断改善领导班子结构,增强领导班子的生机和活力,全面建设小康社会就会有坚实的组织保证和人才支撑。我们要着眼于今后10年、20年乃至更长一个时期的发展,来认识加强后备干部队伍建设的重要意义。

第二,进一步加强后备干部队伍建设,是提高党的执政能力、巩固党的执政地位的必然要求。各级领导干部是我们党执政的骨干。加强党的执政能力建设,巩固党的执政地位,要求我们既要高度重视、切实抓好各级领导班子建设,不断提高各级领导干部的思想政治素质和领导能力,又要高度重视、切实抓好后备干部队伍建设,源源不断地为各级领导班子输送优秀人才。早在上个世纪60年代,毛泽东同志就提出了培养千百万革命事业接班人的问题。邓小平同志曾经指出,要保证我们政策的连续性,就要解决组织路线问题,把接班人选拔培养好。这是一个战略问题,是关系到我们党和国家长远利益的大问题。我们说党的基本路线要管一百年,要长治久安,就要靠这一条。从上个世纪80年代初期开始,我们党探索建设干部队伍"第三梯队",逐步形成了培养选拔后备干部工作的一些新办法。江泽民同志一再强调,必须从事关党和国家前途命运的战略高度,深刻认识做好培养选拔年轻干部工作的极端重要性和紧迫性。他指出:"保证党和国家的各级领导权由忠诚于马克思主义的人来掌握,是一个至为重要的战略问题,直接关系到党和国家的盛衰兴亡。"[1]胡锦涛同志

---

〔1〕《江泽民文选》第1卷,人民出版社2006年版,第100页。

指出:"能否培养造就出可靠的接班人,是衡量一个政党成熟与否的重要标志。一个政党,如果不能从政治上正确地提出和解决问题,不能从组织上保证路线和政策的稳定性和连续性,就不能维护和加强它的执政地位。"[1]我们只有高度重视并切实抓好后备干部工作,努力建设一支数量充足、素质优良、结构合理、能担当重任的后备干部队伍,党的执政能力才能提高,党的执政地位才能巩固,我们的事业才能后继有人、代代相传。

第三,进一步加强后备干部队伍建设,是加强领导班子建设的现实需要。做好后备干部工作,不仅是一项重要的战略任务,而且是一项十分紧迫的现实任务。近几年来,各级党政领导班子经过换届和调整,一大批政治上靠得住、工作上有本事、群众拥护的优秀干部走上了各级领导岗位,领导班子的结构进一步优化,知识层次进一步提高,整体功能进一步增强。应该看到,新老干部的合作与交替是一个持续不断的历史过程。从整体上讲,目前领导班子建设仍处于承前启后的重要阶段,迫切需要根据形势和任务的要求,不断调整、充实和加强。未来5到10年,各级领导班子特别是省部级领导班子调整补充的任务还相当艰巨,迫切需要我们加强后备干部队伍建设,及时培养和提供适应各级领导班子建设实际需要的数量充足的后备人选。

应该肯定,近几年来,在党中央的正确领导下,经过各级党委及其组织人事部门的共同努力,后备干部工作取得了明显成效,为加强领导班子和干部队伍建设发挥了重要作用。但也要看到,后备干部工作与新形势新任务的要求还存在一

---

[1] 《十五大以来重要文献选编》(中),人民出版社2001年版,第1209页。

些不适应的地方。最为突出的是，现有后备干部队伍，无论是在数量上还是在结构上，都难以适应领导班子建设的需要。从现有省部级党政领导班子后备干部的情况看，在数量上，除已提拔使用以及因年龄等原因需调整出后备干部名单的以外，目前数量偏少，特别是能够担当主要领导职务的后备人选相对比较少；在结构上，熟悉意识形态、现代经济管理、金融、法律等方面的干部偏少，女干部、少数民族干部、党外干部偏少。从国有重要骨干企业和高等院校领导人员后备人选看，熟悉国际国内市场、具有国际先进管理水平的优秀企业家后备人才和既有治校治教经验、又有较大发展潜力的中青年教育专家明显不足。加强后备干部队伍建设，当务之急是要尽快做好补充调整工作，使后备干部的数量、结构和素质与领导班子建设的需要相适应。

省部级后备干部队伍建设，在整个后备干部队伍建设中占有突出重要的位置。省部级领导班子成员是党的高级领导干部，在各个地区和部门起着领导骨干的作用，他们的政治素质、领导能力和工作水平，直接关系到党的路线方针政策的贯彻执行，关系到改革发展稳定的大局，关系到一个地方和部门事业的发展。做好这次省部级后备干部集中补充调整工作，是新形势下建设高素质省部级领导班子的客观需要，也是从组织上保证党和国家的领导权牢牢掌握在坚持和实践党的路线方针政策的人手中，保证中国特色社会主义事业顺利发展、后继有人的迫切需要。省部级后备干部队伍建设搞好了，还可以带动和推进地（厅）、县（处）级后备干部队伍建设，对整个后备干部工作具有重要意义。

培养造就千百万个
许振超式的能工巧匠*

（2004 年 4 月 13 日）

读了这篇报道，很受震撼，也很兴奋。这篇报道值得组织人事部门的同志，尤其是从事人才工作的同志很好地学习。许振超[1]的成长和他的事迹，再一次证明了破除"四唯"（唯学历、唯职称、唯资历、唯身份）、树立科学人才观的重要性。我们要培养造就千百万个许振超式的能工巧匠，要不拘一格选人才，为人才强国战略的实施提供强有力的人才支持。

---

* 这是贺国强同志在 2004 年 4 月 12 日《人民日报》刊载的《新时代的中国工人许振超》一文上的批语。

[1] 许振超，山东荣成人，1974 年进青岛港工作，曾担任青岛港桥吊队队长。他以"干就干一流，争就争第一"的精神，立足本职，务实创新，自学成才，带领团队练就了集装箱装卸的一系列"绝活"，被誉为新时期产业工人的杰出代表。

在新的社会阶层中发展党员
试点工作的几点经验[*]

（2004 年 4 月 18 日）

大家知道,在新的社会阶层中发展党员,最早是江泽民同志在庆祝中国共产党成立 80 周年大会上提出来的,党的十六大又进一步明确了有关要求。认真做好这项工作,不仅是党的理论建设的创新,也是党的组织工作的创新。考虑到在新的社会阶层中发展党员是一项全新的工作,无现成的经验可资借鉴,也考虑到这项工作比较复杂,政治性、政策性很强,中央决定先行试点,待取得经验后再转为经常性工作。试点工作开展两年多来,取得了明显成效,基本实现了预期的目标,为转为经常性工作积累了宝贵的经验。从试点的情况看,有以下几点经验需要在今后的工作中认真把握。

第一,必须以科学理论为指导,始终用"三个代表"重要思想统领这项工作。"三个代表"重要思想是马克思主义在中国发展的最新成果,是我们党和国家必须长期坚持的根本指导思想。做好在新的社会阶层中发展党员工作,必须把学

---

* 2004 年 4 月 16 日至 19 日,贺国强同志在福建省考察调研。期间在泉州市召开在新的社会阶层中发展党员试点工作汇报座谈会。这是贺国强同志在座谈会上讲话的一部分。

习贯彻"三个代表"重要思想贯穿于这项工作的全过程,始终坚持正确的政治方向。"三个代表"重要思想是一个完整的科学体系。把新的社会阶层中的先进分子吸收到党内来,是"三个代表"重要思想科学体系中关于加强党的建设和党员队伍建设的重要内容。我们要自觉地坚持用"三个代表"重要思想来统领这方面工作,既要着眼于增强党的阶级基础、扩大党的群众基础、提高党的执政能力、巩固党的执政地位,不断为党的肌体注入生机与活力,又要保持党员队伍的先进性和纯洁性,从而积极稳妥地做好在新的社会阶层中发展党员工作。

第二,必须既严格依照党章办事,又根据特殊情况积极探索,确保新发展党员的质量。全面理解、正确把握党章规定的发展党员标准和程序,是确保新发展党员质量的关键所在。在试点工作中,各地严格按照党章规定的标准和程序发展党员,同时又针对新的社会阶层人员的特点,在某些具体环节上适当加以具体化,取得了较好的效果。比如,针对私营企业主掌握一定生产资料、雇用一定数量员工、主要从事生产经营活动等特点,对他们中的入党积极分子提出了财产来源合法、模范守法经营、自觉依法纳税等具体要求;在政治审查时,注重通过适当的方式,对要求入党的私营企业主的财产状况和所作贡献情况进行调查,同时又注意避免过于繁琐。这些做法,既维护了党章规定的严肃性,又体现了这项工作的特殊性,有利于把新的社会阶层中的先进分子吸收到党内来,有利于保证发展党员的质量。刚才,一些试点单位在发言中对如何采用适当的方式方法搞好政治审查的问题,讲了各自的经验和体会。我认为,搞好政治审查,是试点工作中最重要的一环,既能保证新发展党员的质量,又能保护好新的社会阶层人员的入党积极性,必须认真把握好。

第三,必须切实加强对新党员的教育管理,保持党员队伍的先进性和纯洁性。做好在新的社会阶层中发展党员工作,除了在发展新党员时严把质量关以外,还必须抓紧把后续工作跟上去,切实加强对这部分新党员的教育管理,使他们不仅在组织上入党,而且在思想上入党。在这次试点工作中,各级党组织注意从这部分同志的思想实际和自身特点出发,在注重加强党的知识教育的同时,有针对性地对他们进行理想信念教育、党的宗旨教育和遵纪守法教育,不断提高思想政治觉悟。通过交任务、压担子等办法,注重在关键时刻培养锻炼,引导他们发挥先锋模范作用,经受党性锻炼和组织考验。通过健全各项制度,促使他们积极参加党的组织生活,自觉接受党组织的教育、管理和监督。实践证明,这样做效果是好的。

第四,必须统筹考虑,全面做好在新的社会阶层中发展党员工作。在我国社会变革中出现的民营科技企业的创业人员和技术人员、受聘于外资企业的管理技术人员、个体户、私营企业主、中介组织的从业人员、自由职业人员等社会阶层,都是中国特色社会主义事业的建设者。要及时把这些新的社会阶层中符合党员条件的先进分子吸收到党内来。在这次试点工作中,各地重点研究了吸收私营企业主入党的具体政策。因为过去没有这方面的规定,而且这确实也是在新的社会阶层中发展党员的一个难点问题,因此把它作为工作重点是对的,也是必要的。但这并不是说,研究新的社会阶层人员的入党问题,就只是研究吸收私营企业主入党;更不是说,今后在新的社会阶层中发展党员,就只是局限于在私营企业主中发展党员。我们必须全面贯彻党的十六大关于发展党员工作的新要求,统筹考虑新的社会阶层中的各个社会群体,从实际出发,加强分类指导,做到整体推进。

第五,必须坚持积极稳妥的原则,并注意在实践中不断探索完善,确保在新的社会阶层中发展党员工作健康顺利开展。在试点中,各试点单位按照党章规定,从试点工作对象的特点出发,深入研究出现的情况和问题,提出了切实可行的措施,较好地保证了新发展党员的质量。但是,也应当看到,在新的社会阶层中发展党员是一个新课题,试点工作中总结的做法和作出的一些规定,有待于通过实践检验来完善;同时,这项工作转为经常性工作以后,还会遇到许多新的情况和问题。这就需要我们坚持解放思想,实事求是,与时俱进,开拓创新,保证这项工作健康平稳进行。要坚持不争论,不炒作,防止一哄而起,真正做到积极稳妥,扎实推进。

第六,必须把做好在新的社会阶层中发展党员工作与加强非公有制经济组织党的建设紧密结合起来,促进非公有制经济健康发展。在这次试点工作中,各地加大了非公有制经济组织党建工作的力度,在非公有制经济组织中建立了一大批党的组织。这不仅为做好在新的社会阶层中发展党员工作提供了组织保证,促进了这项工作的顺利开展,而且通过发展党员工作,又进一步推进了非公有制经济组织的党建工作,有效地扩大了党的工作的覆盖面,为非公有制经济健康发展创造了良好环境。实践证明,只有着眼于党的建设全局,把做好在新的社会阶层中发展党员工作与加强非公有制经济组织党的建设紧密结合起来，与促进非公有制经济健康发展结合起来，这项工作才能具有旺盛的生命力。

振兴国有企业关键靠人才[*]

（2004 年 6 月 6 日）

今天到鞍钢,参观了高炉、热轧、冷轧、镀锌四条生产线,可以说是大开眼界,学到了很多知识,也感到很受鼓舞,很受启发。我国的钢铁产量已连续七年居世界第一,综合技术水平总体上代表了当今国际水平,确实了不起。作为我国的大型钢铁基地,鞍钢经过 50 多年的奋斗,走出了一条成功的路子,也积累了许多宝贵的经验。鞍钢有过辉煌,也经历过困难,现在再创辉煌,又焕发了生机和活力。看到鞍钢的前景,确实感到振奋。从鞍钢的实践和经验看,我感到至少可以得到以下几点启示。

第一,要充分肯定以鞍钢等企业为代表的国有企业对国家作出的巨大贡献。刚才你们谈到,从 1949 年到 2003 年底,鞍钢已累计生产钢 3.1 亿吨、铁 3.04 亿吨、钢材 2.11 亿吨,累计上缴利税 768 亿元,约相当于国家对鞍钢投入的 14 倍。这些数据充分说明,以鞍钢为代表的国有企业对国家作出了巨大贡献。国有企业的发展壮大,不仅奠定了我国独立完整的工业体系的基础,还日渐成为国民经济发展的主力军;不仅

---

* 这是贺国强同志在鞍钢集团公司调研时的讲话。

满足了经济和社会发展对钢铁等主要原材料、燃料的需求，还为国家发展各项事业提供了大量财力和人才资源。鞍钢今年可以生产钢 1100 万吨。我记得，当年提出全国钢产量要达到 1070 万吨的目标，这在当时是个很令人鼓舞又很艰巨的目标，而现在鞍钢一家的年产量就可以超过"1070"，确实是很大的贡献。

第二，国有企业尤其是大型国有企业，仍然是我国国民经济的重要支柱。正是因为有这么一批大型国有企业做支柱，我国才能走新型工业化的道路，才能实现国民经济的持续快速协调健康发展，才能实现全面建设小康社会的宏伟目标。我们的国有企业特别是大型国有企业既要出产品，又要出人才；既要出技术，又要出管理经验；既要为国家积累财富，又要安排职工就业。不管是改革也好、发展也好，还是维护社会稳定也好，国有企业的主力军地位是不会改变的。我曾经做过大城市的领导，鞍山市的市委书记、市长也在这里，大家的感受应该是一致的，一个城市，大企业的支撑作用是很明显的，只要大企业稳住了，整个城市就稳住了。当然，我讲的国有企业不仅仅是过去的"纯"国有企业概念了，国有独资企业、国有控股企业都是国有企业的重要组成部分。对国有企业的重要作用，我们的思想认识必须到位，对国有企业的改革和发展，要旗帜鲜明地支持。

第三，在新的形势下，国有企业要振兴，必须走改革和技术改造之路。鞍钢的发展进程充分证明了这一点。现在可以看得很清楚，鞍钢之所以能够走出困境，之所以能够在非常困难的条件下取得现在的成绩，就是靠坚定不移地推行改革，坚定不移地进行技术改造,坚定不移地采用新技术。大量事实证明,老的国有企业在原有基础上进行技术改造与新建一个企业相比,不仅可以大大缩短建设周期,而且投资少、效益好。上午省里和鞍钢的同志介绍,原来中央定的是鞍钢只改造一条生产线,但在实际改造过程中,一条生产线的钱搞了两条生产线还没用完;新建的高炉只花了 11 亿元,德国专家还不相信,说怎么可能这么省钱呢!这再次证明,加快改革和技术改造的进程是国有企业摆脱困境、重铸辉煌的成功之路。

第四,振兴国有企业,关键是要建设一支善于驾驭市场经济、具有国际战略眼光、复合型、高素质的企业经营管理者队伍。一个企业的发展振兴,领导班子特别是主要负责人非常关键。随着社会主义市场经济体制的逐步完善,随着我国经济与国际经济的逐步接轨,企业经营管理者更需要具备驾驭市场经济的能力、更需要具备国际战略眼光。拿钢铁业来说,当年我们提"1070"的时候,美国和日本的年钢产量都超过 1 亿吨,我们觉得可望而不可即。而现在呢? 今年我们的钢产量有可能达到 2.5 亿吨,连今年在内可连续 8 年居世界第一,年钢产量已经相当于美国、日本和德国的总和。面对这种形势,一方面,世界钢铁业越来越受我国钢铁业波动的影响;另一方面,世界铁矿石市场和钢材市场的变化,对我们整个企业的影响也很大,再加上我国钢材还存在结构性的不足,精品钢材还需要大量进口。这就要求我们的企业家能够正确分析判断国际国内形势、熟悉世界贸易规则、驾驭市场经济、有效应对各种突发事件。鞍钢能够从原来比较困难的情况到取得现在这样的成绩,相当程度上是因为有一个好的领导班子,尤其是有一个好班长。大家为鞍钢的发展作出了重大的贡献,很不容易!

第五,振兴国有企业要建设一支结构合理、创新能力强的专业技术人员队伍,要有世界顶级水平的专业人才。专业技术人才是实现科技兴企的重要力量,也是企业保持长久竞争力的根本保证。要发挥好科学技术第一生产力的作用,必须把科技人才推向经济建设的主战场,加大科技创新人才的培养力度,搭建科技与生产结合的桥梁,促进科技创造力向现实生产力转化。特别是要抓紧培养造就拥有自主知识产权以及创新能力的高级专家。鞍钢就是这么做的,你们采取了一些措施,建设结构合理、创新能力强的专业技术人才队伍,留住人才,吸引人才,有力地促进了企业技术改造、技术创新、产品创新和技术输出。

第六,振兴国有企业还要建设一支数量充足、技术精湛、善打硬仗、甘于奉献的高技能人才队伍。高技能人才是推动技术创新和实现科技成果转化的重要力量。过去,我们对高技能人才重视不够,导致高技能人才短缺,成为我国经济和社会发展的一个制约因素。大力培养开发高技能人才,已是当务之急。去年召开的全国人才工作会议特别强调高技能人才队伍的建设。这方面,鞍钢是有优良传统的。孟泰同志在鞍钢成长,"孟泰精神"出在鞍钢。在"孟泰精神"的感召下,鞍钢涌现了一支素质较高的高技能人才队伍。现在,鞍钢又在推广表彰焦化厂班长、技术专家李晏家同志的先进事迹和经验。振兴国有企业,就是要依靠一大批像孟泰、李晏家这样优秀的、具备高技能的人才。前不久,国家推出了优秀高技能人才的典型——青岛港务局的许振超同志,他的事迹在全国反响很大。一个工人出身的专家,能够经过自己的努力达到世界先进水平,创造世界纪录,确实很了不起。

第七,国有企业要充分发挥党组织在企业改革发展稳定中的政治核心作用。切实加强党对国有企业的政治领导,是国有企业改革发展的根本保证。国有企业党组织是党对国有企业实施政治领导的载体,要充分发挥企业党组织的政治核心作用,充分发挥广大党员的先锋模范作用。鞍钢党委是中央组织部授予的"全国先进基层党组织",在基层组织建设方面创造了许多好的经验。

刚才所讲的既是启示,也是体会。我们还需要很好地学习、消化鞍钢的经验和做法,加以推广,希望能够对全国企业领导班子建设、企业人才队伍建设和企业党组织建设有所启迪,希望也能够对搞好包括国有控股企业在内的所有国有企业有所启迪。

把东北地区优质
人才资源开发利用好[*]

（2004 年 6 月 7 日）

支持东北地区等老工业基地振兴,是党的十六大提出的一项重大战略任务,是党中央从全面建设小康社会全局着眼,继实施东部沿海地区开发开放战略和实施西部大开发战略之后,为加快推进全国区域协调发展作出的又一重大战略决策。实施振兴东北地区等老工业基地战略,人才是关键。昔日东北老工业基地的发展壮大,无不凝聚着各类人才的智慧和创造;今天老工业基地再创辉煌,同样离不开各类人才的创新活力和中坚作用。从历史上看,人才在东北老工业基地建设、发展中发挥过重大作用,作出过历史性的贡献。上个世纪 50 年代初,随着国家"一五"计划的实施和东北重工业基地建设的展开,各类人才从四面八方汇集到东北这块热土,同东北当地的人才一道艰苦创业、开拓奋进,为建设我国独立完整的工业体系和国民经济体系作出了重大贡献。此后几十年,东北地区不仅自身培养了一大批各类人才,涌现出了一批像王进喜、

　＊　2004 年 6 月 5 日至 7 日,贺国强同志在辽宁省考察调研。期间在大连市召开振兴东北地区老工业基地人才工作座谈会。这是贺国强同志在座谈会上讲话的一部分。

雷锋、孟泰、王崇伦、王启民等影响全国的英模人物和优秀人才,而且还源源不断地为全国各地、各条战线输送了大量各类优秀人才。从现实看,东北老工业基地的振兴迫切需要加快人才资源开发。东北地区拥有丰富的自然资源,良好的产业基础,国有资产存量大,基础设施比较好,科教水平较高,发展潜力大。如果人才队伍建设得到切实加强,人才的作用得到充分发挥,东北地区的资源优势和其他潜在优势就会转化为促进东北经济加快发展的社会生产力和现实优势。从振兴东北老工业基地所面临的任务来看,走新型工业化道路,无论是改造提升传统产业,还是发展高新技术产业,都急需一大批高素质的复合型人才和高层次专业技术人才、高技能人才。我们一定要从新世纪新阶段我国改革开放和社会主义现代化事业长远发展的高度,从全面贯彻统筹区域经济社会协调发展战略的高度,深刻认识为振兴东北地区等老工业基地提供坚强人才支持的重大意义,把加强东北地区人才队伍建设作为一项重大而紧迫的任务,切实抓紧抓好。

据不完全统计,截至 2003 年底,东北三省有党政机关干部 60.5 万人,国有企事业单位管理人员和专业技术人员分别为 90 万人和 325.8 万人,中国科学院和中国工程院院士 109 人。这一组数字还没有把全部人才统计进去,实际数字比这个数字还要大。可以这样认为,东北地区的人才队伍存量比较大,基础比较好,人才总量不是突出问题。存在的问题主要有两个方面:一是从外部环境看,还存在体制和机制不够活的问题。调研中有的同志谈到,与其说我们缺乏优秀人才,不如说我们缺乏的是能够吸纳、造就和留住人才的体制和机制,这话讲得很有道理。二是从人才队伍自身情况看,还需要进一步改善结构、提高素质。做好东北地区人才工作和加强人才队伍建设,必须从东北三省的实际出发,抓住薄弱环节,突出工作重点,采取有力措施,解决突出问题。

要进一步解放思想、更新观念。在调研中,大家反映,振兴东北老工业基地,要把解放思想、更新观念作为一个首要问题来解决,以思想解放来促进社会生产力的进一步解放,以观念创新来推进工作创新。强调解放思想、更新观念,对做好人才工作尤为重要,必须进一步打破长期计划经济体制下形成的旧思想、旧观念,树立科学的人才观。一是要引导广大干部尤其是领导干部牢固树立"人才资源是第一资源"的观念,自觉地把人才工作摆在党委和政府各项工作的突出位置来抓,把人才战略作为推动经济社会发展的优先战略来考虑;二是要牢固树立"不唯学历、不唯职称、不唯资历、不唯身份"、不拘一格选人才的观念,坚持德才兼备的原则,把品德、知识、能力和业绩作为衡量人才、使用人才的主要标准;三是要牢固树立以人为本的价值观念,把促进人才健康成长和充分发挥人才作用放在首位,充分尊重人才的创造价值,挖掘人才的发展潜力,鼓励人人争作贡献,个个都能成才;四是要牢固树立不求所有、但求所用的观念,实现人才的柔性流动;五是要牢固树立整体推进人才资源开发的观念,坚持党政干部、企业经营管理者、专业技术人才、高技能和农村实用人才等四支人才队伍一起抓,培养造就大批振兴东北老工业基地急需的各类优秀人才。

要加快体制和机制创新。人才工作的活力取决于体制和机制。完善人才工作的体制和机制,对实施人才强国战略更具有根本性、长期性意义。要抓紧研究新形势下人才培养、使用、开发、配置和管理的有效办法,围绕建立健全各类人才的培养机制、评价机制、选拔任用机制、合理流动机制、激励机制和保障机制,加大工作力度,加快体制机制创新。

根据东北地区人才资源存量大、基础好的特点和当前人才管理使用中的新情况,我想着重强调两个问题。

首先是关于建立人才合理流动机制问题。一是要着眼于盘活整体性人才资源,突破体制性障碍,促进各类人才合理流动和有效配置。要加快东北地区人才市场体系建设,以东北现有的四个国家级人才市场为龙头,整合区域性人才市场资源,形成统一开放、互联互通的东北人才大市场。二是要大力发展人才评价、人事代理、人才推荐等社会中介组织,加强人才工作法制化建设,解决好人才流动中的不规范竞争、人才安全和人才创业保障等问题,提高人才市场配置效率。三是要采取政策措施,疏通国有企业与非公有制企业、党政机关与企事业单位之间的人才流动渠道,实现产业结构调整与人才结构调整同步,优秀人才向重要行业、新兴产业和优势企业集聚。四是要根据产业结构调整改造的需要,加大对紧缺、急需人才引进力度,采取持股、技术入股、提高薪酬等更加灵活的政策吸引国内外专业人才。要把引进项目、资金与引进人才结合起来,通过柔性流动政策,组织和吸引各类人才到东北兼职、咨询、讲学、科研和技术合作、投资兴办企业或从事其他专业服务,采取团队引进、核心人才带动引进等方式,帮助开发培养紧缺的高层次人才。特别是要重视发挥东北三省的地缘优势,放宽政策,加强对俄罗斯等独联体国家和日本、韩国等周边国家的引才引智工作。

其次是如何辩证地看待"人才流失"问题。如果说,因为我们这里人才比较多或者作用发挥不够,导致人才到更能发挥作用的地方去,从这一现象本身来看,这对当地来讲人才的确是流失了,但对人才流入的地方来讲,这是件好事;从全国来讲,这也是有好处的。比如,过去有一种说法,就是民营企业从国有企业"挖"了人才,对这个问题怎么看呢?我们把民营经济作为社会主义基本经济制度的一个组成部分,加快民营经济的发展确实需要人才,国有企业为民营经济的发展培养造就大批人才,对全国就是一种贡献。顺便也谈一下与这个问题有关的留学生回国创业问题。改革开放以来,我们派出的公费留学生和自费留学生共约 60 万名,现在回国的有16 万名,而且回来的越来越多。过去也有一种说法,就是我们的学生在国内把基础教育、大学一学完,美国就把人吸引走了,到美国搞研究、出成果,我们吃亏了。如果从长远看、从现在发展的趋势看,我认为并不一定吃亏。为什么呢?同美国等西方发达国家相比,目前我们国家经济实力还不够强,我们的科技水平还不够高、配套科研设施和条件还不够完备,还没有完全营造好让这些人才出成果的条件,而美国等发达国家科技先进、实验手段先进,国家投入也很大,到这些国家创业,可以尽快出成果。我们经济发展了,环境改善了,吸引这批人带着用外国的资金、设备搞出的成果再回来,并将成果转化为生产力,这对我们大有好处。从这个角度来看,我们并不吃亏。

要为人才干事创业提供广阔的舞台,营造和谐的氛围。留住人才、吸引人才的关键是人才与事业紧密结合,没有事业可干,再高的待遇也留不住人。优秀人才都是想干事业的,只要有了可以施展抱负的舞台和氛围,对人才就有吸引力,也才能留得住人才。

党中央、国务院确定实施振兴东北地区老工业基地的战略部署,这对东北地区来说是难得的历史机遇。要发扬我们党的政治优势和组织优势,动员和组织各类人才积极投身到振兴东北地区老工业基地的伟大实践中去,通过实施这一伟大战略,增强对人才的凝聚力和吸引力,充分发挥各类人才的积极性,也使各类人才从中得到锻炼和提高。比如,近期国家要对东北投入100个大项目,要利用这一有利契机,发挥好产业和项目对人才的集聚效应,利用项目建设打造有利于各类人才创业创新、施展才华的事业平台,使新项目不仅成为经济上的新增长点,同时也成为优秀人才的集聚点。再比如,根据老工业基地的改造特别是发展接续产业和高新技术的需要,国家将重点在东北地区建设一批具有世界一流水平的国家实验室和国家技术创新中心,强化和新建一批重点实验室和军工科研基地、工程技术中心、高新技术产业化基地;完善大学科技园孵化功能及其支撑和服务体系,加大对留学生创业园区和高新技术产业园区引才引智的扶持力度,推进产学研紧密结合。要抓住这一有利时机,及时分析人才需求,论证人才支持,采取有效措施,集聚和培养优秀科技创新人才。需要特别强调的是,营造环境、优化环境是为人才干事创业提供舞台的重要保证。一个地区、一个单位,能否聚精会神搞建设、一心一意谋发展,能否真抓实干,也是非常重要的创业环境。各级党委、政府要进一步增强团结、振奋精神、改进作风、求真务实,营造和谐的创业环境。要坚持尊重劳动、尊重知识、尊重人才、尊重创造,为各类人才改善工作、生活条件,增强创业保障,激发创新活力,让人才资源充分涌流。

对青年科技工作者的几点希望[*]

（2004 年 6 月 28 日）

  中国青年科技奖是由著名科学家钱学森同志倡议设立的,至今已评选了八届,走过了 17 年的发展历程,为党和国家选拔了一批又一批优秀青年科技人才,受到了广大青年科技工作者的欢迎,在社会上产生了良好反响。这届青年科技奖的获奖者来自全国的不同地区、不同部门、不同学科领域,分布在科研、教育、生产等各条战线。你们在各自岗位上创造了优异的成绩,发挥了骨干作用,为我国科技进步和社会主义现代化建设作出了突出贡献。你们是我国广大青年科技工作者的又一批优秀代表,是我国青少年特别是广大青年科技工作者学习的好榜样。党和人民对你们的成长进步感到由衷的高兴。

  当今世界,科技进步日新月异。科学技术作为第一生产力,对一个国家、一个民族现在和未来的发展具有决定性意义。在这样的大背景下,要跟上科技发展的时代潮流,在未来的发展中进一步把握住机遇、赢得主动,就必须大力推动科技进步和创新。科技创新,人才为本。人才是知识创新、科技创

＊ 这是贺国强同志在第八届中国青年科技奖表彰大会上讲话的主要部分。

新、产业创新最重要的战略资源,是提高综合国力的最宝贵财富。能否拥有先进技术和创新能力,关键看是否有一大批人才特别是高科技人才。青年科技工作者思想最活跃、思维最敏捷、创造力最旺盛,是科技进步与创新的希望所在、关键所在。培养和造就一大批高层次青年科技人才,对提升国家核心竞争力和综合国力,实现中华民族伟大复兴具有十分重要的战略意义。

我们党历来高度重视青年科技人才的培养。早在 1957 年,毛泽东同志访问苏联期间在莫斯科大学接见中国留学生时,发表了著名讲话。他说,你们青年人朝气蓬勃,正在兴旺时期,好像早晨八九点钟的太阳,希望寄托在你们身上。改革开放之初,邓小平同志就指出:"科学的未来在于青年。青年一代的成长,正是我们事业必定要兴旺发达的希望所在。"〔1〕江泽民同志反复强调,我国科技事业的发展,需要培养造就一代年轻科技人才,这是一项十分紧迫而重大的战略性任务。在今年中国科学院、中国工程院院士大会上,胡锦涛同志深刻指出,要努力造就一批德才兼备、国际一流的科技创新人才,建设一支高素质的科技创新队伍,特别是要为年轻人才脱颖而出、施展才干提供更大的舞台和更多的机会。这些重要论述,对于我们进一步做好青年科技人才工作,对于青年科技人才的健康成长具有十分重要的指导意义,我们一定要深刻领会,认真贯彻落实。对优秀青年科技人才进行表彰,是贯彻落实中央领导同志指示,实施科教兴国战略和人才强国

〔1〕 《邓小平文选》第 2 卷,人民出版社 1994 年版,第 95 页。

战略的一项重要举措。这项活动一定要扎扎实实地继续开展下去。

在表彰一批优秀青年科技人才的时候，我们寄希望于更多的青年科技人才。借今天这个机会，我提几点希望与全国广大青年科技工作者共勉。

第一，胸怀祖国，甘于奉献。胸怀祖国、甘于奉献是青年成才的首要要求。青年科技工作者只有自觉地把个人的理想和前途同国家发展、民族振兴结合起来，把实现自身价值和报效祖国、服务人民结合起来，这样的人生才是有价值的人生。新中国成立初期，一大批在国外的杰出人才受建设新中国伟大事业的感召，怀着强烈的报国之志，放弃国外优厚的待遇，冲破重重阻力，毅然回到祖国，义无反顾地投身社会主义现代化建设，在他们身上集中体现了老一辈科技工作者热爱党、热爱祖国、热爱人民、艰苦奋斗、无私奉献的崇高精神。这种精神激励了一代又一代青年科技工作者把自己的青春、智慧和力量奉献给我国科技进步事业。广大青年科技工作者要以老一辈科学家为榜样，认清自己肩负的历史使命，弘扬爱国主义精神，增强民族自尊心和自豪感，保持献身科学的奉献精神、求真务实的科学态度、勇攀高峰的可贵品质，脚踏实地，扎实工作，无私奉献，用智慧和汗水在全面建设小康社会的伟大实践中建功立业。

第二，勤奋学习，勇于实践。勤奋学习、勇于实践是青年成才的必由之路。在科学技术迅猛发展、知识更新步伐加快、社会竞争日趋激烈的今天，要想成就一番事业，为国家、为社会作出更大的贡献，必须有过硬的本领，必须有真才实学。广大青年科技工作者要牢固树立终身学习的观念，养成敏于求知、勤于钻研的习惯，在打牢知识功底的基础上不断冲击和占领科学的前沿阵地。要学好理论，自觉运用马克思主义的立场、观点和方法指导工作、分析解决问题，顽强攻关，勇攀科技新高峰。要培养世界眼光，努力追踪现代科学技术的发展脚步，学习一切反映当今世界文明进步的新知识、新经验，用人类创造的一切优秀文明成果武装自己，全面提高自身素质。要勇于实践，善于把所学的知识运用到改造客观世界和主观世界的活动中去，在实践中继续求得真知，增长才干。

第三，敢为人先，善于创造。敢为人先、善于创造是青年最可宝贵的品格。从人类历史发展的进程看，传统农业社会的发展主要依靠经验的积累，工业社会的发展更多地依靠知识的不断更新，信息社会知识更新速度空前加快，社会生产力的发展更加依赖于知识创新和科技创新。青年时期是创新的黄金时期。纵观世界科学技术发展史，许多科学家的重要发现和发明，都是产生于风华正茂、思维最敏捷的青年时期，这是一条普遍性的规律。近年来，我们欣喜地看到，在众多高新技术领域和一些新兴的经济领域，大批青年科技人才脱颖而出，成为推动这些领域、行业发展的中坚力量。希望广大青年科技工作者大力发扬"两弹一星"精神和载人航天精神，努力增强创新意识，不断提高创新能力，勇挑科技创新的重担，在基础研究和应用研究领域不断取得新突破。希望广大青年科技工作者团结协作，加强联合，推动创新团队建设，努力形成具有国际一流水平的研究群体，不断提高我国自主创新水平和综合国力。希望广大青年科技工作者能够面向市场、锐意进取、勇于创业,大力促进科技成果产业化,推动我国科技和经济的发展。

第四,弘扬科学精神,恪守学术道德。科学精神是人类文明的崇高精神,其实质是解放思想、实事求是、追求真理。弘扬科学精神,就要坚持求真务实的科学态度、严谨踏实的科学作风;就要热爱科学、崇尚真理,依据科学方法决策,按照科学规律办事;就要有顽强执著、锲而不舍的探索精神,不怕失败、不怕困难、敢于挑战。科学研究是一项探寻真理、探索未知领域的艰辛工作,必须严谨细致、一丝不苟,来不得半点虚假,来不得半点马虎。广大青年科技工作者要大力弘扬科学精神,做到严谨而不保守、活跃而不轻浮、锐意创新而不哗众取宠,踏踏实实搞研究、扎扎实实做学问。要不断加强自身修养,恪守学术道德,遵守学术规范,自警自省,自励自强。要沉下身子,静下心来,淡泊名利,埋头苦干,多出成果,努力成为良好学术风尚的维护者、严谨治学的力行者、优良学术道德的传承者。

科技增强国力,青年开创未来。去年,党中央、国务院召开了全国人才工作会议,对大力抓好青年人才队伍建设提出了明确要求。各级党委和政府及有关部门要以高度的政治责任感和历史使命感,把培养、选拔和使用青年人才工作作为一项重要而紧迫的任务抓紧抓好。要大力加强青年科技人才培养力度,鼓励他们在艰苦复杂的环境和丰富的社会实践中锻炼成长。在重大科研课题、工程项目和科技活动方面,给青年人交任务、压担子,使他们得到锻炼和提高,尽快成长为各领

域的拔尖人才和学科带头人。要建立有利于优秀青年科技人
才脱颖而出的机制，为他们施展才华搭设平台、创造机会，为
他们成长成才提供"快车道"。要努力营造一个尊重个人特
点、鼓励大胆创新、充分信任理解、氛围宽松和谐的良好环境。

用唯物辩证的观点考察评价干部*

（2004 年 7 月 3 日）

树立和落实正确的政绩观，对各级领导干部提出了新的要求，也为考察、评价和使用干部提供了新的视角和依据。用正确的政绩观考察、评价和使用干部，就是要坚持德才兼备的原则，坚持实事求是、唯物辩证的思想方法和工作方法，做到全面、客观、公正、准确。

第一，既要看经济建设的情况，又要看社会发展的情况，用全面的、系统的观点看待干部。不仅要看经济增长的速度和经济的总量，还要看经济增长的质量和效益，看财政收入、群众收入以及社会保障的情况；不仅要看经济指标，还要看社会、人文、环境指标；不仅要看经济建设的情况，还要看精神文明建设、社会稳定、党的建设方面的情况；不仅要看城市的变化，还要看农村的发展。

第二，既要看经济社会发展的结果，又要看干部在这个过程中的主观努力，历史、辩证地评价干部。创造政绩是一个实践的过程，实践出政绩，实干出政绩，真正的政绩应该经得起实践的检验。在考察、评价、使用干部时，我们既要看结果，又

＊　这是贺国强同志在省部级后备干部考察组组长座谈会上讲话的一部分。

要看过程,不能简单地以经济社会发展的客观结果来评价干部。要认真分析干部在创造政绩过程中的能动性,同时也要看干部工作的地方和单位的基础和条件。有的干部所处的环境条件相对好一些,前任又打下了较好的基础,加之本人比较努力,工作成效也就容易显现;而有的干部工作环境条件比较艰苦,基础比较差,尽管个人付出了更大的努力,但工作成绩一时难以显现。我们应该用历史的观点、辩证的观点来分析,要看前任留下的基础和起点,看干部工作环境和条件的优劣对工作带来的影响。

第三,既要看"显绩",又要看"潜绩",客观、公正地评价干部。政绩的表现形态有两种:一种是"显绩",即显山露水,立竿见影,易见成效,看得见摸得着的事情;一种是"潜绩",即那些虽有领导精力和财力的投入,但因周期长,一时见不到成效,而又非常重要的基础性工作。真正的政绩应是没有后遗症的政绩,决不能为了眼前的利益而影响长远利益。在考察、评价、使用干部时,既要看工作的现实成果,又要看为下一步发展打下的基础。那些不顾长远发展,搞短期行为的做法,不能视为政绩;那些虽然眼前效益一时不太明显,但是后劲足、前景看好的,一定要视为政绩,而且对这样的潜在政绩,要格外留意。

第四,既要看领导班子集体的作用,又要看班子成员个人的贡献,恰如其分、实事求是地评价干部的成绩和贡献。班子集体的成绩是班子成员共同努力的结果。没有班子成员良好的个体素质,没有班子成员的各司其职、各负其责、团结奋斗,就形不成优势互补,就不可能有领导班子集体的成绩。但集体的成绩又不是班子成员个体成绩的简单相加。在考察、评价干部时，要客观分析每个班子成员在集体决策和实施过程中发挥的作用，恰如其分地评价一个干部的工作成绩，既要防止把集体的成绩平均到每个人的头上，"一顶帽子大家戴"；又要防止把集体的成绩只算到某个人身上，不恰当地突出个人的作用。

第五，既要听上级领导的意见，也要听党员群众的意见，把群众观点贯穿于干部选拔任用工作的全过程。干部生活在群众中间，他们有无政绩、有多大政绩群众最清楚，也最有发言权。在考察、评价和使用干部时，不能只看上级领导的满意程度，还必须看群众的公认程度，力求把两方面的意见结合起来、统一起来。要充分发扬民主，坚持走群众路线，进一步落实群众在干部选拔任用工作中的知情权、参与权、选择权和监督权，把干部选准用好。

增强干部考察的针对性[*]

（2004 年 7 月 5 日）

　　做好干部考察工作是正确评价和合理使用干部的基础。选贤任能重在识人。组织上对一个干部的认识是否全面准确，对他的使用安排是否恰当，很大程度上取决于考察工作的质量，这就决定了我们必须重视干部考察这个基础环节，注意摸索和总结规律性的东西，增强干部考察工作的针对性和实效性。

　　干部考察工作，总的要求是按照党的干部路线、干部队伍"四化"方针和德才兼备原则，准确考察干部的德、能、勤、绩、廉等各个方面。应当看到，随着我国改革开放和经济社会发展，干部队伍中出现了一些新情况、新变化，出现了一些群众关注的热点、难点问题。当前，社会上对领导班子和领导干部中出现的一些问题议论比较多，反映比较强烈。比如：少数领导干部的廉政问题，部分领导班子和领导干部的团结问题，一些领导干部的作风问题，等等。这些问题一个时期以来一直困扰着我们，是考察工作的重点和难点所在。这些问题如果不能很好地解决，就会影响党的干部路线的正确贯彻和执行，

＊　这是贺国强同志在中央组织部部务会务虚会上讲话的一部分。

影响建设一支高素质的干部队伍,影响党的威信,甚至败坏党的形象。我认为,应该在坚持干部考察工作基本原则、全面考察干部的前提下,把廉洁自律、贯彻民主集中制和作风问题作为干部考察工作的重点,采取切实有效的措施,全面考察干部,进而客观评价干部,准确识别干部,合理使用干部,把干部工作提高到一个新的水平。

要注重对干部廉洁自律情况的考察,坚决防止干部"带病上岗"、"带病提职"。在干部工作中,一个值得我们高度重视的问题是,一些人早就有不廉洁行为了,但我们在考察干部时却未能发现,结果导致其中一些人仍继续得到提拔重用。社会上有人把这种现象说成是"带病上岗"和"带病提职"。干部群众对此反映强烈。这方面的事例并不少,我们要下大力气解决这个问题。

有的同志讲,识人难,考察一个干部的廉洁更难。这话并不完全准确。俗话说得好,"天下没有不透风的墙"。如果一个干部存在不廉洁的问题,总会有这样那样的反映。只要我们态度重视,措施有力,还是能够解决这个问题的。我们要更新观念,加大力度,创新考察方式,坚决防止"带病上岗"和"带病提职"。具体地说,要注意把握以下几点:第一,要从关心爱护干部出发,加强对干部日常情况的了解,更多地掌握干部的思想、工作、作风等方面的情况。第二,在考察过程中,要特别重视对干部廉洁方面的反映,尤其是少数人的意见。一般情况下,干部的不廉洁行为具有隐蔽性和蒙蔽性。在问题暴露无遗之前,多数人并不清楚,可能只有极少数人了解情况。我们不能简单地以大多数的意见作为被考察对象是否廉洁的依据。如果反映有问题，就要引起重视，争取把情况搞清楚。第三，在正式提拔任用干部之前，必须听取纪检监察机关的意见，对反映有不廉洁问题的干部，在没有查清之前，宁可不用。第四，对任职以后的干部，如果群众举报反映有不廉洁的问题，组织上一方面要进行查证，另一方面要及时进行谈话提醒。查实确有问题的，要果断处理，坚决调整。

要注重对领导干部贯彻执行民主集中制情况的考察，不断增进领导班子的团结。团结出凝聚力、出战斗力、出新的生产力，领导班子一旦在团结方面出了问题，就会影响一个地区经济、社会的发展，影响人民群众生活水平的提高，也就难以创造出党和人民满意的政绩。民主集中制是实现党内民主的重要形式，是把领导班子成员置于集体监督之下的重要监督机制，是领导班子保持团结的重要保证。少数领导班子不协调、不团结，一个带有共性的原因就是民主集中制执行得不好。用正确的政绩观来考察评价干部，其中重要的一个方面，就是要把贯彻执行民主集中制情况作为干部考察的重点之一。在干部任职考察时，多数同志认为民主集中制执行得不好的干部，不能提拔为领导干部，更不能提拔当"一把手"。在干部定期考察时，要注重考察领导班子和领导干部贯彻执行民主集中制各项规定的情况，尤其要注意考察领导班子"一把手"的民主作风。要考察在重大问题和重要人事任免等事项上，是否由常委会或全委会决定；民主生活会制度、党内情况通报制度、情况反映制度、重大决策征求意见制度执行得好不好等。要根据考察了解的情况，有重点地加强对领导干部的教育和监督,增进班子的团结和凝聚力。对民主作风有问题、搞不好团结的干部要及时提醒、打招呼,对个别经教育仍然闹不团结的领导干部要坚决进行组织处理。

要注重对领导干部作风的考察,促进领导干部求真务实,真抓实干。干部的作风问题,是当前群众反映最突出的问题之一。干部作风的好坏,直接关系到党和政府的形象。作风不实,贻害无穷。我们要树立正确的用人导向,突出对干部作风的考察,把那些思想政治素质好、工作能力强、作风好的干部选拔上来。一要考察干部是否密切联系群众,关心群众生活。如果一个领导干部不以实现人民愿望、满足人民需要、维护人民利益为己任,不能深入基层、深入群众,而是一味地考虑自己的利益,热衷于搞形式主义、做官样文章,这样的干部就不能提拔使用。二要考察干部能否保持艰苦奋斗的工作作风。我们党是靠艰苦奋斗起家的,也是靠艰苦奋斗发展壮大、成就伟业的。现在,我国的综合国力和人民生活水平有了很大提高。但是,艰苦奋斗的传家宝决不能丢。只有发扬艰苦创业精神,才能创造党和人民满意的政绩。那种好大喜功、急于求成、追求短期行为的做法都是与艰苦奋斗的精神格格不入的。三要通过干部的考察、评价和使用,形成正确的用人导向。有人说,政绩考核是一个指挥棒,用什么样的政绩观来考察、评价和使用干部,会在干部队伍中形成鲜明的导向。所以,我们一再强调要树立和落实正确的政绩观,加强对干部求真务实作风的引导。对于勤政为民、脚踏实地、求真务实的干部要给予褒奖和重用,对于那些不求真务实、群众反映强烈、经过组织帮助和教育又不愿意改正的干部,坚决不能提拔使用,已经担任领导职务的要坚决从领导岗位上调整下来。总之,我们要通过不断探索,开拓创新,把干部考察工作提高到一个新水平,为建设一支高素质的干部队伍作出我们应有的贡献。

发展党员要保证质量、突出重点[*]

（2004 年 7 月 12 日）

发展党员工作是党的建设的一项重要的经常性工作。对我们这个长期执政的大党来说，发展党员工作尤为重要。党中央历来高度重视发展党员工作，在革命、建设和改革的不同历史时期，党始终围绕实现党的政治路线和中心任务，不断发展壮大党的队伍，增强党的生机和活力。在新世纪，我们党要完成新的历史任务，必须采取切实措施，把发展党员这项工作抓紧、抓好。

坚持把政治标准放在首位，
把好发展党员质量关

做好新形势下的发展党员工作，必须全面贯彻"坚持标准、保证质量、改善结构、慎重发展"这"十六字方针"。发展党员工作的这"十六字方针"是一个不可分割的有机整体，其核心是保证质量，坚持标准是保证质量的根本前提，改善结构、慎重发展是保证质量的基本途径。发展党员工作的各个

＊　这是贺国强同志在全国发展党员工作会议上讲话的一部分。

环节都要坚持和体现"十六字方针"。

党员是党的肌体的细胞,党员的质量关乎党的生命。我们党全部的奋斗历史充分证明,党的力量和作用,不仅仅在于党员队伍的数量,更重要的是取决于党员队伍的质量,取决于广大党员贯彻执行党的路线、纲领的自觉性和坚定性。现在,我们党所处的历史方位发生了深刻变化。加入党组织虽然不再像战争年代那样,往往需要经过生与死的考验,但同样要经受严格的考验和锻炼。坚持党员标准、把好发展党员质量关这一条任何时候都不能动摇。关于这个问题,我强调三点:

第一,认真坚持党员的政治标准。十六大通过的新党章对党员标准作出了明确规定。坚持党章规定的党员标准,必须把政治标准放在首位。我们党拥有6800多万名党员,这是一个不小的数字。适应形势和任务的需要,今后党员的数量还会有所增加,在这种情况下,确保发展党员的质量显得更为重要。必须坚持党员标准,同时在对党员标准的把握上,既要防止求全责备,抬高"门槛",使入党申请人望而却步,又要防止降低标准、曲解标准。

第二,严格发展党员工作程序。严格程序,是保证发展党员质量的关键。我们党在长期的发展党员工作实践中,形成了一整套具有较强操作性的发展党员工作程序。从近些年各地的情况看,只要我们严格按照工作程序发展党员,认真履行手续,就能较好地保证新党员的质量;如果忽视程序、走过场,就不可避免地会出现这样那样的问题。要认识到,程序是制度,是规范,是纪律。我们要严格按照党章和党内有关规定,在发展党员的每一个环节严格程序、严格把关。当然,严格发展党员工作程序,不是说程序越多越好,要注意防止随意增加不必要的环节,以免影响发展对象的政治热情。

第三,努力扩大发展党员工作中的民主。充分发扬民主,坚持走群众路线,是保证发展党员质量的重要措施。一个人的政治觉悟、思想品质和入党动机怎样,群众最有发言权。近年来,各地在发展党员工作中积极拓宽群众参与的渠道,比如,有的地方采取党员推荐、群众推荐、有关部门推荐的方法考察确定入党积极分子,有的地方组织群众代表对入党申请人进行民主测评,有的地方在工作中实行公示制,还有的地方探索实行票决制,等等。这些做法,有利于扩大民主、接受群众监督,有利于防止发展党员工作中的不正之风,应在实践中继续坚持探索并不断加以完善。

紧紧抓住发展党员的工作重点,不断壮大党的队伍最基本的组成部分和骨干力量

在工人、农民、知识分子、军人和干部中发展党员,在生产、工作第一线和高知识群体、青年中发展党员,是发展党员的工作重点。要采取有针对性的措施,进一步把这几方面的工作任务落到实处。

第一,做好在工人中发展党员工作。中国工人阶级是推动先进生产力发展的基本力量,是我们党赖以建立、生存和发展的阶级基础。在新的形势下,吸收工人中的优秀分子入党,要适应发展社会主义市场经济的要求,统筹做好在不同所有制形式、不同组织形式的经济组织中发展党员的工作。一方

面,要坚持不懈地抓好在国有企业、集体企业发展党员工作,注意发展班组长、生产经营骨干和技术能手入党,努力解决一些生产班组没有党员的问题,做到关键岗位、艰苦岗位有党员,人数较多的生产班组建立党小组。另一方面,要抓好在非公有制企业发展党员工作,通过选派党建工作指导员、联系员等方法,加强培养入党积极分子的工作,注重在企业管理骨干和技术骨干中发展党员,影响和带动非公有制企业的广大职工积极靠近党组织。

第二,做好在农民中发展党员工作。我国农村人口占全国人口总数比例很高。农村的发展和稳定,事关全国的政治稳定和全面建设小康社会目标的顺利实现。农村党组织是党在农村执政的基础,农村党员是党在农村的骨干力量。做好在农民中发展党员工作,要围绕发展农村经济,增加农民收入,实现农村全面建设小康社会的目标来进行。要放宽视野,从回乡毕业生、复员退伍军人、致富能手、行业协会会员以及外出务工返乡青年中发现和培养入党积极分子。要注重在符合条件的致富能手中培养党员,把党员培养成致富能手,重点做好在有文化、有一技之长、能带头勤劳致富并带领群众共同致富的优秀分子中发展党员的工作。农村党组织在开展致富技能培训、培养村级后备干部和农村实用人才时,要优先考虑入党积极分子。要把在农民中发展党员工作与加强农村基层组织建设结合起来,切实解决一些地方农村党员带头勤劳致富、带领群众共同致富能力不强和村级党组织后继乏人等问题。

第三,做好在知识分子中发展党员工作。在当今科学技术迅猛发展,人才在经济社会发展和综合国力竞争中的地位和作用日益突出的形势下,做好在知识分子特别是高知识群体和各类人才中发展党员工作,对于我们党始终走在时代前列、引领中国发展至关重要。各级党组织特别是党员领导干部要进一步转变观念,转变作风,增强服务意识,积极为知识分子干事创业创造条件,用事业、感情和适当的待遇凝聚人,增强党在知识分子中的影响力和凝聚力。要结合不同行业、职业和知识分子自身的特点,有针对性地进行教育引导,激发他们的政治热情。要既坚持党员标准,注重思想政治素质和专业素质,又尊重个人特点,不求全责备。要注意突出工作重点,做好在高等院校、科研院所等知识分子相对集中的地方发展党员工作,特别要关注教学科研骨干、学术带头人、优秀留学归国人员等各类拔尖人才。对那些思想政治素质好、贡献突出、影响较大的入党申请人,要制定专门的培养教育计划,选派得力的培养联系人,重点做好培养提高工作。

第四,做好在青年中发展党员工作。赢得青年,才能赢得未来。培养和吸收优秀青年入党,对于增强党的生机和活力,保证党的事业后继有人具有重要意义。要认真研究和掌握当前青年人的思想政治状况,着力解决一些地方、一些领域青年人入党积极性不高的问题。要积极探索青年人成长进步的规律,制定符合青年人特点的培养教育措施。要丰富培养教育内容,重点对他们进行党的基本理论、基本路线、基本纲领、基本经验的教育,增进他们对党的感情,把广大青年凝聚在党组织的周围。要重视在大学生中发展党员。针对当代大学生的特点,探索建立多渠道、多层次的思想政治教育体系,教育引导大学生树立正确的世界观、人生观和价值观,端正入党动机。要坚持党员标准,防止简单地把学习成绩作为发展大学生党员的唯一条件。要严格工作程序,认真履行入党手续,保证把那些真正符合党员条件、品学兼优的大学生吸收到党内来。此外,要坚持着眼长远,立足教育,重在培养,个别发展,继续在中学生中扎实开展党的基本知识教育。

在做好以上工作的同时,要继续做好在军人和干部中发展党员工作,加强在妇女和少数民族中发展党员工作。

切实加强对领导干部和
干部选拔任用工作的监督*

(2004 年 7 月 19 日)

2003 年 12 月,中央颁布了《中国共产党党内监督条例
(试行)》。这是一部十分重要的党内法规。它的颁布实施,
对于坚持党要管党、从严治党的方针,发展党内民主,加强党
内监督,保持党的先进性,具有极为重要的意义。组织部门的
干部监督工作是党内监督的重要组成部分,认真贯彻落实
《党内监督条例(试行)》,是组织部门一项十分重要的任务。
做好组织部门的干部监督工作,重点是要加强对领导干部和
干部选拔任用工作的监督。下面,我就这两方面谈些意见。

一、按照《党内监督条例(试行)》的要求,
切实加强对领导干部特别是领导班子
主要负责人的监督

各级领导干部是党的事业的中坚。党要管党,关键是要
管好领导干部;加强干部监督工作,关键是要监督好领导干

---

* 这是贺国强同志在全国干部监督工作会议上讲话的主要部分。

部。《党内监督条例(试行)》明确提出,党内监督的重点是党的各级领导机关和领导干部,特别是各级领导班子主要负责人。加强对领导干部的监督,必须突出重点。一要通过对领导干部遵守政治纪律情况的监督,教育和引导领导干部坚定理想信念,坚定不移地走中国特色社会主义道路;认真执行中央的路线方针政策和重大决策部署,自觉维护中央权威,模范遵守党的纪律,在思想上、政治上、行动上与党中央保持高度一致;自觉实践为人民服务的宗旨,坚持党的群众路线,实现好、维护好、发展好人民群众的根本利益;坚持民主集中制,自觉维护领导班子的团结。二要通过对领导干部用人上的监督,教育和引导领导干部坚持干部队伍"四化"方针和德才兼备原则,坚持任人唯贤,严格遵守干部人事工作的各项规定,公道正派地用人,用公道正派的人。三要通过对领导干部作风的监督,教育和引导领导干部大力弘扬求真务实精神、大兴求真务实之风,坚持讲实话、察实情、办实事、求实效。四要通过对领导干部廉洁从政情况的监督,教育和引导领导干部以身作则,正确行使手中的权力,始终做到为民、务实、清廉,并自觉地与各种腐败现象作坚决的斗争。

加强对领导干部的监督,当前要注意抓好以下几方面的工作:

一是要进一步抓好民主集中制的贯彻执行。坚持和健全民主集中制,是加强领导班子思想政治建设、保持党的团结统一的重要内容。组织部门要会同有关部门,督促各级领导班子建立健全议事和决策规则,认真落实集体领导和个人分工负责相结合的制度。凡属方针政策性的大事,全局性的问题,重要干部的推荐、任免和奖惩,都要按照"集体领导、民主集中、个别酝酿、会议决定"的原则,由领导班子集体作出决定;领导班子成员要根据集体的决定和分工,切实履行自己的职责,同时关心全局工作,积极参与集体领导。要把能否模范执行民主集中制,能否做到胸怀宽广、与班子成员团结共事作为选拔干部的重要条件。要通过强有力的思想政治工作和制度建设,切实增强领导班子的团结。要定期或不定期地对领导班子特别是领导班子主要负责人贯彻执行民主集中制的情况进行监督检查,总结经验,推广典型,发现问题,及时解决。

二是要进一步落实党员领导干部民主生活会制度。要在党委(党组)领导下,组织部门会同有关单位,做好同级领导班子民主生活会的准备、组织和服务工作,同时加强对下级领导班子民主生活会的指导。要按照《党内监督条例(试行)》的要求,上级组织部门领导班子成员,除参加所在领导班子民主生活会外,还应当参加下一级领导班子的民主生活会,了解情况。要督促领导班子成员针对自身存在的问题,以及党员、群众提出的意见,认真进行整改。整改情况应在下次民主生活会上反馈。

三是要会同纪检机关进一步做好巡视工作。去年,中央制定了巡视工作制度。前不久,中央纪委、中央组织部召开巡视工作座谈会,对进一步做好巡视工作提出了明确要求。各省区市党委组织部要认真贯彻这次会议精神,配合纪检机关认真做好巡视工作。要积极探索,勇于实践,总结经验,不断完善巡视工作制度。要充分运用巡视的成果,把巡视工作的重点放在发现问题、解决问题上,促进领导班子建设。

四是要认真落实干部交流和回避制度。按照《党政领导干部选拔任用工作条例》的规定,对在一个地方和部门任职时间较长的领导干部应进行交流。重点抓好对县级以上地方党政领导班子主要成员,以及纪检机关、组织部门、法院、检察院和政府部分管理人财物部门主要负责人的交流,抓好党政机关内设机构处以上干部的交流或轮岗。从今年下半年开始,在对后备干部集中考察的基础上,结合班子的调整充实,先从组织部系统自身做起,加大干部交流的力度。要按规定落实好干部回避制度。

五是要重视群众信访举报反映的问题。积极营造群众监督的良好环境,形成群众对干部监督的有序参与机制,使人民群众在民主选举、民主决策、民主管理、民主监督中发挥更加积极的作用。今年3月,中央组织部在全国组织系统开通了"12380"专用举报电话,受到了干部群众的热烈欢迎和社会的广泛好评。我们要利用好这个平台,把群众参与干部监督工作的积极性保护好、引导好、发挥好。对群众信访举报反映的问题,线索比较具体的,要认真核实。要重视和引导舆论监督,支持新闻媒体通过内部反映或适当的公开报道,披露存在的问题。

二、以贯彻执行《党政领导干部选拔任用 工作条例》为重点,进一步加强和改进 对干部选拔任用工作的监督

为政之道,要在得人。马克思主义执政党不仅要有正确的思想路线和政治路线,而且要有正确的组织路线和干部路

线,关键是要选好人、用好人。《党政领导干部选拔任用工作条例》是党的干部路线方针政策的具体体现,也是加强干部选拔任用监督工作的基本依据。各级党委(党组)及其组织人事部门一定要坚持不懈地抓好《党政领导干部选拔任用工作条例》的贯彻落实,不断加强对贯彻执行情况的监督检查,为选贤任能提供有力保障。

要搞好监督检查,进一步促进《党政领导干部选拔任用工作条例》的贯彻执行。各级党委(党组)及其组织人事部门要继续抓好《党政领导干部选拔任用工作监督检查办法(试行)》的贯彻落实,切实做好监督检查工作。监督检查要在深入上下功夫。不仅要看党委(党组)学习领会《党政领导干部选拔任用工作条例》的情况,还要着重了解执行各项具体规定的情况;不仅要看履行干部选拔任用工作程序的情况,还要着重了解是否存在表面走程序、背后搞不正之风和腐败的问题;不仅要看干部选拔任用的全过程,还要对干部选拔任用的结果进行科学评价,着重了解选用的干部是否优秀,有没有识人不准、用人不当的问题。

要加强对干部选拔任用工作全过程的监督,坚决防止和杜绝干部"带病上岗"和"带病提职"。干部"带病上岗"和"带病提职",既损害干部队伍的形象,又损害党的形象,影响极坏。防止和杜绝这类现象的发生,必须在加强对干部选拔任用工作全过程的监督上下功夫。推荐干部要充分发扬民主,坚持走群众路线,广泛听取群众意见,注重群众公论,多数人不拥护的干部不能确定为考察对象。在干部考察工作中,要完善考察方法,全面了解干部德、能、勤、绩、廉等各方面的情况,既要听上级领导的意见,又要听一般干部和群众的意见;既要听正面意见,又要听反面意见;既要重视多数人的意见,又要重视少数人的意见;既要考察干部的工作圈,又要考察干部的生活圈、社交圈,防止考察失真失实。讨论任用干部要严格按照民主集中制办事,坚持集体讨论决定、少数服从多数。对在考察、巡视和受理举报中反映较多的干部,使用上一定要慎重。要充分听取纪检机关的意见,对反映的一些线索具体、情节严重的问题,特别是涉及领导干部利用职权为亲属子女谋取私利提供方便、重大项目和大额度资金审批个人说了算、生活作风奢靡等方面的问题,要深入调查核实。问题没有查清之前,不要急于作出任用决定;在重要岗位上的干部,发现有严重问题线索、不宜继续从事现岗位工作的,要先从该岗位上调整下来。

要加大查处力度,严厉整治用人上的不正之风和腐败现象。当前,干部选拔任用工作的主流是好的,但在一些地方和部门,仍然程度不同地存在着用人上的不正之风,有的甚至相当严重。要把整治用人上的不正之风和腐败现象,作为当前干部选拔任用工作监督的重中之重,切实抓好。要下大气力解决查处难的问题。有的领导干部好人主义严重,对出现的问题麻木不仁,该批评的不批评,该制止的不制止,该处理的不处理,甚至包着、护着。这样做,实质上是对党的事业的不负责任,是对用人上不正之风的纵容,到头来也是害了干部,必须切实加以纠正。要加大查处力度,对违反《党政领导干部选拔任用工作条例》的行为,要排除干扰,一查到底。一些典型的案件,要在一定范围内通报,必要时可在新闻媒体曝光。

做好新形势下培养选拔
党外干部工作[*]

（2004 年 8 月 24 日）

全面建设小康社会，既是一个造福我国十几亿人口的伟大事业，又是一个需要最大限度地调动一切积极因素、凝聚各方面力量为之共同奋斗的崇高事业。实现全面建设小康社会的宏伟目标，关键在于建设一支高素质的干部队伍。党外干部是党和国家干部队伍的重要组成部分。培养选拔党外干部是统一战线的一项基础性工作，在新世纪新阶段党和国家事业全局中具有特殊的重要作用。

进一步加强培养选拔党外干部工作，既要切实加强党外干部的培养教育，提高整体素质，又要高度重视党外干部的选拔任用，及时地把优秀党外干部选拔到适当的领导岗位上来；既要加大工作力度，做好党外干部的培养选拔工作，又要加强合作共事，充分发挥党外干部的作用；既要做好党外干部培养选拔的经常性工作，又要加强制度化、规范化建设，完善党外干部培养选拔工作机制。

---

* 这是贺国强同志在全国培养选拔党外干部工作座谈会上讲话的主要部分。

一、切实加强培养教育，不断提高
党外干部的整体素质

对党外干部的培养教育，是党的干部培养教育工作的重要组成部分，是选拔党外干部的一项重要基础性、经常性工作。我们要抓住当前大规模培训干部、大幅度提高干部队伍整体素质的大好时机，进一步加大对党外干部培养教育的力度，形成选拔党外干部的坚实基础和广泛人才来源。

第一，要切实加强教育培训，不断提高党外干部的思想政治素质和业务能力。在教育培训的内容上，要始终不渝地把用马克思列宁主义、毛泽东思想、邓小平理论和"三个代表"重要思想武装头脑作为首要任务，按照科学发展观的要求，认真组织党外干部学习党的统一战线的理论、方针和政策，学习多党合作的光荣历史和老一代民主党派成员、无党派代表人士与中国共产党真诚合作的优良传统，教育和帮助党外干部在政治上严格要求自己，解决好权力观、地位观、利益观的问题，始终与我们党同心同德，为共同的事业而努力奋斗。要加强以履行岗位职责为目标的知识更新和相关能力的培训，认真组织党外干部学习市场经济、依法行政、领导科学等方面的知识，不断提高党外干部的综合素质和业务能力。在教育培训的措施上，要把党外干部的培训摆上重要位置，纳入总体规划，切实加强宏观管理，不断增强针对性和实效性。既要充分发挥各级社会主义学院培训党外干部的基地作用，分期分批组织党外干部到各级社会主义学院学习培训，也要积极选送党外干部到各级党校、行政学院、干部学院和高等院校进行学习培训。党员领导干部尤其是主要领导干部，要关心党外干部的学习，与他们多交流、多沟通，经常与他们座谈讨论。要进一步解放思想、更新观念、创新方法，探索建立党外干部教育培训的新机制。

第二，要切实加强实践锻炼，不断提高党外干部解决实际问题的能力。党外干部原来大多从事科研、教学、专业技术等工作，学历较高，具有业务专长，但一些同志在行政管理等方面履行岗位职责的能力尚显不足。这就要求我们更加注重党外干部的实践锻炼，帮助他们丰富阅历，增长才干。一方面，要积极选派优秀党外干部到基层、贫困地区以及情况复杂、困难较大的地方任职或挂职锻炼，给他们交任务、压担子，使他们加深对基本国情的认识和对社会实际的了解，磨炼意志，增强处理复杂问题的能力。要围绕国家实施西部大开发战略和振兴东北地区等老工业基地战略，组织党外干部到西部地区和东北地区等老工业基地交流任职或挂职，使他们经受更多锻炼。另一方面，要组织党外干部到上级机关或经济相对发达地区挂职锻炼，使他们进一步开阔眼界、增长见识，增强驾驭社会主义市场经济的能力。对那些基本素质好、有发展潜力的党外干部，要及早进行多岗位交流，使他们在不同的工作岗位上积累经验，尽快成长起来。对拟担任较高层次领导职务的党外干部，要加大交流选配的力度。对在一个地方或部门担任同一职务时间较长的党外干部，应有计划地进行交流或轮岗。

第三，要切实加强后备干部工作，抓紧建立一支素质优良、数量充足、结构合理的党外后备干部队伍。加强党外后备干部队伍建设,总的是要按照《党政领导班子后备干部工作规定》和《2004—2008年全国党政领导班子建设规划纲要》的要求,把党外后备干部纳入党政后备干部队伍建设的总体规划,以省部级、地厅级党外后备干部的培养选拔为重点,采取切实有效的措施,抓紧建立党外后备干部名单。要充分考虑党外干部的特点,通过多种形式和途径,广泛推荐党外后备干部人选。对那些在公开选拔、竞争上岗中暂时未能提拔使用、符合后备干部条件的党外优秀年轻干部,可按规定程序列入相应的后备干部名单。要把党外后备干部的培养选拔工作与支持民主党派加强自身建设有机结合起来,及时发现和培养民主党派、无党派人士中新产生的代表人物和领导骨干,把其中符合条件的纳入党外后备干部名单。要根据工作需要,有意识地把一些优秀党外人才保留在党外,同时要加强对他们的培养教育,以利于他们在共产党领导的多党合作和政治协商制度中更好地发挥作用。要认真研究和把握党外干部的成长规律,立足当前,着眼长远,按照"缺什么补什么"的原则,有针对性地制定培养计划,明确培养目标,落实培养措施,全面提高党外后备干部的素质。重点做好条件比较成熟、近期可提拔使用的党外后备干部的培养工作。要坚持备用结合,实行动态管理,努力形成合理的结构和年龄梯次,以保证党同党外人士合作共事的连续性、稳定性,防止出现"断层"。今后,党外领导干部一般应从党外后备干部中选拔。

二、坚持从实际出发，完善党外
干部选拔任用工作机制

适应干部人事制度改革的需要，完善党外干部选拔任用工作机制，对做好培养选拔党外干部工作更具有根本性、长期性作用。我们要在进一步建立和完善机制方面，有所进展，有所突破。

第一，认真把握选拔任用党外干部的标准和条件，正确评价看待党外干部。要把好政治关，坚持干部队伍"四化"方针和德才兼备原则，把坚定不移地拥护中国共产党的领导，坚持走中国特色社会主义道路，自觉坚持和完善共产党领导的多党合作和政治协商制度作为首要条件。要在坚持政治标准的前提下，注重选拔那些既有业务专长和代表性，又有较强参政议政能力和一定组织领导能力的党外干部。选拔任用党外干部既要遵循干部工作的一般规律，参照执行《党政领导干部选拔任用工作条例》，又要充分考虑贯彻党的统战政策和改善领导班子结构的需要，考虑党外干部工作的特殊性，做到原则性与灵活性相结合。要坚持从实际出发，客观、公正、全面地评价党外干部，主要看党外干部的主流，看发展潜力。既要坚持标准和条件，防止为达到结构和数量要求而降格以求，又要破除论资排辈、求全责备的陈旧观念，不拘一格选拔党外干部。

第二，不断拓宽党外干部的选拔渠道，优化党外干部队伍结构。要扩大民主，广纳群贤，坚持走群众路线，注重社会公论,在更大范围选拔党外干部。要进一步发挥各民主党派、工商联和人民团体推荐党外领导干部人选的作用。要在从科教文卫系统特别是高等院校选拔党外干部的同时,注重从民主党派领导成员及工作骨干、无党派代表人士和人民团体、科研院所、国有企业中选拔党外干部。要根据经济社会发展带来的人才资源分布的新变化,逐步消除区域、部门、行业、身份、所有制等限制,积极探索从新的社会阶层和留学回国人员中选拔优秀党外人才担任领导职务,使党外干部队伍结构不断优化,更好地适应增强领导班子整体功能的需要。

第三,改进和完善党外干部选拔任用方式,逐步形成有利于优秀党外干部脱颖而出的机制。由于历史原因和党外干部队伍的自身状况,在现阶段,破格提拔、越级提拔党外干部的情况较多。但是,从长远看,培养选拔党外干部还是要遵循人才成长规律,一般应逐级提拔。为此,要积极创造条件,为党外干部成长铺设必要的台阶,充分发挥政治安排与实职安排的不同作用,把两者有机结合起来,为党外干部积累经验、增长才干、提高群众认可度提供更多的机会和渠道。要完善竞争机制,积极运用公开选拔、竞争上岗等方式选拔党外干部。近些年,一些地方采用了面向党外干部的定向公开选拔方式,取得了较好的效果,要不断总结完善。要积极创造条件,把那些优秀党外干部选拔到重要工作岗位上来,特别优秀、有培养前途的党外干部,可根据工作需要选拔担任部门(单位)行政正职。

三、进一步搞好合作共事，充分发挥党外干部的作用

能否与党外干部搞好合作共事、充分发挥党外干部的作用，是衡量各级党组织是否真正重视培养选拔党外干部工作、是否真正坚持共产党领导的多党合作和政治协商制度的一个重要政治标准。从这些年的工作实践看，做好这方面的工作，要注意处理好以下三个关系。

第一，要正确处理政府和司法机关党组与党外领导干部的关系。党组尊重、信任党外干部，支持党外干部开展工作，是保证党外干部有职有权有责、充分发挥作用的基本前提。党组要根据党外干部的特长，扬长避短，合理分工，调动他们的工作积极性和创造性。对党外干部分管工作范围内的重要事项包括人事问题，应事先听取并尊重他们的意见和建议。除有特殊规定外，党组会议要请领导班子中的党外干部列席，有关文件要送他们阅读学习，重大问题要向他们通报，使他们及时准确全面地了解党的方针政策，提高执行党的方针政策的自觉性和主动性。在处理与党外干部关系问题上，党组的同志尤其是主要负责同志要有宽广的胸怀。党外干部在工作中遇到困难时，党组主要负责同志要给他们撑腰；党外干部因经验不足、考虑不周，在工作中出现偏差时，党组主要负责同志要主动为他们挑担子；发现党外干部有缺点或不足时，党组主要负责同志要满腔热情地给予帮助。党外干部要自觉服从党组的领导，认真执行党组作出的各项规定，切实履行岗位职

责,真正发挥在参与决策、执行政策、联系群众等方面的作用。

第二,要正确处理集体领导与发挥党外干部作用的关系。正确处理这一关系的实质,就是要坚持民主集中制,把集体领导和个人分工负责结合起来,这对于建立健全科学的领导体制和工作机制,保持领导班子的战斗力具有重要作用。党外干部与党员干部一样,都要严格执行民主集中制原则,积极参与集体领导。讨论问题要畅所欲言,一旦形成决定,都要坚决贯彻执行。要认真按照国家法律法规的要求,规范自己的言行,行使相应的权力,承担相应的责任。要保证党外干部在其位、主其事、负其责,对分管工作真正享有行政管理的指挥权、处理问题的决定权和人事任免的建议权。

第三,要正确处理党外干部履行职责与做好其他兼职工作的关系。担任各级领导职务的党外干部往往具有双重身份。一方面,他们要履行领导岗位职责。具体说,在人大、政协任职的党外干部,要充分履行参政议政、民主监督的职责;在政府、司法机关和企事业单位任职的党外干部,要充分履行所任职务的岗位职责。另一方面,他们作为民主党派成员或无党派人士,是某一方面的代表性人物,担任了一些社会兼职,在社会事务或专业领域发挥参政议政或学术带头人的作用。正确处理好履行岗位职责与做好兼职工作的关系,就能相互促进、相得益彰。要积极引导党外干部以履行本职岗位职责为主,这是党外干部从事兼职的前提。在此基础上,党外干部从事一些与其代表人士身份相符的其他工作,有利于他们了解国情,拓宽视野,更好地发挥参政议政作用。不过,一个人的精力毕竟是有限的,过多的兼职必然会影响本职工作。

因此,各级组织部门要会同统战部门,一方面,要统筹考虑党外干部在社会组织中的兼职情况,引导党外干部把主要精力放在认真履行领导干部的岗位职责上;另一方面,要根据党外干部的情况,提供必要的条件,安排分管适宜的工作,以发挥党外干部在某些领域的特点和专长。党外干部也要自觉处理好两者的关系,切实发挥好作用。

建设与我国国际地位相适应的
高素质驻外使节队伍[*]

（2004 年 8 月 30 日）

    新中国成立 55 年来，特别是改革开放 26 年来，伴随着我国经济社会事业的蓬勃发展和改革开放的深入推进，我国的国际地位空前提高，外交工作取得了巨大成就。我有一个很深的体会：国家综合实力的增强为我们做好外交工作提供了坚实的基础和强大的后盾；而卓有成效的外交工作又为国内经济建设和改革开放营造了有利的国际环境。本世纪头 20 年，对我国来说，是一个必须紧紧抓住并且可以大有作为的重要战略机遇期。要抓住和用好重要战略机遇期，必须解决好外部环境问题。我们要始终不渝地奉行独立自主的和平外交政策，努力营造和维护一个和平稳定的国际环境、睦邻友好的周边环境、平等互利的合作环境和客观友善的舆论环境，最大限度地赢得自我发展的时间和空间。正在崛起的中国需要具有时代特征和中国特色的一流外交。一流的外交，需要一流的人才。驻外使节队伍建设作为外交人才队伍建设的重点，显得尤为重要。目前，我国已与世界上 166 个国家建立了外

---

* 这是贺国强同志在公开选拔高级外交官工作座谈会上讲话的一部分。

交关系,共派驻大使和驻联合国总部等国际组织代表 179 人,他们对外代表国家,地位重要,责任重大,其综合素质如何,作用发挥得怎样,直接影响到我国新时期外交工作总体战略能否顺利实现。总的看,驻外使节队伍是一支政治强、业务精、纪律严、作风正的队伍。但与中央的要求相比,与外交工作的新任务、新要求相比,驻外使节队伍还存在一定的差距。我们一定要从党和国家事业发展全局的高度,充分认识加强驻外使节队伍建设的重要性和紧迫性,按照"政治家办外交"的要求,切实把这项工作抓紧、抓好。

一是要把思想政治建设放在驻外使节队伍建设的首要位置。重视思想政治建设,是我们党的优良传统,也是长期以来加强领导班子和干部队伍建设的一条宝贵经验。要坚持把忠于党、忠于社会主义、忠于祖国、忠于人民作为驻外使节思想政治素质的第一要求,坚定理想信念,提高理论素养,增强运用马克思主义的立场、观点、方法分析和解决实际问题的本领,提高按照客观规律办事的能力。要进一步健全和完善驻外机构的学习制度。驻外使节要带头学习,全面准确地领会中央的大政方针,不断增强政治意识、大局意识和服务意识,提高贯彻执行党的路线、方针、政策的坚定性和自觉性。要加强驻外机构领导班子的民主集中制建设,全面落实馆长负责制,充分发扬党内民主,加强集中统一,保证决策的科学化、民主化和决策的有效执行。要继承和发扬外交干部队伍的优良传统,进一步改进思想作风、学风、工作作风、领导作风和干部的生活作风。

二是要大力加强驻外使节的业务能力建设。要抓住大规模培训干部、大幅度地提高干部队伍整体素质的大好时机,有计划地安排驻外使节到中央党校、国家行政学院、干部学院进行学习培训,到外交学院等高等院校进修业务,组织他们广泛学习政治、经济、文化、法律、科技、军事、地理、历史等方面的知识,学习外交业务,增强开展工作的本领。要利用驻外使节回国休假等机会,组织他们到各地参观,深入了解我国改革发展稳定的情况,增强为国内经济建设服务的意识和本领。要准确认识国际形势的发展趋势,深入了解所在国家和地区各方面的情况,增强驾驭复杂局面和解决复杂矛盾的本领。要加强内部交流和轮岗,以增加阅历,开阔眼界,磨炼意志,增长才干。还可以把优秀的年轻外交官放到其他部门、地方或企业挂职锻炼。对其中适应工作要求、挂职单位需要、个人自愿的,也可考虑将其调到这些单位工作,作为支援地方建设、储备使节后备干部的一种形式,需要的时候再调回使节队伍。

三是要认真做好驻外使节的选拔工作。要在保持驻外使节队伍相对稳定的前提下,扩大选人用人的视野,充分发扬民主,多渠道、多途径地选拔驻外使节。要进一步做好公开选拔高级外交官工作,并把集中选拔和个别选调结合起来,及时发现中央和地方有关部门和单位的优秀干部,在严格考察的基础上,及时将条件成熟的干部充实到驻外使节队伍中来。要按照《党政领导班子后备干部工作规定》和中央的要求,今年内争取建立一支 200 人左右、结构合理、素质优良的驻外使节后备干部队伍。要本着"缺什么补什么"的原则,有针对性地制定培养计划,明确培养目标,落实培养措施,全面提高驻外使节后备干部的素质。

　　四是要加强对驻外使节的监督管理。要认真贯彻执行《中国共产党党内监督条例(试行)》,切实加强对驻外使节的监督管理。要加强党的观念、国家观念和纪律观念的教育,加强国家安全的教育,强化他们的自我监督和"慎独"意识。要继续完善任前谈话制度,按照干部管理权限认真落实好大使赴任前的谈话工作,重点馆和敏感地区馆的大使赴任前,应向外交部和有关部门提出书面工作设想。要完善中央组织部、外交部领导联合听取大使述职制度,并及时将评价意见进行反馈。要建立健全提醒制度,发现问题和苗头及时进行提醒,对问题比较严重的,要认真查实,严肃查处。

　　五是要满腔热情地关心、爱护驻外使节。驻外使节远离祖国和亲人,工作在异国他乡,很不容易。要坚持从政治上、工作上、生活上关心和爱护他们,特别是要多关心和爱护在艰苦地区和复杂环境中坚持工作的驻外使节。要坚持用事业留人、用感情留人、用适当的待遇留人,切实改善他们的工作条件,适当提高他们的生活待遇,帮助解决他们家庭和生活中的实际困难,使他们在国外安心工作,无后顾之忧。当前,中央组织部要配合外交部,协调各有关方面,进一步帮助驻外使节解决住房、家属就业、子女上学等方面的困难。要建立和完善驻外使节激励机制,大力宣传、表彰作出突出贡献的优秀使节,特别优秀的要予以重用,以弘扬正气,形成正确的用人导向。

执政能力建设是党执政后的
一项根本建设[*]

（2004 年 9 月 27 日）

　　党的十六届四中全会专题研究了党的执政能力建设问题,作出了《中共中央关于加强党的执政能力建设的决定》。党中央在国际局势发生新的深刻变化,我国处在全面建设小康社会、加快推进社会主义现代化的重要时刻,作出关于加强党的执政能力建设的重要决定,有着深刻的历史背景和重大的现实意义。

一、国际局势的深刻变化,要求我们
党必须高度重视执政能力建设

　　当今世界,和平与发展仍是时代的主题。维护和平、谋求发展是各国人民的共同愿望,也是不可阻挡的历史潮流。但天下并不安宁,影响和平与发展的不确定因素在增加,国际局势正发生着复杂而深刻的变化,主要表现在:一是世界多极化

＊　这是贺国强同志在中央组织部机关学习贯彻党的十六届四中全会精神报
　　告会上讲话的一部分。

和经济全球化的趋势继续在曲折中发展,但是不公正不合理的国际政治经济秩序并没有根本改变,霸权主义和强权政治依然存在;经济全球化进程实际上是由发达国家主导,对发展中国家来说是一把"双刃剑",南北贫富悬殊继续拉大。二是科技进步日新月异,以经济为基础、科技为先导的综合国力竞争日趋激烈。全球范围内新一轮产业结构调整势头正盛,对市场、人才、战略资源等的争夺越来越激烈。三是传统安全威胁与非传统安全威胁的因素相互交织,恐怖主义危害上升,危及地区和世界的和平与稳定。四是各种思想文化相互激荡,敌对势力对我实施西化、分化的战略图谋始终没有改变。所有这一切都对我们党的执政能力和领导水平提出了重大挑战和严峻考验。我们党能否科学判断世界大势,正确驾驭复杂局面,趋利避害,加快发展,不断提高自己的执政能力,直接关系到党的事业兴衰成败,关系到党的生死存亡。

二、新世纪新阶段的艰巨任务和历史使命,要求我们党必须高度重视执政能力建设

经过全国人民的共同奋斗,我国的现代化建设已经取得了举世瞩目的成就,实现了"三步走"的第一步、第二步战略目标,拥有了进一步发展的坚实基础。党的十六大提出了全面建设小康社会的宏伟目标,极大地鼓舞了全国人民的斗志,但要实现这一目标,任务非常艰巨。必须看到,改革和发展的道路并不平坦,我们还面临着许多新的困难和压力。第一,我国正处于并将长期处于社会主义初级阶段,人口多,底子薄,

发展不平衡,人民日益增长的物质文化需要同落后的社会生产之间的矛盾仍然是我国社会的主要矛盾,加快发展的任务很紧迫。第二,从世界各国的发展进程看,人均 GDP 从 1000 美元至 3000 美元这个阶段,是一个至关重要的发展阶段。现在我国正进入这个阶段。在这一阶段,有可能出现两种前景:一种是正确把握这一时期的特点,适时进行政策调整,经济社会就会继续快速发展;另一种是搞得不好,就会导致经济社会长期徘徊不前,甚至出现社会动荡和经济倒退,落入"中等收入陷阱"。世界上一些国家在这个发展阶段的经验教训,值得我们认真汲取。第三,就经济体制改革来讲,目前正进入完善社会主义市场经济体制的攻坚阶段。进一步消除发展面临的诸多体制性障碍,还有许多问题需要深入解决。第四,经济快速增长带来的制约因素增多,尤其是资源压力加大。人口众多而资源相对不足,是制约我国发展的突出矛盾。我国正处在资源消耗强度较高的工业化阶段,经济的快速增长很大程度上是靠消耗大量的物质资源实现的。第五,随着经济改革的不断深化,人们的民主意识、政治参与意识不断增强,要求进一步加快社会主义民主政治建设。所有这些,都要求我们党必须大力加强执政能力建设,以更好地促进经济社会的全面发展。

三、55 年执政的历史经验启示我们,必须高度重视执政能力建设

我们党执掌全国政权已经 55 年了。55 年来,我们党带

领全国各族人民战胜各种风险和挑战,把四分五裂、贫穷落后的旧中国建设成为人民生活总体上达到小康水平、正在蓬勃发展的新中国,取得了举世瞩目的成就。这期间,我们有顺利和成功,积累了丰富的执政经验;也有挫折和失误,总结汲取了教训。我们党历来重视党的执政能力建设。新中国成立前夕,毛泽东同志把执掌全国政权比作"进京赶考",要求全党同志牢记"两个务必",强调"向一切内行的人们(不管什么人)学经济工作"〔1〕。据有关记载,在党中央从西柏坡向北平进发的前一天晚上,毛泽东同志怎么也睡不着。第二天早晨,他兴奋地对周恩来同志说:"今天是进京的日子,不睡觉也高兴啊。今天是进京'赶考'嘛。"周恩来同志说:"我们应当都能考试及格,不要退回来。"毛泽东同志说:"退回去就失败了。我们决不当李自成,我们都希望考个好成绩。"〔2〕那时,全党同志注重学习,提高本领,带领全国人民迅速医治好战争的创伤,在较短的时间内使国民经济得到了较快发展,完成了社会主义改造的历史任务,开始了大规模的社会主义建设。

党的十一届三中全会后,我们党实现了指导思想和根本路线上的拨乱反正。邓小平同志提出,要加强和改善党的领导,改革党和国家的领导制度,从完善体制和机制方面对提高党的领导水平和执政水平提出了新的要求。伴随着改革开放和现代化建设的历史进程,党的领导不断得到改善和加强,领

〔1〕 《毛泽东选集》第4卷,人民出版社1991年版,第1481页。
〔2〕 转引自《毛泽东传(1893—1949)》,中央文献出版社1996年版,第917页。

导水平不断提高,中国特色社会主义事业蓬勃发展。党的十三届四中全会以后,江泽民同志深刻指出:"我们的事业最终能否成功,很大程度上取决于我们党的领导水平和执政能力。"[1]以江泽民同志为核心的党的第三代中央领导集体,提出并实施了一系列加强执政能力建设的重大决策,使党的建设得到不断加强,为改革开放和现代化建设提供了有力保证。党的十六大报告第一次明确提出了加强党的执政能力建设这一重大战略课题,充分体现了我们党对执政经验的深刻总结,体现了我们党对共产党执政规律认识的深化。十六大以来,以胡锦涛同志为总书记的党中央围绕加强党的执政能力建设这个重点,在加强党的思想、组织、作风和制度建设方面作出了一系列重大部署,并决定十六届四中全会专题研究加强党的执政能力建设问题。各级党委和广大党员干部,进行了多方面的研究和探索,我们党对执政能力建设的重要性、紧迫性、规律性的认识不断深化。

我们党 55 年执政历史的经验告诉我们,党要执好政,要团结和带领广大人民群众实现肩负的历史使命,就必须不断提高执政能力,不断增强治国理政的本领。

四、世界上一些大党老党衰败的深刻教训警示我们,必须高度重视执政能力建设

20 世纪 80 年代末以来,世界上一些长期执政的大党老

---

[1] 江泽民:《论党的建设》,中央文献出版社 2001 年版,第 484 页。

党相继失去执政地位,有的甚至彻底垮台。这些党衰败的事实令人警醒,发人深思。苏联共产党有 93 年的历史,执政了74 年,拥有 2000 多万党员,却在一夜之间丧失政权,土崩瓦解。东欧国家执政的共产党,长期跟着苏共走,落后于时代,严重脱离群众,顷刻之间也纷纷丧失了执政地位。墨西哥革命制度党在 71 年的执政过程中曾创造过经济"奇迹",但在20 世纪 80 年代以后,面对经济全球化的迅猛发展,其发展战略出现失误,引起人民强烈不满,最终在大选中败北。

从这些大党老党的垮台和衰败中可以得出这样几条教训:一是指导思想不能与时俱进,党的理论和纲领僵化,党必然失去活力和生命力;二是党脱离群众,违背和损害大多数群众的利益,尤其是腐败问题严重,就会失去群众的支持和认可;三是经济没有搞上去或忽视社会公平,引起群众的不满,就会动摇党执政的物质基础和群众基础;四是不能掌握和正确引导舆论,在意识形态上放任自流造成思想上的混乱,就会成为执政党垮台的催化剂;五是不能正确应对国际局势、有效抵制外部势力的渗透和干涉,而导致执政地位的丧失。这些教训归结起来,就是执政能力不强,对执政规律缺乏正确的认识和把握。我们必须认真汲取,不断加强党的执政能力建设。

五、党自身面临的新情况新问题,要求
我们党必须高度重视执政能力建设

我们党经过 80 多年的发展,所处的地位和环境以及党的队伍状况都发生了重大变化。我们党已经从一个领导全国人

民为夺取政权而奋斗的党,发展成为领导人民掌握全国政权并长期执政的党;从一个受到外部封锁和实行计划经济条件下领导国家建设的党,发展成为在对外开放和发展社会主义市场经济条件下领导国家建设的党。从党的队伍状况看,我们党已经拥有6800多万名党员,50多万名县处级以上领导干部,新党员大幅度增加,一大批年轻干部走上领导岗位。这些都给党带来了活力,同时也使党员干部队伍建设出现许多新情况新问题。

现在,我们党的执政能力同党肩负的重任和使命总体上是适应的。但是,面对新形势新任务的要求,党的执政能力也存在一些不相适应的地方。这其中既有领导方式、执政方式方面的问题,也有领导体制和工作机制方面的问题;既有各级领导班子方面的问题,也有基层组织方面的问题;既有领导干部方面的问题,也有一般党员、干部方面的问题;既有思想理论、素质能力方面的问题,也有制度和作风方面的问题。这些应当引起我们的高度警醒和重视。如果我们不能切实解决党的思想、组织、作风和制度建设上存在的突出问题,不能及时改革党的领导方式和执政方式同新形势新任务的要求不相适应的地方,不能始终做到居安思危、防微杜渐,我们党就会失去人民群众的支持和拥护,甚至有可能丧失执政地位。

总之,加强党的执政能力建设,是一个关系中国特色社会主义事业兴衰成败、关系中华民族前途命运、关系党的生死存亡和国家长治久安的重大战略课题。只有不断解决好这一课题,才能保证我们党在世界形势深刻变化的历史进程中始终走在时代前列,在应对国内外各种风险和考验的历史进程中始终成为全国人民的主心骨,在建设中国特色社会主义的历史进程中始终成为坚强的领导核心。

构建城市社区党建工作新格局[*]

（2004 年 10 月 9 日）

党中央对街道、社区党的建设工作历来非常重视。特别是近些年来,中央根据形势的发展变化,对街道、社区党的建设作出了一系列重要指示,强调要切实把城市社区党建工作摆到重要位置上来。我们要认真贯彻落实中央要求,紧紧围绕城市改革发展稳定的大局,紧密结合城市社区建设的实际,以保持党同人民群众的血肉联系为核心,以服务群众为重点,构建城市社区党建工作新格局,提高街道、社区党组织的创造力、凝聚力和战斗力,扩大党在城市工作的覆盖面,为创建管理有序、服务完善、环境优美、文明祥和的新型社区,促进城市现代化建设提供坚强的组织保证。

一、不断扩大党的工作在城市社区的覆盖面

把党的工作及时有效地覆盖到城市各领域,是不断发展变化的新形势赋予街道、社区党建工作的重要任务。街道、社区党组织要切实承担起这一重要职责,不断增强党在全社会

---

*　这是贺国强同志在全国街道社区党的建设工作座谈会上讲话的主要部分。

的影响力和凝聚力,做到哪里有群众哪里就有党的工作,哪里有党员哪里就有党的组织,哪里有党的组织哪里就有健全的组织生活和坚强的战斗力。

第一,大力加强社区内新经济组织和新社会组织的党建工作。近些年来,我国"两新"组织得到了迅速发展,这些领域的党建工作也逐步加强。但也要看到,这些领域党员数量偏少、党的基础工作薄弱等问题还很突出。街道、社区党组织在区域性党建工作中占有主导地位,对加强辖区内"两新"组织的党建工作担负着重要责任。一要及时指导和协调社区内"两新"组织建立健全党组织。对符合建立党组织条件而尚未建立的,要加大工作力度,主动上门做好法定代表人的教育引导工作,尽快把党组织建立起来。对暂不具备单独建立党组织条件的,可通过建立党员联络服务站、选派党建工作指导员、帮助建立群众组织等方式,为建立党组织创造条件。二要指导和帮助这些领域的党组织积极开展工作。要与"两新"组织的登记管理机关、业务主管单位建立双向联系制度,把这些领域的党建工作纳入区域性党建工作的总体布局,在业务指导和开展创先争优活动等方面给予必要支持。三要按照《中共中央组织部关于进一步做好新形势下发展党员工作的意见》,做好在"两新"组织包括其他社会阶层中发展党员工作。

第二,切实加强和改进对退休人员、下岗失业人员、流动人员中党员的教育管理和服务工作。社区内的退休人员、下岗失业人员、流动人员中的党员,是社区党员队伍的重要组成部分,也是推进社区建设和服务社区群众的重要力量。切实加强对他们的教育、管理和服务,使党员的先进性在社区建设中得到充分体现,是街道、社区党建工作的新课题。要认真做好退休人员、下岗失业人员和流动人员中党员组织关系的接转工作。条件成熟的,要尽快落实;条件暂不成熟的,要主动与有关部门和企业党组织沟通和协商,共同提出解决问题的具体措施,不得以任何理由推诿或拒绝接收。要采取适当方式,组织他们参加党的活动。要切实关心下岗失业人员中党员的思想、工作和生活,想方设法为他们排忧解难,鼓励他们带头再就业和带领下岗失业人员再就业。要进一步改进对流动人员中党员的教育、管理和服务。要把流动人员中的党员基本情况和管理状况搞清楚,防止出现"空白点",确保流动人员中的每一名党员都能及时接受党组织的教育管理,在各自的工作岗位上充分发挥先锋模范作用。要探索做好出(归)国留学生和待岗大中专毕业生中党员管理服务工作的有效途径和方式方法。要做好在下岗失业人员和流动人员中发展党员的工作,坚持标准,严格程序,确保发展党员质量。

第三,积极引导和激励在职党员在社会生活中充分发挥先锋模范作用。在职党员工作在单位,生活在社区。积极引导和激励他们在社会生活中充分发挥先锋模范作用,是加强街道、社区党建工作的重要内容,也是党政机关、企事业单位党建工作的有效延伸和必要补充。街道、社区党组织要根据在职党员的职业特点和个人专长,通过建立党员服务中心、党员联络服务站、居民楼栋党组织、党员责任区、党员志愿者服务队等多种形式和载体,适宜、适时、适度地组织他们参加社区建设,使党员的知识和技能在社区得到充分发挥。要建立健全街道、社区党组织与在职党员所在单位基层党组织之间的双向互动机制，教育、引导和督促在职党员增强在社会生活中的党员意识，充分发挥先锋模范作用。党员所在单位党组织对党员考核、奖励、晋升时，应注意听取该党员所在街道、社区党组织的意见，考察了解其"八小时之外"的表现。

二、大力加强街道、社区党组织的自身建设

街道、社区党组织是街道、社区各种组织和各项工作的领导核心。开展街道、社区党建工作，首先要抓好党组织的自身建设。要按照"五个好"〔1〕的目标要求，不断增强街道、社区党组织的创造力、凝聚力和战斗力。

第一，要及时建立和调整街道、社区党组织。各地要根据城市基层管理体制改革的实际和社区党员的变化情况，坚持边组建边调整、边巩固边提高，确保实现"一社区一支部（总支、党委）"。对因党员人数不够或其他原因没有单独建立党组织的社区，要采取切实有效的措施，创造条件成立党组织。特别是在小城镇、关停破产企业聚居区以及城市新区、开发区和新建居民区，要按照党章的有关规定，及时调整和建立社区党组织。具备条件的，可在居民楼院设置党支部或党小组。

第二，要进一步明确街道、社区党组织的主要职责。作为党在城市工作的基础，街道、社区党组织要积极宣传和执行党

---

〔1〕 "五个好"，即领导班子好、党员队伍好、工作机制好、工作实绩好、群众反映好。

的路线方针政策,宣传和执行党中央、上级组织和本组织的决议,努力完成本单位所担负的任务;作为城市社会管理的基层单位,街道、社区党组织要讨论决定本街道、本社区的重大问题,通过协调有关部门、动员各方力量、整合各类资源,共同推进各项工作的开展;作为城市基层各种组织和各项工作的领导核心,街道、社区党组织要处理好与街道社区行政组织、群众组织以及驻区"两新"组织的关系,充分发挥领导核心作用;作为党在城市联系群众的前沿阵地,街道、社区党组织要密切联系群众,热情服务群众,做好群众工作,化解社会矛盾,维护社会稳定。

第三,要切实加强街道、社区党组织领导班子建设。要认真执行干部的教育、管理和监督制度。通过公开选拔、竞争上岗等方式,把那些德才兼备、熟悉城市基层管理和社区建设、务实清廉、实绩突出、群众公认的人及时选拔到街道、社区党组织领导岗位上来,尤其是要选好配强街道、社区党组织的书记。对街道、社区党组织领导班子成员要严格要求、严格教育、严格管理、严格监督,努力把街道、社区党组织领导班子建设成为政治坚定、求真务实、开拓创新、勤政廉政、团结协调的坚强领导集体。

第四,要大力加强街道干部和社区工作者队伍建设。要拓宽渠道,采取从机关下派、面向社会公开招聘等方式,不断充实街道干部队伍,努力改善其结构。要加大街道干部交流的力度,打破地域和行业界限,搞活用人机制,增强街道干部队伍的生机和活力。要着力解决当前社区工作者队伍中存在的文化偏低、年龄偏大、能力偏弱等问题,注意从党政机关和企事业单位职工中,从大中专毕业生、下岗失业人员、复员转业军人中选贤任能,努力造就一支数量充足、结构合理、素质较高的社区工作者队伍。要建立健全培训制度,把对社区工作者的培训纳入整个干部队伍的教育培训体系,加大培训工作力度,不断提高他们依法办事、做好新时期群众工作和发展社区事业的能力。

三、积极探索街道、社区党组织发挥领导核心作用的有效途径

　　能否充分发挥街道、社区党组织的领导核心作用,事关党的路线方针政策在街道、社区的贯彻落实。我们要积极探索街道、社区党组织发挥领导核心作用的有效途径,团结社区各种组织,凝聚社区各方力量,共同做好社区工作。

　　第一,建立健全以社区党组织为核心的社区组织体系。各地要在加强社区党组织建设的同时,建立健全社区居民自治组织、群众组织和社区服务组织,构建以社区党组织为核心,功能健全、运转有序的社区组织体系,为增强社区服务功能、凝聚社区群众打牢组织基础。一是要完善社区居民自治组织。按照便于服务管理、便于开发社区资源、便于社区居民自治的原则,科学合理地划分社区,及时建立健全社区居民自治组织,依法民主选举产生社区居委会。二是要建立健全社区群众组织。坚持因地制宜,循序渐进,成熟一个,组建一个。三是要建立健全社区服务组织。着眼于满足社区群众多层次、多样化的需求,进一步搞好区、街道、社区各层面的服务中

心和服务站点建设,大力培育各具特色的服务组织,建立健全点、线、面相结合,大众化与个性化相结合,无偿服务与有偿服务相结合,社会化与产业化相结合的社区服务体系,不断提高社区服务的质量和水平。

第二,正确处理社区党组织与社区其他组织的关系,确保社区组织体系有效运转。一是要规范社区决策议事规则,健全和完善社区党组织领导的充满活力的社区居民自治机制。既要充分发挥社区党组织在社区工作中的领导核心作用,又要支持和保障社区居民委员会依法自治、履行职责。要切实引导社区居民委员会增强党的观念,自觉接受社区党组织的领导。二是要支持和保证社区群众组织依照各自的章程开展工作。街道、社区党组织要加强对社区群众组织的领导和指导,充分发挥他们联系广泛、贴近群众的优势和桥梁纽带作用。三是要加强对社区服务组织的引导和监督。积极引导社区服务组织依法经营管理,支持和鼓励他们开展各种健康文明、丰富多彩的社区服务活动。社区服务组织要自觉接受社区党组织的指导、帮助和监督,充分发挥自身的服务功能,造福居民,服务社区。此外,要注意协调好社区居委会、业主委员会、物业管理企业之间的关系,在依法发挥各类组织功能、处理各种矛盾纠纷、维护各方合法权益中实现党组织的监督和引导作用。

第三,完善街道、社区党建工作协调机制,充分发挥街道、社区党组织在辖区内社会性、群众性、公益性工作中的主导作用。要按照条块结合、资源共享、优势互补、共驻共建的原则,健全完善街道、社区党建工作协调机制。目前,绝大多数地方已建立了由街道党（工）委、社区党组织牵头，驻区有关单位基层党组织参加的街道、社区党的建设工作协调议事机构，在社区建设中发挥了重要作用。但从各地反映的情况看，仍存在协调议事机构运转不畅、驻区单位参与社区工作的积极性不高等问题。解决这些问题，关键要发挥好街道、社区党组织在协调议事机构中的主导作用。各地要按照有关规定和要求，明确协调议事机构的议事规则、工作内容和工作程序，赋予街道、社区党组织相应的组织、协调职能，确保社区党建工作协调机制有效运行。街道、社区党组织要不断增强为驻区单位服务的意识，以共同需求、共同利益、共同目标为纽带，充分调动驻区单位参与社区建设的积极性。驻区单位基层党组织也要进一步增强共建社区的责任意识，自觉接受驻地街道、社区党组织的指导与协调，积极参与协调议事机构的工作，主动出主意、想办法，努力为社区工作提供人力、物力等方面的支持。

四、积极推进街道、社区党建工作的创新

街道、社区党建工作是基层党建的重要领域，面临不少新的情况和问题。要在坚持好传统、好经验的基础上探索创新，进一步提高党领导城市基层工作的水平。

第一，要不断推进街道、社区党建工作的观念创新。一是要牢固树立以人为本、为社区群众服务的观念。大力倡导上级党组织为下级党组织服务、基层党组织为党员服务、各级党组织和广大党员为群众服务，进一步把街道、社区党建工作的

重点转移到搞好社区管理和服务上来。二是要牢固树立社区党建与社区建设相结合的观念。要防止出现社区党建与社区建设"两张皮"的现象，真正把社区党建与社区建设紧密结合起来，统一到社区发展的全过程。三是要牢固树立区域性大党建观念。街道、社区党建是以街道、社区党组织为主体，由辖区内机关、企事业单位和其他各类组织中的基层党组织共同参与的区域性党建工作，单靠街道、社区党组织"单打一"很难奏效，必须协调各方力量、整合各类资源，以大党建的观念和办法加以推进。

第二，要不断推进街道、社区党建工作的机制创新。各级党组织要把在实践中创造的好经验好做法用制度的形式固定下来、坚持下去。比如，要根据党组织工作职能的要求，建立以规范议事范围和议事程序为主要内容的党组织重大问题决策机制；要针对社区内党员数量大量增加、构成日益复杂的状况，建立健全寓教育、管理于服务之中的党员队伍建设机制；要适应区域性党建工作的要求，进一步健全运转有效的街道、社区党建工作协调机制；要适应街道、社区党建工作规范化建设的需要，探索建立科学合理的街道、社区党建工作考核评价机制，等等。

第三，要不断推进街道、社区党建工作的方式方法创新。一是要加强民主决策。街道、社区党组织要把服务群众和建设社区的事办好，就必须坚持群众路线，走民主决策的路子，决不能对社区其他各种组织、各个单位搞强迫命令和乱摊派。二是要加强分类指导。我国地域辽阔，地区之间发展不平衡，城市与城市之间的基础和情况也不同，同一个城市各个街道、社区的条件和特点也不一样。上级党委、政府要坚持分类指导，探索各种不同类型的社区党组织设置形式和活动方式，确定有针对性的指导内容，不断改进指导方式，务求工作实效。三是要坚持典型引导。要紧密结合不同时期、不同阶段的党建工作实际，创建不同层次、不同类型和作用突出、群众公认的典型示范群体，以点带面，形成争先创优的良好局面，促进街道、社区党建工作的深入发展。四是要善于运用信息化的工作手段。实践证明，利用信息化技术建立党建工作数据库、社区党建网站等做法，对于实现党务工作由传统的静态管理向科学化、智能化的动态管理的转变，发挥了重要作用，有必要在今后的实践中进一步探索和推广。

国有企业要担负起经济责任、
政治责任和社会责任[*]

（2004 年 11 月 2 日）

国有企业是经济组织,承担着重要的经济责任,同其他所有制形式的企业一样,要参与市场竞争,讲求经济效益,努力生产更多符合社会和人民需要的产品,创造更多的财富,为国家综合实力的增强作出积极贡献;同时,国有企业特别是关系国家安全和国民经济命脉的国有重要骨干企业又是特殊的经济组织,担负着重要的政治责任和社会责任,在国民经济中发挥着重要的骨干作用和支柱作用,是国家可以直接掌控的加强宏观调控、应对突发事件和重大经济风险的可靠力量,对于我国经济社会的全面、协调和可持续发展具有极其重要的保障作用。国有企业领导班子要切实增强政治意识、大局意识和责任意识,领导国有企业更好地担负起其应负的经济责任、政治责任和社会责任。

国有企业在经济社会发展中的特殊重要地位,决定了国有企业领导人员必须坚持讲政治。国有企业领导班子和领导

---

* 这是贺国强同志在全国国有企业领导班子思想政治建设座谈会上讲话的一部分。这个座谈会是中央组织部在山东省青岛市召开的。

372

人员要善于从政治上判断形势、分析问题,不断增强政治敏锐性和政治鉴别力,承担起应负的政治责任。要注意把握好以下四条:一是要坚持党对国有企业的政治领导。这是一个重大原则问题,任何时候任何情况下都不能动摇。要在思想上、政治上、行动上同党中央保持高度一致,确保中央政令在企业的畅通,确保党的路线方针政策在企业的贯彻落实。二是要坚持国有企业改革发展的正确方向。坚持和完善以公有制为主体、多种所有制经济共同发展的基本经济制度,发展壮大国有经济,发挥国有经济的主导作用,增强国有经济的控制力、影响力和带动力。三是要充分发挥企业党组织的政治核心作用。这是我们的一大政治优势,在深化改革、建立现代企业制度的过程中,一定要始终坚持和充分发挥这个优势。四是要全心全意依靠工人阶级。这是我们党的一项基本方针。随着社会生产力的发展和生产方式的进步,我国工人阶级的结构发生了变化,但工人阶级的先进性没有改变,作为领导阶级的社会地位没有改变,作为党的阶级基础没有改变。国有企业领导人员一定要始终坚持这个基本方针,依靠职工群众办好企业,切实把广大职工群众的积极性引导好、保护好、发挥好。

国有企业领导班子要善于从全局的高度来观察和处理问题,识大体、顾大局,自觉把企业的改革发展放到国家经济社会发展的全局中去谋划、去推进,始终牢记国家利益至上,始终坚持在大局下行动。比如,今年以来,中央针对经济运行中存在的突出矛盾和问题,采取了加强和改善宏观调控的政策措施,取得了明显成效。这些重大决策和部署,是从国内经济形势和国际经济环境的大局出发提出来的,事关国民经济持续健康发展,从整体上讲,有利于国有企业的长远发展,但有些措施可能对某些企业的近期发展和经济效益带来一定影响。这就要求国有企业必须坚持局部利益服从全局利益、当前利益服从长远利益,不折不扣地贯彻执行,确保国家宏观经济目标的实现。比如,在国际政治经济环境深刻变化的情况下,国际油价可能出现大幅波动,如果国际油价持续攀升,炼油企业就要开足马力生产,满足成品油供应,在确保安全生产的前提下,尽可能增加原油加工量,为市场提供更多的成品油,保证供应不断档,确保社会稳定。

发展是党执政兴国的第一要务。在改革中推进国有企业的发展,是国有企业领导班子和领导人员第一位的责任。我们说"责任重于泰山",就是要求大家努力做到四个"始终负责":一要始终对国家负责。国家把这一份国有资产交给我们经营管理,这是对我们的最大信任,我们有责任确保国有资产保值增值、把国有企业做强做大。二要始终对社会负责。企业是社会的一部分,企业发展了,就能促进社会的发展;企业不稳定,就会影响社会的稳定。要全力做好企业发展稳定的各项工作,为社会的发展稳定作出应有的贡献。三要始终对企业负责。要围绕企业的生产经营,制定科学的发展战略和目标,不断增强企业的市场竞争力,千方百计把企业搞好。四要始终对职工群众负责。企业是职工群众的"家"。企业的发展事关企业职工群众的切身利益。只有把企业办好了,才能满足广大职工群众日益增长的物质、文化生活需要,不辜负广大职工群众对我们的期望和重托。

严厉整治用人上的
不正之风和腐败现象[*]

（2004 年 12 月 10 日）

　　用人上的不正之风和腐败现象,严重损害干部队伍乃至党的形象,败坏党风政风乃至社会风气,危害很大,人民群众反映十分强烈。要切实加强对领导干部和干部选拔任用工作的监督,采取有力措施解决这方面存在的突出问题。要建立健全强化预防、及时发现、严肃纠正的监督工作机制。完善领导干部有关廉政建设制度。出台违反《党政领导干部选拔任用工作条例》的处理规定,完善组织部门干部选拔任用工作的内部监督机制,制定关于加强组织部门干部监督工作的意见。充分发挥"12380"举报电话的作用,及时发现并查处领导干部和干部选拔任用工作中存在的问题。会同纪检机关,继续做好巡视工作,并运用巡视成果加强和改进对领导干部和干部选拔任用工作的监督。

　　当前,要把查处人民群众反映强烈的违反《党政领导干部选拔任用工作条例》的行为,尤其是查处跑官要官、买官卖官和防止杜绝"带病上岗"、"带病提职"问题作为一项重点任

---

*　这是贺国强同志在全国组织部长会议上讲话的一部分。

务来抓,切实抓出成效。

在严肃查处跑官要官、买官卖官等不正之风方面,一是对跑官要官的,至少在一段时间内不能提拔使用,情节严重的要进行组织处理;二是对在民主推荐和选举中搞非组织活动的,要坚决查处,已经提拔的要从领导岗位上撤下来,并视情节给予相应的纪律处分;三是对受贿卖官的,要按有关规定严肃查处,对行贿买官的,也要一律先免去职务,再按规定处理;四是违反《党政领导干部选拔任用工作条例》规定作出的干部任免决定一律无效,由党委(党组)及组织人事部门按照干部管理权限及时予以纠正;五是凡本地区本部门用人上的不正之风严重,对违反组织人事纪律的行为查处不力的,要追究有关领导的责任。

在坚决防止和杜绝干部"带病上岗"和"带病提职"方面,一是在干部考察过程中反映问题线索具体、情节严重的,要进行调查核实,在没有查清之前,不要急于作出提拔使用的决定;二是对拟提拔的干部,在提交党委(党组)讨论前,均要先听取纪检监察机关的意见;三是对新提拔的干部均要按有关规定,执行任前公示和试用期制度,并进行任职谈话,尤其要对廉洁自律方面提出严格要求;四是干部提拔后,要进行跟踪考察了解,发现有重要来信、举报或行为不检点的,要进行诫勉谈话或函询;五是对在重要岗位工作、发现有严重问题线索、不宜继续从事现岗位工作的干部,要先从该岗位上调整下来,视情况作出适当安排,同时进行调查核实;六是对"带病上岗"和"带病提职"的干部,要对其选拔任用过程进行调查,确实存在用人失察失误的,要追究有关责任人的责任。

　　在对领导干部严格要求、严格管理的同时,要满腔热情地关心爱护干部,注意把干部在政治方向、道德品质、廉洁自律方面存在的问题和工作中存在的问题区分开来,把重大问题与一般性问题区分开来,努力调动干部做好工作的积极性,切实保护那些真正干事创业的干部。

组工干部要提高五方面能力^{*}

（2004 年 12 月 30 日）

　　加强组工干部队伍的能力建设,既是加强党的执政能力建设的重要组成部分,也是推进新时期组织工作的重要保证。我们要认真学习贯彻党的十六届四中全会作出的《中共中央关于加强党的执政能力建设的决定》,把加强组工干部队伍的能力建设作为组织部门自身建设的重点来抓,坚持"政治上靠得住、工作上有本事、作风上过得硬"的要求,不断提高组工干部的能力和水平。

　　第一,要提高政治鉴别的能力和水平。组织部门的干部,必须把讲政治作为第一位的要求。这是组工干部能力建设的根本要求。讲政治是具体的,既要体现在自己平时的一言一行上,更要体现在组织部门的各项工作中。一是要坚定政治信念。要牢固树立正确的世界观、人生观、价值观,坚决抵制封建主义、资本主义腐朽思想的侵蚀;要坚定共产主义理想信念,坚定不移地走中国特色社会主义道路;要增强执政为民、执政兴国的政治责任感和历史使命感,坚定全面建设小康社会、加快推进社会主义现代化、实现中华民族伟大复兴的信心

＊　这是贺国强同志在中央组织部领导班子民主生活会上讲话的一部分。

和决心。二是要坚定政治立场。要坚定不移地贯彻执行党的基本理论、基本路线、基本纲领、基本经验和各项方针政策,在思想上政治上行动上同党中央保持高度一致。在大是大非面前头脑清醒,立场坚定,旗帜鲜明,经得住考验,坚决维护党和人民的根本利益。三是要增强政治敏锐性。要善于从政治上观察和处理问题,善于运用马克思主义的立场观点方法分析和解决问题,对事关改革发展稳定大局的事情要尽心尽力做好,对一些苗头性、倾向性问题要见之于初萌、防之于未发,不断提高工作的科学性和预见性。四是要有良好的职业操守。要坚持公道正派,展示组工干部特有的人格魅力。

第二,要提高政策运用的能力和水平。政策和策略是党的生命。组织部门不仅要认真贯彻执行党的路线方针政策,而且还直接承担着研究和制定党的组织工作、干部工作、人才工作等方面政策的重要任务。运用政策的能力和水平,是组工干部工作能力和水平的一个重要方面。提高运用政策的能力和水平,要从以下三方面入手:一是要加强理论学习。这是提高运用政策能力和水平的前提。组织部门的干部,在理论学习上要有更高的标准,切实做到我们常说的先学一步、多学一点、学深一些。要对马克思列宁主义、毛泽东思想、邓小平理论和"三个代表"重要思想进行系统深入的学习和研究,在深刻领会和全面把握其内在联系、精神实质和本质特征上下功夫;要对党的基本理论、基本路线、基本纲领、基本经验进行系统深入的学习和研究,在深刻领会和全面把握党领导人民推进改革开放和现代化建设一系列重大理论和实践问题上下功夫,不断提高自己的思想理论水平;要多学点哲学,提高客观地、全面地、辩证地、历史地分析、看待人和事的能力、水平；要认真学习党建理论和组工业务知识；要认真学习经济、科技、法律、历史等方面的知识，不断扩大知识面。二是要加强政策研究。要全面、准确地把握中央和地方党委近一个时期关于经济和社会发展的方针政策和各项决策部署，自觉把思想和行动统一到中央关于国内国际形势的分析判断和作出的重大决策部署上来，善于从全局出发思考问题，切实做到围绕中心、服务大局。要认真研究和掌握组织工作的各项政策，把握组织工作的特点和规律，努力成为组织工作的行家里手。三是要加强实践调研。要坚持理论联系实际，深入实际、深入基层、深入群众，搞好调查研究。要了解和掌握党的路线方针政策在基层贯彻落实的情况，了解和把握改革、发展、稳定中的重大理论和实际问题，了解和把握组织工作面临的新情况、新任务、新课题，在深入调研、搞好试点和认真总结基层经验的基础上，研究提出推进组织工作的各项措施，增强工作的针对性和实效性。

第三，要提高知人善任的能力和水平。组织部门担负着为党和国家培养、选拔干部的重大责任。提高知人善任的能力和水平，是组工干部能力建设的一项基本要求。一是要认真做好干部选拔任用工作。坚持党管干部的原则，全面贯彻干部队伍"四化"方针，坚持德才兼备、注重实绩、群众公认，把那些"政治上靠得住、工作上有本事、作风上过得硬"的干部选拔到各级领导岗位上来。二是要落实和完善干部工作制度。要认真贯彻落实《党政领导干部选拔任用工作条例》等法规文件，不断完善细化有关制度，加大制度创新力度，从整体上不断推进干部人事制度改革。三是要积极学习和借鉴古今中外在选人用人方面一些行之有效的做法和经验。关于知人善任,我国历史上有着丰富的思想、经验和做法。这些思想、经验和做法尽管有其历史局限性和阶级局限性,但也有其积极的一面,我们要积极加以借鉴。此外,国外在选人用人方面有许多好的经验和做法,也给我们以有益的启示。四是要严厉整治用人上的不正之风和腐败现象。这是组工干部知人善任能力建设的一个重要方面。当前,人民群众对用人上的不正之风反映强烈。全国组织部长会议提出,要把查处违反《党政领导干部选拔任用工作条例》的行为,尤其是严肃查处跑官要官、买官卖官和防止杜绝"带病上岗"、"带病提职"问题作为一项重点任务来抓,并提出了相应的具体措施,我们要抓好落实。

第四,要提高组工业务的能力和水平。组织工作是业务性很强的工作。作为组织部门的干部,除了应具备扎实的理论和政策功底外,还必须具备丰富的业务知识和过硬的业务本领。特别是随着科学技术的突飞猛进,随着改革开放和现代化建设的不断发展,组织工作的内容、对象、手段、方法等都发生了很大变化。这就迫切需要我们把提高业务能力提上重要日程。业务能力的范围很广,我觉得主要有这么几方面:一是熟悉所从事的业务工作,比如从事干部工作的同志要熟悉所联系单位的人头和单位乃至整个地区和行业的有关情况;二是有较强的口头和文字表达能力;三是善于通过谈话做思想政治工作;四是善于协调和配合;五是善于总结和提炼;等等。

第五,要提高拒腐防变能力。我们强调从严治部,一个重要目的就是要不断提高组工干部的拒腐防变能力。部机关每位干部都要把提高拒腐防变能力作为一项重要任务来抓。要加强世界观改造,牢固树立正确的权力观、地位观、利益观,从思想上筑牢拒腐防变的坚强防线。要严格要求自己,律己意识要更强一些,严守政治纪律、组织人事纪律和保密纪律,平时工作和对外交往要谦虚谨慎,"夹着尾巴做人",管好自己,不该说的话决不能说,不该去的地方决不能去,不该接触的人决不能接触,决不给跑官要官者以可乘之机,不给买官骗官者以利用条件,切实为党和人民把好组织人事关。

引导鼓励高校毕业生
到基层建功立业[*]

（2005 年 6 月 8 日）

最近，胡锦涛同志就引导和鼓励高校毕业生面向基层就业专门作出批示，有关部门制定出了相关政策意见。引导和鼓励高校毕业生面向基层就业，是党中央立足当前、着眼长远作出的一个重大决策，也是一项事关党和国家事业长远发展和后继有人的战略举措，不仅有助于缓解就业压力，而且有利于形成促进广大青年学生健康成长的正确导向，对于加强基层人才队伍建设，实施人才强国战略，促进城乡和区域协调发展，维护社会和谐稳定，都具有十分重要的意义。我理解，中央之所以高度重视这个问题，是因为大学生是个特殊的群体，做好高校毕业生的就业工作，特别是做好高校毕业生面向基层、面向艰苦边远地区和艰苦行业就业的教育和引导工作，事关大局，事关长远。

第一，关系到人才队伍建设全局。人才是最宝贵的资源，高校毕业生是人才队伍的主要来源。近年来，我国的人才总

---

[*] 这是贺国强同志在中央人才工作协调小组第九次会议上讲话的主要部分。贺国强同志当时兼任中央人才工作协调小组组长。

量虽然有了大幅度增加,但与世界上一些先进发达国家相比,与我国经济发展和社会进步对人才的需求相比,还存在着很大的差距,就是说,我国目前的高校毕业生不是多了而是还远远不够。目前出现的高校毕业生就业难的问题,主要是结构性的矛盾引起的,这就更加需要我们加强教育和引导,缓解矛盾,促进就业。只有让现有的高校毕业生充分就业,让他们把自己的聪明才智充分发挥出来,才能进一步把人才队伍建设好,把人才强国战略的要求落到实处。

第二,关系到干部队伍建设全局。随着党和国家事业发展对干部素质要求的不断提高,随着我国高等教育的不断发展,高校毕业生已经逐渐成为我国干部队伍尤其是党政干部队伍的基本来源。我们贯彻干部队伍"四化"方针、坚持德才兼备原则,建设高素质的干部队伍,从根本上说,都有赖于广大青年学生的不断成长。广大青年学生在实践中特别是在基层接受锻炼、增长才干,可以为我们党和国家事业发展提供源源不断的干部储备。这是长期以来我们党培养选拔干部的重要经验,也是当今形势下我们锻炼培养干部的基本渠道。

第三,关系到我国教育事业特别是高等教育事业的发展。百年大计,教育为本。近年来,中央为促进高等教育事业的改革和发展作出一系列重大决策,满足了广大青年接受高等教育的愿望,顺应了我国经济社会发展的要求。做好大学生就业工作,是推进教育体制改革和教育事业发展的一个重要环节。如果这个问题解决不好,将直接影响广大青年接受高等教育的积极性,影响高等教育的进一步发展,进而影响全民素质的提高和综合国力的增强。

第四，关系到国家一系列重大战略的顺利实施。近年来，中央为促进我国区域协调发展，相继提出了扶贫开发、西部大开发、振兴东北地区等老工业基地等重大战略。实施好这些战略，根本在于人才。必须看到，人才匮乏是影响西部和贫困边远地区发展的主要因素；引导鼓励高校毕业生到西部和贫困边远地区创业，是促进这些地区发展的重要途径。广大高校毕业生把个人理想同投身国家重大发展战略结合起来，就一定能够大有作为；西部和贫困边远地区也一定会在包括广大高校毕业生在内的各方面共同努力下尽快改变面貌。

第五，关系到加强基层组织建设的成效。当前，一些基层党组织比较薄弱，缺乏战斗力。导致这种情况有很多因素，其中基层干部队伍知识水平偏低、年龄偏大是一个主要方面。引导和鼓励高校毕业生面向基层就业，对于改变基层人才匮乏的现状，优化基层干部队伍的知识结构和年龄结构，提高基层组织的创造力、凝聚力和战斗力，巩固党在基层的执政基础，加强基层政权建设，都具有十分重要的意义。

第六，关系到整个社会的和谐与稳定。高校毕业生就业问题，与人民群众的切身利益息息相关。老百姓花钱送子女上大学不容易，在大学生身上寄托着无数家庭的希望。如果我们培养的大学生不能顺利就业，广大人民群众的愿望就得不到实现，还有可能引发社会问题。从这个意义说，高校毕业生就业问题解决得好不好，直接影响社会稳定，影响改革发展的进程，影响和谐社会目标的实现。

我们要充分认识引导和鼓励高校毕业生面向基层就业的重大意义，坚定信心，立足当前，着眼长远，采取切实有效的措施,逐步加以解决。

一是切实加强对高校毕业生的政治思想教育。促进高校毕业生面向基层就业,关键是要做好思想上的引导工作。要积极开展政治思想教育,引导大学生树立正确的人生观和择业观,自觉地把个人理想同党和人民的事业、同国家和社会的需要紧密结合起来,以老一代知识分子为榜样,到基层、到西部、到艰苦地区建功立业、锻炼成长。当前,尤其要做好对广大在校大学生的教育引导工作。同时,要加大宣传力度,唱响到基层、到西部、到祖国最需要的地方去创业的主旋律,在全社会形成有利于高校毕业生到基层就业的舆论导向。

二是充分发挥市场在配置高校毕业生资源中的基础性作用。在社会主义市场经济条件下,解决高校毕业生就业问题,必须更多地发挥市场的导向作用,使市场在引导毕业生面向基层就业中处于主导地位。要健全人才市场体系,规范企业的用人行为,健全到基层、到西部、到边远地区就业的社会保障机制,解决毕业生户籍管理等方面存在的问题,从根本上消除毕业生到基层就业的各种障碍,为发挥市场在配置高校毕业生资源中的基础性作用提供体制和制度保障。要注意把握和运用市场配置人才资源的规律,研究探索有效发挥市场积极作用的具体途径,最大限度地防止和克服市场在配置人才资源方面的局限性。

三是进一步加强对高校毕业生到基层就业的宏观调控和政策支持力度。在发挥市场主导作用的前提下,必须利用各种行政资源制定优惠政策,对高校毕业生资源的配置进行有效调控。这不仅非常重要,而且必不可少。当前,尤其要采取更加管用、有效的激励措施,努力在政策上有所突破,从而进一步增强基层对毕业生的吸引力。制定鼓励毕业生面向基层就业的政策,既要积极主动,也要稳妥可行。要注意照顾到不同群体以及同一群体内部各个方面的利益和情绪,不要造成不必要的攀比;对于一时还难以做到的,要留有空间,提出指导性意见;要有一定的财政支持,当然也要量力而行。

四是组织和动员各个方面关心和支持高校毕业生面向基层就业工作。高校毕业生面向基层就业,是一项社会系统工程,仅靠某一个或几个部门的力量是不够的,需要各地区、各部门、各方面的共同努力和支持参与。我们要切实增强责任意识,深刻理解做好这项工作的重大意义,增强主动性,积极开展工作。总之,要通过大家的紧密配合与协作,进一步形成工作合力,按照中央的要求把引导和鼓励高校毕业生面向基层就业的各项政策措施研究制定好,把各项工作落实好。

全面落实大规模培训
干部的战略任务[*]

（2005 年 9 月 5 日）

党的十六大以后，党中央从党和国家事业发展全局的高度出发，提出了大规模培训干部、大幅度提高干部素质的战略任务。两年多来，各级党委认真贯彻中央的部署和要求，根据经济社会发展的需要和干部队伍建设的状况，放开视野看教育，集中力量抓培训，大规模培训干部工作取得初步成效。我们要认真总结实践经验，结合新的形势和任务，进一步准确把握大规模培训干部工作的基本要求，进一步落实大规模培训干部的战略任务。

一、按照"三支队伍"一起抓的要求，进一步
明确大规模培训干部工作的主要任务

大规模培训干部工作是一个系统工程。开展大规模培训干部工作，必须着眼于建设一支善于治国理政的高素质干部

＊　这是贺国强同志在中国浦东、井冈山、延安干部学院 2005 年秋季开学典礼视频会议上讲话的一部分。

队伍,突出重点,整体推进,全面实现中央提出的工作目标。

一是要抓好党政干部的教育培训工作。要根据中央提出的要求,从提高理论素养、树立世界眼光、培养战略思维、加强党性修养等方面开展对党政干部的培训。要认真落实中央提出的从 2003 年起利用 5 年时间,将全国在职干部普遍培训一遍的要求,切实加强对党政干部的教育培训。要重点抓好县处级以上领导干部的教育培训,确保每年培训省部级干部 500 人、地厅级干部 8800 人、县处级干部 10 万人左右。要突出抓好党政"一把手"的培训,根据其岗位要求和工作特点,开设一些短期研讨班,着力提高他们的思想政治素质和宏观决策能力、驾驭全局能力、综合协调能力。近年来,中央每年在中央党校举办一期省部级主要领导干部专题研讨班,就经济社会发展和党的建设的重大理论和现实问题进行集中研讨,这对统一全党思想、加快推进社会主义现代化建设起到了重要作用,要继续按照中央的要求办好。要切实把后备干部的教育培训摆上重要位置,认真组织实施省部级后备干部培训规划,确保每年安排 500 余名省部级后备干部参加各类培训。要抓好对年轻干部、女干部、少数民族干部和党外干部的教育培训。要在认真抓好省部级领导干部脱产学习进修计划的同时,切实抓好中央和国家机关各部委司局级干部到三所干部学院的集中轮训。

二是要抓好企业经营管理人员的教育培训工作。要认真落实从 2004 年至 2007 年对 9100 名左右中央和省属国有重要骨干企业、金融机构领导人员进行轮训的任务,同时认真抓好企业后备领导人员的教育培训工作。企业经营管理人员的教育培训要坚持为企业服务,把促进企业的改革发展作为出发点和落脚点,以提高企业经营管理者整体素质和能力为重点,充分发挥企业自主培训的作用,突出企业培训的特色,不断改进培训方式。通过教育培训,不断提高企业经营管理人员的思想政治素质,完善知识结构,提高战略决策、经营管理、市场竞争、推动企业创新、应对复杂局面的能力和水平。

三是要抓好专业技术人员的教育培训工作。要按照实施科教兴国和人才强国战略的要求,有计划地分领域、分类别、分层次对专业技术人员开展教育培训,重点抓好经济社会发展急需的高层次、高技能专业技术人员的教育培训,特别要抓好关系国家竞争力和安全的战略型专家的教育培训。对专业技术人员,不仅要注重专业知识和专业技能的培训,而且要加强思想政治教育和职业道德教育,努力提高他们的综合素质。要实施以新知识、新理论、新技术等为主要内容的继续教育工程,完善继续教育法规制度。

二、进一步加大物资、资金投入和工作力度,大力加强大规模培训干部工作的基础建设

大规模培训干部工作是一项长期的战略任务,必须有可靠的基础建设来保证。我们要从党和国家事业发展对干部的需求出发,立足当前,着眼长远,切实加强干部教育培训工作的基础建设。

一是加强基地建设。要按照"分工明确、优势互补、布局合理、竞争有序"的要求,进一步加强干部教育培训机构建

设。要切实加强干部培训主阵地建设,加大物资、资金投入,加快基础设施改造和信息化建设步伐,改善教学条件,尽快实现教学现代化。要整合培训资源,进一步发挥资源优势,提高培训资源开发利用的效益。对具有相对优势、办学能力与条件较好、有发展前途的培训机构,要给予重点扶持;对办学规模比较小的培训机构,要通过联合办学,实现资源合理配置;对不具备办学能力或布局、结构不合理的培训机构,要进行重组和调整,不断提升培训机构的办学水平。要对干部教育培训机构实行资格审查制度,尤其是对那些借干部培训名义、而实际上是搞生产经营或其他活动的单位,要认真进行整顿,取消其干部培训机构的名称,坚决杜绝各种形式的"假办学"、"滥办学"。要充分利用社会资源,积极引进社会资金,调动社会力量共同办学,拓宽培训经费的来源渠道。有条件的地方要积极开展国际合作办学。

二是加强师资队伍建设。提高培训水平,师资是关键。要按照"素质优良、规模适当、结构合理、专兼结合"的原则,加大工作力度,努力建设高素质的师资队伍。要通过建立中央和地方两级师资库,实行师资联聘、动态管理等办法,优化师资配置,实现资源共享、优势互补。要立足培养,采取国内外培训、挂职锻炼、交流合作等方式,不断提高师资队伍的思想政治素质、职业道德修养、专业水平和教学科研能力。要加强管理,建立健全考核奖惩和激励约束机制,从政治上、工作上和生活上关心教职工,进一步激发他们的积极性、主动性和创造性。

三是加强教材建设。要按照中央提出的"立足全局、协调各方、总体设计、分步推进"的要求,逐步建立开放的、形式多样的、具有时代特色的教材体系。要认真落实《全国干部学习培训教材建设五年规划(2003—2007 年)》,进一步优化教材建设的布局。要进一步完善教材编写工作机制,坚持开发与利用相结合,做到一纲多本、编审分开。要本着"少而精"、"管用"的原则,编写适应干部教育培训特点和需求的优秀教材,切实提高教材质量。

三、按照分级负责的原则,切实加强对大规模培训干部工作的组织领导

　　各级党委要切实担负起大规模培训干部工作的责任,切实加强领导,定期研究部署干部教育培训工作,加大对干部教育培训工作的投入力度。各级组织部门要在党委的领导下,切实履行好牵头抓总的职责,进一步搞好"整体规划、宏观指导、协调服务、督促检查、制度规范"。要加强调查研究,准确把握大规模培训干部工作的新趋势、新特点、新动向,深入研究和解决一些具有全局性、前瞻性、战略性的重大问题,理清工作思路,完善政策措施。要加强督促检查,及时发现和认真解决工作中遇到的问题,切实帮助基层解决实际困难,确保大规模培训干部工作的健康发展。要加强与有关方面的沟通协调,调动各部门的积极性和主动性,形成统一协调、分工协作、齐抓共管、有序运行的工作机制,共同落实好大规模培训干部的任务。

大力培养选拔少数民族干部[*]

（2005 年 11 月 15 日）

我国是由 56 个民族共同组成的统一的多民族国家。少数民族有 1 亿多人口,分布在全国各地。民族问题始终是党和国家必须处理好的一个重大问题,民族工作始终是关系党和国家事业发展全局的一项重大工作。少数民族干部是党和国家干部队伍的重要组成部分,是党和政府联系少数民族群众的重要桥梁和纽带,是做好民族工作的重要骨干力量。解决民族问题、做好民族工作,推动民族地区经济社会又快又好地发展,必须大力培养选拔少数民族干部,建设一支宏大的德才兼备的少数民族干部队伍。我们要充分认识这项工作的重要性,切实把这一事关全局、事关长远的工作抓紧抓好。

一、坚持用科学理论武装头脑,不断提高
少数民族干部的思想政治素质

思想政治素质是干部素质的核心和灵魂。加强少数民族

---

[*] 这是贺国强同志在全国培养选拔少数民族干部工作座谈会上讲话的主要部分。

干部队伍建设,首要的是提高少数民族干部的思想政治素质,引导少数民族干部不断深化对党的基本理论、基本路线、基本纲领、基本经验的认识,不断深化对共产党执政规律、社会主义建设规律、人类社会发展规律的认识,进一步坚定在中国共产党领导下走中国特色社会主义道路的信念。

要不断增强政治意识、大局意识,始终与党中央保持高度一致。当前,随着改革开放不断深入和社会主义市场经济不断发展,我国经济社会结构发生深刻变化,各种利益关系更为复杂,各种思想文化相互激荡;国际上各种民族主义思潮和活动趋于活跃,民族分裂势力、宗教极端势力、暴力恐怖势力在我国周边一些地区相当活跃,对我国民族关系产生了一定的影响。这就要求我们必须坚持正确的政治立场、政治方向,善于用政治的眼光观察和处理问题,不断提高政治敏锐性和政治鉴别力,在大是大非问题上始终做到认识不糊涂、行动不动摇,始终做到旗帜鲜明、立场坚定。要毫不动摇地贯彻党的路线方针政策,善于从全局出发考虑问题,正确处理民族与民族、民族与国家之间的关系,自觉做到局部利益服从整体利益、民族利益服从国家利益,自觉维护平等、团结、互助、和谐的社会主义民族关系,自觉维护改革发展稳定的大局。

要深入学习党的民族、宗教理论和政策,牢固树立马克思主义民族观、宗教观。经过长期探索和实践,我们党形成了关于民族、宗教问题的基本理论和政策。要认真学习党的民族、宗教理论和政策,深入开展爱国主义、社会主义、集体主义和民族团结教育,充分认识和领会各民族共同团结奋斗、共同繁荣发展的深刻内涵,牢固树立汉族离不开少数民族、少数民族离不开汉族、各少数民族之间也相互离不开的思想,促进各民族始终做到同呼吸、共命运、心连心。要全面贯彻民族区域自治制度,正确执行党的民族、宗教政策,全面把握和妥善处理新形势下的民族、宗教问题,自觉抵制境内外敌对势力的反动宣传和思想文化渗透,团结和带领各民族群众,与民族分裂势力、宗教极端势力和暴力恐怖势力作坚决斗争,自觉维护民族团结、边疆稳定和祖国统一。

二、着力强化科学文化培训和实践锻炼, 不断提高少数民族干部的业务素质

近年来,随着我国教育和科学文化事业的不断发展和干部教育培训工作的不断加强,少数民族干部队伍的科学文化素质有了明显提高。但是,由于历史因素、自然环境和经济发展条件的限制,民族地区特别是民族边远贫困地区,教育基础相对薄弱,干部接受新知识的机会相对较少,干部队伍的科学文化素质与新形势新任务的要求还存在一定差距。要按照大规模培训干部、大幅度提高干部队伍素质的总体要求,高度重视少数民族干部科学文化和专业知识的培训。适应少数民族和民族地区经济社会加快发展的需要,组织少数民族干部学习社会主义市场经济知识、现代科学技术知识,学习履行岗位职责所需要的管理知识和专业知识。根据注重实效、按需培训、学以致用的要求,进一步改善少数民族干部队伍的知识结构,使他们掌握做好新形势下民族地区工作的专业知识。

进一步做好少数民族干部的培训工作。一要将少数民族

干部教育培训纳入干部教育培训的总体规划,并适当给以倾斜,认真组织实施。各自治区和民族工作任务较重的省、市要制定少数民族干部教育培训专门规划。各级党校、行政学院和其他干部培训机构要切实承担起培训少数民族干部的任务,在主体班次和各种专门班次中,适当增加少数民族干部的人数。有计划地选派少数民族干部到中央党校、国家行政学院和中国浦东、井冈山、延安干部学院参加培训。坚持办好中央党校新疆班、西藏班。中央和国家机关有关部门要继续办好少数民族州长、县长经济管理培训班和人口较少民族、少数民族妇女干部等培训班,其他各类专门培训班也要注意选调少数民族干部参加。二要积极适应发展社会主义市场经济和对外开放的需要,拓宽培训渠道,加强与国外境外知名大学、企业和研究机构的合作,精心组织和挑选那些政治素质好、发展潜力大的优秀年轻少数民族干部出国出境培训,培养他们的世界眼光和战略思维,提高综合素质和能力。三要改进培训方式,在充分运用传统培训手段的同时,注重运用现代远程教育网络开展培训,在教学计划安排、课程设置、教材编写等方面,都要符合少数民族干部的实际,以不断提高培训效果。四要保证必要的经费投入,并适当向基层、向边远贫困地区倾斜,使更多的少数民族干部获得培训的机会。

要把加强实践锻炼作为全面加强少数民族干部队伍能力建设的根本途径,积极引导和组织少数民族干部到改革发展稳定的第一线去工作,注意把那些年纪较轻、有发展潜力的少数民族干部选派到情况复杂、困难较大的地方去任职,给他们交任务、压担子,让他们尽快成长。对少数民族干部要热情关心,严格要求,充分信任,放手使用。要坚持和完善干部交流制度,推进民族地区少数民族干部与中央和国家机关干部之间的交流,西部民族地区干部与东部经济发达地区干部之间的交流。民族地区要加大少数民族干部在本地上下级机关之间、部门之间、地区之间交流的力度,通过多岗位锻炼,使少数民族干部进一步开阔眼界,丰富阅历,健康成长。

要继续做好选派西部地区和其他少数民族地区干部到中央、国家机关和经济相对发达地区挂职锻炼工作。从 1990 年开始,中央组织部、中央统战部和国家民委按照中央要求,在这方面开展了积极的工作。通过挂职锻炼,少数民族干部进一步开阔了视野,更新了观念,丰富了阅历,提高了素质,增强了加快发展本地区各项事业的紧迫感和使命感,增强了做好各自工作的实际本领。实践证明,这是培养少数民族干部的有效途径。今后要继续做好这项工作,并结合实际不断加强和改进。一是要更多地选派少数民族干部参加挂职锻炼,特别是增加民族边远贫困地区少数民族干部的数量。二是要突出重点,积极选派一定数量的党政正职、综合部门主要领导参加挂职锻炼。三是要把这项工作和加强后备干部的培养锻炼结合起来,今后凡列入省部级、地厅级后备干部名单中的少数民族干部,一般都要经过挂职锻炼,并将其表现情况作为以后使用的重要依据之一。四是要加强对挂职干部的教育管理,有关省区市和中央、国家机关部门要建立健全相应的工作制度,加强宏观管理,切实提高工作成效。

三、坚持和完善有关政策规定,进一步做好少数民族干部选拔任用工作

要适应形势和任务发展的要求,积极探索,勇于创新,不断改进选拔任用方式,不断完善选拔任用工作机制,努力把更多的优秀少数民族干部选拔到各级领导岗位上来。

第一,严格贯彻执行选拔任用少数民族干部的有关法律和政策规定。少数民族干部与本民族有着广泛而密切的联系,是我们党做好民族工作的骨干力量。民族干部的状况又是衡量一个民族发展水平的重要标志。要坚持从实际出发,严格按照有关法律和政策规定,做好选拔任用少数民族干部工作。这里我再作进一步强调:民族自治地方的领导班子,要按照民族区域自治法和有关文件的规定选配少数民族干部。民族自治地方自治机关所属工作部门的领导班子,要尽量配备少数民族干部。少数民族人口较多的省、市、县、乡的领导班子,应配备一定数量的少数民族干部。中央和国家机关也要积极选拔任用少数民族干部。特别要强调的是,凡是按照规定应该配备少数民族干部而没有配上的,必须把名额留出来,并采取相应措施,限期配上,各级组织部门应会同有关部门做好综合协调、检查督促工作。在具体工作中,要注意把握政策,突出重点,统筹兼顾,积极选配。要大力加强少数民族后备干部队伍建设,挑选一批政治素质好、懂经济、会管理的优秀少数民族干部,把他们充实到民族地区党政领导班子后备干部队伍中来。要注意做好人口较少民族干部的选拔任用

工作,注意做好少数民族妇女干部和少数民族党外干部的选拔任用工作。

第二,不断改进选拔任用少数民族干部的方式方法。干部人事制度改革的不断深化,为广大干部健康成长提供了广阔的舞台,创造了公平竞争的机会。但也要看到,由于经济、教育、文化、语言等多方面原因,民族地区的少数民族干部在公开选拔、竞争上岗中还难以脱颖而出。要认真研究少数民族干部的成长规律,从民族地区的实际出发,处理好深化干部人事制度改革与贯彻落实党的民族政策的关系,不断改进少数民族干部选拔任用的方式,进一步完善少数民族干部选拔制度,努力为少数民族干部尽快成长创造更加有利的条件,把更多优秀少数民族干部特别是年轻干部选拔到各级领导岗位上来。既要激发少数民族干部锐意进取、奋发有为的内在动力,不断加强学习、全面锻炼提高,增强竞争意识和竞争能力,又要结合实际制定相应的政策措施,对少数民族干部予以适当照顾。民族地区在公开选拔、竞争上岗时,可以适当放宽少数民族干部的报考条件,或按规定划出相应的名额和岗位,定向选拔少数民族干部。

第三,努力拓宽少数民族干部的来源渠道。近年来,由于各方面原因,少数民族干部队伍来源不足的问题较为突出。对此,要制定更加优惠的政策,采取灵活多样的措施,切实加以解决。有关省区市要按照公务员法关于民族自治地方录用公务员时"依照法律和有关规定对少数民族报考者予以适当照顾"的规定,抓紧研究制定具体办法。要贯彻落实《关于引导和鼓励高校毕业生面向基层就业的意见》,吸引更多的大学毕业生特别是少数民族大学毕业生到民族地区工作。要针对一些专业性较强的部门缺少少数民族干部的状况,积极探索有效途径和办法,加大工作力度,逐步加以解决。要坚持党政干部、企业经营管理人员、专业技术人员"三支队伍"一起抓,疏通"三支队伍"之间的流动渠道,在做好选拔任用党政领导干部工作的同时,积极选拔任用少数民族企业经营管理人才和专业技术人才,进一步优化少数民族干部队伍结构。

　　最后,我还要强调一下加强各民族干部团结的问题。全面建设小康社会、推进中国特色社会主义伟大事业,需要各民族共同团结奋斗,需要各民族干部相互学习、彼此尊重、密切合作。在民族地区,不仅要注意做好培养选拔少数民族干部工作,也要注意做好培养选拔汉族干部工作,调动和保护各民族干部的积极性。在民族地区工作的汉族干部要热爱民族地区,努力学习少数民族语言,尊重少数民族风俗,密切同少数民族群众的联系;少数民族干部要热忱地关心和支持在民族地区工作的汉族干部,主动做好配合,努力学习汉语。各级领导班子和领导干部都要充分发挥带头作用,自觉作民族团结的表率。

加强高校党的建设[*]

（2005 年 12 月 23 日）

高校党建是党的建设新的伟大工程的重要组成部分。加强高校党的建设，对于确保高校改革发展的正确方向、推进高等教育事业全面协调可持续发展，对于增强党在高知识群体中的凝聚力和影响力、巩固党的阶级基础和扩大党的群众基础，对于推进和谐校园建设、促进全社会的和谐稳定，对于培养高素质的优秀人才、建设创新型国家，对于更好地传播社会主义精神文明和建设社会主义先进文化、促进社会主义现代化建设，都具有十分重要的意义。我们要按照中央的要求和部署，坚持不懈地抓好高校党的建设工作。

第一，加强思想理论建设，不断巩固马克思主义在高校的指导地位。把理论武装放在首位，用发展着的中国化的马克思主义教育党员，是高校党建工作的首要任务。要组织广大党员认真学习邓小平理论和"三个代表"重要思想，引导党员在真学、真懂、真信、真用上下功夫，努力用科学理论武装头脑、指导实践、推动工作。要组织广大党员认真学习党的十六

---

* 这是贺国强同志在第十四次全国高等学校党的建设工作会议上讲话的一部分。

大以来党中央提出的一系列重要思想和理论创新成果,引导广大党员深刻认识这些重要思想与邓小平理论和"三个代表"重要思想的内在联系和有机统一,深刻认识这些重要思想的科学内涵和精神实质,深刻认识党中央着眼于新的实践和新的发展推进理论创新的重大意义,不断提高高校党员的马克思主义理论水平。

要充分发挥高校在繁荣发展哲学社会科学中的作用。实施马克思主义理论研究和建设工程,完善以中国化的马克思主义为指导的哲学社会科学学科体系和教材体系。要按照建设一支政治强、业务精、作风正的马克思主义理论队伍的要求,进一步发挥高校哲学社会科学专家学者密集的优势,努力造就一批学贯中西、在国内外有广泛影响的马克思主义理论大家和领军人物,造就一批具有较高素质、有志于从事马克思主义理论研究的后备人才。要充分发挥第二课堂的作用,支持和指导大学生马克思主义理论学习小组、邓小平理论和"三个代表"重要思想研究会等理论社团的活动。

要用马克思主义占领高校的思想文化阵地。按照充分体现当代马克思主义最新成果的要求,把传授知识与理论宣传结合起来,把系统教学与专题教育结合起来,把理论武装与实践育人结合起来,全面加强思想政治理论课的学科建设、课程建设、教材建设和师资建设,进一步推动中国化的马克思主义进教材、进课堂、进头脑的工作。要坚持弘扬主旋律,用马克思主义和健康向上的思想文化占领高校宣传舆论阵地,切实加强高校学术论坛、讲座、研讨会、报告会、社团活动以及各种宣传媒体和出版物的管理,提高广大师生辨别和抵制错误思潮的能力,不给违反宪法的错误观点和言论提供传播渠道。要确保哲学社会科学教学与研究的正确导向。要特别注重加强网络管理,密切关注、有效引导、及时处置网络舆情,牢牢掌握网络宣传的主动权。

第二,坚持和完善党委领导下的校长负责制,不断加强党对高校的领导。党委领导下的校长负责制符合我国的国情,符合建立有中国特色的高等教育体系的要求,有利于加强党对高校的领导,有利于党的路线方针政策在高校的贯彻落实,有利于高校的改革发展稳定。坚持和完善党委领导下的校长负责制,首先必须明确,党委在学校处于领导核心地位,统一领导学校的工作;校长和其他行政领导要自觉接受党委的领导,认真贯彻执行党委的决定。"党委领导"和"校长负责"是不可分割的有机整体。党委要坚持管方向、管大事,以主要精力研究学校的重大方针政策问题,加强党的建设和思想政治工作,尊重和支持校长独立负责地开展工作,充分发挥校长的作用,不包揽具体行政事务。党委书记在坚持党委集体领导中负主要责任,要带头执行民主集中制,善于发挥班子成员的作用,充分调动各方面的积极性。校长是学校的行政主要负责人和法定代表人,要在党委集体领导下,依法行使职权,积极主动地做好教学、科研和行政管理工作,重视和支持党建工作。党委书记和校长作为学校的主要负责人,要进一步增强政治意识、大局意识,相互理解、相互支持、相互配合、加强团结,共同做好高校的各项工作。

坚持和完善党委领导下的校长负责制,必须认真贯彻执行民主集中制,按照"集体领导、民主集中、个别酝酿、会议决定"的原则研究决定重大事项。要进一步规范党委议事决策制度,发扬民主,集思广益,实行民主决策、科学决策和依法决策。学校的重大问题,必须由党委集体讨论决定。要进一步规范校长办公会等会议制度,明确议事规则,提高工作效率。要进一步规范党委统一领导、党政分工合作、协调配合的工作运行机制,不断增强领导班子的团结与活力。

第三,强化基层党组织功能,不断增强党在高知识群体中的凝聚力、影响力。随着社会主义市场经济体制不断完善和高校办学体制、内部管理体制改革不断深化,高校的投资主体、组织结构和党员队伍构成都发生了新的变化,这对高校基层党组织建设提出了新的更高的要求。我们要进一步强化高校基层党组织的功能,探索发挥作用的有效途径,为推动高校各项工作提供坚强保证。

要合理设置基层党组织。本着有利于党组织开展工作,有利于加强党员的教育、管理和监督,有利于不断扩大党的工作覆盖面的要求,进一步改进和调整高校基层党组织的设置形式,尽可能与行政、教学、科研组织对应设置党组织,形成健全严密的组织网络。要坚持把"支部建在班上",努力实现本科学生班级"低年级有党员,高年级有党支部"的目标。要积极探索在学生公寓、学生社区和学生社团组织中建立学生党组织,不断创新党组织的设置形式。

要充分发挥基层党组织的作用。紧紧围绕学校改革发展的实际,确定党建目标,研究党建思路,部署党建工作。认真研究探索院(系)党组织参与重大决策和学生党支部联系大学生的内容、途径和方法,更好地发挥党组织的政治核心作用和战斗堡垒作用。要增强党组织的服务功能,坚持为教学科研服务、为广大党员服务、为师生员工服务,特别是要在完成学校重点任务、资助生活困难大学生、帮助毕业生就业、维护校园安全与社会稳定等方面发挥作用,使党组织的工作更加富有成效。要针对高校党员知识分子密集、独立思考意识和学习能力比较强、获取信息的渠道比较广泛、思想比较活跃等特点,不断创新高校党组织活动的途径和方式,使党组织的活动更富有时代感和吸引力,更贴近党员的思想、学习和生活实际。要认真做好发展党员工作,加大在青年教师中发展党员的工作力度,积极发展学生党员,努力把优秀分子吸收到党内来,不断壮大党的队伍。

第四,不断提高高校党员的整体素质,切实发挥党员的先锋模范作用。高校党员队伍具有比较鲜明的特点:一是知识层次比较高;二是党员在高校师生中的比例比较高;三是青年党员比较多。要根据这些特点,有针对性地做好党员的教育管理工作,不断提高他们的素质,更好地发挥他们的作用。

党员领导干部要按照成为"社会主义政治家、教育家"的要求,进一步加强党性修养,不断提高思想政治素质。要深化对党的基本理论、基本路线、基本纲领、基本经验的理解,坚持社会主义办学方向,增强政治敏锐性和政治鉴别力,在大是大非面前保持清醒头脑,与党中央保持高度一致;要提高统揽高校改革发展稳定大局的能力,深刻认识高等教育面临的新形势以及发展的新趋势,进一步理清发展思路,破解发展难题;要切实改进作风,大力弘扬求真务实精神,牢记"两个务必",严格执行廉洁从政各项规定,切实做到为民、务实、清廉。

教职工党员要切实增强党员意识,认真贯彻党的教育方针,自觉遵守党的纪律,立足岗位作贡献;要坚定理想信念,坚定建设中国特色社会主义的信心,忠诚党的教育事业,在教学科研工作中做到"学术研究无禁区,课堂讲授有纪律",自觉巩固马克思主义在高校的指导地位;要树立良好的师风师德,不断提高思想道德修养,严谨治学,以德施教,教书育人,真正做到学为人师,行为世范。特别需要指出的是,党员学术骨干既要有"教授博导意识"和"专家学者意识",更要有党的意识和党员意识,努力发挥自己在广大师生中特殊的影响力和号召力。

学生党员要树立理想,坚定信念,自觉把自己的人生追求同祖国的前途命运联系起来,树立为祖国繁荣富强贡献青春力量的远大志向;要珍惜年华,刻苦学习,掌握现代科学文化知识,努力成为社会需要的有用之才;要深入群众,投身实践,虚心向人民群众学习,更快更好地成长;要磨炼意志,砥砺品格,自觉养成良好的道德品质和文明习惯,做到讲诚信、讲道德,坚决反对各种有悖于社会公德和学生准则的不良现象。

第五,加强和改进思想政治教育,努力使大学生成为德智体美全面发展的社会主义合格建设者和可靠接班人。"培养什么人"、"如何培养人",是我国社会主义教育事业发展中必须解决好的根本问题。中央始终高度重视大学生思想政治教育工作,采取了一系列行之有效的措施。应当看到,当代大学生思想政治状况的主流是积极、健康、向上的。但是,在发展社会主义市场经济和对外开放的条件下,在各种思想文化相互激荡的环境中,大学生思想活动的独立性、选择性、多变性、差异性明显增强,加强和改进大学生思想政治工作的任务仍然十分艰巨。

加强和改进大学生思想政治教育,必须不断丰富内容,创新方法。要以理想信念教育为核心,深入进行正确的世界观、人生观、价值观教育;以爱国主义教育为重点,深入进行民族精神教育;以基本道德规范为基础,深入进行公民道德教育;以大学生全面发展为目标,深入进行素质教育。要力求把体现时代精神的新鲜内容及时吸收到思想政治教育中来,增强教育的时代特色。要研究大学生的行为特点,探索大学生思想认识与环境变化的内在联系,创造各具特色、生动活泼、大学生喜闻乐见的形式和方法,把思想政治教育渗透到教学、科研和管理的各个方面,覆盖到学生入学教育、毕业教育和就业指导等各个环节,努力增强思想政治教育的吸引力和感染力。

要坚持解决思想问题与解决实际问题相结合,增强思想政治教育的效果。大学生处在思想成长阶段,他们的思想不仅容易受社会环境中各种因素的影响,也容易受个人遇到的具体困难和问题的影响。解决大学生的各种思想问题,既要靠教育和引导,以理服人,又要通过为他们办实事、做好事、解难事,以情感人。要不断完善资助生活困难大学生的政策和措施,帮助他们完成学业。要进一步建立健全大学生就业指导机构和就业信息服务系统,做好引导和鼓励大学生面向基层就业工作,努力为他们提供高效优质的就业创业服务。要尽量满足大学生在学习、生活和文体活动等方面的合理需求,不断提高管理和服务水平。要针对当代大学生的特点,注意抓好心理健康咨询和教育工作,促使大学生形成和保持健康的心理素质。

第六,加强党务工作者队伍建设,提高党务工作者的工作能力和水平。党务工作者是做好高校党建工作的骨干力量。长期以来,他们克服许多困难,勤勤恳恳,任劳任怨,默默无闻地工作,为加强高校党的建设、促进高校改革发展稳定作出了重要贡献。可以说,这支队伍的素质是好的,是值得信赖的,是有战斗力的。但是,由于种种原因,目前高校党务工作者队伍还不够稳定,有的同志愿意搞教学科研,不愿做党务工作,党务工作者队伍力量比较薄弱的问题突出。要像重视教学科研骨干的培养选拔那样重视党务工作者的培养选拔,注意把那些政治素质高、党性原则强、热爱党务工作、业务能力过硬的同志选配到党务工作岗位上。要像关心教学科研骨干的成长那样关心党务工作者的成长,落实各项政策待遇。要建立健全党务工作者的激励机制,大力表彰和奖励那些业绩突出的党务工作者,积极帮助他们解决思想、工作、生活中的实际问题。要加大对党务工作者的培训力度,不断提高他们的思想政治素质和业务水平。广大党务工作者要热爱本职工作,增强奉献意识、责任意识和自律意识,加强学习,努力提高自身素质和做好工作的能力,以自己的模范行为和卓有成效的工作赢得广大党员和师生的信赖。

这里,我要特别强调一下加强专职辅导员队伍建设问题。专职辅导员是高校党务工作者队伍的重要组成部分,他们直接面向学生、联系学生、服务学生。实践证明,在高校设立专职辅导员是正确的。今后,要从思想认识、体制机制、明确政策、培养人才等方面采取有力措施,调动广大辅导员的积极性,提高辅导员的工作水平。要满腔热情地关心从事辅导员工作的同志,努力为他们创造良好的政策环境、工作环境和生活环境,充分调动和发挥他们的积极性。

把组织部门建设成为"党员之家、干部之家、知识分子之家"*

（2006 年 3 月 28 日）

　　把组织部门建设成为"党员之家、干部之家、知识分子之家"，是党中央对组织部门的一贯要求，也是组织部门自身建设的长期任务。我们党历来高度重视组织部门自身建设，党中央在不同历史时期都对此提出过明确要求，寄予了殷切期望。几十年来，各级组织部门按照党中央的要求，围绕建设"三个之家"做了大量工作，取得了显著的成绩。早在延安时期，中央组织部通过设立接待站、部领导谈话等方式，周到细致地接待安排从敌后和国统区来的同志、寻求抗日救国道路的青年学生和仁人志士，使广大党员、干部、知识分子感到"到了中央组织部，就像到了家一样"。正是经过延安时期的工作，党的力量迅速发展壮大，党员数量从 30 多万迅猛发展到 120 多万，为夺取抗日战争和解放战争的胜利、建立新中国作了充分的组织准备和干部准备。党的十一届三中全会前后，各级组织部门为了贯彻党中央关于拨乱反正、平反冤假错

---

*　这是贺国强同志在中央组织部部务会专题研究建设"三个之家"时讲话的一部分。

案的要求,专门成立接谈组、设立接待室,敞开大门,满腔热情地接待来访的同志,为落实党的干部政策和知识分子政策做了大量艰苦细致的工作,使大批蒙受冤屈的老同志、老干部和知识分子深切地感受到了"家"的温暖、感受到了"亲人"的关心。也是在这个时期,各级组织部门认真贯彻干部队伍"四化"方针和德才兼备原则,培养选拔了一大批优秀中青年干部,有力地推进了干部队伍的新老交替,为改革开放和社会主义现代化建设事业的发展提供了坚强组织保证。进入新世纪新阶段,我们根据组织工作形势任务的发展变化,大力加强领导班子思想政治建设、推进干部人事制度改革和组织制度创新、加强人才队伍建设、不断扩大党的工作的覆盖面、扎实开展先进性教育活动,推动组织工作不断取得新的进展。与此同时,我们把加强组织部门自身建设与完成好组织工作的各项任务紧密结合起来,开展了一系列活动。2002 年,在曾庆红同志的倡导下,中央组织部机关开展了"迎十六大争先创优"活动,各级组织部门也开展了相关活动。从 2003 年开始,先是在中央组织部机关、随后又在全国组织系统开展了为期两年的以公道正派为主要内容的"树组工干部形象"集中学习教育活动。去年,按照十六届四中全会的要求,又开展了加强组工干部队伍能力建设活动。在这次先进性教育活动中,各级组织部门又一道开展了"坚持公道正派,加强能力建设,永葆共产党员先进性"主题实践活动。这一系列活动,都有力地促进了"三个之家"建设,得到了中央领导同志的充分肯定和广大党员、干部、知识分子的赞誉,受到了社会各个方面的好评。

把组织部门建设成为"三个之家",是组织部门自身建设的长期任务。形势的发展变化,不断对"三个之家"建设提出新的要求,也赋予了"三个之家"新的内涵。我理解,"三个之家"的内涵主要有五个方面:一是干事创业。就是组工干部要模范地贯彻执行党的路线方针政策,尽职尽责地做好各项工作,让党中央和各级党组织放心,让广大党员、干部和知识分子满意。二是关怀体贴。就是对广大党员、干部和知识分子,要真情关心、真正爱护、真诚服务,设身处地地为他们着想,使他们真正感受到"家"的温暖。三是公平公正。就是组工干部要坚持公道正派,做到是非分明,严格按组织原则办事,凡事出以公心,敢于主持公道。四是纪律严明。就是要对组工干部严格教育、严格管理、严格监督,使他们切实做到遵纪守法,拒腐防变。五是团结和谐。就是组工干部要相互理解,相互支持,相互配合,和衷共济,努力增强组织部门的凝聚力和亲和力。总之,把组织部门建设成为"三个之家",就是既要体现组织部门的优良传统,又要体现新形势新任务的要求;既要体现组织部门的职责,又要体现广大党员、干部、知识分子对组织部门的期望。

真正把组织部门建设成为"三个之家",是一个很高的要求和目标,要落实到组织工作和组织部门自身建设的各个方面。中组部机关尤其要在这方面发挥示范作用,为全国组织系统作出表率。第一,想问题、作决策、办事情要着眼于调动广大党员、干部、知识分子的积极性,维护他们的权益,解决他们的困难,根据需要与可能,适时出台有关政策文件。第二,继续巩固和拓展"坚持公道正派,加强能力建设,永葆共产党员先进性"主题实践活动,将活动继续延伸下去,并不断赋予新的内涵。第三,对来部机关办事的同志要满腔热情地接待。充分理解来部办事同志的心情和困难,带着感情去接待。机关党委要规范接待来部办事人员的程序和要求,并作为整改的一项内容抓好落实。第四,要广泛开展谈心活动。完善与中管干部谈心制度,做到任职、免职要谈心,有特殊情况要主动谈心,平常定期谈心。部领导下基层要专门安排时间与干部谈心。要抓好谈心制度的落实,注意了解委托谈心的情况。部机关内部也要开展经常性的谈心活动,把这次先进性教育活动中开展谈心的好做法坚持下去。第五,建立探视重病住院的中管干部和机关干部职工的制度。第六,进一步加强老干部工作。尊老是"家"的优良传统,要根据形势发展继续研究完善老干部政策,关心全国的老干部,同时要为部机关的老同志服好务。第七,切实关心生活困难党员、干部、群众和受灾群众等困难群体,关心爱护基层干部。第八,进一步加强信访工作。要正确对待信访,重视并认真研究和处理信访反映的问题。第九,进一步加强调查研究,深入基层,深入群众,了解社情民意,及时总结基层的好经验好做法。第十,适时组织开展体现"家"的特点的专项活动。如继续组织院士、专家和西藏、青海的干部以及部机关干部疗养、休假、体检等工作,为党员、干部创造更多学习培训机会,在机关适当开展文体活动等。第十一,把部史部风教育经常化、制度化。部史部风展室要定期开放,机关干部特别是新入部的同志要经常接受部史部风教育。第十二,继续落实"用事业留人、用感情留人、用适当的待遇留人"的要求,搞好后勤保障工作,营造部机关良好的工作和生活氛围。

选好配强省级党委领导班子*

（2006 年 4 月 10 日）

按照中央的部署,31 个省区市党委将于今明两年集中进行换届。党中央对省级党委换届工作高度重视,多次听取汇报、进行专题研究,下发了关于换届工作的文件,提出了明确要求。我们一定按照中央要求,切实把那些政治坚定、能力突出、作风过硬、群众信任、善于领导科学发展的优秀干部选拔到领导岗位上来,努力把省级党委领导班子建设成为坚决贯彻执行党的路线方针政策、坚定不移地走中国特色社会主义道路,求真务实、开拓创新、勤政廉政、团结协调、朝气蓬勃、奋发有为的坚强领导集体。对于做好整个换届工作的要求,中央关于换届工作的文件已经作了明确规定。这里,我就需要把握的几个问题再讲些意见。

一、按照党的十六届四中全会精神, 积极推进领导班子配备改革

党的十六届四中全会通过的《中共中央关于加强党的执

＊　这是贺国强同志在全国省区市党委换届工作座谈会上讲话的主要部分。

政能力建设的决定》,对改革和完善党的领导方式、加强各级领导班子建设提出了一系列改革目标和任务,提出要"规范党政机构设置,完善党委常委会的组成结构,适当扩大党政领导成员交叉任职,减少领导职数,切实解决分工重叠问题";要"减少地方党委副书记职数,实行常委分工负责,充分发挥集体领导作用",等等。贯彻落实党的十六届四中全会精神,推进省级领导班子配备改革,是这次省级党委换届工作的一项重要任务。我们要认真贯彻中央精神,按照"明确方向、积极稳妥、突出重点、分步到位"的原则,积极推进省级党委领导班子配备改革,在精简领导班子职数、减少副书记职数、适当扩大党政领导成员交叉任职和规范任职年龄等方面取得实质性进展。

第一,关于精简领导班子职数。目前,省级党委领导班子职数一般都在 13 名以上。为了使省级党委领导班子精干高效、结构优化,中央要求这次省级党委换届,要适当减少领导班子职数。按中央提出的要求测算,这次换届后全国 31 个省区市党委领导班子总职数比上次换届时省级党委领导班子的职数可减少约 21 名。若考虑到扩大党政交叉任职,实际职数还会有所减少。

第二,关于减少副书记职数。从目前省级党委领导班子配备情况看,一些地方副书记偏多,存在书记办公会代替常委会、副书记与常委分工交叉重叠等现象。减少副书记职数,有利于完善省级党委的领导体制和工作机制,实行常委分工负责,充分发挥常委会的集体领导作用。考虑到建立和完善新的领导体制和工作机制需要一个过程,为了积极稳妥地推进改革,将逐步减少副书记职数。中央规定,这次换届,各省区市除兼任政府正职的副书记外,一般可设1名专职副书记。关于专职副书记的分工问题,考虑到各省区市情况不同,换届文件未作统一规定,我们倾向于:可协助书记处理日常事务,集中抓好党建工作,受书记委托负责有关工作。这次换届中,在配好1名专职副书记的同时,还要对现任的副书记作出妥善安排。

第三,关于适当扩大党政领导班子成员交叉任职。适当扩大党政领导班子成员交叉任职,有利于党委总揽全局、协调各方,加强对经济社会重大事务的领导和协调,有利于解决党政领导班子成员分工重叠等问题。中央规定,这次换届,除政府正职外,党委常委与政府副职一般可交叉任职2至3名。具体人选,由各省区市根据工作需要和干部的能力素质来确定。

第四,关于逐步规范任职年龄界限。逐步规范领导班子成员任职年龄界限,有利于同级领导干部之间的交流,有利于进一步增强领导班子的活力。中央对省级党委书记和担任政府正职的副书记以及纪委书记和其他班子成员的任职年龄界限都作出了明确规定,各地要认真执行。

二、着眼党和国家事业的长远发展,大力选拔优秀年轻干部

选拔优秀年轻干部,关系到党的事业后继有人、兴旺发达,是党和国家长治久安的根本大计。中央反复强调,要大力

培养选拔优秀年轻干部,特别是要培养选拔胜任重要领导岗位的年轻干部。我们一定要从大局出发,抓住这次换届的有利时机,努力在选拔优秀年轻干部上迈出新步伐。

选拔优秀年轻干部,要进一步解放思想,坚决打破论资排辈、求全责备等陈旧观念,不拘一格选人才,对有发展潜力的优秀年轻干部,要大胆使用,不仅让他们进班子,还要放到重要领导岗位上,特别优秀的还可以破格提拔。要拓宽选人视野,不仅在本地区选,还要在全国范围选;不仅在党政领导班子中选,还要在国有重要骨干企业、高等院校、科研院所中选。本省(区、市)没有合适人选的,要通过交流解决。选拔年轻干部,既要重数量,更要重质量。要注意把那些经过艰苦环境锻炼和实践考验的优秀年轻干部选拔上来。要着眼长远,结合换届及时调整充实一批后备干部。要教育和引导年轻干部求真务实,扎实工作,克服浮躁情绪,经受住考验。在选拔年轻干部的同时,要注意搞好梯次配备,合理安排其他年龄段的优秀干部,充分调动他们的积极性。同时,还要按照中央的要求,注意配备妇女干部和少数民族干部。

三、着眼优化结构、增强活力,积极推进干部交流

党中央高度重视干部交流工作。近年来,中央从省级领导班子建设的需要出发,进一步加大工作力度,干部交流取得了新的进展。实践证明,推进干部交流,对于合理配置人才资源、优化班子结构、增强领导班子的生机与活力、促进干部健

康成长、推进区域协调发展,都具有十分重要的作用。中央强调,这次换届要通盘考虑,统筹安排,积极推进干部交流。这次干部交流的重点,是主要领导、关键岗位干部、有培养前途的优秀年轻干部,以及因工作需要交流的干部。在同一职位任职满 10 年的一般都应交流。新提拔进领导班子的人选,要有适当数量易地任职。交流干部原则上要能干满一届,尽量提前到位,以有利于换届选举。要重点围绕推进西部大开发、振兴东北地区等老工业基地、促进中部地区崛起、鼓励东部地区率先发展,进一步加大中央机关与地方之间,地方与地方之间,特别是经济发达地区与欠发达地区之间的干部交流力度。各省区市党委要增强全局观念和战略意识,积极主动地推动干部交流工作。要教育干部以党和人民的事业为重,自觉服从组织安排。要严肃纪律,明确要求,坚持做到个人服从组织。在推进干部交流的同时,还应注意保持领导班子的相对稳定。要关心交流干部,制定相应的配套措施,帮助他们解决后顾之忧和实际困难。

四、运用体现科学发展观要求的综合考核评价办法,切实做好换届考察工作

运用体现科学发展观要求的综合考核评价办法开展换届考察工作,是引导广大干部牢固树立正确政绩观、形成正确的用人导向的现实需要,也是推进干部考核工作科学化、进一步提高干部工作水平的有效途径。按照中央的要求,中央组织部研究制定了《体现科学发展观要求的地方党政领导班子和

领导干部综合考核评价试行办法》，并在一些地方进行了试点。今年上半年在将要进行党委换届的副省级城市和市、县继续扩大试点，进一步完善综合考核评价办法，报中央审定后，在下半年进行的地方党委换届中普遍施行。这个办法，坚持德才兼备、注重实绩、群众公认的原则，以德才素质评价为中心，立足于选准用好干部，体现了科学发展观的要求，采取民主推荐、民主测评、民意调查、实绩分析、个别谈话和综合评价等方法步骤，加强和改进考核工作。特别是突出了民意调查和综合评价，扩大了干部工作中的民主，增强了干部考核的科学性，把干部选拔的标准、要求和程序交给了群众，对深入了解、准确评价领导班子和领导干部，树立正确的用人导向，具有十分重要的作用。要针对当前干部工作的实际和社会上反映强烈的问题，在对干部的政治表现进行严格考察的基础上，注意考察干部勤政廉政、贯彻执行民主集中制、求真务实、心理素质等方面的情况，注意考察干部践行以"八荣八耻"为主要内容的社会主义荣辱观的情况。

运用综合考核评价办法搞好换届考察，需要一支高素质的干部考察队伍。要选好考察组成员，注重思想政治素质和知人善任能力，注重公道正派和廉洁自律，特别是要选好考察组组长、副组长。考察组的同志要以高度的政治责任感做好考察工作，要加强学习，熟练掌握和运用综合考核评价的科学方法，准确分析和判断考察对象的工作实绩，客观评价和反映干部的德才素质，避免考察失真失实，防止出现干部"带病提拔"和"带病上岗"，切实提高选人用人的质量。

五、以换届为契机,进一步扩大党内民主

党内民主是党的生命,扩大党内民主是搞好换届的必然要求。中央关于换届工作的文件提出,要以落实党员和群众对干部选拔任用的知情权、参与权、选择权和监督权为重点,把扩大党内民主贯穿于换届工作的全过程,切实抓好提名、考察和选举等关键环节,积极探索扩大党内民主的新方法、新举措。要扩大提名环节的民主。按照《党政领导干部选拔任用工作条例》的规定,对新一届领导班子人选进行全额定向民主推荐,对现任领导班子成员进行民主测评、民主评议。适当扩大会议推荐范围,有条件的地方可扩大到县级党政正职和其他有代表性的人员。在会议推荐的基础上,根据实际情况,可进行二次会议推荐。如果第一轮全额定向推荐的人选非常集中或是在民族自治区,也可根据实际情况不再进行二次会议推荐。同时要注意防止简单地以票取人。要扩大考察环节的民主。适当扩大考察谈话范围,既听取领导干部的意见,又听取一般干部和群众的意见;既听取单位内部的意见,又听取服务对象和相关单位的意见;既重视多数人的意见,又认真分析少数人甚至个别人的意见。对拟提拔人选考察对象在一定范围内公示,增加考察工作的透明度。可根据不同情况,适当扩大差额考察比例,做到好中选优。对拟提拔人选,根据实际情况,可到其以前工作过的单位延伸考察。要扩大选举环节的民主。无论是党代会代表的产生,还是党委领导班子成员的选举,都要努力扩大党内民主。要尊重代表的选择权,切实

保障选举人的民主权利,创造有利于选举人充分表达意愿的环境和条件。适当增加委员和候补委员的名额,适当提高委员、候补委员候选人的差额比例。改进候选人介绍方式,充实介绍内容,增进选举人对候选人的了解。扩大党内民主,要从实际出发,既要积极,又要稳妥。要加强思想教育,引导党员、干部、代表把发扬党内民主、行使民主权利与执行党的决议、贯彻党的主张统一起来,健康有序地推进党内民主,确保中央关于人事安排大格局的顺利实现。

六、严肃组织人事工作纪律,坚决防止换届中的不正之风

严肃组织人事工作纪律,才能形成风清气正的换届环境,也才能确保换届工作的顺利进行。近年来,中央纪委和中央组织部加大了查处违反组织人事工作纪律行为的力度,严肃查处并通报了一批严重违反组织人事工作纪律的案件。近日,中央纪委、中央组织部联合下发了《关于在地方党委换届工作中进一步严肃组织人事纪律的通知》,要认真抓好文件精神的贯彻落实。应当看到,绝大多数领导干部能够做到讲党性、顾大局、守纪律,自觉服从组织安排。但也有少数干部心浮气躁,为了个人升迁,跑官要官、搞不正之风,对此必须引起高度重视。要采取有力措施,坚决防止和克服换届工作中的不正之风,抓住重点环节,严加防范。对违反换届人事纪律的案件,组织部门要与纪检机关密切配合,在党委的领导下,采取坚决果断措施进行查处,决不姑息,决不手软,对问题严

重的可先免职后处理,典型案例要予以通报。在严肃纪律的同时,要注意加强对干部的教育,引导领导干部敢于坚持原则,严守纪律,坚决抵制跑官要官、拉票贿选、突击提拔干部等不正之风,为广大干部群众树立好的榜样。

把更多优秀女干部
选拔到领导岗位上来[*]

（2006 年 8 月 23 日）

我们党一贯高度重视培养选拔女干部工作。在我国革命、建设和改革的各个时期，根据不同的形势和任务，党中央都对培养选拔女干部工作作出过许多重要指示，制定了一系列政策措施，有力地推动了这项工作的深入开展。做好新形势下的培养选拔女干部工作，要坚持干部队伍"四化"方针和德才兼备原则，立足当前，着眼长远，正确处理培养与选拔的关系，以提高素质为重点，强化教育培养，促进选拔配备，在巩固已有成绩的基础上，进一步加大工作力度，推动培养选拔女干部工作再上新台阶。

一、进一步加强理论武装和实践锻炼，
不断提高女干部的素质和能力

要按照大规模培训干部、大幅度提高干部素质的总体要

---

[*] 这是贺国强同志在全国培养选拔女干部、发展女党员工作座谈会上讲话的一部分。

求,切实加强对女干部的培训。要坚持用科学理论武装头脑,不断提高马克思主义理论水平,进一步坚定共产主义理想和中国特色社会主义信念。要加强以履行岗位职责为目标的知识更新和相关能力的培训,组织女干部学习经济、科技、法律、历史等方面的知识,不断提高女干部的业务素质。要按照干部教育培训的总体规划,增强对女干部培训的计划性,适当提高各级各类培训班中女干部的抽调比例,为女干部参加培训提供更多的机会。要依托各级党校、行政学院和干部院校,重点抓好县处级以上女干部的培训工作。要注意选派有发展潜力的优秀年轻女干部到高等院校学习深造,鼓励女干部积极参加各种继续教育学习,根据工作需要选派女干部到国外境外学习考察。要结合女干部身心特点,把握女干部的成长规律和教育培训需求,充分运用现代教学方法,按需施教,不断增强培训的针对性和实效性。

在实践中锻炼干部,是我们党培养干部的一条重要途径。女干部大多责任心强、工作勤奋、严谨细致,但由于一些同志缺乏多岗位实践锻炼,在有的方面显得相对不足,一定程度上影响了她们的成长进步。要采取多种方式,加大女干部实践锻炼力度,切实提高女干部的组织领导能力,更好地适应工作的需要。要立足本职岗位加强对女干部的培养锻炼,给她们交任务、压担子,放手使用,充分调动她们的积极性,发挥她们的聪明才智,提高她们的实际工作能力。要为女干部提供更多的多岗位锻炼机会,对她们进行多领域、多环境、多层次的实践锻炼,帮助她们丰富阅历,增长才干。要把女干部的交流纳入干部交流的整体规划,考虑女干部的自身特点和所处环境条件,积极鼓励和支持女干部在不同部门、不同行业、不同地区间交流任职,并帮助她们解决实际困难,为她们解除后顾之忧。要选派更多的女干部参加挂职锻炼。对长期在基层和边远地区工作的女干部,要积极选派她们到上级部门尤其是重要综合部门、发达地区任职或挂职锻炼,使她们增强全局观念、大局意识和现代眼光;对长期在领导机关工作的女干部,要有计划地选派她们到基层任职或挂职锻炼,使她们进一步了解国情民情,增强群众观念和服务意识。要注意选派一定数量的女干部参加西部大开发、振兴东北地区等老工业基地、促进中部地区崛起等重大区域发展战略和重点工程的任职或挂职锻炼。

二、进一步加大选拔任用工作力度,使更多的 优秀女干部走上各级领导岗位

目前,全国省市县领导班子中,还有一些没有按照要求配备女干部,一些地方党委、政府的工作部门在配备女干部方面也有较大差距,需要我们进一步加大选拔力度,采取有效措施,努力把优秀女干部选拔到各级领导岗位上来。

要不断改进和完善选拔任用女干部的方式。充分运用选拔任用女干部行之有效的方式方法,在坚持公开、平等、竞争、择优原则的同时,注意考虑女干部的特点,正确评价女干部对社会和家庭的双重贡献,不求全责备,在政策上给予适当的倾斜,在同等条件下优先选拔任用女干部,在公开选拔、竞争上岗工作中,要适当增加定向选拔女干部的岗位和名额。要进

一步扩大选人用人视野,不仅要从党政机关选,也要注重从国有企业和高等院校、科研院所等事业单位以及其他女性比较集中的行业选,促进"三支队伍"之间的女性人才相互流动,得到更合理的配置。要注意选拔任用更多熟悉经济管理、财政金融、法律、信息技术等方面知识的女干部,进一步改善女干部队伍的知识结构和专业结构,努力建设一支数量充足、素质优良、结构合理的女干部队伍。

要进一步扩大选拔配备女干部的范围。中央、国家机关部委,省(区、市)、市(地、州、盟)党委、政府的工作部门,要保证一半以上的领导班子配备有女干部,其中教育、科技、文化、卫生、体育、计划生育、民政、司法、劳动和社会保障等部门要首先选配,其他女职工比较集中的行业以及企事业单位领导班子,要多选配一些女干部。各地还要在现有基础上,提出县级党委、政府工作部门领导班子配备女干部的工作目标。各级党委、政府所属其他工作机构和人民团体领导班子中,也要注意配备女干部。市(地)级以上党政机关中厅局级、处级女干部在同级干部中的比例要有所提高。

三、进一步加强后备干部和基层干部队伍建设,不断扩大女干部来源

要按照中央关于党政领导班子后备干部工作的有关规定,保证省、市两级和县级后备干部队伍中有一定比例的女干部。党政机关工作部门领导班子后备干部队伍中,也要有一定数量的女干部。工作基础好的地方和部门,后备干部队伍

中要有更多数量的女干部。要重点掌握一批能够担任党政正职以及近期可进领导班子的女干部名单。对后备干部队伍中的女干部,要落实培养措施,实行动态管理,切实做到备用结合。要加强基层女干部队伍建设,保证有充足的女干部来源。要坚持政策引导,创造条件,吸引更多的高校女毕业生到基层工作。在选调优秀高校毕业生到基层锻炼的工作中,各地要结合实际,明确女性的比例,保证一定的数量。在公务员考试录用中,要坚持男女平等,一视同仁。要有计划地从县级以上党政机关和女性比较集中的国有企业、事业单位选派优秀年轻女干部到基层单位任职,充实基层女干部队伍。在机构调整撤并中,要注意保持基层女干部队伍的相对稳定。

四、女干部要作自尊、自信、自立、自强的表率

在女干部的成长进步过程中,党组织的培养教育固然重要,但关键还要靠女干部自身的努力。广大女干部要用更高的标准要求自己,用更宽广的眼界看待工作和事业,妥善处理工作与家庭的关系,自觉加强学习和实践锻炼,不断提高自身素质,适应岗位职责需要,作自尊、自信、自立、自强的表率,以自身对社会、对国家的贡献和实绩,赢得社会的尊重和承认,赢得群众的信任和支持。各级党委(党组)及其组织人事部门要关心、理解、爱护和支持女干部,经常了解她们的思想、工作、生活等方面的情况,及时为她们解决实际困难,满腔热忱地帮助她们健康成长。

毫不动摇地坚持党对
国有企业的政治领导[*]

（2006 年 9 月 5 日）

搞好国有企业关键在党，关键在人，关键在领导班子。在新的历史条件下，如何适应发展社会主义市场经济的需要，适应深化国有企业改革和建立现代企业制度的需要，走出一条符合中国国情和国有企业特点的党的建设和领导班子建设的新路子，是推进国有企业改革发展的内在要求，也是全面推进党的建设新的伟大工程的重要任务。

一、以创建"四好"班子为载体加强
国有企业领导班子建设

2004 年 11 月，中央组织部在青岛召开了全国国有企业领导班子思想政治建设座谈会。会议明确提出，要大力加强思想政治建设，把国有企业领导班子建设成为政治素质好、经营业绩好、团结协作好、作风形象好的坚强领导集体。近两年

---

*　2006 年 9 月 5 日至 8 日，贺国强同志在黑龙江省考察调研。期间在大庆市召开国有企业"四好"领导班子建设工作座谈会。这是贺国强同志在座谈会上讲话的主要部分。

来,各地各企业认真贯彻落实青岛会议和有关文件精神,紧密结合国有企业改革发展的实际,紧密结合先进性教育活动,以创建"四好"领导班子活动为载体,不断加强和改进国有企业党的建设特别是领导班子建设,有力地促进了企业改革发展稳定的各项工作。

按照"四好"标准加强国有企业领导班子建设,要着力做好以下四个方面的工作:一是要坚持用邓小平理论、"三个代表"重要思想和科学发展观武装头脑,不断提高国有企业领导人员的思想政治素质,努力把"三个代表"重要思想和科学发展观转化为为党和人民的事业不懈奋斗的坚定信念,转化为观察和解决问题的科学方法,转化为指导改造客观世界和主观世界的行为准则,切实做到在认识上有新提高、运用上有新收获。二是要进一步优化领导班子结构,发挥好领导班子的整体功能。要坚持选拔任用标准,注重品德、知识、能力、业绩,积极探索按照科学发展观要求做好国有企业领导班子和领导人员考核评价和选拔任用工作的途径和办法,把那些政治上靠得住、工作上有本事、作风上过得硬、职工群众信得过的人选拔进领导班子,特别是要选好配强"一把手"。要坚持和贯彻民主集中制原则,进一步完善领导班子的议事和决策机制,不断提高决策的科学化、民主化水平,不断增强领导班子的团结和活力。三是要加强能力建设,进一步提高国有企业领导班子的领导水平和工作能力。要着眼于提高企业经营业绩,努力提高战略决策和经营管理的能力;着眼于建设资源节约型、环境友好型企业,努力提高坚持科学发展的能力;着眼于提升企业核心竞争力,努力提高带领企业自主创新和参与市场竞争的能力;着眼于构建和谐企业,努力提高应对复杂局面和处理各种矛盾的能力。四是要坚持为民、务实、清廉,进一步改进领导班子的作风。要大力弘扬求真务实之风,形成干事创业的良好环境,促进国有企业领导人员真抓实干,努力创造经得起实践、群众和历史检验的业绩。要着力解决国有企业领导人员在思想作风、学风、工作作风、领导作风和生活作风等方面存在的突出问题,树立国有企业领导班子和领导人员的良好形象。要深入开展党风廉政建设,构筑企业领导人员廉洁从业保障体系,建立健全权力约束机制,加强对企业领导人员在重组改制、资金运作、生产经营、招标采购、收入分配和选人用人等重大问题上的监督,保证国有企业领导人员使用好手中的权力。

二、充分发挥国有企业党组织的政治核心作用

党组织在国有企业发挥政治核心作用,是党章明确规定的,也是创建"四好"领导班子的必然要求和重要保证。一个具备"四好"条件的领导班子,一定是一个党组织充分发挥政治核心作用的领导班子。应当看到,国有企业党组织具有严密的组织性,具有优良的传统,集中了企业中的优秀分子,是国有企业改革发展必须充分依靠的强大组织优势和政治优势,是企业竞争力的重要组成部分。现在,国有企业改革发展的任务繁重、难度很大,没有企业党组织这样一个坚强的政治核心就难以完成改革的任务,难以保证企业发展的正确方向。发挥企业党组织的政治核心作用,具体来说,就是要发挥对党

和国家的方针、政策在本企业的贯彻执行的保证监督作用,对党员经营管理者以及其他人员遵纪守法的监督作用;就是要发挥对股东会、董事会、监事会和经理(厂长)依法行使职权的支持作用,对完成企业生产经营任务的保证作用;就是要发挥对企业重大问题决策的参与作用;就是要发挥对思想政治工作、精神文明建设和工会、共青团等群众组织的领导作用。这就要求国有企业党组织找准发挥作用的位置,紧紧围绕企业的生产经营开展党的工作,充分发挥政治影响力和凝聚力;继续推进和完善"双向进入、交叉任职"〔1〕的领导体制,健全完善决策运行的规则和程序,为企业党组织参与重大问题决策提供有效的制度保证;充分发挥基层党组织的战斗堡垒作用和党员的先锋模范作用,为党组织参与决策、落实决策提供智力支持和人力保障。

当前,随着国有企业改革的不断深化,国有企业投资主体呈多元化发展趋势。在这种情况下,企业党组织发挥政治核心作用,参与企业重大问题决策,不仅是必要的,而且是可行的,完全能够与现代企业制度相融合,与公司法人治理结构相融合。党的工作始终是企业改革发展的宝贵财富,是参与国际竞争的强大资源和核心竞争力,党的工作及其优良传统任何时候都不能丢,丢了就会丧失根本、迷失方向。当然,由于企业的投资主体、资产结构、经营方式不同,党组织发挥作用的方式、方法也会有些不同,需要我们不断进行探索研究,但

---

〔1〕 "双向进入、交叉任职",指国有企业董事会、经理层、监事会与党组织负责人分别按照党章及有关规定或者通过法定程序,进入党组织或者法人治理结构担任相应职务,实行交叉任职的做法。

无论发生什么样的变化,企业党组织的政治核心作用决不能改变。

三、必须始终坚持党对国有企业的政治领导

坚持党对国有企业的政治领导是一个重大原则问题,在这个原则问题上任何时候都不能动摇。保证党对国有企业的政治领导,必须坚持在党的领导下推进国有企业的改革发展,确保国有企业的社会主义方向。这就要求国有企业必须在政治上、思想上、行动上同党中央保持高度一致,确保党的路线、方针、政策和国家法律法规在企业贯彻执行,保证中央政令在企业的畅通。必须自觉地把企业的改革发展放到国家经济社会发展的全局中去谋划、去推进,始终牢记国家利益至上,坚持在大局下行动,把维护国家利益、企业利益和职工群众合法权益统一起来,做到企业利益服从国家利益,局部利益服从全局利益。必须大力推进国有企业的体制创新、技术创新和管理创新,不断提升国有企业的竞争力,确保国有资产保值增值,努力把国有企业做强做大,有效发挥国有经济的主导作用,进一步增强国有经济的控制力、影响力和带动力,进一步增强党执政的阶级基础和物质基础。

保证党对国有企业的政治领导,必须坚持党管干部的原则,把好选人用人关。在国有企业坚持党管干部的原则,就是要制定用人标准、酝酿推荐人选、组织协调考察、规范任免程序、强化教育培养、加强监督管理。要积极探索坚持党管干部原则的新机制、新路子、新方法,进一步加强和改进对国有企

业领导班子的管理,按照管理权限,依法选派、推荐国有资产产权代表和企业经营管理负责人。要把党管干部原则与董事会依法选择经营者以及经营者依法行使用人权结合起来,把组织考察推荐与市场化选聘经营管理者结合起来,努力拓宽选人用人渠道,扩大选人用人视野,不拘一格选人用人,真正把企业需要的优秀人才选拔到领导班子中来。

保证党对国有企业的政治领导,必须坚持全心全意依靠工人阶级的方针。国有企业的职工既是国家的主人,也是企业的主人。全心全意依靠工人阶级,是由我们党和国家的性质、工人阶级的历史地位和作用所决定的,也是我们党的政治优势。把全心全意依靠工人阶级的方针落到实处,关键是要在政治上保证、制度上落实、素质上提高、权益上维护四个方面狠下功夫。要充分保证职工群众的主人翁地位,紧紧依靠广大职工群众搞好国有企业,尊重和维护职工民主管理、民主监督的权利,调动广大职工的积极性和创造性。要完善以职工代表大会为基本形式的企业民主管理制度,企业重大决策必须及时向职工代表通报,企业重大改革措施出台前必须广泛征求职工意见,涉及职工切身利益的重大事项必须提请职工代表大会通过。要加强职工队伍建设,提高职工队伍素质,积极为职工参与各种政治、业务培训创造条件。要注意倾听职工呼声,帮助职工特别是困难职工解决生产生活中的实际困难,切实维护职工合法权益,不断增强企业的凝聚力和向心力。

坚决防止和严肃查处
换届选举中的不正之风[*]

（2006 年 10 月 31 日）

  换届选举的风气如何，直接影响到换届选举工作能否顺利进行，影响到能否选出一个合格的领导班子，影响到一个地区的发展稳定。中央要求，一定要严肃换届人事纪律，努力形成风清气正的换届环境。从前一段情况看，绝大多数领导干部能够做到讲党性、顾大局、守纪律，换届风气总体上是好的。但也必须看到，个别地方跑官要官、拉票贿选的现象时有发生，有的干部请客送礼、向相关人员打招呼，有的干部"跑门子"、"拉关系"、四处活动，有的干部在换届前或调动工作前突击提拔干部，等等，严重败坏了换届选举风气，广大干部群众意见很大。对此，我们必须高度重视，采取严厉措施，狠刹这些歪风。要坚决贯彻中央纪委、中央组织部关于在地方党委换届工作中进一步严肃组织人事工作纪律的要求，对跑官要官的，不仅不能提拔使用，还要严肃批评并记录在案；情节严重的要进行组织处理。对搞封官许愿或者为跑官要官的人说情、打招呼的，要严肃批评，造成用人失误的，要追究责任。

---

[*] 这是贺国强同志在全国市县乡换届选举工作座谈会上讲话的一部分。

对在换届期间特别是民主推荐和选举中搞拉票贿选和突击提拔干部等非法、非组织活动的,发现一起,查处一起,决不手软,是后备干部的取消后备干部资格,是考察对象的取消考察对象资格,已经提拔的要从领导岗位上撤下来,情节严重的给予纪律处分,触犯法律的移送司法机关处理。对换届前或调动工作前突击提拔干部或违规进人的,应宣布一律无效,并追究相关人员的责任。与此同时,要坚决防止干扰破坏换届选举工作的行为,对境内外敌对势力和所谓的"维权人士"干扰破坏选举,少数地方出现的家族、宗教势力和黑恶势力干预操纵选举等问题,组织部门要会同公安等有关部门及时掌握情况,迅速、果断地予以依法处理。要进一步加大督查力度,拓宽监督渠道,充分发挥法律监督、纪律监督、群众监督和舆论监督的作用,把换届选举工作置于有效的监督之下。组织部门要会同纪检机关加强对换届选举工作全过程的监督,督促有关地方党委严明换届纪律,坚决防止和严肃查处换届选举中的不正之风,营造风清气正的换届环境。

西部地区人才队伍
建设的首要任务[*]

（2006 年 11 月 3 日）

实施西部大开发战略，是党中央、国务院总揽全局、面向新世纪作出的重大战略决策。西部大开发，人才是关键。西部地区人才队伍是全国人才队伍的重要组成部分，加强西部地区的人才工作，总的要求与中、东部地区是一致的。考虑到西部地区的特殊情况和人才队伍的实际状况，做好西部地区人才工作，还应当有所侧重。要在全面抓好中央已经明确提出的有关人才工作的方针政策和工作措施贯彻落实的同时，着力解决当前西部地区人才队伍建设中存在的突出问题，以适应西部地区经济社会发展的需要。

西部地区工作条件、生活环境不如东部，让大量人才往西部流动目前还不现实，提高现有人才素质、盘活用好现有人才，充分发挥他们在西部大开发中的主力军作用，是西部地区人才队伍建设的首要任务。要按照"十一五"干部培训规划的要求，以加强党的执政能力建设和先进性建设为目标，以提

---

* 2006 年 11 月 1 日至 6 日，贺国强同志在重庆市考察调研。期间召开西部地区人才队伍建设工作座谈会。这是贺国强同志在座谈会上讲话的一部分。

436

高综合素质和工作水平为重点,继续落实好干部培训任务,重点加强县以上党政领导干部特别是党政正职的培训。要着力抓好农村基层干部的培训,争取用五年左右时间,把西部地区国家扶贫开发工作重点县的乡镇党政主要领导轮训一遍。要抓好专业技术人才的继续教育和培养提高,在发挥西部地区高校、科研机构作用的同时,依托国家实施的"新世纪百千万人才工程"、"西部之光"人才培养计划等各种高层次人才培养工程,加大工作力度,提高培训质量。要加大企业经营管理人才的培训力度,强化适应性培训和实践锻炼,从西部选派优秀年轻经营管理人才到大型企业挂职锻炼,或到高校、科研院所强化培训,争取到 2010 年为西部地区骨干企业培养两万名左右优秀企业经营管理人才。

要坚持"用事业留人、用感情留人、用适当的待遇留人"的方针,把打造事业平台作为盘活用好人才的关键来抓。从西部大开发战略启动到 2005 年底,国家在西部地区新开工重大项目有 70 项,投资总规模约一万亿元。"十一五"期间,国家将继续在政策、资金、项目等方面加大倾斜和扶持力度。西部地区要抓住这一有利契机,发挥好产业和项目对人才的吸附效应,利用项目建设打造有利于各类人才创新创业、施展才华的事业平台,使这些项目不仅成为新的经济增长点,也成为优秀人才新的集聚点。要继续发挥国家基础研究计划、863计划等科技基础平台的作用,在中小企业创新基金、青年创新基金、科技攻关计划等各类计划中设立西部专项,支持西部地区科技发展和优势特色学科建设,凝聚和留住骨干人才。要适当提高人才的待遇,为盘活用好人才提供必要的保障。多年来,中央建立了艰苦边远地区津贴、西藏特殊工资政策等制度。最近,结合公务员工资制度改革,经中央批准,完善了艰苦边远地区津贴制度,建立了科学的指标评估体系,合理划分了艰苦边远地区津贴实施范围和类别,调整了津贴标准,建立了动态调整机制,这些措施都将进一步促进西部地区人才队伍的稳定。

加强西部地区人才队伍建设,必须进一步加大政策支持力度。要进一步改进和加强干部交流工作。根据西部地区需要,继续做好选派优秀干部到西部地区挂职锻炼和干部援藏、援疆工作,努力增强实际效果。要以改善市、县领导班子结构为重点,有计划、分批次地从中央、国家机关和东部地区选拔优秀干部到西部任职,具备条件的可以担任市、县党政主要领导;从西部地区选调优秀年轻干部,到东部地区和中央、国家机关挂职锻炼。要组织开展"人才对口支持计划",从2007年起,中央、国家机关有关部门,中央企事业单位和东部有关省市要有计划、有步骤地选派各类人才和扶贫志愿者,到西部对口帮扶地区帮助工作,直接为农村基层提供扶贫、教育、卫生、农业科技等方面的人员支持和服务,逐步建立扶贫与扶智、人才支持与项目支持相结合的长效机制。要积极为西部地区输送紧缺人才,启动"高层次专业人才援西工程",根据国家或地区重大建设项目的需要,由国家有关部门资助,每年从大中城市选派一定数量的高层次专业人员到西部地区工作。改进"博士服务团"工作,坚持按需选派,注重团队效应,增强工作的实效性。采取多种措施,引导和鼓励高校毕业生到西部地区就业创业。西部各省区市也要从实际出发,组织开展区域内的人才对口支持工作,努力改善人才分布结构。同时,要遵循市场经济条件下人才流动的规律,积极培育和发展人才市场,畅通人才流动渠道,做好紧缺人才的吸引工作,激励各类人才特别是高层次专业技术人才向重大发展战略、重点建设项目、重要攻关课题流动,向经济社会发展急需领域转移,向关键行业、重点企业和科研生产一线集聚。要努力改善工作和生活条件,为各类人才扎根西部、建功立业营造较好的环境。

为建设社会主义新农村
提供坚强组织保证*

（2006 年 11 月 27 日）

农村基层组织建设直接关系着农业的发展、农村的稳定、农民的福祉，直接关系着建设社会主义新农村重大历史任务的落实。抓住了农村基层组织建设，就抓住了建设社会主义新农村的关键。近年来，各地紧紧围绕农村发展、农业增效、农民增收，大力加强农村基层党建工作，农村基层组织建设的整体水平迈上了一个新台阶。我们要认真总结经验，不断加大工作力度，扎实推进农村基层组织建设，为建设社会主义新农村提供坚强的组织保证。

要选好配强乡、村领导班子。进一步加强乡镇领导班子建设，加大乡镇领导班子成员"公推"[1]的力度，选拔那些政治素质好、工作能力强、作风过硬、熟悉农村工作的干部进入乡镇领导班子。积极探索从优秀村党组织书记、村委会主任中考录乡镇公务员、选任乡镇领导干部的有效途径，切实调动

---

* 这是贺国强同志在全国农村党的建设"三级联创"活动工作视频会议上讲话的一部分。

〔1〕 "公推"，这里指由一定数量的选民按照规定程序，民主推荐乡镇领导班子成员候选人。

和激发广大农村基层干部在建设社会主义新农村中干事创业的积极性和主动性。继续完善村党组织领导班子成员"两推一选"〔1〕和村委会成员直选的制度，并结合实际推行村党组织书记、村委会主任"一肩挑"和村"两委"班子成员交叉任职的做法。注意从党政机关、企事业单位、大中专毕业生中选拔人才到农村任职、挂职，改善现有村干部队伍的结构。打破城乡、地域、行业、身份界限，面向社会公开选聘一大批政治素质好、热心农村事业的优秀人才，充实村干部队伍。注重从农村致富能手、外出务工经商人员、复转军人、回乡青年、乡镇企业员工中培养选拔村干部。目前不少乡镇的"内退"干部和分流人员年纪比较轻，也熟悉农村工作，可以作为选拔补充村干部的对象。

要大力加强农村基层干部队伍建设。重点抓好两个方面的建设。一是要加强能力建设。进一步加大农村基层干部的教育培训力度，坚持用马克思主义中国化的最新成果武装头脑，不断提高他们贯彻执行党在农村各项政策的能力，民主管理、依法办事的能力，带领群众发展经济、增收致富的能力，做好群众工作、促进社会和谐的能力。各地培训农村党员干部，可以考虑在分级负责的基础上"上调一级"，由县委党校培训村党组织书记、村委会主任和党员骨干、实用人才骨干;由市委党校培训乡镇干部，有条件的可以培训村党组织书记和村委会主任。要积极探索适应农村党员干部需求的培训方式，

〔1〕 "两推一选"，这里指由党员和村民民主推荐党支部委员候选人，经上级党组织考察后进行党内选举。

拓宽培训渠道,充分发挥农业、科技、教育等有关职能部门的作用,充分发挥农村党员干部现代远程教育网络、党员电化教育和各种农技培训机构的作用。二是要加强作风建设。按照中央关于加强农村基层党风廉政建设的要求和部署,建立健全农村基层干部的监督管理制度,切实解决损害农民群众利益的突出问题。要引导农村基层干部自觉转变工作方式,改进工作作风,防止简单粗暴、强迫命令的行为,努力做到公开办事、公正论事、公平理事、公道处事,塑造新时期农村基层干部的良好形象。

要抓紧培养造就一大批建设社会主义新农村的实用人才。研究制定加强社会主义新农村实用人才队伍建设的政策措施,继续实施县乡村实用人才培养工程,大规模开展农村适用技术、职业技能和创业培训,加强农村科技、教育、文化、卫生、经营管理等多方面的实用人才开发。进一步加大选派机关干部到农村帮助指导工作的力度,注重选派专业技术人才到农村帮助工作,鼓励和引导外出经商务工流动党员,机关、事业单位的退休干部职工、专业技术人员回原籍村发挥作用。认真贯彻落实中央关于引导和鼓励高校毕业生面向基层就业的要求和部署,协调有关部门,研究制定更有吸引力、更具针对性的配套政策和激励措施,引导高校毕业生到农村干事创业。

要进一步强化农村基层党组织的功能。结合乡镇机构改革,在坚持按地域、建制村为主设置党的组织的基础上,按照有利于促进农村经济社会发展、充分发挥党组织作用、加强党员教育管理、扩大党的工作覆盖面的原则,进一步调整和规范乡村党组织的设置;根据农村经济结构和农业产业结构的调整,积极探索完善在产业链上、在专业协会中建立党组织和按照产业类别划分党小组的模式;积极探索村村联建、村企联建、村居联建党组织的方式,研究探索村居合一的农村社区党组织运行机制;积极探索创新农村基层党组织的活动内容、活动方式和活动载体,创新联系群众、组织群众、发动群众的有效手段,充分发挥农村基层党组织凝聚人心、推动发展、促进和谐的作用。

要积极稳妥地推进农村基层民主政治建设。坚持在党的统一领导下,充分发挥基层党组织的领导核心作用,把发扬民主与坚持党的领导、依法办事有机统一起来,有步骤、有秩序地推进农村基层民主政治建设。健全村党组织领导的充满活力的村民自治机制,完善村民会议或村民代表会议制度以及村"两委"的议事规则、决策程序等,保证村民自治健康发展。进一步健全和完善乡镇政务公开、村务公开、民主管理制度,推进党务公开,规范"一事一议"程序,扎扎实实地抓好农村基层民主政治建设的基础性工作。主动了解掌握社情民意,依靠教育疏导化解矛盾,依靠政策法律化解矛盾。要警惕和防止敌对势力、宗族势力、黑恶势力插手人民内部矛盾、干扰基层政权等情况的发生,努力营造和谐有序的农村社会环境。

要关心、爱护和信任农村基层干部[*]

（2007 年 2 月 5 日）

农村基层干部是我们党的干部队伍的重要组成部分,他们的整体素质和精神状态,直接关系着中央关于"三农"决策部署的贯彻落实,也关系着党的事业的兴旺发达和国家长治久安。我们常说,"上边千条线,下边一根针"。农村基层干部工作在农村改革发展稳定的第一线,身处矛盾焦点,工作头绪多、任务重、压力大,非常辛苦,也非常不容易。各级党组织要高度重视农村基层干部队伍建设,真正关心、爱护好农村基层干部。要进一步建立健全农村基层干部激励保障机制,逐步提高村干部的报酬待遇,建立健全村干部养老保险制度、医疗保险制度、离职补偿制度,解除他们的后顾之忧。要注意倾听农村基层干部的心声,设身处地地体谅他们的难处,关心他们的身心健康,帮助他们解决生活上的困难,为他们开展工作创造良好条件。要注重对优秀基层干部从物质上、精神上给予表彰和奖励,积极探索从优秀村党组织书记、村委会主任中考录乡镇公务员、选任乡镇领导干部的有效途径,更好地调动

---

[*] 这是贺国强同志在北京市平谷区农村基层干部群众座谈会上讲话的一部分。

444

和激发他们的积极性和主动性。要引导社会舆论和新闻媒体客观公正地宣传评价农村基层干部,大力宣传他们的先进事迹,为他们干事创业营造良好的环境。

怎样当好组织部长[*]

（2007 年 4 月 18 日）

　　对地方党委换届以来新任的组织部长进行专题培训，是今年干部培训工作的一项重要任务，也是加强组织部门自身建设的一个重要举措。今天，我同中组部有关领导一起来看望大家，听取大家对做好组织工作的意见，特别是与大家一起探讨怎样当好组织部长这个问题。我到中央组织部工作已经四年半了，在这之前，我比较长时间从事经济工作和行政管理工作，没有在组织部门工作过，可以说是组织战线的一名新兵。这几年，在党中央的正确领导下，在中央组织部机关干部职工和全国组织系统同志们的大力支持下，自己边干边学，边学边干，对组织工作业务逐步熟悉，对组织部长这个岗位的认识也逐步深化。下面，围绕如何当好组织部长这个问题，谈谈自己的体会，与同志们一起交流。

一、要有坚定的理想信念

　　理想信念是共产党人党性修养的核心问题，关系我们的

---

　*　这是贺国强同志在与全国新任组织部长第一期培训班学员座谈时的讲话。

政治立场、政治信仰和政治方向。组织工作作为党的工作的重要组成部分，政治性很强，讲政治是第一位的要求。因此，党中央和各级党委对组织部长这个岗位的要求，尤其是政治方面的要求历来是很高的。作为组织部门的主要负责人，必须有坚定的马克思主义信仰，远大的共产主义理想，坚持走中国特色社会主义道路；必须对党忠诚，坚决听党的话，坚定地跟党走。不然的话，我们的工作就会偏离正确的方向，失去前进的动力，甚至造成严重的后果。

共产党人是信仰和行动的统一论者。理想信念坚定，必须体现在实际工作中。对我们来讲，就是必须认真学习马克思列宁主义、毛泽东思想、邓小平理论、"三个代表"重要思想和党的十六大以来党中央提出的科学发展观等一系列重大战略思想，自觉运用科学理论武装头脑、指导实践、推动工作；必须始终保持政治上的清醒和坚定，具有高度的组织纪律观念，在思想上政治上行动上同党中央保持高度一致，坚决贯彻党的路线方针政策和中央的决策，认真落实本地区、本部门党委的工作部署；必须有高度的政治敏锐性和政治鉴别力，善于从政治上观察问题、思考问题、处理问题，在大是大非和重大考验面前，旗帜鲜明，立场坚定。这些，对于组织部长来说，都是基本的政治要求和政治纪律，必须毫不含糊地做到。

不谋全局者，不足以谋一域。一个组织部长政治上强，体现在实际工作中，还必须自觉坚持在大局下行动，使组织工作始终服从服务于党的中心任务，始终围绕促进经济社会又好又快发展来进行。一方面，要从组织原则、组织纪律、组织制度上保证各级领导干部和广大党员认真贯彻落实党的路线方针政策和国家的法律法规,确保政令畅通;另一方面,要善于从全局的高度看待组织工作,自觉地把组织工作放到党和国家或党委、政府工作全局中去认识、谋划和部署,找准定位、主动服务,在维护全局利益的前提下创造性地开展工作,以组织工作的实际成效推动全局工作的开展。这既是组织工作发挥作用的有效途径,也是组织部门能够取得成绩的宝贵经验。这些年来,我们积极主动地参加先进性教育活动的组织指导工作、开展大规模培训干部、运用体现科学发展观要求的干部综合考核评价办法考核地方党政领导班子和领导干部、抓紧培养高层次的创新人才和各类实用人才,等等,都是围绕大局开展的,都为推动党的建设和国家经济社会发展发挥了积极作用。同时,我们国家国民经济持续快速健康发展、社会安定和谐、各项事业全面进步,也为我们做好工作提供了很好的条件,组织工作在服务大局中得到了发展。对组织部长来说,要使组织工作更好地为全局服务,就必须对全局工作有一个总体的了解。全党的工作中心是经济建设,这就要求大家熟悉本地区经济社会发展的情况,这并不是说我们都要成为经济专家,但我们必须经常关注、注意了解有关情况。

作为组织部长,理想信念坚定,还要求头脑中必须始终有党的观念和党的意识,始终坚持党要管党、从严治党的方针,自觉从坚持党的领导,提高党的执政能力,保持党的先进性的高度思考问题、看待事情、开展工作。要坚持党的领导这一重大政治原则,坚决反对和抵制淡化党的领导、削弱党的建设的错误倾向和行为。组织工作要随着形势任务的发展变化不断进行改革创新,但无论社会结构和社会组织形式如何变化,无论组织工作的外部环境、时代要求和工作方式如何变化,无论干部工作、人才工作的管理体制、工作机制和工作对象如何变化,坚持党的领导不能改变,坚持按照党章的要求发挥党组织的作用不能改变,坚持党管干部和党管人才的原则不能改变,在这些重大原则问题上必须始终坚定不移、毫不动摇。如果组织部长在这些重大问题上动摇,那就很危险。比如党管干部,这一重要原则是由我们党的执政地位决定的,执政党不管干部如何执政?不是组织部门要干部管理权,而是组织部门代党委管理干部,在这个问题上必须理直气壮。要按照党的组织路线和政策法规开展工作,努力通晓和掌握党的政策规定,做到政策清、情况明,心中有数。要严守纪律、照章办事,该坚持的一定要毫不动摇地坚持,该反对的一定要旗帜鲜明地反对。只有这样,才是真正对党和人民负责,才是党性强的表现。

二、要有恪尽职守的敬业精神

组织部长作为党委班子中分管组织、干部、人才工作的领导成员,其岗位职责与组织部门的职责、组织工作的内容是紧密相关的。从大的方面讲,组织部长的职责主要有以下四个方面:贯彻落实党的干部路线,加强领导班子和干部队伍建设;贯彻落实党管人才原则,抓好人才工作和人才队伍建设;贯彻落实党要管党、从严治党的方针,加强基层党组织建设和党员队伍建设;按照从严治部的要求,抓班子、带队伍,加强组织部门自身建设。这些工作,事关坚持、加强和改善党的领导,事关全面推进党的建设新的伟大工程。可以说,我们的工作做得如何,关系着党员、干部和知识分子的切身利益,关系着党组织创造力、凝聚力和战斗力的发挥,关系着党的事业的发展。

对于组织部长这个岗位的重要性和肩负的责任,我有着比较深的感受。2002 年 10 月,中央调我到中央组织部工作并担任主要领导时,自己对能否做好工作也没有把握。几年来,我对自己的工作一直有这样的感受:一是责任感。在这么重要的岗位上工作,责任重于泰山,"诚惶诚恐",生怕自己工作搞不好,影响党的工作和党的形象。二是荣誉感。到中央组织部工作是组织的信任。组织工作,全党关注、全国关注,大家对组织工作高看一眼,这是我们这个集体的荣誉,我要珍惜这个荣誉,力争做一名合格的组工干部。三是负重感。总觉得肩上的担子沉甸甸的,有一种"如履薄冰"的感觉,不敢有丝毫的懈怠和大意,要尽最大力量做好工作。大家都是刚走上组织部长这个岗位的同志,相信都会有同感。

组织部长的岗位这样重要,党和人民把我们放到了这个位置上,我们只有兢兢业业、鞠躬尽瘁,才能不负重托、不辱使命,做到让党放心、让人民满意。我们在这个岗位上工作的同志,都应该经常想一想,组织上把我们放在这个岗位上为什么,我们在这个岗位上应该干什么,怎样才能不辜负组织的信任和重托、不辜负干部群众的期望和要求,这样才能把责任感、荣誉感转化为动力,全身心地投入,忘我地工作。在这方面,全国优秀组工干部祁爱群同志为我们作出了很好的榜样。祁爱群同志生前是西藏那曲地区班戈县委常委、组织部长。

她出生在江南水乡,在西藏读完大学后自愿留在西藏工作,面对恶劣的自然条件和艰苦的工作环境,她不顾身患多种疾病,始终以饱满的热情和忘我的精神,全身心地投入到工作中去,各项工作都取得了突出成绩。2003年12月,祁爱群同志因长期带病工作,突发大面积脑溢血,倒在了工作岗位上。我们组织部门像祁爱群同志这样的优秀干部还有很多,他们的奉献精神值得我们学习。还有,严谨细致是组织部门的工作要求。我们做的许多工作,看起来很具体甚至很琐碎,但处理不好就可能影响全局,这就要求我们必须有兢兢业业的工作态度。古人说,"天下难事,必作于易;天下大事,必作于细"。我们要时刻牢记组织工作无小事,认真负责地对待每一项工作,严谨细致地做好每一件事情,一丝不苟地处理好每一个细节,决不能因为我们的工作疏忽影响党的事业。

同任何岗位一样,履行好组织部长的岗位职责,仅有良好的愿望和态度还是不够的,还必须有胜任工作的业务能力。我曾经提出,组工干部应当具备政治鉴别、政策运用、知人善任、组工业务和拒腐防变等五个方面的能力。这是对整个组工干部队伍来讲的,作为组织部门的主要负责人,这些方面的能力应该更强一些。这就要求我们必须比别人下更多的功夫,付出更多的辛苦,努力钻研组工业务,真正做到勤奋好学、学以致用,不断提高做好工作的本领。我前面说过,自己是组织战线的一名新兵,我经常告诫自己,与老组工干部相比,自己有三个"先天不足":一是对"人头"不熟;二是对组织工作业务,包括组工理论、组工政策不熟;三是对历史上处理一些重大或疑难问题的情况不熟,缺乏这方面的经验。因此,我更要下功夫学习,更要勤奋地工作,做到以勤补拙。所以说,对于刚刚走上组织部长岗位的同志来说,大家下的功夫就要更大一些,特别要以谦逊的态度和顽强的毅力抓好学习,尽快熟悉组工业务,努力成为组织工作的行家里手。

三、要树立以人为本的工作理念

以人为本是科学发展观的核心。坚持以人为本,是组织部门全面落实科学发展观的具体体现,也是组织部长岗位职责的内在要求。组织工作是做人的工作的,而人是有思想有感情的。我们必须把以人为本的要求体现到组织工作的全过程和各个方面,落实到领导班子和干部队伍建设、基层组织和党员队伍建设、人才队伍建设的各项工作中。

坚持以人为本,对组织部门来讲,最重要的是尊重人、关心人、理解人、爱护人,最大限度地发挥党员、干部和各类人才的潜能,努力把党员的积极性发挥好,把干部使用好,把各个方面的优秀人才聚集到党和人民的事业中来。做到这一点,首先要真正关心爱护党员、干部和各类人才。要全面了解他们的经历、特长、能力,看他们更适合向哪个方向发展,有针对性地培养和锻炼他们。要善于做思想政治工作,在他们遇到困难、挫折时,热情帮助、积极鼓励;受到不公正对待时,敢于为他们说公道话;出现苗头性、倾向性问题时,及时地谈心、提醒、批评,帮助他们尽早改正。这几年,中央组织部建立健全了与干部谈话制度、函询和诫勉谈话制度、住院病人探视制度等,对于了解干部、关心干部、促进干部健康成长发挥了很好的作用。其次要合理使用干部和人才。在发现优秀干部和人才上要强调"不拘一格",在使用干部和人才上要强调"用人所长",坚决破除论资排辈、求全责备、迁就照顾等陈旧观念。对于那些优秀的干部和人才要放手使用、大胆提拔;对于那些有特点和个性的干部和人才,要扬长避短,善于用他们的特长,把他们放到最适合发挥其优势的岗位上。还要为干部和人才的成长创造良好环境,努力形成优秀人才脱颖而出、健康成长的体制、机制,创造有利于干部和人才干事创业的良好环境。

坚持以人为本,要求我们的各项政策和各项工作都必须有利于调动和发挥党员、干部和各类人才的积极性、主动性和创造性,体现党组织对他们的关心和爱护。我们出台每一项政策,推行每一项改革,开展每一项工作,都必须充分考虑党员、干部和人才队伍的实际情况,充分考虑可能给他们带来的影响,充分考虑他们的心理感受和承受力。这就需要我们经常深入基层,深入到党员、干部和知识分子中,了解他们的感受、情绪、愿望和要求,把握他们的思想脉搏,使我们出台的政策措施更加符合实际,受到广大党员干部和各类人才的拥护。比如,在这次公务员工资制度改革中,为了调动各方面的积极性,中央组织部、人事部、财政部共同调查研究,从实际出发,采取了一些特殊政策:一是实行职务与级别相结合的制度,对在低职务岗位上工作的干部,只要兢兢业业地工作,经过一定期限后可享受高一级职务的待遇;二是对长期在基层工作的县乡党政主要领导干部实行工资政策倾斜;三是完善艰苦边远地区津贴制度;四是逐步缩小地域之间工资收入的差距;五是在解决公务员工资的同时,也适当提高其他人员,尤其是困难群体、人员的收入等。这些政策措施,对于稳定基层和艰苦边远地区干部队伍以及低收入人员发挥了积极作用。

坚持以人为本,要求我们必须注意从生活上关心党员、干部和各类人才,帮助他们解决实际困难。近年来,在党中央的领导下,在各级党委的支持下,中央组织部和地方各级组织部门把解决基层和广大党员、干部、各类人才的实际困难作为组织工作的一项重要内容,采取了一系列具体措施。比如,关心基层干部和生活困难党员,制定和实施对新中国成立前入党的农村老党员和未享受离退休待遇的城镇老党员(约40万人)定期发放生活补贴的政策措施;切实解决村干部(包括离任村干部)、社区干部等基层干部工作生活中的实际困难;及时下拨代中央管理的党费,帮助遭遇重大自然灾害地区的党组织和党员群众解决生产生活中的实际困难。又比如,积极解决老干部的困难,这些年先后几次提高离休干部的医疗、住房待遇,解决了一些老干部生活方面的实际困难,尽可能给他们以特殊的照顾。还比如,加强人才队伍建设,建立了中央直接联系高级专家制度,完善了中央和省两级人才库,组织专家进行疗养和在京院士每年进行体检,等等。我们要总结这方面的经验,完善相关制度,进一步做好这方面的工作,更好地在组织工作中体现以人为本的工作理念,使广大党员干部和各类人才感受到党组织的温暖。

坚持以人为本,还要求我们努力把组织部门建设成为"党员之家、干部之家、知识分子之家"。这是党中央对组织部门自身建设的一贯要求,也是组织部门的优良传统。近年来,我们围绕建设"三个之家"做了大量工作。去年,在中央组织部机关先进性教育活动中,我们把建设"三个之家"的内涵,概括为"干事创业、关怀体贴、公平公正、纪律严明、团结和谐"20个字。贯穿其中的核心,就是坚持以人为本,就是要带着对干部群众的深厚感情去做工作,设身处地地为广大党员、干部和知识分子着想,做到真情关心、真正爱护、真诚服务。对干部机关自身来讲,要按照"三个留人"的要求,努力从政治上、工作上、生活上关心机关工作人员,解除他们的后顾之忧,把我们自己这个"家"建设好。

四、要树立公道正派的良好形象

组织部长能不能把工作做好,既要看业务水平,更要看是否公道正派。2003年,中央组织部机关开展了以公道正派为主要内容的"树组工干部形象"集中学习教育活动,之后各级组织人事部门也相继开展了这项活动。在活动开展过程中,我们把公道正派的要求提炼概括为"对己清正、对人公正、对内严格、对外平等"四句话,得到了广大组工干部的认同,社会上也给予了好评。对组织部长来说,在这方面应该标准更高一些、要求更严一些、做得更好一些。

人们看组织部长是不是公道正派,很大程度上是看他能否敢于坚持原则。坚持原则,要求我们必须按照干部工作的规定程序和选拔干部的标准办事,根据德才标准和干部的条件提出自己的意见,决不能"和稀泥",当"和事佬",混淆原则界限,甚至拿原则做交易。这是对组织部长的基本要求,但真正做到并不容易。坚持原则和反对歪风是一个问题的两个方面。当前,一些地方选人用人中的不正之风还比较严重,有的人通过上级领导、通过老同志、通过我们的亲朋好友,为他们个人的升迁说情、打招呼,甚至提出一些不合理的要求。对于这些干扰和压力,无论来自哪个方面,我们都必须旗帜鲜明地抵制,不该用的干部坚决不用。

公正对待干部,是公道正派的重要体现,也是一个组织部长必备的职业操守。在我们联系和管理的干部中,有的可能与我们熟悉一些,有的没有任何交往和联系;有的与我们的工作风格、处事风格相似,有的可能有较大的差异。无论哪种情况,对干部都要一视同仁,不能因为关系远近和个人好恶而有所不同,更不能搞亲亲疏疏。同一个岗位,符合条件的干部可能很多,谁的德才素质更好,谁更适合岗位的要求,我们就应该向党组织推荐谁,做到好中选优。无标准的"不偏不倚",不是真正的公道正派,而是在回避矛盾、推卸责任,也必然影响干部的进取精神和工作积极性。在选拔干部时,既要注意使用那些开拓创新、敢抓敢管、雷厉风行的干部,也要注意使用那些勤恳工作、埋头苦干、不事张扬的"老黄牛"式的干部,不能让老实人吃亏。

坚持公道正派,需要我们无私奉献,甘当人梯。在我们选拔任用的干部中,有的年龄比我们轻、资历比我们浅,有的过去是我们的同事或是下级,有的条件可能还不如我们,但他们得到了提拔重用,进步比我们快。对此,我们应当正确对待。及时发现优秀干部、培养和使用好干部是组织部门的重要职责,干部成长比较顺利,能够得到提拔,其中有我们工作的成绩,我们应当感到高兴。要鼓励别人超过自己。在我们组织部门,许多同志长期从事干部的培养、选拔工作,他们淡泊名利,默默奉献,无怨无悔地为党工作,用自己平凡的行动诠释了组工干部特有的良好品质。我们的老部长安子文同志就是这方面的楷模。他长期在中央组织部工作,1956 年至 1966年担任中央组织部部长,培养选拔了大批干部。党的十一届三中全会后,安子文同志再三要求中央不要考虑他为中央委员的候选人。他说,应当把自己的位置腾出来,让真正优秀可靠的、能够为党做更多工作的、年轻一些的同志来担任党的中央委员。这种高风亮节和思想境界值得我们很好地学习。去年,我在中央组织部机关先进性教育活动讲党课时曾谈到,从20 世纪 80 年代初我作为后备干部到担任副省部级以上领导职务的 20 多年中,中央组织部的同志曾多次考察过我,我到中央组织部工作以后,没有一个同志向我表白当年是"我考察的你",是"我同意提拔的你"。我也看到,中央组织部机关有许多优秀的同志,他们把一批又一批优秀干部提拔起来,送到重要岗位上,而自己的职务却没有变化,不少同志是在原岗位上离退休的。这些默默无闻地为党的事业无私奉献的同志是我们学习的榜样。

做到公道正派,还必须严以律己,自身先行得正、坐得端。在干部群众眼中,组织部长是"管官的官"。如果我们律己不严、操守不好,怎么会公道正派地对待干部?别人自然也会对组织部门选用的干部产生疑问。因此,与其他领导岗位相比,同样的问题,出在组织部长身上,在社会上的影响就会更大一些。当前,组织部长面临的诱惑和考验很多,一些心术不正的人,往往把组织部长作为拉拢、腐蚀的重点对象,想方设法地拉关系、套近乎,以达到其个人目的。在我们的队伍中,确实也有个别人在诱惑和考验面前栽了跟头。我们要记取他们的教训,慎用手中的权力,办事出以公心,不要把自己手中的权力用偏了,不要让别有用心的人在我们身上打开缺口。要慎重交往,与朋友之间、与干部之间保持正常的关系,防止被那些刻意结交、另有所图的人利用。

按照公道正派的要求抓好组织部门自身建设,是组织部长的重要职责。一方面,要抓好班子。带头贯彻执行民主集中制,重大问题集体讨论决定,充分发扬民主,善于听取大家的意见,包括不同的意见,决不能搞"一言堂"、个人说了算。要注意放手让每位班子成员大胆工作,调动和发挥大家的积极性和创造性,依靠集体的智慧和力量做好工作,努力在班子内部形成心齐、气顺的好局面。另一方面,要带好队伍。坚持从严治部,对干部严格教育、严格管理、严格监督,对干部中出现的问题要及时告诫提醒、批评帮助,对不适合在组织部门工作的干部要坚决予以调整,对违反有关纪律和规定的要严肃查处、绝不姑息。要努力营造干事创业的氛围,真正把组织部门建设成为和谐公正的机关。

五、要有与时俱进的创新意识

当前,我国正处于改革发展的新阶段。我们面临的历史条件和社会环境变了,党肩负的任务,党员队伍和干部队伍的思想观念、人员构成、行为方式也发生了很大变化。在这种情况下,组织部门长期以来形成的好做法、积累的好经验要继续坚持和应用,同时又必须坚持解放思想、与时俱进,不断对组织工作的方式方法、体制机制进行改革创新,以更好地适应形势任务发展变化的要求,更好地为党的政治路线和工作大局服务。

思想是行动的先导。没有观念创新,工作创新就迈不开步子,体制创新就会成为一句空话。这些年来,我们坚持把观念创新作为推动组织工作不断上新台阶的动力,积极推动和引导组织部门的同志,把思想认识从不合时宜的观念、做法和体制的束缚中解放出来,努力使组织工作更好地体现时代性、把握规律性、富于创造性。比如,我们提出,要树立改革意识,凡是符合"三个代表"重要思想和全面落实科学发展观的要求,有利于优秀人才脱颖而出和健康成长、有利于党组织和党员发挥作用的制度和办法,就大胆地试、大胆地干,即使有些改革举措突破了现行的政策规定也允许探索实验。我们强调,要树立开放意识,破除广大干部群众对组织工作的神秘感,按照积极稳妥的原则,在不违背保密纪律的前提下不断增加组织工作的透明度,通过广播电视、报纸杂志、网络等大众传媒介绍组织工作、宣传组织工作,使广大干部群众更多地了解我们的工作,更好地监督我们的工作。我们要求,要树立效率效益意识,在干部、人才使用上强调"人才浪费是最大的浪费",大力培养选拔优秀年轻干部和各类人才;在工作上强调"成本意识"、"节俭意识",不断提高工作效率,努力使组织工作更好地适应改革开放和现代化建设的需要;等等。如果说这几年组织工作在改革创新上取得了一些成绩,是与我们强调和推动观念创新分不开的。

创新体制机制,对于组织部门来讲,最重要的是深化干部人事制度改革、推进组织制度创新。干部人事制度和组织制度,是上层建筑的重要组成部分,必须随着经济体制改革和政治体制改革的进行而不断深化。干部人事制度改革和组织制度创新是一个没有止境、不断深化的过程。这些年来,我们认真贯彻中央的要求,不断加大工作力度,在干部人事制度改革方面迈出了重要步伐,先后制定出台或与有关部门共同制定出台了"一法、一纲要、三条例和十多个法规文件",即《中华人民共和国公务员法》,《深化干部人事制度改革纲要》,《党政领导干部选拔任用工作条例》、《中国共产党党内监督条例(试行)》、《干部教育培训工作条例(试行)》,《公开选拔党政领导干部工作暂行规定》等"5+1"法规文件〔1〕、《党政领导干部职务任期暂行规定》等5个法规文件〔2〕等,还有其他一些文件,初步形成了相互配套、有机衔接、较为完备的干部人事工作制度体系。在组织制度创新上也积累了不少经验。但

---

〔1〕 "5+1"法规文件,指2004年4月经中央批准、由中央办公厅印发的《公开选拔党政领导干部工作暂行规定》、《党政机关竞争上岗工作暂行规定》、《党的地方委员会全体会议对下一级党委、政府领导班子正职拟任人选和推荐人选表决办法》、《党政领导干部辞职暂行规定》、《关于党政领导干部辞职从事经营性活动有关问题的意见》等5个法规文件,以及此前中央纪委、中央组织部联合下发的《关于对党政领导干部在企业兼职进行清理的通知》。

〔2〕 5个法规文件,指2005年底和2006年6月经中央批准、由中央办公厅印发的《党政领导干部职务任期暂行规定》、《党政领导干部任职回避暂行规定》、《党政领导干部交流工作规定》、《关于对党员领导干部进行诫勉谈话和函询的暂行办法》、《关于党员领导干部述职述廉的暂行规定》。

也要看到,当前干部人事工作和组织制度方面还存在一些深层次的矛盾和问题,改革的任务还十分艰巨。

干部人事制度改革和组织制度创新属于政治体制改革的范畴,必须从我国的国情出发,坚持积极稳妥的原则,有组织有步骤地推进。比如,扩大党内民主是干部人事制度改革和组织制度创新的一项重要内容,是加强党的执政能力建设和先进性建设的重要组成部分,必须坚定不移地推进。同时,又必须充分考虑这项工作的复杂性和敏感性,坚持正确的方向,坚持在党的统一领导下,科学规划,积极稳妥地推进,使有关改革措施符合我们的国情、党情,使党内民主随着历史条件的发展变化而不断发展完善。在这次地方领导班子换届工作中,我们按照中央的要求,推出了一系列扩大党内民主的新举措,得到了广大党员干部的好评,实际效果也很好。根据我们这几年的实践经验,推进干部人事制度改革和组织制度创新,应从三个层面来展开:第一个层面是,对于已经出台的改革措施,要全面地、坚定不移地抓好落实。第二个层面是,对于经过实践检验确属比较成熟的做法和经验,在总结完善的基础上及时转化为法规文件,选择合适时机集中配套地推出。第三个层面是,对于需要解决而又难度较大的一些问题,加大调查研究力度,积极探索,积累经验,有些问题还要先进行试点,为下一步出台有关改革措施奠定基础。这里尤其需要注意的是,要尊重基层的首创精神,允许和鼓励基层大胆探索和实践,特别是对一些尚无经验、尚不成熟的问题,只要大方向正确,就积极支持;对于有不同认识的做法,可以等一等,看一看,不急于表态,不忙于下结论,为基层的探索实践创造宽松的环境。

不断改进工作方法,是时代发展的要求,也是更好地完成工作任务的需要。这些年,我们在这方面也进行了许多探索。比如,随着党和国家事业的发展,组织工作的面越来越宽、承担的任务越来越重,许多工作单靠组织部门一家难以完成好,像人才队伍建设、干部监督、农村党员干部现代远程教育等工作就是由组织部门牵头开展的,还有一些工作是组织部门参与的。这就需要我们做到,对于我们牵头的工作要切实负责,加强协调配合,注意整合各方面的资源,发挥其他单位的作用;对于我们配合的工作要积极主动,认真完成所承担的任务。又比如,我们在党员教育、干部培训、干部日常管理和监督等方面,大量采用计算机技术和网络技术,开通了组织系统"12380"举报电话,利用视频方式安排部署工作,等等。实践证明,工作方式方法要随着工作任务、工作环境的变化不断改进,这方面还需要我们继续做出努力。

六、要有唯物辩证的思想方法

思想方法是世界观和方法论在实际工作中的运用。唯物辩证法是科学的世界观和方法论,是指导我们认识世界和改造世界的最基本的思想武器。对于领导干部、尤其是组织部长来说,要把思想方法搞对头,最要紧的,是学习和掌握唯物辩证法。这里,我着重谈一谈学习哲学的问题。

大家知道,哲学是关于世界观的学问,它揭示的是事物发展变化的最一般的规律。每一个有足够生活经历的人,头脑中都会有一定的思想、观念和方法,但人们的这些思想、观念和方法,如果缺乏正确的理论论证和严密的逻辑思考,往往是不系统、不自觉的,有时还包含着谬误和偏见。一个领导干部如果靠这样的思想方法去指导工作,会导致什么样的后果,那是不难想象的。学习和掌握马克思主义哲学的作用,在于它能够剔除我们思想观念中错误的成分,纠正我们错误的思想方法,使我们全面地而不是片面地、联系地而不是孤立地、发展地而不是静止地、客观地而不是主观地看问题,防止主观主义和形而上学。从这个意义上讲,哲学是明白学、智慧学。对此,陈云同志有过深刻的论述。1987 年 7 月,他在同中央负责同志谈话时,回忆起当年在延安时期学习哲学的情形,深有感触地说:"学习哲学,可以使人开窍。学好哲学,终身受用。"〔1〕这一教诲,是他一生革命实践的总结,值得我们永远铭记和学习。

这些年来,我们坚持运用唯物辩证的思想方法谋划工作、推进工作,有力地促进了各项工作任务的落实,也使我们在实践中深化了对学好哲学、用好哲学的认识。比如,我们针对组织工作涉及面宽、工作量大的特点,按照主要矛盾和次要矛盾对立统一的观点,抓住那些主要的、起决定作用的矛盾,集中力量抓大事、抓好大事带全局,每年明确几项重点工作,带动和促进组织工作全面开展,不断从整体上推动工作上新水平。又比如,我们针对一些关系全局、经验又不足的重要工作,按照矛盾的普遍性和矛盾的特殊性辩证统一的观点,把一般号

---

〔1〕 《陈云文选》第 3 卷,人民出版社 1995 年版,第 362 页。

召与个别指导结合起来,坚持试点先行,取得经验后再大范围推开。近年来,先后开展了发展新社会阶层中的优秀分子入党、扩大乡镇党委领导班子成员直接选举范围、县级党代会常任制、农村党员干部现代远程教育、留学回国人员党员恢复组织生活等多项试点工作,在全党开展的先进性教育活动,也进行了为期将近一年的试点。对一些重要文件的出台,甚至一些重要讲话,也都是先进行调查研究,注意听取方方面面的意见。这样不仅减少了因缺乏经验造成的失误,而且使一般号召更贴近基层实际,为更好地开展面上的工作积累了经验。再比如,我们遵循实践、认识、再实践、再认识的马克思主义认识路线,每完成一项重点工作,都要进行总结。在每年的年中、年末都召开部务会务虚会,学习中央的有关重大决策和部署,总结和研究工作,在不断总结中深化对做好新形势下组织工作的规律性认识,从而增强了工作的主动性和预见性,等等。这些经验告诉我们,坚持用唯物辩证法看问题、办事情,就能够从实际出发,抓住事物的本质,区分工作的主次;就能够一分为二地看待问题,分析矛盾,防止片面性和绝对化;就能够不断把感性认识上升为理性认识,把握事物的发展规律,增强工作的超前性,掌握工作的主动权。

当前,组织工作中还有许多新情况新问题,特别是在识人用人方面还有许多热点难点问题,等待我们去研究、去解决。这不仅需要我们学习和掌握党的干部工作的方针政策,而且需要我们在实践中掌握和运用唯物辩证的思想方法。比如,如何全面地、辩证地看干部,既看干部的优点和长处,又看干部的缺点和短处;既看干部平时的表现,又看在关键时刻、在处置重大问题和突发事件中的表现;既了解干部"八小时之内"的表现,又了解"八小时之外"的情况。又比如,如何历史地、发展地看干部,既看干部的现实表现,又看干部的历史表现,还要看干部的潜能;在评价干部的政绩时,既看干部目前已经取得的成绩和干部个人的主观努力,又分析前任留下的基础和起点,还要看这些政绩对长远发展的影响。再比如,如何用群众的观点看干部,既听领导的意见,又听群众的意见;既看得票情况,又不简单地以票取人。还比如,组工干部的一项基本功就是找人谈话,如何针对不同环境、不同时限,针对不同人的情况、特点,做好深入细致的思想工作,提高谈话的艺术水平,等等。这里面都充满了唯物辩证法。希望同志们在今后的工作中,运用马克思主义哲学的基本观点破解这些难题,为我们提供经验借鉴。

我到中央组织部工作后,一直鼓励和倡导组织部门的同志学习哲学。今天,再次向大家提出这个任务,希望同志们把哲学作为一门基本课程,下功夫来学习和钻研,特别是要把其中的基本理论观点和基本思维方法,真正搞清楚、弄明白,并和自己的工作实际结合起来,不断提高认识水平、增强工作能力。

七、要有良好的心理素质

心理健康,是一个人应对竞争、成就事业、获得幸福的重要保证。对领导干部来讲,则是素质健全和全面发展的重要标志,也是履行好职责、取得工作成效的内在品质。组织部长是一个备受人们关注的岗位,也是矛盾的焦点,工作压力往往更大一些,更需要具有良好的心理素质,更应当学会保持良好的心态。

心理健康,首先是要思想健康。一个有远大理想的人,必然是心胸开阔、洒脱睿智的人。《论语》说,"君子坦荡荡,小人长戚戚"。古人说的"君子"、"小人",不是我们评价一个人的标准,但这句话确实对我们有所启发。一名领导干部,如果能够牢固树立马克思主义的世界观、人生观、价值观和正确的权力观、地位观、利益观,不断提升自己的道德素养,不断提高自己的文化修养,真正做到不为名所累、不为利所惑、不为欲所纵,心理素质自然就好,心理就自然健康;反之,如果思想不健康,道德修养不过关,私心太重,就容易患得患失,影响工作的正常开展,甚至导致心理失衡,个别严重的还可能走向极端。因此,我们应当自觉加强党性修养,看淡荣辱得失,看轻功名利禄,自重自爱,自警自省,切实珍惜工作岗位,始终保持共产党人的政治本色。

良好的心理素质与健康的心态是紧密相关的。有句话叫心态决定态度,态度决定命运。这话不一定全面,但有一定道理。唯物辩证法告诉我们,任何事物的发展都是一个曲折上升、波浪式前进的过程,在这个过程中,矛盾无处不在,无时不有。因此,对待生活、工作特别是对待困难和问题,要始终保持乐观的心态。人生在世,不可能事事称心如意,不可能总是一帆风顺,遇到困难、挫折是难免的,关键是要正确对待,相信办法总比困难多,有些困难一时解决不了,条件成熟了总会得到解决。要始终保持豁达平和的心态。组织部长在工作中是要得罪人的,有时还不得不承担一些责任、受一些委屈,这都是正常的。既然组织上让我们当组织部长,我们自己又选择了这个岗位,就要有应对各种复杂局面的思想准备,勇敢地挑起这副担子。心底无私天地宽。只要我们出以公心,敢于坚持原则,按政策办事,按党委的意图办事,就不必为此烦恼。凡事看得开一点,超脱一点,拿得起,放得下,"天塌下来有地顶着",我们后面有党组织作强大后盾,只要广大干部群众能理解我们,就没有什么大不了的事情。当然,对人对事要有一种客观公正的态度,尤其是同志之间发生矛盾、误会时,能够有一点忍让精神,原谅别人才能解脱自己。

善于排解心理困扰是保持心理健康的重要方法。对工作、生活中的一些矛盾和压力"看不开"、"想不通",坏情绪得不到及时有效的释放或化解,长时间下来就容易抑郁成疾,对身心造成较大的损害,甚至影响工作和事业。排解心理压力和困扰,一方面要主动适应社会,适应环境,受得起委屈,经得起挫折、非议甚至诬陷,善于使自己从痛苦、烦恼等消极情绪中解脱出来;另一方面要积极寻求适当的渠道,善于与人沟通,学会舒解心理压力,克服自我封闭的心态。我常讲,干部交流到异地工作,他的孩子可以不随着调动,但爱人最好跟着调动,这样两个人在生活上可以互相照顾,在思想上可以互相交流,有些不便与其他人说的话,跟爱人说说,就可能减轻心理压力。要培养健康向上的生活情趣,保持高尚的精神追求,正确选择个人爱好,养成良好的生活习惯。无论工作再忙,也要注意保持身体健康,劳逸结合,加强体育锻炼,提高身体素质,增强抵抗疾病的能力。

怎样当好组织部长是一个大题目,包括的内容还有很多,以上谈的这些,许多是同志们的经验,有些是自己的工作体会,还有些自己没有完全解决好,出了题目向大家请教。我讲得不当的地方请同志们提出宝贵意见。

把农村党员干部
现代远程教育办实办好[*]

（2007 年 4 月 28 日）

在全国农村开展党员干部现代远程教育工作,是党中央着眼于加强农村党的建设、巩固党在农村的执政基础,着眼于建设社会主义新农村、构建社会主义和谐社会、加快推进社会主义现代化作出的一项重要部署。这项工作从提出到正式在全国推开,经过了深入的调研和认真的试点。2003 年初,为了认真贯彻党的十六大精神,巩固和发展全国农村"三个代表"重要思想学习教育活动成果,积极探索让农村党员干部经常受教育、使农民群众长期得实惠的有效途径,根据有关部门和专家的建议,中央把开展农村党员干部现代远程教育工作摆上了重要日程。2003 年上半年,曾庆红同志带领有关部门负责同志先后到贵州、湖南、山东进行调研,并在山东威海召开座谈会,广泛听取地方党委和基层干部群众的意见。在深入调研、反复论证的基础上,中央决定,先在东部的山东、中部的湖南和西部的贵州以及安徽省的金寨县进行试点,并批

---

[*] 这是贺国强同志在全国农村党员干部现代远程教育工作会议上讲话的一部分。贺国强同志当时兼任全国农村党员干部现代远程教育工作领导协调小组组长。

准成立了全国农村党员干部现代远程教育试点工作领导协调小组,由我担任组长,正式启动了农村党员干部现代远程教育试点工作。2005年初,为了进一步探索规律,积累经验,中央又作出了扩大试点的部署,试点地区扩大到山西、辽宁、吉林、黑龙江、江苏、浙江、河南、四川和新疆等九个省区。到2006年底,整个试点工作基本结束,取得了显著成效,达到了预期目的。试点工作的成效充分表明,农村党员干部现代远程教育,是一项提高农村党员干部队伍素质、造福亿万农民群众、利党利国利民的富民工程、创新工程、基础工程。

全国农村党员干部现代远程教育工作,面向农村广大党员干部和亿万农民,从开始筹划到基本建成,时间跨十六大、十七大两次党代会和"十五"、"十一五"两个"五年规划",是一项政治性、政策性很强的系统工程。从目前的技术手段和已经具备的其他条件看,在全国农村全面推开这项工作的条件基本成熟。最近,胡锦涛同志主持召开中央政治局常委会,听取有关试点工作情况和下一步工作意见的汇报,审议并原则通过了《关于在全国农村开展党员干部现代远程教育工作的意见》,对在全国农村开展这项工作提出了明确要求。

在全国农村开展党员干部现代远程教育工作,首要的是抓好基础建设,逐步建立覆盖全国农村的现代远程教育体系。当前,要切实抓好"五大建设",即农村党员干部现代远程教育教学平台建设、终端站点建设、教学资源建设、骨干队伍建设、工作机制建设。这"五大建设"相辅相成、互为依托,构成了农村党员干部现代远程教育体系的主要内容,是开展农村党员干部现代远程教育工作的基础建设。其中,教学平台主要包括资源库、前端播出平台、资源传输系统和辅助教学中心网站,是远程教育的"发射塔"、"总开关",是传送教学资源的出口;终端站点主要包括乡镇接收站和村接收点,是施教与学习的连接点,是组织学习的课堂和开展活动的阵地;教学资源主要包括电视视频节目和计算机课件,是远程教育的"源头活水";骨干队伍主要包括专兼职干部队伍、站点管理队伍、教学资源开发队伍、教学辅导队伍、技术服务队伍,是远程教育工作的组织者、推动者和服务者;工作机制主要包括科学运行机制、教学组织管理机制、经费保障机制,是远程教育工作科学有序运转的制度规范,是各个环节相互衔接的有机链条,是远程教育工作持久健康发展的重要保障。各地区各部门要围绕这"五大建设",科学制定建设规划,积极筹措建设资金,分解落实建设任务,扎实推进,力争又好又快地建立起一个广覆盖、多功能、开放型、高质量的农村党员干部现代远程教育体系。

我国幅员辽阔,各地自然条件千差万别,经济社会发展水平也不相同,农村党员干部现代远程教育又是一项新的工作,这就要求我们必须坚持从实际出发,创造性地开展工作,努力走出一条符合本地实际的农村党员干部和农民群众教育培训工作的新路子。开展这项工作,总的是要坚持整合资源、共建共享,因地制宜、稳步推进,建管结合、学用结合,以人为本、务求实效,积极探索、勇于创新。一是坚持整合资源、共建共享。就是要充分整合利用各系统、各部门现有的基础设施、教学资源、管理队伍、师资力量、站点场所、技术和资金等,做到艰苦奋斗、勤俭节约,切实避免重复建设、资源浪费。这一点是中央领导同志多次强调的。这几年中央对农村的投入很大,各系统、各部门都有一定的投入,我们在工作中,一定要注意整合利用好各方面的资源。比如站点建设,可以与村级组织活动场所建设结合起来,使活动场所真正做到"一室多用";教学平台建设可以依托农村中小学远程教育工程,这一工程中央投入很大,而且进度也比较快,预计今年年底就可以全部建成,我们要在科学安排学习时间的基础上,切实整合利用好这一现有资源。二是坚持因地制宜、稳步推进。就是要区别不同情况,因地制宜,量力而行,尽力而为,把工作的力度、推进的速度与各地经济发展水平和财政承受能力统一起来,把工作的思路、推开的办法与当地的基础条件结合起来。东、中、西部条件不同,经济实力较强、各方面条件较好的地区,进度可以快一些;经济发展水平相对较低的地区,进度可以慢一些,不能搞"一刀切",绝对不能增加农民负担。三是坚持建管结合、学用结合。就是要统筹考虑,把教学平台建设、终端站点建设、教学资源开发与教学组织管理结合起来,把教育培训与实际运用结合起来,使"建、管、学、用"四个环节互为依托、相辅相成,特别要在"用"字上下功夫。四是坚持以人为本、务求实效。就是要根据农村党员干部和农民群众的实际需求,尊重他们的意愿,因人施教,按需施教,引导广大农村党员干部和农民群众积极参与、主动学习,联系实际、学以致用,确保教育培训取得实效。五是坚持积极探索、勇于创新。就是要不断研究新情况、解决新问题,推进实践创新、管理创新和制度创新,使现代远程教育工作始终保持旺盛的生机和活力。总之,我们一定要按照中央的要求,在重实际、讲实用、求实效上下功夫,最大限度地发挥农村党员干部现代远程教育工作的作用,努力使这项工作真正成为党员干部和农民群众的满意工程。

建设好中国纪检监察学院[*]

（2008 年 4 月 1 日、2011 年 9 月 6 日）

建立中国纪检监察学院，是党中央作出的一项重要决策，是全国广大纪检监察干部的一项夙愿，也是事关纪检监察干部队伍建设长远发展的一件大事。建立中国纪检监察学院的根本目的，就是要适应新形势新任务的需要，大力提高纪检监察干部队伍素质，促进纪检监察工作科学化、制度化、规范化和专业化。经中央纪委研究决定，将原来的中央纪委监察部北京培训中心并入新建的中国纪检监察学院。前一阶段，学院建设进展顺利，各项工作有条不紊、扎扎实实地向前推进。当前和今后一个时期，抓好建设、严格管理仍然是学院工作的两件大事。要坚持基础建设与教学建设同步、硬件建设与软件建设并举，积极借鉴国内外先进办学经验，大力推进学校教学和管理创新，通过加快基础设施建设、学科建设、队伍建设，加强教学管理、行政管理、后勤管理，努力把学院建设成为纪检监察专业人才的培养基地、纪检监察学科的建设基地、党政领导干部的廉政教育基地，反腐倡廉建设理论与实践研究中

---

[*] 这是贺国强同志在中央纪委监察部原北京培训中心、中国纪检监察学院调研时两次讲话节录的综合。贺国强同志当时任中共中央政治局常委、中央纪委书记。

心、反腐败国际交流与合作中心,为推进反腐倡廉建设提供可靠的人才保证和智力支持。

要突出办学特色。按照高层次、专业性、专题性、系统性的培训定位,着力办好初任培训、任职培训、专题培训等主体班次,积极探索开设具有学院特色的重点班次,打造特色课程和品牌项目,提高教育培训的层次和水平。

要强化教学管理。把学校管理与学员自我管理结合起来,把思想教育与制度规范结合起来,进一步健全完善学院的基本制度、教学管理制度、行政管理制度、后勤管理制度等,用制度规范和管理学院各项日常工作,努力为学员创造良好的学习环境。

要加强学科建设。组织编制纪检监察学科建设规划,协调有关高校、科研机构共同参与学科建设工作,组织力量对反腐倡廉建设中的重大理论和实践问题集中攻关,形成一批高质量、有价值的研究成果,推动教学与科研良性互动、相互促进、协调发展。

要加强队伍建设。高度重视学院干部职工队伍建设,坚持专职队伍和兼职队伍并举,在加强专职教师队伍建设的基础上,进一步开发、整合、优化兼职培训师资资源,努力培养和形成一支政治素质好、业务水平高、作风过得硬的专兼职师资队伍;坚持严格要求和关心爱护结合,通过进修学习、岗位培养等方式不断提高干部职工队伍的综合素质,通过认真解决教职员工工作、生活中的实际问题,充分调动他们立足学院、干事创业的积极性和热情。

做党的忠诚卫士，当群众的贴心人*

（2008 年 4 月 22 日）

在全国纪检监察系统深入开展"做党的忠诚卫士、当群众的贴心人"主题实践活动，是今年纪检监察机关的一项重要工作任务，也是加强纪检监察干部队伍建设的一个重要举措。"做党的忠诚卫士、当群众的贴心人"这一主题，集中体现了对党负责和对人民负责的一致性，高度概括了纪检监察机关自身建设的工作目标和衡量标准，充分反映了党和人民群众对纪检监察机关和纪检监察干部的期望与要求。抓住这一主题，就抓住了纪检监察机关自身建设的根本和关键。

"做党的忠诚卫士、当群众的贴心人"，是一个思想十分深刻、内涵十分丰富的政治要求。要把这一要求转化为广大纪检监察干部的努力方向和行为准则，必须切实做到对党和国家无限忠诚，对腐败分子和消极腐败现象坚决斗争，对广大干部和群众关心爱护，对自己和亲属严格要求。这"四个对"的要求，可以说就是"做党的忠诚卫士、当群众的贴心人"要求的具体化。

---

*　这是贺国强同志在中央纪委监察部机关"做党的忠诚卫士、当群众的贴心人"主题实践活动动员会上讲话的一部分。

对党和国家无限忠诚，就是要视党和国家的利益高于一切，在政治上、思想上、行动上自觉同党中央保持高度一致，坚决贯彻执行党的路线方针政策和国家的法律法规，坚决维护中央权威和中央大政方针的统一性、严肃性，坚决反对各种危害党和国家利益的思想和行为，始终做到在政治上清醒坚定、在重大问题上旗帜鲜明、在关键时刻和重大事件中经得起考验，为党和国家的事业不懈奋斗。

对腐败分子和消极腐败现象坚决斗争，就是要牢记使命、恪尽职守，坚持原则、秉公执纪，刚直不阿、不徇私情，不畏艰难、敢于碰硬，坚决依纪依法严惩腐败分子，捍卫党纪国法的尊严，纯洁党的队伍，维护社会公平正义；要弘扬新风正气，抵制歪风邪气，推进改革创新，加强制度建设，堵塞体制机制漏洞，努力铲除腐败现象滋生蔓延的土壤。

对广大干部和群众关心爱护，就是要坚持以人为本，"关口"前移，抓好廉政教育，加强对干部的管理和监督，及时发现苗头性、倾向性问题并认真加以纠正，防止小错酿成大错；要注意把握政策，坚持宽严相济、区别对待，善于用历史的、全面的、发展的观点来辩证地看待问题、分析问题、解决问题，既严厉惩处腐败分子，又敢于保护干部，积极为受到诬陷的干部澄清是非，保护干部干事创业的积极性；要坚持党员主体地位，维护和保障党员的权利；要牢固树立群众观点和公仆意识，坚持权为民所用、情为民所系、利为民所谋，设身处地为群众着想，真心诚意为群众服务，认真解决损害群众利益的突出问题，维护好人民群众的根本利益。

对自己和亲属严格要求，就是要严于律己，严格执行领导干部廉洁从政各项规定,严格执行纪检监察工作纪律尤其是办案纪律和保密纪律,绝不搞权钱交易、以案谋私,杜绝人情案、关系案;要以身作则、率先垂范,模范遵守党的纪律和国家法律法规,要求别人做的自己首先做到,禁止别人做的自己坚决不做;要严以治家,保持清廉家风,绝不利用自己的职权和职务影响为亲属谋取不正当利益,真正做到干干净净办事、堂堂正正做人,保持共产党人的政治本色,以纪检监察干部特有的人格魅力和良好形象取信于民。

以上这四个方面的要求,既符合党和国家对党员干部的共性要求,又体现了纪检监察机关和纪检监察干部的工作性质和职业特点;既是纪检监察干部基本的行为准则和职业要求,也是长期的奋斗目标和努力方向。可以说,做到了这"四个对",纪检监察干部就真正成为了党的忠诚卫士和群众的贴心人,也就真正树立起了可亲、可信、可敬的形象。我们要通过深入开展主题实践活动,进一步深刻领会和自觉实践"四个对"的基本要求,并结合每个单位、每个岗位、每个同志的工作职责和特点,进一步研究提出贯彻落实的具体要求和措施,切实把"做党的忠诚卫士、当群众的贴心人"的要求贯彻落实到纪检监察工作的各个方面,转化为广大纪检监察干部的自觉行动。

"80后""90后"年轻人
经受住了考验*

（2008 年 6 月 12 日）

今年以来，我国发生了四川汶川"5·12"特大地震等自然灾害或突发事件。在党中央的正确领导下，我们努力战胜困难、克服负面影响，取得了胜利，进一步凝聚了全国人民，展示了中国在国际上的好形象。在这几件事中，我发现，最活跃、表现得最好的，就是我们的青年。以前曾有人担心，"80后""90后"的青少年，究竟行不行？通过这几件事，我们的青年经受了考验，证明"80后""90后"成熟了。比如，奥运火炬在国外传递受到干扰，激起了全国人民愤怒。其中勇敢站出来，发扬爱国热情、表达正义感，而且拿出实际行动来的，很多是我们的大学生，不管是国内的还是在国外的留学生。国内国外的青年学生为了保卫火炬，保护火炬传递，批驳境外一些媒体对我国的侮蔑和不实报道，做了大量工作，发生了好多动人故事。青年学生的表现，充分显示了我们的民族精神、时代精神。还有这次抗震救灾，发挥主力作用、在最前面冲锋

---

* 这是贺国强同志在接见中国共产主义青年团第十六次全国代表大会重庆市代表团部分代表时讲话的一部分。

479

陷阵的也是青年。13 万解放军战士和武警官兵、9 万多医疗卫生人员奋战在抗震救灾第一线,还有几十万志愿者参与救灾,他们绝大多数都是年轻人。我今天下午在中央纪委会见了抗震救灾英模事迹报告团的两位纪检监察干部,他们也都是青年,都有很出色的表现。所以这次地震灾难,考验了我们中国人,考验了我们的青年,也让世界重新认识中国,重新认识我们的党和政府,重新认识我们的子弟兵,重新认识我们的青年。通过这几件事,反映了我们青年的作用,证明我们的青年政治上坚定可靠、思想敏锐,相信一定能够成长为党和人民事业的可靠接班人。

今年是改革开放 30 周年。经过 30 年的改革和建设,国家经济社会发展形势很好。新时期既是充满机遇的时期,同时也是充满挑战的时期,随时会遇到挑战,有的时候还是很严峻的挑战,这对我们的青年是一种锻炼。党和人民的事业要靠青年接班。从现在到 2020 年,是决定我们国家发展命运的重要时期。这段时间,正是当代青年发挥主力军作用的时候,不仅现在是主力,而且在未来相当长时间还是主力。所以,做好青年的工作,满怀热情地关心年轻干部的成长,是一件很重要的事情。我们在干部工作中总是感觉年轻干部不够用。原来是年轻干部的,过几年时间,有的提拔了,有的就过年龄杠了,年轻干部又不够了。有的时候,我们也在反省,当年老同志提拔我们的时候,我们也很年轻,那时候我们的知识水平和工作能力还比不上你们现在的水平。说明当时那些老同志们以党的事业为重,思想解放,对年轻干部肯信任、敢提拔、敢重用。现在我们在领导岗位上了,应当向老一辈学习,不能思想保守,思想要解放一点,让年轻干部有展示自己的舞台,做到不拘一格选人才。这不是个人的事情,这是事业的需要。

现在的年轻干部有很多优势,比如思想敏锐、思路开阔、知识面很广,这都是很好的。但也有不足的方面:第一是现在的年轻干部都是在改革开放后成长起来的,发展都比较顺,一般都缺少严格党内生活的锻炼。第二是一些年轻同志基层锻炼不够,从学校出来就直接进了机关。在我们这么大的国家,如果不了解基层,不熟悉基层,你想真正了解国情、做好工作是不容易的。我曾经做过一些调查了解,年轻干部从大学毕业后就进机关,工作上手很快,一开始是很合适的,但是再往后,时间长了,和有基层工作经验的同年龄段干部相比,很多就有差距了。我觉得年轻干部如果先到基层再上来,或者到机关后,下去锻炼几年再上来,那就不一样。还有,现在有的干部心浮气躁,工作不扎实,甚至有的整天就想着要提拔,但提拔后又不想着好好干工作。这种现象虽然不是普遍的,但的确存在。如果年轻干部也沾染上这样的毛病,不但会影响工作,也会影响自身的成长。所以,年轻干部要严格要求自己,发挥优势和特长,努力干好工作。

如何应对突发事件[*]

（2009 年 5 月 12 日）

当前，我国正处在发展的机遇期，这同时也是社会矛盾的凸显期。有效预防、减少和妥善应对突发事件、群体性事件，是促进经济发展、维护社会和谐稳定的迫切需要，也是对领导干部能力的新的考验。根据近年来一些地方处置突发事件、群体性事件的经验教训，我看要重点把握以下几点：一是搞好预防、认真排查，把问题和矛盾解决在萌芽状态；二是事件发生后，主要领导和分管领导要尽可能在第一时间赶到现场指挥处置，越早越主动；三是现场处置要及时坚决果断，"快刀斩乱麻"，不能贻误最佳处置时机，同时要耐心细致地做好思想政治工作和其他工作；四是及时发布信息、引导舆论，回应社会关切，说明事件真相及党委、政府所采取的措施；五是认真查处事件中暴露出来的失职渎职行为以及背后的腐败行为，并举一反三，总结教训，完善相关制度规定。纪检监察机关要配合党委、政府和有关部门做好相关工作。

---

* 这是贺国强同志在全国县纪委书记培训班学员代表座谈会上讲话的一部分。

为地方县级纪检监察机关
发挥职能作用创造必要条件[*]

（2009 年 6 月 9 日）

县一级在党的组织结构和国家政权结构中处于承上启下的重要地位,我国古代就有"郡县治则天下安"、"天下之治始于县"的说法。县级纪检监察机关处于纪检监察系统的基础地位,是沟通上下、协调左右的关键环节。县级纪检监察机关作用发挥得如何,直接关系到党的路线方针政策和反腐倡廉工作部署在基层的贯彻落实,关系到党风廉政建设和反腐败斗争的成效,关系到党的执政地位和基层政权的稳固。

改革开放以来特别是党的十六大以来,县级纪检监察机关认真贯彻落实中央和地方党委、政府以及上级纪检监察机关的要求和部署,认真履行职责,扎实开展工作,积极开拓创新,为促进党的路线方针政策在基层的贯彻落实、保证中央政令畅通,维护人民群众切身利益、促进社会和谐稳定,坚决惩治和有效预防腐败、保持党的先进性和纯洁性作出了积极贡献。广大基层纪检监察干部爱岗敬业、扎实工作,淡泊名利、

＊　这是贺国强同志在地方县级纪检监察机关建设工作电视电话会议上讲话的一部分。

483

无私奉献,为推进基层党风廉政建设和反腐败工作、维护改革发展稳定大局发挥了重要作用,近年来涌现出的四川省南江县纪委原书记王瑛同志等一大批先进典型就是其中的优秀代表。但是,随着党和国家事业的不断发展特别是反腐倡廉建设的深入推进,基层党风廉政建设和反腐败工作也面临许多新情况新问题,县级纪检监察机关在领导班子和干部队伍建设、经费保障、装备设施等方面还存在不少困难和问题,影响了职能作用的发挥。针对这种情况,十七届中央纪委第二次全会提出,要重视县级纪检监察机关建设,加强对基层纪检监察工作的指导。2008 年,中央纪委监察部把加强县级纪检监察机关建设作为一项重点工作作出了安排。在深入调查研究和与中央有关部门充分沟通协商的基础上,2009 年 4 月,中央纪委、中央组织部、中央编办、监察部、财政部等五部委联合下发了《关于加强地方县级纪检监察机关建设的若干意见》(以下简称《意见》),就地方县级纪检监察机关领导班子、干部队伍建设提出了明确要求,并就机关机构、编制、装备、经费等问题作出了一系列政策规定。《意见》具有很强的针对性、指导性和可操作性,是改革开放 30 多年来第一次就县级纪检监察机关建设作出的规定,是当前和今后一个时期指导县级纪检监察机关建设的重要文件。各级党委、政府和纪检监察机关要结合新的形势和任务,充分认识加强地方县级纪检监察机关建设的重要性和紧迫性,切实把《意见》学习好、贯彻好、落实好。

加强县级纪检监察机关建设,思想政治建设是核心,作风建设是重点。我们要按照《意见》要求,着眼于建设一支政治坚定、公正清廉、纪律严明、业务精通、作风优良的高素质纪检监察干部队伍,采取有力措施,切实加强县级纪检监察机关思想政治建设和作风建设。与此同时,要结合当前县级纪检监察机关建设实际,把加强纪检监察机关组织建设以及经费和装备设施保障摆上突出位置,着力加强领导,认真落实好《意见》提出的各项要求,为县级纪检监察机关发挥职能作用提供有力保证。

一、关于加强地方县级纪检监察机关组织建设

加强县级纪检监察机关建设,组织建设是关键。县级纪检监察机关领导班子和干部队伍身处改革开放和社会主义现代化建设的第一线,是推进党风廉政建设和反腐败斗争的前哨卫士和基本力量。当前,新形势新任务对县级纪检监察机关领导班子和干部队伍建设提出了新的更高要求。我们要认真落实《意见》就县级纪检监察机关组织建设提出的一系列新要求新举措,着力提高领导班子和干部队伍的整体素质和工作水平。

一是要配强班子。县级纪委是经同级党的代表大会选举产生的领导机关,这就决定了对纪委领导班子配备和管理的特殊性。我们要认真落实关于县纪委书记由同级党委副职一级的干部担任、副书记由正科级领导职务的干部担任、常委由副科级以上领导职务的干部担任的要求和规定,选好配强县级纪检监察机关领导班子,真正把那些党性好、作风正、能力强、群众威信高的干部选入领导班子,特别是要选配好"一把

手";要进一步优化领导班子年龄、知识和专业结构,提高班子的整体素质;要落实县级纪委书记在常委职务排序方面的规定,县级纪委书记由同级党委常委担任的,其常委职务排序可按任同级领导职务的时间,排在资历相同的常委前面;要加大县级纪检监察机关领导干部交流力度,促进干部在多种环境和岗位的锻炼和提高,增强领导班子的生机与活力。

二是要完善制度。《意见》规定,县级纪委要坚持在同级党委和上级纪委领导下,切实履行对同级党委常委会成员的监督职责。县级纪委书记参与县(市、区、旗)党委常委会讨论干部任免等有关重要事项之前的酝酿协商。县级纪委领导班子成员参加或列席同级党委全会等重要会议,参加同级党委组织的干部民主推荐会议。县级监察局局长参加或列席县(市、区、旗)长办公会。我们要认真落实这些规定,为县级纪检监察机关领导班子履行职责、发挥作用创造良好条件。与此同时,还要大力加强县级纪委常委会和全委会自身建设,认真贯彻执行民主集中制,进一步完善领导班子工作机制、议事规则和决策程序,增强班子的凝聚力和战斗力;要建立情况通报制度,加强与纪委委员的经常性联系,督促县级纪委委员认真履行职责、积极开展工作。

三是要充实力量。当前,人员不足、力量薄弱是影响和制约县级纪检监察机关履行职责、开展工作的一个突出问题。针对这种情况,我们要认真落实《意见》对县级纪检监察机关的机构设置、人员编制、资格准入等作出的一系列政策性规定,会同机构编制部门通过盘活存量、内部调剂的办法,切实调剂解决编制、充实工作力量、配齐工作人员,给县级纪检监察机关适当增加行政编制,重点加强办案力量;要规范内设机构设置,合理配置工作力量,县级纪检监察机关内设室的主任为副科长级领导职务,县级纪检监察机关设正科级和副科级纪律检查员、监察员,其配备比例一般为县级纪检监察机关科级领导职务职数的 50% ,在此基础上,完善工作机制,有效整合资源,增强工作合力;要完善资格准入,注意选调和录用一批熟悉经济、法律、审计等专业知识的干部,改善纪检监察干部队伍结构;要深化纪检监察干部人事制度改革,扩大干部公开选拔和竞争上岗范围,切实把那些德才兼备的优秀干部选拔到领导岗位上来;要关心爱护基层纪检监察干部,积极为他们的成长进步创造条件,切实解决他们工作和生活中的实际困难,充分调动他们的积极性、主动性和创造性。

四是要提高能力。要进一步加强教育培训和实践锻炼,不断提高纪检监察干部保证和促进完善社会主义市场经济体制、对党组织和党员领导干部实施有效监督、依法执纪依法办案、协助党委加强党风建设和组织协调反腐败工作、维护党内民主和保障党员民主权利等方面的能力。当前,尤其要把加强对基层纪检监察干部的教育培训作为一项重要任务来抓。从 2009 年 5 月开始,中央纪委监察部先后举办 3 期培训班,对全国 2000 多名县(县级市和旗)纪委书记集中进行了培训,这在党的纪律检查工作史上还是第一次。各地区也要重视和加强县级纪检监察机关干部的教育培训,按照分级分类和全员培训的原则,加大教育培训力度,将培训资源向县级倾斜,对县级纪检监察机关干部实施全覆盖、多手段、高质量的培训;要针对县级纪检监察机关干部的岗位职责和教育培训需求,创新培训内容,改进培训方式,增强教育培训实效性。

二、关于加强地方县级纪检监察机关经费和装备设施保障

加强县级纪检监察机关建设,经费和装备设施是重要保障。要针对目前县级纪检监察机关普遍存在的经费不足、装备落后、办案手段跟不上等困难,认真落实《意见》规定,采取有力措施加以解决。在经费保障方面,要将县级纪检监察机关的人员、公用经费和纪检监察业务费全额纳入县级财政预算;办公经费预算标准参照当地政法机关预算标准核定,切实予以保障。在装备设施保障方面,中央纪委、监察部、财政部专门下发了《关于县级纪检监察机关办公办案装备配置标准和实施办法的通知》,对县级纪检监察机关的装备配置作出了明确规定。为达到这些配制标准,中央财政给予了很大支持,省级财政也将给予相应的经费支持。应该说,在当前国际金融危机继续蔓延、国内经济形势严峻、财政收入下滑的情况下,出台这些措施是非常不容易的。地方各级党委、政府要建立健全县级纪检监察机关经费保障制度,切实保障县级纪检监察机关的各项经费;建立健全县级纪检监察机关装备设施保障制度,按照办公办案装备配置标准补足缺额,确保在2010年底前达到规定的配置标准。县级纪检监察机关要建立健全资产使用管理和维护运行责任制度,提高装备设施的使用效能,不断提高工作质量和效率。

监督者更要带头接受监督*

（2009 年 7 月 14 日）

推进党风廉政建设和反腐败斗争,关键是要培养和造就一支高素质的纪检监察干部队伍。这些年来,广大纪检监察干部认真履行职责,兢兢业业工作,克服各种困难,出色完成任务,为推进党风廉政建设和反腐败工作、维护改革发展稳定大局作出了重要贡献,近年来涌现出的王瑛、李彬〔1〕同志等一大批先进典型就是其中的优秀代表。总的看,我们这支队伍是一支党和人民完全可以信赖的队伍。但也要看到,新的形势和任务,对我们干部队伍的思想、作风、素质、能力等方面都提出了新的更高要求。特别是随着社会主义市场经济的发展和反腐败斗争的深入,纪检监察干部面临着诱惑与抗诱惑、腐蚀与反腐蚀的严峻考验。纪检监察干部一旦出问题,性质更恶劣、危害更严重、社会影响更坏。特别是近期查处的个别纪委书记违纪违法案件对外公布后,社会上反响比较强烈。我看了网民的反应,其中主要看法是正面的,认为不管是谁,只要违反了党纪国法就要严肃查处,这充分显示了中央和中

---

*　这是贺国强同志在全国纪委书记座谈会上讲话的一部分。

〔1〕　李彬,曾担任贵州省贵阳市开阳县永温乡纪委书记,2008 年初在抗击南方雨雪冰冻灾害期间,因劳累过度突发脑溢血去世。

央纪委反腐败的决心;但也有人提出,纪委是专门监督党员和干部的,连纪委书记也腐败,我们还能相信谁?我们一定要充分认识加强纪检监察干部队伍建设的重要性和紧迫性,采取切实有效措施,认真解决纪检监察干部队伍中存在的突出问题,把纪检监察机关自身建设提高到一个新水平。

各级纪检监察机关和广大纪检监察干部要树立监督者更要接受监督的意识,带头遵守党的纪律和国家法律法规,坚持党委的统一领导,主动接受党委、党员干部和人民群众的监督,接受社会和新闻舆论的监督;上级纪检监察机关要加强对下级纪检监察机关的监督,要把下级纪检监察机关领导班子及其成员纳入上级党委巡视组的巡视范围;要坚持德才兼备、以德为先的干部标准,严把进人和用人关,完善干部考核评价和选拔任用机制,严格执行干部交流和轮岗制度;要强化内部管理和监督,建立健全机关各项规章制度,规范工作程序和业务流程,充分发挥机关党委、干部部门的作用,切实加强对机关干部的日常管理和监督;要严格执行纪律,对不适合在纪检监察机关工作的要坚决调离,对违纪违法的要严肃查处。我要强调的是,针对纪检监察工作中容易出现的问题和存在的薄弱环节,要以更高的标准、更严的纪律要求纪检监察干部,督促他们切实做到"五严守、五禁止",即严守政治纪律,禁止发表与党的路线方针政策和决定相违背的言论;严守工作纪律,禁止越权批办、催办或干预有关单位的案件处理、干部人事等事项;严守办案纪律,禁止以案谋私、违纪违法办案;严守保密纪律,禁止泄露信访举报内容、案件情况等秘密;严守廉政纪律,禁止利用职权和职务上的影响谋取不正当利益。

总之,要对纪检监察干部严格要求、严格教育、严格管理、严格监督,不断提高纪检监察干部的思想政治素质和业务本领,进一步树立纪检监察干部可亲、可信、可敬的形象。

积极探索纪检监察派驻机构
统一管理工作的有效途径[*]

（2009 年 12 月 28 日）

纪检监察机关对派驻机构实行统一管理，是党中央为改革和完善党的纪律检查体制、加强党内监督作出的一项重大决策。实行派驻机构统一管理五年多来，在中央的高度重视和正确领导下，通过各方面的共同努力，派驻机构统一管理体制机制不断完善，各项工作稳步推进，职能作用不断增强，在推进党风廉政建设和反腐败工作中发挥了重要作用。实践证明，中央的这一重要决策是完全正确的。但我们也要看到，派驻机构统一管理毕竟是一项新工作，没有现成经验可以借鉴，加上这项工作涉及的部门多、领域广、情况复杂，必然有一个逐步积累经验、改进完善的过程。我们要结合新的形势和任务，不断总结经验、把握规律，积极探索、大胆创新，在派驻机构的管理体制、工作制度、方式方法等方面不断改进和完善，努力把派驻机构工作提高到一个新水平。

提高派驻机构工作水平，首先要求派驻机构在找准定位、

---

* 这是贺国强同志在中央纪委监察部派驻机构 2009 年度工作总结会上讲话的一部分。

履行职责方面取得新成效。各派驻机构要把协助驻在部门加强党风廉政建设和反腐败工作作为重要任务,找准履行纪检监察机关职责与驻在部门工作的结合点,不断增强工作的针对性和实效性。重点要抓好三个方面的工作:一是要抓监督。派驻机构广大干部要牢固树立"加强监督是本职,疏于监督是失职,不善于监督是不称职"的观念,认真贯彻《中国共产党党内监督条例(试行)》,切实加强对驻在部门领导班子和领导干部认真贯彻执行民主集中制、严格执行"三重一大"〔1〕集体决策制度情况的监督,有效防止权力失控、决策失误;切实加强对驻在部门重要部位和关键环节的监督,督促和协助驻在部门深入推进党务公开、政务公开,确保权力在阳光下运行;切实加强对领导干部工作行为和日常生活的监督,严格执行述职述廉、诫勉谈话、重要情况报告等制度,发现问题早打招呼,防止小错酿成大错。二是要抓办案。严肃查办领导干部滥用职权、贪污贿赂、腐化堕落、失职渎职的案件,严肃查办商业贿赂案件和严重侵害群众利益案件,严肃查办群体性事件和重大责任事故背后的腐败案件,严肃查办严重违反政治纪律和组织人事工作纪律的案件。要把查办案件与重点领域专项治理工作结合起来。要深入研究驻在部门及系统腐败现象发生的特点和规律,不断提高办案能力和成效。三是要抓行风。要督促和协助驻在部门认真执行党风廉政建设责任制,切实担负起"管行业必须管行风"的责任,认真抓好

---

〔1〕 "三重一大",指重大事项决策、重要干部任免、重大项目安排、大额度资金使用。

本部门本系统本行业的党风廉政建设。要协助驻在部门加强领导干部党性修养和作风建设,教育和引导驻在部门党员干部大兴密切联系群众、求真务实、艰苦奋斗、批评和自我批评之风,促进机关作风和领导干部作风的明显转变;要协助驻在部门认真抓好《建立健全惩治和预防腐败体系 2008 — 2012 年工作规划》的贯彻落实,结合部门和行业特点,从教育、制度、监督、改革、纠风、惩治等方面整体推进惩治和预防腐败体系建设。

提高派驻机构工作水平,派驻机构自身努力是关键。派驻机构广大干部要坚持解放思想、实事求是、与时俱进,以改革创新精神探索派驻机构工作的新路子。一是要在工作理念思路上大胆创新。牢固树立服务大局、以人为本、科学规范、统筹协调的理念,既要认真贯彻落实中央的决策部署以及中央纪委监察部的要求和任务,又要善于结合驻在部门的工作实际,协助驻在部门抓好本部门本系统本行业的反腐倡廉建设;既要坚持原则、敢抓敢管,又要善于赢得驻在部门的理解、信任和支持,以自己的工作成效推动驻在部门中心工作的开展。二是要在工作方式方法上大胆创新。积极探索开展监督、查办案件、加强行风建设等方面的新途径新办法,不断提高工作质量和效率。比如,在加强监督方面,要积极探索开展监督同参与集体领导之间的结合点,可以通过听取情况汇报、个别交换意见、参与重要工作、参加重要会议、深入基层调研、开展专项检查、收集网络舆情等方式,不断拓宽监督渠道,增强监督实效,把监督工作与驻在部门的日常业务工作结合起来,把开展监督与接受监督变为驻在部门党组(党委)的集体行为和自觉行动。在查办案件方面,要积极探索在人员较少、力量不足情况下做好查办案件工作的途径,可以通过选派干部参加委部机关办案工作、专题培训等形式提高办案能力,也可以通过与委部机关有关纪检监察室联合办案或在委部机关组织协调下实行跨部门联合办案等方式,集中力量突破大案要案。三是要在工作制度上大胆创新。协助驻在部门认真查找腐败现象易发多发的重点部位和关键环节,通过深化改革和完善制度,建立健全权力运行监控机制和廉政风险防范机制,促进驻在部门惩治和预防腐败体系建设。

完善派驻机构统一管理、加强和改进派驻机构工作,中央纪委监察部担负着重要职责。委部机关有关单位要深入研究派驻机构工作的特点、规律以及面临的新情况新问题,切实加强和改进对派驻机构工作的指导、管理和服务。一是要加强指导。要加强政策指导,通过召开会议、下发文件、通报情况、信息交流等方式及时把中央关于反腐倡廉的重大决策和委部机关的工作部署传达到派驻机构,使其了解全局、掌握政策;要加强业务指导,通过吸收派驻机构干部参与委部机关工作、选派委部机关骨干力量参与派驻机构重要工作等方式,不断提高派驻机构监督、办案等工作的能力和水平。二是要完善管理。要认真落实《中央纪委监察部关于加强和改进派驻机构工作的若干意见》,认真总结派驻机构以及基层派驻工作创造的新鲜经验,适时研究制定纪检监察机关派驻机构工作办法,进一步明确派驻机构的职责权限、工作要求、内容程序、考核评价等,为派驻机构更好地履行职责提供制度保证。三是要改进服务。要深入研究当前影响和制约派驻机构工作的一些问题,积极与中央有关部门进行沟通协调,认真落实并进一步解决好派驻纪检组组长在驻在部门党组成员中的排序、派驻机构领导班子职数和职务结构以及派驻机构干部教育培训、调整交流、培养使用、后勤保障等方面的实际问题,充分调动派驻机构广大干部的工作积极性和热情。

派驻机构开展工作,离不开驻在部门的支持和配合。驻在部门党组(党委)和行政领导班子要切实担负起推进党风廉政建设和反腐败工作责任主体的职责,认真落实党风廉政建设责任制,把反腐倡廉工作纳入本部门工作总体部署,与业务工作一起研究、一起部署、一起考核,主动抓好本部门本系统本行业的反腐倡廉工作,切实完成好中央部署的反腐倡廉各项任务。特别是驻在部门党政主要负责同志要切实履行第一责任人的职责,做到重要任务亲自安排部署、重要工作亲自组织协调、重大问题亲自研究解决。驻在部门的领导干部特别是主要负责同志要增强接受监督的意识,养成在监督下行使权力、开展工作的习惯。要大力关心和支持派驻机构的工作,重要决策、重要人事任免要征求派驻机构的意见,积极帮助派驻机构干部解决工作、生活中的困难和问题,为派驻机构开展工作提供必要条件、创造良好环境。

进一步加强中央企业和中央
金融机构纪检监察组织建设[*]

（2010 年 5 月 10 日）

中央企业和中央金融机构在国民经济和社会发展中具有十分重要的地位和作用,这就决定了其党风建设和反腐倡廉工作的极端重要性。党的十六大以来,中央企业和中央金融机构纪检监察组织坚持围绕中心、服务大局,以完善惩治和预防腐败体系为重点整体推进党风建设和反腐倡廉各项工作,取得了新的成绩,为中央企业和中央金融机构改革发展提供了有力保障。但也要看到,当前中央企业和中央金融机构党风建设和反腐倡廉工作仍然存在一些突出问题,特别是纪检监察组织建设总体还比较薄弱,突出表现为纪检监察组织的地位不够明确、机构不够健全、职责不够规范、机制不够顺畅,这些问题影响和制约了党风建设和反腐倡廉工作的开展。

为进一步加强中央企业和中央金融机构纪检监察组织建设、深入推进党风建设和反腐倡廉工作,中央纪委监察部会同有关部门在深入调查研究、广泛征求意见、充分沟通协商基础

---

* 这是贺国强同志在贯彻落实《关于加强和改进中央企业和中央金融机构纪检监察组织建设的若干意见》座谈会上讲话的一部分。

上,制定出台了《关于加强和改进中央企业和中央金融机构纪检监察组织建设的若干意见》(以下简称《意见》),这是当前和今后一个时期指导中央企业和中央金融机构纪检监察组织建设的重要文件。我们要以贯彻落实《意见》为契机,进一步增强工作责任感和紧迫感,努力把中央企业和中央金融机构纪检监察组织建设提高到一个新的水平。

一是要明确定位。要坚持党对中央企业和中央金融机构的领导,这是一个重大原则问题,任何时候都不能动摇。纪检组织作为党组织的重要组成部分,要切实肩负起检查党的路线、方针、政策和决议在企业和金融机构贯彻执行情况的重要任务。要按照中央企业党组和中央金融机构党委发挥领导核心作用、中央企业党委发挥政治核心作用的要求,进一步加强和改进纪检监察组织建设,充分发挥其职能作用。

二是要健全机构。中央企业和中央金融机构及其下属单位要按照党章规定设置纪检机构,所在单位设立党委的,要设立纪委;设立党组的,要设立纪检组;建立党总支、党支部的,委员中要有纪检委员。中央企业总部及其下属大型企业,中央金融机构总部、省级机构、下设分支机构的地市级机构和人员多、经营规模大的县级机构,要单独设置监察机构。同时设立纪委(纪检组)和监察机构的企业和金融机构,其纪委(纪检组)和监察机构可以实行合署办公。总之,没有建立相应机构的要抓紧建立,机构不够健全的要抓紧健全,切实做到党组织建到哪里,纪检组织就设置到哪里;业务工作延伸到哪里,纪检监察工作就跟进到哪里。

三是要强化职能。中央企业和中央金融机构纪检监察机构要切实履行纪检、监察两项职能,认真履行监督检查职责,维护党的章程和其他党内法规,加强对党的路线、方针、政策、决议和国家法律法规及企业发展战略、重大决策部署贯彻执行情况的检查;要协助企业和金融机构党委(党组)加强党风建设和组织协调反腐败工作,深入开展党性党风党纪教育和廉洁文化建设,健全权力运行制约监督机制,促进企业和金融机构有效开展内部控制和风险管理工作,受理信访举报,依纪依法查办违纪违法案件,促使企业和金融机构领导人员廉洁从业,整体推进惩治和预防腐败体系建设;要加强效能监察,保证企业和金融机构改革发展健康顺利进行。

四是要完善体制机制。《意见》对完善中央企业和中央金融机构纪检监察机构履行职责的体制机制作出了一系列规定。比如,中央企业和中央金融机构及其下属单位纪委(纪检组)在同级党委(党组)和上级纪委(纪检组)的领导下开展工作;上级企业和金融机构纪委(纪检组)和监察机构要经常听取下级企业和金融机构纪委(纪检组)和监察机构的工作汇报,加强指导和考核,及时帮助解决工作中的问题;要按照现代企业制度的要求,通过"双向进入、交叉任职"等途径,进一步畅通纪检监察机构有效履行监督职责的渠道,逐步做到符合条件的纪委书记(纪检组组长)依法进入董事会担任董事,并根据工作需要可以进入经理班子兼任副总经理或副行长;符合条件的监察机构正职依照法定程序进入企业和金融机构内部监事会担任监事;纪委书记(纪检组组长)应根据情况参加或列席董事会、监事会、经理(行政)办公会以及其他有关重大问题决策的会议,监察机构正职根据工作需要参加或列席相关会议；各企业和金融机构可以建立由纪委（纪检组）牵头，监事会、监察、巡视（巡察）、审计、法律等部门参加的监督工作协调性机构或联席会议制度，形成监督工作合力，增强监督工作实效，等等。要按照这些要求，进一步理顺中央企业和中央金融机构及其下属单位纪检监察机构与同级党组织和上级纪检监察机构的关系、纪检监察机构与法人治理结构的关系、纪检监察机构与企业和金融机构内部其他监督机构之间的关系，不断完善中央企业和中央金融机构纪检监察领导体制和工作机制，为纪检监察组织有效履行职责提供制度保障。

在看望广东、福建两省
援藏干部时的讲话[*]

（2010 年 8 月 14 日）

我们一行这次来西藏调研，第一站就到了素有"西藏江南"美誉的林芝。行前确定在林芝的调研日程时，我提出要来看望我们的援藏干部。这主要有三个方面的考虑：一是干部援藏是整个援藏工作的重要组成部分，也是援藏工作的一个关键。二是原来我在福建当省长的时候，就十分关注福建对口支援林芝的工作，也知道广东对口支援林芝地区，对挑选、选拔、欢送援藏干部有过亲身经历，对很多同志克服种种困难进藏辛勤工作的感人事迹有所了解，从那时到现在，我对援藏干部始终有着一种割舍不下的情怀，始终关注着大家的工作和生活情况。三是我曾在中央组织部工作过，组织好干部援藏也是中组部工作的一项重要内容，当时在选派援藏干部、看望援藏干部、解决援藏干部困难等方面做了一些工作、下了一番功夫，也进一步加深了对援藏干部的了解和感情。

自中央第三次西藏工作座谈会以来，对口支援西藏工作

＊ 2010 年 8 月 13 日至 16 日，贺国强同志在西藏自治区考察调研。期间在林芝地区看望广东、福建两省援藏干部。这是贺国强同志在看望两省援藏干部时讲话的主要部分。

已进行了 15 年。15 年来,一批又一批援藏干部带着党和人民的嘱托来到西藏,为西藏的发展稳定作出了重要贡献。所以,西藏人民感谢大家,西藏自治区党委、政府感谢大家,党和国家也感谢大家。我们这次在林芝一路走来,每到一个地方、每看一个项目,当地的干部群众都会谈到广东、福建两省的对口支援,都会谈到两省的援助项目带来的实惠。对口支援是我们中国共产党的政治优势,是社会主义制度优越性的重要体现,也是中华民族的优良传统。"一方有难、八方支援"。平时工作是如此,对艰苦地区、贫困地区的工作也是如此,特别是遇到重大自然灾害更是如此。不管是四川汶川特大地震、青海玉树强烈地震,还是最近发生的甘肃舟曲特大山洪泥石流灾害,全国各地都踊跃捐款捐物,提供人力、物力、财力等各方面的支援。这一点,只有中国共产党领导下的社会主义中国能够做到。这就是我们党的优势,我们社会主义制度的优势,我们中华民族的优势。对口支援在西藏开展得是比较早的,取得了很好的成效,现在这项工作有了进一步延伸。比如前段时间中央召开了新疆工作座谈会,动员全国支援新疆,另外还有对其他贫困地区的对口支援、对三峡库区的对口支援,等等。

这些年来,我们在对口支援方面积累了一整套好的经验和做法。如果说一开始主要是物资和项目支援的话,那么随着对口支援的进展,已逐步拓展为经济、人才、教育、科技支援等各个方面。除了有形的支援以外,还特别注重把沿海地区一些新的思想、观念和管理理念等引进来、带进来。对口支援是全方位的,但最关键的支援是什么? 是干部的支援、人才的支援。因为不管是经济支援,还是文化、教育、科技、医疗卫生支援,都要靠人、都要靠我们的干部。所以,干部支援在整个对口支援工作中起着关键的、核心的作用,干部支援带动和促进着整个对口支援工作的顺利进行。正因为如此,中央总是强调对口支援要把人才支援、干部支援放在非常重要的位置来抓。近年来中央研究的汶川支援、玉树支援、新疆支援,以及下一步的舟曲支援,都非常注重干部支援。同志们通过参与对口支援,不仅支援了受援地方的发展,而且使自身得到了锻炼和提高,也积累了一些很好的经验。刚才,你们两省工作队的领队同志分别介绍了有关情况,谈了一些很好的意见,包括加强队伍建设、完善规章制度、强化作风纪律等。这里,我向大家提几点要求和希望。

第一,要认真、模范地贯彻执行中央关于西藏工作的指导思想和大政方针,贯彻执行中央第五次西藏工作座谈会精神,贯彻执行西藏自治区党委、政府和林芝地委、行署的决策部署。我们对口支援干部要做贯彻执行党的路线方针政策和地方党委、政府各项决策部署的带头人。

第二,要深入基层、深入群众搞好调查研究。要切实加强调查研究,紧密结合西藏实际和当地工作实际,制定工作思路,确定援助项目。在对口支援项目的安排上,要按照中央要求,结合西藏的"十二五"规划,结合当地的"十二五"规划,更多地向民生倾斜,更多地面向广大农牧民,让广大农牧民共享改革发展成果,感受到党和政府的温暖,感受到我们支援方的一片深情厚谊。

第三,要加强学习、搞好团结。在西藏工作,这一点非常重要。我国幅员辽阔,情况千差万别,各地都有自己的特色和优势,都有好的做法和经验。你们两个省的同志都是来自沿海地区,也都各有所长,来到西藏以后,一定要相互学习,搞好团结。加强学习,包括政治理论学习、业务知识学习、民族宗教政策学习等各个方面。搞好团结也包括以下几个层面:一是要搞好本省援藏干部内部的团结。大家来自不同的单位,原来彼此互不认识,经历、性格也各不相同,一定要搞好内部团结,团结得就像一家人一样。二是要搞好两省援藏队伍之间的团结。你们两个省的同志都是来支援林芝的,都是为林芝的发展贡献力量的,必须搞好彼此之间的团结,做到相互学习、相互借鉴、相互帮助。三是要搞好与当地干部群众的团结。当地干部群众常年工作生活在西藏,对西藏的情况最了解,我们来了以后一定要很好地学习他们、尊重他们,包括尊重他们的生活习俗,主动搞好和他们的团结。特别是我们作为个人在西藏工作是有期限的,但是援藏这项工作要一直持续下去,更多的工作最终还是要靠西藏当地干部群众来完成,所以一定要把这方面团结搞好。

第四,要加强自身的锻炼和提高。大家都是本省选派的优秀干部,许多是年轻干部,不少还是后备干部,来西藏工作应该说是一个难得的机会,当然也是一个艰巨的挑战。希望大家一定要扎扎实实工作,以当地为家,把全部智慧和力量奉献给西藏人民。通过在西藏工作,也可以使大家的知识得到拓展、能力得到提高、党性得到增强、作风得到改进、纪律观念得到强化。这里有很多东西是值得我们学习、促进我们提高的,比如说民族政策,中央非常重视民族工作,全国大多数省

（区、市）包括广东、福建虽然不是民族自治区，但也有少数民族聚居，也有民族工作，我们来西藏工作几年，就可以提高自己做好民族工作的能力和水平。我们要把这里当作一个很好的舞台，一个可以大显身手的舞台，切实通过几年的实践，提高自己的工作水平，并且要把在西藏工作期间积累的好经验、好做法带回去，用于推动本地经济社会的发展。

第五，要劳逸结合、保重身体。西藏毕竟地处高原地带，林芝平均海拔 3000 米左右，我是第一次来林芝，尽管这里采取很多医护措施，但还是气喘吁吁的。同志们要长期在这里工作，而且工作环境和条件要更艰苦一些，希望大家一定要把身体健康放在重要位置，除了按照高原规律安排工作和生活，还要定期检查身体，有情况要告诉组织和其他同志，及时采取治疗措施。否则身体状况不好，就坚持不下去，一切理想抱负都实现不了。当然，就像许多运动员专门到高原训练一样，如果我们经历了高原锻炼后身体更好了，回去以后就能有更加充沛的体力和精力投入工作。

总之，希望同志们一定要落实中央要求，认真履行职责，圆满完成好对口支援任务。同时，也请你们向广东、福建两省领导转达我的问候，感谢他们对大家的关心和支持，感谢他们对西藏工作的关心和支持。同时，希望他们一如既往地关心支持对口支援工作，使广东、福建的对口支援工作走在全国前列；希望他们一如既往地关心你们的工作和生活，帮助你们解决各种实际困难包括家里的困难。也希望西藏自治区党委、政府以及林芝地委、行署一如既往地关心爱护和严格要求援藏干部，使大家安心在藏工作，顺利完成任务。

城市社区干部要当好"小巷总理"*

（2011 年 9 月 16 日）

社区是城市管理的基础，是群众生活的家园。我们要加快经济发展，维护社会和谐稳定，巩固党的执政地位，首先要抓基层打基础。这个基层、基础，在农村是乡村，在城市就是社区。

各级党委、政府特别是城市的党政组织（包括从市到区）都要坚持工作重心下移，高度重视、大力加强、积极支持社区建设。这种重视、加强和支持包括人力物力财力等很多方面。首先是工作经费的支持。过去社区工作没有稳定的经费来源，要靠自己去创收，而靠创收就会带来很多问题，就很难使社区集中精力抓管理、集中精力为居民服好务。市、区两级财政要切实解决好社区工作经费问题，让社区自己不再为经费发愁，把主要精力用在服务和管理上。其次是活动场所的支持。社区组织要开展工作，基层群众要过来办事，需要有一个比较像样的社区活动场所。当然，这些场所要简朴实用，不要追求豪华。其三是帮助解决社区工作中遇到的困难。对社区

---

* 2011 年 9 月 16 日至 19 日，贺国强同志在广西壮族自治区考察调研。这是考察调研期间与柳州市柳南区宏都社区干部座谈时讲话的主要部分。

解决不了的问题,市、区两级要尽力帮助解决。比如,刚才有的同志提出,解决居民提出实际问题的渠道还不够通畅,这是目前社区工作中存在的一个比较大的困难。现在群众很信任社区干部,社区干部自己也很想多办些事,但是苦于级别低、协调难,这方面就要靠党委和政府来支持。比如,除了通过社区内的党代表、人大代表、政协委员等渠道以外,上级党委、政府还能不能建立一个畅通的沟通协调渠道?这就需要区、市两级来考虑,是定期来现场办公,听取汇报、研究工作;还是上面专门明确一个单位来联系社区,经常了解有哪些问题需要解决;还是整合社区各方面资源,建立一个由社区党组织牵头的社区工作协商议事机构,等等。总之,社区解决不了,需要区里、市里来协调的问题,要有一个畅通的协调机制来帮助解决,即使问题解决不了,也要作出合理的解释,让社区干部给群众一个交代。社区工作搞好了,城市的改革发展稳定就有了保障。我以前也曾在市里当过书记,我经常说,社区的工作搞不好,市委书记睡觉也睡不安稳。所以,书记、市长要睡好觉,就要下大气力搞好社区的工作。

加强社区建设,重点是建设高素质的社区班子。总的来讲,现在的社区班子结构比较合理,文化层次越来越高,大部分同志有一定的工作阅历,而且都很热爱社区工作,很愿意为社区居民服务。从刚才了解的情况看,许多社区班子里,有的同志在国有企业工作过,有的在学校工作过,有的在其他单位工作过,有着很好的工作基础。国有企业职工的素质是很好的,过去他们在国有企业破产重组时下岗失业,为改革出力了、奉献了,为国家分忧了,现在通过再就业到社区工作后,又把原来在国有企业积累的那些好经验、好品质带到社区,使社区的服务管理水平得到了提高;有的同志是从教师或其他岗位转过来的,基础也很好;还有大学毕业生到社区工作,也不是来镀金的,而是通过自己的亲身经历鼓励别人就业创业,发挥自己的专业优势做好本职工作。这样,一方面改变了过去社区干部大多是"老大妈"的现象,当然"老大妈"做得也不错,干了很多工作,但是现在形势发展了,光靠"老大妈"不行;另一方面也改变了过去一些社区干部不安心社区工作、不热爱社区工作的现象。

老百姓把社区干部称作"小巷总理",因为他们身处最基层,直接和居民群众打交道,承担着繁重的管理和服务等职责任务,工作很辛苦,还会遇到一些风险,非常不容易。要千方百计为他们排忧解难,适当提高他们各方面的待遇,努力改善他们的工作环境和生活条件。从政治待遇上讲,社区干部干得好的可以当党代表、人大代表,也可以当公务员,让符合条件的同志得到提拔重用。从生活待遇上讲,我主张社区干部的工资应该不低于而且要略高于这个城市职工的平均工资。现在很多城市做到了这一点。当然,各地要根据自身的财政状况量力而行,即使一时做不到,经过几年的努力也应该能做到。

当代大学生要了解国情、关注社会*

(2011 年 11 月 8 日)

清华大学从 2000 年开展社会实践活动以来，一批批清华学子深入基层、深入群众开展社会实践，追寻红色足迹、关注国情民生、坚定人生选择、开展文化传承创新，不仅更加唱响了清华大学的品牌，也为同学们未来走上社会、成就事业打下了坚实基础。我觉得，开展社会实践对于同学们来说是一件十分有意义的事情，是一项一举多得的举措。

第一，有利于大家了解国情。我们国家地域辽阔，国情比较复杂，而且随着经济社会的发展不断发生着变化。作为一名当代大学生，只有做到真正了解国情，才能更好地实现自己的人生理想，成为社会主义合格建设者和可靠接班人。

第二，有利于大家理论联系实际。同学们在学校经过大学本科、硕士研究生、博士研究生阶段的学习，学到的大部分是书本上的理论知识，这与丰富的社会实践还有较大差距。通过开展社会实践活动，有利于大家把理论知识与生动的社会实践有机结合起来，实现从理论到实践再到更高理论的

---

* 2011 年 11 月 8 日，贺国强同志到清华大学考察调研。这是考察调研期间参观清华大学学生社会实践成果展时的讲话。

升华。

第三,有利于大家为党和国家事业发展建言献策。同学们知识层次高、思想认识敏锐。通过开展社会实践活动,能够让大家更加深刻地感受到我国社会主义现代化建设取得的伟大成就,也能够让大家发现我国快速发展中遇到的问题和挑战,了解基层贯彻落实中央政策的情况。比如刚才我看到,你们有的深入基层一线调查教育、医疗状况,有的关注于重点行业的快速发展,有的着眼于民族文化的传承与创新。清华大学国情研究中心还定期组织同学们开展国情调查研究,提出了许多有价值的意见和建议,有利于促进有关地区和部门正确决策、改进工作。

第四,有利于大家提前适应社会。社会实践是使同学们受教育、长才干、作贡献的重要平台。通过开展社会实践活动,可以帮助大家提前了解社会和体验社会、正确选择自己的职业。比如刚才我看到,有的同学通过参加边疆考察、学习民俗文化等社会实践,从中受到深刻教育,坚定地把扎根基层、民俗研究等作为自己未来的人生选择。

第五,有利于大家身心健康。通过开展社会实践活动,有利于同学们在欣赏祖国壮美河山的过程中陶冶情操、砥砺品质、锤炼作风,保持身心健康;有利于同学们开阔视野、增长见识、激发灵感,研究出更多更好的成果来。对于从事社会科学学习和研究的同学来讲,开展社会实践尤为重要。一味坐在教室里闭门造车,是拿不出好的研究成果的。

希望同学们在今后的学习生活中,能够牢记胡锦涛同志在庆祝清华大学建校 100 周年大会重要讲话中提出的"把创新思维和社会实践紧密结合起来"的要求,坚持开展社会实践活动,努力向实践学习,向人民群众学习,在实践中发现新知、运用真知,在解决实际问题过程中增长才干。衷心祝愿同学们在实践中丰富阅历、磨炼意志,用自己的行动践行"自强不息,厚德载物"的精神,努力成长为堪当国家建设重任的栋梁之材。

中央和国家机关纪检监察组织机构要健全、力量要加强[*]

（2012 年 5 月 11 日）

中央和国家机关在党和国家工作全局中处于重要地位、承担着重要职责，做好中央和国家机关党风廉政建设和反腐败工作，直接关系到党的路线方针政策和中央重大决策部署的贯彻落实，关系到党的领导水平和执政能力的提高，关系到党和政府的形象。党的十七大以来，同全党全国一样，中央和国家机关党风廉政建设和反腐败工作取得了积极进展，也面临许多新情况新问题新挑战，特别是由于位置重要、权力集中，往往会面对更多腐蚀与反腐蚀的考验。而目前中央和国家机关纪检监察组织建设中存在的机构设置不够健全、体制机制不够完善、职责任务不够明确、人员力量比较薄弱等问题，在一定程度上制约和影响着党风廉政建设和反腐败工作的深入开展。为了解决这些问题，从 2009 年 3 月开始，中央纪委会同有关单位，在广泛听取各部门意见建议、科学分析论证、充分沟通协商的基础上，制定并经中央同意，由中央办公

---

* 这是贺国强同志在学习贯彻《关于加强和改进中央和国家机关纪检监察组织建设的意见》座谈会上讲话的一部分。

厅、国务院办公厅正式印发了《关于加强和改进中央和国家机关纪检监察组织建设的意见》（以下简称《意见》）。《意见》根据党章、行政监察法、《中国共产党党和国家机关基层组织工作条例》等有关规定以及中央关于党建工作的总体要求，对中央和国家机关纪检监察组织的机构设置、职责任务、工作机制、领导班子和队伍建设等作出了一系列政策规定，是当前和今后一个时期指导中央和国家机关纪检监察组织建设的重要文件，我们要认真领会、准确把握、全面贯彻，切实把中央和国家机关纪检监察组织建设提高到一个新水平。

中央和国家机关纪检监察组织建设面临的问题中，十分突出的一个方面是机构不健全、工作力量薄弱，对此要作为一个重点加以解决。目前，党的关系在中央直属机关工委和中央国家机关工委的部门中，有些没有中央纪委、监察部派驻机构，有些没有设立党组纪检组（纪委）或者监察局；有些部门既没有设党组纪检组，也没有设机关纪委；半数以上的机关纪委没有设办事机构，许多部门机关纪委没有专职干部，多数机关纪委因工作力量不足不能独立查办案件。针对这些问题，《意见》对中央和国家机关纪检监察组织机构设置和人员配备等作出了明确规定，我们要认真抓好落实。

一方面，要抓紧健全和规范组织机构。《意见》规定，部门党员人数较多、监督任务较重、确需设立党组纪检组（纪委）的，严格按程序报批；没有监察部派驻监察机构的行政机关，确需内设监察局的，严格按程序报批；同时设有党组纪检组（纪委）和监察局的，实行合署办公；设立机关党委的部门应设立机关纪委；机关纪委应本着精干高效、有利于加强党的工作和纪检工作的原则设置办事机构,同时还对各部门直属单位纪委的设置作出了明确规定。我们要认真落实上述要求,对需要新设党组纪检组(纪委)、监察局的,要根据工作需要,成熟一个报批设立一个,逐步健全和规范;设置党组纪检组(纪委)条件不成熟的,要通过加强机关纪委力量做好部门党风建设和有关监督工作;没有设立机关纪委的要抓紧建立,已经建立的要进一步规范,切实实现纪检组织和工作全覆盖。

另一方面,要强化工作力量。比如,规定中央直属机关纪工委和中央国家机关纪工委各设书记1名,为副部长级,同时担任所在工委的副书记;各配备副书记2至3名,为正局长级。再比如,规定中央和国家机关党组纪检组组长(纪委书记)按所在部门领导副职配备,担任所在部门党组(党委)成员;纪检组副组长(纪委副书记)和监察局局长按所在部门内设机构的正职配备;监察局副局长按所在部门内设机构的副职配备;同时设党组纪检组(纪委)和监察局的部门,监察局局长同时担任党组纪检组副组长(纪委副书记)。又比如,规定中央和国家机关各部门机关纪委书记应当由机关党委副书记或者相应职级的党员干部担任,列入所在部门内设机构领导职数。还比如,要求各部门配备与工作量相适应的专职纪检监察干部;党组纪检组(纪委)人员编制列入机关编制序列;局、处级纪律检查员、监察员(专员)按规定比例配备;等等。我们要认真落实这些规定和要求,选好配强纪工委、各部门党组纪检组(纪委)和机关纪委领导班子特别是主要负责同志,切实把那些政治过硬、原则性强、公道正派、领导工作能力较强的同志选拔到纪检监察领导岗位上来,不断优化领导班子的知识、专业和年龄结构,增强领导班子整体功能和生机活力;要通过积极争取中央编办支持和内部调剂等方式解决编制,严格按照有关标准和条件做好专职纪检监察干部配备工作,注意把优秀年轻干部和后备干部选调到纪检监察工作岗位上来,加强工作力量、改善队伍结构;要根据工作需要,注意从各部门内设财务、审计、稽查等部门选拔一批干部兼职参加机关纪委工作,有效整合各方面资源力量。

在健全机构、充实力量的同时,我们还要按照《意见》规定,进一步明确中央和国家机关各级纪检监察组织的职责任务,健全领导体制和工作机制,加强干部队伍建设,使中央和国家机关纪检监察组织更好地发挥职能作用,为深入推进中央和国家机关党风廉政建设和反腐败工作提供有力保证。

中共十八大
筹备工作顺利进行[*]

（2012 年 6 月 21 日）

普京：我们真诚希望在中共十八大人事调整完成后，中方对发展对俄战略协作伙伴关系的积极性不仅要保持，而且要深化。我们将追求新目标，我们的合作已经涉及方方面面，我们的目标完全可以实现。

贺国强：你刚才提到十八大，这里我再简单说几句。

我们党的十八大是在我国改革开放和全面建设小康社会的关键时期召开的一次重要会议。十八大的准备工作主要是两方面：一是需要在充分发扬民主、深入调查研究的基础上，起草党代会报告。这个报告，要站在时代的高度，立足国际形势，结合我们自己的实际，既认真回顾总结前 5 年乃至 10 年发展的成就和经验，同时也要具体分析当前的困难和矛盾，研究部署今后 5 到 10 年发展的目标和任务。二是做好人事准备工作。包括推荐、考察、选举党代表，同时对十八届中央委员会委员、中央纪律检查委员会委员人选进行推荐和考察。

---

[*] 这是贺国强同志出访俄罗斯并代表中国政府出席第 16 届圣彼得堡国际经济论坛开幕式期间会见俄罗斯联邦总统普京时谈话的节录。

516

现在这两项工作开展得非常顺利。总统先生,我想请你放心,十八大以后,就是中共领导班子实现新老交替后,中俄关系只会发展得更快更好。

普京:我知道你在中国负责反腐败工作,你是反腐败工作的高级专家。而我们国家的法律则有点太宽松了,不让我们有效地打击腐败,我真想把俄罗斯的腐败分子都抓起来,把他们送到中国去,请你们帮助改造(笑)。

贺国强:我们会加强两党两国这方面的合作和交流。

贺国强党建工作文集

（下）

人民出版社
党建读物出版社

目　录

（上）

一、思想建设篇

二、组织建设篇

（下）

三、作风建设篇

四、反腐倡廉建设篇

五、制度建设篇

三、作风建设篇

看待党风问题要坚持"两分法"*

（1988 年 1 月 16 日）

正确地认识、分析和解决党风问题至关重要，因为这个问题不仅直接影响中央各项决策部署的贯彻落实和广大干部群众的积极性，而且关系到我们党的形象。目前，党内外对党风现状的看法出现两种片面的认识：一种是把问题看得过于严重，认为现在党风糟透了，并把它看成是改革开放的结果；另一种是对问题的严重性估计不足，只看到改革开放的成绩，对目前存在的以权谋私等问题不以为然。这两种认识都过于偏颇。党的十三大报告指出，从总体上讲，我们党是能够经得起严峻考验的，是有力量同各种消极腐败现象作斗争的，但也必须估计到，会有少数党员经不起考验。这个认识是合乎事实的。从我们济南市的情况看，近年来通过整党、整顿机关作风、开展防止和克服官僚主义的活动，党风状况有了很大好转。但是仍然存在不少问题，有的还比较严重，如以权谋私、挥霍浪费、"走后门"、"拉关系"，等等。正确看待党风问题，还是要坚持"两分法"，既要看到党内确有不正之风，有些还

---

* 这是贺国强同志在山东省济南市委工作会议上讲话的一部分。贺国强同志当时任中共山东省委常委、济南市委书记。

比较严重，需要重视，认真解决；又要看到党风总体上是好的，对存在的问题我们有信心加以解决。

解决党风方面存在的突出问题，根本靠加快改革步伐，逐步减少产生不正之风的土壤。一些群众反映强烈的问题，像住房、干部提拔方面的不正之风及以权谋私、经济上的非法牟取暴利等，之所以长期未能很好地解决，一个重要原因就是这些方面的制度不够健全、不合理，管理工作没跟上。我们要从那些群众意见最多、制度建设的条件比较成熟的问题入手，加快改革步子，建立和完善制度，并使各个方面的制度建设尽量增加透明度，增加开放程度和群众参与程度，从根本上解决不正之风问题。与此同时，要坚持从严治党，积极同党内不正之风和腐败现象作斗争。对各级领导干部要严格要求，正如陈云同志指出的那样，"在改革开放中间，每个共产党员要时刻记住自己是一个共产党员"。对那些经不起改革开放考验，搞经济犯罪、徇私枉法以及依仗职权"敲竹杠"、谋私利的个人，要严肃处理。要加强党性党风党纪教育，不断提高党员素质。要严格党内民主生活制度和民主监督制度，经常开展批评和自我批评，使每个党员特别是领导干部自觉地接受组织和群众的监督。

下决心解决公款吃喝、干部住房、公务用车等方面的突出问题[*]

（1989 年 7 月 20 日）

按照中央和省委的要求,结合济南的实际情况,最近市委排出人民群众普遍关心的六件实事,即清理整顿公司、查处大案要案、制订廉政规章、狠刹歪风、打击欺行霸市、整顿文化市场。对市委决心抓的这六件实事,广大群众反映强烈,也非常关注。这六件实事大都属于惩治腐败、加强廉政建设的范畴。因此,我们要从办好这六件实事入手,狠抓落实,切实抓出成效,以增强党和政府的威信,把廉政建设向前推进一步。

抓好这六件实事的落实,一方面要动真格、见行动,严肃认真地查处大案要案、彻底清理整顿公司,集中时间、集中力量作出处理;另一方面,要抓住群众普遍关心、党员干部中带有一定普遍性的问题,从制度建设入手,认真加以解决。

首先是领导干部作风方面,近期市委制定了关于党政机关副局级以上领导干部发扬艰苦朴素作风、加强廉政建设的暂行规定。这个规定是在调查研究基础上,针对当前干部群众意见较多、反映强烈的几个问题提出来的,主要就招待宴

---

* 这是贺国强同志在山东省济南市全市领导干部会议上讲话的一部分。

请、赠送和收受礼品、使用小汽车、住房四个方面作出了规定。要在领导干部中对这个规定进行认真讨论,严格对照规定要求,找出问题,制定实施细则,认真加以落实,并公诸于众,发动群众监督。同时,希望各单位不要局限于解决这四个问题,根据各自的情况,还可以补充。总之,要有针对性,要"对症下药",使群众看到领导干部解决问题的诚意和决心。这里有几点重新强调一下。一是吃喝问题。这个问题这几年不断地抓,有些成效,但问题仍很突出,群众意见较多。现在看,解决这个问题主要是两条:对外招待要坚持标准,少陪同,饭菜以当地农副土特产品为主,既少花钱,还不失热情。对内主要是市和市直部门的同志到县区检查指导工作,接待标准要严格掌握。同时强调一下,基层单位不要借各种节日和其他名义请机关的同志吃饭,凡有这种情况,上级机关的同志应予拒绝。二是房子问题。必须严格执行建房标准,禁止用公款为私人住宅搞内部装修,正在施工的,必须立即停止,已经完成装修并超出规定标准的,个人要负担费用。三是配车用车问题。要制定和重申有关规定,按数额、按标准配备。对违规购买的小汽车,要一律封存或没收。非公务使用小汽车,要由车管部门和驾驶员进行登记,按里程收费,由财务部门发工资时扣除。出差办事,特别是远途出差,要自觉乘坐公共交通工具,一般不要自带小车。

其次是进一步完善"公开办事制度、公开办事结果,接受群众监督"的"两公开一监督"措施。各县区、乡镇要巩固原有的廉政建设成果,并针对新的问题不断修订和完善相关规章制度。市直部门前一段收集到一些意见和建议,下一步要集中抓一下"两公开一监督"的制度建设,实行政务公开。特别是那些同基层和群众关系密切的工作,如银行贷款、电力分配、物资供应、招工、招生、招干、"农转非"等,都要研究措施,加以公开,提高透明度,发动群众监督。最近,中央纪委发出通报,就企业党员干部监督教育问题提出了明确要求。各企业要对执行纪律的情况进行一次认真检查,建立健全对企业领导的约束机制,树立艰苦奋斗、肃贪倡廉的风气,防止腐败现象和违法乱纪问题的发生。企业里的党组织和纪检机关要切实加强对保持廉洁有关规章制度的研究,一经制定要认真抓好落实。

减少应酬，改进会风[*]

（1998 年 2 月 13 日）

　　良好的政风是建设高效廉洁政府的需要，也是广大人民群众的迫切愿望。当前，干部队伍中确实存在着虚报浮夸、作风不实、形式主义、态度生硬等问题，这虽不是普遍现象，但严重损害干群关系，影响了政府形象及其效率。人民群众对此深恶痛绝。各级政府应引起高度重视，要把树立良好的政风，建设廉洁高效的政府作为一项重要工作切实抓好。

　　一是认真改进会风。严格会议审批制度，下决心减少会议。贯彻上级会议精神，可以采取不同的方式方法，不一定都要开会，也不一定都要领导干部陪会。领导参加一般性会议需要讲话时，提倡即席讲话，会后一般不印发文件。

　　二是减少应酬活动，腾出时间多学习，多深入基层。领导干部下基层要轻车简从，不要层层陪同，不要边界迎送。领导干部一般不参加其他庆典活动。领导干部一般性活动应尽量少报道。

　　三是坚决制止简单粗暴作风。应该说，广大基层干部工

---

* 这是贺国强同志在福建省政府第六次反腐败工作会议上讲话的一部分。贺国强同志当时任中共福建省委副书记、福建省省长。

作是辛苦的，主流是好的，但也有一些基层干部工作方法简单，作风粗暴，引起群众不满，应当切实加以改进。各级干部要牢记为人民服务的宗旨，增强群众感情，关心群众疾苦，自觉维护群众利益。对基层干部，既要经常教育，加强管理，严格要求，又要关心体谅，指导帮助，保护他们的积极性。对个别严重侵犯群众利益、违反党纪国法的干部，要依纪依法严肃处理。

四是提高办事效率。各级政府部门都要实行政务公开制度，公开办事程序和办事结果，按政策规定能办的事要在规定的时限内及时办理，不能久拖不决。上下级之间、部门与部门之间提倡直接见面，减少繁文缛节。

高举团结的旗帜，努力形成
"心齐气顺风正劲足"的良好局面[*]

（1999 年 6 月—2002 年 6 月）

一

影响团结有很多因素。第一是党性修养问题。能否搞好团结，代表着一个党员党性强不强、有没有党性。第二是意识问题。能否搞好团结，表明一个党员的意识好不好、思想境界高不高。第三是工作方式方法问题。正确的、好的方式方法能够促进团结，而如果方法不当，即使是无意的也可能影响团结。在我市，团结问题是中央关心、老百姓关注的一个重大问题，也是关系重庆发展的一个至关重要的问题。

搞好重庆的各项工作，非常关键的就是要坚定不移地高举团结的旗帜。团结出凝聚力，团结出战斗力，团结出新的生产力，各级领导干部要从讲政治的高度认识加强团结的重要性。市委常委"一班人"一定要作加强团结的表率，并以此带动全市各级领导班子的团结和全市上下的团结。各级领导班

---

* 这是贺国强同志关于维护团结问题四次讲话的节录。贺国强同志当时任中共重庆市委书记。

子要在贯彻执行民主集中制原则的基础上加强团结，自觉做到个人服从组织、少数服从多数、下级服从上级、全党服从中央。必须始终坚持同党中央保持高度一致，在路线方针政策上始终保持政治上的清醒和坚定。市和各区县党委要在团结的旗帜下，总揽全局，协调各方，正确处理好同人大、政府、政协的关系，支持他们发挥好各自的作用。各级人大、政府、政协领导班子要在团结的旗帜下，增强大局观念，坚决贯彻党委决定，坚持在党委统一领导下开展工作。各级领导干部要在团结的旗帜下，正确对待成绩和失误，淡泊名利，注重事业，以党和人民的事业为重，不计较个人得失，勇于承担责任；正确对待同志，摆正自己在班子中的位置，"班长"要与班子成员多沟通、多交流、多商量，班子其他成员要支持"班长"的工作，大事讲原则，小事讲风格，做到相互信任、相互理解、相互支持、相互补台；正确对待组织，积极参与集体领导，认真履行职责，顾全大局，自觉维护领导集体的形象，树立领导集体的威信；正确对待自己，管好自己的一言一行，不利于团结的话不说，不利于团结的事不做，自觉接受班子成员和人民群众的监督，与班子成员一道，共创团结、和睦、融洽的工作氛围。

（1999 年 6 月 30 日在重庆市纪念中国共产党成立 78 周年大会上的讲话）

二

重庆是一个新设立的直辖市，干部来自五湖四海，加强全市上下的团结和各级各地干部的团结极端重要。各级党政班子的团结,是全市团结的关键。加强各级领导班子的团结,根本保证是健全民主集中制。坚持民主集中制,这既是我们党的根本组织制度,也是重要的领导方法和科学决策的基本原则,还是把领导者个人置于制度和集体的监督之下,减少失误、少犯错误的关键环节。只有大力加强党政领导班子民主集中制建设,才能形成党内政治生活的正常化、规范化。重点是正确处理好三个关系:

一是正确处理民主和集中的关系。要按照民主集中制的原则,建立健全决策机制、执行机制和监督机制,坚持和健全党的组织生活会制度、党员领导干部民主生活会制度、班子议事规则和重大问题决策程序。凡属方向性、全局性、政策性的重大问题,都必须按照"集体领导、民主集中、个别酝酿、会议决定"的原则,经过充分讨论后由集体作出决定。对重大问题的决策,必须认真倾听各方面的意见,包括反对的意见。作出同下级党组织有关的重要决定之前,要听取下级组织的意见。认真落实中央纪委、中央组织部《关于改进县以上党和国家机关党员领导干部民主生活会的若干意见》,开好每年一次的民主生活会,广泛征求群众的意见,开展积极的思想斗争,交心谈心,相互沟通,研究和解决好班子及班子成员存在的突出问题,促进班子政治生活的正常化。

二是正确处理集体领导和个人分工负责的关系。严格实行集体领导下的个人分工负责制,班子主要领导作为班子的一员,要将自己置于集体领导之中,善于发挥班子成员的作用。班子成员既要关心全局工作,积极参与集体领导,自觉维护集体领导,又要各司其职,各负其责。班子成员之间也要加强沟通与协调。

三是正确处理决策和督查的关系。对集体的决定，必须无条件地服从、维护和执行。决策形成后，要狠抓贯彻落实，加强督促检查，坚决反对政治上的自由主义和组织上的分散主义，确保政令畅通。

（2000 年 5 月 29 日在中共重庆市委
一届七次全会上的讲话）

三

全市上下大团结的关键，是领导班子的团结。领导班子团结的关键，是党政"一把手"带头加强团结。各级党政领导一定要像爱护自己的眼睛一样维护团结，尤其是党政"一把手"，必须作加强团结的表率。

主要领导要自觉树立民主意识并以身作则。江泽民同志对党政"一把手"提出了"坚持原则，把握全局，团结同志，加强修养"的 16 字方针，各区县党政"一把手"必须牢记在心。党政主要领导的团结，是整个班子乃至整个地区团结的关键。要带头做到淡泊名利、注重事业，心胸坦荡、平等待人，相互支持、加强沟通，遵章守纪、接受监督。尤其是党委书记，在团结问题上负有更重要的责任，心胸要更宽阔一些，放手支持政府负责同志在职责范围内独立负责地抓好工作。党委书记要正确把握好自己的角色，即在党委班子中只是平等的一员，是"班长"，不是"家长"；在党委实施集体领导中要做"枢纽"，不做"中心"；在实际工作中要"高人一筹"，不要"高人一等"。

要坚持集体领导,大家同唱一台戏。重大问题必须由集体讨论决定,不能个人说了算。决定的就分工负责去办,不能推诿扯皮,不能敷衍塞责。班子内部要相互沟通、相互谅解、相互补台。大家要同唱一台戏,向着共同的目标前进,决不能各唱各的调,各吹各的号,南辕北辙,贻误工作。

要增强决策的民主性科学性。在决策前要广泛听取意见,特别是对重大问题的决策要反复论证,既要防止匆忙决策,也要避免议而不决,错失良机;决策后要抓督办,确保政令畅通,使决策得到有效的贯彻实施。在实施中要注意调查研究,发现问题及时纠正;在实施后要认真总结,不断提高决策水平。

(2000 年 9 月 8 日在重庆市区县
领导干部研讨班上的讲话)

四

团结问题在重庆有其特殊的重要性。在中央的关怀下,在各级领导班子的共同努力下,在全市干部群众的支持下,全市初步呈现出"心齐、气顺、风正、劲足"的可喜局面,我们要倍加珍惜并继续巩固和发展这一来之不易的局面。对重庆而言,讲团结,首先是要维护中央的权威,坚决同党中央保持高度的一致;其次,要切实加强市委常委会一班人的团结;再次,要通过市委常委会的团结带动和促进市级领导班子的团结,带动和促进各级领导班子的团结,带动和促进全市人民的团结。

市委常委会一班人的团结尤为重要，这是全市团结的关键和基础。我们这一届常委班子既保持了连续性、稳定性，又补充了新的力量。我们常委会的各位成员都来自不同的地区、不同的岗位，有着不同的工作经历，也有着不同的性格特点，但我们都是按照中央的要求走到一起来的，是为了人民的事业走到一起来的，是为了重庆的发展走到一起来的。能够在一起合作共事，对人生来讲是一种缘分。要倍加珍惜班子的团结，倍加珍惜合作共事的机会，倍加珍惜同志间的情谊。

我常这么想，一个人的一生主要是生活在集体和家庭之中，在工作期间，相对来讲，每一天在集体中的时间要更长。如果班子团结，上班时工作愉快，回家以后也会心情舒畅；否则，上班不愉快，下班后也感到别扭，甚至拿老伴、孩子当"出气筒"。我们共同提倡并实践的"淡泊名利、注重事业，心胸坦荡、平等待人，相互支持、加强沟通，遵章守纪、接受监督"这4句话32个字，是近几年我们加强班子团结实践经验的总结，我们新的班子要继续坚持。新老常委之间要相互学习，相互支持，取长补短，每个常委会班子成员真正做到"相互补台不拆台，你遗下的我拾起来"。在一个班子里，相互拆台，一起垮台；相互补台，好戏连台。我常这样比喻：一根筷子很容易被折断，一捆筷子就不容易被折断了。班子也是如此，靠一个人奋斗，抵御风险的难度很大，班子成员团结在一起，就会产生无穷大的合力。

（2002年6月5日在中共重庆市二届市委
第一次常委会议上的讲话）

注意改进文风[*]

（2003 年 8 月 6 日）

一篇稿子要想写好，产生好的效果，十分重要的一条就是要提高思想性、针对性，增强说服力、感染力。那么，怎样才能做到这一点呢？

要严把政治关。这是文稿工作第一位的要求。起草文稿，必须严格把好政治关，坚决同党中央保持高度一致，无论方针政策、思想观点还是语言表述，都不能出任何问题。要增强政治敏锐性和政治鉴别力，保持高度的政治责任感，善于从政治上观察、分析和处理问题。

要有全局观。我们所从事的工作是党和国家工作的重要组成部分，这就需要我们增强大局观念和全局意识，站在党和国家工作全局的高度来起草文稿，通过文稿来体现和落实党的路线方针政策；同时，我们的工作还是党的建设的重要组成部分，还要站在整个党建工作的高度起草文稿。把这两个方面结合起来，文稿就会有高度、有深度。

要有针对性。一篇文稿，不能只讲理论（当然纯粹的理

---

[*]　这是贺国强同志在与中央办公厅调研室有关同志座谈时讲话的一部分。贺国强同志当时任中共中央政治局委员、中央书记处书记、中央组织部部长。

论文章除外），不能空泛议论。要坚持理论与实际相结合，要有可操作性，重在解决实际问题。

逻辑性要强。每一篇文稿都要做到思路清晰、层次分明，观点明确、重点突出，让大家看懂要讲个什么事，不能洋洋洒洒万余言，看了不知所云。凡事要讲逻辑，不论做事还是讲话，都要条理清楚，就像剥竹笋一样一层一层往里剥。包括新闻稿，因为篇幅短、导向性强，更要做到观点鲜明、重点突出，可以在某个问题上展开讲透一些，让大家记住你要强调的重点问题，这样才能起到应有作用。

语言要实在，文风要朴实。现在大家对文风意见比较大，主要是一些讲话、文件空话套话比较多。我们的文稿要力求朴素平实，一是一、二是二，实实在在，不堆砌华丽的辞藻，不刻意讲究文字的对仗整齐。要在平实中体现高度，而不是在口号中体现高度。

要有点新意。也就是我们通常讲的要有点"提神"的东西，有独到的见解，让人看后有所启发。当然，要求稿子通篇都有新意是不现实的，但一篇稿子总要有一些新思路、新举措或新要求，哪怕有一段话、一个观点出一些新意也好。文稿要出新，首先要把握中央精神，紧扣当前形势，紧跟中央的新要求。其次要有基层的东西，及时总结基层的好经验好做法，努力把基层鲜活的东西体现到文稿中来。其三要有提炼，做好"上情"与"下情"相结合的文章，结合的过程是一个概括和提炼的过程，也是一个创新的过程。另外，文稿结构和形式要尽量生动活泼一些，不能老是一个调子。比如，讲话稿不一定是固定的三大块的格式。除了总结报告之外，文稿不一定都搞三大块,老是第一部分总结,第二部分讲工作任务,第三部分提要求。再比如,对新闻稿也要重视。对一项重要工作或者大的活动,对外总要宣传报道一下,这样对推动工作有利。现在看来,新闻稿比较难写,要求在规定的几百字或者千把字左右写好,需要下功夫。新闻稿如果太一般化,没有什么新东西,生动性、可读性不强,那不仅党员干部不愿意看,老百姓更不会愿意看,这样新闻稿就难以发挥真正的作用。新闻稿怎样在写法上更活一些,既传递政策信息,又让人有亲切感,要认真琢磨一下。总的就是在内容上要有点精彩的话,能吸引人。当然,我们讲创新不能脱离原则,一定要符合中央精神和工作实际。

尽可能写短文。现在大家都比较厌烦篇幅太长的讲话,讲的人不愿意讲,听的人不愿意听。我们要尽量讲短话,力求短小精悍、言简意赅,除了重大会议工作报告等正式场合讲话和一些重要理论研讨文稿外,一般的讲话稿都不要太长,能短则短。短文章更难写,既要把该说的话说到位,又要做到简单明了,这很不容易,但这样更能体现我们的水平。

如何抓落实*

（2004 年 4 月 19 日）

　　抓落实是一个必须反复讲、经常讲的问题，也是一个常抓常新的问题。中央一再强调各项工作都要狠抓落实，不仅是因为抓落实是各项工作的基本要求，也是因为抓落实很不容易，如何抓落实大有文章可做。如何抓好落实，我想至少要把握以下四点：

　　第一，要牢固树立求真务实的精神，这是抓好落实的根本保证。求真务实，是辩证唯物主义和历史唯物主义一以贯之的科学精神，是我们党的思想路线的重要内容。毛泽东同志早就指出，世界上怕就怕"认真"二字，共产党就最讲认真。求真务实是党的活力之所在，是党和人民事业兴旺发达的关键之所在，也是抓好工作落实必须坚持的一项重要指导原则。现在一些地方、部门和单位的工作能够很好地开展，能够取得成效，靠的就是求真务实。同样，如果取得的效果不显著，很大程度上也是坚持抓落实不够，工作不够扎实，甚至在抓落实的口号中工作落了空。

---

* 　2004 年 4 月 16 日至 19 日，贺国强同志在福建省考察调研。这是考察调研期间与省委组织部处以上干部座谈时讲话的主要部分。

第二,要全面理解和准确把握各项工作方针、政策的精神实质,这是抓好落实的重要前提。首先是要吃透"上情",了解"下情",然后再做好"结合"这篇文章。只有首先吃透中央的精神,结合本地区本部门本单位的工作实际,研究确定具体的工作思路和措施,才能推动这些工作任务的真正落实。准确理解和把握中央方针、政策的精神实质,有一个方法论的问题,这就需要我们学会用唯物辩证法来看待问题、处理问题。不懂得辩证法,不会运用辩证法看问题、办事情,就难免有很大的局限性和偏差,工作中就难免把握不住方向,甚至会走样变形。

第三,要创造性地开展工作,这是抓好落实的关键。抓好落实贵在创新。在完成工作任务的过程中,必然会遇到一些新的情况和问题。比如,当前干部人事制度改革已进入了一个关键时期,改革越深入,深层次的矛盾就会越显现,遇到的问题就会越多,困难就会越大。这就需要我们进一步解放思想、实事求是、与时俱进、开拓创新,需要我们强化改革意识,加大改革力度,善于把中央的方针政策和本地区本部门本单位的实际结合起来,创造性地开展工作,通过深化改革来解决前进道路上的问题。

第四,要强化责任意识,加强督促检查,这是抓好落实的重要方法。狠抓落实贵在自觉,但督促检查必不可少。在工作中制定决策和部署实施方案,事情只是开了个头,更重要的是通过明确责任、督促检查,确保决策和部署的贯彻落实。再好的决策和部署,如果责任不明确、不到位,如果缺少了督促检查这个环节,在贯彻执行中就可能走样,甚至落空。希望大家进一步增强责任感和使命感,始终保持奋发有为、只争朝夕、开拓进取的精神状态,尽职尽责地做好各项工作,同时要把督促检查贯穿到工作的各个阶段和各个环节,及时发现带有苗头性、倾向性的问题,有针对性地加以解决。

致重庆市武隆县石梁子村两位村民的信[*]

（2004 年 11 月 30 日）

国兴、开侯同志：

　　你们好！

　　前两天，我收到了《重庆商报》记者关于你们两家人近况的来信和你们两位与老伴精神矍铄的照片，我很高兴。这不禁使我回忆起我在重庆工作时，两次到你们家的情景。第一次是 2001 年的冬天，那时，你们两家的光景还不太好。第二次是 2002 年 10 月，那次去，看到你们两家已有了一些变化。两次到你们家，你们两家人尤其是国兴、开侯同志纯朴乐观、盼望早日脱贫致富的精神状态给我留下了深刻印象。我想，有了你们这种精神状态，何愁困境不能改变呢？

　　转眼又是两年过去了，虽然我由于工作变动，未能再抽出

---

[*]　2001 年 2 月 9 日，时任中共重庆市委书记的贺国强同志与石梁子村村民傅国兴、陈开侯两家结成"一帮一"的扶贫对子，帮助他们谋划脱贫路子。在重庆工作期间，贺国强同志先后两次上门看望两户"穷亲"，还就相关问题作出批示。离开重庆后，他依然惦记两家人和该村村民。这是时任中共中央政治局委员、中央书记处书记、中央组织部部长的贺国强同志致两位村民的一封亲笔信。2011 年 3 月 20 日，时任中共中央政治局常委、中央纪委书记的贺国强同志再次来到石梁子村看望两家人。

时间去看望你们,但从来信中得知,你们两户今年又有了新的变化。比如,粮食丰收、猪牛羊养殖情况良好;人均现金收入可以超过 2000 元;国兴家准备改建房屋,为儿子建兵娶媳妇作准备;开侯家的小儿子四权掌握了一门新手艺,家里又多了项致富的手段;等等。这怎能让我不感到高兴呢?另外,我从新闻媒体和市里有关同志那里得知,和你们两家一样,今年重庆农业农村形势很好,农民收入又有了较大的提高。这充分说明党中央、国务院关心、重视"三农"问题决策的正确,充分说明重庆市各级党委、政府抓农业农村经济发展、促进农民增收工作是有力的,也说明了重庆市广大农民朋友包括你们两家勤劳致富的努力是有成效的。

当然,我感觉你们还可以继续努力,多寻找致富门路,比如县里和镇里的同志建议你们明年种植烤烟,你们可以考虑。我想,随着党在农村各项方针政策的深入贯彻,你们的日子一定会更好!重庆市广大农民朋友的日子一定会更好!

我争取找时间再去看望你们。请代问村里其他乡亲好!

祝你们健康长寿、全家幸福!

贺国强

2004 年 11 月 30 日

学习红军时期的优良传统[*]

（2006 年 3 月 19 日）

　　这次之所以把调研座谈会安排在瑞金，主要是因为这里有光荣的革命历史传统，是中央红军长征的出发地，今年恰逢红军长征胜利 70 周年，到这里来接受革命传统教育、加强党性锻炼，十分有意义。

　　瑞金作为第二次国内革命战争时期中央革命根据地的中心，是闻名中外的"红都"。毛泽东、周恩来、刘少奇、朱德、邓小平等老一辈无产阶级革命家都在瑞金工作、生活和战斗过。1927 年大革命失败以后，以毛泽东同志为代表的中国共产党人，发动了秋收起义，创建了井冈山革命根据地，点燃了"工农武装割据"的星星之火。1929 年 1 月至 1931 年 9 月，毛泽东、朱德同志率领中国工农红军经过反复转战，在赣南、闽西开创了全国最大的革命根据地。1931 年 11 月中华苏维埃第一次全国代表大会在瑞金召开，成立了以毛泽东同志为主席的中华苏维埃共和国临时中央政府。这一时期，毛泽东同志等老一辈无产阶级革命家开始把马克思主义普遍原理与中国

＊　这是贺国强同志在江西省调研农村保持共产党员先进性教育活动时讲话的一部分。

542

革命的具体实际相结合,把革命的立足点从城市转入农村,发动和依靠农民群众,在农村建立根据地,开展土地革命,开创了农村包围城市、武装夺取政权的中国革命的正确道路。后来,由于"左"倾错误的严重危害,坚持正确路线的毛泽东同志受到排挤,革命力量和革命根据地遭受巨大损失,被迫进行战略转移,开始了二万五千里长征。回顾历史,老一辈无产阶级革命家和无数英烈在瑞金这块土地上谱写了可歌可泣、彪炳千秋的光辉篇章,留下了艰难曲折、勇往直前的奋斗足迹,展示了中国共产党人不屈不挠、勇创新路的革命精神,这是江西人民的宝贵精神财富,也是全党全国人民的宝贵精神财富。我们一定要继承好这一宝贵的精神财富,大力弘扬党的优良传统和作风,并不断赋予新的时代内涵。

第一,必须始终坚持实事求是的科学态度。毛泽东同志等老一辈无产阶级革命家在创建中央革命根据地、建立中华苏维埃共和国的过程中,坚持一切从实际出发,理论联系实际,反对各种教条主义的困扰和束缚。针对当时党内把马克思主义教条化、把共产国际决议和苏联经验神圣化的倾向,毛泽东同志多次强调调查研究的重要性,提出了"没有调查,没有发言权"的著名论断,指出"中国革命斗争的胜利要靠中国同志了解中国情况","一定要纠正脱离实际情况的本本主义"。[1] 中央革命根据地从开辟并不断扩大,到被迫进行战略转移的曲折历史,告诉我们一个深刻的道理,就是必须把马克思主义的普遍原理与中国的具体实际结合起来,坚

---

〔1〕 《毛泽东选集》第 1 卷,人民出版社 1991 年版,第 109、112、115 页。

定不移地走自己的路。真正做到了这一点,党的事业就会健康发展;反之,党的事业就会遭受挫折。这也是总结我们党奋斗历程得出的一条基本经验,任何时候都必须牢牢记取。

第二,必须始终坚定正确的理想信念。第二次国内革命战争时期,中国革命几经挫折,中央革命根据地更是异常艰苦。在这种情况下,有的人理想信念动摇,有的人甚至叛逃而去。但大多数共产党人和红军战士充满必胜信心,"敌军围困万千重,我自岿然不动",始终坚持革命斗争,直到夺取革命胜利。有的为了战争的胜利,冒着枪林弹雨,冲锋陷阵,英勇杀敌;有的身陷囹圄,面对敌人的屠刀,视死如归,坚贞不屈,舍生取义;有的为了保守党的机密,经受住了严刑拷打和威逼利诱,甚至献出了宝贵的生命。老一辈无产阶级革命家和无数革命先烈在极端艰难困苦的条件下和生死考验面前之所以能够坚强不屈,就是因为他们对共产主义理想坚贞不渝、矢志不移。实践证明,崇高的理想信念,始终是共产党人为党的事业不懈奋斗的精神动力。我们必须坚持把坚定理想信念摆在首要位置,引导和教育广大党员做到在困难面前不退缩,在挫折面前不悲观,始终保持坚定的革命意志和旺盛的革命热情,努力为中国特色社会主义伟大事业不懈奋斗。

第三,必须始终保持党同人民群众的血肉联系。当年中央革命根据地的党员干部及广大红军指战员,牢固地确立真心实意为群众谋利益的宗旨,并努力付诸实践。1934 年在中华苏维埃第二次全国代表大会上,毛泽东同志深刻指出:"真正的铜墙铁壁是什么？是群众,是千百万真心实意地拥护革命的群众。"[1]他强调,要关心群众生活,解决好关系群众切身利益的实际问题。这对党的群众路线的形成和发展产生了深远的影响。正因为我们党代表了人民群众的根本利益,所以得到了苏区群众的衷心拥护。当年,赣南苏区人口约220万,其中青壮年约50余万,前后参加红军的达30余万,有10余万人为革命献出了宝贵的生命。我们调研期间看到的瑞金沙洲坝当年毛泽东同志亲自带领红军为群众打的水井及水井旁立的"吃水不忘挖井人"的石碑,听到的赣南"十送红军"的民歌,都真切地道出了根据地人民群众与党、与红军血肉相连的深厚感情。可以说,没有人民群众的物质和精神支持,中央革命根据地就不可能建立和发展起来,革命也不可能夺取胜利。能不能坚持立党为公、执政为民,全心全意为人民服务,是衡量一个政党是否先进的根本标尺。我们每个共产党员都要时刻牢记群众利益无小事的道理,始终保持党同人民群众的血肉联系,千方百计地解决人民群众最现实、最关心、最直接的问题,实现好、维护好、发展好最广大人民的根本利益。

第四,必须始终坚持艰苦奋斗的作风。当年中央革命根据地粮食紧张、布匹紧缺、缺衣少药,生活非常艰辛,上至苏维埃政府主席,下到乡村工作人员都没有薪饷,只发伙食费。苏维埃工作人员坚持廉洁奉公,反奢崇俭,涌现出许多感人肺腑的事迹。"苏区干部好作风,自带干粮去办公,日着草鞋干革

---

[1] 《毛泽东选集》第 1 卷,人民出版社 1991 年版,第 139 页。

命,夜走山路访贫农",这首脍炙人口的革命历史歌谣,形象地反映了当年苏区干部艰苦奋斗的好作风。艰苦奋斗是党的传家宝,是党团结和带领人民克服困难、夺取胜利的强大精神力量。共产党员在新的历史条件下发扬艰苦奋斗精神,就是要始终保持革命战争年代那么一种革命精神、那么一种勤俭作风,自觉树立为党和人民的事业长期艰苦奋斗的思想,不畏艰险,奋力拼搏,不断夺取社会主义现代化建设的新胜利。

第五,必须保持争创一流业绩的拼搏精神。当年中央革命根据地党员干部工作任务很重,但他们始终保持高昂的革命斗志,努力创造"第一等的工作"。兴国县的党员干部在遵守党的纪律、参军参战、生产劳动、执行勤务、购买公债、移风易俗等方面处处起模范带头作用,切实做到"十带头",成为创造"第一等的工作"的模范。毛泽东同志赞扬"他们是认真地在那里进行工作,他们是仔细地在那里解决问题,他们在革命面前是真正负起了责任"。[1] 正是靠着党员干部努力创造"第一等的工作"的拼搏精神,根据地的军民渡过了许多难关。这样的拼搏精神,是共产党人为实现崇高理想而无私奉献和对革命工作极端负责任精神的集中反映,是中华民族自强不息精神的弘扬和光大。面对当前繁重的改革发展稳定任务,我们必须引导广大党员坚持勤奋工作,兢兢业业,努力创造无愧于时代、无愧于人民的一流的工作业绩。

"述往事,思来者。"我们一定要接过老一辈无产阶级革

---

[1] 《毛泽东选集》第 1 卷,人民出版社 1991 年版,第 140 页。

命家和共产党人革命精神的接力棒,努力把党的光荣传统和优良作风转化为加强党的建设和做好各项工作的强大动力,转化为每个共产党员的实际行动,努力把中国特色社会主义伟大事业和党的建设新的伟大工程推向前进。

进一步端正学风[*]

（2007 年 3 月 14 日）

　　树立良好的学风，是广大干部特别是领导干部提高理论素养、增强工作本领的重要前提，也是加强领导班子思想政治建设的有效途径。当前，干部队伍的学风总体上是好的，广大干部勤奋学习、勇于钻研，学习的氛围比较浓厚，运用理论解决实际问题的能力不断提高。但也还存在着一些不容忽视的问题，比如，有的同志缺乏学习理论的兴趣和热情，陷于具体事务或不必要的应酬，静不下心来读书学习，甚至在参加专题学习培训时，还让别人代写学习笔记和论文；有的同志认为不学习照样能够干好工作，以干代学，凭经验办事；有的同志学习不刻苦、不钻研，敷衍了事，浅尝辄止，满足于一知半解，讲话照本宣科，空洞无物，官话套话一大堆，或者断章取义、各取所需；有的同志理论与实践脱节，不去用或者不会用科学理论解决面临的实际问题；有的同志把学习当作装点门面，摆样子，做表面文章，甚至言行不一，说一套做一套；等等。更为严重的是，有个别人在参加专题培训期间，一边在进行所谓"学

＊　这是贺国强同志在中国浦东、井冈山、延安干部学院 2007 年春季开学典礼视频会议上讲话的一部分。

理论"，一边却做着违法乱纪的事。这些问题虽然发生在少数干部身上，但影响很坏，危害极大。去年以来，地方领导班子换届后，一大批干部特别是年轻干部走上新的领导岗位。他们大多有较高的科学文化知识水平，工作热情，有朝气，思维比较敏捷，接受新事物快，有开拓进取精神，许多同志在自己的工作岗位上做出了突出成绩，积累了一定的实践经验。但不少同志缺乏对马克思主义理论的系统学习，理论功底不深厚、不扎实。加强学风建设，引导他们树立良好的学风，显得尤为迫切。因此，我们一定要充分认识加强学风建设对于建设高素质干部队伍的重要性和紧迫性，教育和引导广大干部特别是各级领导干部进一步重视学习、刻苦学习、善于学习，不断提高马克思主义理论水平和工作本领，更好地担负起推进科学发展、促进社会和谐的重要使命。

端正学风，首要的是端正学习态度，自觉地、坚持不懈地加强学习。各级领导干部都要把学习作为第一位的任务，牢固树立终身学习的思想，自觉养成勤奋好学的习惯，努力用科学理论武装自己，用各种知识充实自己，在实践中提高自己，努力在建设学习型政党和学习型社会中走在前列。

要坚持把理论学习作为首要任务。深入学习马克思列宁主义、毛泽东思想、邓小平理论和"三个代表"重要思想，尤其要把党的十六大以来党中央提出的科学发展观等一系列重大战略思想作为理论学习的重要内容，真正做到学懂弄通，掌握精神实质。要深刻认识这些重大战略思想的时代背景和指导意义，深刻认识这些重大战略思想的科学内涵和精神实质，深刻认识这些重大战略思想与邓小平理论和"三个代表"重要思想既一脉相承又与时俱进的关系以及这些重大战略思想之间的内在联系和有机统一,全面把握贯穿其中的马克思主义立场、观点、方法。在加强政治理论学习的同时,还要结合自身工作岗位的需要,不断加强相关专业知识和政策的学习。中央对加强干部的学习高度重视,近年来,先后组织有关专家学者,编写了两批全国干部学习培训教材。这些教材,涉及政治、经济、法律、文学、艺术、历史、科技等各个领域。各级领导干部都应当认真学习和使用好这些教材,不断加快知识更新,优化知识结构,提高科学文化素养,努力成为胜任本职工作的行家里手。

要坚持向改革开放和现代化建设的实践学习。古人说:"读万卷书,行万里路",这就是说,除了要向书本学习,还要向实践学习。实践观点也是马克思主义认识论第一的和基本的观点。理论来自实践,并在实践中检验、在实践中发展,理论学习的成效也要通过实践来衡量。实践是最生动的课堂,蕴含着最丰富的知识,只有坚持向实践学习,才能深化认识、获得真知,才能增强本领、提高素质,才能解决问题、推动工作。各级领导干部一定要牢固树立实践第一的观点,通过在改革开放和现代化建设的大课堂中学习来提高自己。要深入了解我国社会主义初级阶段的基本国情,把握当前我国经济社会发展的一系列阶段性特征,熟悉本地区、本部门经济社会发展的历史、现状,明确下一步发展的目标要求,不断深化对党中央提出的一系列重大战略思想和政策措施的认识。要深入实际开展调查研究,及时总结本地区、本部门在改革发展中创造的新鲜经验和成功做法,及时总结工作中出现的失误和教训,不断深化对经济社会发展规律的认识。要积极投身改革开放和现代化建设的实践,在实践的风浪和考验中砥砺品格,在创造性地贯彻执行党的路线方针政策中深化认识,在破解影响工作的重点难点问题中增强能力,努力使自己的综合素质在实践中不断得到提高。

要坚持向人民群众学习。毛泽东同志指出,群众是真正的英雄,而我们自己则往往是幼稚可笑的。人民群众是认识和实践的主体,是智慧的海洋,他们在创造物质财富的同时,也在创造着精神财富。只有不断从广大群众中汲取智慧,才能不断丰富自己、提高自己。各级领导干部一定要牢固树立马克思主义的群众观点,端正对群众的态度,甘当群众的小学生,虚心向群众学习,老老实实地向群众学习。要不断增进与群众的感情,眼睛向下,真心实意地听取群众的意见,了解群众的愿望、情绪和呼声,真正做到想群众之所想、急群众之所急,努力在为人民群众服务中学习群众的优良品质。要尊重群众的首创精神,及时发现群众创造的新鲜经验,集中群众的智慧,并善于加以总结、概括和提炼,形成正确的工作思路和工作方法,用以更好地推动工作。

要坚持理论联系实际。弘扬理论联系实际的马克思主义学风,关键在于学以致用。各级领导干部要紧密结合自己的工作实际和思想实际,着眼于解决改革发展稳定中的重点难点问题,着眼于增强党性修养、提高精神境界,不断提高运用理论解决实际问题的能力,努力成为学以致用、用有所成的表率。特别是要坚持用党中央提出的一系列重大战略思想指导实践,使之贯穿于经济、政治、文化、社会建设和党的建设的各项工作之中,转化为谋划工作的思路、促进工作的措施、领导工作的本领。比如,要按照科学发展观的要求,坚持以经济建设为中心,深化改革开放,继续加强和改善宏观调控,加快调整经济结构、转变经济增长方式,切实解决好制约科学发展的突出矛盾和问题。比如,要抓住就业、社会保障、教育、医疗、住房等群众最关心、最直接、最现实的利益问题,采取更加有力的举措,努力把中央提出的关注民生的各项政策措施落到实处。比如,要以加快发展现代农业为重点,稳定发展粮食生产,切实提高农业综合生产能力,多渠道增加农民收入,大力加强基础设施建设,扎实推进社会主义新农村建设。比如,要按照"自主创新、重点跨越、支撑发展、引领未来"的要求,努力提高原始创新、集成创新和引进消化吸收再创新的能力,建设宏大的科技创新人才队伍,形成有利于自主创新的体制机制,不断推动创新型国家建设。比如,要按照加强党的执政能力建设和先进性建设的要求,巩固和发展先进性教育活动成果,认真抓好保持共产党员先进性的经常性工作,精心组织好地方领导班子换届选举工作,特别是抓好换届后的领导班子思想政治建设,大力推进党风廉政建设和反腐败斗争,不断推动党的思想、组织、作风、制度建设迈上新台阶,等等。

党员干部要站到抗灾救灾第一线[*]

（2008 年 2 月—2010 年 8 月）

一

2008 年 1 月 10 日以来，我国大部分地区先后出现雨雪天气，南方大部分地区和西北地区东部出现了新中国成立以来罕见的低温、雨雪冰冻极端天气，给灾区人民生产生活带来很大影响，许多返乡过春节的旅客在路上受阻。前一段时间，在党中央、国务院正确领导下，经过多方面共同努力，抗灾救灾工作取得了阶段性成效，但还有大量工作要做。从当前来看，要打好三个战役：一是从现在到春节前，要集中力量做好抗灾救灾的各项工作；二是春节期间，要保证广大人民群众包括途经灾区滞留的旅客过好春节；三是春节过后，要抓紧做好恢复重建工作。越是在遭受自然灾害的时候，越是群众需要我们的时候，也越是密切党群、干群关系的时候。要充分发挥各级党委的领导核心作用和基层党组织的战斗堡垒作用，发挥广大党员的先锋模范作用。各级领导干部和广大共产党员

---

*　这是贺国强同志关于抗灾救灾工作三次讲话的节录。贺国强同志当时任中共中央政治局常委、中央纪委书记。

要用实际行动贯彻中央的部署和省委、省政府的要求,把群众的安危冷暖放在心中最高的位置,到救灾第一线去,到灾情最重的地方去,真正做到"雪中送炭",确保人民群众生命财产安全,确保经济平稳正常运行,确保社会和谐稳定,确保人民群众过一个欢乐祥和的春节。

(2008 年 2 月 1 日受中央委托在江西省考察指导抗灾救灾工作期间听取省委、省政府抗灾救灾情况汇报时的讲话)

二

2008 年 5 月 12 日在四川汶川等地发生的特大地震,是新中国成立以来破坏性最强、波及范围最广、救灾难度最大的一次地震灾害。灾情发生后,党中央、国务院十分关心灾区人民群众生命财产安全,迅速作出重要部署,举全国之力抗震救灾,全党全军全国各族人民万众一心、众志成城,展开了一场气壮山河的抗震救灾伟大斗争。四川省委、省政府紧急行动、全力以赴,团结带领全省人民奋力抗震救灾,经过一个多月的顽强努力,抗震救灾工作取得了重大阶段性胜利。在这个过程中,你们全力搜救被困群众和救治受伤人员,千方百计安置受灾群众,加强卫生防疫工作,严防次生灾害发生,抓紧抢修恢复基础设施,加强抗震救灾资金物资监管,及时进行灾后重建的前期工作,基本保证了一千多万受灾群众有饭吃、有衣穿、有干净水喝、有临时住处,在大灾之后没有发生疫情,成功处置了堰塞湖险情等重大次生灾害,确保了人民生命财产安全。这确实是一个了不起的奇迹,非常不容易。我们这次所到之处,到处涌现出动人的情景。看到灾情十分严重,但抗震救灾工作井然有序,干部群众精神状态很好,我们很受感染、很受教育、也很受鼓舞。这里,我代表党中央、国务院和胡锦涛总书记,也代表中央纪委监察部,向英勇顽强的灾区广大干部群众表示亲切的慰问,向奋战在抗震救灾第一线的所有同志们表示崇高的敬意! 在这里,我要深深地道一声:大家辛苦了! 受累了! 希望你们再接再厉,不怕疲劳,连续作战,夺取抗震救灾斗争的全面胜利!

在前一阶段的抗震救灾斗争中,灾区的基层党组织和广大党员、干部经受了严峻考验,发挥了重要作用,受到了人民群众的高度赞誉。下一步搞好抗震救灾和灾后重建,促进经济社会又好又快发展,更要重视发挥党的政治优势和组织优势,全面推进党的建设各项工作,不断增强党组织的创造力、凝聚力和战斗力。大灾大难的时候也是考验干部的时候,各级领导干部要身先士卒,做组织抗震救灾的带头人,做完成急难险重任务的带头人,做帮助受灾群众解决困难的带头人,做促进经济社会发展的带头人。广大共产党员要始终坚持把人民利益放在高于一切的位置,自强互助,关心群众,以自己的模范行动,影响和带动灾区广大群众增强信心,战胜困难。要大力表彰抗震救灾斗争中涌现出来的先进典型,宣传他们的先进事迹和崇高精神,激励广大党员、干部积极投身抗震救灾和灾后恢复重建,积极投身经济社会发展各项工作。同时,要格外关心爱护灾区的党员干部,特别是失去亲人、失去家园的同志,理解他们的心情,关爱他们的身心健康,满腔热情地帮助他们解决生产生活中的困难,帮助他们做好工作。

越是困难突出,越是情况危急,越是需要干部特别是领导干部树立好作风、展示好形象。各级领导干部要进一步增强政治意识、大局意识、责任意识和忧患意识,殚精竭虑、夙兴夜寐地为党和人民勤勉工作;要牢记全心全意为人民服务的宗旨,倾听群众呼声,关心群众疾苦,尤其要帮助受灾群众尽早渡过难关;要坚持实事求是、求真务实,坚持重实际、说实话、出实招、求实效,坚决反对浮躁浮夸、急功近利;要讲党性、重品行、作表率,自觉遵守廉洁自律各项规定,以自己的模范行为树立良好形象。

（2008 年 6 月 15 日在四川省考察指导抗震救灾工作期间听取省委、省政府抗震救灾工作汇报时的讲话）

三

今天我和有关方面负责同志来玉树,主要是看望灾区各族干部群众和奋战在灾后恢复重建一线的同志们,同时就灾后安置、恢复重建及监督检查工作进行调研。今年 4 月 14 日,我正在四川检查抗震救灾和灾后恢复重建工作,得知玉树发生强烈地震后,当即会同四川省委、省政府研究制定了四川支援玉树抗震救灾工作方案,到医院看望了从玉树转移到成都的重伤员,到机场考察了向玉树转运救灾物资工作情况。四个多月来,我始终牵挂着玉树,惦记着这里的干部群众,一直想来看一看。我们是今天上午到的玉树,先后到三万千伏燃气机组发电项目建设工地、玉树县第一民族中学和玉树县结古镇扎西大同村,实地考察了受灾群众安置和灾后恢复重建进展情况,还到玉树县临时办公点看望了机关干部。去年的今天,我来青海调研时曾经到过玉树,这里壮美的自然风光、独特的民族风情、热情的各族群众,给我留下深刻印象。时隔一年再来,我的心情是复杂的。一方面,看到特大地震给玉树人民的生命财产造成巨大损失,昔日整齐漂亮的城镇被夷为平地,我的心情是沉重的;另一方面,看到灾区社会秩序稳定,干部群众精神状态很好,灾后恢复重建正全面展开,我的心情又是欣慰的。自然灾害,古今中外均会发生,如何积极组织抗灾救灾? 如何做到及时、有力、有序、有效? 如何真正体现以人为本? 只有在中国共产党领导下的社会主义新中国才能做到,只有具有强大凝聚力的中华民族才能做到。

（2010 年 8 月 17 日在青海省玉树县考察指导工作期间听取玉树地震灾后安置、恢复重建暨监督检查工作汇报时的讲话）

满腔热情地对待群众来信来访[*]

（2008 年 3 月 31 日、2011 年 9 月 1 日）

信访工作是为人民群众排忧解难的工作，也是构建社会主义和谐社会的基础性工作，在党和国家工作全局中具有十分重要的地位。当前，我国正处于改革发展的关键时期，也是各种矛盾凸显的时期。在这样一个时期，经济社会发展面临许多新情况新问题新矛盾，信访问题是回避不了的，信访也处于易发多发的时期。我们一定要从维护党和国家工作大局、维护群众切身利益的高度，充分认识信访工作的重要性，不断提高做好信访工作的能力和水平，为促进经济发展、维护社会和谐稳定、推进反腐倡廉建设作出新的贡献。

要认真负责地做好信访工作。随着形势任务的发展变化，信访工作面临许多新情况新问题，对我们进一步做好工作提出了新的更高要求。首先，信访工作是党和政府联系群众的桥梁和纽带。通过接待群众来访，有利于推动党的路线方针政策和中央决策部署在基层的贯彻落实，有利于解决群众关心关注的热点难点问题，进一步密切党群干群关系。其次，

---

* 这是贺国强同志在中央纪委信访室（监察部举报中心）调研信访接待工作时两次讲话的综合。

信访工作是了解社情民意的重要途径。平时我们待在机关、待在办公室的时间多,亲身接触一线干部群众的机会少,基层的许多实际情况不容易了解到。即使到基层去调研,听到看到的往往也是好的东西多,反映问题的少。信访工作的对象是基层群众,通过信访接待,能够使我们发现一些真实的问题,比如群众关心什么、有哪些实际困难、希望我们帮助解决什么问题,等等。就以我刚才接待的两位来访群众为例,他们都来自农村基层,反映的也都是身边的问题。我听后有个初步的感受,就是他们反映的情况虽然不一定很全面很准确,因为我们在没有进行调查的情况下还不能武断下结论,但应该说,有些事实还是存在的,从中可以看出当前农村基层建设还存在不少问题,中央的一些要求和部署还没有完全得到落实。他们所反映的几个具体问题,请信访室抓紧调查处理。比如,我们要求全面推行基层党务公开、村务公开,但从这两名群众所在的村来看,并没有完全做到;再比如,我们要求实行村民自治,村委会主任的选举要发扬民主、听取群众意见,选择群众信任、公认的人当村委会主任,现在看来在一些地方也没有完全得到落实。所以说,做好信访工作,有助于我们及时发现当前工作中存在的突出问题,更好地了解社情民意。其三,信访工作是发现案件线索的重要渠道。中央纪委监察部承担着推进党风廉政建设和反腐败斗争的重要职责。虽然中央纪委监察部机关查办案件的线索来源不少,比如通过巡视监督、新闻媒体等来发现案件线索,但大部分案件线索仍然来自信访渠道。可以说,信访工作是纪检监察机关汇集案件线索的一个主渠道。其四,信访工作是展示纪检监察机关形象的窗口。

我们讲,纪检监察干部要做党的忠诚卫士、当群众的贴心人,要树立可亲、可信、可敬的形象。真正做到这一点,有赖于每一个纪检监察干部都不折不扣地践行上述要求。信访工作和信访干部直接联系群众、服务群众,我们把工作做好了,就能够在群众中展示纪检监察干部的良好形象。从以上几个方面可以看出,信访工作特别是来访接待工作确实十分重要,我们要切实把信访工作作为纪检监察机关的一项重要工作来抓,扎扎实实地做好群众来访工作,真正把群众反映的问题了解好、解决好。

要满腔热情地对待群众来信来访。纪检监察机关是伸张正义、体现公平公正的机关。群众千里迢迢到中央纪委监察部上访,尽管原因不一,情况不同,但大多是因为有冤屈、有困难,是出于对我们的信任。群众利益无小事。不管群众来自什么地方,反映什么问题,有什么样的情绪和态度,我们都要带着责任和感情认真负责地做工作。要热情接待好来访群众,认真听取他们的诉求,细心地解答问题,耐心细致地做好思想工作,诚心诚意地帮助解决困难,真正做到有什么问题就尽可能解决什么问题,有什么矛盾就努力化解什么矛盾,努力使上访群众的合法权益得到保障,使上访群众的合理诉求得到解决。对不属于纪检监察机关管的事情,要向来访者解释清楚,并告诉他们到哪里反映情况。对一些不合理的要求,也要向群众说清楚,理顺群众的情绪。要通过具体深入的工作,解疑释惑、疏导情绪、化解矛盾,以取得群众的理解和支持。对重要的信访问题,要作些跟踪了解,督促有关地方或者部门实事求是地进行处理,并及时反馈有关情况。

近年来,群众上访特别是集体上访增多。出现这种现象的原因很复杂,处理不好很容易激化矛盾,酿成群体性事件。对此要高度重视。对待集体上访,要注意说服教育,引导群众以理性合法的形式表达利益要求、解决利益矛盾,使他们遵守法律法规,不搞过激行为,不可简单粗暴、激化矛盾;对个别人寻衅闹事,要坚持依法办事、按照政策办事,不可姑息迁就。要有果断的处置办法,不能让"闹"的问题形成气候,不能等事闹大了再想办法处理,那样代价就大了。同时,要制定和完善突发情况应对预案,防止冲击机关,以维护机关形象和正常工作。

要发挥信访工作的综合效能。信访工作是个"晴雨表",从中能看出老百姓最关心什么、最不满意什么,也能看出反腐倡廉的形势发展。要发挥信访工作信息量大、发现问题早的优势,注意及早发现党风政风方面出现的苗头性、倾向性的问题,对有一般问题的干部早打招呼、早提醒,促进领导干部廉洁自律,防止小错酿成大错;要注意从群众信访中发现案件线索,及时转给有关案件检查室或地方、部门纪检监察机关处理;要注意发现损害群众利益的以权谋私、与民争利、吃拿卡要等行为,协调配合有关部门认真解决,维护好人民群众的切身利益。要建立健全信访信息汇集分析机制,加强综合分析,把握反腐倡廉的阶段性特征和发展态势,提出切实可行的对策建议,为领导决策提供参考和依据。同时要注意通过核查保护干部、爱护干部,为干部澄清是非,保护干部干事创业的积极性。解决信访问题就如同查办案件工作一样,既要治标,更要治本,希望今后进一步发挥好信访工作在从源头上解决群众反映问题中的重要作用。

要加强信访干部队伍建设。信访工作十分重要而敏感,所以尤其需要建设一支高素质的信访干部队伍。大家长期工作在信访接待第一线,承担着艰苦繁重的工作任务,经常加班加点,尤其是每天直接面对来访群众,他们往往是带着问题、带着情绪、带着怨气来的,这就给大家的工作带来许多困难和压力,甚至包括一定的风险。我们要继续满腔热情地关心爱护信访干部,多体谅他们的难处,多帮助他们排忧解难。除了进一步改善信访干部工作、生活条件外,这里,我特别强调一下注意疏导和缓解信访干部心理压力的问题。对于信访干部,特别是对于工作在来访接待第一线的同志们来讲,脑子里的这根弦长期绷得紧紧的,甚至吃不香睡不好。刚才我接待完两位来访群众后,他们反映的问题,现在就在我脑子里不停地转,我一直在想着如何解决,何况你们今天选择由我接待的还是情绪比较平稳的上访群众,由此可以想象你们的工作压力有多大。所以我建议,除了国家规定的节假日和干部职工的年休假外,信访部门要采取一些办法,让信访干部缓解一下紧张情绪,减轻一点心理压力,这样有利于更好地投入工作。关心爱护信访干部,还包括政治上的关心,对那些成绩突出、表现优异、符合规定条件的干部,该表彰的表彰,该奖励的奖励,该提拔的提拔;还包括在学习、培训方面多创造条件,使他们不断提高综合素质和业务能力,等等。另外,我赞成新进入机关的年轻干部以及后备干部轮流到信访部门锻炼。这样既能充实信访室的工作力量,同时也能使这些同志多接触基层群众、多了解基层情况,通过服务群众使自身在党性、作风、能力等方面得到很好的锻炼,不断增强对人民群众的感情和做好群众工作的本领。

新班子要树立新形象新作风*

（2008 年 4 月 12 日）

从 2006 年开始，全国地方党委、人大、政府、政协陆续进行换届，目前已经基本结束。换届后的新一届领导班子肩负着深入贯彻落实科学发展观，构建社会主义和谐社会，在新的历史起点上全面建设小康社会、加快推进社会主义现代化的历史重任。面对新的重托、新的考验，各级领导班子和领导干部以什么样的精神状态和工作作风带领广大干部群众干事创业，关系领导班子的创造力、凝聚力和战斗力，关系党和政府在人民群众中的威信，关系改革发展稳定的成效。中央对加强新一届领导班子和领导干部的作风建设非常重视，提出了明确要求。希望换届后的新一届领导班子和领导干部认真贯彻落实中央精神，进一步加强作风建设，以良好的作风、振奋的精神，切实履行好肩负的职责，努力完成换届时提出的各项目标和任务，不辜负组织的重托，兑现对人民的承诺。

---

* 2008 年 4 月 10 日至 15 日，贺国强同志在湖南省考察调研。这是考察调研期间与省纪委处以上干部座谈时讲话的主要部分。

一、要严格遵守党的政治纪律，确保中央政令畅通

与党中央保持高度一致，是我们党的一个重要规矩，是共产党员特别是各级领导干部党性原则的表现。当前我们面临的机遇前所未有，挑战也前所未有。现实表明，我们搞现代化建设，中心任务是发展经济，但必须有政治保证，不讲政治，不讲政治纪律不行。这一点对领导干部尤其重要。各级领导干部务必注意从政治上和全局上观察问题，在纷繁复杂的社会现象面前，始终保持清醒的头脑，清醒地看到复杂的国际形势带来的严峻挑战，清醒地看到经济和社会发展中存在的矛盾和问题，清醒地看到前进道路上的困难和风险，常怀远虑，居安思危，未雨绸缪。对敌对势力西化、分化的图谋，要始终保持高度警惕；对社会上一些错误的思想和思潮，要善于识别，敢于斗争；对党的建设面临的问题和经济社会发展中的矛盾，要心中有数，不能麻痹大意、掉以轻心。要立足于把自己的事情办好，珍惜、维护来之不易的大好局面，进一步巩固党的执政地位。

遵守党的政治纪律，很重要的一点是要坚决贯彻执行中央的各项决策部署，确保中央政令畅通。中央的重大决策，都是经过广泛调查研究，征求了各方面意见，从全国大局考虑作出的。作为一个地方的领导班子和领导干部当然要考虑本地区的发展，但我国是一个集中统一的国家，我们想问题、作决策、办事情，一定要坚持全国"一盘棋"，一定要时刻胸怀全党

全国工作大局,坚持以大局为重,正确处理中央与地方、整体与局部的关系,把本地区本部门的工作任务,作为党和国家工作大局和总体部署的必要步骤和环节努力完成好。要坚持在大局指导下做好本地区本部门的工作,坚决反对有令不行、有禁不止和"上有政策、下有对策"的错误倾向。

二、要坚持求真务实、改革创新,
不断为党和人民创造新业绩

求真务实、改革创新,是我们党的活力之所在,也是党和人民事业兴旺发达的关键之所在。当前,我们面临着难得的发展机遇,肩负着繁重的发展任务,只有坚持求真务实、改革创新,才能把握机遇、乘势而上,不断开创事业发展的新局面。

要深入调研,了解实情。调查研究是谋事之基、成事之道。我们要坚持求真务实、改革创新,不断开创事业发展的新局面,很重要的一条就是要深入调研,了解实情。这两天我们在湖南调研期间,通过瞻仰毛泽东、刘少奇、胡耀邦同志故居,再一次感受到老一辈无产阶级革命家对调查研究的高度重视。毛泽东同志在新民主主义革命时期极为艰难的条件下,进行了大量的实地调查,写出了影响深远的《中国社会各阶级的分析》、《湖南农民运动考察报告》以及《寻乌调查》、《兴国调查》等一系列调查报告。他提出的"没有调查,没有发言权"的著名论断,教育和影响了一代又一代共产党人。这次换届一大批新同志走上了领导岗位,留任的许多同志工作分工也有了调整,面对新岗位、新领域,更需要向老一辈无产阶级革命家学

习,首先抽出时间深入基层、深入群众进行调查研究,掌握本地区的发展基础、优势条件、制约因素以及当前和未来一个时期的热点、难点问题,尤其要了解基层的实际情况,了解人民群众的呼声,不断深化对国情、省情、市情、县情、乡情的了解和认识,不断探索推动经济社会又好又快发展的思路和办法,使各项工作建立在符合客观实际、符合客观规律的基础之上。

要真抓实干,注重实效。换届以后,新一届领导班子加快发展的热情很高,特别是一些经济相对落后的地区热情更高、劲头更足,这是一个好现象,值得肯定和鼓励。但越是这样,越要保持清醒头脑,越要注意加强引导,把各方面发展的积极性引导到科学发展上来,引导到加快转变经济发展方式上来,千万不要盲目上项目、铺摊子。要狠抓工作落实,定下来的事情就要雷厉风行,抓紧实施;部署了的工作就要督促检查,一抓到底;关键时刻要身先士卒、靠前指挥,一步一个脚印地把工作落到实处。要发扬求真务实、艰苦奋斗精神,埋头苦干,尽力而为、量力而行、合力而干,不提脱离实际的高指标,不搞劳民伤财的"形象工程"、"政绩工程",努力创造经得起实践、人民和历史检验的政绩。

要解放思想,锐意进取。当前我国改革发展正处于关键时期,前进道路上遇到了许多新情况、新问题,需要用新的思路、措施和办法来解决。我们要结合开展纪念改革开放 30 周年活动,在新的历史起点上继续解放思想,大胆进行创新,以进一步转变发展理念、创新发展思路、提高发展质量,走科学发展的路子。这里我想特别指出的是,在保持工作连续性的基础上探索加快发展的新思路,对于一个地方的发展极为重要。各地的发展思路当然要根据情况和形势的变化作必要的适当的调整和完善,但经过科学论证并被实践证明是正确的发展思路一旦确立,就必须从总体上保持思路的稳定性和工作的连续性。要以此为基础,按照科学发展观的要求进行探索创新,发挥自身优势,走符合本地区实际的发展之路,防止盲目攀比,避免经济结构趋同。要在扎扎实实抓好各项工作落实的基础上进行创新,防止换一届领导就换一个思路的做法,拿出"咬定青山不放松"的劲头,一届接着一届干,每届都有新贡献。

三、要真心实意地为人民群众谋利益,回报党组织和广大干部群众的培养信任

人民群众是我们党的力量源泉和胜利之本,全心全意为人民服务是我们党的根本宗旨。领导干部能够走上领导岗位,是党组织和人民群众高度信任和长期培养的结果,应当珍惜和回报这种信任和培养,当好公仆,为民造福。

要增强群众观念和公仆意识。地方领导班子换届以后,各级领导班子的结构进一步优化,素质进一步提高,整体功能进一步增强。新进班子的同志,整体素质是好的,有许多优点和长处,但也有些同志尤其是年轻同志缺少严格的党内生活和艰苦环境的锻炼,缺乏做群众工作的经验。特别是职位高了,权力大了,听到的好话、得到的赞扬多了,很容易脱离群众,对此务必引起我们的高度重视。要牢记党的宗旨,越是职务高了越要强化群众观念,越要增强公仆意识,越要在思想上

尊重群众,在感情上贴近群众,真正把人民群众当主人、当亲人、当老师。要深入基层,深入群众,倾听群众的呼声,关心群众的疾苦,真心实意地为群众做好事、办实事,千方百计为群众排忧解难。要把群众是否满意作为衡量各项工作的根本标准,想问题、作决策、办事情都把群众的利益放在第一位,真正做到权为民所用、情为民所系、利为民所谋。

要切实保障和改善民生。天下万事,民生为首。这些年来,中央高度重视解决民生问题,提出了许多重大举措。要认真落实中央和各级党委、政府提出的各项政策措施,加大投入、突出重点,特别要在加强教育、发展医疗卫生事业、扩大就业、健全社会保障体系等方面取得新的进展,努力让人民群众得到实实在在的利益,共享改革发展的成果。

要认真解决人民群众最关心、最直接、最现实的利益问题。群众利益无小事。群众的困难大多是具体的生产生活问题,对我们来讲这些问题可能不是大事,但对群众个体来讲却是天大的事。这里,我想举一个胡耀邦同志的例子。1977年12月,胡耀邦同志担任中组部部长。他到中组部的第二天,就来到信访处了解群众来信来访情况,同大家一起座谈。他担任中组部部长一年,亲自处理群众来信4000余件。这些来信,有蒙冤的老干部写的,也有普通工人、农民、知识分子写的,他都逐一认真批示处理,有的还亲自回信答复。我们要向老一辈无产阶级革命家学习,从帮助群众解决具体问题入手,设身处地地为群众着想,诚心诚意地帮助群众解决实际困难,真正做到有什么问题就尽可能解决什么问题,通过我们的工作使群众感受到党和政府的关怀和温暖。要围绕维护群众切身利益,深入开展专项治理,着力解决损害群众利益的问题。既要抓苗头性、倾向性问题,又要注重健全和完善维护群众利益的制度体系,努力从源头上铲除不正之风滋生的土壤。

四、要认真贯彻执行民主集中制,切实维护领导班子的团结

团结出凝聚力、出战斗力、出新的生产力,团结也出干部。领导班子的团结,事关一方,事关大局,是一个重大的政治问题。领导班子一旦在团结方面出了问题,就会影响一个地区经济社会发展,影响人民群众生活水平提高,也影响干部个人成长进步,造成不可估量的损失。大量事实表明,领导班子存在不团结现象,原因纵然很多,但带共性的一条就是民主集中制执行得不好。因此,新一届领导班子从一开始就要把增强团结作为班子建设的重要问题,认真贯彻执行民主集中制,不断增强领导班子的凝聚力和战斗力。

要严格执行民主集中制的各项规定。要按照"集体领导、民主集中、个别酝酿、会议决定"的原则,重大决策、重要干部任免、重大项目安排和大额度资金使用,必须由集体研究决定,不能个人或少数人说了算。这次地方党委换届,适当增加了党委委员名额,进一步完善了委员会组成结构,为发挥全委会作用提供了组织保证。要切实加强全委会对本地区工作的领导,充分发挥全委会在全局性、战略性重大问题决策和重要干部任免中的作用。

要正确处理集体领导与分工负责的关系。"一把手"在

领导班子中处于核心地位,起着关键作用,既要切实担负起班长的职责,又要真正把自己当作班子的平等一员,懂得尊重别人,乐于听取各种意见包括不同意见,善于集中大家的智慧。在团结问题上,党政"一把手"要负起主要责任,带头执行民主集中制原则,带头维护和增强班子的团结。班子其他成员既要根据集体的决定和工作分工,切实履行自己的职责,又要关心全局工作,着眼全局考虑问题,积极参与集体领导,同时彼此之间相互支持、相互配合。这次地方党委换届,减少了副书记的职数,增加了党政交叉任职,要根据新的情况,进一步健全完善地方党委工作机制,认真落实常委会分工负责制,切实增强领导班子的整体功能。

要在班子内部倡导大事讲原则、小事讲风格的风气。班子每一个成员都要严于律己,宽以待人,多说有利于团结的话,多做有利于团结的事,多看别人的长处,多看自己的短处,自觉做到"注重事业、淡泊名利,心胸坦荡、平等待人,相互支持、加强沟通,遵章守纪、接受监督"。

要善于沟通。除了通过一定的会议形式沟通外,大量的工作要通过会议之外个别交流沟通,尤其是党政主要领导要做到"四沟通"。要多沟通,多沟通比少沟通好,除了工作上的沟通外,甚至包括个人及家庭一些大的事情也可以沟通;要主动沟通,不要等别人找自己,比如在干部问题上党委书记要主动与行政主要领导沟通,重大项目、大额度资金使用等问题行政领导要主动与党委书记沟通;要直接沟通,尤其是一些敏感的问题,党政主要领导要当面沟通,不要仅通过办公厅(室)或秘书沟通,否则容易造成信息传达不准确或不完整;

要早沟通,有些人专门传播小道消息,如果不注意,别人先入为主,很可能造成误会、误解。

五、要带头廉洁自律,经受住各种诱惑和考验

我们党的性质和国家政权的性质决定了各级领导干部必须坚持立党为公、执政为民,做到秉公用权、廉洁从政。换届产生的新一届领导班子成员,都是经过党组织严格考察和选拔上来的,各方面都比较优秀。但随着职务的变化、权力的增加,接触面宽了,遇到的各种诱惑和考验也多了,如果在思想上放松了警惕,把握不住自己,就很容易犯错误、栽跟头。这样的例子不少,教训十分深刻。

要经受住权力的考验。权力这个东西是把双刃剑,既可以用来为人民群众办实事、办好事,也可以用来谋取私利。每一名领导干部都要树立正确的权力观,把权力看成是党和人民赋予的一种责任,自觉遵守党纪国法,严格执行领导干部廉洁从政各项规定,防止手中的权力商品化、庸俗化。十七届中央纪委第二次全会针对当前领导干部廉洁从政方面的突出问题,提出严禁领导干部违反规定收送现金、有价证券、支付凭证和收受干股,严禁利用职务上的便利获取内幕信息进行股票交易,严禁超标准建房、多占住房、违规购买经济适用房和违规违法收受房屋,严禁放任、纵容配偶、子女和身边工作人员利用其职权和职务影响经商办企业,严禁违规插手招标投标、土地出让、产权交易、政府采购等市场交易活动谋取私利

等,希望各级领导干部严格遵守。

要经受住金钱、美色的考验。现在,社会上各种诱惑不少,因为我们手中有权,一些别有用心的人会用各种手段拉拢腐蚀我们。因此,时刻保持清醒的头脑,保持良好的生活作风和健康的生活情趣十分重要。一些领导干部犯错误,往往是从小事、小节,从交友不慎,从心存侥幸开始的。刘少奇同志在著名的《论共产党员的修养》中指出,一个真正的共产党人能在他个人独立工作、无人监督、有做各种坏事的可能的时候,他能够"慎独",不做任何坏事。我们要牢记刘少奇同志的教诲,时刻警惕金钱、美色的诱惑,自觉加强思想道德修养,保持高尚精神追求,培养健康生活情趣,讲党性、重品行、作表率,坚决抵制低级趣味、腐朽没落思想的侵蚀。要慎重对待朋友交往,多同普通群众和基层干部交朋友,多同模范人物和专家学者交朋友,做到择善而交。对那些别有用心的"感情投资"要拒而远之,更不能去"傍大款"。

要严格要求配偶、子女和身边工作人员。从这几年发生的一些案件看,一些人拉拢腐蚀领导干部,往往是从配偶、子女和身边工作人员身上打开缺口的。要教育他们摒弃特权思想,谦虚谨慎、艰苦奋斗,引导他们开拓进取、积极向上,为社会多作贡献。要言传身教,以身作则,严格要求,决不允许他们利用自己的职权或职务上的影响谋取不正当利益。在这里,我也郑重地向大家提出一个请求,我家在湖南,这里有我不少亲属、朋友、同学,拜托省委、省纪委的同志对他们严格要求,不要给任何特殊的关照,不开任何特殊的口子,这也是对我个人的关心、厚爱和支持。

带着责任和感情
为群众办实事、办好事[*]

（2008 年 4 月 15 日）

今天参加座谈会的大多是县（市）领导干部。古人讲："郡县治则天下安。"县这一级处于承上启下的位置，担负着把党的路线方针政策贯彻落实到城乡基层的重要职责，直接联系着广大人民群众。我们这一级领导干部的工作做得如何、作风如何，直接关系当地的改革发展稳定，关系党和政府在人民群众中的形象，关系党的执政地位和人民政权的巩固。作为县（市）领导干部，大家面对大量的城乡基层工作，直接同广大群众打交道，最熟悉改革发展稳定中的新情况新问题，最了解人民群众的各种需要、愿望和要求，一定要牢记党的宗旨，增强实现好、维护好、发展好人民群众利益的自觉性，多为群众办实事、办好事。

要始终保持对人民群众的深厚感情。毛泽东同志曾经形象地把共产党人比作种子，把人民比作土地，要求共产党员树立群众观点，培育群众感情。县（市）一级领导干部很多是从

---

[*]　2008 年 4 月 10 日至 15 日，贺国强同志在湖南省考察调研。这是考察调研期间与湘西土家族苗族自治州部分州、县领导干部座谈时讲话的一部分。

基层成长起来的，应该说，在长期工作实践中与群众结下了深厚感情。走上领导岗位后，手中的权力大了，听到的好话多了，有脱离群众的危险，要时刻警惕。要始终置身于群众之中，与群众同甘共苦，打成一片。湘西是党的优秀领导干部郑培民同志工作过的地方，他在湘西工作的两年多时间，足迹踏遍了全州 218 个乡镇，每次到农村，一定要到农民的家中，掀开锅盖，看看吃的什么饭，摸摸农民床上的被褥，再瞧瞧猪圈牛栏的家畜。我们要向老书记学习，尊重群众、理解群众，设身处地、换位思考，带着责任和感情与群众打交道，深入了解群众的生产生活状况，认真倾听群众的意见建议，悉心体味群众的喜怒哀乐，千方百计为群众排忧解难。

要真心实意为群众谋利益。要坚持把人民群众的愿望和要求作为想问题、作决策、抓工作的根本依据，把群众满意不满意、拥护不拥护作为检验各项工作的根本标准，认真研究制定符合本地实际的发展目标和工作思路，促进经济社会又好又快发展，不断提高人民群众生活水平。要千方百计增加农民收入，在充分挖掘农业增收潜力的同时，提高县域经济、家庭工业和乡村旅游业发展水平，发展劳务经济，改善农民工进城就业和返乡创业环境，不断拓宽农民增收渠道。要认真抓好保障和改善民生各项措施的落实，加强教育、医疗卫生、社会保障等社会建设，使群众得到实实在在的利益，共享改革发展成果。要关心低收入群众的生产生活，为他们解决住房、看病、子女上学等方面的实际困难。湘西属于武陵山区集中贫困片区，要继续下大力做好扶贫脱困工作。

要切实增强做好群众工作的本领。社会主义新农村建设的不断推进和农村综合改革的不断深入,对县(市)领导干部的政策水平和工作能力提出了新的更高要求。比如,如何适应农民民主法制意识不断增强的新形势,善于运用法律、政策和必要的行政、经济手段处理利益关系,把矛盾和问题化解在基层、消除在萌芽状态,就是县(市)领导干部面临的一个重要课题。前不久,我到中央纪委信访室进行调研,在与来访群众交流时感到,目前群众来信来访反映的大多数问题与他们的切身利益相关,有些问题在我们看来可能是小事,但对群众来说就可能是很大的事,解决不好,群众的生产生活就会受影响,心里就不舒畅、就会有情绪,从而影响党群干群关系和社会稳定。我们要增强做好群众工作的本领,引导群众以理性合法的形式表达利益诉求,最大限度地减少农村不和谐因素,为维护社会和谐稳定奠定坚实基础。

领导干部要正确对待
舆论监督和批评[*]

（2008 年 4 月 15 日）

　　近一个时期,新闻媒体对个别地方领导干部进行了一些批评报道,有的还进行了炒作。这里,我谈一下领导干部如何正确对待舆论和群众监督批评的问题。一要正确对待。要检讨自身是否真有问题,有问题就要严肃对待,认真解决,不要遮遮掩掩。二要冷静处理。现在信息传播很快,群众民主意识越来越强,有舆论或群众批评是正常的,更何况我们的工作还有不足,有失误。遇到这样的情况不要大惊小怪,要心胸开阔一些,承受能力强一些。三要正确引导。有些问题本来不大,处理不好反而弄巧成拙,要注意引导舆论,不要简单地"硬碰硬",要有耐心,做好解释和说服工作,防止激化矛盾。四要相信组织。县(市)领导干部工作很辛苦,组织上对大家是充分信任的。组织上不会因为媒体上一条消息、一个报道,不经过调查核实,就改变对干部的看法,关键是我们自己要行得端、走得正,遇到问题能够正确对待、妥善处理。

＊　2008 年 4 月 10 日至 15 日,贺国强同志在湖南省考察调研。这是考察调研期间与湘西土家族苗族自治州部分州、县领导干部座谈时讲话的一部分。

厉行勤俭节约，反对奢靡之风[*]

（2008 年 4 月 15 日、2009 年 9 月 11 日）

一

艰苦奋斗是我们党的传家宝。这次调研期间我们瞻仰毛泽东、刘少奇和胡耀邦同志故居，看到老一辈无产阶级革命家都非常重视艰苦奋斗，都在这方面为我们作出了表率。毛泽东同志一件睡衣，穿了几十年，补了几十个补丁。现在，虽然经济发展了，人民生活改善了，各方面条件也好了，但我们还是一个发展中国家，仍处于并将长期处于社会主义初级阶段，人口多，底子薄，人均资源少，生产力不发达，这是基本国情。特别是要看到，我们还有不少贫困的地方、不少困难的群众，国家建设需要办的事情也还很多。艰苦奋斗的优良传统不仅不能丢，而且要结合新的实际不断发扬光大；不仅现在不能丢，就是将来富裕了也不能丢。

现在，一些地方和部门讲排场、比阔气、挥霍浪费的现象盛行，有的县刚刚脱贫，甚至还没脱贫，就建高级宾馆、盖高标准办公大楼，为领导干部超标准配备汽车、超标准新建和装修

---

* 这是贺国强同志关于弘扬艰苦奋斗精神两次讲话的节录。

住房，群众意见很大。有的领导干部沉溺于物质享受，经常出入高级消费场所，过着纸醉金迷的生活，令人触目惊心。这种奢靡之风如不坚决刹住，不仅害了干部，而且严重损害党和政府的形象。每个领导干部都应当懂得，我们国家大、摊子大，一个地方多花一点，累积起来就是巨大浪费；一个地方节约一点，集中起来就是巨大财富。我们手中掌管的钱财，无论亿万之巨还是毫厘之微，都是人民的血汗，领导干部在履行职务、行使权力的过程中，必须坚持厉行节约，精打细算，少花钱多办事，把有限的资金资源、财力物力用到促进发展上，用到为人民谋利益上。

以什么样的态度对待生活，是每一个人都要面对并作出选择的问题。对领导干部来说，在这个问题上的选择只有一个，那就是要树立艰苦奋斗的生活观。只有这样，才能永葆共产党员的本色，自觉抵制拜金主义、享乐主义和极端个人主义等腐朽思想的侵蚀，构筑起拒腐防变的坚固防线。各级领导干部一定要牢记"两个务必"，把艰苦奋斗体现在生活细节上，体现在日常工作中，坚决杜绝铺张浪费和大手大脚，以实际行动为广大干部群众作出表率。

（2008 年 4 月 15 日在湖南省考察调研期间与湘西土家族苗族自治州部分州、县领导干部座谈时的讲话）

二

2009 年年初，按照中央关于加强领导干部党性修养、树立和弘扬良好作风的要求,中央纪委制定并报中央同意,由中央办公厅、国务院办公厅下发了关于党政机关厉行节约和制止公款出国(境)旅游的两个文件。这两个文件精神的核心,就是要求各级党政机关和领导干部继承和发扬艰苦奋斗的优良传统,保持共产党人的政治本色。贯彻落实好这两个文件,是我们弘扬艰苦奋斗精神、加强和改进领导干部作风建设的重要切入点。这里,我就弘扬艰苦奋斗作风问题再强调一下。

古人说,"历览前贤国与家,成由勤俭败由奢"。无论我们国家经济实力怎么增强,各方面条件怎么改善,艰苦奋斗的精神都决不能丢。尤其是在当前应对国际金融危机冲击、保持经济平稳较快发展的艰巨任务面前,更要大力弘扬艰苦奋斗精神,团结带领广大人民群众迎难而上、共克时艰。

第一,要树立以俭为荣、以奢为耻的价值理念。艰苦奋斗、勤俭节约,首先是一种思想境界、价值取向和精神状态。各级领导干部发扬艰苦奋斗精神,就要坚持用中国特色社会主义理论体系武装头脑,始终牢记我国的基本国情和我们党的庄严使命,树立为党和人民长期艰苦奋斗的思想;牢记党的根本宗旨,始终不渝地为最广大人民谋利益;牢记党的基本理论、基本路线、基本纲领和基本经验,以艰苦奋斗的精神做好各项工作;牢记党和人民的重托和肩负的历史责任,自觉在艰苦奋斗的实践中加强党性锻炼,始终保持共产党人的蓬勃朝气、昂扬锐气、浩然正气,不断为党和人民建立新的业绩。

第二,要培养厉行节约、勤俭办事的工作作风。领导干部弘扬艰苦奋斗精神,体现在实际工作中就是要坚持求真务实、真抓实干,不畏艰险、迎难而上,艰苦创业、勤俭办一切事业。

各级领导干部要深入贯彻落实科学发展观，积极推进经济结构调整和发展方式转变，推动资源节约型和环境友好型社会建设，促进经济社会全面协调可持续发展；要树立正确的政绩观，坚持一切从实际出发，自觉尊重客观规律，作决策、办事情既立足当前又着眼长远，既积极进取又量力而行，不提脱离实际的高指标，不喊哗众取宠的空口号，不搞劳民伤财的"形象工程"和沽名钓誉的"政绩工程"，扎扎实实地推进各项工作，努力做出经得起实践、人民、历史检验的实绩；要重实际、办实事、求实效，实行科学决策、民主决策、依法决策，积极推进各项改革，大力整治文风会风，严格控制会议数量、经费、规模，压缩行政事业办公经费，削减一切不必要的开支，努力提高工作质量和效率。

第三，要养成艰苦朴素、勤俭节约的生活习惯。我国有句古话，叫作"惟俭可以养廉"。现实生活中大量事实表明，一些领导干部走上腐化堕落、违法犯罪的道路，往往是从生活上贪图安逸、追求享乐开始的。对领导干部来讲，养成艰苦朴素、勤俭节约的生活习惯，就是筑起了拒腐防变的坚强防线。各级领导干部要自觉陶冶道德情操，追求高尚精神境界，积极践行社会主义荣辱观，模范遵守社会公德、职业道德、家庭美德、个人品德，不为名利所累，不为物欲所惑；要牢固树立过紧日子的观念，带头反对铺张浪费和奢靡之风；要培养健康的生活情趣，正确选择个人爱好，努力提高道德素养，摆脱低级趣味，抵制拜金主义和享乐主义，决不能沉溺于灯红酒绿、流连于声色犬马；要建立正常的人际关系，择善而处，慎重交友，正确把握亲情友情，妥善处理社会交往，防止被别有用心的人所利用。

第四,要营造扬廉抑奢、奖廉罚奢的体制条件和社会环境。艰苦奋斗、勤俭节约,既要靠领导干部的躬身实践、率先垂范,也离不开良好的体制条件和社会环境。2009年以来,中央陆续出台了一系列关于加强和改进作风建设的文件,除党政机关厉行节约和制止公款出国(境)旅游两个文件外,还有《关于切实改进中央领导同志到地方考察调研接待工作的规定》、《关于深入开展"小金库"治理工作的意见》、《国有企业领导人员廉洁从业若干规定》等。各级领导干部要在认真贯彻执行有关文件规定的同时,积极推进体制改革和制度建设,特别要深化财政管理制度、领导干部职务消费制度等改革,形成遏制奢侈浪费的制度屏障;要建立健全弘扬艰苦奋斗作风的监督制约机制,积极推进党务公开和政务公开,将政府机关各种公务消费费用和党政机关办公楼等楼堂馆所建设作为政务公开的重要内容,接受人民群众和新闻舆论的监督;要完善干部选拔任用机制,把能否坚持艰苦奋斗作风作为考察评价干部的重要内容,使艰苦朴素、勤俭节约的干部得到褒奖,使好大喜功、铺张浪费的干部受到惩戒,树立正确的用人导向;要大力表彰艰苦奋斗、厉行节约的典型,严肃批评铺张浪费、奢侈挥霍的行为,在全社会形成勤俭节约光荣、奢侈浪费可耻的良好风尚。

(2009年9月11日在贯彻落实中央厉行节约要求
和制止公款出国(境)旅游情况汇报会上的讲话)

把群众的安危冷暖放在心上[*]

（2008 年 5 月—2012 年 3 月）

一

我自始至终含着眼泪，看完了这场活动[1]的实况转播，深受感动，深为震撼。这场活动组织迅速，场面真挚感人，充分展示了中华民族不屈不挠、团结奋斗的精神，进一步激发了全国人民共同战胜灾害的决心和信心。衷心感谢举办单位和所有参与者。

（2008 年 5 月 21 日在中央电视台《〈爱的奉献〉抗震救灾大型募捐活动传递爱心、凝聚民心、坚定信心》一文上的批语）

---

* 这是贺国强同志关于关心群众生产生活三则批语和一篇讲话的节录。

〔1〕 2008 年 5 月 12 日四川汶川特大地震发生后，由中央宣传部等 9 个部门和单位发起，于 5 月 18 日由中央电视台承办了《爱的奉献》2008 宣传文化系统抗震救灾大型募捐活动，并面向全球现场直播。在持续近 4 个小时的活动中，现场募捐善款共 15.14 亿元，电话意向募捐 1835 万元。

二

王家岭煤矿大救援[1]，演绎了世界奇迹，充分展示了我们党的政治优势、社会主义制度的优越性和中华民族不屈不挠的品格。从电视画面看，整个救援现场指挥有力、方法科学、秩序井然、群情激奋。谨向顽强坚持的被困矿工表示慰问和敬意！向所有参加救援的干部、职工、群众表示感谢和敬意！

（2010年4月4日在《山西信息》中《王家岭煤矿透水
事故抢险救援进展情况》一文上的批语）

三

刚才，有的委员谈了让农民工均等享受城市公共服务问题，这个问题应引起重视。目前，农民工已经深入到我们生活的各个方面，他们在国民经济和社会发展中不可或缺、功不可没。这些年来我们党和国家在解决农民工问题方面取得了积极成效，并出台了一系列单项措施，我觉得还需要研究出台从整体上解决农民工问题的政策规定，包括界定农民工的地位和作用，解决农民工的户籍、教育、医疗、住房、社会保障等问

---

〔1〕 2010年3月28日13时40分左右，山西华晋焦煤有限责任公司所属的王家岭煤矿发生透水事故，造成153人被困。经全力抢险，115名矿工成功获救，另有38名矿工不幸遇难。经过调查，对有关责任人进行了严肃处理。

题,其中教育既包括对农民工自身的教育,也包括对农民工子女的教育。

（2012年3月4日在参加全国政协十一届五次会议工会、共青团、青联、妇联界委员联组讨论时的发言）

四

看了这份报告[1],感到十分欣慰。大卡老寨所发生的变化,是云南省新农村建设和民族团结进步的一个缩影,更体现了党中央对边疆各族群众的关怀。请代为向大卡老寨的乡亲们问好,祝他们日子一天更比一天好!

（2012年3月13日在云南省纪委关于西双版纳州勐腊县勐仑镇大卡老寨新农村建设情况的报告上的批语）

---

〔1〕 2011年2月25日至3月1日,贺国强同志在云南省考察调研,期间专程前往西双版纳州勐腊县勐仑镇大卡村大卡老寨,看望了聚居的哈尼族群众。调研中得知当地群众在出行、住房等方面存在的实际困难后,他叮嘱地方陪同干部将这些问题纳入新农村建设规划,妥善加以解决。2012年3月,云南省纪委就落实贺国强同志的要求上报了有关材料。

让"政风行风热线"真正"热"起来[*]

（2008 年 7 月 23 日）

对全国"政风行风热线"开展情况进行总结、宣传、推广，很有必要。要真正办成"热线"，一是领导干部和领导机关要"热"，真心实意地拓宽民主渠道，倾听群众呼声，解决群众难题；二是群众要"热"，引导群众敢于反映问题，积极建言献策；三是有关工作机构和工作人员要"热"，忠于职守，热情服务，架起党和政府与群众之间的桥梁。

---

* 这是贺国强同志在《监察部关于全国"政风行风热线"开展情况及进一步总结、宣传、推广的意见和建议》上的批语。

深化专项治理，推进纠风工作[*]

（2008 年 7 月 28 日）

纠风工作是党风政风建设的重要内容，也是反腐倡廉建设的一项重点任务，我们要践行党的宗旨、维护好群众的切身利益，有效防止和减少腐败现象的发生、营造风清气正的环境，就必须坚决纠正损害群众利益的不正之风。这不仅是维护社会和谐稳定的当务之急，也是提高党的执政能力、巩固党的执政地位的重要举措；不仅是一项重要的工作任务，而且是一项严肃的政治任务。

要抓住专项治理这个有效形式，切实以重点工作的突破带动整个纠风工作的开展。突出重点，抓住关键，是唯物辩证法的基本要求，也是做好工作的重要方法。针对一个时期存在的突出问题集中进行专项治理，是这些年我们开展纠风工作的一条重要经验，必须不断坚持和完善。要善于从反腐倡廉建设全局和战略的角度来观察形势和处理问题，牢牢把握住涉及全局、危害最重、群众反映最强烈、最迫切需要解决的问题；要从工作实际出发，分清哪些是当前有条件治理的问

＊　2008 年 7 月 28 日，贺国强同志到农业部调研。期间召开了深入推进纠风工作调研座谈会。这是贺国强同志在座谈会上讲话的一部分。

题,哪些是经过一段时间治理可以取得显著成效的问题,进而明确工作重点,通过几年坚持不懈的努力,坚决刹住几股群众反映强烈的不正之风,并切实防止反弹,让人民群众看到切切实实的成效。各地区各部门要按照中央的部署,结合自身工作职责,从解决热点难点问题入手,抓住主要矛盾和关键环节,集中力量重点突破,做到以重点带全面,以关键促整体。有些不正之风的治理工作已经开展多年,目前已经到了攻坚克难的关键阶段,要深入调查研究,找准问题的症结,集中力量扎实推进,务求实效。

要抓住刹风整纪这个有效手段,坚决查处损害群众利益的违纪违法问题。对违纪违法行为严肃查处,是深入推进纠风工作的有效手段,也是纠风工作取得实效、取信于民的重要保证。事实表明,一些损害群众利益的突出问题之所以反复发生,既有纠正不力的问题,也有查处不力的原因。有的地方、部门和单位对不正之风视而不见、见而不抓,对违纪违法问题大事化小、小事化了,客观上纵容了不正之风的存在和蔓延,影响了纠风工作的深入开展。我们必须牢牢把握查处案件这一手,加大查办损害群众利益案件的力度,突出查办案件工作的重点,决不放过不正之风涉及的失职渎职和背后隐藏的腐败问题,通过查办案件,进而刹风整纪,以表明我们党和政府反对歪风邪气和腐败现象的坚定决心,达到标本兼治的效果。

要通过查办案件,认真查找和分析不正之风发生的原因。对滥用职权、疏于监管、给人民群众生命财产安全造成重大损失的行为,对作风粗暴恶劣、肆意欺压群众的行为,要坚决追究责任。对不正之风和失职渎职问题背后隐藏的官商勾结、权钱交易、权色交易等腐败问题,要深挖细查、一查到底,决不姑息、决不手软。

要加大对违纪违法行为的责任追究力度。要把从严执纪的要求贯穿于纠风工作全过程,对顶风违纪的,要依纪依法从严从重查处;对涉嫌失职渎职和腐败犯罪的,不仅要追究纪律责任,还要移送司法机关依法追究刑事责任;对违纪违法所得要加大追缴力度,决不能让搞不正之风的人在经济上占到便宜;对典型不正之风案件要予以公开曝光,以强化警示、形成震慑。

要拓宽案件来源。要建立健全查处不正之风的快速反应机制,注意通过明察暗访、来信来访、网上举报、投诉热线、新闻媒体等渠道,及时发现违纪违法问题线索并抓紧办理和反馈,以查办不正之风案件的实际行动,赢得群众的信任和支持。

切实保障和改善民生[*]

（2008 年 8 月 27 日）

改善民生是全心全意为人民服务宗旨的体现，是构建社会主义和谐社会的基本要求，是改革开放顺利进行和经济社会平稳较快发展的重要保证。我们一定要坚持以人为本，继续加强以保障和改善民生为重点的社会建设，为改革发展创造和谐稳定的环境和条件。

要切实抓好惠民政策的贯彻落实。近年来，中央着眼于保障和改善民生，出台了取消农业税、全面推进农村义务教育经费保障机制改革、全面推进新型农村合作医疗制度和城市社区卫生服务建设、建立健全社会保障体系等一系列惠民政策。要切实抓好中央决策部署和各项改革措施的贯彻落实，确保中央的惠民政策真正惠及群众。要进一步拓宽民心工程的领域、丰富民心工程的内容、加大对民心工程的投入，继续实施扩大就业的发展战略，进一步完善社会保障体系，加快建立基本医疗卫生制度，搞好廉租住房、经济适用房制度建设，真心诚意地帮助群众解决生产生活中的突出问题。

---

*   2008 年 8 月 25 日至 27 日，贺国强同志在天津市考察调研。这是考察调研期间听取市委、市政府和市纪委工作汇报时讲话的一部分。

要坚决纠正损害群众利益的不正之风。一个时期以来，个别地方接连发生了严重的群体性事件，其原因固然是多方面的，但与当地一些干部长期漠视群众疾苦、一些损害群众利益的突出问题长期得不到解决是分不开的。各级领导干部要切实增强群众观念，真情倾听群众呼声，尤其是对群众反映强烈、社会比较关注的问题，要予以高度重视、加以认真解决，并注意引导社会舆论，避免炒作成热点，防止矛盾激化。要把做好纠风工作作为维护社会和谐稳定的重要任务，以专项治理为载体、以刹风整纪为手段、以深化改革和完善制度为治本之策，着力解决环境保护、食品药品质量、安全生产、征地拆迁等重点领域损害群众利益的问题，切实纠正以权谋私、与民争利的不正之风，以实实在在的成效取信于民。

要全力以赴维护社会稳定。当前，维护社会稳定的任务仍然十分艰巨繁重。各级党委、政府和广大党员干部要进一步增强政治意识、大局意识、责任意识，把维护社会稳定作为一项硬任务来抓，全面落实中央作出的重大决策部署，确保党和国家一系列重大活动的顺利进行，为人民群众营造安定和谐的社会环境。要加强社会治安综合治理，深入开展矛盾纠纷排查化解工作，加强信访举报工作，坚决防止发生影响社会稳定的重大政治事件、刑事犯罪活动和群体性事件；要加强安全生产工作，强化重点行业、企业和人员聚集场所的安全管理和防范，防止发生各类重特大事故。

公务活动要务实节俭[*]

（2008 年 9 月 24 日、10 月 28 日）

一

在宁夏回族自治区成立 50 周年的喜庆日子里，我们中央代表团第一分团来到固原，与全市 145 万各族群众共同庆祝 50 年大庆，感到非常高兴。从我来讲，这是第一次来固原。1996 年我在福建当省长的时候，当时为对口支援工作来到宁夏，原计划到固原来，后来因为有其他重要工作，临时提前走了，没有成行，当时感到有点遗憾。12 年后，终于实现了来固原的愿望。

在这次庆祝活动期间，恰好赶上下雨。雨水对多旱少雨的宁夏来讲，是非常珍贵的，干部群众称之为"中央给宁夏送来了大礼"。昨天在银川举行自治区成立 50 周年庆祝大会的时候，还下着雨，这却给庆祝活动带来了不便。当时也曾想过改场，但考虑到已经有两万多人等待在现场，改场很困难，再

---

[*] 这是贺国强同志 2008 年 9 月 22 日至 25 日率中央代表团参加宁夏回族自治区成立 50 周年庆祝活动和 2008 年 10 月 28 日至 29 日在中央政治局常委同志学习实践科学发展观活动联系点湖北省赤壁市调研时两次讲话的节录。

加上中央电视台已经向国内外宣布了直播时间,后来与自治区领导同志几经商量后决定,取消原定的文艺表演和晚上的焰火晚会,压缩庆祝活动的时间,同时给所有参加庆祝活动的干部群众每人准备一件雨披,让大家不要淋雨。但当我们来到会场后,还是发现有部分准备演出的演员没有雨披,于是又决定让所有没有带雨具的演员、群众全部撤离。昨天我看了中央电视台的新闻报道,转播的场面很好,没有因为下雨影响效果。至于文艺演出和焰火晚会,考虑到民族自治区庆祝活动历来的做法,且这两场活动已经准备了很长时间,老百姓想看,演员也想演,所以自治区党委、政府决定,改到国庆节的时候演出,既庆祝自治区成立 50 周年,又庆祝中华人民共和国成立 59 周年。我在庆祝大会上有一个代表中央的讲话,这个讲话是经中央政治局常委审批过的,考虑到庆祝大会冒雨举行,讲话不能太长;另外,又考虑到这个讲话报纸要全文登载,所以我临时决定对这个讲话稿作了压缩。一开始临时加了一段话:"今天,宁夏回族自治区成立 50 周年大庆恰逢下雨,这既给久旱缺水的宁夏大地带来了雨水,但同时也给参加庆典活动的同志们带来了不便,我代表中央代表团向大家说一声,同志们辛苦了。"我在读稿时,边读边压缩,最终压缩了三分之一。但是其中有一句很重要的话没有压,就是"我代表党中央、国务院重申:支持少数民族和民族地区加快发展,是中央的一项基本方针,是西部大开发的重要任务。中央将随着财政收入的增加和综合国力的增强,进一步加大支持力度,为宁夏经济社会又好又快发展创造更加有利的条件"。

今天到固原市,同样赶上下雨。虽然市委、市政府为迎接中央代表团作了精心的准备,但本着以人为本、实事求是的精神,果断决定把原定在室外的欢迎仪式改到室内,这样既避免了群众淋雨,也收到了好的效果。我们一进入固原,看到还是有部分群众冒雨在欢迎,于是我们临时决定紧急停车,冒雨步行去看望和慰问这些欢迎群众。刚才,市里的同志告诉我,这一部分群众本来是已经通知撤离了的,是他们自发返回来欢迎的。我同随行的同志讲,当地群众对中央代表团的深情厚谊令我们深受感动,但另一方面又令我们感到很不安,因为我们是不提倡组织群众欢迎的,更不应该冒雨欢迎。

（2008 年 9 月 24 日在接见宁夏回族自治区固原市党政军负责同志及老同志代表、各族各界代表时的讲话）

二

这次我们一行来赤壁,主要是就深入学习实践科学发展观活动进行调研。赤壁是中央确定的我在学习实践科学发展观活动中的联系点,这次来之前,我对赤壁开展的学习实践活动有了一些了解。我对赤壁并不陌生,历史上赤壁以赤壁大战而闻名,过去叫蒲圻,京广线上有一站,紧靠湖南临湘。我在北京上学、在山东工作回家乡湖南时乘坐慢车总要在蒲圻停车,有时还下去看看,心想马上就要到家乡了。今天我算是正式来报到。我们这次来有四个目的:一是来学习,学习赤壁市这些年来经济社会发展、党的建设等方面的经验;二是来调研,对前段市里开展学习实践活动的情况进行了解,既总结经验，又找出下一步学习实践活动要解决的主要问题；三是听取意见和建议，听取大家对开展学习实践活动的意见和建议，听取大家对中央工作的意见和建议；四是研究和帮助解决实际问题。我先就这次调研活动提三点希望和要求。

一是到点上考察调研要轻车简从，尽量不扰民。这次我们来安排了几个参观、考察的点，有新农村建设、小城镇建设、农业生产现场和城镇社区、国有企业、福利院，这些点有一定的覆盖面和代表性。到这些点上去的时候，陪同的同志不要多，确实是工作需要的同志去就可以了。安排线路、到现场看，要注意尽量不扰民，不妨碍群众的正常生产生活，不给群众增加麻烦、添负担。这一点希望大家理解支持。

二是座谈汇报要实事求是，既讲成绩又讲问题。这次我们来安排了三个会，还安排了一些考察点。这是我们了解情况、与干部群众接触交流的重要途径。希望大家无论是汇报工作情况，还是谈开展活动的体会、提意见建议，都能实事求是，有一说一，有二说二，既讲贯彻落实科学发展观的成绩、经验和打算，也讲在推进科学发展中遇到的问题、与科学发展观要求存在的差距和不足，使我们能够全面真实地了解赤壁的情况。这有利于赤壁市开展好学习实践活动、真正取得实效，也有利于中央指导全国的学习实践活动。

三是要加强指导但又不包办代替。赤壁是我的联系点，也是省委主要负责同志的联系点，湖北省委、咸宁市委都非常重视，组建了强有力的工作班子，选派了得力干部到点上指导工作，这对我们搞好联系点的工作，总结联系点的经验和做法，以更好地指导下一步全国全省在县（市）深入开展学习实践科学发展观活动具有重要作用。但搞好赤壁市的学习实践活动,责任主要在赤壁市委。市委最了解自身的情况,明了自己的优势、成绩和差距、不足,特别是解决制约赤壁科学发展的深层次矛盾和问题,也主要靠市委。希望中央和省的联络指导组既要加强指导,又不越俎代庖,包办代替,把领导的责任、组织的责任交给市委。也希望赤壁市委大胆工作,切实负起领导责任,扎实开展好赤壁市的学习实践活动。

(2008 年 10 月 28 日在听取湖北省赤壁市委
关于调研活动安排汇报时的讲话)

纪检监察干部要敢讲真话[*]

（2008 年 11 月 14 日）

　　各级纪检监察机关是党内监督和行政监督的专门机关，在推进党风廉政建设和反腐败斗争中承担着重要职责。纪检监察领导班子作风如何，直接关系党员队伍和干部队伍作风建设的成效，直接关系党和政府的形象，必须把作风建设作为领导班子建设的重要内容切实抓紧抓好。

　　要深入调研。群众是真正的英雄，人民群众当中蕴藏着无穷的智慧和创造力。许多在机关讨论来讨论去不易解决的问题，一经同基层的干部，同第一线的工人、农民和知识分子商量，往往就能找到妥善解决的办法。现在不少领导同志反映，整天陷入文山会海之中，很难抽出时间深入基层调查研究，即使到了基层也很难真正沉下去，摸不到真实情况。这种现象带有一定的普遍性。作为领导干部特别是主要领导干部，工作确实忙，但再忙也要抽出时间搞调研。我有一个体会，如果隔一段时间不去基层，整天坐办公室，就会感到工作没有新思路，说话没有新词，写文章没有新意。一到基层，一

＊　这是贺国强同志在全国纪检监察干部工作会议上讲话的一部分。这次会议是中央纪委监察部在广东省广州市召开的。

接触群众,就会有豁然开朗的感觉。

要敢讲真话。纪检监察机关是维护党纪政纪、伸张公平正义的机关。我们能不能敢于讲真话,敢于反映实情,在很大程度上关系到对事对人的分析处理正确与否。如果不能讲真话,一害事业,二害干部,三害自己。每一个领导干部都要以对党和人民高度负责的精神,坚持真理,愿听真话,敢讲真话,用自己的实际行动带动整个机关形成道实情、办实事、求实效的氛围。要大力表彰和重用那些以党和人民的利益为重,敢讲真话、肯干实事的同志;严肃批评教育那些不讲真话、报喜不报忧甚至欺上瞒下的同志。

要热情服务。从一定意义上讲,纪检监察机关是为党员干部和人民群众服务的机关,是为经济社会发展服务的机关。党员干部和人民群众对加强党风政风建设方面的意见建议要向我们反映,对干部中的违纪违法问题要向我们检举,自己有了冤屈或受到不公正对待要向我们申诉,如果我们不能热情接待、认真处理,不仅会伤他们的心,而且会严重损害党同人民群众的血肉联系。各级纪检监察干部一定要牢固树立服务意识,满腔热情地接待基层来机关办事或反映问题的同志。我们都是从基层成长起来的,都有或被热情或被冷淡对待的经历和感受,我提倡大家经常进行换位思考,通过我们的热情服务,让党员干部和人民群众一到纪检监察机关就能感受到党和政府的温暖。

要艰苦奋斗。这些年来我国的经济有了很大发展,各方面条件有了很大改善,但我国仍处于并将长期处于社会主义初级阶段,还有许多问题和矛盾需要解决,还有许多困难群众需要帮助。我们仍然要讲艰苦奋斗,绝不能在工作、生活条件上搞攀比,更不能讲排场、比阔气、追求奢华。今年是党的纪律检查机关恢复重建30周年。据老同志回忆,30年前中央纪委刚刚恢复重建时,没有固定的办公场所,十几个人挤在一间办公室,几个人共用一张办公桌,就是在那样艰苦的条件下,我们的老纪检干部完成了中央交给的审查林彪、"四人帮"反革命集团案件,平反大量冤假错案等重大任务。我们要向他们学习,自觉做到艰苦奋斗、勤俭朴素,坚决反对铺张浪费、挥霍奢侈。

领导干部要在作风
建设上作出表率[*]

（2009 年 4 月 1 日）

  加强作风建设是我们党的一项优良传统和宝贵经验，也是一项常抓常新的重要课题和战略任务。领导干部是作风建设的重点和关键，在作风建设中起着重要的示范和导向作用。因此，各级领导干部要按照中央关于加强作风建设的一系列要求，深刻剖析自身在思想作风、学风、工作作风、领导作风和生活作风等方面存在的突出问题，采取切实有效措施加以解决，努力在加强党性修养、树立和弘扬良好作风方面发挥表率作用，以自身实际行动影响和带动党风政风的好转。

  第一，要坚持讲政治、顾大局，作政治坚定的表率。我们党是由严明的纪律组织起来的马克思主义政党，自觉维护党的纪律特别是政治纪律，是对每个党员第一位的要求，也是党的事业顺利发展的根本保证。在当前国际形势错综复杂、国内改革发展稳定任务艰巨繁重的情况下，各级领导干部更要带头维护党的政治纪律。要在政治上思想上行动上自觉同党

---

 * 2009 年 3 月 29 日至 4 月 4 日，贺国强同志在福建省考察调研。期间在厦门市召开了加强领导干部作风建设调研座谈会。这是贺国强同志在座谈会上讲话的一部分。

中央保持高度一致，坚决贯彻执行党的路线方针政策和各项决策部署，自觉同各种违反政治纪律的行为作斗争。要增强政治敏锐性和政治鉴别力，在大是大非面前和关键时刻保持清醒政治头脑，旗帜鲜明、立场坚定，坚决同违反党的政治纪律的行为作斗争，自觉维护中央权威和党的团结统一。要牢固树立全国"一盘棋"的思想，正确处理局部与全局、地方与中央、个人与组织的关系，善于把中央精神与本地区本部门本单位实际结合起来，注意把各方面的积极性引导好、保护好、发挥好，确保中央政令畅通。

第二，要坚持重实际、求实效，作求真务实的表率。求真务实是党的思想路线的本质要求，真抓实干是做好一切工作的根本途径。当前，党和国家大政方针已定，目标任务已经明确，关键在于各级领导干部求真务实、真抓实干，把中央的各项要求和部署扎扎实实落到实处。要增强责任感和使命感，深刻认识和把握当前国际国内经济形势的严峻性，切实把思想和行动统一到中央的决策部署上来，恪尽职守、扎实工作，为应对国际金融危机、保持经济平稳较快发展作出应有贡献；要牢固树立正确的政绩观，坚持一切从实际出发，自觉按客观规律办事，立足当前、着眼长远，积极进取、量力而行，按照科学发展观的要求和国家产业政策，制定发展规划和实施建设项目，不搞脱离实际的"政绩工程"和劳民伤财的"形象工程"，努力做出经得起实践、人民、历史检验的实绩；要狠抓落实、务求实效，定下来的事情要雷厉风行、抓紧实施，部署了的工作要加强督查、一抓到底，重点任务要身先士卒、靠前指挥，一步一个脚印地推进各项工作；要勇于实践、大胆探索，不断研究新情况、解决新问题、提出新举措,以改革创新精神推进各项工作,不断开创事业发展新局面。

第三,要坚持以人为本、关注民生,作勤政为民的表率。以人为本是党的性质和宗旨的集中体现,是科学发展观的核心。当前,受国际国内严峻经济形势的影响,部分企业生产经营困难,下岗失业人员增多,社会就业面临很大压力,农民增收难度加大,特别是灾区和贫困地区群众生产生活还面临很多困难。越是在这种情况下,越要高度重视民生问题。各级领导干部要增强宗旨意识,把立党为公、执政为民的要求体现到各项工作中去,想群众所想、急群众所急、办群众所需,切实让他们感受到党和政府的温暖,共享改革发展的成果。要把解决人民群众最关心最直接最现实的利益问题放在重要位置,认真落实中央和各级党委、政府提出的保障和改善民生的政策措施,把维护群众利益作为基本职责,认真开展专项治理,着力解决损害群众利益的问题,加大监督和问责力度,严肃处理损害群众利益的违纪违规问题以及背后隐藏的失职渎职和腐败行为;要坚持一切为了群众、一切依靠群众,坚持问政于民、问需于民、问计于民,充分调动和激发广大群众在全面建设小康社会中的积极性、主动性和创造性。

第四,要坚持厉行节约、勤俭办事,作艰苦奋斗的表率。艰苦奋斗是中华民族的传统美德,是我们党的传家宝。我们党是靠艰苦奋斗起家的,也是要靠艰苦奋斗成就伟业的。现在我们国家的综合国力增强了,各方面的条件好了,但艰苦奋斗的传统决不能丢。特别是在当前经济运行困难加剧、财政收入下滑,而扩大内需、拉动经济增长和改善民生又需要大量资金投入的情况下,各级党委、政府和领导干部更要牢固树立过紧日子的观念,大力压缩行政事业办公经费,大力削减一切不必要的开支,大力降低行政成本,建设节约型机关,真正把资金和资源用在刀刃上,用在扩内需、保增长、惠民生上。当前特别要认真贯彻落实中央《关于党政机关厉行节约若干问题的通知》、《关于坚决制止公款出国(境)旅游的通知》以及改进公务接待的有关规定,严格控制党政机关办公楼等楼堂馆所建设,严格控制公务接待经费、公车配备使用和公款出国(境),严格控制乱发津贴补贴,严格控制会议、文件、庆典和评比达标表彰活动。各级领导干部要自觉养成勤俭节约、艰苦朴素的良好习惯,切实做到静以修身、勤以为政、俭以养德,坚决反对铺张浪费和大手大脚,自觉抵制享乐主义和奢靡之风,以优良作风带领广大干部群众团结奋斗、共克时艰。

第五,要坚持秉公用权、严以自律,作清正廉洁的表率。我们党和国家政权的性质,决定了秉公用权、廉洁从政是对各级领导干部基本的政治要求。我们这次调研期间,看到永定县土楼有两副对联写得很好,一副是"振纲立纪,成德达材",另一副是"能不为息患挫志、自不为安乐肆志,在官无傥来一金、居家无浪费一金"。客家人治家尚且如此,我们共产党人治党治国更要严格要求。各级领导干部要树立正确的权力观,时刻牢记自己手中的权力是人民赋予的、必须用来为人民群众谋利益的道理,严格执行领导干部廉洁自律有关规定;要树立健康的生活观,保持高尚的精神追求,培养健康的生活情趣,自尊自爱、洁身自好、慎微慎独、管住小节,坚决抵制腐朽没落思想和生活方式的侵蚀,始终保持共产党人的高风亮节和浩然正气;要树立正确的亲情观,审慎对待亲情友情,妥善处理人际关系,严格要求配偶、子女、亲属和身边工作人员,多同普通群众和基层干部交朋友,多同模范人物和专家学者交朋友,警惕那些别有用心的人的"感情投资"和拉拢腐蚀,防止为情所累、为情所误。

第六,要坚持民主集中制,作团结共事的表率。民主集中制是党和国家的根本组织制度和领导制度,也是领导班子不断增强创造力、凝聚力、战斗力的根本保证。实践反复证明,哪个地方和部门的领导班子民主集中制坚持得好,这个地方和部门的团结就搞得好、风气就正、事业就发展得快;反之,不仅工作和事业会受到影响,干部的成长进步也会受到影响。长期以来,各级领导班子在坚持民主集中制方面进行了积极探索、积累了丰富经验、形成了行之有效的制度和规定,一定要很好地总结、完善和坚持。从我个人的体会看,一个班子要坚持好民主集中制,关键要把握三条:首先,"一把手"要多一些民主,乐于听取各种意见包括不同意见,善于调动大家的积极性。其次,班子其他成员要多一些集中,决不能各行其是、各自为政。其三,班子成员之间要多一些沟通,通过沟通思想、沟通工作、沟通感情,努力形成又有集中又有民主,又有纪律又有自由,又有统一意志又有个人心情舒畅、生动活泼的局面。

纪委书记既要有铮铮铁骨，又要有丹心柔情[*]

（2009 年 5 月 12 日）

　　纪委书记作为党委领导班子的重要成员和纪委领导班子的"一把手"，岗位重要，责任重大，使命光荣。我到中央纪委工作之前，比较长的时间是从事经济工作和行政管理工作，期间在地方党委工作过一段时间，后来又在中央组织部工作了五年，没有直接从事过纪检监察工作，可以说是纪检监察战线的一名"新兵"。这一年半来，我思考最多的是"如何做好纪检工作特别是如何当好纪委书记，做到不负重托、不辱使命，让党放心、让人民满意"这个问题。我感到，纪委书记要履行好职责，需要具备的素质和能力固然很多，但其中很关键的是，既要有铮铮铁骨，又要有丹心柔情。

　　铮铮铁骨，就是要恪尽职守、秉公执纪，同腐败分子和消极腐败现象作坚决斗争。我们党的性质和宗旨决定了党同各种消极腐败现象是水火不相容的。作为纪委书记，必须牢记使命、恪尽职守，坚持原则、秉公执纪，刚正不阿、不徇私情，不

---

*　这是贺国强同志在全国县纪委书记培训班学员代表座谈会上讲话的一部分。

畏艰难、敢于碰硬,坚决查处各类违纪违法案件,严惩腐败分子,捍卫党纪国法的尊严,模范践行"做党的忠诚卫士、当群众的贴心人"的庄严承诺。大家工作在县里,非常辛苦,经常要面对各种复杂的人际关系,经受亲情、友情、乡情等各种情感的考验,有时还会遇到各种各样的压力甚至危险,但组织把我们放到这个位置,我们也选择了这个神圣的岗位,就要置个人名利、安危于度外,忠实履行纪委书记的职责,无愧于党和人民。在这方面,四川省南江县纪委原书记王瑛同志为我们作出了榜样。她坚持原则、秉公执纪,一身正气、无私无畏,顶住各种干扰、压力和威胁,坚决查处了一些领导干部的违纪违法案件。她说过:"如果我怕得罪人,那我就得罪了'纪委书记'这个称谓!"这句话掷地有声,发人深省,体现了一名纪委书记应有的原则和觉悟,值得我们纪委书记学习。

丹心柔情,就是要牢记宗旨、以人为本,真心实意地为群众办实事、解难题。全心全意为人民服务是我们党的根本宗旨,以人为本是我们党执政理念的核心。党风廉政建设和反腐败工作的根本目的是要维护人民群众的根本利益。我体会,在纪检监察工作中体现和贯彻以人为本的要求,一方面,要切实维护人民群众最关心、最直接、最现实的利益。大家生活在基层,工作在基层,直接和基层干部群众打交道,应该说,对群众有着深厚的感情,对当地改革发展稳定中的新情况新问题最熟悉,对基层干部群众的各种需要、愿望和要求十分了解。要始终坚持思想上尊重群众、感情上贴近群众、行动上密切联系群众,深入了解群众的生产生活状况,认真倾听群众的意见建议,悉心体会群众的喜怒哀乐,千方百计为群众排忧解难。特别是要着力解决发生在群众身边的腐败问题，纠正损害群众利益的不正之风，解决好一些重点领域损害群众利益的问题，严肃处理损害群众利益的违纪违法问题及其背后隐藏的失职渎职和腐败行为，维护群众合法权益和社会公平正义。另一方面，要注意保障党员干部的合法权益，既严厉惩处腐败分子，又保护广大党员干部干事创业、改革创新的积极性。要把加强对干部的监督管理同信任干部、激励干部结合起来，积极为受到错告诬告的干部澄清是非，敢于和善于保护干部，努力成为广大干部干事创业、改革创新的坚强后盾；要坚持"惩前毖后、治病救人"的方针，把处理人与教育人、挽救人结合起来，综合考虑违纪违法案件发生的背景、情节、后果以及有关人员的认错态度等因素，宽严相济、区别对待，尽可能地教育和挽救大多数干部；要坚持依纪依法办案、安全文明办案，既严肃查处腐败分子，又注意保障被审查人员的合法权益，使查办的每个案件都经得起历史的检验。总之，要通过我们的工作，努力展现纪检监察干部可亲、可信、可敬的良好形象。

让灾区干部群众生活工作得更好[*]

（2009 年 7 月 27 日）

四川汶川特大地震发生后，灾区各级纪检监察干部在党委、政府的统一领导下，按照中央的要求，一方面以饱满的热情、高昂的斗志迅速投入到抗震救灾工作中，不少同志忍受着失去亲人的痛苦，以巨大的热情保护灾区人民群众的生命和财产安全，在抗震救灾工作中发挥了表率作用，在关键时刻经受住了考验。另一方面，大家认真履行职责，特别是认真开展抗震救灾资金物资监督检查工作，保证了中央、各级政府拨付以及社会捐赠的资金和物资全部用到灾区，用到灾民身上，用于恢复重建，为抗震救灾作出了突出贡献。

中央纪委监察部对灾区纪检监察干部十分惦念，特地举办这期培训班，请四川、重庆、陕西、甘肃、云南等灾区的 100 名优秀纪检监察干部到北戴河来培训和休养。大家平时都很忙，难得有这样一次培训休养的机会，希望大家在努力学习纪检监察业务知识、提高政策理论水平和工作能力的同时，放松心情，好好休息，调养好身体。这期培训班既是一次培训，也

＊　这是贺国强同志在中央纪委监察部北戴河培训中心看望四川汶川特大地震灾区纪检监察干部培训班学员时讲话的主要部分。

是一次心理关怀和疗养。这个心理关怀和疗养有双重作用：一方面，灾区有不少纪检监察干部失去了亲人，失去了战友，感到很痛心，特别是过去一年工作很忙，全身心投入到抗震救灾中，还顾不上悲痛，但时间拉长之后，这种悲痛的心情就逐渐显露出来，大家需要有个心理疗养的过程；另一方面，纪检监察干部还要当群众的贴心人，大家还有责任和义务去做好灾区广大干部群众的心理安抚工作。

我们要看到，灾情发生了，有的同志失去了亲人、同事，这是一个客观事实。从辩证唯物主义和历史唯物主义的观点，怎么来看，怎么来做？我考虑了一下，可以从以下几个方面来看待和认识。

第一，这是一次特大的自然灾害，目前人力还不能抗拒。我想，这一点我们要有充分的认识。在旧社会，人们不懂科学，认为自然灾害都是命运。现在懂科学了，知道这是一个地震灾害，这是一个自然灾害，一个自然现象。这个现象，古今中外都会发生。

第二，灾情发生后，在党中央、国务院、中央军委以及各级党委、政府的领导下，灾区人民、全国各族人民投入到气势恢宏的抗震救灾的斗争中去，抢救了大量被埋的群众，医治了大批伤员，开展了规模宏大的灾后恢复重建及全国对口支援工作。展望灾区的明天，充满希望。这就是说，往后看，灾情发生了，是无法抗拒的自然现象；往前看，有党和政府的关怀，有全国人民的支援，有灾区人民的努力，灾区的明天一定会更加美好。

第三，灾情发生后，不少人失去了宝贵的生命，而我们是幸存者。我们应该活得更坚强,活得更健康,还要承担起失去的亲人、同事没有完成的事业。这样一想,我们的精神就更加振奋,才能对得起在九泉之下的亲人和同事。

第四,各级党委、政府和全社会都要关心、关爱灾区的干部群众,既要在物质上关心,更要在心理上、精神上关心。越往后,这方面的工作越需要。组织灾区的干部群众参加培训、疗养、旅游,使大家放松心情,这是一种很好的心理关怀和疏导。正是出于这样的考虑,我们这次把大家请到北戴河来,让大家休息疗养。我给培训中心的同志讲,培训期间课程不要安排得太满,让大家多活动活动,下下海,放松一点。

把群众路线贯穿于纪检监察工作*

（2010 年 11 月 15 日）

　　群众工作是贯穿党和国家工作各领域各方面的经常性工作，新形势下群众工作需要大家共同来做。纪检监察机关作为党和政府专门监督机关，在做好新形势下群众工作、保持党同人民群众的血肉联系方面肩负着重要职责。我们要紧密结合纪检监察工作实际，认真做好新形势下群众工作，以深入推进党风廉政建设和反腐败斗争取得新成效，为保持党同人民群众的血肉联系、维护改革发展稳定大局作出应有贡献。

　　纪检监察机关要做好群众工作，一个重要前提就是要把党的群众路线贯穿于纪检监察工作的全过程和各方面。群众路线是实现党的思想路线、政治路线、组织路线的根本工作路线，也是我们做好纪检监察工作、推进党风廉政建设和反腐败斗争的重要政治保证。只有把党的群众路线贯穿于纪检监察工作的全过程和各方面，反腐倡廉建设才能把握正确前进方向、拥有广泛群众基础、获得不竭动力源泉。

　　要坚持一切为了群众。消极腐败现象腐蚀党的肌体、损

＊　2010 年 11 月 11 日至 15 日，贺国强同志在安徽省考察调研。这是考察调研期间听取省委、省政府和省纪委工作汇报时讲话的一部分。

害人民群众利益、危害党同人民群众的血肉联系,与党的性质宗旨水火不相容。纪检监察工作坚持一切为了群众,就是要始终把实现好、维护好、发展好最广大人民的根本利益作为工作的根本出发点和落脚点,切实做到深入实际、深入基层、深入群众,倾听群众呼声,关心群众疾苦,真心实意为群众办实事、解难事、做好事;做到严明政治纪律、加强监督检查,及时发现和坚决纠正各种不切实际、不顾民力、乱铺摊子、乱上项目、违背民意、劳民伤财的行为;做到严格执纪、秉公办事,严肃查处各种违纪违法行为,坚决同腐败分子和各种消极腐败现象作斗争,维护社会公平正义。

要坚持一切依靠群众。人民群众是我们党的力量源泉和胜利之本,也是推进党风廉政建设和反腐败斗争的重要力量。纪检监察工作坚持一切依靠群众,就是要坚持从群众中来、到群众中去,想问题、作决策、做工作都要从群众利益出发,把群众呼声作为第一信号、把群众需要作为第一选择,问政于民、问需于民、问计于民,切实使各项决策和工作符合人民群众的愿望和要求;就是要在充分发挥专门机关职能作用的同时,拓宽群众参与反腐倡廉建设渠道,充分发挥人民群众在反腐倡廉建设中的积极性、主动性和创造性,形成全党动手、全社会参与的工作格局,增强反腐倡廉建设整体合力;就是要尊重基层和群众首创精神,及时总结推广基层在实践中创造的有益做法和新鲜经验,不断从人民群众的丰富实践和发展要求中汲取反腐倡廉的智慧和动力。

要坚持一切工作成效由人民群众检验。顺民意、谋民利、得民心,是党的工作得到广大人民拥护和支持的根本原因。

纪检监察工作坚持一切工作成效由人民群众检验,就是要把人民拥护不拥护、赞成不赞成、高兴不高兴、答应不答应作为衡量纪检监察工作成效的标准,主动将反腐倡廉方针政策、决策部署、制度规定、工作成效交给人民群众评价,适时公布社会关注的重大案件信息,及时回应群众呼声和社会关切,自觉接受人民群众的监督,不断根据人民群众的意见和要求改进工作,努力做出经得起实践、人民和历史检验的实绩。

"穿上你们做的鞋,走路'踏实'"*

(2011 年 3 月 21 日)

这次来重庆考察调研期间,在武隆县仙女山镇石梁子村,我还看望了过去联系的两家贫困户傅国兴、陈开侯的家人。他们是我 10 年前在重庆工作时结下的扶贫对子。这些年来,尽管两位老人相继去世,但他们的家人在市、县的支持和帮助下,经过自身努力,摆脱了贫困,正逐步走向富裕。傅国兴家 10 年前人均纯收入不足 700 元,如今人均纯收入已经达到了 6000 元以上。陈开侯家 10 年前住的是土房,现在住上了三层楼房,还开起小卖部,做起了小生意。看到他们的生活越来越好,我很高兴。临别时,两家人和我依依不舍。一位老人送我自家产的核桃、腊肉,另一位老人送我两双自己一针一线缝制的老布鞋,我说:"穿上你们做的鞋,走路'踏实'。"

---

* 2011 年 3 月 17 日至 21 日,贺国强同志在重庆市考察调研。这是考察调研期间听取市委、市政府和市纪委工作汇报时讲话的一部分。

海外中资企业要有形象意识*

（2011 年 7 月 7 日）

　　这些年,越来越多的中资企业开始"走出去",拓展海外市场,经营跨国业务。这是我国经济实力增长和企业国际化的必然趋势,所以中央鼓励和支持有条件的企业"走出去"。同时要看到,由于"走出去"的企业数量不断扩大,海外中资企业的影响也越来越大,这就对我们企业的经营、管理都提出了更高要求。海外中资企业要适应新环境新变化,实现既能"走出去"又能"站得住"的目标。第一,要以国家利益为重,坚持国家利益至上,不管你在哪个国家,心中要想着祖国,这一点始终不能忘。第二,工作要精益求精,生产的产品要符合质量要求,能满足国外消费者的需要。第三,要模范遵守当地及所在国的法律法规。特别是中方员工要和所在国的员工搞好团结,搞好协作,要虚心向所在国的员工们学习,共同营造和谐的企业气氛。第四,要展示企业的良好形象,不论对产品,还是对社会,都要有良好的形象。大家的一言一行,不仅代表各自企业的形象,也代表中国企业的形象,而且代表我们

---

* 这是贺国强同志出访波兰期间参观 TCL 波兰电视机生产厂时讲话的一部分。

中国人的形象。最后一点是,在海外工作的员工条件比较艰苦、还要承担一定的风险,这就需要我们各级党委和政府,需要我们公司总部,也包括驻在国的使领馆,重视和关心海外员工的工作和生活,为他们营造良好工作氛围,帮助他们解除一些后顾之忧,特别是要保障海外员工的人身安全,这一点要始终摆在第一位。

确保生态移民工程成为
"人民满意工程"*

（2011 年 10 月 12 日）

  这里我特别强调一下实施好生态移民工程和黄河善谷工程问题。目前，宁夏扶贫问题仍然十分突出。全区有 100 多万人口生活在贫困线以下，有 56 万低保对象、42 万残疾人，特别是中南部地区有 35 万群众生活在山大沟深、土地贫瘠、干旱少雨、水土流失严重、自然灾害频繁的"苦瘠"之地。抓紧解决贫困人口的脱贫问题，直接关系到宁夏各族人民群众的切身利益，也直接关系到宁夏乃至全国全面建设小康社会目标的实现。特殊的问题就要用特殊的办法来解决。近年来，宁夏从自身实际出发，创造性地作出了实施中南部地区 35 万贫困群众生态移民工程和黄河善谷工程两项重大决策，这是利国利民的大事。希望宁夏各级党委、政府切实把这两件大事抓紧抓好抓出成效。

  要继续下大气力实施生态移民攻坚工程，加强组织领导，认真实施移民规划，确保移民工作领导到位、工作到位、措施

---

* 2011 年 10 月 9 日至 12 日，贺国强同志在宁夏回族自治区考察调研。这是考察调研期间听取自治区党委、政府和纪委工作汇报时讲话的一部分。

到位;要深入细致地做好思想工作,既要教育引导搬出地群众树立长远眼光,积极配合和支持政府的搬迁工作,又要教育引导搬入地群众增强大局意识,以包容、开放、团结、友爱的态度积极接纳迁入的移民群众。移民搬迁是一个十分复杂的问题,既需要落实好相关政策,又需要做好思想工作。我在重庆市工作时的一件大事就是三峡库区移民。宁夏移民搬迁尽管与三峡库区移民在搬迁原因、资金规模等方面不同,但面临许多同样的实际问题,比如群众故土难离的观念问题、移民群众与迁入地群众的融合问题、搬迁地及搬迁住房条件的差异问题等。解决好这些问题都需要认真细致地做好思想工作,可以说,把这件好事办好的确不容易。要严把工程质量关,认真搞好生态移民安置区建设,特别要建好移民新村,加强基础设施建设,确保移民群众的基本生产生活条件;要认真研究制定移民安置区的发展思路和产业规划,认真落实好各项产业扶持优惠政策和强农惠农补贴政策,加强对移民群众的生产技能培训,大力发展特色和优势产业,着力解决好搬迁群众的生计问题,切实使他们做到"搬得出、稳得住、逐步能致富"。

要深入实施黄河善谷工程,坚持走产业发展、扶贫开发和慈善事业相结合的道路,通过在土地、资源、税收、产业发展等方面实行优惠政策,吸引国内外企业来宁夏创办社会企业和福利企业,吸引国内外公益慈善项目落户宁夏,推动宁夏黄河善谷工程全面协调可持续发展,切实做到既要带动地方经济社会发展,更要真正惠及残疾人等困难群众,使其成为体现科学发展观要求、弘扬中华民族传统美德的示范工程。这项工程正在进行试点,还需要不断完善相关政策,但大方向是对的,希望宁夏认真总结经验、大胆探索、逐步推广,为全国作出示范。

宁夏各级党委、政府及有关部门特别是纪检监察机关要认真履行职责、加强监督检查,确保政策、资金、项目的依法合规,确保生态移民工程、黄河善谷工程成为"廉洁工程"、"阳光工程"和"人民满意工程"。这两项工程规模大、资金多,能不能高质量地实施好,社会广泛关注。因此,从一开始就要充分借鉴汶川抗震救灾等监督检查工作的经验和做法,把监督检查工作贯穿于两项工程的全过程和各方面,做到关口前移、预防在先,不要等出了问题再处理,那样损失会更大,而且会损害党和政府的形象。

认真对待群众的呼声和诉求[*]

（2011 年 11 月 2 日）

　　这次调研中有两件事使我很有感触，在这里跟大家说一说。

　　第一件事是我们在黔西南州一个企业考察时，遇到一位在岗当班的女工上访，反映家里的土地被征用后补偿没有到位等问题。当时事发突然，我赶紧叫人请这位女工过来，与省委领导同志一起简要听取她反映的情况，并当场对随行干部和工厂负责人讲了三条意见：首先，事后要立即认真听取上访人员意见，按照法律和政策规定实事求是地解决；其次，工厂不要因为这位女工上访而歧视她，更不能处分甚至开除她，因为她是属于正常上访；其三，当地干部也不要有压力，不要因为中央领导同志考察期间出现了上访而感到丢了面子、担心给当地形象"抹黑"，我们都曾经在基层工作过，这样的情形我们都遇到过。应该正确看待群众上访问题，特别是当前我国正处于社会矛盾凸显期，群众有序上访是正常现象，他们有问题找我们是出于对党和政府的信任。这几天，有关地方和

---

* 2011 年 10 月 29 日至 11 月 2 日，贺国强同志在贵州省考察调研。这是考察调研期间听取省委、省政府和省纪委工作汇报时讲话的一部分。

企业按照省里的要求迅速开展工作,对该上访群众反映的问题作了认真调查研究,并给我报了一个材料。从初步核查了解的情况看,这位上访女工反映的问题主要有三个,其中有两个问题是应该解决的,另一个问题不符合政策规定,均拟作出妥善处理。

第二件事是我们在贵阳市群众工作中心考察时,遇到一位正在接受信访调解的华侨家属。他家的私房17年前因为市政建设被拆除了,当时工程指挥部负责人与他有一个口头协议,答应在别的地方找一块地予以置换。但后来工程指挥部解散了、负责人走了,这件事情就一直拖着没有得到解决。我去考察调研时,这位上访群众的事情在有关职能部门的协调下已经有了一个比较满意的处理结果。我对在场的同志们说,事情虽然解决了,但我们还要认真想一想为什么拖了17年才得到解决,并从中举一反三、吸取教训。首先,这件事说明有些干部为人民服务的意识还不强,代表政府承诺了的事就要履行诺言,绝不能推诿扯皮。其次,这件事也暴露出法制不健全的问题。当年拆迁凭的只是一个口头协议,导致问题难以解决的一个原因也是因为口说无凭。我对该上访群众讲:一方面政府机关工作人员要牢固树立法治理念,坚持依法办事;另一方面广大人民群众也要增强法治意识,依法维护自己的切身利益。

以上两件事情充分说明,只要我们坚持全心全意为人民服务的根本宗旨,只要我们认真对待群众的呼声和诉求,群众反映的问题是可以得到妥善解决的。

关心和解决好贫困家庭学生
上大学和大学生就业难的问题[*]

（2011 年 11 月 10 日、2012 年 9 月 4 日）

一

　　贫困家庭学生上大学和大学生就业问题，不仅事关学生的切身利益，而且联系着千千万万个家庭，可以说是关系到教育公平乃至社会公平、关系到社会和谐稳定的大问题。中央对这两个问题高度重视，社会各界十分关心。多年来，我也一直关注这方面的情况，结合平时了解和这次到高校调研的情况，这里我谈点个人看法。

　　第一个是关于贫困家庭学生上大学问题。这个问题包含两方面：一是贫困家庭学生能否考上大学、特别是能否考上重点大学的问题；二是贫困家庭学生考上大学后能否顺利完成学业的问题。前段时间，我看到有关资料反映，近几年国家重点大学尤其是名牌大学中来自农村和贫困地区的学生越来越少，有的贫困县甚至很多年连一个考上重点大学的也没有。

---

* 这是贺国强同志关于贫困家庭学生上大学及大学生就业的一篇讲话节录和一则批语。

中国古代历来有"寒门出才子"的说法。现代也是如此,我相信今天在座的不少同志也是出身贫困家庭,通过刻苦学习上了大学,又经过勤奋努力走上领导岗位,为社会作出了很大贡献。现在贫困家庭学生考不上大学,一个重要原因是那里教育资源缺乏,农村孩子尤其是贫困地区的孩子无法和城里孩子享有同样优质的教育,光从考试而言,就不在同一起跑线上。另一方面,一些贫困家庭学生好不容易考上了大学,却因种种原因无法完成学业。这个问题要引起我们深入思考。无论从秉持以人为本、执政为民的理念,还是从维护社会公平正义、促进社会和谐进步的角度,我们都要高度重视这些问题,努力解决好这些问题。当然,这需要政府、社会、学校等各方面的共同努力。从高校来讲,我认为至少可以从以下四个方面来努力:一是思想上重视。对贫困家庭学生,要以高度的政治使命感和社会责任感,满腔热忱地给予更多的关心和爱护,绝不能歧视。前些年个别高校按照家庭贫富分配学生宿舍,富裕家庭的学生 2 人一间、4 人一间,贫困家庭的学生 8 人一间。我对此很不赞同,对学生怎么能分等级呢?学生有钱也不是自己挣的而是父母挣的,这样做对学生成长肯定没有好处。好在这种情况现在已经纠正了。二是政策上倾斜。比如一些重点大学招生时,可以有针对性地对贫困地区考生,采取哪里来哪里去、适当降低分数线等定向招生的办法,把当地一些优秀学生录取进来、毕业后再服务于当地社会。这样既可以解决贫困家庭学生考不上大学的问题,也可以解决贫困地区需要大学生的问题。三是经费上支持。随着财力的增强,国家将进一步提高学生助学金标准,学校要把助学金真正用在贫困家庭学生身上。除此以外,还可以有其他一些资助方式。现在大学特别是重点大学筹措资金的渠道是比较多的,要抽出一定比例用于资助贫困家庭学生。总之,要保证贫困家庭学生不因贫辍学,还要保证他们享有和其他同学一样的基本生活、学习条件。四是学习上帮助。贫困地区学生刚入校时,有可能在一些课程上跟不上,老师和学校要多一些耐心、多一些辅导,同学之间要多一些帮助。当然,贫困家庭学生也要保持平和的心态,自尊自爱、自强不息,努力用勤奋学习和工作来感恩社会、服务社会、创造美好生活。

第二个是关于大学生就业问题。大学生毕业后就不了业,学生压力大、家庭压力大、社会的压力也大,的确不容忽视。要通过政府、社会、学校、大学生个人的共同努力,解决好这个问题。但我不主张在媒体上过于宣传"大学生就业难"的观点。一方面,这不符合实际。总体上来说,现在我们国家不是人才多了,而是人才缺乏。如果说就业"难":一是结构问题,学校的一些专业设置、所学知识还不适应经济社会发展的需要,即存在"不对路"的问题;二是择业观念问题,需要的地方没人去,人满为患的地方挤着去,都想留在大城市、进大机关;三是存在动态就业问题,一些学生毕业后不是马上找工作,而是在那里等待、观望、挑选,"飘来飘去",实际上最终就业率要远远高于刚毕业时统计的就业率。另一方面,过于宣传"大学生就业难"的观点,容易在社会上引起误导,以为现在我国大学生真是多了,给新的"读书无用论"提供借口。

(2011 年 11 月 10 日在部分高校
反腐倡廉建设座谈会上的讲话)

二

看了这则消息很高兴。做好资助贫困大学生的工作,事关每个贫困大学生家庭的切身利益,事关教育公平,事关以人为本、执政为民理念的落实。贫困家庭的孩子,由于各方面条件所限,考上大学很不容易。一方面,要采取一些特殊措施(比如扩大定向招生规模),使更多的孩子能考上大学;另一方面,也要采取特殊政策措施,使已经考上大学的孩子,不因贫困原因而完不成学业。近年来,教育部等部门采取了许多得力措施,使这个问题的解决有了较大进展。要进一步加大力度,切实做到思想上重视、政策上倾斜、经费上支持,通过政府、社会、学校、学生等方面共同努力,真正保证每个贫困家庭学生不因贫辍学。

(2012 年 9 月 4 日在《教育部门扎实做好资助高校家庭经济困难学生工作》一文上的批语)

农民工子女受教育耽误不得[*]

（2012 年 3 月 4 日、9 月 3 日）

一

我一直十分关注农民工子女教育问题，曾经几次跟教育部领导同志谈过，也在中央一些会议上讲过，现在对解决农民工子女上学问题有些看法和意见还不太统一，比如究竟是在输出地解决还是在输入地解决等，我觉得不管在哪里解决，农民工子女的九年制义务教育必须保证，而且当地政府要加大资金支持力度。如果农民工子女教育问题解决不好，就会耽误整整一代人，我们耽误不起啊！

（2012 年 3 月 4 日在参加全国政协十一届五次
会议工会、共青团、青联、妇联界委员联组讨
论时的发言）

二

看到《人民日报》刊登的这则消息，感到十分欣慰。农民

＊　这是贺国强同志一篇讲话的节录和一则批语。

工子女受教育的问题,是当前社会关注的热点问题,我也曾多次作过批示或讲过意见。进城务工农民是中国现代化建设的一支重要力量,为经济社会发展作出了巨大贡献。解决好农民工子女受教育问题,有利于促进教育公平,有利于全民素质的提高,有利于国家现代化建设和社会稳定。在这个问题上,耽误不得啊!首先,要切实落实好义务教育阶段的学习问题,不能耽误一个孩子;其次,要妥善解决好他们参加高考问题。农民工子女不论是在流入地、还是在流出地上学,从中央到各级政府,都应从政策和资金上给予支持。总之,解决好这个问题,刻不容缓!

（2012 年 9 月 3 日对《人民日报》上《随迁子女异地高考方案年底前出台》一文所作的批语）

继承和发扬老工业基地的
好传统好作风 *

（2012 年 3 月 24 日）

加强和改进企业管理，是企业发展一个永恒的主题。在发展社会主义市场经济和对外开放的条件下，要继续弘扬"鞍钢宪法"、"大庆精神"和"吉化经验"，下大力解决一些企业管理滑坡、纪律松弛的状况。这里，我想特别强调一下这个问题。在东北地区老工业基地建设发展过程中，形成了"鞍钢宪法"、"大庆精神"、"吉化经验"等优良传统和经验。"鞍钢宪法"的核心是"两参一改三结合"[1]；"大庆精神"的一个重要内容是"三老四严"、"四个一样"；后来又涌现出"吉化"这个先进典型。当年，全国工业学大庆，石油化工行业学吉化。这些优良传统特别是严密完整的企业管理、严谨细致的工作作风等，不仅没有过时，而且要继续发扬光大。比如，

　＊　　2012 年 3 月 24 日至 25 日，贺国强同志在吉林省考察调研。这是考察调研期间听取省委、省政府和省纪委工作汇报时讲话的一部分。

〔1〕　1960 年 3 月，毛泽东同志在中共中央批转《鞍山市委关于工业战线上的技术革新和技术革命运动开展情况的报告》的批示中，对我国社会主义企业的管理工作作了科学总结，强调要实行民主管理，实行干部参加劳动，工人参加管理，改革不合理的规章制度，工人群众、领导干部和技术员三结合，即"两参一改三结合"的制度。这一制度又被称为"鞍钢宪法"。

当时要求企业"工人三班倒,班班见领导",就是要求厂级领导以及科室、车间干部不仅要深入第一线,和工人打交道,早、中、晚三个班都见到领导干部,而且要求企业领导干部做到工人能干的我能干、工人干不了的我还能干。我在企业工作时,工厂为早日建成投产,连续几年没有放假;正常生产之后,为照顾外地工人回家过春节,动员所有干部替工人顶岗,当时我当车间主任,1个人顶了3个工人的岗位。我记得,当时吉化的党委书记姓郭、厂长姓贾,大家都叫他们"郭起早"、"贾贪黑",就是说领导干部从早到晚都在工厂。再比如,当时吉化提出要"沟见底、轴见光、设备见本色",就是要求企业窗明几净、设备干干净净,不能灰蒙蒙的。还比如,当时交接班记录要用仿宋字,整整齐齐,不能让人看不清楚,所以新工人上班先要练字,等等。总之,我们要继承和发扬老工业基地的好传统好作风,切实加强和改进企业管理,不断提高企业整体实力和竞争力。

在听取甘肃岷县"5·10"特大冰雹山洪泥石流灾害抢险救灾情况汇报时的讲话*

（2012 年 5 月 19 日）

今年 5 月 10 日，甘肃省定西市部分地区发生特大冰雹山洪泥石流灾害，造成重大人员伤亡和财产损失。这次我到甘肃调研期间，特意安排先到受灾最严重的岷县来，察看灾情和抢险救灾情况，慰问受灾群众和抢险救灾人员，与省、市、县共同研究如何进一步做好抢险救灾工作。

我们是今天早晨从北京出发的，在飞机上，请民政部主要负责同志介绍了定西市受灾和前段时间抢险救灾情况，就进一步做好抢险救灾工作进行了研究；在从临洮机场来岷县的路上，听取了甘肃省委、省政府负责同志关于这次灾情和抢险救灾工作情况的介绍；到岷县后，先到沟门村实地察看了灾情和抢险救灾情况，到临时安置点察看了受灾群众安置情况，看望慰问了受灾群众和抢险救灾人员。从实地察看灾情、一路上听取汇报以及我最近几天从有关信息材料上了解的情况

---

* 2012 年 5 月 19 日至 21 日，贺国强同志在甘肃省考察调研。期间专程前往遭受特大冰雹山洪泥石流灾害的岷县考察指导救灾工作。这是贺国强同志在岷县听取抢险救灾情况汇报时讲话的主要部分。

看,这场灾害的灾情是比较严重的,抢险救灾工作是有力有序有效的,取得了重要阶段性成果。这充分彰显了我们党以人为本、执政为民的执政理念和社会主义制度的优越性,使灾区群众感受到了党和政府的关怀、感受到了社会主义大家庭的温暖。

目前,岷县抢险救灾工作正处在关键阶段,受灾群众安置、生产自救和恢复重建的任务仍然十分艰巨。我感到,下一步要认真做好以下八个方面工作,坚决打胜抢险救灾和恢复重建这场硬仗。

第一,要全力救治受伤人员。现在还有部分人员失踪,虽然已经过去这么多天了,但我们还要继续组织专门力量,千方百计搜救失踪人员,只要还有可能、还有一线希望,就要作出百倍努力;要调集优质医疗资源做好伤员救治工作,确保受伤人员得到及时有效的救治;要进一步做好遇难人员善后工作,在对遇难人员安葬的基础上,认真做好亲属的心理抚慰工作,稳定群众情绪,帮助遇难人员亲属走出失去亲人的阴影。

第二,要安置好受灾群众生活。这次受灾地区经济社会发展相对滞后,人民群众生活本来就比较艰苦,受灾以后更是难上加难,这就要求我们特别要安置好受灾群众的生产生活。要认真落实各项灾后救助政策措施,加大救灾物资调运发放力度,进一步做好受灾群众救助和安置工作,解决好倒塌房屋和危房群众的生活问题,确保受灾群众有饭吃、有衣穿、有干净水喝、有临时住处、有病能医治。特别是要尽最快速度把救灾资金物资发放到受灾群众手中,让受灾群众感受到党和政府的关怀;同时要抓住当前有利季节,在保证质量的前提下,抓紧抢修、重建损毁房屋,确保受灾群众在入冬之前搬进新房。

第三,要搞好卫生防疫工作。这次灾害导致大量家畜家禽死亡,随着天气转热,传播疫病的可能性很大。要进一步加强食品和饮用水卫生监督,做好畜禽尸体无害化处理以及垃圾、粪便消毒等环境卫生工作,特别是解决好饮用水问题;要加强疫情监测,普及防疫防病知识,坚决杜绝传染病和各类疫情发生。

第四,要搞好险情监测。随着夏季来临,甘肃也将进入多雨的季节。大雨过后,可能会造成很多山体松动,随时发生滑坡,受损的基础设施包括桥梁、道路也随时有倒塌塌陷可能。要提高警惕,进一步做好灾害预防和险情监测工作,加大排查险情和安全隐患力度,防止新的灾害和次生灾害发生。要进一步加强防灾救灾宣传教育,增强群众防灾减灾意识,提高自救互救能力。刚才,我们看望了一个遇难群众的亲属,当时他家房子里的四个人都跑出来了,但他的儿媳妇又跑回去拿钱,结果被洪水堵在里面遇难了。这充分说明了对群众开展防灾救灾宣传教育的重要性和必要性。

第五,要组织群众恢复生产、重建家园。要抓紧做好各项基础设施修复工作,尽快恢复损毁道路、桥梁、水利、电力、通信设施,为灾后重建创造条件。要组织群众开展生产自救,抓紧修复农田、补植补种,及时清除人口居住区淤泥、动物尸体、柴草等冲积物,恢复正常生产生活秩序。要认真做好群众损毁住房的清查、鉴定等工作,抓紧组织编制灾后重建规划和方案,做好灾后重建安置点选址工作。从刚才现场察看情况看,对损毁房屋重建选址要科学评估,你们提出就地避险重建的方针和措施是正确的,因为这个地方没有更多的土地,同时要统筹规划,通过重建切实解决存在的突出问题。比如,要针对居民房屋建在河道两边的实际,搞好河道整治,防洪河堤该加固的要加固、该加高的要加高,河道及两边的障碍物该清理的要清理、该迁移的要迁移;要按照避灾减灾的要求,搞好桥梁、公路等基础设施建设的规划设计,在这方面当地规划部门要加强指导、合理规划。对重建工程要严把规划关、设计关、施工关、监理关、验收关,确保灾后重建工程优质高效。特别是要抓紧修复学校校舍,你们介绍说学校都复课开学了,对此我感到很欣慰,但有些学校还在临时点上课,学校校舍修复要提高建设标准、加快施工进度,确保学校尽快恢复正常教学秩序。要保障灾区市场供应,加强社会治安综合治理,确保灾区社会稳定。

第六,要切实加强组织领导。抢险救灾和灾后重建时间紧、任务重,必须加强组织领导,形成整体合力。甘肃省委、省政府要加强对抢险救灾和灾后重建工作的统一领导,充分发挥省抢险救灾与灾后重建指导协调小组的职能作用;省直有关部门要发挥职能优势,加强对抢险救灾和灾后重建工作的指导协调;定西市委、市政府要加强对抢险救灾和灾后重建工作的直接领导和组织协调,搞好市属各部门救灾力量的调配;岷县县委、县政府要切实担负起抢险救灾和灾后重建的主体责任,把积极争取中央有关部门支持和发扬自力更生、艰苦奋斗精神结合起来,做到领导到位、工作到位、措施到位,确保抢险救灾和灾后重建工作顺利进行。

中央有关部门前一阶段采取的措施力度是大的、行动是迅速的。要下大力抓好已经出台措施的落实，并在此基础上，根据救灾工作进展和实际，特别是考虑岷县既是一个贫困程度深的地区、又是一个重灾区的实际，进一步加大支持力度。我和民政部主要负责同志在路上商量，要综合考虑甘肃全省经济社会发展状况以及定西、岷县的特殊情况，在已经出台措施的基础上，适当提高补助标准。刚才民政部主要负责同志介绍了两方面措施：一是对受灾群众安置和房屋重建补助在原来核定资金的基础上，比照舟曲和汶川、玉树等地方适当提高补助标准；二是在交通基础设施重建等方面进一步加大支持力度，他在来之前已经和财政部作了沟通协商，回去后还要立即主持召开国家减灾委协调会议，对甘肃提出的有关情况进行研究。我赞成这两条意见，这充分体现了党中央、国务院以及包括民政部在内的中央有关部门对甘肃人民的关心，对定西、岷县抢险救灾和灾后重建工作的支持。我觉得，灾区的基础设施建设、扶贫开发等迟早要进行，把灾后重建与扶贫开发结合起来，将一些计划实施的措施、项目、资金提前进行，对于改善灾区群众生产生活条件、促进灾区经济社会发展具有重要意义。甘肃省要做好和中央有关部门的对接工作。

第七，要完善防灾减灾体系。甘肃自然条件比较严酷，生态环境比较脆弱，防灾减灾能力较弱。这次特大冰雹山洪泥石流灾害的发生，固然和定西特殊的地理位置、复杂的地形条件直接相关，但也有大量民房挤占河道、防洪设施比较落后、水土流失比较严重以及农村应急和防灾体系不健全等方面的原因。我们要以这次抢险救灾为契机，认真总结经验教训，进一步加强防灾减灾体系建设,完善灾害预报预警系统,健全和落实对各类灾害的风险监控、应急处置、灾害救助、恢复重建等防灾减灾措施;要进一步加强水利设施建设和河道整治,全面排查地质灾害隐患,加强生态建设和环境保护,切实提高对自然灾害的综合防范和抵御能力。从这些年应对重特大自然灾害的情况看,我国的救灾体系总的是比较完善的,发挥的作用是好的,尤其是应急的抢险救灾能力高,效果是好的,这一点世界上没有哪个国家能和我们相比,这也是我们国家社会主义制度优越性的充分体现。但是也要看到,我们的防灾减灾能力还比较薄弱,在一定程度上这些年重视还不够。所以,中央研究提出"十二五"期间要把加强防灾减灾体系建设作为一项重点任务,采取了一系列措施。这方面我很有体会。比如,有些城市和农村的房屋往往建在低洼地区,容易造成河道堵塞;有些重大基础设施包括铁路、公路、桥梁建设往往考虑排洪问题不够或者堵塞河道。今天我们从临洮来岷县的路上,看到正在建设的铁路工地把从隧道里挖出来的大量碎石渣土堆放在河道中。对此我很担心,一旦洪水来临,就会遭受很大损失。我曾在中央的会议上提出,今后城市建设、农村房屋建设以及基础设施建设都要科学规划,搞好水利、生态、环境评估,把基础设施建设和防治灾害、保持水土、修复生态、保护环境结合起来,特别是解决好水的问题,绝不能破坏生态、恶化环境。当然,解决这个问题需要综合施策,甘肃省委、省政府要认真研究、积极配合,中央及有关部门也要高度重视、研究提出相应措施。

第八,要加强监督检查。加强监督检查是抢险救灾工作的重要组成部分,也是抢险救灾工作顺利进行的重要保证。随着抢险救灾和灾后重建工作的深入推进,各级政府将投入大量资金。能否管好用好救灾款物、确保重建工程高效优质,直接关系灾区人民的切身利益、关系党和政府的形象。灾区各级党委、政府及纪检监察机关要加强对抢险救灾决策部署贯彻落实、抢险救灾资金物资管理使用以及灾后重建工作进展情况等的监督检查,确保救灾款物真正用于受灾群众,确保灾后重建项目成为优质工程、廉洁工程、民心工程。要严格执行纪律,对贪污、挪用、截留救灾款物,违规插手工程建设以及失职渎职造成严重后果的,要坚决查处、严惩不贷。近年来,我们在汶川特大地震、玉树强烈地震、舟曲特大山洪泥石流抗灾救灾和灾后重建工作中,及时建立从中央到省、市、县、乡的监督检查领导小组和相应工作机构,开展监督检查,取得了良好成效。根据这次抢险救灾工作实际,请甘肃省纪委监察厅牵头,会同市、县有关部门一起成立一个领导小组或工作机构,认真做好抗灾救灾和灾后重建监督检查工作。

天灾无情人有情,艰难险阻见精神。我相信,有党中央、国务院和甘肃省委、省政府的坚强领导,有灾区干部群众的艰苦奋斗,有全国人民的大力援助,我们一定会夺取抢险救灾斗争的全面胜利,岷县一定会建设得更加美好!

四、反腐倡廉建设篇

纪检监察机关要有打击歪风、
弘扬正气的胆量*

（1997 年 1 月 3 日）

党风廉政建设、纪检监察工作与改革开放、经济建设目标一致，相辅相成，互相促进。这些年来，福建省经济社会之所以能快速发展，首先得益于党中央、国务院和省委的正确领导，得益于有一个良好的环境和氛围，让大家能够一心一意、同心同德搞改革开放和经济建设。同时，这个良好环境和氛围的形成也是各方面共同努力的结果，其中纪检监察机关起了很重要的作用。在这方面，我认为，纪检监察工作至少有两个作用：一是能保证改革开放、经济建设沿着健康的方向发展。我们搞社会主义市场经济要物质文明和精神文明两个文明建设一起抓，不能以牺牲精神文明为代价，不能经济上去了，而党风、社会风气一团糟。所以，要十分重视精神文明建设，切实搞好党风廉政建设和反腐败斗争。正如邓小平同志所说的，"开放、搞活政策延续多久，端正党风的工作就得干多久，纠正不正之风、打击犯罪活动就得干多久，这是一项长

---

* 这是贺国强同志在走访福建省纪委监察厅机关时的讲话要点。贺国强同志当时任中共福建省委副书记、福建省省长。

期的工作,要贯穿在整个改革过程之中,这样才能保证我们开放、搞活政策的正确执行。"〔1〕二是能保证改革开放和经济建设有一个宽松和谐的环境,起到保驾护航的作用。只要纪检监察机关把这两方面的作用发挥好了,就能形成健康向上、宽松和谐的环境,就能为改革开放和经济建设服好务。

搞好纪检监察工作,需要有两种胆量。一是要有敢于打击、惩治腐败分子的胆量。纪检监察工作很辛苦,难度很大,要得罪人,有时甚至要冒一定的风险。但这个岗位是很光荣的,大家不要怕得罪少数人。你不得罪少数人,就要得罪多数人。近年来,我们坚持不懈地抓反腐败,从抓刹风整纪开始,逐渐向治本深入,而且是动真格的,敢于查处大案要案,得到了社会的认可和人民群众的理解、支持,纪检监察机关的威信大大提高了。我相信,只要我们坚持不懈、动真格地抓下去,就一定能取得更加明显的成效。二是要有敢于维护正义、弘扬正气的胆量。光有打击歪风、惩处腐败,没有维护正义、弘扬正气也不行。正义的东西得到支持、弘扬,更能振奋人心,鼓舞士气。纪检监察机关出来维护、支持正义,不仅十分有力,而且对于党风政风的好转具有很好的影响和带动作用。打击、惩处需要胆量,弘扬正气同样需要胆量。

各级政府要始终坚持"两手抓、两手都要硬"的方针,在抓好经济建设的同时,认真抓好反腐倡廉各项工作的落实。特别是省直各部门领导干部,要绷紧廉洁自律这根弦,起表率作用。如何抓好政府系统的反腐纠风工作,我感到主要是抓

---

〔1〕 《邓小平文选》第3卷,人民出版社1993年版,第164页。

好以下几个方面：一是抓自身建设，落实中央和中央纪委关于政治纪律和廉洁自律的各项规定和制度。从省长、厅长做起，包括所有的领导干部都要做到严于律己，率先垂范，同时管好子女、亲属和身边工作人员。二是落实责任制，抓好自己所分管范围的党风廉政建设，做到管好行业、管好系统、管好下级。三是要支持纪检监察工作。支持是多方面的，首先要理解纪检监察工作，其次要支持纪检监察机关依纪依法履行职责、查处案件，再次要帮助纪检监察机关解决工作上和生活上的困难。

纪检监察工作是一项政策性很强的工作。各级纪检监察机关要加强自身建设，提高素质和水平，当好党的忠诚卫士。各级党委、政府要高度重视纪检监察工作，为纪检监察机关撑腰壮胆，帮助排除工作上的阻力，解决好纪检监察干部的后顾之忧。

总结案件教训，做好今后工作[*]

（2000 年 2 月 17 日）

这里，我想强调一下我市工程质量和移民资金管理中发生的两个重大典型案件。一个是发生在綦江的虹桥垮塌重大责任事故案。这个案件发生以后，在社会上引起了强烈的反响，国内不少新闻媒体多次曝光。市委、市政府在去年"三讲"教育的后期，提出要对此案抓紧结案，抓紧处理，然后总结教训，举一反三。再一个就是丰都县国土局原局长挪用贪污移民资金案。这个案件引起了中央领导同志的关注，引起了社会的关注。2 月 15 日晚上，中央电视台《焦点访谈》作了报道。我看后当时就批了一段话，我是这么写的：今天晚上中央电视台《焦点访谈》播放了"斩断伸向移民资金的黑手"，披露了我市丰都县国土局原局长大肆贪污、挪用移民资金的案件，资金达到 1500 多万。该报道发人深省，很有教育意义，请组织各移民县区收看并座谈讨论。三峡工程举世瞩目，三峡工程的成败在移民。国家花费了大量的资金来安置移民，中央、国家各部委以及全国各兄弟省市大力支援库区的移民开

---

* 这是贺国强同志在中国共产党重庆市纪律检查委员会第五次全体会议上讲话的一部分。贺国强同志当时任中共重庆市委书记。

发,我们一定要以移民为重,以移民为先,严格移民资金和移民工程质量管理。我在多次会议上讲过,移民资金是"高压线",碰不得,贪污、挪用移民资金是要严惩的。一定要以此反面典型为教材,认真总结经验教训。要选拔得力的干部抓移民工作,并建立一套严格的移民资金管理制度,防止类似案件的发生。

这两个案件发生以后,綦江、丰都这两个县的同志也很有压力。綦江这个案件已经全部处理完了。最近,市委经过研究,决定由市委有关领导同志带队,带领市委、市政府及市级有关部门的同志到綦江,就这个事件如何处理、如何总结教训来统一认识,以画个句号、作个了结。我想,这个事情在綦江至少有这么几点要统一认识:第一,对这样严重的工程质量责任事故,必须严肃查处。一座桥的垮塌,40 条人命,给人民生命和国家财产造成严重的损失,而且它所带来的政治影响更坏。从大量的事实来看,工程质量中的问题,相当多是和贪污腐败连在一起的,应当追究责任。第二,要总结教训。綦江县要总结教训,市里也要总结教训。付出了这么大的代价,如果还不能吸取教训的话,我们无法向中央交代,无法向社会、向人民交代。第三,不能因为綦江发生了这个问题,就否定整个綦江的工作,就否定綦江的干部、群众这些年来为綦江的发展所作的贡献。对这一点要正确认识。新闻媒体也要全面客观准确地进行报道。第四,要变坏事为好事。要通过总结教训,找出薄弱环节,认真整改,防止类似问题的再次发生。对此,不光是綦江要研究,市委、市政府也要研究总结。丰都发生的这个案件,现在纪委和政法机关正在查,要抓紧查,尽快结案处理,结案处理后马上也采取这个办法,总结教训,把工作搞上去。我之所以讲这两个例子,就是要求大家在发生了问题后,要很好地总结教训,很好地研究,举一反三,变坏事为好事,振奋精神抓工作,把工作抓起来。

对腐败分子决不放过、决不姑息[*]

（2008 年 1 月 14 日）

当前,腐败现象仍处于易发多发期,这就决定了在今后一个相当长的时期内,必须继续保持查办案件工作的强劲势头,严厉惩治腐败分子。要把查办案件作为新形势下党风廉政建设和反腐败斗争的一项重要工作,坚决突破一批重点案件,严厉惩处违纪违法行为,以震慑腐败分子,取信于民。

要以查办发生在领导机关和领导干部中的案件为重点,严厉查办官商勾结、权钱交易、权色交易和严重侵害群众利益的案件。严肃查办规避招标、虚假招标的案件,非法批地批矿、低价出让土地和矿产资源或擅自变更规划获取利益的案件,在企业重组改制、产权交易、资本运营和经营管理中隐匿、私分、侵占、转移国有资产以及企业领导人员失职渎职造成国有资产流失的案件,金融领域违规授信、内幕交易、挪用保险资金、违规处置不良资产、侵占上市公司资产的案件,严重违反组织人事纪律的案件,利用司法权索贿受贿、徇私舞弊的案件,领导干部和执法人员为黑恶势力充当"保护伞"的案件。

---

[*] 这是贺国强同志在中国共产党第十七届中央纪律检查委员会第二次全体会议上所作工作报告的一部分。贺国强同志当时任中共中央政治局常委、中央纪委书记。

坚持在法律和纪律面前人人平等,对腐败分子决不放过、决不姑息。

加强和改进查办案件工作。发挥各级党委反腐败协调小组的作用,健全查办案件的协调机制,提高有效突破大案要案的能力。严格依纪依法办案,正确使用案件检查措施,加强对查办案件工作的管理和监督。综合运用组织处理和纪律处分手段,加大组织处理工作力度。加强案件审理和申诉复查工作,确保案件办理质量。健全来信来访实名举报办理规定,完善督办机制。正确把握政策,坚持惩前毖后、治病救人,努力取得良好的政治效果、社会效果和法纪效果。加强案件剖析,健全制度,充分发挥查办案件的治本功能。

加大治理商业贿赂工作力度。认真做好自查自纠的检查评估和问题整改,坚决纠正不正当交易行为。严肃查办重点领域和重点方面的商业贿赂案件,既要严厉惩处受贿行为,又要严厉惩处行贿行为。严禁中资企业在国(境)外的商业贿赂行为,依法查处国(境)外经济组织在我国内地的商业贿赂行为。加大改革和制度建设力度,加快推进社会信用体系建设,对失信市场主体依法实行经济处罚、降低或撤销资质、吊销证照,并将有关单位和个人的不良行为记录在案。

探索发挥国家预防腐败机构 职能作用的途径和方法*

(2008 年 4 月 25 日)

改革开放 30 年来,我们党反腐倡廉工作的总体思路,大体经历了从着力治标、侧重遏制,到标本兼治、综合治理、逐步加大治本力度,再到标本兼治、综合治理、惩防并举、注重预防这样一个实践上不断发展、认识上不断深化的过程。特别是党的十七大强调,要扎实推进惩治和预防腐败体系建设,在坚决惩治腐败的同时,更加注重治本,更加注重预防,更加注重制度建设,拓展从源头上防治腐败工作领域。落实中央要求,深入推进党风廉政建设和反腐败斗争,必须把预防腐败工作摆在更加重要的位置,以更加积极的态度、更加有力的措施做好预防腐败工作,不断铲除腐败滋生的土壤,把腐败现象减少到最低程度。预防腐败是一项艰巨复杂的系统工程,必须依靠全党全社会的共同努力。这里,我着重就发挥国家预防腐败机构和联席会议职能作用、形成预防腐败工作整体合力谈点意见。

第一,要充分发挥国家预防腐败局的作用。为适应党和

---

*　这是贺国强同志在预防腐败工作联席会议第一次会议上讲话的一部分。

国家高度重视和大力加强预防腐败工作的新形势新任务,同时考虑到加强反腐败国际交流与合作特别是履行《联合国反腐败公约》的需要,经党中央、国务院批准,2007年9月国家预防腐败局正式挂牌。这是深入推进预防腐败工作的一项重大举措,有利于对预防腐败工作进行统筹规划、综合协调、整体推进。国家预防腐败局作为我国第一次设立的国家级预防腐败专门机构,要在组建以来探索实践的基础上,进一步明确工作职责,理清工作思路,找准工作定位,积极发挥作用。

从工作职责来讲,要根据中央的要求,认真履行以下三项职责:一是负责全国预防腐败工作的组织协调、综合规划、政策制定、检查指导。要按照党中央、国务院的要求和中央纪委监察部的工作部署,组织协调各地区各部门搞好预防腐败工作的分工协作、建立协调机制、推动贯彻落实;要组织有关部门采集、分析预防腐败工作信息,评估预防腐败工作情况,提出工作建议和规划;要广泛听取各方面意见,组织制定预防腐败政策和法规制度,提高预防腐败工作的规范化、法制化水平;要加强对党中央、国务院和中央纪委监察部关于预防腐败的决策和部署贯彻执行情况以及相关政策法规执行情况的监督检查,及时发现问题,提出解决对策。二是协调指导企业事业单位、社会团体、中介机构和其他社会组织的防治腐败工作。这是国家预防腐败局一项有特色的职能,也是预防腐败工作进一步深化的重要体现。要指导和协助有关行业组织建立行业自律制度和机制,在商务活动领域防范商业贿赂,在农村自治组织和城市社区开展预防腐败工作,在全社会开展廉洁教育,加强对廉政文化建设的指导,宣传预防和揭露腐败的办法和措施,提高社会各界防范和抵制腐败的意识和能力。三是负责预防腐败的国际合作和国际援助。这是《联合国反腐败公约》对缔约国预防腐败机构的一项基本要求。要在公约框架下,根据我国对外工作的需要以及所承担的国际义务,与国际组织和相关国家积极、稳妥地开展信息交流,借鉴国外预防腐败的经验,改进国内预防腐败工作。

从工作机制来讲,当前主要是建立健全两个方面的工作机制:一是内部协调机制。中央纪委监察部机关各厅室局都有预防腐败的职责,国家预防腐败局要加强与中央纪委监察部机关各厅室局的业务联系与沟通,充分发挥他们在预防腐败方面的职责和作用,增强预防腐败的能力和水平。中央纪委监察部机关已经建立预防腐败协调制度,开展有关工作。二是外部联系机制。中央和国家机关各部门都肩负着预防腐败的任务,特别是参加联席会议的部门和单位承担的任务更多、更重、更直接。国家预防腐败局作为联席会议的牵头单位,国家预防腐败局办公室作为联席会议的办公室,要充分利用预防腐败联席会议这个平台,加强与各部门、各单位的联系与合作,定期沟通情况、研究问题、协商政策,共同推进预防腐败工作。

从工作方法来讲,国家预防腐败局要注意把握四个方面:一是抓综合。就是着重从国家层面和行政角度,组织开展预防腐败工作,加强对预防腐败形势、工作进展情况等问题的调查研究,根据党和国家的中心工作提出年度预防腐败工作要点,检查督促工作落实,将一些成熟的做法和经验上升为制度等。二是抓协调。就是加强与有关部门的联系和沟通,发挥各自优势,统筹考虑、合理安排、有效实施,使预防腐败各项政策措施有机衔接、相互促进、形成合力。三是抓服务。就是及时向有关部门和单位通报信息、听取意见,帮助解决工作中遇到的困难和问题,支持和配合他们抓好职责范围内的预防腐败工作。四是抓重点。就是根据预防腐败的工作部署和社会关注度高、群众反映强烈的突出问题,每年确定几项预防腐败的重点工作,组织有关方面集中力量,重点突破,务求实效,取信于民。

第二,要充分发挥预防腐败联席会议的作用。为加强对预防腐败工作的统筹协调,国家预防腐败局与相关部门和单位建立了预防腐败联席会议制度。联席会议可以讨论工作要点、任务分解,可以听取汇报、督促检查,也可以研究某项重点工作。有关部门和单位要立足工作实际,发挥自身优势,加强协调配合,形成整体合力,推动工作落实。要着眼全局,按照中央的部署和要求,围绕当前党和国家的中心工作,加强调查研究,针对反腐败工作中存在的全局性、倾向性问题,及时提出对策建议;要充分利用联席会议这个平台,发挥自身优势,及时沟通情况、通报工作、交流信息、整合资源;要认真贯彻落实中央有关要求和联席会议提出的各项任务,对于自己主抓的工作,要发挥牵头作用,组织协调有关部门共同完成;对于其他部门牵头抓的工作,要积极主动地支持配合,推动工作落实。

这里还要指出的是,预防腐败是全党全社会的共同责任,不仅仅是国家预防腐败局一家的工作,也不仅仅是联席会议13 家单位的工作,我们不能也不可能包揽所有工作,代替各部门的职能。设立国家预防腐败局、成立联席会议,目的就是要发挥各个方面预防腐败工作的积极性、主动性,统筹协调预防腐败工作的各项政策措施,形成预防腐败工作的整体合力。联席会议成立后,各单位工作职责不变,凡属各部门职责范围内的反腐倡廉工作,还是由各部门自己做,而且要做得更好。

  预防腐败是我们党面临的一个重大课题,国家预防腐败局和预防腐败联席会议是一项新生事物,没有现成的经验可以借鉴。要坚持解放思想、实事求是、与时俱进、开拓创新,不断研究新情况、解决新问题,不断在工作中深化对预防腐败规律的认识;要认真总结各地区各部门在预防腐败方面的工作经验,积极借鉴国(境)外预防腐败的有益做法,不断探索预防腐败的新思路、新途径、新办法;要结合工作实际,创新工作方法,完善工作机制,不断提高国家预防腐败局和联席会议的工作水平。

扎实推进惩治和
预防腐败体系建设*

（2008 年 5 月 23 日）

　　党的十六大以来,党中央高度重视和大力加强党风廉政建设和反腐败工作,不断深化对反腐倡廉工作规律的认识,提出了标本兼治、综合治理、惩防并举、注重预防的反腐倡廉战略方针,作出了建立健全惩治和预防腐败体系的战略决策,颁布了《建立健全教育、制度、监督并重的惩治和预防腐败体系实施纲要》(以下简称《实施纲要》)。几年来,各级党委、政府认真贯彻中央的要求和部署,积极落实惩治和预防腐败体系建设的各项任务,取得了明显成效。

　　党的十七大对加强以完善惩治和预防腐败体系为重点的反腐倡廉建设提出了新的要求。为深入贯彻党的十七大精神,扎实推进惩治和预防腐败体系建设,中央下发了《建立健全惩治和预防腐败体系 2008—2012 年工作规划》(以下简称《工作规划》)。《工作规划》按照《实施纲要》的基本精神和总体要求,在认真总结实践经验基础上,根据形势和任务的发

＊　这是贺国强同志在全国贯彻落实《建立健全惩治和预防腐败体系 2008—2012 年工作规划》电视电话会议上讲话的一部分。

展变化,进一步明确了今后五年惩治和预防腐败体系建设的指导思想、基本要求、工作目标,制定了坚决惩治和有效预防腐败的相关措施,是推进惩治和预防腐败体系建设的指导性文件。我们要按照中央要求,把惩治和预防腐败体系建设的各项任务落到实处,把反腐倡廉建设提高到一个新的水平。

《工作规划》明确提出,要经过今后五年的扎实工作,建成惩治和预防腐败体系基本框架,拒腐防变教育长效机制初步建立,反腐倡廉法规制度比较健全,权力运行监控机制基本形成,从源头上防治腐败的体制改革继续深化,党风政风明显改进,腐败现象进一步得到遏制,人民群众的满意度有新的提高。为实现这个目标,我们在贯彻落实《工作规划》、推进惩治和预防腐败体系建设过程中,要注意把握以下几个方面:

第一,必须牢牢把握正确方向,紧紧围绕党和国家中心任务和工作大局来进行。一是要为深入贯彻落实科学发展观提供有力保证。要坚持以科学发展观指导惩治和预防腐败体系建设,深刻领会科学发展观的科学内涵、精神实质和根本要求,自觉转变不适应不符合科学发展观的思想观念,切实按照科学发展观的要求贯彻落实《工作规划》,进一步理清工作思路、改进工作方法、完善体制机制,真正把发展这个第一要义、以人为本这个核心、全面协调可持续这个基本要求、统筹兼顾这个根本方法贯穿于惩治和预防腐败体系建设的全部过程和各个方面,不断增强反腐倡廉决策的科学性、措施的协调性和工作的实效性。二是要切实维护党的政治纪律,确保中央政令畅通。要通过落实《工作规划》,进一步教育和引导各级领导班子和领导干部增强政治敏锐性和政治鉴别力,善于从政治上、全局上观察和处理问题,始终不渝地坚持党的基本理论、基本路线、基本纲领、基本经验,自觉同党中央保持高度一致,牢固树立全国"一盘棋"的思想,正确把握局部利益与全局利益、近期发展与长远发展的关系,坚定不移地贯彻执行中央的决策部署,努力把中央精神与本地区本部门实际结合起来创造性地开展工作,坚决反对有令不行、有禁不止和"上有政策、下有对策"的错误倾向,维护中央权威,确保政令畅通。三是要认真解决损害群众利益的突出问题。要围绕维护群众切身利益问题,深入开展专项治理。

第二,必须全面贯彻反腐倡廉战略方针,增强惩治和预防腐败体系建设的科学性、系统性、实效性。一是要坚持惩防并举、注重预防。惩治和预防腐败是反腐倡廉建设相辅相成、相互促进的两个方面,必须做到两手抓、两手都要硬。我们讲更加注重治本,更加注重预防,更加注重制度建设,决不是要放松惩治腐败的工作。不仅不能放松,而且要继续抓得紧而又紧。要通过坚决查处违纪违法案件、惩处腐败分子,严肃党的纪律,使广大党员、干部受到教育。要针对案件中暴露出来的苗头性问题和薄弱环节,及时制定制度规定,堵塞漏洞,发挥办案在治本方面的建设性作用。要通过深化改革、创新制度,进一步加大预防腐败工作力度,不断铲除腐败滋生的土壤,拓展从源头上防治腐败工作领域,努力把腐败现象减少到最低程度。二是要坚持整体推进、突出重点。要全面落实教育、制度、监督、改革、纠风、惩治等六个方面的任务和措施,把教育的说服力、制度的约束力、监督的制衡力、改革的推动力、纠风的矫正力、惩治的威慑力结合起来,增强惩治和预防腐败体系建设的综合效能。同时,要坚持突出重点,抓住关键,以重点工作的成效带动全局工作的发展,以关键环节的突破带动整体建设的推进。要坚持以领导干部为重点,抓好领导干部的党风廉政教育,引导领导干部讲党性、重品行、作表率,筑牢拒腐防变的思想道德防线;严格执行党内监督制度,加强上级党委和纪委对下级党委及其成员的监督,加强常委会内部监督,加强纪委对同级党委常委会成员的监督,防止权力滥用和行为失范;严格执行领导干部廉洁自律各项规定,严肃查处领导干部违纪违法行为,促进领导干部廉洁从政,奉公守法,干干净净办事、清清白白做人。要坚持以规范和制约权力为核心,把健全权力结构和运行机制作为惩治和预防腐败体系建设的重要任务来抓,按照结构合理、配置科学、程序严密、制约有效的原则,建立健全决策权、执行权、监督权既相互制约又相互协调的权力结构和运行机制,加强对权力运行的规范和限制,大力推行权力运行公开透明的各项制度措施,保证权力正确行使。要坚持以容易滋生腐败的重点领域和关键环节为突破口,围绕干部人事权、司法权、行政审批权、行政执法权等权力的行使,制定预防和治理腐败的有效措施;重点查处工程建设、土地出让、产权交易、医药购销、政府采购、资源开发和经销等领域以及银行信贷、证券期货、商业保险等方面的商业贿赂案件;紧密结合建设社会主义新农村和农村综合改革,加强农村基层党风廉政建设;紧密联系国有企业改革和发展,加强国有企业党风建设和反腐倡廉工作。三是要坚持统筹兼顾、协调配合。建立健全惩治和预防腐败体系涉及面广、工作量大、时间跨度长。要坚持立足当前、着眼长远,根据各地区各部门工作实际,合理确定战略性目标与阶段性任务,使各项工作有步骤、有计划地推进,特别要注意针对一个时期群众反映强烈、基本具备治理条件的突出问题,提出明确具体的目标和要求,集中力量进行整治,使反腐倡廉工作扎实、有效地向前推进。要坚持齐抓共管、形成合力,把发挥纪检监察机关的作用与发挥党委、政府有关部门的职能作用以及广大人民群众和全社会的支持参与结合起来,充分调动各方面的积极性,充分发挥各行业、各部门的优势,形成推动反腐倡廉建设的整体合力。要坚持依法办事、务求实效,正确把握政策和策略,综合运用法律、纪律、行政和经济处罚、组织处理等方式和手段,不断提高工作的科学化、规范化、法制化水平,努力做到严肃执纪、公正执法、文明办案,实现惩治和预防腐败政治、社会、法纪效果的有机统一。

第三,必须坚持深化改革、完善制度,积极推进惩治和预防腐败体系建设各项工作创新。一是要把《工作规划》提出的各项改革举措落实好。《工作规划》着眼于用改革的办法治理腐败,明确提出要推进干部人事和司法体制改革,行政管理和社会体制改革,财税、金融和投资体制改革,国有企业改革,现代市场体系建设及相关改革等。这些重大改革既是我国经济、政治、文化、社会等方面改革的重点和难点任务,也是完善惩治和预防腐败体系的关键环节,我们要按照中央的决策和部署,积极稳妥地加以推进,务求取得明显成效。二是要把《工作规划》提出的反腐倡廉各项法规制度建设好。制度不完善、管理有漏洞是腐败滋生的一个重要原因。加强制度建设是反腐倡廉的治本之策,也是惩治和预防腐败体系建设的核心内容。要与完善社会主义市场经济体制的进程相适应，着眼于为更好地发挥市场在资源配置中的基础性作用提供制度保障，把制度建设贯穿于反腐倡廉工作的各个环节，通过加强制度建设，有效规范公共权力的运行，切实做到用制度管权、管事、管人。要完善党内民主和党内监督制度，完善违纪行为惩处制度，完善反腐败领导体制和工作机制的具体制度，加强反腐倡廉国家立法工作。同时，要加强对制度执行情况的监督检查，保证各项制度落到实处。三是要不断推进惩治和预防腐败体系建设理论和实践创新。时代在前进，事业在发展，党风廉政建设和反腐败斗争也在不断面临新情况新问题新挑战。惩治和预防腐败体系建设，必须适应世情、国情、党情的发展变化，不断改革创新。这就要求我们在落实《工作规划》提出的各项任务过程中，必须坚持解放思想、实事求是、与时俱进，深入调查研究，认真总结基层和群众在反腐倡廉建设中创造的新鲜经验；拓宽工作视野，深入研究借鉴国（境）外反腐倡廉建设的有益做法；加强反腐倡廉政策理论研究，不断加深对反腐倡廉特点和规律的认识，结合工作实际，研究提出惩治和预防腐败体系建设的新思路、新办法、新举措，不断推动反腐倡廉建设向前发展。

对趁抗震救灾之机
发"国难财"者要严惩不贷[*]

（2008 年 5 月 28 日）

今年 5 月 12 日四川省汶川等地发生特大地震灾害后,在党中央、国务院、中央军委的坚强领导下,全党全军全国各族人民万众一心、众志成城,展开了一场气壮山河的抗震救灾伟大斗争,经过顽强努力,抗震救灾斗争取得了重大阶段性成果。抗震救灾资金物资是做好抗震救灾工作的重要物质基础和保证。为加强抗震救灾资金物资的保障工作,中央及时下拨救灾专款,调拨救灾物资,要求加快救灾物资转运速度,尽早将更多的救灾物资及时运送到灾区和受灾群众手中。各地区各部门紧急行动、全力以赴,全社会奉献爱心、倾力支援,香港、澳门、台湾同胞以及海外华侨华人和衷共济、踊跃捐献,众多外国政府、国际组织和国际友人积极支援,为抗震救灾提供了宝贵帮助。随着抗震救灾工作的进展,中央和地方各级政府还将投入大量资金,社会捐赠也还将继续增加。这些资金物资数量之大,来源之广,都是空前的,充分体现了我们党立党为公、执政为民的执政理念,体现了中华民族的爱国主义、

＊　这是贺国强同志在抗震救灾资金物资监管工作汇报会上讲话的主要部分。

集体主义精神以及海内外中华儿女血脉相连的同胞深情,体现了国际社会对中国人民的友好情谊。对抗震救灾资金物资的管理使用情况,中央高度重视,社会各界十分关注,具有高度的政治敏感性。能否管好用好抗震救灾资金物资,直接关系到灾区群众的基本生活和恢复生产、重建家园的顺利进行,直接关系到中华儿女以及国际社会的关心关爱能否落到受灾群众身上,直接关系到党和政府在人民群众中的公信力、凝聚力,是对我们党领导水平和执政能力的重要考验。如果出现监管失误,出现贪污、私分、截留、挪用救灾款物的行为,就会严重阻碍抗震救灾和恢复重建工作进程,严重侵害灾区群众切身利益,严重影响社会各界支援灾区的积极性,严重破坏党和政府的形象,会伤害全国人民的心,甚至会引起公愤,同时也会授人以柄。

党中央、国务院高度重视加强抗震救灾资金物资监管工作。中央领导同志多次作出重要指示,要求尽快成立监督检查领导机构,尽快制定公布有关规章制度和纪律规定,尽快进行动员部署,切实加强对抗震救灾资金物资的监管,确保公开、公平使用,及时发放到灾区和受灾群众手中;要求监察、审计等部门要充分发挥职能作用,确保廉洁救灾,向人民群众交一个明白账、放心账。地震发生后,四川等受灾地区、中央各有关部门和单位按照党中央、国务院的要求,认真履行职责,在加强抗震救灾资金物资监管方面做了许多工作。5月20日,中央纪委、监察部、民政部、财政部、审计署等五部委联合下发了《关于加强对抗震救灾资金物资监管的通知》,就做好这方面的工作提出具体要求。根据中央精神,结合各部门各

单位的实际,当前加强抗震救灾资金物资监管,要重点抓好以下几项工作:

第一,成立抗震救灾资金物资监督检查领导小组,切实加强组织领导。抗震救灾资金物资监管工作,时间紧迫,情况复杂,任务繁重,必须切实加强组织领导。经中央同意,成立抗震救灾资金物资监督检查领导小组,领导小组成员由中央纪委、监察部、民政部、财政部、审计署的有关领导同志组成,具体负责对抗震救灾资金物资监管工作的领导。领导小组办公室设在监察部。四川等受灾地区及其市(地、州)、县(市、区)和乡(镇),都要层层建立相应的领导机构。抗震救灾资金物资监督检查领导小组,要按照中央的决策部署,认真履行职责,加强组织协调,迅速开展工作。要明确各相关部门的责任和分工,督促其建章立制,规范工作程序,加强内部管理,切实做好本部门、本单位救灾款物的监管工作;要建立健全各相关部门之间的沟通联系制度、工作衔接机制以及违纪违法案件线索移送机制,畅通各有关部门的信息渠道,把各方面的积极性调动起来,把各方面的力量聚集起来,形成监管工作的整体合力。各有关部门和单位要增强政治责任感和工作紧迫感,充分发挥职能作用,切实加强对抗震救灾资金物资管理使用的监管。做好抗震救灾资金物资监管工作,既要集中力量,扎实工作,又要加强舆论宣传,营造必要声势,宣传先进典型,引导社会舆论,回应社会关切。

第二,建立健全规章制度,为加强抗震救灾资金物资监管提供重要保障。要确保抗震救灾资金物资规范管理、合理使用,必须尽快建立健全有关规章制度,切实使这些资金物资的监管工作有法可依、有章可循。一方面,要重申并严格执行已有的规章制度。有关部门要对以往关于救灾资金物资管理使用的规章制度进行系统梳理,由监察部统一进行汇总,通过新闻媒体和互联网向社会公布,并抓好贯彻落实。另一方面,要根据新的形势和任务,有针对性地制定一批新的规章制度。近日将制定并公布两个新的规章制度:一是关于加强抗震救灾捐赠款物管理使用的通知。这个通知将明确加强救灾捐赠款物管理的基本原则,对救灾捐赠款物的接收管理、统一规划、有效使用、信息公开,以及加强对救灾捐赠工作的监督检查等作出具体规定,以规范抗震救灾捐赠款物的管理使用。二是抗震救灾款物管理使用违法违纪行为处分规定。这个规定要针对抗震救灾款物募集、管理、发放、使用等环节存在或容易出现的违法违纪问题,重申和提出处理意见,为严厉惩治抗震救灾款物管理使用违法违纪行为提供更加充分的处分依据。同时,要抓紧制定和公布关于抗震救灾物资分配办法、关于抗震救灾资金物资管理使用情况的公示办法、关于地震救灾采购管理规定等规章制度。还要根据抗震救灾工作的进展情况,制定出台一些其他制度,做到需要什么制度就制定什么制度,成熟一个就立即公布一个,以适应抗震救灾款物管理使用工作的需要。

第三,充分发挥各方面作用,对抗震救灾资金物资管理使用情况进行全方位监督。强化监督,是发现问题、堵塞漏洞、确保抗震救灾资金物资合理有效使用的重要手段,也是各地区各部门义不容辞的政治责任。要进行全方位的监督,纵向上,要把监督贯穿于抗震救灾资金物资募集、接收、分配、拨付、管理、使用等每一个环节;横向上,要把监督覆盖到所有涉及抗震救灾资金物资募集和管理使用的地区、部门和单位,确保不留死角。各有关部门和单位要按照"谁主管、谁负责"的原则,从自身的职能出发,加强监督工作。财政部门要强化财政监管,监督和指导有关部门管好用好财政资金和捐赠资金;民政部门要组织和协调好救灾捐赠活动,引导社会各界按照正规渠道捐赠款物,依法规范捐赠行为;红十字总会、中华慈善总会及其他具有募集职能的单位和组织要加强对本单位、本系统的管理,切实管好接收的款物;纪检监察机关要督促有关部门和单位特别是领导干部认真履行监管职责,严肃查处违反纪律的行为,对因工作不力造成严重后果的地方和部门负责人,要坚决追究责任。

要自觉接受人大、政协以及各民主党派的监督,自觉接受新闻媒体和社会各界的监督,对反映的问题要及时核查、认真处理。今天这个会议,我们邀请了部分监察部特邀监察员参加。下一步的监督检查工作,也要积极吸收人大代表、政协委员、民主党派和无党派人士以及特邀监察员参加,以充分发挥各方面的监督作用。

第四,开展专项审计,确保抗震救灾资金物资及时拨付、有效使用。审计在抗震救灾资金物资监管工作中具有特殊的重要作用。要组织精干力量,对财政资金和社会捐赠款物进行全过程审计,切实做到抗震救灾资金物资到达哪里,审计就跟踪到哪里;涉及哪个环节,就审计哪个环节。要重点查处不认真履行职责,造成救灾资金物资滞拨、滞留等影响受灾群众生活和灾后重建等问题,促进救灾资金物资及时、足额下拨;

重点查处人为随意分配、优亲厚友等问题,促进救灾资金物资分配的公开、公平、公正;重点查处贪污、私分、克扣救灾资金等问题,促进救灾资金专款专用;重点查处损失浪费和弄虚作假等问题,促进救灾物资规范采购和有效管理;重点查处挤占、挪用、隐瞒、截留捐赠资金和倒卖捐赠物资等问题,促进完善社会捐赠管理运行机制,提高捐赠资金和物资的使用效果。对审计中发现的违规问题,要责令有关部门和单位及时整改,坚决纠正和处理。有关审计机构每周要向审计署报告救灾款物审计情况,审计署要定期向社会公布阶段性审计情况。救灾工作总体结束后,要向社会公告救灾款物管理使用的最终审计结果。

第五,组织专项检查,及时发现和纠正抗震救灾资金物资管理使用过程中出现的问题。这次会后,抗震救灾资金物资监督检查领导小组要在前一阶段各有关单位已经开展调研和检查的基础上,立即派出两个专项检查组,一个组负责对中央和国家机关有关部门、接受捐赠的民间组织和社会团体抗震救灾资金物资管理使用情况进行检查;一个组负责对四川省等灾区抗震救灾资金物资管理使用情况进行检查。检查工作要紧紧依靠地方党委和部门党组,充分发挥纪委和纪检监察派驻机构的作用。要突出检查重点,围绕救灾资金物资管理使用,着重对涉及受灾群众基本生活、资金物资集中、社会公众关注程度高、容易发生问题的领域和环节进行检查。对接收款物捐赠的部门和单位要重点加强对款物去向的检查,对使用捐赠款物的部门和单位要重点加强对分配和发放的检查。与此同时,要加强对因灾生活困难群众补助金和救济粮、孤儿孤老孤残基本生活费和遇难人员抚慰金发放以及救灾帐篷、过渡安置房生产及调运等环节的检查,保证受灾群众的衣食住医等基本生活得到妥善安排。随着抗震救灾工作的推进,我们还要及时组织检查组进行其他专项检查。

第六,坚持公开透明,切实把抗震救灾资金物资管理使用置于阳光之下。公开透明是加强监管、保证抗震救灾资金物资合理有效使用的基础,也是回应社会关切、消除疑虑误解的重要途径。抗震救灾资金物资监督检查领导小组办公室要协调有关部门及时公布制定出台的规章制度和开展的监督检查等情况,设立咨询、举报电话,适时举行新闻发布会。要建立健全信息公开制度,把公开透明贯穿于抗震救灾款物管理使用的全过程,主动公开抗震救灾款物的来源、数量、种类和去向。要采取统一标准做好救灾款物的统计工作,防止因数据混乱影响工作的正常进行并引发社会误解。物资采购要按照地震救灾采购管理规定执行,凡有条件的都要公开招标,防止暗箱操作;抗震救灾款物的发放,除紧急情况外,都要坚持调查摸底、张榜公示、公开发放等程序,做到账目清楚、手续完备、群众知情。市县两级要重点公开抗震救灾款物的管理使用和分配情况;乡镇要重点公开抗震救灾款物的发放情况。捐赠款物的社会关注度高,尤其要提高管理使用的透明度。民政部要统一汇总发布全国抗震救灾捐赠动态,通报外国政府、国际组织援助捐赠情况;加强对机关、企业事业单位、社会团体、基层群众性自治组织捐赠和募捐活动的指导和监督,督促其公开名称、地址、银行账号以及接受捐赠情况。社会团体和组织等接收单位也要及时向社会公布捐赠款物的接收、分配、使用情况。要定期向社会及接收捐赠部门和单位公布灾区需求信息,引导协调社会捐赠资金物资合理投入,避免救灾捐赠款物无序和重复投入,造成不必要的浪费。灾民过渡安置房建设和灾后恢复重建工作,要按照国务院批准的总体规划,合理确定资金来源,并以协商方式引导社会团体和组织安排资金。对于定向捐赠款物,要按照捐赠者的意愿由接收单位安排使用;在定向捐赠款物过于集中在同一地方的情况下,要按照有关规定,经捐赠人同意后作适当调剂,发挥捐赠款物的最大效益。对于非定向捐赠资金,要根据抗震救灾工作的统一规划和灾区需要安排使用。

第七,严格执行纪律,从快从严从重处理抗震救灾资金物资管理使用中的违纪违法行为。救灾款物是社会各界和广大群众的血汗钱、爱心钱,也是灾区人民的救命钱、安家钱,这条"高压线"谁也碰不得。各级纪检监察机关要从严执纪,对抗震救灾款物管理使用中出现的违纪违法问题,要快查严办重处。贪污、截留、挪用、私分救灾款物,趁机发"国难财",性质恶劣,天理难容,必须严惩不贷,发现一起迅即查处一起,并公开曝光。涉嫌犯罪的,要及时移送司法机关追究刑事责任。既要严肃处理直接责任人,还要追究有关领导的责任。对在抗震救灾款物管理使用中玩忽职守、贻误工作的,也要严肃追究相关人员的责任。

把廉洁救灾经验运用到
反腐倡廉日常工作中去[*]

（2008 年 6 月 9 日）

　　网民提的意见很好。一方面,要按中央的要求,继续加大工作力度,切实做好抗震救灾款物的监督检查工作;另一方面,要认真总结一些好的经验做法,如公开透明、监督前移、处置果断等做法,延伸到日常的反腐倡廉工作中去。

＊　这是贺国强同志在《网民建议"廉洁救灾"经验应向日常反腐延伸》一文上的批语。

努力实现廉洁办奥运目标[*]

（2008 年 7 月 14 日）

  举办好北京奥运会，是中华民族的百年期盼和海内外炎黄子孙的共同心愿，也是当前全党全国的一项重点工作，党中央高度重视，全国人民十分关心，国际社会广泛关注。对奥运会筹办工作，我也一直非常关心。2007 年 12 月，我曾经参观过一些奥运场馆，当时这些场馆建设还正处于工程收尾阶段。这次来，主要是考察已经建成并即将投入使用的部分奥运场馆和奥运村，并对奥运筹办和监督工作进行调研。这次调研，使我大开眼界，感慨万千。奥运会能申办成功不容易，奥运场馆工程能在七年中建成现在这样更不容易，无论是工程建设还是各项筹办工作都取得了令人瞩目的成绩。最近我出国访问期间，与往访国领导人及各界人士交谈时，北京奥运会是一个重要话题，往访国均表示全力支持北京奥运会，并寄予很高期望；我也积极宣传北京奥运会筹办工作情况，并邀请他们届时参会。我相信，在党中央、国务院的坚强领导下，在以往良

<hr />

 * 2008 年 7 月 14 日，贺国强同志到北京市考察调研北京奥运会场馆建设和奥运村运行情况以及奥运筹办和监督工作。这是考察调研期间听取北京奥组委、第 29 届奥运会监督委员会有关负责同志情况汇报时讲话的主要部分。

667

好工作的基础上,通过北京奥组委强有力的组织指挥以及全党全国人民的共同努力,我们一定能够成功举办一届"有特色、高水平"的奥运会,履行对国际社会的郑重承诺。

奥运监督工作是奥运筹办工作的重要组成部分,也是确保奥运会成功举办的重要保证。党中央、国务院高度重视奥运监督工作,从奥运筹办工作一开始就决定成立了第 29 届奥运会监督委员会,这是奥运会历史上第一次设立专门的监督机构。七年来,在北京奥组委及奥运会监督委员会的直接领导下,各级奥运监督部门采取一系列切实有效的措施,对整个奥运筹办工作进行全程监督,做了大量工作,取得了显著成效。从目前监督检查的情况看,可以说,总体情况是好的,不仅确保了奥运场馆建设和奥运筹办工作的健康、有序、顺利进行,而且为今后举办大型活动、建设大型工程开展监督检查工作积累了许多经验。当前,北京奥运会开幕在即,各项筹办工作正在紧锣密鼓地加紧进行,我们必须适应奥运筹办工作的进度,高度重视和继续加强奥运监督工作,以扎实有效的工作迎接奥运会的召开。

第一,要切实加强对中央有关奥运筹办工作指示精神贯彻落实情况的监督检查。中央对奥运筹办工作高度重视。党的十七大明确提出要办好 2008 年北京奥运会、残奥会。今年以来,中央政治局和中央政治局常委会多次听取奥运会、残奥会筹办工作汇报,中央专门成立了北京奥运会、残奥会筹办工作领导小组;中央领导同志多次考察奥运基础设施建设、参加奥运会有关重大活动,对做好奥运会筹办工作提出了明确要求。认真贯彻落实党中央和中央领导同志有关指示精神,是做好奥运筹办工作、确保奥运会顺利成功举办的重要政治保证。各级党委、政府特别是参与奥运筹办的工作部门和单位一定要认真学习贯彻中央的指示精神,结合工作实际切实抓好贯彻落实。各级纪检监察机关要认真履行监督检查职责,督促各地区各部门认真贯彻落实中央的指示精神,切实抓好当前各项重点工作的落实,尤其要督促有关地方和部门全面分析和把握影响社会稳定的各种因素,认真开展矛盾纠纷排查化解工作,妥善处理重信重访等问题,及时处置影响社会稳定的各种问题,努力维护改革发展稳定大局,为奥运会的成功举办创造良好的环境和条件。要加强对中央关于奥运筹办各项决策部署贯彻执行情况的监督检查,严格执行纪律,督促各地区各部门特别是奥运赛区所在省市和有关职能部门以及北京周边省份严格落实责任和各项措施,坚决纠正有令不行、有禁不止的行为,确保中央政令畅通。奥运会监督委员会及各级奥运监督部门要切实加强监督检查,督促有关部门认真履行职责,深入细致地做好奥运会各项筹办工作,确保奥运会筹备工作的顺利进行和成功举办。

第二,要继续加强对奥运场馆工程建设质量的监督检查。奥运场馆工程建设质量,不仅是决定奥运会成功举办的重要基础和关键环节,也是事关奥运场馆赛后开发利用、满足人民群众文化体育活动需要、推进首都和奥运分赛区城市精神文明建设的百年大计。在过去几年的奥运场馆建设中,广大施工单位和工程建设人员坚持高标准、严要求,严把工程质量关,突破一个又一个工程难题,实现一项又一项技术创新,确保了奥运场馆建设的高水平、高质量。目前各奥运场馆都已

经通过了"好运北京"体育赛事的测试,通过了有关部门的验
收,工程质量得到了专家和运动员的一致好评。奥运工程建
设的高质量,既是广大工程建设者心血和汗水的结晶,也是奥
运监督部门有效开展工作的结果。自奥运场馆开工建设以
来,奥运会监督委员会及各级奥运监督机构按照"安全、质
量、功能、工期、成本"五统一和"阳光工程"的要求,对奥运场
馆工程建设开展了卓有成效的监督工作,有力地促进了场馆
工程建设顺利进行。现在,奥运场馆大规模建设和验收工作
虽然已经完成,但并不意味着奥运场馆工程建设质量监督工
作万事大吉。越是奥运临近,越是各方面好评不断,我们越要
保持头脑清醒,越要加强对奥运场馆和相关设施工程质量的
监督,不能有丝毫麻痹,不能有一刻放松。奥运场馆工程质量
最终要经过奥运会实践来检验,因此,要在奥运会正式开幕之
前,在原有工作的基础上,对工程质量问题再进行一次全面检
查。要本着对奥运会负责、对党和人民负责、对历史负责的精
神,本着实事求是、注重科学的态度,从确保赛时运行万无一
失的标准出发,进一步加强对奥运场馆及相关设施质量、安
全、功能等方面的监督检查,特别是要认真解决在奥运测试赛
以及暴雨天气中暴露出来的各种问题,更加深入细致地对各
种可能存在的工程质量缺陷和运行隐患进行彻底排查,加强
工程整改,进一步完善功能需求,继续对场馆电力、热力、消
防、空调等保障设备及其他临时设施进行满负荷测试,并制定
和完善相应的应急预案。要进一步明确、强化和落实安全质
量责任制,尤其在赛时要将责任层层落实到人,并切实承担起
赛时运行保障责任,严防责任事故。要把狠抓场馆工程质量

与提高运行效率结合起来,把提高硬件建设水平与提高软件服务水平结合起来,对奥运场馆运行管理的每个岗位、每个细节进行再演练、再磨合、再完善,确保赛时能够及时发现并妥善处置各种特殊情况和复杂问题,为全面实现奥运赛事目标提供一流的硬件设施和服务保障。

第三,要继续加强对奥运资金使用情况的监督检查。奥运资金规模大、来源渠道广,其中既有政府财政投入,也有各类企业赞助,还有港澳台同胞和海外华侨华人的捐助。这些资金充分体现了党和政府对办好奥运会的坚定决心和有力支持,充分体现了海内外中华儿女对百年奥运的热切期盼和倾力奉献。管好用好奥运资金,确保其有效用于奥运筹办工作,是党中央高度重视、社会各界广泛关注的问题,也是我们奥运监督部门义不容辞的职责。奥运会筹办工作开展以来,有关方面高度重视和大力加强奥运资金的筹集、管理、使用和监督工作,奥运场馆建设和奥组委运行资金都经过了各级审计机关的严格审计,资金管理和使用情况总的是好的。目前,奥运场馆工程建设虽然已经结束,但工程资金尚未结算;特别是随着奥运会的临近,各种筹备活动以及奥运会期间的各种管理、运行、服务费用还会大量增加,花钱的地方很多。因此,加强奥运资金监管工作,不能有丝毫放松。我们要认真贯彻中央"节俭办奥运、廉洁办奥运"的方针,继续加强对奥运资金使用情况的监督管理,严格控制奥运会预算总规模,科学管理并合理使用资金;要进一步规范赛时资金管理使用程序,加强对应急支出和临时采购的监督检查,确保各项资金用当其时、用当其所;要进一步加强对合同执行、变更和资金拨付情况的审核,加强对政府专项资金专款专用的监督检查,认真做好奥运赛后结算工作,确保场馆工程建设资金和奥运会运行资金使用合规合法、安全高效;对在审计中发现的问题,要认真进行整改,一经发现有严重违纪违法行为的,要严肃查处。总之,要通过我们严格细致的工作,确保奥运资金的规范、合理、有效使用,向党和人民交一个明白账、放心账。

第四,要着力加强对赛时纪律执行情况的监督检查。经过七年的艰苦努力,目前北京奥运会各项筹备工作已经就绪。奥运会开赛期间,我们的工作将接受国际奥委会的检验,接受各国运动员和观众的检验,接受党和人民的检验。为保证各项赛事的顺利进行,必须严格赛时纪律。要督促奥组委有关部门进一步明确和完善赛时岗位职责,对奥运赛事的每个环节和各个方面都要明确提出工作规范和纪律要求,特别是对容易出现问题的关键环节和重点岗位,更要严格要求、严格把关,确保不出疏漏。要加强对奥组委工作人员特别是场馆团队工作人员的纪律教育,使他们增强责任意识和纪律意识,切实做到严格守纪、令行禁止,自觉维护场馆团队、奥组委和国家的良好形象。要加强对赛时纪律执行情况的监督检查,及时发现并纠正工作中存在的问题,防止各类违规违纪问题的发生,尤其要防止奥运会、残奥会筹办及赛时运行阶段出现失职渎职和不廉洁行为,维护奥运赛时纪律的严肃性和权威性,确保奥运会各项管理和服务工作规范有序、顺畅高效地进行。要认真落实奥运赛时工作责任制,进一步明确工作责任,加强监督检查,严肃责任追究,坚决查处违规违纪行为。

第五,各级奥运监督部门要以良好的精神状态和工作作风认真履行监督检查职责。奥运监督工作使命光荣、责任重大,参加奥运监督工作,肩负着党组织的信任和人民群众的重托。各级奥运监督部门及其工作人员要切实增强光荣感、使命感、责任感,全身心地投入到奥运监督工作中。要认真学习贯彻党中央、国务院和中央领导同志的重要指示精神,切实把思想和行动统一到中央的要求和部署上来,增强做好奥运监督工作的自觉性、主动性和创造性;要进一步学习奥运会赛事各项通用政策、有关纪律规定和各种国际惯例,苦练业务本领,进一步提高奥运监督工作的能力和水平;要把弘扬奥运精神和弘扬抗震救灾精神结合起来,坚持原则、恪尽职守,振奋精神、昂扬斗志,以更加坚定的信心、更加积极的态度、更加扎实的作风、更加有力的措施,切实把奥运监督工作贯穿于奥运会筹办和赛时的全过程和各个方面,以做好奥运监督工作的实际成效,确保实现廉洁办奥运的工作目标,为举办一届"有特色、高水平"的奥运会作出积极贡献。

加强反腐败国际合作[*]

(2008 年 7 月 22 日)

　　加入《联合国反腐败公约》(以下简称《公约》),是党中央深刻分析国际国内腐败与反腐败总体发展趋势后作出的一项重要决策。从 2000 年开始,包括我国在内的 135 个国家及国际组织、非政府组织代表,经过反复谈判,起草了《公约》草案,于 2003 年 10 月 31 日由第 58 届联合国大会审议通过。同年 12 月 10 日,我国政府签署了《公约》。2005 年 10 月 27 日,十届全国人大常委会第十八次会议批准了这个公约。2006 年 1 月 13 日,我国正式成为该公约的缔约国。加入《公约》、做好研究实施《公约》各项工作,对于我们积极借鉴各国防治腐败的有益做法和经验,进一步加强反腐败国际合作,尤其是加大追逃追赃力度,更加有效地惩治和预防腐败,具有十分重要的作用。我们要以深入实施《公约》为契机,注重统筹国内国际两个大局,进一步加强反腐败国际合作,积极参与反腐败国际规则制定,切实维护我国的根本利益。

　　一方面,要充分运用《公约》提供的平台和渠道,积极参

＊　这是贺国强同志在研究实施《联合国反腐败公约》工作协调小组第四次全体会议上讲话的一部分。

674

与反腐败国际合作。反对腐败，是各国面临的一项重大任务，也是国际社会面临的共同课题。随着国际社会经济、政治、文化联系的日益紧密，随着我国对外开放的不断扩大，加强反腐败国际合作的重要性和紧迫性日益突出。《公约》对各缔约国在查处腐败犯罪中提供执法合作和司法协助提出了广泛要求，这为我们开展反腐败国际合作创造了有利条件。我们要坚持平等互利、尊重差异、注重实效的原则，增强主动利用《公约》为我服务的意识，立足反腐败斗争实际需要，积极开展反腐败国际合作，努力在能力建设、将腐败分子绳之以法、追缴和返还腐败资产方面取得实质性合作成果。各相关业务部门要加强教育培训，逐步提高在《公约》框架下进行执法合作、司法协助、民事诉讼追回腐败资产、技术援助等方面的能力；要建立健全国内的相关体制机制制度，着力解决查办涉外腐败案件时的"调查取证难、人员引渡难、资金返还难"等问题。同时，对于其他国家提出的调查取证、人员引渡、追缴涉案资产等请求，在不损害我国主权和利益的基础上，要尽可能给予协助，以扩大我国的国际影响，与请求国建立反腐败互信、互利关系。

另一方面，要积极参与《公约》规则的细化、补充工作。《公约》作为一个综合性的反腐败国际法律文件，确立的各项规则和内容多数比较原则。随着反腐败国际合作的深入以及各缔约国履约工作的开展，除《公约》本身的规定需要细化外，还会补充制定一些新规则。在制定、细化《公约》规则的工作中，我们要积极组织力量参与研究，及时提出我国关于《公约》规则细化、补充、完善的意见和建议，争取为国际社会或缔约国会议接受。

解决反腐倡廉建设中
人民群众反映强烈的突出问题[*]

(2008 年 8 月—2012 年 5 月)

一

纠正和查处教育乱收费,已进行了多年,也取得了很大成效。但不能忽视,在一些地方仍存在乱收费现象。要继续把这件关系民生的事抓好,哪里存在,就纠正查处到哪里。

(2008 年 8 月 30 日在《网上反映部分地区仍存在学校
乱收费现象》一文上的批语)

二

住房和城乡建设部、监察部开展的这一专项检查很重要。规划在城市建设中起着龙头和导向的作用,而容积率是规划的一项很重要指标。近年来,涉及容积率管理的案件时有发生,一些人为了个人的蝇头小利,而使一座城市的规划和建设

---

* 这是贺国强同志关于开展专项治理、解决反腐倡廉建设中人民群众反映强
烈突出问题的六则批语。

遭受不可挽回的损失,贻害于后人。既要治标,更要治本,下大气力抓好这一专项治理。

　　(2009 年 2 月 18 日在住房和城乡建设部、监察部《关于加强建设用地容积率管理和监督检查的通知》上的批语)

三

　　清理考核、评比、达标过多过滥问题,已取得明显成效。当前及下一步的工作,一是善始善终把清理工作搞好;二是采取措施防止反弹;三是建立长效机制。

　　(2009 年 12 月 7 日在《网民呼吁从源头治理年终考核评比过多过滥问题》一文上的批语)

四

　　看了这则信息很震惊,强拆问题已成为当前群众反映最强烈的问题之一。工程建设与拆迁密切相关,要把解决强拆问题作为工程建设领域突出问题专项治理的重要内容,加大这方面治理工作力度。

　　(2010 年 12 月 25 日在《年终盘点:强拆成 2010 年网上最沉重话题》一文上的批语)

五

近年来,中央纪委会同有关部门就规范公务接待、狠刹公款吃喝风问题,出台了有关文件,也取得了一定成效。但此问题仍普遍存在,社会各界意见很大。要进一步加大工作力度,采取更有针对性的措施,切实刹住公款吃喝风。

(2012年3月12日在《代表委员聚焦公款吃喝"乱象"引网民热议》一文上的批语)

六

党政机关公务用车问题是群众关注的热点问题之一,这项专项治理工作进展是顺利的。要在前段工作的基础上,进一步落实中央要求,加大工作力度,着力解决突出问题,建立健全长效机制,推进公务用车改革,力争在年内取得重要的阶段性成果。

(2012年5月31日在《中央纪委关于党政机关公务用车问题专项治理工作进展情况的报告》上的批语)

充分发挥行政监察的职能作用[*]

（2008 年 9 月 3 日）

　　1978 年,党的十一届三中全会选举产生了中央纪律检查委员会,党的纪律检查机关开始恢复重建。1986 年 12 月,六届全国人大常委会第十八次会议决定设立监察部,我国行政监察体制重新确立。1993 年,党的纪律检查机关与政府行政监察机关合署办公,实现了我国党政监督体制的重大改革。20 多年来,各级监察机关坚决贯彻执行中央的决策部署,为推进党风廉政建设和反腐败斗争作出了积极贡献,也在长期实践过程中积累了做好行政监察工作的宝贵经验。实践证明,行政监察工作是纪检监察工作的重要组成部分,具有紧贴政府中心工作的优势,对于推进党风廉政建设和反腐败工作,保证党和国家事业的顺利发展,具有重要作用。各级纪检监察机关要全面履行纪检监察两项职能,充分发挥行政监察的职能作用,更好地履行行政监察职责,为推进反腐倡廉建设、保证改革开放和社会主义现代化建设顺利进行作出新贡献。

----

[*]　这是贺国强同志在全国监察厅(局)长研讨班座谈会上讲话的一部分。

一、全面履行职责,不断提高执法监察、廉政监察和效能监察水平

加强执法监察、廉政监察、效能监察,是监察机关的重要职能,也是监察机关保证政令畅通、维护行政纪律、促进廉政建设、改善行政管理、提高行政效能的重要手段。我们要结合新的形势和任务,综合运用这三种手段,全面加强和改进行政监察工作,发挥行政监察的职能作用。

一是加强执法监察,确保中央政令畅通。要紧密结合党和国家事业发展的新形势新任务,加强对党和国家路线方针政策和各项重大决策部署贯彻落实情况的监督检查,及时发现和纠正贯彻执行中央决策部署态度不坚决、措施不得力、成效不明显的行为,严肃查处有令不行、有禁不止和"上有政策、下有对策"的行为。当前,特别要把加强对中央关于促进科学发展各项重大决策部署贯彻落实情况的监督检查作为首要任务,督促和配合有关部门加强对市场价格调控、节能减排、控制固定资产投资、节约集约用地、房地产市场调控等政策措施贯彻落实情况的监督检查,推动中央加强和改善宏观调控各项政策措施的落实,促进经济社会又好又快发展;要适应抗震救灾工作进入恢复重建阶段的新形势,加强对中央关于抗震救灾重大决策部署贯彻落实情况以及抗震救灾资金物资管理使用情况的监督检查,确保中央灾后恢复重建各项决策部署得到贯彻落实,确保救灾款物真正有效用于灾区和受灾群众。要加强对规范政府行为的法律法规执行情况的监督

检查,督促行政机关及其工作人员严格按照法定权限和程序行使权力、履行职责。

二是加强廉政监察,规范行政权力运行。要以强化对权力的监督制约为重点,进一步严肃行政纪律、推进廉政建设,确保行政权力正确、规范行使。比如,要加强对政府部门贯彻执行党风廉政建设责任制情况的监督检查,督促他们紧密结合工作实际,加快推进惩治和预防腐败体系建设,切实抓好反腐倡廉各项任务的落实,使反腐倡廉同各项业务工作相互协调、相互促进。要积极推动权力监督制约的制度建设和创新,加快建立结构合理、配置科学、程序严密、制约有效的行政权力运行机制,使行政权力沿着制度化、规范化、程序化轨道运行,努力做到有权必有责、用权受监督、侵权要赔偿、违法要追究。要强化对重要领域和关键环节权力运行的监督,尤其要加强对行政审批权、行政处罚权、行政强制权行使情况的监督检查,坚决纠正不当行政、违法行政,对各种滥用权力、失职渎职行为要进行严肃查处。要积极推进政务公开,加强对政府信息公开条例实施情况的监督检查,督促各地区各部门进一步拓展政务公开的领域和内容,全面推进政府信息公开、行政权力公开透明运行、公共企事业单位办事公开工作,不断提高政府工作和公共服务透明度,创造条件让群众更有效地监督行政机关及其公务员。

三是加强效能监察,推进政府管理创新。政府机关及其工作人员不仅要讲廉洁,还要讲效率。要深入研究当前深化行政管理体制改革面临的突出矛盾和重点问题,积极开展效能监察工作,促进服务型政府建设。要围绕优化发展环境、重大公共投资项目和群众关心的热点问题,加强对行政机关及其公务员工作效率、管理效益的监察,坚决纠正不履行或不正确履行法定职责,办事推诿、效率低下、资源浪费的行为。要配合有关部门广泛推行"一站式"服务、"一条龙"审批等措施,推进电子政务建设,为群众提供高效、便捷、优质的服务。要健全行政效能投诉受理机制,拓宽投诉渠道,认真处理群众投诉,促进行政机关提高办事效率和工作质量。要积极开展行政问责制试点,建立和完善行政首长问责、行政过错责任追究等制度,为全面推行行政问责制提供经验。

二、切实加强对行政监察工作的领导,努力为监察机关履行职责创造良好条件

行政监察工作的有效开展,离不开各级党委、政府的坚强领导和关心支持。近年来,各级党委、政府普遍重视行政监察工作,为监察机关履行职责创造了良好条件。但是,在少数地方也存在对行政监察工作重视不够、领导不力的问题,特别是在基层显得更为突出。产生这个问题的原因是多方面的,但其根源在于对中央关于纪检监察机关合署办公的重大决策认识把握不清晰、贯彻落实不到位。中央决定实行纪检监察机关合署办公,根本目的在于整合监督资源、提高监督效能、增强监督合力,而不等于纪检和监察两项职能的简单合并,更不是用一项职能代替另一项职能。纪检监察机关必须全面履行两项职能,忽视弱化哪一项职能都是错误的,都会影响反腐倡廉建设的成效。近年来,党中央、国务院一直高度重视全面发

挥纪检监察职能作用,针对目前腐败现象易发多发的态势,中央领导同志多次强调在纪检监察机关实行合署办公后,行政监察工作不能削弱。我们一定要从完善党和国家监督体系、推进反腐倡廉建设的高度,充分认识行政监察工作的重要意义,切实加强对行政监察工作的领导。

对各级党委、政府来讲,要深刻理解和全面把握纪检监察机关履行两项职能的重要意义,进一步加强对行政监察工作的领导,充分发挥监察机关的作用。要把行政监察工作纳入经济社会发展和党的建设总体工作部署,经常听取工作汇报,多给监察机关交任务、提要求,及时研究解决行政监察工作中遇到的问题;要配齐配强监察机关的领导班子,关心爱护监察干部,为他们创造必要的工作条件,解除他们的后顾之忧。

对各级纪委常委会来讲,要坚持把纪律检查工作和行政监察工作作为一个整体来考虑,对发挥纪检监察两项职能负总责。纪委常委会一班人首先是"一把手"要充分认识在发挥两项职能上所担负的重要责任,无论是研究工作、部署任务,还是抓机关建设,都要考虑是否有利于发挥纪检监察两项职能;要加强工作协调,处理好监察机关向纪委常委会负责与向政府负责的关系,处理好纪委常委会统一领导与发挥行政监察领导班子作用的关系,处理好纪检业务与监察业务之间的关系,支持监察机关按照法定权限和程序办事;要完善规章制度,健全有利于发挥行政监察职能的体制机制,保证行政监察领导班子依法行使职权,对行政监察全面工作进行指导和协调。

对行政监察领导班子来讲,要充分发挥主观能动性,善于从反腐倡廉大局的高度来把握行政监察工作。要把向纪委常委会负责与向政府负责有机统一起来,既认真贯彻纪委常委会的工作部署,按照常委会分工抓好职责范围内的纪检监察工作,又认真完成政府交办的各项任务,重要问题要及时向政府请示汇报,积极争取政府的重视和支持,还要自觉接受人大的监督;要健全工作规则,坚持和完善监察厅(局)长办公会议等制度,发挥好办公会议的作用。

关于高校反腐倡廉
建设的几点意见[*]

（2008 年 9 月 12 日）

　　学校是教书育人的地方,从幼儿园、小学、中学一直到大学,是人生成长过程中的重要阶段。教育工作地位崇高、使命光荣,在反腐倡廉建设方面应有更高要求,这是关系党和国家前途未来的大事。教育领域特别是高校反腐倡廉建设,既有与全国共性的一面,也有自己的特点,要认真进行深入分析。教育领域过去被称为"净土",现在情况也发生了很大变化,一些消极腐败现象也会渗透到高校中来。当前高校在党风廉政建设方面也还存在一些问题,有些问题群众反映还比较大,有些案件社会影响很大。中央纪委一直十分重视高校反腐倡廉建设,在这方面采取了一系列有效措施。十七届中央纪委第二次全会专门对高校反腐倡廉建设有关工作进行了部署,强调要健全领导班子科学民主决策机制,加强对财务、基建、采购、科研经费、校办企业的管理和监督,提高校务公开制度化和规范化水平。加强高校反腐倡廉建设,涉及头绪比较多,

---

*　这是贺国强同志在听取教育部和中央纪委驻教育部纪检组主要负责同志工作汇报时的谈话要点。

要取得实效,必须突出重点。

一要进一步总结经验、巩固成果。过去抓得好的一些工作,比如高校招生阳光工程、治理乱收费等,已经取得成效,但这些工作是长期任务,关系千家万户,决不能放松,要继续坚持不懈地扎实抓下去。还有些地方和高校在落实党风廉政建设责任制、领导干部廉洁自律、开展监督工作、推进校务公开等方面积累了不少好的做法,对这些在实践中创造的经验,要认真进行总结。

二要注意抓好重点领域和关键环节。抓好高校反腐倡廉建设,要重点关注容易滋生腐败的重点领域和关键环节。这些年来,高校投入加大、招生规模扩大、基建规模增大,财务管理、高考招生、工程建设、物资采购招投标、校办企业等都是容易出问题的领域。你们在高校所作的问卷调查和对高校职务犯罪的统计分析,都证明了这一点。要认真研究重点领域和关键环节腐败问题易发多发的原因,找准症结,找出对策,下大气力加以解决。

三要加强对领导干部的教育、管理和监督。加强高校反腐倡廉建设,关键在领导班子,而领导班子建设的关键又在主要负责人。主要领导干部一旦出了问题,对学校、对社会影响相当大。要把领导班子特别是主要负责人作为高校反腐倡廉建设的重点对象来抓,加强教育、管理和监督,促进领导干部当好表率、廉洁从政,确保权力正确行使。

四要高度重视校园廉洁教育。高校要营造风清气正的文化氛围,社会上乌七八糟的东西、消极腐败的东西不能进校园。最近,我看到中央纪委驻教育部纪检组送来的关于北京大学在毕业生中开展廉洁教育的情况报告,作了一个批示。我认为,北京大学的做法很好,在大学生即将走上工作岗位之前,学校对他们进行廉洁教育,有利于他们在今后工作中常修为政之德,常思贪欲之害,常怀律己之心。学生走上社会以后,诱惑很大,在学校早点打"预防针",对他们以后经受住考验甚至对他们一生都起作用。从大的方面说,今天的青年人就是明天的接班人,要保证接班人不变色,需要在学校把基础打好,需要学校有好的育人环境。推进廉政文化进校园、进课堂,学校党委、学校纪委、学生工作部门都要做大量工作。

五要加强反腐倡廉理论建设。高校是理论研究基地、人才高地,是各方面专业人才聚集的地方,有很多研究成果。高校理论研究不仅要面向高校,还要面向全党、全社会,为反腐倡廉建设提供智力支持。现在清华大学等一些高校成立了专门廉政研究机构,这很好。要通过这些研究机构把高校各个相关专业的理论工作者组织起来,依靠专家们的共同努力,集中研究反腐倡廉建设特点和规律,为党和国家反腐倡廉工作作贡献。

加大查办案件工作力度，
提高查办案件工作水平[*]

（2008 年 10 月 31 日）

查办违纪违法案件是反腐败斗争的重要任务，是纪检监察机关的基本职责。近些年来，在党中央的正确领导下，各级纪检监察机关查办案件工作水平进一步提高，取得了明显成效。但反腐败斗争形势和任务的不断发展，对查办案件工作提出了新的要求。我们要认真贯彻中央精神，按照中央纪委最近下发的《关于进一步加强和规范办案工作的意见》的要求，进一步做好查办案件工作，不断提高查办案件工作的能力和水平，推动党风廉政建设和反腐败斗争深入开展。

一、继续加大查办案件工作力度

这些年来，各级纪检监察机关严肃查处了一批重大案件，取得了良好的政治、社会和法纪效果。但也要看到，当前违纪违法案件在一些地方和部门仍呈易发多发态势，这就决定了

---

* 这是贺国强同志在全国纪检监察机关查办案件工作会议上讲话的主要部分。

在当前和今后一个相当长的时期内,必须继续保持查办案件工作的强劲势头,严厉惩处违纪违法行为,以震慑腐败分子,进一步遏制腐败现象,坚定广大干部群众反腐败的信心。

第一,要重点查办县处级以上领导干部违纪违法案件。党的干部尤其是县处级以上领导干部是党的事业的骨干。如果他们严格自律、廉洁从政、扎实工作,就会带动一个地方、部门、单位形成好的党风政风,推动经济社会的发展;反之,一旦出问题,往往涉及面广、危害性大,不仅会带坏一批干部,而且会影响一个地方、部门和单位的风气,妨碍经济社会的发展,给党和政府的形象造成损害。这几年,随着惩治腐败工作不断取得新的成效,腐败现象有所遏制,但领导干部违纪违法的问题仍然比较突出。据统计,从 2002 年 12 月至今年 9 月底,全国纪检监察机关共处分党员干部 863685 人,其中省部级干部 94 人,地厅级干部 2354 人,县处级干部 29743 人;移送司法机关的县处级以上干部 4290 人。从查办案件的情况看,当前违纪违法案件出现了许多新情况新特点,违纪违法行为的类型、性质以及涉案人员和作案手段等,都发生了明显的变化,案件的复杂程度和查处难度增大。比如,极少数高、中级干部胆大妄为,严重违纪违法,涉案金额巨大,影响十分恶劣。又比如,党政机关"一把手"违纪问题比较突出。党的十七大以来,处分县处级以上党政机关"一把手"人数占同期处分党政机关县处级以上干部人数的 38.2% 。还比如,领导干部与其配偶、子女等特定关系人共同作案所占比重较大。有的领导干部利用职权为他人谋利,伙同其配偶、子女或由其配偶、子女出面收受钱财,有的甚至包养情妇,帮助、庇护情妇经商办企业,大搞权色交易。再比如,窝案、串案严重,往往是查处一个发现一批。对查办领导干部腐败案件,中央的态度是坚决的,措施是有力的。我们要坚持党纪国法面前人人平等,严格执纪,敢于碰硬,不管是什么人,不论职务多高,只要搞腐败,就要一查到底,决不姑息,决不手软,决不让腐败分子在党内有藏身之地,决不让腐败分子逃脱党纪国法的惩处。

第二,要严肃查处重点领域和关键环节的腐败问题。当前,查办案件工作任务很繁重,必须集中力量,合理安排,找准工作着力点,争取突破一批大案要案。要在继续严肃查处违反政治纪律、商业贿赂、失职渎职、严重侵害群众利益等案件的同时,加大对腐败现象易发多发、群众反映强烈的重点领域和部门案件的查处力度,比如工程建设、房地产、土地批租、国有企业、金融等领域和拥有行政审批权、行政执法权、干部人事权、司法权等部门和单位的案件。近些年,中央采取一系列改善民生、加强社会建设的政策,加大对教育、社会保障、医疗卫生和扶贫开发的投入,一些原来被认为是"清水衙门"的部门和单位开始出现案件多发的迹象。对于这些新的案件多发领域,要密切关注,加强管理和监督,发现案件及时查处。对于隐蔽性强、查处难度大的案件,比如领导干部利用职权和职务影响经商谋利的问题,通过特定关系人为请托人谋取非法利益的问题、斡旋贿赂、期权问题等,要认真研究,攻坚克难,加大查处力度。同时,要加大对腐败分子的经济处罚和赃款赃物追缴力度,最大限度地挽回经济损失,决不能让他们得到不法之财;要加大对腐败分子的追逃力度,决不能让他们逍遥法外。

第三,要加强查办案件工作的组织协调。建立健全查办案件工作协作机制,形成查办案件的合力至关重要。这几年,一些重大疑难案件能够及时取得突破,一个很重要的原因就是加强了查办案件工作的组织协调。要充分发挥各级党委反腐败协调小组和反腐败联席会议的作用,进一步加强查办案件工作的组织领导。县(市)级以上党委要建立健全反腐败协调小组,由纪委书记担任组长,在党委领导下认真履行职责,完善工作制度,积极开展工作。要进一步加强组织协调,建立以查办案件为中心、充分调动各方力量、形成办案整体合力的工作机制。要做好纪检监察机关与检察院、法院和公安、审计、税务等部门的协调、沟通、合作,发挥司法机关、行政执法机关及有关行业和监管机构的职能作用,研究完善金融、电信等行业及监管机构支持配合查办案件的相关制度;加强跨区域协作,不断创新、完善和规范跨区域协作办案的形式、途径和程序;加强对纪检监察派驻机构查办案件工作的指导,提高垂直部门查办案件工作能力和水平;加强纪检监察机关内部案件检查、案件审理、案件监督管理及信访、巡视等部门的协作配合,注意对信访中案件线索的筛选、排查和管理,运用好巡视工作成果,强化案件监督和管理,加强和改进案件审理。要加强对案件查办情况的经常性分析研究,找准薄弱环节,及时采取有力措施,确保案件查办的进度和质量,对一些重要案件,要集中力量突破。上级纪委在抓好自办案件的同时,要加强对所属地区和部门办案工作的监督检查和业务指导。对于长期没有查办案件的地方和部门,属于工作原因的,要加强督促指导,帮助改进工作;对有案不查、瞒案不报的,要坚决予以纠正,直至追究责任。要加强反腐败国际交流与合作,建立健全执法合作、司法协助、人员遣送、涉案资金返还等方面的工作机制。

二、坚持严格依纪依法查办案件

随着我国民主政治的发展和依法治国方略的推进,中央对严格依纪依法办案的要求越来越高,广大党员群众和社会各界也非常关注。严格依纪依法办案,既是依法治国的现实要求,也是查办案件工作的基本原则。只有严格依纪依法办案,才能把案件办成经得起历史检验的铁案,也有利于树立纪检监察机关和纪检监察干部的形象,乃至党和政府的形象。我曾在中央纪委监察部机关查办案件工作座谈会上指出,要把依纪依法办案作为办案工作的基本要求,贯穿到每一个案件之中,贯穿到每一个案件的各个环节之中。否则,办了十个案件,有九个做到了依纪依法,一个没有做到,就会影响整个办案工作的社会效果和纪检监察机关的形象;查办一个案件,有九个环节做到了依纪依法,有一个环节没有做到,就会影响整个案件的查办质量和效果。所以,我们一定要进一步增强法纪观念,严格依纪依法办案,不断提高办案工作水平。

第一,要加强案件管理与监督,严格规范办案程序。依纪依法查办案件,最重要的是严格执行党内法规和国家法律法规以及案件检查工作方面的制度规定,在线索收集、初核、立案、调查取证、移送审理、结案报告等各个环节都严格按程序和规定办事。要讲究工作方法和工作艺术,善于运用政策和策略突破案件,这既有利于降低办案成本、提高办案效率,也有利于挽救干部。要加强案件审理工作,对案件的事实和证据等进行严密审查。案件监督管理部门要加强对重要案件线索的管理,加强对办案措施使用情况的监督检查。

第二,要安全文明办案,保障被调查人的合法权益。安全文明办案是依纪依法办案的必然要求。在查办案件中,要建立健全内部管理制约机制,坚决防止安全事故的发生。要注意保障被调查人员的人身权、财产权、申辩权、申诉权和知情权等合法权益,尊重他们的民族习俗。在案件调查处理过程中,要严格执行有关规定,及时告知被调查人依法享有的各项权利及有关事项;调查认定的事实材料、处分决定及所依据的事实材料应同本人见面,当事人合理的意见或辩解要予以采纳;认真受理被审查人员的申诉,依纪依法进行复查;注意被调查人的身体、饮食和安全,患病的要及时治疗。

第三,要善于从大局上把握办案工作,努力取得良好的综合效果。查办案件是一项政治性、政策性很强的工作。纪检监察机关查处的往往是大案要案,一定要把案件查处与经济发展、政治稳定、社会和谐等因素统一起来,统筹考虑查办案件与经济社会发展全局的关系。要坚持实事求是,重证据、重事实,一是一、二是二,不夸大、不缩小,务必搞准确。对举报或反映的线索要高度重视,搞好分析排查,对初核确有问题的要坚决及时开展调查;对经过调查发现举报或反映失实的,要及时澄清,消除影响,保护干部。要坚持用历史的、辩证的观点和方法看问题,有的事情现在看是错的,但在当时的条件下可能是合理的;有的事情现在看是对的,但在当时可能是错的。要坚持具体问题具体分析,尤其在处理复杂案件时要注意从事情发生的时间、背景和当时的政策界限等方面具体分析,得出正确的结论。在对人的处理上,要坚持惩前毖后、治病救人,宽严相济、区别对待。总之,一个案件处理的最终效果如何,首先要看有没有严格按照法律和纪律规定办事,是不是取得了良好的法纪效果;还要看群众和社会反响如何,是不是取得了良好的社会效果;也要看对党和政府形象以及工作大局产生了怎样的影响,是不是取得了良好的政治效果。只有取得了这三个方面的综合效果,才能使我们查办的案件经得起历史检验。

三、切实发挥办案的治本功能

惩治和预防是反腐倡廉建设中相辅相成、相互促进的两个方面。只有从严惩治,才能震慑腐败分子、减少腐败现象发生,为有效预防创造条件;只有注重预防,才能逐步铲除腐败现象滋生蔓延的土壤和条件,从源头上遏止腐败现象的发生。应当明确,惩处不是目的,我们采取惩处等措施,最终目的是形成有效防范腐败的体制机制,营造良好的党风政风和社会风气,为改革开放和现代化建设提供坚强的政治保障。"惩前毖后",惩前是为了毖后;"治病救人",治病是为了救人。就查办案件来讲,就是要通过查处腐败分子,起到震慑和预防的作用,使多数人受到教育。因此,要切实加强案件剖析,认真研究典型案例,找出案发规律,总结教训,堵塞漏洞,发挥查办案件的治本作用。

第一,要根据领导干部发生腐败的思想根源和心理特点,有针对性地加强教育,发挥查办案件在教育警示方面的功能。消极腐败现象之所以在一些党员和干部身上发生,首先是他们的思想道德防线出了问题。现在,我们的干部大都接受过良好教育,很多人还接受了大学、研究生教育,文化知识水平较高,思想比较敏锐,开拓精神较强,但经受的风险考验和困难挑战不多,党性修养与老一辈相比比较欠缺。要针对这种情况,把加强思想道德教育特别是拒腐防变教育作为重要内容,教育引导党员干部坚定理想信念,树立马克思主义世界观、人生观、价值观和正确的权力观、地位观、利益观,锻炼意志品质,提高精神境界,保持高尚情操,追求积极向上的生活情趣,自觉抵御权力、金钱、美色的诱惑。要善于运用正反两方面的典型教育警示干部,通过党内通报、适当新闻报道以及其他形式开展宣传教育,使干部看到腐败付出的沉痛代价,懂得法网恢恢、疏而不漏的道理,摒弃侥幸心理,自觉约束自己。

第二,要根据腐败现象暴露出来的体制制度漏洞,有针对性地加强制度建设,发挥查办案件在完善制度方面的功能。体制不完善、制度有漏洞,是腐败现象滋生的一个重要原因。我国正处于并将长期处于社会主义初级阶段,完善社会主义市场经济体制需要一个过程,存在这样那样的漏洞和问题在短期内难以避免。这就需要我们针对一些领域和部门腐败现象易发多发的特点,分析案件发生的原因,查找体制制度方面容易引发腐败的深层次问题,尤其要注意发现这方面的漏洞,进一步建立和完善反腐倡廉各项制度,不断提高制度的执行力,全面推进惩治和预防腐败各项工作。

第三,要根据一些地方和单位腐败问题接连发生的现象,有针对性地加强对党员干部的管理监督,发挥查办案件在强化监督方面的功能。要求不严格、监督有缺失,也是一些地方和单位腐败现象易发多发的一个重要原因。要帮助案件发生比较多的地方和单位认真从党组织自身找问题、查原因,督促领导班子特别是主要负责人认真落实党风廉政建设责任制,敢抓敢管,切实负起反腐倡廉的领导责任。对制度执行不力、管理不严的,要督促整改;对接连发生腐败问题的地方和单位的领导班子和领导干部特别是主要领导,要追究其领导责任。要善于从案件中发现党风政风方面的苗头性、倾向性问题,找到权力运行中的关键部位和监督方面的薄弱环节,提出有效防治的对策和建议,不断改进监督工作,保证权力正确行使。同时,案件检查部门要积极配合有关部门开展领导干部廉洁自律、纠风、巡视、源头治理等工作,形成防治腐败的整体合力。

四、切实加强办案队伍建设

这些年来,广大纪检监察干部为推进党风廉政建设和反腐败斗争做了大量工作、取得了显著成绩。我在中央纪委监察部机关查办案件工作座谈会上曾讲过,从总体上讲,在纪检监察战线上工作的同志们都很辛苦,但查办案件的同志们付出的"辛苦"更有其特殊性。一是经常加班加点。办案的任务很重,工作量很大,时限要求也很强。二是长期出差在外。据介绍,在中央纪委监察部机关,不少办案的同志平均一年有

200多天出差在外,给生活、家庭带来很多不便。三是工作压力和心理压力大。大家处在反腐倡廉的第一线,需要与腐败分子斗智斗勇,办案中经常会遇到一些阻力和困难,甚至还要承担一些风险。因此,我们一定要从政治上、工作上、生活上关心爱护办案的同志,建立必要的保障机制,帮助他们解决实际困难,解除他们的后顾之忧,为他们身心健康和全面提高创造条件。对那些在查办案件工作中做出突出成绩的优秀纪检监察干部,该表彰的表彰,该重用的重用,以形成有效的激励机制、发挥良好的导向作用。

同时我们也要清醒地看到,随着反腐败斗争的不断深入,反腐倡廉建设会遇到许多新情况新问题,对纪检监察干部也提出了新的更高的要求。更要清醒地看到,随着改革开放和市场经济的发展,社会上一些消极腐朽思想也在不断对我们这支队伍产生冲击和影响。特别是在始终保持惩治腐败强劲势头,腐败分子被更多地揭露和惩处的情况下,纪检监察干部尤其是从事办案工作的干部往往成为社会上一些别有用心的人拉拢腐蚀的重点对象,经受着腐蚀与反腐蚀的严峻考验。这些年,有的干部违反办案纪律和保密纪律,随意泄露案情;还有极个别干部放松了要求,在权力、金钱、美色的考验面前打了败仗,犯了严重错误,教训十分深刻。纪检监察干部尤其是查办案件的干部违纪违法,影响更大、危害更深。我们一定要引以为戒,严格要求自己,严格约束自己,做到不该去的地方坚决不去,不该吃的饭坚决不吃,不该说的话坚决不说。要始终牢记手中的权力只能用来为人民谋利益,决不能有任何私心杂念,自觉遵守办案纪律和保密纪律,不断提高政治素质、业务素质和执纪能力。当前,中央和省部级纪检监察机关正在按照中央的统一部署开展深入学习实践科学发展观活动,要以此为契机,扎实开展"做党的忠诚卫士、当群众的贴心人"主题实践活动,紧密联系办案工作实际,进一步加强办案干部队伍建设。要健全和完善内部制约和监督机制,严格要求、严格教育、严格管理办案人员,发现犯错误的苗头要及时提醒、纠正,对不适合在纪检监察机关工作的要坚决调离,对违纪违法的要坚决查处。要教育从事查办案件工作的同志切实做到对党和国家无限忠诚、对腐败分子和消极腐败现象坚决斗争、对广大干部和群众关心爱护、对自己和亲属严格要求,树立可亲、可信、可敬的形象,推进查办案件工作深入开展。

最后,我再强调一下加强对查办案件工作领导的问题。各级党委是反腐倡廉建设的责任主体,要按照中央关于反腐倡廉的重大决策和部署,切实加强对查办案件工作的领导,正确处理好办案工作与其他工作的关系,充分发挥办案工作对于促进经济社会平稳健康发展的积极作用。党委、政府主要领导同志要适时听取纪检监察机关的工作汇报,加强对办案工作的领导,对于重大案件要亲自指导,旗帜鲜明地支持纪检监察机关秉公执纪。

为中央扩大内需促进经济增长政策措施落实提供纪律保障*

（2008 年 11 月 18 日）

近来，国际金融危机愈演愈烈，并且正在从虚拟经济向实体经济、从发达国家向新兴经济体和发展中国家扩散，主要发达国家经济出现衰退，世界经济受到严重冲击。国际金融危机对我国经济的负面影响已经显现并日益加重，经济下行势头明显。这种势头一旦形成惯性致使经济大幅下滑，不仅会带来较大经济损失，扭转这种势头将付出更大代价，而且社会各方面难以承受，可能影响社会和谐稳定。为应对日趋严峻的经济形势，党中央、国务院在今年以来已经采取的一系列重要决策部署的基础上，最近又对我国的宏观经济政策进行了重大调整，明确把稳健的财政政策调整为积极的财政政策，把从紧的货币政策调整为适度宽松的货币政策，并提出了扩大内需、促进经济平稳较快增长的 10 项措施。落实中央关于扩大内需、促进经济增长的政策措施，不仅要靠各地区各部门统一思想、提高认识、自觉贯彻，而且要靠相关部门及时有力的

---

* 2008 年 11 月 14 日至 18 日，贺国强同志在广东省考察调研。这是考察调研期间听取广东省委、省政府、省纪委和深圳市委、市政府工作汇报时讲话的一部分。

监督检查。根据党中央、国务院的要求,最近将成立由中央纪委监察部牵头,国家发展改革委、财政部、审计署等部门为成员单位的中央扩大内需促进经济增长政策落实检查工作领导小组,同时组建24个检查组,分赴各地对中央政策措施的落实情况开展监督检查。做好这项工作,不仅对于推动全局工作具有重要作用,而且对于促进纪检监察机关更新工作理念、改进工作方式,进一步提高围绕中心、服务大局的意识,增强服务、保障和促进科学发展的能力具有重要意义。我们一定要按照中央的要求,充分发挥职能作用,加强与有关部门的协调配合,切实开展好监督检查工作,为推动中央政策措施的贯彻落实提供有力保证。

一是要加强对中央政策措施在各地区各部门落实到位情况的监督检查,确保中央政令畅通。中央针对当前经济形势采取的一系列政策措施,是非常时期采取的非常之举,具有很强的时效性和针对性。只有按照中央提出的"出手要快、出拳要重、措施要准、工作要实"的要求,确保认识到位、责任到位、措施到位,才能够抓住有利时机,争取战略主动,最大限度地遏制经济下滑的趋势,为明年乃至更长时间的发展打好基础。各级纪检监察机关要会同有关部门,从维护党的政治纪律、确保中央政令畅通的高度,切实加强对各地区各部门贯彻落实中央决策部署情况的监督检查,及时发现和纠正那种观望懈怠、贻误时机,敷衍塞责、应付了事,各取所需、随意变通,甚至有令不行、有禁不止或"上有政策、下有对策"的行为。要严格责任追究,对贯彻落实中央决策部署措施不力的地方和单位,要追究相关责任人或领导干部的责任,以维护中央政策的权威性。

二是要加强对工程项目规划、立项的监督检查,确保项目建设符合科学发展观的要求和中央的有关规定。要使中央用于扩大内需的财政资金切实发挥好作用,就必须突出重点、认真选择,不能撒胡椒面,更不能把宝贵的资金用在盲目铺摊子、上项目、搞低水平重复建设上。各级纪检监察机关要会同有关部门,切实加强对工程项目规划、立项的监督检查,确保其用于民生工程、基础设施、生态环境和灾后重建等方面的建设,用于集中解决一些制约经济社会发展的结构矛盾、弥补历史欠账,抓住时机办成一些经济社会发展急需、人民群众热切期盼的大事、实事。要按照科学发展观的要求,严格执行投资项目有关标准,避免不符合规定的投资项目反弹,坚决防止高耗能高污染行业、产能过剩行业盲目扩张,尤其要防止一些地方乘机大建楼堂馆所。既要尽力而为又要量力而行,不搞盲目攀比,切实把有限的资金用在刀刃上。

三是要加强对工程项目审批和建设程序的监督检查,确保工程项目建设依法合规进行。近年来,随着社会主义市场经济体制的不断完善,各地在资金投放、项目审批、工程建设等方面形成了一些行之有效的制度和规定。严格执行这些制度和规定,是资金合理有效使用和工程项目健康顺利进行的重要保证。我们强调扩大投资出手要快,并不意味着不讲审批程序、不执行制度规定,而是要在严格执行有关程序和制度的前提下,通过果断决策、提高效率来实现。各级纪检监察机关要会同有关部门,加强对工程项目审批和建设程序的监督检查,督促有关方面在扩大投资过程中严格依法依规办事,认真搞好项目的可行性论证和前期准备,切实做到各个项目该审批的审批、该核准的核准、该备案的备案,各项工程该公开招投标的必须公开招投标,该审计的必须审计,所有项目都要进行严格的检查验收。特别要严格土地审批和环保审批。要坚决防止和纠正一些地方在上项目时各行其是、先斩后奏甚至弄虚作假、欺上瞒下,一些部门把关不严、随意变通、简化程序甚至玩忽职守等行为,确保工程项目审批和建设公开透明、依法合规进行。

四是要加强对财政投资项目资金管理使用情况的监督检查,确保向党和人民交一份明白账。根据中央的部署,从今年第四季度到2010年底,中央将安排1.18万亿元,带动社会总投资规模达到4万亿元,用于扩大内需、促进经济增长。这样数额巨大的资金投入,充分显示了中央通过实施积极财政政策来拉动经济增长的胆识,不仅为国人所关注,而且为世界所瞩目。这些资金是我们国家几十年来改革发展的积累,是广大纳税人的钱,来之不易。管好用好这些资金,确保财尽其用、用当其时、用当其所,发挥最大效益,是各级党委、政府义不容辞的责任。各级纪检监察机关及有关部门要以对党和国家负责、对广大纳税人负责的态度,切实加强对财政投资项目资金管理使用情况的监督检查,督促有关地方和部门健全资金管理制度,科学管理并合理使用财政投资项目资金;要进一步加强对合同执行、变更和资金拨付情况的审核,加强对政府专项资金专款专用的监督检查;对在审计中发现的问题,要认真进行整改,一经发现有严重违纪违法行为的,要严肃查处;对贪污私分、截留克扣、挤占挪用财政投资项目资金或因违规插手工程建设招投标和失职渎职造成严重后果的,不仅要对直接责任人进行严肃处理,而且要追究有关领导人员的责任。总之,要通过我们严格细致的工作,确保财政投资项目资金的规范、合理、有效使用,确保各个项目成为廉洁工程,向党和人民交一个明白账、放心账。

五是要加强对工程建设质量的监督检查,坚决杜绝"豆腐渣"工程。随着中央各项政策措施的贯彻落实,大规模的工程建设将陆续展开。百年大计,质量第一,工程建设质量已越来越成为社会各界高度关注的问题。我们要本着实事求是、尊重科学的态度,深入基层,深入一线,加强对工程建设单位资质以及项目和工程建设质量、安全、功能等方面的监督检查,督促相关部门健全和完善项目招投标、物资采购、工程监理、验收交接等方面的具体制度和办法,确保工程质量过硬;特别是要加强对重点领域、重点环节、重点工程的监督检查,紧盯重大项目安排、重大工程招投标、大额度资金调拨,实施全程跟踪监督,发现问题及时督促有关地方和部门加以整改。要进一步明确、强化和落实工程质量责任制,将责任层层落实到人,出现问题严肃追究责任,并以适当方式向社会公布。要充分发挥群众监督、舆论监督和社会监督的作用,使项目和工程建设置于阳光之下,经得起历史检验。

坚定不移地走
中国特色反腐倡廉道路[*]

（2008 年 12 月 5 日）

改革开放 30 年来,我们党在团结带领全国各族人民建设中国特色社会主义事业的伟大进程中,始终坚持以马克思列宁主义、毛泽东思想、邓小平理论和"三个代表"重要思想为指导,深入贯彻落实科学发展观,紧密结合我国实际,坚定不移地开展党风廉政建设和反腐败斗争,逐步走出了一条中国特色反腐倡廉道路。这条道路,是中国特色社会主义道路的重要组成部分,是我们党把马克思主义反腐倡廉理论与中国反腐倡廉建设实际相结合的一大创举,是发展中国特色社会主义的重要保证。我们要认真总结 30 年来深入开展党风廉政建设和反腐败斗争的经验,深刻理解和全面把握中国特色反腐倡廉道路的科学内涵和基本要求,在继承中发展,在改革中创新,不断开创党风廉政建设和反腐败斗争新局面。

第一,必须坚持以中国特色社会主义理论体系为指导,保证党风廉政建设和反腐败斗争的正确方向。中国特色社会主

---

* 这是贺国强同志在纪念党的纪律检查机关恢复重建 30 周年暨反腐倡廉建设理论研讨会上讲话的一部分。

义理论体系,是马克思主义中国化的最新成果,是党最可宝贵的政治和精神财富,是全国各族人民团结奋斗的共同思想基础。30年来,我们高举中国特色社会主义伟大旗帜,认真学习和自觉运用邓小平反腐倡廉理论、江泽民反腐倡廉重要思想和以胡锦涛同志为总书记的党中央关于反腐倡廉的一系列重要论述,不断探索符合我国现阶段基本国情的反腐倡廉新措施新办法,坚定不移地走中国特色反腐倡廉道路。实践证明,只有以中国特色社会主义理论体系为指导,才能更好地从政治上观察和处理各种问题,正确判断党风廉政建设和反腐败斗争形势,明确不同历史时期反腐倡廉的主要任务,与时俱进地推进反腐倡廉工作,保证党风廉政建设和反腐败斗争始终沿着正确的方向健康发展。

第二,必须坚持党要管党、从严治党,始终把党风廉政建设和反腐败斗争放在突出位置来抓。在长期执政、改革开放和发展社会主义市场经济的条件下,我们党面临着各种可以预见和难以预见的风险,党员队伍面临着腐蚀与反腐蚀的严峻考验。不断增强党的拒腐防变和抵御风险能力,是我们党始终面临的重大课题,是党长期执政和国家长治久安的重要政治保证和组织保证。30年来,我们党对腐败现象的极端危害性和危险性始终保持高度警觉,始终坚持党要管党、从严治党的方针,始终把反腐败作为一场严肃的政治斗争来抓,保持惩治腐败的强劲势头,坚决查办腐败案件,严厉惩处腐败分子,不论是谁,不论职务多高,只要违反了党纪国法,都依纪依法予以惩处。实践证明,坚决惩治和有效预防腐败,关系人心向背和党的生死存亡,是党必须始终抓好的重大政治任务。

第三,必须坚持党的基本路线,始终把党风廉政建设和反腐败斗争置于党和国家工作大局中来开展。我国正处于并将长期处于社会主义初级阶段,人民日益增长的物质文化需要同落后的社会生产之间的矛盾仍然是我国社会的主要矛盾。必须牢牢把握发展这个党执政兴国的第一要务,坚持以经济建设为中心,聚精会神搞建设、一心一意谋发展。党风廉政建设和反腐败工作作为党和国家工作的重要组成部分,也是党和国家各项工作顺利开展的重要保证,必须坚持党的基本路线,为深化改革、促进发展、维护稳定服务。30年来,面对复杂多变的国际形势和艰巨繁重的国内改革发展稳定任务,党风廉政建设和反腐败斗争始终保持健康平稳发展的良好态势,很重要的一条就是坚持在大局中谋划、在大局下推进,自觉服从服务于党和国家中心工作。实践证明,只有始终坚持围绕中心、服务大局,党风廉政建设和反腐败斗争才能找准切入点,增强工作实效,为推动经济社会又好又快发展提供有力保证。

第四,必须坚持以人为本,切实维护人民群众的根本利益和党员干部的合法权益。以人为本是党的性质和宗旨的集中体现,也是做好反腐倡廉工作的基本要求。30年来,我们坚持把实现好、维护好、发展好最广大人民的根本利益作为一切工作的出发点和落脚点,认真开展专项治理,切实纠正损害群众利益的不正之风,建立健全维护群众利益的长效机制,有力地巩固了党同人民群众的血肉联系。同时,我们不断完善党规党法,坚持以事实为依据,以法纪为准绳,准确恰当地处理违纪行为,注意保护党员干部的合法权益。加强党内民主建设,推进党务公开,尊重党员主体地位,保障党员民主权利。

实践证明,只有坚持以人为本,纪检监察工作才能更好地维护人民群众的根本利益,才能更好地保护和激励广大党员干部干事创业的积极性。

第五,必须坚持标本兼治、综合治理、惩防并举、注重预防的方针,以完善惩治和预防腐败体系为重点整体推进反腐倡廉建设。坚持反腐倡廉工作方针,完善惩治和预防腐败体系,是我们党深刻总结反腐倡廉历史经验、适应形势发展和时代要求作出的重大战略决策。30 年来,我们党不断探索和把握反腐倡廉建设规律,不断坚持和完善反腐倡廉工作方针,把治标和治本、惩治和预防始终贯穿于反腐倡廉全过程,做到两手抓、两手都要硬,既坚决惩处腐败分子,又努力从源头上预防和治理腐败,不断铲除腐败现象滋生蔓延的土壤和条件。我们坚持以完善惩治和预防腐败体系为重点,全面推进反腐倡廉建设,通过深化改革和创新制度,逐步健全拒腐防变教育长效机制、反腐倡廉制度体系、权力运行监控机制。实践证明,只有全面贯彻反腐倡廉工作方针,积极推进惩治和预防腐败体系建设,才能明晰思路,突出重点,抓住关键,增强反腐倡廉建设的整体性、协调性、系统性、实效性。

第六,必须坚持解放思想、实事求是、与时俱进,以改革创新精神推进党风廉政建设和反腐败斗争。解放思想、实事求是、与时俱进,是党的思想路线的核心,是马克思主义活的灵魂,也是加强反腐倡廉建设的根本思想原则。30 年来,我们党坚持从不同时期经济社会发展和反腐败斗争的实际出发,不断推动反腐倡廉工作理念、思路、方法、体制机制的创新,党风廉政建设和反腐败工作经历了从拨乱反正、处理历史遗留问题到刹风整纪、解决改革开放后出现的新问题,从着力治标、侧重遏制到标本兼治、综合治理,从注重开展专项工作到整体推进反腐倡廉建设这样一个认识上不断深化、实践上不断发展的过程。实践证明,只有适应世情、国情、党情的发展变化,坚持改革创新,才能使党风廉政建设和反腐败工作不断体现时代性、把握规律性、富于创造性。

第七,必须坚持党的领导,建立和完善反腐败领导体制和工作机制。党风廉政建设和反腐败斗争是一项复杂艰巨的系统工程,也是全党全社会的共同任务,必须坚持在中国共产党统一领导下,建立健全体制机制,形成工作合力。30年来,我们坚持把党风廉政建设和反腐败工作纳入各级党委和政府的总体工作规划,与经济社会发展和党的建设任务一起部署、一起落实、一起检查、一起考核,建立和落实党风廉政建设责任制,坚持和完善反腐败领导体制和工作机制,形成了全党动手反腐败的良好局面。实践证明,只有坚定不移地加强和改善党的领导,不断完善反腐败领导体制和工作机制,才能切实抓好反腐倡廉各项任务的落实,为党风廉政建设和反腐败斗争提供坚强的领导和组织保证。

以上这几方面的概括,既是30年来党风廉政建设和反腐败工作的宝贵经验,是中国特色反腐倡廉道路的基本内涵,也是今后推进反腐倡廉建设必须遵循的重要原则。党和国家事业在不断发展,反腐倡廉建设在不断深入。我们要结合新的实践,不断深化对反腐倡廉建设规律的认识,不断丰富中国特色反腐倡廉道路的理论和实践内涵,努力把党风廉政建设和反腐败斗争推向前进。

坚决维护党的政治纪律[*]

（2008 年 12 月 5 日、2009 年 9 月 19 日）

一

我们党是靠革命理想和铁的纪律组织起来的马克思主义政党,严明的纪律是我们党不断从胜利走向胜利的可靠保证。在党的纪律中,政治纪律是最重要的纪律。我们必须深刻认识严明党的政治纪律的极端重要性,切实维护党的政治纪律,维护党的团结统一,为在新的历史起点上继续推进中国特色社会主义伟大事业提供坚强的政治保证。

当前,全党在执行党的政治纪律方面总的是好的。但也要看到,一些同志头脑中讲政治、遵守政治纪律的意识淡化了,极少数党员、干部在一些涉及党的基本理论、基本路线、基本纲领、基本经验等重大政治问题上说三道四;有的对中央关于经济社会发展的重大政策措施置若罔闻,有令不行、有禁不止,甚至阳奉阴违、我行我素;有的泄露党和国家秘密,给党和国家工作造成严重损失;有的听信小道消息,甚至传播政治谣言,在干部群众中造成不良影响。这些现象必须引起我们高

---

* 这是贺国强同志两次讲话中有关维护党的政治纪律内容的节录。

度警觉,并切实加以纠正和解决。

坚决维护党的政治纪律是党章赋予纪律检查机关的一项基本职责。我们要在党中央和各级党委领导下,认真履行职责,坚决维护党的章程和其他党内法规,认真检查党的路线方针政策和决议的执行情况,保证党的政治路线的贯彻执行。要严格党的纪律,决不允许散布违背党的理论和路线方针政策的意见,决不允许公开发表同中央的决定相违背的言论,决不允许对中央的决策部署阳奉阴违,决不允许以任何形式泄露党和国家的秘密,决不允许传播政治谣言。要严肃查处违反政治纪律的行为,加大执行纪律的力度,对违反党的政治纪律的,要严肃批评教育;对屡教不改的,要作出组织处理;对造成严重后果的,要按党纪国法予以惩处。要通过严格执行各项政治纪律,使全党同志提高遵守和执行政治纪律的自觉性,坚定政治信念,保持清醒的政治头脑,坚持党的基本理论、基本路线、基本纲领、基本经验,确保全党同党中央保持高度一致。

（2008 年 12 月 5 日在纪念党的纪律检查机关恢复重建 30 周年暨反腐倡廉建设理论研讨会上的讲话）

二

党的十七届四中全会《决定》[1]强调,全党同志必须时

---

[1] 即 2009 年 9 月 18 日党的十七届四中全会通过的《中共中央关于加强和改进新形势下党的建设若干重大问题的决定》。

刻把党和人民放在心中最高位置,坚持党员个人服从党的组织、少数服从多数、下级组织服从上级组织、全党各个组织和全体党员服从党的全国代表大会和中央委员会,其中最重要的是坚持全党服从中央;坚持把发挥地方积极性同维护中央权威结合起来,把局部利益同全局利益统一起来,保证中央政令畅通。要深刻认识新形势下严明党的政治纪律的极端重要性,越是深化改革、扩大开放,越是发展社会主义市场经济,越是长期执政,越要严格执行党的政治纪律,坚决维护党的集中统一。要深入开展党的政治纪律教育,引导党员干部坚定政治立场,不断提高政治敏锐性和政治鉴别力,坚定中国特色社会主义信念,增强政治意识、政权意识、责任意识、忧患意识,自觉做到坚持党的基本路线不动摇,在重大问题上立场坚定、旗帜鲜明,在关键时刻和重大事件中经得起考验,坚决同党中央保持高度一致。当前,特别要严格执行中央关于处置去年3月14日拉萨等地和今年7月5日乌鲁木齐发生的打砸抢烧严重暴力犯罪事件的决策部署,充分认识达赖集团和"三股势力"〔1〕的分裂本质,坚决反对分裂破坏活动,坚决抵制破坏民族团结、挑拨民族关系、制造民族矛盾的言论和行为,在反对分裂、维护祖国统一这个大是大非面前,始终做到头脑清醒、斗争坚决。

(2009年9月19日在中国共产党第十七届中央纪律检查委员会第四次全体会议上的报告)

---

〔1〕 "三股势力",指暴力恐怖势力、民族分裂势力、宗教极端势力。

抓好党风建设和反腐倡廉工作
是国有企业的一大政治优势[*]

（2009 年 2 月—2011 年 7 月）

一

　　中海油比起中石油、中石化,起步是比较晚的,基础也比较差,而且在海上找油难度很大。你们在 1982 年组建时,一无资金,二无技术。经过 27 年的发展,到现在能够跻身世界500 强企业和国际大型油气公司企业行列,产量由原来的 9万吨增加到现在的 4000 多万吨,而且整个技术装备达到世界一流。特别是党的十六大以来,中海油发展更快、更迅速,一个中海油变成了三个中海油,实现了超常规的发展。成立中海油公司,还弥补了原来石油勘探开发的不足。我国原来主要是陆地找油,但由于有较长的海岸线,海洋石油资源也很丰富。有了中海油的发展,我们整个石油工业体系就比较完善了。

　　在中海油这样的大型国有企业,怎么搞党风建设,怎么搞反腐倡廉,应该说你们创造了一些经验。比如说,建立内控和

---

*　这是贺国强同志关于国有企业党风建设和反腐倡廉工作三次讲话的节录。

风险管理机制,这是最主要的,叫作制度防线,全方位、全流程、全覆盖的制度防线。这就是说,惩治和预防腐败体系要融入风险管理体系,风险管理体系要融入整个企业的经营管理体系,这样就把惩治和预防腐败体系、风险管理体系同企业经营管理体系有机地结合起来了,有了保障,不是"两张皮"。还比如说,建立对"一把手"的权力约束的机制,其中最核心的是民主集中制。我们讲,不仅党委要实行民主集中制,行政首长负责制的行政机关也要实行民主集中制。我还讲过这个观点,国有企业不管是哪种领导体制,都要实行民主集中制,党委领导下的总经理负责制也好,总经理负责制也好,董事会制度也好,民主集中制少不了,只不过是方式方法不同而已,最重要的是不能个人说了算,哪种体制也不能个人说了算。现在我们企业发展了,壮大了,我最担心的就是个人说了算。个人说了算,不仅个人容易犯错误甚至犯罪,更主要的是会给企业带来危害、给国家带来危害。怎么防范"一把手"犯错误,当然自身素质很重要,但是还得有一套防范的机制。还比如说,你们通过思想教育、制度体系、企业"红线"文化建设,做到"不想、不能、不敢、不必"贪,等等。我听了以后,感到你们在企业党风廉政建设上,结合你们自己的实际,形成了一整套制度体系,为企业的健康发展、为企业的党风廉政建设提供了有力保障。我觉得,这些经验要认真总结一下,以更好地推进国有企业党风建设和反腐倡廉工作。

(2009 年 2 月 13 日在中国海洋石油
总公司调研时的讲话)

二

中投公司已经成立一年多了,我是第一次到你们公司来,这对我来说也是一次很好的学习。刚才听了你们的情况介绍,很受启发,也很受鼓舞。这里,我简要谈几点感受。

第一,实践证明中央成立中投公司的重大决策是非常正确的。随着我国改革的深入和对外开放的扩大,如何更好地推进国有银行的股份制改革,如何用好我国的巨额外汇资金,显得十分紧迫。在这样的背景下,中央经过反复研究,决定成立中投公司。当时设想成立中投公司主要有三个目的:一是加强和改善宏观调控,增加货币政策操作工具,缓解当时流动性偏多的矛盾;二是理顺国有金融机构与政府出资人的关系;三是探索拓展外汇资产使用的渠道和方式,提高外汇资产经营收益。中央对成立中投公司高度重视,中央政治局常委会、国务院多次开会研究。当时我在中央组织部,参与了一些筹备工作,也了解一些情况。现在回过头来看,中央成立中投公司的决策是完全正确的,特别是通过应对国际金融危机,我们进一步认识到中投公司成立的必要性。

第二,中投公司成立一年多来按照中央的要求积极进行探索,取得了很好的成绩。具体来讲,主要有这么几个方面:一是坚持按照党中央、国务院提出的建立符合《公司法》要求的国有独资公司的方向来把握。公司成立以来,特别是去年在面对国际金融危机严重冲击的困难情况下,中投公司能够准确判断形势、及时调整策略包括投资策略,仍然取得了较好的经营业绩,这是很不容易的。如果没有国际金融危机,去年的业绩可能会更好一些。二是通过汇金公司有力地支持了国有银行的股份制改革,对稳定金融发挥了重要作用。目前中投公司已控股或参股 11 家金融机构,通过控股和参股,在探索国有金融机构股权管理的途径方面积累了有益经验。三是逐步实现非中管控股金融机构党的关系的划转。这个原则是中央所强调的,也是党的十六大以来国有资产管理体制改革取得积极进展的关键因素。不论是国有企业还是金融机构,凡属于中央管理的,必须由中央直接管理。另外,对非中央管理的国有企业和金融机构,要尽可能做到管事、管人、管资产相结合,这方面你们在逐步实行,有关方面对此也是支持的,包括你们来征求中央纪委的意见时,我们从纪检工作的角度认为这样做有利于落实党风廉政建设责任制,也是表示支持的。四是坚持发挥两个优势,就是把党的政治优势和现代企业制度有机结合起来。我感到特别高兴的是你们在组建公司的同时建立了党的组织,两方面工作是同步进行的。以上这几个方面说明,中投公司成立一年多来,在公司领导班子带领下,在全体干部员工共同努力下,取得了很好的业绩,实现了良好开局。

第三,中投公司在党风建设和反腐倡廉工作方面,也取得了明显成绩。听了你们的汇报,我感到中投公司党风建设和反腐倡廉工作有这么几个特点:一是认真落实党风廉政建设责任制,实行"一岗双责"。公司主要领导同志亲自担任公司党风建设和反腐倡廉工作领导小组组长,公司党委全力支持纪检监察工作。我刚到中央纪委工作不久,你们就前去汇报了党风建设和纪检监察工作,当时中投公司刚刚组建,各方面工作头绪很多,这充分说明了公司领导对党风建设和反腐倡廉工作的重视。二是中投公司作为一个新成立的公司,十分重视打基础的工作。刚才你们在汇报中谈到,中投公司健全了纪检监察组织机构,提出了"三高四结合"的工作思路,明确了七项工作重点,建立了一系列规章制度。三是联系工作实际,认真贯彻落实《建立健全惩治和预防腐败体系2008—2012年工作规划》。中央关于建立健全惩治和预防腐败体系的要求和部署是对全国来讲的,具体到一个单位还要结合自身实际来制定实施办法。你们积极探索将惩防体系建设与公司改革发展、与加强内控和风险监管体系建设有机结合的思路和办法,这一点非常重要,有利于防止反腐倡廉工作与业务工作相互脱节、搞成"两张皮"。此外,你们在党风建设和反腐倡廉工作中还有不少创新,形成了一些亮点。

第四,中投公司应该在审慎开展业务的同时,继续大胆探索创新。中投公司成立背景特殊,中央寄予重托,国内外高度关注。我记得你们刚刚挂牌不久,《参考消息》等媒体和互联网上就评论如潮。我是主张、鼓励你们积极探索的,具体来讲有两个方面的探索:一是要在金融业务方面进行积极探索。尤其是要认真总结和汲取国际金融危机的教训,总结中投公司成立一年多来的经验,积极探索拓展对外投资的渠道和方式,努力实现国家外汇资产的保值增值;同时,进一步规范控股参股金融机构股权管理,努力提高公司的管理水平,包括提高整个金融产品管理水平。二是要在党建工作、纪检监察工作方面进行探索。尤其是要进一步探索国有金融单位纪检监察机构如何有效履行职责,如何把纪检监察工作有效融入公司经营管理活动的各个方面、各个环节和风险监控体系之中。希望你们继续探索,不断创造新的经验。

(2009 年 3 月 24 日在中国投资
有限责任公司调研时的讲话)

三

中粮集团是 1949 年成立的,与新中国同龄。60 多年来,中粮集团不断发展壮大,逐步从单一的粮油进出口企业发展成为集贸易、实业、金融、信息、服务和科研于一体的大型企业集团,成为我国最大的粮油食品贸易及加工企业,真正实现了做大做强。中粮集团可以说是国有企业发展壮大的一个缩影,也可以说是我们国家发展进步的一个缩影。从中粮集团的发展来看,我们完全有信心办好国有企业,办好以经营国计民生特别是农副产品为主业的企业,办好外向型企业。为什么讲这么三句话呢? 我觉得从中粮集团来看,有三个特性。

首先,中粮集团是一个国有企业,而且是中央管理的国有重要骨干企业之一,关系到国民经济命脉,关系到以公有制为主体、多种所有制经济共同发展的基本经济制度,关系到我们党的执政根基。前些年,对国有企业能不能办好,国内有些疑虑,社会上也有担心,甚至有人说国有企业必须走私有化道路。但是,经过这些年的发展,我国国有企业经受住了考验,不断做大做强,自觉承担起了经济责任、政治责任和社会责任,中粮集团就是其中的代表。我们要坚定搞好国有企业的信心,真正做大做强。

其次,中粮集团是一个以经营农副产品为主业的国有企业,关系着国计民生。毛主席曾讲过,世界上什么事情最大?吃饭问题最大。现在仍然可以说,吃饭问题最大。作为以经营农副产品特别是粮油为主业的国有企业,往往既需要搞好企业经营,把经营业绩搞上去;又需要承担重大责任,参与国家宏观调控;更重要的是需要考虑人民群众利益,为国家和人民作贡献。比如,在关键时刻我们要为国家实施宏观调控政策发挥作用,粮价高了,我们宁可暂时亏,也要服从国家利益,坚决调价;东西少了,我们要收购,包括从国外进口,尽量买进来;东西多了,我们要卖出去,这也起到平抑物价的作用。总之,对于关系国计民生的国有企业特别是以经营农副产品为主业的国有企业,所承担的责任要比一般国有企业更大一些。

再次,中粮集团是一个外向型企业,外贸任务很重。原来外经贸部有三个大的外向型企业,一个是中化,一个是中粮,一个是五矿。在计划经济时代,这三大外向型企业在为国家换取外汇、引进技术等方面发挥了很大作用。我记得当年周恩来总理讲过,换取外汇很多靠的是"鸡毛蒜皮"。"鸡毛蒜皮"许多就是中粮集团经营的,很不容易。我们国家改革开放已经30多年了,以中粮集团为代表的这批老的大外贸企业为我们国家对外经济贸易打下了坚实基础,现在我国企业大步伐、大踏步地"走出去"了,这个大步伐不仅体现在数量上,而且体现在企业类型上,既有国有企业,也有民营企业;还体现在领域上,各个领域的企业都能参与竞争,这在过去是不可想象的,确实很可喜,也是个很好的形势。但是,也要看到,我国企业"走出去"还存在着不少矛盾和问题。比如,我国企业要"走出去",需要金融、政策和各方面的支持,但目前我国在这些方面的相关配套政策还跟不上。在访问东欧一个国家时我了解到,我国企业在该国搞建筑项目需要他们的工程师签字,我国的工程师签字不算,而他们的工程师水平又不高,没搞过高水平的项目,这里就有一个我国的工程师资质在该国能不能被认可的问题;另外,该国要求所有的文件必须是本国语言,英文也不行,而我国学这种语言的人又太少了。对于这些问题,一是我们要努力适应它;二是我国有关部门要加强与有关国家政府的谈判,解决一些政策性问题;三是国内有关部门要加强协调,包括行业协会的协调、招投标项目的协调等,这点很重要。总之,要根据这些年来我国企业"走出去"的实践,认真总结经验,切实解决存在的问题。做到这一点,一方面要认真解决个案问题,另一方面要从总体上、共性上进行全方位研究,特别是要从中央层面制订若干政策、措施和意见。以上是我从中粮这个老外向型企业联想到的,希望你们在这方面能够摸索、创造出经验来,为国家发展大外经贸作出更大贡献。

中粮集团的党风廉政建设搞得是好的,工作有成效,也有创新,这点值得肯定。加强国有企业党风廉政建设,是国有企业健康发展的有力保证,也是国有企业党的建设和管理工作的重要组成部分。这些年来,我们在国有企业党风廉政建设方面下了很大功夫,取得了明显成效。但也要看到,当前国有企业仍然是一个腐败案件易发多发的领域,还需要继续把国有企业党风廉政建设抓下去。我觉得,抓好国有企业党风廉政建设关键是要把握好以下三条:一是要严格执行党风廉政建设责任制。国有企业董事长、党组书记是党风廉政建设第一责任人,其他分管的领导根据工作分工,对职责范围内的党风廉政建设负领导责任,各级都是如此。过去曾经有一些不正确的观点,对于国有企业要不要抓党的建设,要不要抓党风廉政建设,存有疑虑。实践证明,抓党建,抓党风廉政建设,这是国有企业的优势,是个品牌,必须坚定不移,任何时候都不能削弱和丢掉这个优势。二是要靠制度。要有一套切实可行、完备管用的制度,做到用制度管权、按制度办事、靠制度管人。三是要做好融合工作。就是要把国有企业的党风建设和反腐倡廉工作与业务工作有机结合起来、融合到一起,把权力风险防控寓于国有企业经营管理的全过程和各方面,防止出现"两张皮"。希望中粮集团认真总结已有的经验,按照中央和中央纪委的要求,结合自身实际,继续把党风廉政建设抓紧抓好抓出成效。

(2011 年 7 月 19 日在听取中粮集团工作汇报时的讲话)

对民生领域的腐败问题
必须严惩快办[*]

（2009 年 2 月—2011 年 11 月）

一

此两期《国内动态清样》反映的借农民工培训套钱牟利问题,其他地方是否也存在? 培训农民工是中央出台的一项重要民生工程,各级党委政府及有关部门要切实抓好,绝不允许腐败现象的发生,发现一起,要严惩一起。

（2009 年 2 月 23 日在《农民工培训弄虚作假,内外勾结套钱牟利》、《农民工技能培训暴露制度性缺陷》上的批语）

二

这两则信息,一件是关于骗取义务教育财政补贴,一件是关于骗取助学金,数额虽然不大,但读后令人气愤、心寒。党和政府尽最大努力支持教育,广大农村希望普及义务教育,贫

---

* 这是贺国强同志关于解决民生领域腐败问题的五则批语。

困学生盼望完成学业,可有些人却在这方面起歹心,对此必须严查严办,并采取措施,堵塞漏洞。

> (2009 年 9 月 22 日在《安徽凤台县学校虚报学生数额骗取财政补贴问题严重》、《四川查处多起职业学校骗取助学金案》上的批语)

三

大量治污资金被挪用的问题,值得引起高度重视,要对所涉及的案件依法依纪进行查处,同时要追究相关领导人的责任。

> (2009 年 11 月 14 日在《910 亿元治污资金成唐僧肉,大量资金被挪用引网民关注》一文上的批语)

四

读了这则信息令人气愤!一些党员干部、学校校长竟敢吃学生的伙食回扣,他们的党性何在?宗旨意识何在?良心何在?对此类问题要严肃查处。

> (2010 年 8 月 22 日在《浙江查处校餐腐败窝案 网民期待治理校餐乱象》一文上的批语)

五

中央财政每年拨款 160 多亿元用于农村学生改善营养,

这是我们党以人为本、执政为民理念的充分体现,社会各界对此高度评价并十分关注这笔钱能否管好。各相关部门、单位和工作人员要以党性和良知作保证,过细工作,严格监督,真正把党和政府的关爱落实到位,确保"每一分钱都吃到孩子嘴里"。

(2011 年 11 月 21 日在《网民建议加大对学生营养改善计划的监督力度》一文上的批语)

反腐倡廉宣传教育
要有说服力和感染力[*]

（2009 年 5 月—2012 年 7 月）

一

开展全国优秀廉政公益广告展播活动，是一项加强廉政教育、弘扬廉政文化的有益之举，要认真扎实地组织实施，尤其要在提高广告质量、为广大干部群众喜闻乐见上下功夫。

（2009 年 5 月 4 日在《全国优秀廉政公益广告展播受网民好评》一文上的批语）

二

浙江省通过从有关案件中汲取教训，在全省领导干部中开展反腐倡廉专题教育的做法很好。"惩前"是为了"毖后"，"治病"是为了"救人"。加大查办案件工作力度，一方面要严惩腐败分子，另一方面要发挥查办案件的治本功能，通过开展

＊　这是贺国强同志关于反腐倡廉宣传教育工作的五则批语。

警示教育,提高广大党员干部的"免疫"能力。

(2009 年 10 月 25 日在《浙江在全省领导干部中
开展反腐倡廉专题教育》一文上的批语)

三

要进一步规范和改进涉及腐败问题的宣传,尤其要引导主流报刊、网站,坚持正面、客观、实事求是,杜绝炒作,防止低俗和猎奇倾向。

(2011 年 5 月 23 日在《媒体过分渲染腐败现象
不容忽视》一文上的批语)

四

提高全民道德素养,是社会主义核心价值体系建设的重要内容,也是党风廉政建设和反腐败工作的重要任务。针对当前一些地方道德滑坡、诚信缺失的问题,中宣部及有关新闻单位决定开设道德建设专栏,很有意义。中央纪委要配合有关单位,将廉政文化建设纳入道德建设的重要内容,扎实推进这项工作。

(2011 年 11 月 25 日在《中央宣传部关于开设
道德建设专栏的方案》上的批语)

五

近年来,北京市充分发挥历史文化资源优势,通过理论研究、阵地建设、品牌创建等措施,不断丰富廉政文化资源,增强廉政文化建设的说服力、吸引力和感染力,取得了良好效果。北京市的这一做法,值得学习借鉴。

（2012 年 7 月 3 日在《北京挖掘历史文化资源创新廉政文化建设》一文上的批语）

纪检监察机关要在维护
社会稳定中发挥作用[*]

（2009 年 7 月 14 日）

　　社会稳定是改革发展顺利进行的重要条件,也是人民群众安居乐业的基本前提。这些年,纪检监察机关按照党委、政府的统一部署,积极参与维护社会稳定、应对突发事件等工作,发挥了重要作用。当前,维护社会稳定的形势依然严峻、任务十分艰巨,一些影响社会稳定的因素往往与干部作风和廉洁方面的问题相互交织。我们一定要按照中央的要求和部署,结合自身职责,积极做好维护社会稳定的有关工作。要认真落实中央纪委制定的《关于纪检监察机关在预防和处置群体性事件中做好相关工作的意见》,加强信访举报、矛盾纠纷排查、应急处置等工作,着力解决群众反映强烈的突出问题,坚决纠正损害群众利益的不正之风,切实维护群众合法权益,营造和谐稳定的社会氛围。

　　最近,新疆乌鲁木齐市发生了由境内外"三股势力"精心策划和组织的打砸抢烧严重暴力犯罪事件。党中央、国务院及时作出了一系列决策部署。在中央的正确决策和坚强领导

＊　这是贺国强同志在全国纪委书记座谈会上讲话的一部分。

下,经过各个方面的艰苦工作,目前局势已基本平稳。中央纪委已就贯彻中央精神下发了通知。各级纪检监察机关和广大纪检监察干部要认真学习贯彻中央的指示精神,增强政治敏锐性和政治鉴别力,切实把思想统一到中央对形势的分析判断和对工作的决策部署上来,与党中央保持高度一致;要充分发挥职能作用,严明政治纪律,加强对中央关于维护社会稳定各项决策部署贯彻落实情况的监督检查;要在各级党委的领导下,协助做好群众工作,打牢社会稳定的群众基础;要发挥好模范带头作用,坚守岗位,认真履行职责,做好保增长、保民生、保稳定的各项工作,以实际行动为维护社会稳定作出贡献。

推进反腐倡廉工作创新[*]

（2009 年 8 月 18 日）

以改革创新精神推进反腐倡廉建设，是改革开放 30 年来党风廉政建设和反腐败工作的一条基本经验，也是党的十七大关于以改革创新精神推进党的建设的基本要求。当前，党风廉政建设和反腐败工作面临许多新问题新矛盾，特别是腐败现象在得到有效遏制的同时出现了许多新情况新特点，改革的深化和现代化建设的推进使得一些体制机制漏洞和弊端逐渐暴露出来，违纪违法行为日趋复杂化、隐蔽化、智能化，新兴经济领域案件和运用高新技术手段作案不断增加，等等。我们只有在认真总结经验、继承优良传统的基础上，继续坚持解放思想、实事求是、与时俱进，不断推动理念思路、工作内容、方式方法、体制机制创新，反腐倡廉建设才能不断适应新形势、完成新任务、开创新局面。

第一，要积极推进反腐倡廉理念思路创新。当前反腐倡廉建设面临的新形势新任务，迫切要求我们在思想上要有新解放、观念上要有新转变、思路上要有新突破。推进反腐倡廉

---

[*] 2009 年 8 月 15 日至 18 日，贺国强同志在青海省考察调研。这是考察调研期间听取省委、省政府和省纪委工作汇报时讲话的一部分。

理念思路创新,最根本的是要深入贯彻落实科学发展观,切实把科学发展观的要求贯穿于反腐倡廉建设全过程和各方面。一是要树立服务大局的理念。紧紧围绕发展这个党执政兴国的第一要务,自觉把反腐倡廉建设放在党和国家工作全局中谋划和推进,更好地为推动科学发展、促进社会和谐提供有效服务和有力保证。二是要树立以人为本的理念。增强群众观念,真心实意为群众办好事、办实事,认真解决群众反映强烈的突出问题,坚决纠正损害群众利益的不正之风;及时回应人民群众的期盼和社会各界的关切,自觉接受群众监督,拓宽群众的参与渠道,发挥群众在反腐倡廉中的积极作用;在严肃执行纪律的同时,重视保护党员干部的民主权利和合法权益,保护广大党员干部干事创业的积极性。三是要树立统筹兼顾的理念。全面贯彻反腐倡廉战略方针,正确处理治标和治本、惩治和预防的关系,切实做到两手抓、两手都要硬;正确处理当前和长远、全面和重点的关系,把反腐倡廉战略性目标与阶段性任务结合起来,从教育、制度、监督、改革、纠风、惩治等方面整体推进惩治和预防腐败体系建设;正确处理发挥专门机关作用和充分调动各方面力量的关系,巩固和发展党委统一领导、党政齐抓共管、纪委组织协调、部门各负其责、依靠群众支持和参与的工作局面。

第二,要积极推进反腐倡廉工作内容创新。加强以完善惩治和预防腐败体系为重点的反腐倡廉建设,必须坚持以创新思路和办法推进各项工作。要推进反腐倡廉教育创新,努力扩大教育培训的覆盖面,善于运用正反两方面的典型开展宣传教育,增强反腐倡廉教育的针对性、实效性和说服力、感染力;要推进查办案件工作创新,提高综合运用法律、政策以及科技手段突破案件特别是大案要案的能力,提高依纪依法、安全文明办案的能力,有效发挥查办案件的治本功能;要推进监督工作创新,把对权力的科学配置与对干部的有效监督结合起来,把事前、事中、事后监督结合起来,把党内监督与党外监督结合起来,做到关口前移、增强实效;要进一步扩大党内民主和人民民主,推进党务公开,完善各类办事公开制度,保障党员干部和人民群众的知情权、参与权、表达权、监督权,提高权力运行透明度;要加强反腐倡廉社会舆情和网上舆情的收集和研判,增强舆情监管和舆论引导的有效性,等等。

第三,要积极推进反腐倡廉工作方式方法创新。深入推进反腐倡廉建设,必须不断提出新办法、探索新途径、运用新手段。要重视现代科学技术尤其是信息技术在反腐倡廉建设中的作用,把科技手段融入对权力运行进行监督制约的制度设计和管理流程中,不断提高纪检监察工作的科技含量;要加强纪检监察系统电子政务建设,逐步建立和完善信访举报、投诉处理、政风行风评议、案件监督管理、预防腐败信息共享等系统,不断提高纪检监察工作的质量和效率;要努力探索有效整合监督资源的方式方法,积极推进纪检监察机关内部管理体制改革,加强对纪检监察派驻机构的统一管理,注重发挥非派驻单位纪检监察机构的职能作用,完善纪检监察机关与有关执纪执法部门的沟通协调机制,进一步形成反腐倡廉的整体合力。

第四,要积极推进反腐倡廉制度创新。要在创新制度上下功夫,积极推进重点领域和关键环节改革,并及时把改革中形成的好做法好经验好措施转化为法规制度,最大限度地堵塞产生以权谋私、权钱交易的漏洞;要在完善制度上下功夫,注意抓好法规制度的系统配套,努力使各项制度彼此衔接、相互协调,充分发挥整体效能;要在严格执行制度上下功夫,加强对法规制度执行情况的监督检查,着力提高制度的执行力。

纪检监察机关要关注网络舆情[*]

（2009 年 9 月—2011 年 3 月）

一

互联网深刻影响当今社会,对党的建设特别是反腐倡廉建设提出了一系列新课题。我们要适应这一新形势,充实力量,整合资源,认真做好分析研判、舆情引导、技术支持等方面的工作,以掌握主动权。

（2009 年 9 月 2 日在人民日报社《情况汇编》上就
"互联网与执政党建设的思考"系列文章所作的批语）

二

统一开通全国纪检监察举报网站,是一件大事,也是一件受广大人民群众欢迎的好事。要在总结前些年工作经验的基础上,切实加强对网站的管理,加强对举报信息的收集、研判和处置,建立线索运用和信息反馈机制,真正为群众提供一条便捷畅通的渠道,调动广大群众参与反腐倡廉

---

* 这是贺国强同志关于做好网络舆情收集、研判、处置工作的三则批语。

的积极性。

（2009 年 10 月 30 日在《网民热议中央纪委开通
全国举报网站》一文上的批语）

三

随着互联网等现代信息技术的快速发展，群众通过网络
反映问题、进行监督越来越多，这对于了解社情民意、化解群
众情绪、促进社会和谐稳定、发现腐败问题线索，有着很重要
的作用。同时，也存在着如何研判、引导、规范、管理的问题。
下一步，要认真总结经验，规范相关制度，提高工作水平，使这
项工作健康有序进行。

（2011 年 3 月 4 日在中央纪委信访室关于网络电话
举报处筹备一年来的工作报告上的批语）

廉洁办世博*

（2009 年 10 月 12 日）

上海世博会是我国首次举办的综合性世界博览会,是继北京奥运会之后我国举办的又一国际盛事。自上海成功申办世博会以来,特别是随着各项筹办工作进展和开幕日益临近,各方面对世博会越来越关注。今年 6 月,我率代表团出访期间,专门对上海世博会作了宣传推介,走到哪个国家就宣传到哪个国家。应该说,各个国家对上海世博会都高度关注。这次对世博园区和场馆建设进行实地考察后,我进一步提升了对办好世博会重要性的认识。我觉得,举办上海世博会的意义确实不同寻常。2010 年世博会选在中国这个世界上最大的发展中国家举办,又选在中国最大的经济中心城市和对外开放的排头兵——上海市举办,不仅可以展示中国、展示上海的形象和实力,而且可以从上海看全国、看世界,因为各省（区、市）都要在这里设展示区,有 200 多个国家、地区和国际组织参展。因此,上海世博会应是对中国形象的一个全方位展示:一是展示我们的综合经济实力,全面展示新中国成立60 年来特别是改革开放 30 多年来取得的辉煌成就;二是展

＊　这是贺国强同志在上海世博局考察调研时讲话的主要部分。

示我们的改革开放,世博会本身就是开放的,通过世博会可以展示我们的发展理念、人的观念、人的素质,等等;三是展示我们的城市理念,这届世博会的主题就是"城市,让生活更美好",中国馆将集中展示"城市发展中的中华智慧",尤其是上海作为一个国际大都市,要通过世博会展示城市未来发展的美好前景;四是展示科技发展的最新成果,世博园区和场馆建设中就运用了大量的高新科技成果;五是展示人文领域的成就,展示我国五千年的灿烂文明,展示人与自然和谐统一的理念;六是展示中华民族的凝聚力,通过举办世博会,把全市乃至全国人民和海内外中华儿女的积极性调动起来、动员起来,这就是中华民族的凝聚力;七是展示社会主义制度集中力量办大事的优越性。总之,举办世博会应该是一次全方位的展示,对于提升我国国际地位和影响力,促进我国同世界各国的交流合作,推动我国改革开放和社会主义现代化进程,必将产生十分重要的作用。我们要集中力量办好世博会,同时要以举办世博会为契机,大力提升整个上海的形象和水平,进而提升整个国家的形象和水平。

廉洁办世博是世博会筹办工作的重要组成部分,也是世博会顺利举办的重要保障。中央对世博会监督工作高度重视,从世博会筹办工作一开始,就提出了"廉洁办博"的方针。实际上,廉洁办世博的工作是伴随整个世博会筹办工作一起进行的。从我们平时了解和这次考察了解的情况来看,上海市和有关方面已经做了大量工作,取得了明显成效,还探索创造了很多好的做法和经验。希望你们把廉洁办世博贯穿于世博会筹备和举办的全过程,继续搞好世博会各项筹办工作的监督检查,通过实践来检验是否真正达到了廉洁办世博、勤俭办世博的要求。这里,我就如何进一步贯彻"廉洁办博"方针,再强调以下几项重点工作:

第一,要管好用好世博会资金。世博会筹办工作涉及大量资金,能不能管好用好,国内外十分关注。要切实加强对世博会各项资金拨付和使用的监管,确保不发生截留、挪用、贪污、浪费等问题。这是廉洁办世博的要求,也是勤俭办世博的要求。勤俭办世博本身就是廉洁办世博的内容之一,两者是一致的。我们既要把世博会办出高水平,又要尽量节省每一分钱,节约投资,减少费用。

第二,要把好工程质量关。世博园区和场馆建设工程量很大。百年大计,质量第一。世博会园区场馆工程是体现国家当代建筑水平的标志性建筑,其工程质量不仅直接关系到世博会的顺利举办和场馆的后续利用,而且关系到国家的形象和声誉。要切实加强对工程质量的监督检查,确保场馆建设高质量、高水平,一些主要场馆、主要工程要成为优质工程、"鲁班奖"工程,严防出现豆腐渣工程。如果出现重大工程质量问题,不仅对上海人民、全国人民无法交代,还会在国际上造成严重影响。要把抓工程质量与提高管理服务水平结合起来,为世博会提供一流的硬件设施和软件服务。

第三,要搞好布展和运营期间的廉洁约束和监督检查。现在世博会筹办工作即将进入布展和运营阶段,资金投入将更加密集、参与人员将更加广泛、服务采购比重将进一步增大,监督检查的任务更加繁重。要结合实际,对布展和运营的各个方面、各个环节提出工作规范和纪律要求,特别是对容易出现问题的关键环节和重点岗位,比如材料采购等,更要严格要求、严格把关,切实做到公开透明、规范有序。

第四,要做好征地拆迁和居民安置。这是监督检查一项很重要的工作内容。世博会园区占地面积广、配套工程多、动拆迁工作量很大。目前,主要的拆迁任务已经完成,但善后工作特别是拆迁居民的安置方面还有大量工作要做。随着筹办工作的进展,不排除因有些安置工作没做好而引发一些矛盾的可能。对动迁群众来讲,他们以为世博会作贡献为荣,也自愿为世博会奉献力量,群众越是有这样的觉悟,我们越要完善政策措施、过细做好工作,切实维护好他们的利益,确保世博会工程成为民心工程、和谐工程,不能简单地说一切为了办世博、一切都得让路。从中央纪委信访渠道了解的情况看,不少地方在土地征用、居民拆迁方面积累了一些矛盾,如果解决不好,就会影响改革发展、影响社会和谐稳定。因此,居民安置和善后工作仍不能放松,要继续把这项工作抓紧抓好,让广大市民真正感受到"城市,让生活更美好"的理念和世博会筹办的成果。

第五,要积极探索廉洁举办重大活动的长效机制。世博会筹办工作中采取的一些措施虽然带有一定的过渡性、临时性,但这些措施都是经过反复尝试探索出来的,也是行之有效的。要经过世博会的实践检验后,把工程建设、布展、运营、征地拆迁等方面的监管措施总结提升为对其他重大活动、重大工程都适用的长效机制,积累对重大活动、重大工程进行监督检查的经验。目前,中央纪委监察部正在组织总结北京廉洁办奥运的经验,然后在全国推广。世博会的情况和奥运会不完全一样,希望你们既要借鉴廉洁办奥运的经验,又要结合实际有所创新,创造更多的好做法好经验。要通过廉洁办奥运、廉洁办世博,以及加强对四川汶川特大地震抗震救灾和灾后重建工作的监督检查,积累加强对中央重大决策部署、重大活动、重大工程、重要工作开展监督检查的经验,推动建立健全监督检查的长效机制。

第六,要落实好廉洁办世博工作责任制。刚才,你们在汇报中讲到建立了"三维廉政责任体系",也就是过去讲的纵横结合的廉政责任落实体系。从纵向看,从世博会组委会和上海市委、市政府,到世博局和各个部门,层层落实廉政责任制,形成了廉洁办世博"一条线";从横向看,建立以工程项目、业主为主体的廉政责任制,将廉政责任落实到每个项目法人、每个项目业主、每个参建单位。这也是你们的一条很好的经验。世博会筹办工作量大、涉及面广,参建参展人员有几万人,既有外省的也有境外的,单靠上海市成立的世博会党风廉政建设和监督保障工作联席会议、上海市纪委以及世博局是不够的,必须进一步落实好廉洁办世博工作责任制。要以项目为中心,按照谁主管、谁负责的原则,抓好项目业主这个主体,督促他们"两手抓",切实把廉洁办世博的责任落实到单位、落实到人,确保责任明确、监督到位。

基层党风廉政建设
要广覆盖、抓重点[*]

（2009 年 11 月 8 日）

基层党风廉政建设是基层党的建设和国家政权建设的重要内容,在反腐倡廉工作全局中具有基础性地位,发挥着重要作用。加强基层党风廉政建设,必须同贯彻落实党的路线方针政策和各项决策部署结合起来,同各地区各部门各行业各单位的中心任务和工作实际结合起来,因地制宜、分类指导,整体推进、突出重点,开拓创新、狠抓落实,不断以基层党风廉政建设的新成效取信于民、造福于民。下面,我重点就农村、企业、学校、公用事业单位和城市社区这五个领域的基层党风廉政建设工作分别讲点意见。

一、以促进农村改革发展稳定和维护农民 利益为重点加强农村党风廉政建设

加强农村党风廉政建设,是落实中央关于"三农"工作决

---

* 2009 年 11 月 8 日至 11 日,贺国强同志在江西省考察调研。期间在景德镇市召开了加强基层党风廉政建设座谈会。这是贺国强同志在座谈会上讲话的一部分。

策部署、推进农村改革发展的重要保证,是维护农民群众切身利益、促进农村社会和谐稳定的重要举措,也是密切党同人民群众血肉联系、巩固党在农村执政基础的重要环节。一是要加强对中央关于"三农"工作方针政策贯彻执行情况的监督检查,重点围绕稳定和完善农村基本经营制度、农村土地管理制度、农业支持保护制度、农村民主管理制度,围绕对农民直接补贴、发展现代农业和农村公共事业、建立新型农村合作医疗、社会保障、扶贫救济等专项资金物资管理使用,围绕抗灾救灾和灾后恢复重建等,认真开展监督检查,及时发现和纠正存在的问题,严肃查处违纪违法行为,确保中央强农惠农政策的落实和农村改革发展的顺利进行。二是要坚决纠正损害农民利益的突出问题,加强对征地拆迁行为的监管,完善被征地农民社会保障机制;加强农民负担监管,坚决制止各种涉农乱收费、乱罚款和乱摊派行为;加大对农村工矿企业安全生产、食品药品安全和环境污染问题的查处力度,严厉打击制售假冒伪劣农资和哄抬农资价格等坑农害农行为,切实维护广大农民群众的根本利益。三是要加强农村党员干部作风建设,坚持立足于教育、着眼于防范,促进广大农村基层党员干部提高素质、转变作风;制定和完善农村基层干部廉洁行为规范,有效防范各种苗头性和倾向性问题;健全农村基层党员干部联系和服务群众制度,提高服务农民群众水平。四是要建立健全农村党风廉政建设的长效机制,通过深化改革和完善制度,逐步健全农村集体资金、资产、资源的管理制度,保障农民群众对集体资金、资产、资源占有、使用、收益和分配的知情权、决策权、管理权、监督权;健全农村民主管理制度,完善村"两委"决策制度和村民议事制度,推进党务公开、政务公开和村务公开,保障广大农村党员和农民群众的各项民主权利。

二、以促进企业领导人员廉洁从业为重点 加强企业党风建设和反腐倡廉工作

当前,随着企业改革发展的不断深化,企业党风建设和反腐倡廉工作面临不少新情况新问题,一些企业成为腐败现象易发多发的重点领域之一。特别是近年来相继暴露出来的一些国企主要负责人严重违纪违法问题和国企高管腐败窝案,都给党和国家造成重大损失,社会上反响也很大,教训十分深刻。这里,我重点讲一下加强国有企业党风建设和反腐倡廉工作问题。一是要进一步抓好国有企业领导人员廉洁从业工作,认真落实《国有企业领导人员廉洁从业若干规定》,抓紧解决企业领导人员违规领取薪酬和滥用职务消费等问题,引导企业领导人员增强廉洁从业意识,严格遵守廉洁从业行为规范,自觉接受监督,慎用手中权力,坚决杜绝不廉洁行为发生。二是要进一步推进国有企业民主管理,充分发挥企业党组织的政治核心作用,继续推进和完善"双向进入、交叉任职"的领导体制,督促企业把坚持民主集中制与完善现代企业制度和公司治理结构有机结合起来,积极探索建立具有中国特色的公司治理结构,形成企业决策权、执行权和监督权既相互制约又相互协调的机制。特别是要认真落实"三重一大"集体决策制度,切实做到凡是涉及企业生产经营的重大

决策、重要人事任免、重大项目安排、大额度资金运作等事项，必须由企业领导班子集体研究决定；凡是研究决定企业改制以及经营方面的重大问题、制定重要的规章制度，必须通过职代会等形式广泛听取职工意见，接受职工的评议和监督；凡是涉及职工群众切身利益的重大事项，必须向职工群众公开。三是要把惩治和预防腐败体系建设融入国有企业经营管理活动之中，把反腐倡廉经常性工作与企业日常经营管理活动紧密结合起来，加强对企业经营管理重点部位和关键环节的监管，切实做到关口前移、防范在先，规范程序、控制风险，堵塞漏洞、建章立制，不断提高企业的经营管理水平和防范风险能力。此外，非公有制企业的党组织也要按照中央的要求，参照国有企业的做法，结合本企业实际，积极探索做好反腐倡廉工作的途径和方法。

三、以强化重点领域和关键环节的监督 为重点加强学校党风廉政建设

近年来，随着国家教育投入不断加大、学校招生规模不断扩大、基建任务不断增多，一些学校由于重视不够、管理不严、监督不力等原因，使得原本是"一方净土"的校园也接连出现腐败问题。最近查处的几所大学领导干部腐败案件，影响非常恶劣。各级党委、政府和纪检监察机关要认真贯彻落实中央要求，切实把学校反腐倡廉建设抓紧抓好。这里我重点讲一下加强高等学校党风建设和反腐倡廉工作问题。一是要严把招生录取关，认真落实国家招生政策，严格执行学校招生资

格及有关考生资格、招生计划、录取信息等事项的公开制度，确保招生工作在阳光下运行；要加强对录取环节的监督，特别是要严格规范各种特殊类型招生行为，不断提高招生录取工作的科学化、规范化水平。目前，社会上和人民群众对这方面的问题反映比较强烈，我们一定要严格执行各项规定，确保教育公平。二是要严把基建项目关，把学校基建项目纳入工程建设领域突出问题专项治理范围，督促学校加强基建项目内部管理和监督，严格实行基建项目集体决策、审批、项目工程款支付"两支笔"会签等制度，规范招投标行为，推行基建项目全过程审计。三是要严把物资采购关，严格执行政府采购有关规定，建立健全学校内部采购机制和采购监管制度，对大宗物资实行统一采购、阳光采购，防止暗箱违规操作；对少量物资采购要严格审批，规范程序，加强监督，防止腐败问题的发生。四是要严把内部财务管理关，严格实行学校财务管理制度，健全经济责任制，确保内部财务工作规范、高效；规范教育收费管理，杜绝各种乱收费行为；加强预算外资金管理，彻底清理"小金库"；加强对教学科研经费管理使用的监督，杜绝教学科研经费使用中的虚报冒领、假公济私、奢侈浪费等行为。前段时间从网上看到一则消息，有的学校借国家加大助学金发放力度之机，对本应用于支持和保证生活贫困学生上学的助学金虚报冒领，这种做法让人愤慨和痛心，必须严肃查处。其他各类学校也都要按照中央要求，切实加强作风建设和反腐倡廉建设，真正办好"让人民满意的教育"。

四、以加强行风建设和深化办事公开为重点推进公用事业单位党风廉政建设

公用事业单位是各级政府履行公共服务职能的重要载体,是政府服务群众的重要窗口,与人民群众生产生活息息相关。当前,我国公用事业发展很快,在促进经济社会又好又快发展、保障人民群众生产生活等方面发挥着越来越重要的作用。但也要看到,由于许多公用事业单位处于垄断地位、缺乏竞争压力等多种原因,在服务工作中容易出现作风不正、质量不高、效率低下等问题。特别是许多公用事业单位承担着一定的经济、社会管理职能,掌握着大量的资金和公共资源,如果得不到有效的监督和约束,很容易滋生腐败问题,加强公用事业单位党风廉政建设已经成为一项重要而紧迫的任务。一是要加强行风建设,坚决纠正各种以权谋私、以职谋私、以业谋私等不正之风,切实解决群众反映强烈的突出问题和侵害群众利益的问题;要完善职业规范,加强效能建设,进一步规范办事行为,简化办事流程,提高办事效率;要把公用事业单位工作作风情况纳入行政投诉受理范围,对群众投诉做到有诉必查、查必有果。二是要深化办事公开,进一步规范公用事业单位办事公开的内容、程序,丰富办事公开的形式,切实把涉及群众切身利益、最容易引发矛盾和滋生腐败的热点、难点问题作为公开的重点,对权力运行进行公开监督和动态监控,防止权力失控、决策失误、行为失范。大力推行政风行风评议、纠风"热线"等工作,拓宽接受群众监督的渠道。三是要

积极稳妥地推进公用事业单位改革,通过推行部分公用事业单位投资多样化、运营市场化、发展产业化、服务社会化等,完善管理机制,改进服务方式,增强发展活力,更好地履行公用职能。

五、以改进服务、加强管理、强化监督为重点推进城市社区党风廉政建设

随着我国经济社会的快速发展,城市社区日益成为城市管理的重心、人民群众生活的家园、各类经济社会组织活动的舞台。与之相适应,城市社区的公共管理权限不断扩大,管理的事项和物资、财产日益增多,城市社区党风廉政建设的重要性日益凸显,不断探索和加强城市社区党风廉政建设已经成为一项重要而紧迫的课题。当前社区党风廉政建设要着力抓好以下几个方面:一是要加强社区作风建设,督促社区组织和党员干部树立群众观念、增强服务意识,健全联系群众、服务群众制度,健全便民服务机制,创新便民服务载体,不断提升服务群众水平,坚决纠正办事不公、吃拿卡要、以权谋私等损害社区居民利益的突出问题。二是要加强社区民主管理,积极推进社区居民自治,充分发挥居民代表会议作用,建立社区议事协商、民主听证制度,实行社区重大事项民主决策制度,建立健全社区财务管理制度,全面推行街道政务公开、居务公开和党务公开,进一步拓宽和畅通社情民意表达渠道,保障社区居民对社区公共事务的民主管理权利。三是要探索加强对居住在社区的党员干部的监督,充分利用

社区内邻里知情的特点和优势,进一步强化社区监督职能,探索加强对居住在社区的党员领导干部"八小时之外"有效监督的新途径新形式。

做好反腐倡廉网络舆情信息工作[*]

（2009 年 11 月 18 日）

互联网作为 20 世纪的一项重大基础性科学发明,引发了人类社会生产方式和生活方式的深刻变化,对经济、政治、文化和社会发展产生了重大影响。当前,我国正处于改革发展关键期,也是社会矛盾凸显期,随着经济发展、教育水平提高和对外开放的不断扩大,人们的自主意识、民主意识和政治参与意识普遍增强。在这样的一种背景下,互联网的快速发展,使人们能够迅速地了解信息,拓宽知识领域,丰富文化生活,使人们思想、文化、生活的多元、多样、多变特点更为突出地显现出来。与此同时,互联网的发展,既为党和政府更好地了解社情民意提供了有利条件,也给包括反腐倡廉建设在内的党的建设提出新的课题和挑战。

从这几年工作实践来看,网络舆情信息对反腐倡廉建设影响非常大,其作用也可以说是两面的。从正面讲,可以很好地宣传党的路线方针政策,很好地宣传中央纪委监察部的工作部署,还可以通过网络举报发现违纪违法问题线索,听取人民群众的意见和建议,宣传和推广廉政文化,等等。从负面

---

[*]　这是贺国强同志在调研中央纪委监察部网络信息工作时讲话的一部分。

讲,一些不真实的信息可以迅速传播,一些属于局部的问题可以演变为全局性的问题,还可能被别有用心的人以及敌对势力所利用,攻击我们党和政府,抹黑纪检监察工作。因此,我们要认真研究和把握互联网发展规律,充分发挥其正面作用,减少和消除其负面影响。

做好反腐倡廉网络舆情信息工作,要紧紧围绕全党全国工作大局,密切关注国际国内大事,准确把握经济社会发展大势,立足反腐倡廉建设全局,按照"服务大局、服务决策,真实准确、全面客观,灵敏高效、及时快捷"的原则,不断增强舆情信息工作的政治性、敏锐性、针对性和有效性,更好地为反腐倡廉建设服务、为科学决策服务。

为加强这项工作,最近中央纪委书记办公会决定,在宣教室专门设立网络信息处。结合中央纪委监察部的工作实际,我就做好网络信息工作谈点意见。

第一,要全面收集国内外信息。全面真实客观是舆情信息工作的生命,实事求是是信息报送工作的第一原则。必须全方位地收集,哪怕是一些负面的信息、恶意的信息,也要如实报送,真正做到"有喜报喜、有忧报忧、喜忧皆报"。要尽快建立全国纪检监察系统网络舆情工作网络。

第二,要加强对舆情信息的分析研判。舆情分析要在繁杂中抓重点、透过现象揭示本质,为决策提供有价值的情况。要善于对零散的、初级的信息进行归纳和提炼,形成有思想、有深度、有综合、有分析的舆情信息。要在某些舆情初露端倪的时候,就能够对其发展趋势作出初步判断,并提出相关建议。要将关注点前移,"想早、想前、想深、想万一",做到见微知著、由表及里,从个别看到一般,从现状看到趋势。经验告诉我们,一些热点信息从出现到发酵都有一个发展过程,发现得早,处理得好,就能够正确引导舆论,引导事件的发展;反应不及时,处理得不好,就可能使小事演变成大问题、酿成大事端。因此,对一些重大事项,比如,一个重要文件的出台,一个大案要案的查处,都要密切关注有关的网络舆情。在重要、敏感事件发生时要坚持 24 小时值班,及时作出处置。对一个时期的反腐倡廉工作,还要进行综合舆情分析。

第三,要及时上报舆情信息。时效直接决定舆情信息的价值。上报舆情信息越是迅速、快捷,越有利于有关部门和领导同志及时了解、把握情况,准确预测趋势,从而掌握主动权。要提高快速反应能力,积极探索建立重大突发事件舆情信息快速反应机制,确保"第一时间"报送信息。

第四,要及时处置。为领导决策提供符合实际、科学合理的对策建议,是网络信息工作的一项重要职责,也最见水平、最见功力。一些重大舆情出现后,要尽可能提出建议,报请领导批准后及时制定切实可行的处置应对方案。如遇特殊紧急情况,在上报方案的同时,要及时进行处置。对于一些重大涉腐事项,事先要研究提出处置预案。

第五,要认真做好组织协调工作。网络舆情工作涉及面宽,需要多个部门和单位的协调配合。既要加强纪检监察机关内部的密切配合,又要在外部争取有关职能部门及新闻单位的支持,不断完善工作机制,及时召开联席会议,沟通情况,交流信息,形成反腐倡廉网络舆情收集、研判和舆论引导的合作机制。

第六,要加强信息发布工作。要牢牢把握舆情信息的主导权,通过正面渠道,包括通过主要新闻媒体和网站,主动发布信息,第一时间发布信息,大力加强对中央、中央纪委反腐倡廉方针政策和决策部署的宣传,加强对纪检监察工作成效的宣传,加强先进典型宣传,对大案要案要及时披露案情。中央纪委监察部要定期召开新闻发布会,努力办好监察部网站。

第七,要切实做好网络举报工作。今年 10 月 28 日,我们统一开通了全国纪检监察举报网站。这是在网络信息越来越发达、群众越来越关注党风廉政建设的情况下,积极回应社会关切、不断拓展反腐败线索来源的一项重要举措,得到了人民群众的广泛关注和社会各界的好评。网站开通以来,点击量一直很高。我们要以此为契机,在认真总结以往工作经验的基础上,切实加强对网站的管理,加强对举报线索的研判和处置,建立线索运用和反馈机制,真正为群众提供一条便捷、畅通的监督渠道,进一步调动和保护广大群众参与反腐倡廉的积极性。要继续推进全国纪检监察网络举报系统建设,完善中央、省、市、县四级统一的纪检监察网络举报体系。

下大气力解决"小金库"
这个"顽症"*

(2009 年 12 月 11 日)

在全国范围内深入开展"小金库"专项治理工作,是中央着眼于推进党风廉政建设和反腐败工作、解决反腐倡廉建设中人民群众反映强烈突出问题作出的一项重要决策部署。"小金库"问题由来已久,也可以说是一个"顽症",在党政机关和企事业单位具有一定的普遍性。"小金库"的发生,往往与一些地方和部门乱收费、乱罚款、乱摊派,有法不依、执法不公,行政不作为、乱作为等现象,有着密切联系。"小金库"屡禁不止的根源,很重要的一个方面就是本位主义和利益驱动,一些部门和单位往往打着为单位和职工谋福利的旗号,滥发各种津贴补贴。"小金库"的存在,不仅助长了铺张浪费、奢靡享乐歪风,而且往往成为消极腐败现象滋生的土壤,严重影响党和政府在人民群众中的威信。

对解决"小金库"问题,中央高度重视,先后在全国范围开展了两次大规模的清理工作,取得了阶段性成果。2008 年

---

*　这是贺国强同志在"小金库"专项治理工作阶段性情况汇报会上讲话的一部分。

中央颁布的《建立健全惩治和预防腐败体系 2008 — 2012 年工作规划》，明确将治理"小金库"作为反腐败治本抓源头的重要任务；党的十七届四中全会和十七届中央纪委第四次全会又把治理"小金库"作为党风廉政建设和反腐败工作的一项重要任务作出部署。今年 4 月，根据中央的要求，中央纪委监察部会同有关部门起草并经中央审议批准，中央办公厅、国务院办公厅下发了《关于深入开展"小金库"治理工作的意见》，对这项工作作出了具体部署，全国党政机关和事业单位"小金库"专项治理工作全面展开。这次专项治理，不仅立足于治标，更着眼于治本；不仅立足于当前，更着眼于长远。我们一定要在原有工作的基础上，持续、深入、扎实地做好"小金库"专项治理工作，切不可半途而废、草草收场。

从源头上治理"小金库"，绝非一朝一夕之功，还要作艰苦努力和积极探索。一是要突出重点。加强对重点部门、重点领域、重点环节的监督检查，尤其是要加强对中央单位特别是中央垂直管理单位、执收执罚权比较集中部门等的监督检查，同时逐步将治理范围扩展到社会团体、国有及国有控股企业。要加强对"零申报"、"零问题"地区、部门和单位的监督检查。原则上对凡是自查自纠"零申报"、重点检查"零问题"的地区、部门和单位，上级治理工作领导机构一律要派出检查组进行重点检查，对那些管理严格规范、确实没有"小金库"的，要总结经验、宣传推广；对那些因工作不认真、措施不落实而出现"零申报"、"零问题"的，要予以通报批评，责令其认真开展自查自纠"回头看"和重点检查，确保治理工作不走过场、不留死角。二是要严格执纪。坚持自查自纠的从宽、检查发现的从严,鼓励知情人举报并对举报有功人员做好奖励兑现工作,严肃查处设立和使用"小金库"的行为,对于重点检查中发现的其他违纪违法案件线索,要按有关规定和程序做好移交工作。三是要注重预防。针对"小金库"产生原因的复杂性、存在形式的隐蔽性、资金来源和使用的多样性,多措并举、综合治理,着力完善治本之策。尤其要积极推进党务公开、政务公开和公共企事业单位办事公开,健全政府财政预算公开、非税收入公开和单位财务公开等制度,切实使资金在阳光下公开透明运行,把公共资金的收入和使用置于各级组织、广大党员干部、人民群众和社会舆论的监督之下。要积极推进财政、金融、国有资产管理体制改革,深化部门预算和国库集中支付制度改革,落实"收支两条线"规定;规范行政事业单位经营性资产管理,逐步将资产收益纳入预算;规范行政事业单位收入分配秩序和公务员津贴补贴,积极完善和推进公务消费和公务接待制度改革,节约和控制行政成本支出;进一步减少行政审批项目和各类非税收费,强化账户和现金管理;完善内控和监督机制,严格执行财务会计管理制度,等等,坚决切断"小金库"的资金来源和体外循环途径,铲除"小金库"滋生的土壤。

坚决遏制工程建设领域
突出问题滋生蔓延的势头[*]

（2009 年 12 月 22 日）

工程建设是发展经济、改善民生、增强国力的全局性、基础性、战略性事业。改革开放以来，随着我国经济社会的快速发展，工程建设规模不断扩大、速度日益加快，使城乡面貌发生了翻天覆地的历史性变化，在改革开放和社会主义现代化建设中作出了重要贡献。但是，随着工程建设的快速发展，一些矛盾和问题也逐渐暴露出来。比如，一些地方和部门搞地区封锁和行业垄断，工程建设领域市场交易规则不统一、管理行为不规范、监督体制不健全，扰乱了市场经济秩序，破坏了公平竞争原则；一些地方工程建设招投标体制机制制度不健全，致使一些招标人和投标人规避招标、虚假招标、围标串标、转包和违法分包问题严重，等等。再比如，一些地方违规征地拆迁、截留克扣补偿资金，一些地方随意变更城乡规划、擅自调整建筑容积率，一些地方工程建设质量低劣、安全生产事故频发，严重侵害人民群众的利益，甚至危害人民群众的生命安

---

* 这是贺国强同志在工程建设领域突出问题专项治理工作汇报会上讲话的一部分。

全,造成群众上访大量增加,有的还引发严重群体性事件。工程建设领域突出问题易发多发的原因固然很多,但很重要的一条是这个领域涉及产业链条长、投入资金大、利益关联度高。一项工程建设,从规划布局、可行性研究、环境评价、立项审批、招标投标、物资采购、资金拨付、施工建设到检查验收等各个环节,都有可能产生权钱交易和其他违纪违法问题。从纪检监察机关查办案件情况看,近些年查处的违纪违法案件许多都与工程建设领域有关,并且呈不断上升趋势。特别是一些领导干部利用职权违规插手工程建设,为本人或特定关系人谋取不正当利益,已经成为大案要案、窝案串案频发的重要原因。据统计,党的十七大以来(2007 年 11 月至 2009 年 11 月),全国纪检监察机关共立案查办工程建设领域案件 12208 件,处分 11923 人。

近年来,各地区各部门采取有力措施,认真治理工程建设领域存在的突出问题,工程建设市场不断健全,监管体制日益完善,权钱交易、商业贿赂等腐败现象滋生蔓延的势头得到一定程度的遏制,但这方面的问题仍然相当严重,人民群众反映强烈。今年 7 月,中央决定用两年左右的时间在全国集中开展工程建设领域突出问题专项治理工作。我们一定要结合新的形势和任务,充分认识深入开展工程建设领域突出问题专项治理工作的重要意义,切实把这项工作抓紧抓好抓出成效。

工程建设领域存在的突出问题涉及面广、治理难度较大。这次开展专项治理工作的目的,就是要通过一段时间的集中治理,坚决遏制当前工程建设领域突出问题滋生蔓延的势头,并为今后从源头上解决这方面问题积累经验、创造条件。因此,我们要坚持把突出重点、标本兼治的要求贯穿于专项治理过程中。一方面,要以政府投资和使用国有资金的项目为重点,紧紧抓住国土资源、交通运输、铁路、水利等重点领域,针对工程建设领域突出问题比较集中的项目决策、招标投标、土地出让、规划审批、资金使用、工程质量和安全管理等环节,加强项目建设程序、招标投标活动、土地和矿产资源供应及开发利用、控制性详细规划制定和实施、项目建设实施等方面的监管,严肃查办各类违纪违法案件,有力遏制工程建设领域突出问题滋长蔓延的势头。另一方面,要通过深入剖析典型案件,把工程建设领域存在的薄弱环节、体制漏洞和廉政风险点找准。在此基础上,认真总结实践经验,积极借鉴国(境)外有益做法,通过深化改革和创新制度逐步建立预防和解决工程建设领域突出问题的长效机制。这方面,要着力做好以下四项工作。

一是要推进重点领域和关键环节改革。特别是要深化工程建设领域监管体制改革,进一步解决相关部门职责交叉、权责脱节和关系不顺等问题,增强监管的科学性和有效性。

二是要健全相关法规制度。要对工程建设领域的法规制度进行认真梳理,仍然适用的要继续坚持,不完全适用的要修订完善,已经不适用的要及时废止;同时,要根据工程建设领域事业发展和管理监督的需要,抓紧出台一批重要法规。

三是要加快推进工程建设领域市场体系建设。要按照加快形成统一开放竞争有序现代市场体系要求推进相关改革,建立健全防止利益冲突制度,完善公共资源配置、公共资产交易、公共产品生产领域市场运行机制;要按照政府建立、规范管理、公共服务、公平交易的原则,整合和利用好各类有形建筑和建设市场,充分发挥市场在资源配置中的基础性作用;要积极推进工程建设信息公开和诚信体系建设,充分利用和整合现有条件和资源,逐步形成全国互联互通的工程建设领域诚信体系。最近我到上海、江西、湖北调研时,发现他们实行公共资源阳光交易的做法值得研究借鉴。近年来,上海市确立了"权力在阳光下运行,资源在市场中配置,资金在网络上监管"的工作思路,努力探索运用"制度加科技"预防腐败的途径和办法,在全国率先建立土地有形市场,对国有建设用地使用权实行统一和集中入市交易管理,强化了对土地出让和转让全过程的实时监管,取得了积极成效。江西省构建了省、市、县、乡四级公共资源交易系统,将各类需要"招拍挂"的土地、工程、国企产权、矿产、政府采购等公共资源交易项目统一集中在交易中心进行,解决了多头建设交易中心、资源浪费、难以监督的问题。湖北省着力规范招投标行为,创新招投标综合监管机制,推进"廉政阳光工程"建设,收到了较好效果。

四是要强化监督管理。要针对当前一些领导干部利用职权违规插手干预工程建设、索贿受贿,一些国家机关工作人员违规审批、执法不严等问题,抓紧制订有关规定,明确政策界限和纪律要求,进一步规范领导干部从政行为。要针对一些市场主体行为不规范,导致工程建设领域商业贿赂和腐败现象易发多发的情况,进一步加强对工程建设领域从业机构和人员的管理,加强对市场中介组织的监管,坚决打击破坏市场秩序的违法违规行为。

坚持依纪依法、安全文明办案[*]

（2010 年 1 月 13 日）

查办违纪违法案件，是坚持党要管党、从严治党的基本要求，是推进反腐败斗争的重要手段，也是纪检监察机关的基本职责。在严肃查处腐败案件的过程中，各级纪检监察机关坚持依纪依法办案、安全文明办案，注重保护被调查人员的合法权益，保证了查办案件工作的综合效果，总的情况是好的。但是，也要清醒地看到，当前办案工作尤其是基层办案安全工作中还存在一些突出问题。我们一定要从深入贯彻落实科学发展观、推进依法治国进程、维护党和政府的形象、促进社会和谐稳定的高度，充分认识依纪依法、安全文明办案的重要性和紧迫性。

第一，依纪依法、安全文明办案与加大办案工作力度是有机统一的。当前，面对腐败现象在一些领域仍然易发多发的严峻形势，必须加大查办案件工作力度，严厉查处腐败分子，坚决惩治腐败现象。但是，加大办案工作力度并不意味着单纯追求案件查处数量的增加或查处速度的加快，更不等于可以不顾党纪国法、使用不适当手段谋求突破案件。那种认为

---

* 这是贺国强同志在省（区、市）纪委书记会议上讲话的一部分。

依纪依法、安全文明办案会束缚办案人员手脚、影响办案进度、降低办案效率的思想,在认识上是错误的,在实践中是有害的。必须认识到,严格依纪依法、安全文明办案与加大办案工作力度是内在联系、有机统一的。一方面,加大办案工作力度本身包含着依纪依法、安全文明办案的要求。加大办案工作力度,目的就是要通过严肃查办违纪违法案件,督促广大党员干部严格遵守党纪国法,自觉维护党纪国法的严肃性和权威性。纪检监察机关作为执纪机关更应该在遵守和维护党纪国法上作出表率。如果我们在执纪中违纪违法,不仅会严重损害党纪国法的统一和尊严,而且与查办案件工作的初衷和目的也是背道而驰的。另一方面,依纪依法、安全文明办案是办案工作健康顺利进行的必要条件和重要保证。我曾几次在中央纪委监察部机关查办案件工作座谈会上及其他场合讲过,要把依纪依法办案作为办案工作的基本要求,贯穿到每一个案件之中,贯穿到每一个案件的各个环节之中,这样既有利于案件的查处,也有利于把案件办成经得起历史检验的铁案。因此,我们一定要把依纪依法、安全文明办案摆在重要位置,确保查办案件工作有力、有序、安全推进。

第二,依纪依法、安全文明办案是纪检监察机关深入贯彻落实科学发展观、树立正确办案政绩观的要求。坚决查处腐败案件是纪检监察机关的重要职责,切实保护广大党员干部的合法权益也是我们义不容辞的职责,这二者是统一的。在查办案件工作中,我们一定要坚持马克思主义的立场、观点和方法,特别是要深入贯彻落实科学发展观,牢固树立法制意识,牢固树立正确的办案政绩观,牢固树立服务大局、以人为本和依纪依法、安全文明办案的理念。要坚持查实问题、惩治腐败是成绩，澄清是非、保护干部也是成绩；坚持严肃查处腐败分子是成绩，教育挽救干部也是成绩；坚持突破重大疑难案件是成绩，严格依纪依法办案、认真执行纪律和程序、把案件办成经得起历史检验的铁案也是成绩，等等。只有树立法制观念和正确的办案政绩观，才能形成正确的工作导向，真正做到依纪依法、安全文明办案。

第三，依纪依法、安全文明办案是维护党和政府及纪检监察机关形象的体现。查办案件作为反腐倡廉建设的重要手段，必须服从服务于党和国家工作大局，服从服务于反腐倡廉建设全局。随着改革开放和社会主义市场经济的发展，特别是随着社会主义民主政治建设和依法治国进程的推进，中央对纪检监察机关依纪依法、安全文明办案的要求越来越高，社会各界对此也越来越关注。同时，境内外敌对势力也总是利用我们在查办案件工作中的个别问题，竭力歪曲我们的反腐败斗争、诋毁纪检监察机关的形象、攻击党的领导和社会主义制度。在这种情况下，如果因为没有依纪依法、安全文明办案而造成严重安全事故，就会给社会和谐稳定带来隐患，也会给敌对势力留下攻击的口实，其负面影响甚至有可能比发生一起腐败案件还要大。这就要求各级纪检监察机关必须增强政治意识、大局意识、责任意识、法纪意识，切实把依纪依法、安全文明办案作为一项铁的纪律和基本要求，坚决防止安全事故发生，自觉维护党和政府及纪检监察机关的形象，自觉维护党纪国法的尊严，确保查办案件工作取得良好的政治、社会和法纪效果。

认真落实新修订的《廉政准则》*

（2010 年 2 月 23 日）

　　党员领导干部廉洁从政是党的性质和宗旨的基本要求，是全面贯彻党的路线方针政策的重要保障，也是党员领导干部个人正确行使权力、履行职责的重要基础。为规范党员领导干部从政行为，1997 年 3 月，中央颁布了《中国共产党党员领导干部廉洁从政若干准则（试行）》（以下简称《廉政准则（试行）》）。《廉政准则（试行）》颁布实施 13 年来，对于促进党员领导干部廉洁自律、加强和改进党的作风建设和反腐倡廉建设发挥了重要作用。随着形势和任务的发展特别是党风廉政建设和反腐败斗争的深入，《廉政准则（试行）》有必要进一步修订和完善。中央关于推进党和国家事业发展的一系列重大战略思想、重要方针政策需要在党员领导干部廉洁从政工作中加以贯彻；党风廉政建设和反腐败工作的一系列理论、实践和制度成果需要在党员领导干部廉洁从政工作中加以运用；各地区各部门各单位特别是基层在实践中创造的许多新鲜经验和有效做法需要进一步提炼上升为对党员领导干部的

＊　　这是贺国强同志在贯彻实施《中国共产党党员领导干部廉洁从政若干准则》电视电话会议上讲话的一部分。

普遍性纪律要求;党员领导干部廉洁从政方面出现的一些新
情况新问题需要有新的措施和办法加以解决,等等。适应这
样的新形势新任务,按照中央的要求,中央有关部门对《廉政
准则(试行)》进行了修订完善。今年1月,中央印发了新修
订的《中国共产党党员领导干部廉洁从政若干准则》(以下简
称《廉政准则》)。修订后的《廉政准则》,进一步充实和完善
了党员领导干部廉洁从政行为规范,对党员领导干部提出了
更高的标准和更严的要求。颁布实施《廉政准则》,是贯彻落
实党的十七届四中全会精神、加强和改进新形势下党的建设
的一项重大举措,有利于增强新形势下党员领导干部教育、管
理、监督工作的针对性和实效性,对于促进党员领导干部保持
清正廉洁、更好地为党和人民执好政掌好权,具有十分重要的
作用。

《廉政准则》的基本精神和主要内容,既体现在总则部分
对党员领导干部坚定理想信念、坚守根本宗旨、发挥表率作
用、遵守党纪国法、正确行使权力、保持优良作风等方面提出
的原则性要求;又体现在后面章节中对党员领导干部从政行
为提出的一系列禁止性要求,概括起来共8个方面、52个"不
准"。我们要认真学习、全面把握《廉政准则》的基本精神和
主要内容,以贯彻实施《廉政准则》为契机,整体部署、突出重
点,着力解决涉及领导干部廉洁自律的突出问题,进一步规范
党员领导干部从政行为,以党风廉政建设和反腐败工作新成
效取信于民。

第一,切实解决党员领导干部利用职权和职务上的影响
谋取不正当利益的问题。我们党是全心全意为人民服务的马

克思主义政党,党除了工人阶级和最广大人民群众的利益,没有自己特殊的利益。党员领导干部无论职务高低,其权力都是人民赋予的,只能用来为人民谋利益,绝不能用来谋私利。在这方面,绝大多数党员领导干部做得是好的,是能够秉公用权、廉洁从政的。但也确有一些人不能正确对待手中的权力,利用职权和职务上的影响谋取不正当利益,而且手法不断翻新,形式更加隐蔽,成为党风廉政建设中的一个突出问题,人民群众对此反映强烈。《廉政准则》就严禁党员领导干部利用职权和职务上的影响谋取不正当利益以及严禁违反公共财物管理使用规定提出了明确要求。广大党员领导干部要认真贯彻执行这些要求和规定,坚决杜绝以各种名义收受钱物,坚决杜绝通过各种方式谋取不正当利益,坚决杜绝利用公款公物假公济私、化公为私的行为,做到克己奉公、清正廉洁。

第二,切实解决党员领导干部私自从事营利性活动的问题。马克思曾经指出,人们奋斗所争取的一切,都同他们的利益有关。共产党人并不反对个人利益,而是主张把个人利益与集体利益、国家利益、党和人民的利益有机统一起来,在维护公共利益的前提下、通过正当合法的渠道实现个人利益。党员干部作为国家公职人员,都掌握着一定的公权力,这种公权力只能用来为经济社会发展服务,为公众服务。如果利用公权力的影响私自从事营利性活动,就会混淆公权与私利的界限,导致以权谋私、与民争利。近年来,各级党委、政府及相关部门认真贯彻执行关于禁止党员领导干部私自从事营利性活动的规定,取得了一定效果,但这方面的问题仍很突出,严重影响党和政府在人民群众中的公信力,必须切实加以解决。

对此,《廉政准则》作了明确规定,比如,不准党员领导干部个人或者借他人名义经商、办企业;不准违反规定拥有非上市公司(企业)的股份或者证券;不准违反规定买卖股票或者进行其他证券投资;不准个人在国(境)外注册公司或者投资入股;不准违反规定在经济实体、社会团体等单位中兼职或者兼职取酬,从事有偿中介活动等。广大党员领导干部要认真落实上述规定,坚决杜绝私自从事营利性活动的行为,切实把精力用到做好本职工作、服务人民群众上来。

第三,切实解决党员领导干部违反规定干预和插手市场经济活动的问题。市场经济是法治经济、竞争经济、信用经济,我们推进改革的一个重要目标,就是要实现政企分开、政资分开、政事分开、政府与市场中介组织分开,不断完善社会主义市场经济体制,使市场在资源配置中的基础性作用充分发挥出来。党员领导干部违反规定干预和插手市场经济活动,不仅会扰乱市场经济秩序、破坏公平竞争原则、影响经济社会发展,而且会滋生大量腐败现象。从这些年纪检监察机关查办案件的情况看,相当一部分违纪违法案件特别是大案要案都与领导干部利用职权违规插手市场经济活动有关。针对这种情况,《廉政准则》对领导干部违反规定干预和插手市场经济活动提出了明确的禁止性要求,比如,不准干预和插手建设工程项目承发包、土地使用权出让、政府采购、房地产开发与经营、矿产资源开发利用、中介机构服务以及企业重组改制、生产经营等市场经济活动。我们一方面要认真落实这些规定,切实解决领导干部违反规定干预和插手市场经济活动问题,同时要通过深化改革和完善制度,加快政府职能转变,进一步减少和规范行政审批事项,减少权力"寻租"的机会,从根本上预防这类问题的发生。

第四,切实解决党员领导干部利用职权和职务上的影响为亲属及身边工作人员谋取利益的问题。关爱家庭、亲人、朋友是人之常情,但关爱什么、怎么关爱,却值得我们每个党员领导干部认真思考和严肃对待。在这方面,毛泽东等老一辈无产阶级革命家为我们树立了光辉榜样。毛泽东同志在处理与亲友、故旧的关系时一直坚持恋亲但不为亲属徇私情,念旧但不为故旧谋私利。作为父亲,他疼爱孩子但更注意严格要求孩子。1946年初,毛岸英同志从苏联回国后,他让毛岸英拜延安特等劳模吴满有为师,下乡当农民、读"劳动大学";新中国成立后,他让毛岸英到北京机器总厂当工人;1950年朝鲜战争爆发后,他送毛岸英到朝鲜参战,面对许多同志的劝阻,他说"谁叫他是毛泽东的儿子,他不去谁还去!"毛岸英同志不幸牺牲在朝鲜战场上,他强忍悲痛指示将其遗体和其他牺牲的志愿军官兵遗体一起埋葬在朝鲜。新中国成立初期,一些亲友请毛泽东同志帮助安排工作,他坚持原则,婉言谢绝,并亲自给亲友和湖南省领导写信,强调一切按正常规矩办理,不要搞特殊化。对身边工作人员,他在关心爱护的同时也始终严格要求,坚决杜绝和严肃处理脱离群众、谋取私利的现象。当前,我们绝大多数党员干部在这方面做得是好的,是能够严格要求亲属及身边工作人员的,但也有一些领导干部对亲属及身边工作人员要求不严格。同时,社会上一些别有用心的人也往往从领导干部亲属及身边工作人员打开缺口、进行拉拢腐蚀。一些领导干部由于不能正确对待亲情和友情,有的甚至利用职权和职务上的影响为亲属朋友谋取不正当利益,不仅自己身陷囹圄,最终也害了亲人朋友,教训十分深刻。对此,《廉政准则》从8个方面作出了明确规定。广大党员领导干部一定要认真贯彻落实这些规定,正确认识和对待亲情、友情,坚持原则、秉公办事、不徇私情,对亲属及身边工作人员加强管理,不准他们打着自己的旗号或利用自己的职权影响谋取利益,发现他们有违纪违法行为要及时制止,切实做到不为情所误、不为情所累。

第五,切实解决党员领导干部违反规定选拔任用干部的问题。为政之道,要在得人。这些年来,中央大力推进干部人事制度改革,在加强干部教育培训、考核评价、选拔任用、管理监督等方面出台了一系列制度规定,取得了明显成效。但是,当前选人用人方面的不正之风在一些地方和部门仍然不同程度地存在,群众反映强烈。针对这种情况,《廉政准则》对党员领导干部违反规定选拔任用干部提出了明确禁止性要求。广大党员干部特别是各级领导干部要认真执行这些规定,一方面要树立正确的权力观、地位观、利益观,正确对待个人的进退留转,严守纪律、胸怀大局,自觉服从组织安排和群众选择;另一方面,要坚持党的干部路线和用人标准,正确处理对干部的选拔使用,发扬民主作风,公道正派用人,严格按条件和程序选拔任用干部,切实为党和人民选好人用好人。

第六,切实解决党员领导干部作风方面存在的突出问题。作风是人的思想观念、品质修养、道德情操的外在表现。对于党员领导干部来讲,优良的作风是积极进取、奋发向上的重要支撑和保证,而不良的作风往往是奢靡享乐、腐化堕落的诱因和前兆。针对当前党员领导干部作风方面存在的突出问题，《廉政准则》就禁止讲排场、比阔气、挥霍公款、铺张浪费以及脱离实际、弄虚作假、损害群众利益和党群干群关系等方面提出了明确要求。我们要把贯彻落实《廉政准则》提出的这些要求，与贯彻落实中央关于领导干部加强党性修养、树立和弘扬良好作风的要求结合起来，与贯彻落实党的十七届四中全会关于大兴密切联系群众之风、求真务实之风、艰苦奋斗之风、批评和自我批评之风的要求结合起来，通过党组织加强教育、完善制度、强化监督和党员领导干部加强理论学习、注重实践锻炼、从严要求自己等方式，促使广大党员领导干部的作风有明显转变，以优良的党风促政风带民风。

巡视工作重在掌握实情、发现问题[*]

（2010 年 3 月 24 日）

　　建立和完善巡视制度，是党中央从加强党内监督、提高党的执政能力、保持和发展党的先进性的战略高度作出的一项重要决策。党的十六大以来，巡视工作扎实推进，取得了积极成效，也积累了宝贵经验。但也要看到，巡视工作本身开展时间不长，没有现成的经验可以借鉴，特别是关于巡视工作的规章制度不够完善。正因为如此，中央在不断推进巡视工作扎实开展的同时，高度重视巡视工作的法规制度建设，不断建立健全有关规章制度。特别是去年以来，经中央审议颁布实施了《中国共产党巡视工作条例（试行）》（以下简称《巡视工作条例（试行）》），作为规范巡视工作的基础性法规；随后，根据《巡视工作条例（试行）》的精神，先后制定下发了《中央巡视工作领导小组工作规则》、《中央巡视工作领导小组办公室工作规则》、《中央巡视组工作规则（试行）》、《关于被巡视地区、单位配合中央巡视组开展巡视工作的暂行规定》等 4 个法规文件，加上其他一些文件规定，初步形成了巡视工作制度

---

* 这是贺国强同志在中央巡视机构工作总结暨巡视干部培训会议上讲话的一部分。贺国强同志当时兼任中央巡视工作领导小组组长。

的核心体系和基本框架。《巡视工作条例(试行)》及 4 个法规文件,对巡视工作以及参与巡视工作的各个方面的职责、要求作出了明确规定,是一个以《巡视工作条例(试行)》为核心、相互衔接、有机统一的整体,对于加强巡视工作制度建设、推进巡视工作深入开展具有重要意义。我们一定要充分认识制定实施《巡视工作条例(试行)》及 4 个法规文件的重要意义,准确把握主要内容,全面落实各项规定,并以此为契机,进一步总结经验、把握规律,开拓进取、扎实工作,努力把巡视工作提高到一个新水平。

第一,进一步明确巡视工作的主要任务。明确职责任务是做好工作的前提。中央巡视组代表中央对有关地区和单位进行巡视监督,需要全面了解和反映被巡视地区、单位的有关情况。但是,各地区各单位工作量大面广,而巡视组的力量、时间等又十分有限,这就决定了巡视工作不能面面俱到、漫天撒网,而必须突出重点、抓住关键,合理确定巡视的范围、内容和任务,增强工作的针对性和实效性。在巡视范围上,中央巡视组要负责对省(区、市)党委和同级政府、人大常委会、政协委员会党组领导班子及其成员进行巡视。具体来讲,中央巡视组要对各省(区、市)领导班子在一届之内巡视一至两遍;要对中央管理的金融机构在五年内巡视一遍;要有选择有重点地对国有重要骨干企业进行巡视。此外,还特别提出把被巡视地区、单位纪检机关(机构)和组织(人事)部门领导班子及其成员纳入巡视范围。在巡视内容上,当前要着重围绕以下几方面开展巡视。一是加强对遵守党的政治纪律、执行党的路线方针政策、贯彻落实中央重大决策部署情况的监督检查,坚决维护中央权威,保证中央政令畅通;二是加强对执行民主集中制情况的监督检查,督促领导班子及其成员认真落实民主集中制各项制度,推进党内民主、增进党的团结;三是加强对执行党风廉政建设责任制情况和自身廉政勤政情况的监督检查,督促领导班子及其成员切实承担起反腐倡廉的政治责任,认真落实完善惩治和预防腐败体系的各项任务,严格执行《中国共产党党员领导干部廉洁从政若干准则》,自觉做到秉公用权、廉洁从政;四是加强对开展作风建设情况的监督检查,督促领导班子及其成员加强党性修养、弘扬优良作风,促进党风政风和社会风气的好转;五是加强对选拔任用干部情况的监督检查,督促领导班子及其成员认真贯彻执行《党政领导干部选拔任用工作条例》及相关法规,匡正选人用人风气,提高选人用人公信度。明年地方党委将陆续开始换届,我们要妥善处理巡视监督与换届考察的关系,加强对换届中选人用人情况的监督检查,协助地方党委做好相关工作,切实防治选人用人上的不正之风。

第二,切实做到严格按巡视工作程序办事。在开展巡视前,巡视组要向有关部门了解被巡视地区、单位的有关情况,制定巡视工作方案,并提前通知被巡视地区、单位;被巡视地区、单位要设立巡视工作联络组,筹备有关会议,准备有关材料,等等。在开展巡视期间,巡视组要向被巡视地区、单位通报有关情况,按照规定方式开展巡视工作,及时向巡视工作领导小组报告有关重大问题,经派出巡视组的党组织同意后就一些问题向被巡视地区、单位党组织或其主要负责人提出处理意见;被巡视地区、单位要向干部群众公布巡视组到达信息,积极协助巡视组开展相关工作,如实报告有关情况和问题,认真提供相关文件资料,及时通报本地区本单位重要情况,妥善处理相关信访,对巡视组提出的处理建议进行反馈,等等。在巡视结束后,巡视组要认真撰写巡视报告,向巡视工作领导小组汇报巡视情况、提出有关意见建议,经领导小组同意后向被巡视地区、单位党组织领导班子反馈巡视情况,通过回访等方式了解整改情况,协同巡视办督促抓好巡视成果运用工作;被巡视地区、单位党组织要认真听取巡视组的巡视情况反馈,制定整改方案,抓好整改落实,按照规定时限向巡视工作领导小组报送整改方案和整改情况报告,并及时落实巡视办按照规定移交的办理事项,等等。贯彻好《巡视工作条例(试行)》及 4 个法规文件,既要认真履行职责、大胆开展工作,又要增强依纪依法开展巡视的意识,严格按规定的程序开展工作,切实做到坚持原则不变通、执行程序不走样,以严格的程序保证巡视工作健康顺利进行,增强巡视监督的透明度和权威性。这里我着重强调以下几点:一是要紧紧依靠被巡视地区、单位的党组织开展工作,切实做到不干预被巡视地区和单位的正常工作,不直接查办案件,维护好被巡视地区、单位改革发展稳定大局和正常的工作秩序;二是要严格执行重大事项请示报告制度,对涉及的紧急情况和重大问题不作个人表态并及时汇报,经授权后才可转达上级组织的处理意见;三是要切实加大巡视成果运用力度,通过提高巡视报告和巡视情况反馈质量,规范巡视事项移送交办的工作程序、标准和要求,更好地为中央决策部署提供参考,更好地督促被巡视地区和单位抓好整改落实,协调有关部门认真办理移交事项,确保把巡视成果充分运用到案件检查、干部工作和经济社会发展工作中去,不断增强巡视工作实效性。

第三,努力提高掌握真实情况、发现突出问题的能力。科学的方式方法是完成工作任务、实现预期目的的重要手段。《巡视工作条例(试行)》及4个法规文件在总结各级巡视机构和广大巡视干部实践经验的基础上,对巡视工作的方式方法作了明确规定,主要包括听取情况汇报、列席有关会议、接受来信来访、召开座谈会、进行个别谈话、调阅有关资料、进行民主测评和问卷调查、明察暗访、商请协助等。我们要按照《巡视工作条例(试行)》及4个法规文件的要求,坚持走群众路线,相信群众、依靠群众,积极争取广大干部群众的支持和配合,把巡视工作建立在广泛的群众基础之上;要拓宽信息来源,充分运用现代信息技术和手段,加强对反腐倡廉舆情网络信息的收集、分析和研判,注意从社会广泛关注、群众反映强烈的突出问题中发现相关线索;要强化协调配合,加强与有关部门、单位以及中央重大决策部署贯彻落实情况监督检查、专项治理等工作机构的沟通,充分运用案件检查、干部考察以及检察、审计、信访等工作成果,努力实现信息互通、资源共享,提高工作效率,形成工作合力;要加强调查研究,及时总结实践中创造的新鲜经验,积极借鉴古今中外的有益做法,努力使巡视工作形式更灵活、方法更多样、成效更明显。

第四,全面加强巡视机构和巡视干部队伍自身建设。打铁先要自身硬。深入推进巡视工作,关键是要建设一支高素质的巡视干部队伍。《巡视工作条例(试行)》及4个法规文件对巡视机构和巡视干部队伍的思想、组织、能力、作风等方面作出了明确规定。比如,在政治思想方面,要求巡视工作人员必须政治坚定,同党中央保持高度一致,坚决执行党的路线方针政策;在组织方面,对巡视工作人员的选配、交流、调整、回避以及教育、管理、监督等作出了明确规定;在能力方面,要求巡视工作人员思想敏锐,有一定的工作经验,熟悉党务政务和政策法规,有较强的调查研究和文字综合能力;在作风方面,要求巡视工作人员秉公办事、廉洁自律,谦虚谨慎、平等待人,勤勉敬业、勤俭节约,严格遵守相关纪律要求,自觉接受监督,树立良好作风和形象,等等。我们要深入理解、全面把握上述规定,切实把加强巡视机构自身建设和巡视干部队伍建设作为一项重要任务来抓。要选好配强巡视干部,严格任职条件,拓宽用人渠道,综合运用组织选调、公开选拔、竞争上岗、单位推荐等方式做好巡视干部选配工作,不断优化队伍结构,满足对地方、企业、金融机构等不同领域开展巡视的需要,特别是要选好配强巡视组组长、副组长;要加大对巡视干部的教育培训力度,健全学习制度,促使广大巡视干部不断提高政治理论素养和政策业务能力;要关心爱护巡视干部,政治上充分信任,工作上放手使用,生活上关心帮助,对工作表现优异、成绩突出的同志给予表彰、奖励和重用,使大家心无旁骛、集中精力开展工作;要强化对巡视干部的日常管理,抓紧研究制定中央巡视机构干部管理办法,着力完善内部监督机制,规范工作流程,严格执行纪律,对不适合从事巡视工作的要坚决调离,对违纪违法的要严肃查处;要加强巡视机构党组织建设,充分发挥基层党组织的战斗堡垒作用,不断增强队伍的凝聚力和战斗力。广大巡视干部要勤奋学习、恪尽职守,谦虚谨慎、秉公办事,严于律己、遵章守纪,自觉接受各方面包括被巡视地区和单位的监督,以良好的作风和形象赢得干部群众的尊重和信任。

第五,进一步增强巡视工作的整体合力。巡视工作涉及面广、政策性强、任务繁重,必须加强组织领导、明确责任分工、协调各方力量、狠抓工作落实。《巡视工作条例(试行)》及4个法规文件对中央巡视工作领导小组、中央巡视组、中央巡视工作领导小组办公室以及被巡视地区和单位的职责任务作出了明确规定,有关方面要各司其职、密切配合,共同完成好各项任务,不断增强巡视工作的整体性、系统性和协调性。具体来讲,中央巡视工作领导小组要在中央领导下,认真履行领导职责,及时听取巡视情况汇报,研究部署年度和阶段工作,向中央报告有关重大事项,研究解决巡视工作有关政策制度等问题,为巡视工作深入开展创造条件。中央巡视工作领导小组办公室要发挥桥梁纽带和参谋助手作用,认真做好综合协调、政策研究、制度建设、后勤保障等工作,及时向领导小组报告重要情况、向巡视组传达中央和领导小组的决策部署,配合有关部门对巡视工作人员进行管理,配合巡视组对领导小组决定的事项进行督办,加强与中央有关部门的联络沟通,推动巡视成果的综合利用。中央巡视组要坚持对中央负责,坚决贯彻执行中央关于巡视工作的指示和中央巡视工作领导小组的决策部署,对巡视工作中涉及的重大事项及时报告、重大问题及时请示,加强与巡视办的沟通和协作,确保在中央的统一领导下开展工作;要正确处理与被巡视地区、单位党委(党组)的关系,认真落实工作联系与沟通协调的相关制度,积极争取他们对巡视工作的支持和配合。被巡视地区和单位党组织要自觉接受巡视监督,积极配合巡视组开展工作,如实反映情况,认真抓好整改,并按时将整改情况通过巡视办报送巡视工作领导小组。

第六,坚持与时俱进、改革创新,不断在实践中丰富和完善巡视工作制度体系。《巡视工作条例(试行)》及4个法规文件是巡视工作制度建设的重要成果,但推进巡视工作制度建设、提高巡视工作水平是一项长期的任务。我们要按照中央关于加强反腐倡廉制度建设的要求,积极适应形势和任务的变化,紧密结合巡视工作实践,继续把巡视工作制度建设作为一项重要任务来抓。一方面,要以《巡视工作条例(试行)》及4个法规文件为重点狠抓现有制度的贯彻落实,开展宣传教育,强化具体措施,加强监督检查,严格执行纪律,着力提高制度执行力,增强制度实效;另一方面,要积极推进巡视工作制度创新。要依据《巡视工作条例(试行)》及4个法规文件,对现行的巡视工作制度、规定、办法进行梳理,需要完善的要及时完善,并根据当前巡视工作实际需要,抓紧研究《巡视工作条例(试行)》有关实施细则和一些重要单项规定的制定工作,着力抓好巡视情况报告、意见反馈、责任分解、整改落实、督促检查、成果运用、人员管理等方面的制度建设;要加强整体规划和系统配套,逐步形成以《巡视工作条例(试行)》为核心,内容科学、程序严密、配套完备、有效管用的巡视工作制度体系,不断推动巡视工作的创新与发展。

发挥社会各方面力量在反腐倡廉建设中的积极作用[*]

（2010 年 4 月 2 日）

反腐倡廉是事关党和国家生死存亡的重大政治问题,也是全党全社会的共同任务,需要广泛调动社会各方面的积极性、充分发挥广大人民群众的重要作用协力推进。中央明确提出,要建立健全党委统一领导、党政齐抓共管、纪委组织协调、部门各负其责、依靠群众支持和参与的反腐败领导体制和工作机制,目的就是要形成全党动手、全社会参与反腐倡廉建设的良好局面。当前,坚持和完善反腐败领导体制和工作机制,充分发挥社会各方面在反腐倡廉建设中的作用,具有十分重要的意义。充分发挥社会各方面力量在反腐倡廉建设中的积极作用,要着重从以下四个方面入手:

第一,要建言献策。长期以来,我们党高度重视听取人民群众和社会各界对反腐倡廉建设的意见和建议,社会各界人士也通过多种渠道和方式对反腐倡廉建设建言献策,取得了积极成效。今后,要继续鼓励、支持和引导社会各界对反腐倡廉建设建言献策。各民主党派、工商联和无党派人士要发挥

---

[*] 这是贺国强同志在监察部特邀监察员座谈会上讲话的一部分。

人才荟萃、智力密集的优势,加强调查研究,对反腐倡廉建设多建睿智之言、多献务实之策;各级工会、共青团、妇联等人民团体要充分发挥党和政府联系群众的桥梁纽带作用,深入了解群众对反腐倡廉建设的愿望和要求,积极反映群众的意见和建议,更好地维护人民群众的合法权益;广播、电视、报刊和互联网等新闻媒体要发挥舆论导向作用,以特有的敏锐性和洞察力为反腐倡廉建设贡献真知灼见;广大人民群众要增强民主意识和法纪观念,通过合法渠道和正当方式表达利益诉求、提出意见建议,促进社会公平正义,推进反腐倡廉建设。纪检监察机关等专门机关要拓宽了解社情民意的渠道,深入体察民情,广泛收集舆情,通过多种方式和途径听取社会各界和广大人民群众对反腐倡廉建设的意见和建议,不断推进反腐倡廉决策的科学化、民主化。

第二,要参与工作。充分发挥社会各方面在反腐倡廉建设中的积极作用,既要务虚更要务实,既要立言更要力行。近年来,各级纪检监察机关积极邀请社会各界人士参与监督检查、执法监察、民主评议、接待信访、考察调研、查办案件、制度建设、纠风以及专项治理等实际工作,收到了很好效果。今后,我们要认真总结经验,完善政策措施,拓宽参与渠道和领域,规范参与形式和程序,为广大人民群众参与反腐倡廉有关工作创造更好条件。同时,希望各民主党派、工商联和无党派人士以及人民团体、新闻媒体和广大干部群众,充分发挥各自优势,积极参与反腐倡廉有关工作,形成反腐倡廉整体合力。要积极参与中央重大决策部署贯彻落实情况的监督检查工作以及其他各类专项治理和监督检查工作,为维护中央政令畅通、推动经济社会又好又快发展贡献力量;要积极参与反腐倡廉宣传教育工作,不断充实教育内容、创新教育方式、整合教育资源、拓展教育范围,增强反腐倡廉教育的说服力和感染力;要积极参与反腐倡廉制度建设,既要通过参加相关制度的论证、制定或修订工作,增强反腐倡廉制度建设的科学性和可行性,又要通过认真学习制度、自觉执行制度、坚决维护制度,提高制度执行力、增强制度实效性;要积极协助专门机关查办违纪违法案件,通过反映相关线索、配合调查取证、提供专业技术帮助等,为突破案件提供支持;要积极参与反腐倡廉理论研究,加强对反腐倡廉重大理论、政策、实践问题的研究,总结基层新鲜经验,借鉴国(境)外有益做法,探索和总结新形势下反腐倡廉建设的特点和规律,为推进党风廉政建设和反腐败斗争提供理论支持。

第三,要加强监督。加强监督,是有效防治腐败的关键环节,也是充分发挥社会各方面在反腐倡廉建设中积极作用的有效途径。要以加强对权力运行的制约和监督为重点,进一步完善监督体制,拓宽监督渠道,把党内监督与党外监督、专门机关监督与群众监督有机结合起来,形成监督合力,增强监督实效。各民主党派、工商联、无党派人士要充分发挥民主监督作用,对各级党委、政府及其职能部门,对各级领导干部行使权力进行有效监督,促进决策科学化、民主化和权力公开透明运行;各级工会、共青团、妇联等人民团体要加强对各自基层组织和所联系群众的教育,引导广大群众依法有序地开展民主监督、表达利益诉求、维护合法权益,推动党政机关不断改进工作;各类新闻媒体要积极进行舆论监督,及时、真实地揭露社会上的各种消极腐败现象和不正之风,深入追踪报道严重群体性事件和重大责任事故背后的腐败问题;各地城乡社区要充分利用邻里知情的特点和优势,及时发现、提醒、制止党员干部社会交往、休闲娱乐、生活作风方面的不良现象;广大人民群众要正确行使宪法和法律赋予的权利,积极对党政机关和公职人员进行批评、建议、控告、检举,确保各级领导干部手中的权力用来为人民谋利益。特别是希望社会各界进一步加强对各级纪检监察机关和广大纪检监察干部的监督,帮助我们查找问题和不足、改进工作和作风,更好地履行党和人民赋予的职责。

第四,要营造环境。优良的党风能够促政风带民风,良好的社会风气也有利于改进党风政风。推进反腐倡廉建设,必须在加强和改进党风政风的同时,努力营造良好的社会风气。各民主党派、工商联、无党派人士和工会、共青团、妇联等人民团体要进一步加强自身建设特别是内部监督机制建设,强化自我约束,保持清正廉洁,做良好作风的坚定实践者和大力弘扬者;各部门各行业要健全行业管理和自律机制,加强职业道德建设和政风行风建设,提高从业人员自我教育、自我管理、自我约束的自觉性,切实纠正损害群众利益的不正之风;各新闻媒体要加强反腐倡廉思想舆论宣传,坚持正确舆论导向,深入宣传中央关于反腐倡廉的决策部署,深入宣传反腐倡廉的重要成果、宝贵经验和先进典型,为推进反腐倡廉建设营造良好舆论氛围;要加强面向全社会的廉政文化建设,广泛开展廉政文化创建活动,鼓励和支持文艺工作者创作更多更好弘扬主旋律、反映反腐倡廉内容的电影、电视、戏剧、小说等文学艺术作品,大力推动廉政文化进机关、社区、家庭、学校、企业和农村,教育和引导广大群众自觉践行社会主义核心价值体系,牢固树立社会主义荣辱观,遵守社会道德,弘扬新风正气,抵制歪风邪气,努力营造以廉为荣、以贪为耻的社会氛围。

治理商业贿赂既要惩处受贿行为，又要惩处行贿行为[*]

（2010 年 4 月 28 日）

开展治理商业贿赂专项工作，是中央从推进改革开放和发展社会主义市场经济全局和战略高度作出的一项重要决策部署。这项工作自 2005 年开展以来，我们始终将其作为查办案件工作的重点和专项治理工作的关键来抓，严肃查处了一大批涉案金额大、危害严重、影响恶劣的商业贿赂案件，有力遏制了商业贿赂滋生蔓延的势头，收到了良好效果。但是，这方面的问题依然突出、任务依然艰巨。我们要按照中央的要求和部署，继续把查办商业贿赂案件摆在重要位置，特别是要加大查办商业贿赂大案要案的力度。

一是要严肃查办重点领域的商业贿赂案件。要严肃查处工程建设、设备物资采购、土地出让、产权交易、资源开发和经销以及金融等领域的商业贿赂案件，严肃查处国家机关及其工作人员官商勾结、索贿受贿的案件，严肃查处领导干部配偶、子女和其他亲属及身边工作人员利用领导干部的职权和

＊ 这是贺国强同志在中央纪委监察部机关查办案件工作座谈会上讲话的一部分。

职务影响谋取不正当利益的案件。

二是既要严肃惩处受贿行为，又要严肃惩处行贿行为。行贿与受贿是腐败行为的两个方面，彼此依存、相互助长。根据近年来查办商业贿赂案件的经验，今后要在坚决打击受贿行为的同时，切实加大对行贿行为刑事处罚、经济处罚的力度，对有行贿记录的单位和个人，在市场准入、经营资质、贷款审批、投标资格等方面加以严格限制，切实做到行贿必查、行贿必惩、行贿必付出代价。

三是要依法查处跨国（境）商业贿赂行为。要统筹国内国际两个大局，从政治和全局的高度加强这方面工作，在依法打击犯罪行为的同时，维护好我国对外开放的良好局面和形象，既要依法查处国（境）外经济组织在我国内地的商业贿赂行为，又要依法查处中资企业在国（境）外的商业贿赂行为。要加强对跨国（境）商业贿赂情况的综合分析研判，对媒体已有报道并受到国外法律追究的案件要密切关注，认真调查核实，始终掌握主动，审慎稳妥处理，切实维护国家的根本利益。

坚决查处重大责任事故和
群体性事件背后隐藏的腐败问题[*]

（2010 年 4 月 28 日）

近年来，一些地方相继发生的重大责任事故和群体性事件，不仅给人民群众生命财产安全造成重大损失，而且严重损害党群干群关系，成为影响社会和谐稳定的一个突出因素。这些重大责任事故和群体性事件的起因固然是多方面的，但其中一个重要原因就是这些地方、单位的一些领导干部对群众的利益和疾苦漠不关心、麻木不仁，疏于监管、玩忽职守、失职渎职，有的甚至利用职权和职务影响为不法分子的非法经营活动大开绿灯，提供非法保护，谋取非法利益。这些问题性质恶劣、危害巨大，必须采取有力措施加以解决。

一方面，要严肃查处重大责任事故和群体性事件涉及的失职渎职问题。纪检监察机关要会同有关部门加强对重大责任事故的调查处理和群体性事件的处置工作，认真核查有关单位在贯彻执行国家法律法规和政策措施中搞"上有政策、下有对策"的问题，在工作中作风不正、工作不实、漠视群众

---

* 这是贺国强同志在中央纪委监察部机关查办案件工作座谈会上讲话的一部分。

利益的问题,在管理中失职渎职、监督不力、处置不当的问题,等等。要加大问责力度,在处理重大责任事故和群体性事件直接责任人的同时,严肃追究有关领导的责任。

另一方面,要严肃查处重大责任事故和群体性事件背后隐藏的腐败问题。要注意从信访举报、社会舆论和涉案人员反映的问题入手,认真排查重大责任事故和群体性事件背后隐藏的领导干部和有关部门工作人员徇私枉法、以权谋私、官商勾结、损害群众利益等违纪违法行为,特别是对滥用职权、收受贿赂、为各类非法生产经营活动充当"保护伞"的问题,要深挖细查,依纪依法严肃处理。

惩治和预防腐败体系是一个
动态、开放、发展的系统工程[*]

（2010 年 7 月 11 日）

建立健全惩治和预防腐败体系，是党中央在深刻总结长期以来特别是改革开放以来党风廉政建设和反腐败斗争的成功经验、深刻把握新形势下反腐倡廉建设特点和规律的基础上，作出的一项重大决策。惩治和预防腐败体系是改革创新的产物，同时，我们也必须以改革创新的精神推进惩治和预防腐败体系建设。惩治和预防腐败体系不是固定、封闭、静止的计划目标，而是一个动态、开放、发展的系统工程。国际国内形势的变化、党和国家事业的发展不断对惩治和预防腐败体系建设提出新任务新要求，反腐倡廉建设的深入推进不断为惩治和预防腐败体系建设提供新经验，反腐败斗争形势、任务的发展变化使惩治和预防腐败体系建设不断面临新情况新问题，这些都要求我们在认真落实既定工作目标任务、继承过去行之有效经验做法的同时，以改革的精神、创新的思路、发展的办法推进惩治和预防腐败体系建设。

一是要紧跟形势发展。要坚持解放思想、实事求是、与时

＊　这是贺国强同志在中央纪委监察部领导同志工作务虚会上讲话的一部分。

俱进,不断拓宽视野、把握全局、更新观念,深刻认识国际国内形势的发展变化以及中央作出的科学判断,正确把握反腐败斗争形势以及中央关于党风廉政建设和反腐败工作的决策部署,并及时根据形势和任务的发展变化不断丰富惩治和预防腐败体系建设的内涵,增强工作的主动性、前瞻性和创造性,努力推动惩治和预防腐败体系建设的创新和发展。

二是要研究解决新问题。随着经济社会的不断发展和反腐倡廉建设的深入推进,腐败现象在得到有效遏制的同时也出现了许多新特点新变化,反腐倡廉建设面临许多新情况新问题。比如,党内一些不良风气依然严重,违纪违法行为日趋复杂化、隐蔽化、智能化,新兴经济领域案件和利用高新技术手段作案不断增加并且花样翻新,群体性事件和重大责任事故背后的腐败问题严重,互联网迅速发展给反腐败工作既带来机遇也带来挑战,人民群众对反腐败工作的要求越来越高,反腐败工作越来越触及体制机制和文化心理等深层次问题,腐败问题与其他社会矛盾相互交织、反腐败斗争形势更加复杂,等等。这就要求我们在推进惩治和预防腐败体系建设过程中,必须及时研究解决反腐倡廉建设面临的新情况新问题新矛盾,不断增强惩治和预防腐败工作的针对性和有效性。

三是要勇于推进改革创新。要尊重基层和群众的首创精神,积极鼓励、支持基层和群众的创新活动,同时加强调查研究,及时总结推广基层和群众在实践中创造的有益做法和新鲜经验,不断从人民群众的丰富实践和发展要求中获得反腐倡廉改革创新的动力源泉,使惩治和预防腐败体系建设始终建立在坚实的群众基础和实践基础之上;要积极推进反腐倡廉理论创新,加强对反腐倡廉建设重大理论和现实问题的研究,不断把握反腐倡廉建设规律,努力形成一批高质量的理论研究成果,为惩治和预防腐败体系建设提供理论支撑;要积极推进反腐倡廉实践创新,不断研究提出反腐倡廉教育、制度、监督、改革、纠风、惩治等方面的新思路、新举措、新办法,努力使惩治和预防腐败体系建设体现时代性、把握规律性、富于创造性。

关注社情民意，倾听群众呼声*

（2010 年 9 月—2011 年 12 月）

一

网上的这些留言，体现了人民群众对反腐倡廉建设的关注，表明社会各方面对纪检监察机关寄予厚望。建议：（1）请中央纪委监察部领导同志结合各自分管工作进行研究；（2）在筹备中央纪委第六次全会及部署下一步工作时，认真吸收；（3）请中央纪委监察部宣传教育室会同有关单位进一步做好网上留言的汇总分析。

（2010 年 9 月 17 日在人民网《"中南海留言板"
给贺国强同志留言》上的批语）

二

利用节假日走访基层、了解社情民意的做法很好。对基层反映的有关党风廉政建设和反腐败工作的问题，要结合今

---

* 这是贺国强同志关于纪检监察机关要关注社情民意、倾听群众呼声的三则批语。

年的工作,认真研究落实。有些问题还可以作些延伸调研。

(2011 年 2 月 16 日在中央纪委研究室《"春节
归来话感受"座谈会综述》上的批语)

三

从《民意调查分析报告》及问卷附言综述来看,人民群众对反腐倡廉建设总体给予了积极评价,一些主要指标均较往年有所提高。但群众对反腐倡廉建设还有许多不满意的地方,也对纪检监察机关寄予很高期望,提了许多建议。我们要认真倾听这些呼声,切实解决人民群众反映强烈的突出问题,以反腐倡廉的实际成效取信于民。

(2011 年 12 月 22 日在《中央纪委关于 2011 年
反腐倡廉民意调查分析报告及调查问卷附言
综述》上的批语)

开展专项治理需要
把握的几个问题[*]

（2010 年 12 月 15 日）

开展专项治理，是纪检监察机关推进工作的重要抓手和有效方法。这些年来，纪检监察机关按照中央要求，顺应人民群众的意愿，抓住人民群众反映强烈的突出问题，开展了一系列专项治理，取得了明显成效，得到了各方面的好评，也在实践中积累了抓好专项治理的经验。从这些年的实践看，开展专项治理工作要注意把握好以下几点：一是问题要抓得准。选择作为专项治理对象的工作，必须是群众反映强烈，而且具备一定解决条件、通过集中力量治理近期可以抓出成效的问题。每年布置的专项治理工作不宜过多。对情况复杂、难度较大的问题，要先摸底、论证，为下一步解决创造条件。二是准备工作要充分。要深入调查研究，充分掌握第一手资料，做到有的放矢。三是组织领导要有力。要建立强有力的领导体制和工作机制，纪检监察机关要抓好组织协调和督促检查，会同有关主管部门一起开展工作，并充分发挥其职能作用，形成

---

* 这是贺国强同志在中央纪委监察部机关专项治理工作汇报会上讲话的一部分。

工作合力。四是工作部署要缜密。要精心谋划、科学制定周密细致的工作方案并认真实施,定下来的工作就要加大力度、抓住不放、一抓到底,不能抓一抓、放一放。五是工作重点要突出。每一项专项治理工作,都要突出重点、抓住关键,以重点环节的突破带动整个工作的发展,努力在有限的时间内达到阶段性目标,不要追求一劳永逸、毕其功于一役。六是政策界限要明确。出台的政策措施要有利于党和国家工作大局,有利于调动各方面的积极性。七是办案力度要加大。无论是"小金库"、工程建设领域突出问题还是其他专项治理,都要重视查办案件问题,坚决查处各种违纪违法案件。八是信息发布要及时。专项治理工作与人民群众利益密切相关,社会高度关注,要及时发布有关消息,让人民群众看到我们做了什么以及取得的效果,以回应社会关切,营造良好环境。九是长效机制要跟上。要坚持用改革的办法解决前进道路上的问题,开展每一项专项治理,都要着眼于从源头上解决问题,注重深化改革、完善制度,建立健全长效机制,促进相关工作规范化、制度化、常态化。

正确认识反腐败斗争形势[*]

（2011 年 4 月 1 日）

认清形势、把握大局,是统一思想、做好工作的前提和基础。对于当前的反腐倡廉形势,社会上存在一些不同认识,既有人过高估计成绩,存在盲目乐观倾向;也有人过分夸大腐败问题的严重程度,存在悲观失望情绪;国内外敌对势力则竭力利用腐败问题歪曲、否定我们党的领导和国家的政治制度。胡锦涛同志在十七届中央纪委第六次全会上的重要讲话中,从党和国家事业发展全局和战略的高度,全面、系统、深入地分析了当前的反腐倡廉形势,特别是用"三个并存"和"两个依然"科学概括了当前党风廉政建设和反腐败斗争的总体态势,即成效明显和问题突出并存,防治力度加大和腐败现象易发多发并存,群众对反腐败期望值不断上升和腐败现象短期内难以根治并存,反腐败斗争形势依然严峻、任务依然艰巨。这充分体现了中央对当前党风廉政建设和反腐败斗争形势的科学判断和对新形势下反腐倡廉建设规律的深刻把握,对于我们进一步统一思想、提高认识,更好地推进党风廉政建设和反腐败工作,具有十分重要的指导意义。

---

[*] 这是贺国强同志在中央党校所作反腐倡廉形势和任务专题报告的一部分。

一、充分认识反腐倡廉建设取得的显著成效

坚决反对腐败、建设廉洁政治,是我们党始终不渝的奋斗目标之一。在领导中国革命、建设和改革 90 年的伟大实践中,我们党始终高度重视和大力加强党风廉政建设和反腐败工作,进行了艰辛探索,取得了重大成就。党的十六大以来,党中央坚持把党风廉政建设和反腐败斗争纳入党和国家工作大局中来谋划和部署,不断深化对反腐倡廉建设规律的认识,深刻阐述了新形势下加强党风廉政建设和反腐败斗争的一系列重大问题,有力地指导和推动了反腐倡廉建设的深入发展;各级党委、政府和纪检监察机关坚持标本兼治、综合治理、惩防并举、注重预防的方针,始终坚持以改革创新精神和求真务实作风推进反腐倡廉建设,严明党的纪律特别是政治纪律,切实加强对中央重大决策部署贯彻落实情况的监督检查,认真开展党性党风党纪教育,坚决查办违纪违法案件,坚决纠正损害群众利益的不正之风,强化对领导干部的监督,健全反腐倡廉法规制度,加大从源头上防治腐败工作力度,党风廉政建设和反腐败斗争方向更加明确、思路更加清晰、措施更加有力、成效更加显著。

通过坚持不懈地开展党风廉政建设和反腐败斗争,有力地保证了党和国家工作的顺利进行,维护了改革发展稳定大局;捍卫了党纪国法的尊严,维护了社会公平正义;纯洁了党的组织和队伍,增强了党的创造力、凝聚力、战斗力;密切了党同人民群众的血肉联系,巩固了党的执政基础。据国家统计

局民意调查显示,人民群众对反腐败工作成效的满意度和认为消极腐败现象得到不同程度遏制的比例,均呈逐年上升趋势。国际社会也对我国的反腐败工作给予积极评价,认为中国的反腐败成绩是"足以同在中国这样一个世界上人口最多的国家解决温饱问题、极大地消除贫困相提并论的一个巨大贡献"。

二、清醒认识当前消极腐败现象的严重性

在充分肯定反腐倡廉建设取得明显成效的同时,我们必须清醒地看到,当前消极腐败现象仍然比较严重,党风廉政建设和反腐败斗争面临不少新情况新问题。一是腐败行为在一些领域仍然易发多发。主要表现在:权力集中部门和岗位腐败案件依然多发,资金密集领域和行业商业贿赂、内幕交易等现象严重,土地、矿产资源和工程建设领域腐败现象易发多发,监管薄弱领域违纪违法问题突出,教育科研、医疗卫生、社会保障等领域腐败案件逐渐增多,一些社会中介组织违纪违规问题时有发生。二是党员领导干部违纪违法现象依然严重。一些领导干部利用职权或职务影响谋取非法利益问题突出,"一把手"腐败问题仍然严重。从 2007 年 11 月至 2010 年底,共处分县处级以上干部 16082 人,其中省部级干部和中管企业负责人 44 人,地厅级干部 1300 人,县处级干部 14738 人;处分党政机关县处级以上"一把手"3362 人,占同期处分党政机关县处级以上干部的 38.4%。同时,一些基层管理部门和基层干部严重违纪违法案件增多。三是一些腐败案件涉

案金额巨大,社会影响恶劣。四是一些腐败分子同时具有多种违纪违法行为,集政治上蜕变、经济上贪婪、生活上腐化于一身。五是窝案、串案、案中案明显增多,有的大案要案涉及几十人甚至上百人,有的一个领导班子中多人被查处。六是腐败案件类型、性质和作案手段等出现新变化,违纪违法行为日趋复杂化、隐蔽化、智能化,新兴经济领域案件和利用高新技术手段作案有所增加。

此外,党员干部作风和廉洁自律方面仍然存在不少问题,损害群众利益的突出问题和不正之风仍然比较严重。一些领导干部宗旨意识淡薄、工作作风漂浮,形式主义、官僚主义严重,对群众反映的问题漠不关心,甚至失职渎职、酿成严重后果;一些领导干部作风简单粗暴,在土地征用、城镇拆迁、城市管理等过程中违规操作、粗暴执法,甚至滥用强制手段,引发群体性事件和个人极端事件;一些领导干部贪图安逸,奢侈浪费,享乐主义严重;一些领导干部在廉洁自律方面要求不严,违规收送红包礼金、超标准住房、从事营利性活动等问题屡禁不止,等等。另外,从这些年查处的一些群体性事件和重大责任事故看,背后往往隐藏着官商勾结、以权谋私等问题。

三、深入分析一些领域腐败现象易发多发的原因

腐败现象是一个具有复杂深刻的社会历史根源、古今中外都存在的世界性难题。当前,我国社会存在腐败现象的原因,我感到主要有以下五个方面:

一是我国仍处于并将长期处于社会主义初级阶段，处于经济体制深刻变革、社会结构深刻变动、利益格局深刻调整、思想观念深刻变化和各种社会矛盾凸显的历史时期，各方面体制机制还不完善，有着不少缺陷和漏洞，存在着滋生腐败现象的土壤和条件。从世界各国发展历程看，西方发达国家建立和完善市场经济体制大都经历了上百年甚至更长时间，而我国用短短几十年时间跨越了其他国家上百年的发展历程，各方面体制机制制度必然要经历一个不断健全完善的过程。即使市场经济体制比较健全的西方发达国家，也都为不断发生的腐败问题所困扰。

二是在全方位对外开放的条件下，资本主义腐朽思想文化影响乘隙而入，同我国历史上遗留下来的封建残余思想影响相结合，侵蚀着党员干部的思想，一些党员干部宗旨意识淡薄，拜金主义、享乐主义、极端个人主义思想滋长。

三是随着工业化、信息化、城镇化、市场化、国际化深入发展，多元利益主体在我国市场上的竞争日趋激烈，不法分子通过商业贿赂攫取非法利益，拉拢腐蚀公职人员。

四是从干部队伍自身来看，一些党员干部理想信念发生动摇，一些中青年干部缺少严格党内生活锻炼和重大政治风浪考验，容易受腐败病毒感染。一些领导干部没有树立马克思主义的世界观、人生观、价值观和正确的权力观、地位观、利益观，有的心态浮躁、贪图虚名，一门心思用在谋求更高的职位上；有的在收入和待遇上盲目攀比，感到自己的付出与回报不成比例，因而产生"心理失衡"，走上以权谋私、权钱交易的违法犯罪道路；有的甚至利欲熏心、私欲膨胀，公然索贿受贿、侵吞公共资产和国家、集体资金,等等。

五是反腐倡廉建设中仍然存在薄弱环节,一些地方和单位管理失之于软、失之于宽,教育不够扎实,制度不够健全,监督不够得力,预防不够有效,好人主义盛行,应该及时提醒的没有及时提醒,应该坚决制止的没有坚决制止,应该严厉惩处的没有严厉惩处,有的甚至包庇腐败和犯罪。就纪检监察工作来讲,还存在一些薄弱环节,比如在思想观念、工作机制、工作方式等方面与新形势新任务的要求还不完全适应,从源头上防治腐败的措施和办法还不够多,等等。

我到中央纪委工作三年多来,参与研究处理的干部有几十个。这些干部中的大多数可以说最初的表现还是好的,也是通过个人努力、勤奋工作赢得组织和群众信任,一步一步走上领导岗位的,其中有些人的能力和贡献还比较突出。但后来随着职务的提升和权力的增大,放松了主观世界的改造,加上社会上各种各样的诱惑,最终经受不住考验,把党和人民赋予的权力作为谋取私利的工具,从而滑入腐败深渊。这些人的违纪违法行为,不仅损害了党的形象、给国家造成严重损失,而且最终使自己落得个身败名裂甚至家破人亡的下场,的确让人感到既痛恨和气愤,又痛心和惋惜!

四、充分认识深入推进反腐败斗争的有利 条件,坚定抓好反腐倡廉建设的信心

一是我们有党中央的坚强领导。我们党是全心全意为人民服务的马克思主义政党,党的性质和宗旨决定了我们党同

各种消极腐败现象是水火不相容的。党中央历来高度重视党风廉政建设和反腐败工作,中央政治局和中央政治局常委会每年都多次召开专门会议研究部署反腐倡廉工作;国务院每年都召开廉政工作会议,对政府系统反腐倡廉工作作出部署;中央还专门设立中央党建工作领导小组和中央反腐败协调小组、中央巡视工作领导小组直接指导和协调反腐倡廉工作。这些都为我们推进反腐败斗争提供了重要政治和领导保证。

二是我们有社会主义制度的独特政治优势。腐败现象从本质上讲是私有观念和剥削制度的产物。我国实行的社会主义制度作为区别于历史上任何剥削制度的崭新社会制度,为从根本上消除腐败奠定了制度基础。特别是经过改革开放30多年的发展,我国综合国力极大增强,中国特色社会主义法律体系已经形成,为深入推进党风廉政建设和反腐败斗争提供了坚实的物质基础和法制保障。去年,我在率团出访欧亚五国期间与各国领导人交谈时,感到他们对我国的发展成就高度赞赏,同时对我们的发展理念、发展道路、发展模式特别是中国共产党的领导、社会主义制度等表现出极大的兴趣。比如,一位西方发达国家的政府首脑就对我说,中国现行的政治体制适合中国特殊的国情需要,现阶段的中国需要一个你们这样开明的领导层和一个强有力的领导核心,以便就重大问题作出决断。可见,社会主义制度有着巨大优越性,我们完全有能力依靠自己的力量解决自身存在的腐败问题。

三是我们有一支优秀的党员干部队伍。长期以来,广大党员干部牢记宗旨、恪尽职守、默默无闻、无私奉献,为改革开放和社会主义现代化建设作出了重要贡献。最近几年,我们国家大事多、难事多、急事多,我们之所以能在众多风险和挑战面前取得经济社会发展的巨大成就,靠的就是广大党员干部的先锋模范作用和表率带头作用。这是我们党员干部队伍建设和反腐倡廉建设取得显著成效的最有力证明。不承认这一点,就难以解释我们今天取得的举世瞩目成就。因此可以说,我们党员干部队伍的主流是好的,是值得党和人民信赖和依靠的,腐败分子只是极少数。近年来每年受到党纪处分的党员约 11 万人,只占党员总数的 1.4‰,其中因贪污贿赂类问题受到处分的仅占党员总数的 0.3‰。

四是我们有人民群众的大力支持和积极参与。人民群众是我们党的力量源泉和胜利之本,是推进反腐败斗争的重要力量。随着人民群众参与反腐倡廉渠道的不断拓宽和揭露腐败问题能力的不断提高,人民群众在反腐倡廉建设中的积极作用将得到更加充分的发挥。

五是我们有长期以来反腐倡廉建设实践积累的宝贵经验。改革开放以来,我们党在实践中探索形成了符合我国国情的反腐倡廉指导思想、基本原则、工作方针、工作格局、领导体制和工作机制以及法规制度体系,走出了一条中国特色反腐倡廉道路,为深入推进党风廉政建设和反腐败工作奠定了坚实基础。

总之,我们要正确判断、科学分析反腐败斗争形势,既要充分看到反腐倡廉建设取得的显著成效,坚定信心;又要深刻认识反腐败斗争的长期性、复杂性、艰巨性,坚定决心,按照中央的要求和部署,以更加坚决的态度、更加有力的措施、更加务实的作风推进反腐倡廉各项工作,不断取得党风廉政建设和反腐败斗争的新成效,为夺取全面建设小康社会新胜利、开创中国特色社会主义事业新局面提供坚强保障。

对经济社会发展"主题"、"主线"开展监督检查是纪检监察机关的一项重要任务[*]

（2011 年 5 月 20 日）

　　党的十七大科学分析国际国内形势的深刻变化,从我国经济社会发展全局出发,明确提出了加快转变经济发展方式的重大战略任务。党的十七届五中全会和今年全国"两会"对"十二五"时期我国经济社会发展作出了全面部署,明确提出要把科学发展作为主题、把加快转变经济发展方式作为主线。加快转变经济发展方式,既要靠各地区各部门各单位的自觉行动和扎实工作,也要靠监督检查工作的有力保障和推动。集中开展加快转变经济发展方式监督检查,是近年来加强对中央重大决策部署执行情况特别是扩大内需促进经济增长政策贯彻落实情况监督检查工作经验的延伸运用。党中央、国务院对加快转变经济发展方式监督检查工作高度重视,近期,几位中央领导同志就此作出了重要指示,提出了明确要求。为加强对监督检查工作的领导,经中央批准,由中央纪委

---

　　* 这是贺国强同志在加快转变经济发展方式监督检查工作电视电话会议上讲话的一部分。

牵头,成立了中央加快转变经济发展方式监督检查工作领导小组。根据中央要求,中央纪委和中央加快转变经济发展方式监督检查工作领导小组最近印发了《关于开展加快转变经济发展方式监督检查的意见》(以下简称《意见》),明确提出了开展加快转变经济发展方式监督检查的重要意义、工作原则、主要内容、组织领导、任务分工、工作要求等,各地区各部门各单位要认真贯彻落实,确保监督检查工作扎实有序开展。

第一,坚持工作原则,把握正确方向。要坚持统一组织、分工负责,在中央统一领导下开展工作,建立科学有效的组织领导体制和协作配合机制,注重发挥各个方面各个层级的监督监管作用,增强监督检查工作的整体性和协调性;要坚持统筹兼顾、突出重点,既要着眼加快转变经济发展方式的各个方面和各个领域全面开展监督检查,又要围绕"十二五"规划实施的年度部署和工作重点,找准突出问题,抓住关键环节,增强监督检查工作的针对性和实效性;要坚持通盘谋划、分类实施,既要从全局和宏观出发考虑和解决问题,又要充分考虑不同区域和行业的差异和特点,实事求是、区别对待,合理确定监督检查工作的内容、方法、进度,增强监督检查工作的科学性和合理性;要坚持查纠结合、务求实效,把发现问题、整改问题和查办案件有机结合起来,严格执行党纪政纪和国家法律法规,综合运用督促整改、查办案件、纪律处分、行政问责等多种手段,及时解决和严肃查处违规违纪违法问题,增强监督检查工作的权威性和严肃性。

第二,明确工作任务,抓住关键环节。加快转变经济发展方式监督检查工作领域广、头绪多、任务重,必须明确任务、抓住关键,以重点工作的成效和关键环节的突破带动整体工作的推进。按照中央要求,《意见》明确提出当前要重点对七个方面工作落实情况开展监督检查,即贯彻落实中央关于"十二五"时期经济社会发展的指导思想、总体思路和重大举措情况,管理通胀预期有关工作落实情况,贯彻落实《中共中央、国务院关于加快水利改革发展的决定》情况,保障性安居工程建设政策落实情况,重点产业振兴和技术改造专项投资项目实施、国家科技重大专项实施及其经费管理使用、科技计划项目实施及其经费管理使用情况,节能减排和环境保护政策措施落实情况,耕地保护和节约用地政策措施落实情况。《意见》同时提出,根据中央在一个时期部署的重点工作,将来还有可能确定新的专项监督检查任务。我们要狠抓工作落实,确保取得实效。

在监督检查中,特别要注意抓好以下三个关键环节:一是严把政策落实关。要把确保中央关于加快转变经济发展方式各项政策措施贯彻落实作为监督检查工作的首要任务,认真检查各地区各部门各单位的发展思路、政策导向是否全面体现了中央关于加快转变经济发展方式的基本要求,发展规划、发展目标是否与国家"十二五"时期的目标任务相衔接,政策执行、工作推进是否严格执行了国家有关政策规定等,坚决纠正有令不行、有禁不止和"上有政策、下有对策"的行为。要认真检查各地区各部门各单位是否找准了影响制约科学发展和加快转变经济发展方式的主要矛盾和突出问题,是否实施了有效的对策措施,做到认识到位、责任到位、措施到位。比如,"米袋子"省长负责制和"菜篮子"市长负责制是否坚持,水利投入稳定增长机制是否形成,保障性安居工程建设项目是否按时开工,节能减排目标责任制是否落实等,及时发现和纠正各种不作为或乱作为的行为。二是严把资金管理关。加快转变经济发展方式涉及巨额资金投入,必须切实管好用好。要加强对财政投资使用方向的监督检查,加强对价格临时补贴、水利资金、保障性安居工程建设资金、重点产业振兴和技术改造专项资金、国家科技重大专项实施资金等财政资金管理使用情况的监督检查,确保资金投向符合中央规定、拨付和配套及时足额到位、管理使用安全高效廉洁,坚决防止骗取、滞留、挤占、挪用、截留以及其他违规使用或严重浪费专项资金问题的发生。三是严把项目实施关。要把工程项目作为加快转变经济发展方式监督检查的重要着力点,加强对项目规划、立项、审批、建设和质量等方面的监督检查,督促有关地方和部门严格执行有关程序和规定,确保项目规划符合科学发展观要求以及国家政策、项目审批和建设依法合规、工程建设安全优质高效。

第三,认真查找问题,加强督促整改。及时发现和解决问题是开展监督检查工作的重要目的。开展加快转变经济发展方式监督检查,必须把发现问题与督促整改、加强监督与促进工作紧密结合起来,坚持边排查、边研究、边治理。一是要全面排查问题。要通过自查自纠和专项检查等方式,深入了解各地区各部门各单位贯彻落实中央关于加快转变经济发展方式决策部署的情况,切实做到了解真实情况、摸清工作底数、发现薄弱环节、找准突出问题。二是要抓好整改落实。对于排查出来的问题特别是比较严重的问题和带有共性的问题,

要认真分析原因、查找根源、找到症结,督促有关方面明确整
改责任、确定整改目标、制定整改措施、落实整改任务,切实做
到有什么问题就解决什么问题,什么问题突出就重点解决什
么问题,能够立即解决的立即整改,暂时不能解决的提出明确
的整改进度时间表,整改效果不好的重新进行整改。三是要
完善政策措施。要通过开展监督检查,全面掌握各地区各部
门各单位在加快转变经济发展方式中遇到的新情况新问题新
矛盾,积极研究提出改进工作的对策建议,为中央及有关地
方、部门和单位完善政策、健全制度、改进工作提供参考和
借鉴。

第四,严格执行纪律,严肃查办案件。开展加快转变经济
发展方式监督检查,必须严格执行纪律,对各种违纪违法行为
切实做到发现一起、查处一起,绝不姑息迁就。要加大办案力
度、突出办案重点,紧盯加快转变经济发展方式涉及的重点领
域、关键环节和重点岗位,从严查处领导干部违反规定插手工
程建设项目招标投标及政府采购等行为,从严查处工程建设
中规避招标、虚假招标及违法转包分包等行为,从严查处房地
产开发中非法批地、低价出让土地、违规审批项目或擅自变更
规划谋取非法利益等行为,从严查处项目审批实施和资金分
配使用中索贿受贿、贪污私分、截留克扣、挪用挤占等行为,从
严查处安全生产、环境保护等方面严重侵害群众切身利益和
生命安全等行为。要严格责任追究、加大问责力度,认真执行
《关于实行党政领导干部问责的暂行规定》,对贯彻落实中央
关于加快转变经济发展方式决策部署态度不坚决、措施不力、
行动迟缓的,对违背国家有关政策规定、搞盲目扩张和低水平

重复建设甚至搞劳民伤财的"形象工程"和脱离实际的"政绩工程"的,对在项目申报、审批过程中把关不严、弄虚作假、随意变通的,对因失职渎职造成工程质量低劣或重大安全事故等严重后果的,不仅要严肃追究直接责任人的责任,而且要追究相关领导干部的责任。

第五,积极推动改革,健全长效机制。加快转变经济发展方式,在一定意义上说,是一项广泛而深刻的经济社会变革,必然要触及许多深层次的矛盾和问题。开展加快转变经济发展方式监督检查,必须注重发挥监督检查的治本功能,督促各地区各部门各单位在深化改革、完善制度上下功夫。要督促各地区各部门深化行政管理、财税、金融、投融资、资源性产品价格和要素市场等重点领域和关键环节改革,着力解决制约加快转变经济发展方式的体制机制障碍,建立健全有利于科学发展的长效机制。要督促各地区各部门各单位针对监督检查中发现的突出问题和薄弱环节,及时堵塞漏洞、健全制度、加强管理、强化监督,建立健全一套包括职责分工、工作程序、工作方法、效果评估、纪律执行、成果运用等方面的监督检查工作制度,形成保证中央关于加快转变经济发展方式政策措施有效贯彻落实的长效机制。

第六,明确职责分工,形成工作合力。各级党委和政府要切实担负起对本地区贯彻落实中央关于加快转变经济发展方式决策部署及其监督检查的领导责任,把监督检查工作纳入工作总体布局,同经济社会发展工作一起研究、一起部署、一起推进,加强对监督检查工作的组织领导,建立健全监督检查工作领导机构和工作班子,明确职责分工,完善工作机制,落实监督责任,狠抓工作落实。党政主要领导要认真履行第一责任人职责,重要工作亲自部署、重大问题亲自研究、重点事项亲自协调;分管领导要按照职责分工,认真抓好各项工作落实。各级监督检查工作领导小组要切实履行牵头抓总的职责,强化统一领导和统筹协调,密切跟踪各项工作进展情况,及时研究解决工作中的重要问题,认真制定有关政策规定,有效整合监督力量,推进监督检查工作深入开展。领导小组成员单位及各有关职能部门要各司其职、各尽其责,团结协作、密切配合。按照分工意见,这次确定的七个方面专项监督检查任务分别由发展改革、财政、水利、住房城乡建设、工业和信息化、科技、环保、国土、监察等部门牵头负责,牵头负责部门要切实负起主抓责任,及时与有关部门交换意见、沟通协商;参加部门要积极协助、全力支持,认真做好职责范围内的工作。各级纪检监察机关要加强组织协调和工作指导,督促有关部门认真履行职责、积极开展工作,及时解决和查处违规违纪违法问题,确保监督检查工作顺利进行。各监督主体之间要建立健全联系沟通、信息交流、情况通报、工作衔接和业务互助等制度,努力做到运转协调、衔接紧密、优势互补、相互促进。

管好 8000 多万党员的大党
必须坚持从严治党[*]

（2011 年 7 月 5 日、7 月 6 日）

一

萨科齐：我很高兴在总统府欢迎你的到访。祝贺中国共产党建党 90 周年。你在此时访法具有特殊意义，同时也体现了法中合作不断深化。

贺国强：首先感谢总统先生在百忙之中会见我。我第一次访问法国是在 1995 年，当时我担任化工部副部长，在巴黎、里昂等地进行了参观访问，也考察了许多化工企业。这是我第二次访问法国。此访所到之处，我都真切地感受到法国各界和人民对中国人民的友好情谊。

我还要感谢你祝贺中国共产党建党 90 周年。我们刚刚召开了庆祝中国共产党成立 90 周年大会，胡锦涛总书记在会上发表了重要讲话，系统回顾和总结了中国共产党成立 90 周年的光辉历程和执政 60 多年来的主要经验。我想特别指出的是，在中国共产党成立前夕，一大批中国知识分子和热血青

---

[*]　这是贺国强同志出访法国、波兰期间会见外方领导人时谈话的节录。

年来法勤工俭学,他们中的一些人后来经过革命斗争的考验成为中国卓越的领导人,包括周恩来、邓小平、陈毅等。

萨科齐:我钦佩中国取得的辉煌成就。中国有 13 亿人口,发展迅速。进入 21 世纪,中国在国际舞台上发挥着越来越重要的作用,无论是在政治、经济还是金融领域,没有中国都是不行的。

贺国强:感谢你对中国的高度评价。新中国成立 60 多年尤其是改革开放 30 多年来,中国经济社会快速发展,人民生活水平大幅提高。但同时我们面临的问题和挑战也很多。比如,我们的 GDP 虽已成为世界第二,但人均 GDP 仍排在 100 位左右,仅相当于法国的十二分之一。30 多年来,我们的 GDP 以年均 10% 的速度增长,但能源、资源和环境制约在进一步加大。我们的不少产品产量位居世界前列,但都还处于产业链的低端。我们虽然是贸易大国,但出口产品科技含量低、附加值低,很多核心部件仍然依靠进口。我昨晚与法国工商界进行交流时表示,我们将继续坚定奉行改革开放政策,而法国既是我们的重要贸易伙伴,也是重要技术来源国,是我们对外开放优先考虑的国家之一。中国今年开始实施"十二五"规划,这为法国工商界提供了广阔的市场和舞台。

萨科齐:你是中央纪委书记,这是个非常重要的职位,也有一定的神秘感。我很荣幸与你结识,希望中国 8000 万党员不会给你带来太多负担(笑)。

贺国强:中国共产党从成立之初就很重视党员队伍建设,从中央到地方各级党组织都设立了党的纪律检查委员会。政府也成立了监察机关。后来考虑到纪委与监察机关职能有交

810

又,同时更是为了整合监督资源、形成监督合力,1993 年中共中央、国务院决定将两个机构合署办公。中央纪委、监察部和全国各级纪检监察机关主要有五个方面的职能:第一,严肃纪律,保证中央的各项决策部署很好地得到贯彻落实,保证全党的思想统一、步调一致。第二,对党员、干部进行教育,引导他们保持廉洁自律,遵守党章党纪和国家的各项法律法规,加强与人民群众的联系,改进作风,反对各种形式的官僚主义。第三,认真解决人民群众反映强烈的突出问题,并对此开展专项治理。第四,查处腐败案件,对各领域、各单位发生的违纪违法腐败案件进行坚决查处,并按照党纪和有关法律规定进行严肃处理。对于触犯法律的案件,移送到司法机关依法处理。去年我们共查办 13 万多起案件,处理了 14 万多名党员、干部,其中有 5000 多名涉嫌违法的党员和干部被移送司法机关处理。第五,加强制度建设,努力从源头上防治腐败。中国是个拥有 13 亿人口的大国,中国共产党有 8000 多万党员,不从严治党不行。我们这次访法也与法国预防腐败中心进行了对口交流,我们愿借鉴法国的经验和做法。

萨科齐:谢谢你上述介绍。今天这次见面,发现你了解的情况很多,我对你有很好的印象,希望我们能成为朋友,希望你永远是我的朋友。我们今天的会晤首先体现的是法中友谊,其次还有我对你个人的尊重。不论你和我在任内或是离任后,都欢迎再来法国,届时我请你吃法国大餐(笑)。

贺国强:感谢总统先生的会见。欢迎你有机会再次访华。

(2011 年 7 月 5 日在会见法国总统萨科齐时的谈话)

二

耶杰尔斯基：感谢贺国强书记接受波兰最高监察院的邀请访问波兰。此访将使我们两国关系以及波兰最高监察院和中国监察部两部门的友好合作提升到新的更高水平。我还要借此机会感谢贺书记在去年我们访华时给予会见，去年我是应中国监察部部长的邀请访华的。

贺国强：很高兴能来波兰进行访问。感谢波兰最高监察院的盛情邀请以及为此访所作的精心周到的安排。我们去年在北京见过面，今天在华沙再次见面感到十分高兴。

这是我首次访问波兰，也是我向往已久的一次访问。小时候学历史、地理课时就对波兰充满好感。第一是因为波兰是非常美丽的国度；第二是波兰地理位置优越，位于欧洲中心；第三是波兰有很多伟人在中国家喻户晓，比如哥白尼、肖邦、居里夫人等，我是学化学的，对居里夫人非常敬仰；第四是两国历史上有相似的境遇，都曾遭受外来侵略欺凌。昨晚一踏上波兰的土地，就深切感受到波兰人民对我们的友好情谊。波兰是最早与新中国建立外交关系的国家之一。近年来两国在政治、经济、文化等领域交流合作的发展势头良好。现在波兰也是我们在中东欧的重要合作伙伴。波兰的工业比较发达，我举个小例子，上世纪 60 年代，我在一家化工厂工作，当时工厂只有两辆小汽车，一辆是上海牌，另一辆就是华沙牌的。

我这里特别要谈到的是，在我出访前夕的 7 月 1 日，我们隆重庆祝了中国共产党建党 90 周年。胡锦涛总书记在庆祝大会上发表了重要讲话,回顾了我们党建党 90 周年、执政 60 多年来取得的成绩、积累的经验,阐述了今后的任务。之前全国纪检监察系统举办了纪念建党 90 周年暨反腐倡廉建设理论研讨会。我们对建党 90 年、执政 60 多年来的党风廉政建设和反腐败工作进行了全面总结,归纳起来有四个方面:第一,中国共产党从成立之日起就高度重视反腐倡廉工作,把党风建设作为重要任务来抓。第二,从中国国情出发,探索出具有中国特色的反腐倡廉道路。第三,科学分析当前反腐倡廉的形势、取得的成绩以及存在的问题,认识到反腐败斗争是一项长期、复杂、艰巨的任务,要坚定不移地抓下去。第四,按照党要管党、从严治党的要求,切实履行纪检监察工作职责。概括起来,就是一句话,要管理好拥有 8000 多万党员的党,要治理好有 13 亿人口的国家,必须从严治党。

耶杰尔斯基:非常感谢你的介绍,很高兴我们在很多问题上有相似的看法,相信两国监察机构将继续加强合作与交流,互学互鉴。当前反腐败斗争是各国政府都面临的重要任务,我们也有从事反腐败工作的专门机构,并且建立了一整套具有波兰特点的监管机制。另外在环境监管、审计等领域我们也可以探讨合作的可能。

(2011 年 7 月 6 日在会见波兰最高
监察院院长耶杰尔斯基时的谈话)

防控廉政风险，规范权力运行[*]

（2011 年 8 月 30 日）

　　加强廉政风险防控,作为推进权力公开透明运行、健全权力运行制约和监督机制的一项重要实践和探索,是由北京市原崇文区较早提出和实施的,后来得到了北京市委、市政府、市纪委的高度重视和大力推广。中央纪委监察部一直关注着这项工作的进展情况,国家预防腐败局等单位进行了大量专题调研和政策研究,积极推进这项工作。特别是 2010 年 5 月中央纪委监察部召开的全国反腐倡廉建设创新经验交流会介绍了北京等一些地方开展廉政风险防控工作的经验后,这项工作发展很快。总的看,廉政风险防控工作呈现出内容不断深化、领域不断拓展、覆盖面逐步扩大、成效逐步显现的良好发展态势,为今后工作奠定了良好基础,探索和积累了宝贵经验。近期,中央纪委监察部、国家预防腐败局在深入调查研究、分析论证、征求意见的基础上,组织起草了《关于加强廉政风险防控的指导意见》,将根据各方面提出的意见和建议作进一步修改后尽快下发。各地区各部门各单位要按照这个

指导意见的要求,借鉴一些地方和单位开展这项工作的经验做法,结合自身实际,周密部署、精心组织,确保这项工作有力有序有效地向前推进。

第一,要把握工作原则。加强廉政风险防控、规范权力运行,要坚持以规范权力运行为核心、以加强制度建设为重点、以现代信息技术为支撑,把长远目标与阶段性任务结合起来,着力构建前期预防、中期监控、后期处置的廉政风险防控机制,不断提高预防腐败工作科学化、制度化和规范化水平。具体来讲,要坚持围绕中心,把加强廉政风险防控、规范权力运行工作与经济社会发展、党的建设特别是反腐倡廉建设结合起来,融入各地区各部门各单位的职责任务、业务工作和管理流程之中,实现廉政风险防控与中心工作协调推进、良性互动,为改革发展稳定提供有效服务和有力保证;要坚持系统治理,贯彻标本兼治、综合治理、惩防并举、注重预防的方针,注重用系统的思维、统筹的观念、科学的方法推进工作,在坚决惩治腐败的同时,更加注重治本,更加注重预防,更加注重制度建设,拓展从源头上防治腐败工作领域;要坚持改革创新,尊重基层和群众的首创精神,解放思想,勇于实践,大胆探索,不断深化对加强廉政风险防控、规范权力运行工作规律的认识,提出惩治和预防腐败的新思路、新办法、新途径;要坚持因地制宜,一切从实际出发,针对不同地区、不同部门、不同岗位的特点,合理确定工作的目标、任务、方法、步骤,加强分类指导,实行分类管理,确保稳妥推进、取得应有成效。

第二,要抓住关键环节。加强廉政风险防控、规范权力运行工作范围广、头绪多、任务重,必须突出重点、抓住关键,以

重点工作的成效和关键环节的突破带动整体工作的推进。一
是摸清权力底数。按照职权法定、权责一致的要求，全面清理
和确定对管理和服务对象行使的各类职权，科学编制"职权
目录"，并对每一项职权编制"权力运行流程图"，做到责权明
确、程序规范。二是找准权力运行风险点。认真查找每个部
门、单位、岗位在权力行使、制度机制、思想道德等方面存在的
廉政风险点，并依据权力的重要性、权力行使的频率、腐败现
象发生的概率及危害程度等，对查找出的廉政风险点评定风
险等级，实行风险等级管理。三是有针对性地分类制定风险
防控措施。属于权力行使方面的，要通过建立健全权力制衡
机制，优化权力结构，规范行政裁量权，确保权力正确行使；属
于制度机制方面的，要通过查漏补缺、建章立制，进一步完善
相关制度；属于思想道德方面的，要通过加强党性党风党纪教
育、警示教育、岗位廉政教育等，增强党员干部的风险意识和
廉洁从政的自觉性。四是推进权力公开透明运行。通过政府
网站、公报、公开栏、新闻媒体等途径，主动向社会公开不涉及
国家秘密、商业机密、个人隐私以及不危害国家安全、公共安
全、经济安全和社会稳定的职权目录、"权力运行流程图"和
行政裁量权基准等，自觉接受社会监督，切实使权力在阳光下
运行。

　　第三，要突出防控重点。加强廉政风险防控工作，必须在
"全面防控"的同时，加强"重点防控"。一是要突出重点对
象，把领导干部特别是掌握人事权、执法权、司法权、审批权、
监管权等权力的领导干部作为重点对象，同时要加强对人、
财、物管理等关键岗位的防控，切实规范领导干部的用权行

为。二是要突出重点领域,着力抓好工程建设、土地出让、产权交易等腐败现象易发多发领域以及征地拆迁、教育医疗、社会保障、食品药品安全、环境保护、安全生产等涉及民生领域的廉政风险防控工作,以预防腐败工作的实际成效取信于民。三是要突出重点环节,着力按照结构合理、配置科学、程序严密、制约有效的要求,探索科学分解和配置权力的有效方法,加强对权力运行的制约和监督。比如,政府投资项目要实行投资、建设、监管、使用分离,公共资源交易要实行主管、办理、评审、监督分离,政府采购要实行管采的机构、职能、财务、人员分离,行政处罚、强制事项要实行调查、决定和执行分离,财政专项资金要实行评审、决定和绩效评估分离,专家评审事项要实行审裁分离及对专家管用分离,重大、复杂、敏感的行权事项要实行集体决策等,有效化解权力行使中的风险。四是要突出重点任务,权力行使前着重查找廉政风险点,制定和落实风险防控措施;权力行使中着重进行实时动态监控,及时发现各种苗头性、倾向性问题;权力行使后着重通过警示提醒、诫勉纠错和责令整改等手段,及时纠正偏差和失误,避免廉政风险演化为腐败行为。

第四,要运用科技手段。针对当前违纪违法行为日趋复杂化、隐蔽化、智能化和运用高新技术手段作案不断增加的新情况新特点,要在坚持运用过去行之有效的方式方法的同时,充分运用现代科学技术尤其是信息技术手段,把科技手段融入廉政风险防控、规范权力运行的制度设计和管理流程之中,不断提高有效预防腐败的能力。要大力推进电子政务建设,建立完善权力网上公开运行和电子监察系统,把廉政风险点和公共资源配置、公共资金使用情况等纳入电子监察范围,实现网上实时动态监控;要积极推进科技平台和资源整合,建立健全信访举报、投诉处理、政风行风评议、风险等级管理、预防腐败信息共享等系统,构建权力运行综合监控网络平台,推动各部门、各系统廉政风险监控网络有序连接、资源共享;要加快预防腐败信息分析和预警系统研发,运用系统论、控制论、信息论和现代管理学等最新研究成果,加强廉政风险信息采集、分析、反馈、处理,准确判断和妥善处置廉政风险。

第五,要健全长效机制。加强廉政风险防控、规范权力运行工作,既要抓紧解决存在的突出问题,更要通过深化改革和完善制度,建立健全长效机制。一是要继续深化行政审批制度、干部人事制度、司法体制以及财税、投资、金融、国有资产管理体制等重点领域和关键环节改革,推进公共资源交易统一规范管理,消除导致腐败行为发生的体制机制因素。二是要加快完善规范权力运行的制度体系,督促各部门各单位针对日常管理中存在的漏洞和薄弱环节,及时完善相关制度,切实做到用制度管权管事管人。三是要加快完善廉政风险防控工作机制,建立预警处置、动态管理和检查评估等机制,通过对存在苗头性、倾向性问题或具有轻微违纪行为的单位和公职人员及时予以警示和处置,并结合实际及时调整完善廉政风险内容、等级和防控措施,确保廉政风险防控工作落到实处。

第六,要加强组织领导。加强廉政风险防控、规范权力运行,是一项政治性、政策性、专业性很强的工作,必须加强领导、落实责任,统筹协调、扎实推进。一是要强化领导责任。

各级党委、政府要把加强廉政风险防控工作作为一项重要任务，列入议事日程，精心制定方案，认真组织实施；各级党政领导班子及其成员要按照党风廉政建设责任制的要求，切实履行"一岗双责"，认真抓好自身和管辖范围内的廉政风险防控。各级纪检监察机关要担负起组织协调责任，积极协助党委、政府制定工作方案，建立健全领导体制和工作机制，及时研究解决工作中的重要问题，推动廉政风险防控、规范权力运行工作深入开展。二是要加强统筹协调。要指导和督促各地区各部门各单位把廉政风险防控与优化业务流程、规范权力运行结合起来，与深化办事公开、提高办事透明度结合起来，与完善行政审批制度、推进行政管理体制改革结合起来，与健全市场机制、优化公共资源配置结合起来，与深化廉政教育、加强制度建设结合起来，统筹安排，协调推进。三是要加强宣传教育。要把加强廉政风险防控工作纳入反腐倡廉宣传教育工作的总体部署，开展专题培训，加大宣传力度，教育和引导广大党员干部全面掌握开展廉政风险防控工作的重要意义、基本要求、主要内容和政策措施，积极支持和主动参与这项工作，为推进廉政风险防控工作营造良好社会氛围。四是要加强调查研究。既要深化理论研究，搞好分析论证，加强顶层设计，完善总体方案，增强廉政风险防控工作系统性和科学性；又要及时总结和推广基层创造的新鲜经验和有益做法，增强工作针对性和实效性。

搞好对县巡视和
中央单位内部巡视[*]

（2011 年 10 月 20 日）

　　党的十七大以来,在党中央的坚强领导下,经过各方面共同努力,巡视工作覆盖面不断延伸和扩大,初步构建起了全国性的巡视监督网络。其中,各省(区、市)开展的对县巡视和中央单位开展的内部巡视,作为中央巡视工作的重要补充,发挥了积极作用,成为整个巡视工作的重要组成部分。为进一步加强和改进对县巡视和中央单位内部巡视工作,前不久,中央巡视工作领导小组先后召开了部分省(区、市)巡视工作座谈会以及部分中央部门和企业、金融机构巡视工作座谈会,对这两项工作进行了总结和研究。近期,中央巡视工作领导小组办公室又就相关政策问题进行了研究论证。我们要适应新形势新任务的要求,进一步采取有针对性的措施,扎实推进对县巡视和中央单位内部巡视工作。

---

* 这是贺国强同志在中央巡视工作领导小组第十八次会议上讲话的主要部分。

一、关于地方巡视工作特别
是对县巡视工作

地方巡视工作是党的巡视工作的重要组成部分,开展对县巡视工作是地方巡视工作的一项重点。中央非常重视对县巡视工作,近年来提出了一系列明确要求,特别是去年中央纪委、中央组织部联合印发了《关于进一步加强和规范省、自治区、直辖市党委对县(市、区、旗)巡视工作的意见》,中央巡视工作领导小组对贯彻落实该《意见》作出了安排部署。各省(区、市)党委认真贯彻中央要求,积极开展对县巡视工作,了解掌握和推动解决了被巡视县在贯彻落实中央重大决策部署、领导班子和干部队伍建设、党风廉政建设等方面存在的一些突出问题,取得了积极进展和成效。但也要看到,当前对县巡视工作主要存在着工作进展不平衡、执行有关规定不严、发现问题少和成果运用难、巡视力量相对薄弱等问题。针对这些情况,下一步我们要着力加强以下几方面工作:

一是要加强组织领导。各级党委和领导干部要充分认识对县巡视工作的重要意义,进一步完善协调机制,明确省、市、县三级在巡视工作中的职责和任务,确保对县巡视工作分工明确、协调顺畅、运转高效;进一步加强工作指导,经常听取对县巡视情况汇报,及时就重大问题和重要事项作出决策,积极帮助解决巡视工作中遇到的困难,确保对县巡视工作深入扎实开展。

二是要突出巡视重点。在巡视对象上,要把党政领导班子及其成员尤其是党政"一把手"作为重点,同时要注重对主管人、财、物和工程立项、审批、建设等工作的副职领导的情况了解。在巡视内容上,要重点了解被巡视县贯彻落实科学发展观、加强党风廉政建设和党员干部队伍建设以及选人用人等情况,同时要根据不同时期党和国家的工作重点以及被巡视县的工作实际和群众反映强烈的突出问题,有针对性地确定巡视内容。

三是要增强工作实效。要改进方式方法,在坚持运用《巡视工作条例(试行)》规定的方式方法的同时,总结推广近年来开展对县巡视创造的好做法好经验,着力提高了解真实情况、发现突出问题的能力;要强化成果运用,通过直接督促整改、全面反馈情况、及时移交线索、延伸成果链条等,切实把巡视工作成果运用好。

四是要充实工作力量。要针对当前各地普遍反映的对县巡视工作力量薄弱的问题,从充实工作力量和优化工作安排两方面入手加以解决。一方面,要在严格执行有关规定条件的前提下,从省、市有关部门抽调优秀干部或选派新任省管、后备干部等到巡视组工作,对一些所辖县数量较多、力量明显不足的省份要积极协调编制部门适当增加巡视机构编制。另一方面,要根据市、县工作的实际,统筹安排好对市和对县的巡视工作,实现资源有机整合、工作相互联动。

二、关于中央单位内部巡视工作

党的十六大以来,部分中央部门和企业、金融机构借鉴中央巡视组的做法开展了内部巡视工作,有的企业开展这项工作的时间还要更早一些。在总结实践经验的基础上,近年来中央纪委多次对中央部门和企业、金融机构内部巡视工作作出安排部署、提出明确要求。中央部门和企业、金融机构积极探索、大胆实践,内部巡视工作取得了积极进展和明显成效。实践证明,中央部门和企业、金融机构开展内部巡视,是加强对所属单位领导班子及其成员特别是主要负责人监督的有效途径,是巡视监督领域的重要延伸和拓展,十分重要,也十分必要。

当前,中央部门和企业、金融机构开展内部巡视工作时间还不长,整体上还处于探索阶段。下一步,我们要进一步总结经验、完善措施、扎实工作,不断推动中央部门和企业、金融机构内部巡视工作取得新成效。

一是要明确工作职责。总的来讲,要按照干部管理权限和党组织隶属关系开展巡视。具体来讲,中央和国家机关中实行垂直管理的部门,可根据实际需要对其直属机构、派出机构进行巡视;实行双重管理的部门,对所属省级部门的巡视按其党组织隶属关系进行,特殊情况下经中央巡视工作领导小组批准可由部门进行巡视;仅有业务指导关系的部门,应注意区分巡视与业务检查的关系,对没有隶属关系的单位一般不进行巡视。国务院国资委负责对其管理的中央企业进行巡视,并受中央巡视工作领导小组委托对部分中央管理的国有重要骨干企业进行巡视。中国人民银行和银监会、证监会、保监会可根据实际需要对其直属机构、派出机构及所管理的金融机构进行巡视。中央企业和金融机构可根据实际需要对其所属二级单位进行巡视。目前对是否开展内部巡视工作暂不作统一要求和硬性规定。需要开展巡视工作的单位要坚持从实际出发,科学论证、稳步实施,有的可先行试点,确保取得实实在在的效果。

二是要突出工作重点。要根据党章和《党内监督条例(试行)》精神,参照《巡视工作条例(试行)》和有关法规文件,把所属单位党组织领导班子及其成员特别是主要负责人作为巡视监督的重点对象,把被巡视单位贯彻执行党的路线方针政策特别是贯彻落实科学发展观,坚持民主集中制、实行科学民主决策,落实党风廉政建设责任制和廉政勤政、廉洁从业,加强作风建设以及干部选拔任用工作等方面情况作为巡视监督的重点内容,同时要结合被巡视单位的职能、特点、当前承担的主要任务和干部群众反映强烈的突出问题,有针对性地确定巡视的主要内容。

三是要围绕中心工作。中央部门和企业、金融机构所承担的职责任务繁重、工作专业性较强,巡视工作更要注意联系实际、贴近业务,切实做到与中心工作紧密结合、相互促进。要把保障和服务中心工作作为巡视工作的出发点和落脚点,紧紧围绕中央部门、企业和金融机构的中心任务来谋划、部署和推进,把开展巡视与推动业务工作紧密结合起来,全面掌握被巡视单位的真实情况,认真督促解决存在的突出问题,紧紧依靠被巡视单位党组织开展工作,积极支持和配合被巡视单位做好改革发展稳定各项工作。

四是要提高工作水平。要认真总结实践经验,综合运用多种方法,积极采用现代科技手段,拓宽信息来源,全方位、多层次地了解掌握真实情况;要规范工作流程,进一步明确领导体制、议事规则、工作程序和纪律要求,切实提高巡视成果运用的能力和水平;要健全工作制度,建立健全覆盖巡视情况报告、意见反馈、责任分解、整改落实、督促检查、成果运用、人员管理等方面的巡视工作制度,同时要抓好制度的贯彻落实,提高制度执行力,增强制度实效性。

五是要加强工作力量。要在健全组织机构上下功夫,开展内部巡视工作的中央部门和企业、金融机构原则上要成立党委(党组)巡视工作领导小组及其办公室,可根据实际需要成立若干党委(党组)巡视组,每个巡视组要配备一定数量的专兼职巡视干部;要在加强巡视干部队伍建设上下功夫,把那些政治素质好、业务能力强、作风过得硬、敢于坚持原则的优秀干部选配到巡视工作岗位上来,同时,要加强教育,严格管理。

加强廉政文化建设[*]

（2011 年 11 月 2 日）

廉政文化是社会主义先进文化的重要内容,廉政文化建设是社会主义文化建设的重要组成部分。党的十六大以来,党中央对廉政文化建设高度重视,作出了一系列重要指示。党的十七大和十七届四中全会对加强廉政文化建设提出了明确要求;2009 年底,中央纪委监察部会同中央有关部门制定下发了《关于加强廉政文化建设的意见》。党的十七届六中全会再次强调,要深入开展反腐倡廉教育,推进廉政文化建设。我们要按照中央的要求和部署,认真总结实践经验,切实把握工作规律,扎实推进廉政文化建设,为深入开展党风廉政建设和反腐败斗争提供思想保证、精神动力、舆论支持和文化支撑。

第一,要提高思想认识。古人讲:"文化润其内,养德固其本。"廉政文化以崇尚廉洁、鄙弃贪腐为价值取向,融价值理念、行为规范和社会风尚为一体,反映人们对廉洁政治和廉洁社会的总体认识、基本理念和精神追求,具有引导社会、教

＊ 2011 年 10 月 29 日至 11 月 2 日,贺国强同志在贵州省考察调研。这是考察调研期间听取省委、省政府和省纪委工作汇报时讲话的一部分。

育人民的重要作用,在反腐倡廉建设中具有基础性地位。加强廉政文化建设,是建设社会主义核心价值体系的重要内容,是完善惩治和预防腐败体系的重要举措,有利于教育和引导广大党员干部坚定理想信念,增强廉洁从政意识,筑牢拒腐防变的思想道德防线;有利于教育和引导人民群众践行社会主义荣辱观,增强反腐倡廉意识,在全社会形成以廉为荣、以贪为耻的思想道德基础和文化氛围;有利于提高党的领导水平和执政水平、提高拒腐防变和抵御风险能力,始终保持党的先进性和纯洁性,增强党的创造力、凝聚力和战斗力。我们要充分认识加强廉政文化建设的重要性和紧迫性,切实增强工作责任感和紧迫感,不断把廉政文化建设引向深入。

第二,要把握工作方向。要坚持服务大局,把廉政文化建设融入到经济社会发展各个领域,贯穿于党的建设各个方面,与反腐倡廉各项工作紧密结合、整体推进;要坚持以人为本,尊重人民群众的主体地位,激发干部群众自我教育、自我养成的内在动力,为反腐倡廉建设营造良好社会氛围;要坚持突出重点,以党政机关和领导干部为重点,面向全体社会成员,扩大覆盖面,增强影响力,不断增强廉政文化建设的针对性和实效性;要坚持重在建设,深刻认识和把握廉政文化建设的特点和规律,继承中华民族以廉为荣、以贪为耻的优良传统,发扬我们党清正廉洁的优良作风,借鉴各国廉政文化有益成果,以建设性的思路、举措和方法推进工作,确保廉政文化建设不断取得新成效。

第三,要明确工作任务。廉政文化建设涉及领域广、工作头绪多,必须突出重点、抓住关键。要抓住树立领导干部秉公用权、廉洁从政的价值理念这个关键,通过深入开展中国特色社会主义理论体系教育、理想信念教育、党性党风党纪教育、廉洁从政教育、艰苦奋斗教育,把培育廉洁价值理念贯穿于领导干部培养、使用和管理的全过程,引导和督促他们始终保持共产党人的高尚品格、廉洁操守和政治本色。要抓住培育公民崇尚廉洁、诚实守信道德观念这个重要任务,通过面向全社会开展社会主义核心价值体系教育、社会主义荣辱观教育、职业道德和职业纪律教育、行业廉洁教育等,引导广大群众把廉洁、诚信、勤俭、守法等道德观念转化为行为准则和自觉行动,推动形成知荣辱、讲正气、促和谐的社会风气。

第四,要创新方式方法。加强廉政文化建设,要在运用以往行之有效好经验好做法的基础上,不断推进廉政文化建设理论和实践创新,积极探索新思路新办法新举措,不断扩大覆盖面和影响力。一是要抓活动。坚持贴近实际、贴近生活、贴近群众,把廉政文化建设与机关、社区、校园、农村、企业文化建设结合起来,与群众性精神文明创建活动结合起来,突出廉政文化内涵,强化道德教化功能,引导广大干部群众在参与中自觉增强廉洁意识。二是要抓阵地。通过挖掘各类廉政教育资源,加强廉政教育基地的建设、管理和使用,把各类基层廉政文化活动场所建设纳入公共文化服务体系,使之成为弘扬廉政文化的重要场所。三是要抓作品。积极推动廉政文化产品创作和传播,着力打造一批优秀廉政文化精品力作,扎实组织优秀廉政文化作品的宣传和展演、展示工作,切实增强廉政文化的渗透力和影响力。四是要抓舆论。充分发挥大众传媒特别是网络、手机等新兴媒介在传播廉政文化中的作用,加强网络舆情的收集、研判、处置工作,正确引导社会舆论,及时回应社会关切,为反腐倡廉建设营造良好舆论环境。

第五,要加强组织领导。加强廉政文化建设是全党全社会的共同责任,必须加强组织领导、明确责任分工、狠抓工作落实。各级党委、政府要切实担负起领导责任,把廉政文化建设纳入党的宣传思想工作和社会主义文化建设的总体部署,寓于党风廉政建设和反腐败工作的全过程和各方面,健全领导体制和工作机制,及时研究解决重大问题,加大经费投入,确保廉政文化建设顺利推进;各级宣传、文化、广播影视、新闻出版等职能部门要认真履行职责,发挥各自优势,将廉政文化建设融入业务工作,各司其职、各尽其责、密切配合,形成工作合力;各级纪检监察机关要充分发挥组织协调作用,加强对廉政文化建设的综合指导和监督检查,推动廉政文化建设提升到一个新水平;要充分发挥人民群众在廉政文化建设中的主体作用,大力支持群众性廉政文化活动,积极搭建廉政文化活动平台,及时总结来自群众、生动鲜活的文化创新经验,推广大众廉政文化优秀成果,切实使廉政文化建设植根群众、依靠群众、服务群众。

着力解决发生在群众身边的十个方面腐败问题[*]

（2012 年 4 月 23 日）

加强基层党风廉政建设、着力解决发生在群众身边的腐败问题，事关群众切身利益和社会和谐稳定，也是群众感受和评价党风廉政建设和反腐败斗争成效的一个重要方面。各级纪检监察机关要在查处大案要案的同时，把解决发生在群众身边的腐败问题摆上重要位置，采取有力措施，以这项工作的实际成效取信于民、造福于民。

一、充分认识加强基层党风廉政建设、着力解决发生在群众身边腐败问题的重要性和紧迫性

基层党风廉政建设是基层党的建设和国家政权建设的重要内容，在党风廉政建设和反腐败工作全局中具有基础性地位，发挥着非常重要的作用。近些年来，中央在继续加大力度

---

* 2012 年 4 月 20 日至 24 日，贺国强同志在山东省考察调研。期间在济南市召开了加强基层党风廉政建设座谈会。这是贺国强同志在座谈会上讲话的主要部分。

查办大案要案特别是高中级干部违纪违法案件的同时，多次强调要加强基层党风廉政建设、着力解决发生在群众身边的腐败问题，并作出一系列重要部署。我觉得，这主要是基于以下四个方面的考虑：首先，这是由党的性质和宗旨决定的。我们党是全心全意为人民服务的马克思主义政党，党的性质和宗旨决定了我们党同各种消极腐败现象是水火不相容的。加强基层党风廉政建设、着力解决发生在群众身边的腐败问题，是在党风廉政建设和反腐败工作中贯彻以人为本、执政为民要求的具体体现，是保持和发展党的先进性和纯洁性的重要举措。其次，这是由基层党组织和党员干部在党和国家工作中的地位和作用决定的。党的基层组织是党的全部工作和战斗力的基础，是党在社会基层组织中的战斗堡垒；基层党员干部是党在基层执政的骨干力量，是党和政府联系群众的桥梁纽带。党和国家的路线方针政策和各项工作任务要靠广大基层党组织和党员干部带领人民群众去落实，人民群众的意见、诉求和利益要靠广大基层党组织和党员干部去反映和维护。只有坚持抓基层打基础，加强基层党风廉政建设、着力解决发生在群众身边的腐败问题，才能不断巩固党的执政基础、完成党的执政使命。其三，这是由当前我国经济社会发展的阶段性特征决定的。当前我国正处于改革的关键期、发展的机遇期，同时也是各种社会矛盾的凸显期，人民群众的民主意识、法制意识、维权意识不断增强，对涉及自身利益和社会公平的问题更加敏感、更加关注。近几年来一些地方发生的群体性事件，原因虽然十分复杂，但共同的一点就是当地干群关系紧张，群众权益受到损害。这更加提醒我们只有加强基层党风廉政建设、着力解决发生在群众身边的腐败问题,进一步密切党同人民群众的血肉联系,才能适应新形势、顺应新期待、应对新挑战,努力维护社会公平正义,促进社会和谐稳定。其四,这是由发生在群众身边的腐败问题的危害性决定的。对于消极腐败现象,人民群众看得最清、感受最深,也最有发言权。广大群众往往是通过身边党员干部的言行来评价党和政府的。发生在群众身边的腐败问题,直接侵害群众切身利益,群众对此意见很大,这已成为影响党群干群关系、损害党和政府形象的一个重要因素。只有从人民群众反映最强烈的问题抓起、从人民群众最不满意的地方改起、从人民群众最盼望的事情做起,切实解决发生在群众身边的腐败问题,才能不断以党风廉政建设和反腐败工作的实际成效取信于民、造福于民,增强人民群众对反腐败斗争的信心,赢得人民群众的信任、支持和拥护。

党的十七大以来,我们把加强基层党风廉政建设、着力解决发生在群众身边的腐败问题,作为纪检监察工作的一项重要任务来抓,每年的中央纪委全会都对此提出要求、作出部署,先后制定实施《廉政准则》及农村基层干部廉洁履职、国有企业领导人员廉洁从业等规定,在继续抓好治理教育乱收费、纠正医药购销和医疗服务中的不正之风、减轻农民负担、治理公路"三乱"等工作的同时,深入开展公款出国(境)旅游问题、"小金库"问题、工程建设领域突出问题、公务用车问题以及庆典研讨会论坛过多过滥问题等专项治理,取得了积极进展和明显成效。当前,党的基层组织和党员干部队伍总体上是好的、有战斗力的。广大基层干部立足岗位、默默无闻、艰苦奋斗、辛勤工作,为改革发展稳定作出了重要贡献,模范践行了党的先进性和纯洁性,赢得了人民群众的广泛赞誉,涌现出一大批先进典型。

但是也要清醒地看到,随着我国经济社会的快速发展以及党风廉政建设和反腐败斗争的深入推进,基层党风廉政建设也面临许多新情况新问题,损害群众利益的腐败问题仍时有发生。从近年来查处的基层违纪违法案件看,主要有以下特点:一是量大面广。据统计,从 2007 年 11 月至 2012 年 2 月,全国基层纪检监察机关的立案数和处分人数分别占同期纪检监察系统立案总数和处分人数的 88% 和 86.8%。二是基层权力相对集中、资金相对密集、监管相对薄弱的单位和领域腐败问题易发多发,群众反映强烈。比如,2011 年 9 月 1 日,我到中央纪委信访室来访接待大厅调研时,亲自接待了某省的一位来访群众。他曾就本村党总支书记、村委会主任的问题上访多年。这次经中央纪委督办,省、市纪委组织调查,查实了该村党总支书记、村委会主任的违纪违法问题。另外,随着国家对民生领域和社会领域投入的增加,学校、医院等公共事业单位的腐败问题也有所上升。比如,2006 年以来,某地一蔬菜配送公司为承接学生食堂原材料配送业务,向当地部分校长行贿,共有 29 名中小学校长、副校长收受回扣共计 100.69 万元。去年 8 月 22 日,我看到这则消息后,十分气愤,当即作出批示,要求严肃查处。经调查处理,29 名校长中有 12 人受到司法追究,17 人受到党政纪处分。三是涉案金额巨大。基层单位特别是村居"两委"〔1〕"一把手"和关键岗位人员

──────────

〔1〕 村居"两委",指村(社区)党支部委员会和村(居民)委员会。

级别虽低,但权力很大,利用职权"寻租"现象时有发生,有的涉案金额巨大,社会影响十分恶劣。四是手段多样。涉案人员单纯收受钱物与日趋多样化、复杂化、智能化的作案手法并存,"期权化"腐败增多,潜伏期延长。一些单位、部门集体腐败问题严重,窝案、串案明显增多,经常是查处一个、带出一串。五是危害严重。这些发生在群众身边的腐败问题,直接侵害群众利益,极易引发激烈矛盾冲突,导致个人极端事件或者群体性事件。一些基层干部或司法执法人员与黑恶势力勾结,横行乡里,欺压群众,民愤极大。以上情况说明,加强基层党风廉政建设、着力解决发生在群众身边的腐败问题,形势依然严峻,任务依然艰巨。我们要切实增强工作责任感和紧迫感,把这项工作摆在更重要的位置,进一步抓出成效。

二、坚决查处发生在群众身边的腐败问题

党的十七大以来,各级纪检监察机关严肃查办了一大批发生在群众身边的腐败案件,得到中央的充分肯定和社会各界的广泛好评。通过查办案件,严厉惩治了腐败分子,发挥了震慑、诫勉和警示作用,有力遏制了发生在群众身边腐败问题滋生蔓延的势头。各地区各部门要继续把查办发生在基层的违纪违法案件工作摆在重要位置,坚持实事求是、因地制宜,突出重点、抓住关键,认真查找发生在群众身边的腐败问题,切实做到发现一起查处一起,决不手软、决不姑息,坚决维护群众的合法权益。根据调查了解和社情民意反映的情况,就全国来讲,我感到在查处面上各类案件的同时,要着力查处以

下十个方面发生在群众身边的腐败问题。

一是要严肃查处征地拆迁中的腐败问题。随着我国工业化、城镇化步伐加快，征地拆迁中损害群众利益的问题有所增多，一些地方甚至出现因暴力征地拆迁造成人员伤亡等恶性事件，社会影响十分恶劣。为此，2011年中央纪委监察部下发了《关于加强监督检查进一步规范征地拆迁行为的通知》，严肃查处并公开通报了一批强制拆迁致人伤亡案件。今后，要进一步规范征地拆迁行为，严肃查处以暴力、威胁和断水断电等非法手段强制征地拆迁的案件，严肃查处违反国家征地拆迁补偿安置政策和标准以及贪污、截留、挪用征地拆迁补偿资金的案件，严肃查处征地拆迁中官商勾结、权钱交易的案件，坚决遏制征地拆迁中腐败案件易发多发的势头。同时，要认真解决保障性住房建设、分配、运营、管理等方面存在的问题，坚决纠正骗购骗租、变相福利分房等行为。

二是要严肃查处矿产资源开发等领域的腐败问题。随着我国经济社会发展对资源能源的需求不断增加，矿产资源开发在促进地方经济发展的同时，也成为各类资本竞相进入的热门领域，有的采取非法手段攫取利益，以致这一领域腐败案件易发多发，严重破坏矿产资源开发秩序，导致国有资产和集体资产流失，生态环境遭到破坏，重大安全生产事故时有发生。我们要采取切实有效的措施，严肃查处违规审批探矿权、采矿权以及利用矿产资源开发整合谋取非法利益的案件，严肃查处矿产资源出让中违反有关规定和程序、低价出让或擅自变更开发规划的案件，严肃查处基层干部违规违纪参股办矿的案件，严肃查处重特大安全生产事故背后的腐败案件，坚

835

决治理矿产资源开发等领域中的各种腐败问题。

三是要严肃查处各类学校办学中乱收费问题。近年来，我们会同有关部门对教育乱收费问题进行了清理规范，取得了积极进展。但一些地方和学校乱收费问题屡禁不止，并且手段更加隐蔽、形式不断翻新，给学生家长带来沉重负担，严重影响学校的形象和声誉。因此，要严肃查处各类学校特别是学前教育和义务教育阶段学校以各种名目乱收费的案件。与此同时，要严肃查处学校在招生录取、基建招标投标、教学设备和教材教辅资料采购、后勤服务等环节以权谋私、收受贿赂等案件，确保校园成为教书育人的圣洁"净土"。

四是要严肃查处医药购销和医疗服务中的腐败问题。近年来，医务人员收受病患"红包"、开"大处方"、吃"回扣"等问题，一直是社会关注的热点问题之一。医院是救死扶伤、关爱生命的最后一道守护线，发生在医务人员身上的这些腐败问题，不仅败坏了医德医风和医院的声誉，而且造成医患关系紧张。今后要在深化医疗卫生体制改革的同时，严肃查处医务人员以各种名目开单提成、收受"红包"的案件，严肃查处药品和医疗器械采购、工程招标投标、项目合作等环节收受贿赂的案件，切实解决群众看病难、看病贵等问题，维护人民群众的健康权益和合法利益。

五是要严肃查处食品药品制假售假的腐败问题。食品药品安全事关人民群众身体健康和生命安全。近年来，我们会同有关部门严肃查处了问题奶粉、"瘦肉精"、地沟油等一批食品药品安全事件。最近媒体又披露了一些企业生产和使用有毒药用空心胶囊的问题，让人触目惊心、十分气愤。要进一步加大惩治力度,严肃查处制售假冒伪劣食品药品的案件,严肃查处食品药品安全监管中失职渎职、纵容放任制假售假并造成严重后果的案件,严肃查处制售假劣种子和农资、坑农害农的案件,确保广大群众吃得安全、用得放心。

六是要严肃查处国有企业领导人员侵占国家、集体利益和侵害职工群众权益的腐败问题。近年来,国有企业领导人员贪污贿赂案件屡有发生,给国家资产和职工群众利益造成重大损失,人民群众反响十分强烈。对此,我们要认真汲取教训,严格执行国有企业领导人员廉洁从业有关规定,严肃查处国有企业领导人员违反"三重一大"集体决策制度、损害国有资产权益的案件,严肃查处在企业重组改制、资产评估、产权交易、资本运营和经营管理中隐匿、侵占、转移国有资产的案件,严肃查处搞同业经营、关联交易以及利用企业内幕消息、商业秘密等谋取非法利益的案件,严肃查处企业生产经营活动中的商业贿赂案件。

七是要严肃查处吃拿卡要、以权谋私的腐败问题。当前,一些基层干部以权谋私、以职谋私、以业谋私,吃拿卡要、不给好处不办事、给了好处乱办事等问题比较突出,人民群众对这方面问题的举报上访也比较集中。特别是近些年来,国家对民生领域投入很大,有关部门要切实加强监管,严肃查处贪污、挪用、挤占强农惠农富农资金、扶贫资金、救灾救济资金、住房公积金、社保基金的案件,同时要严肃查处基层干部以权谋私、索贿受贿、侵吞国家和集体财产的案件,严肃查处违规收受礼金、有价证券、支付凭证等案件,切实纠正损害群众利益的不正之风。

八是要严肃查处执法不公、为黑恶势力充当"保护伞"的腐败问题。近年来,少数地方基层干部和司法执法人员与黑恶势力相互勾结,欺行霸市、横行霸道的案件时有发生,严重损害社会公平正义、影响社会大局稳定。我们要严肃查处基层干部特别是司法执法人员执法不公、以案谋私、贪赃枉法的案件,严肃查处基层干部和司法执法人员收受贿赂和礼金为黑恶势力充当"保护伞"的案件,切实维护党纪国法的尊严。

九是要严肃查处基层干部买官卖官、拉票贿选等腐败问题。针对这两年地方各级党委集中换届的实际,我们严明换届纪律,加大监督检查力度,严肃查处并通报了一批违反换届纪律的案件,保证了地方换届工作顺利进行。今后,要认真贯彻落实中央要求,严肃查处基层选人用人和换届选举中买官卖官、拉票贿选的案件,严肃查处利用宗教宗族家族势力、黑恶势力干扰、操纵、破坏基层选举的案件,严肃查处基层公务员考录、国有企事业单位招聘及大学生村官选聘中的违纪违规行为,坚决整治和匡正选人用人风气。

十是要严肃查处基层干部作风粗暴、欺压群众、奢侈浪费等腐败问题。针对当前存在的一些基层干部作风不正、办事不公、行为不廉等问题,要严肃查处基层干部玩忽职守、滥用职权,给国家、集体和人民群众造成重大损失的案件,严肃查处基层干部作风粗暴、态度生硬、欺压群众并造成严重后果的案件,严肃查处基层干部奢靡享乐、生活腐化、奢侈浪费造成严重影响的案件。

三、建立健全解决发生在群众身边腐败问题的长效机制

加强基层党风廉政建设、解决发生在群众身边的腐败问题,是一项长期、复杂的任务,既要注重治标,加大惩治力度,更要注重治本,建立健全长效机制,有效防止同类问题反复发生。

一是要加强对基层干部的教育。要针对新形势下基层干部队伍建设面临的新情况新问题,切实加强和改进思想政治教育,教育引导基层干部坚持以中国特色社会主义理论体系特别是科学发展观武装头脑、指导实践、推动工作,在政治上思想上行动上同党中央保持高度一致;教育引导基层干部增强党性观念和法治意识,自觉遵守党纪国法,严格按法律法规和政策办事,不断提高做好新形势下群众工作的本领,不断提高维护社会和谐稳定的能力;教育引导基层干部牢固树立以人为本、执政为民的理念,自觉加强党性修养、树立和弘扬良好作风,坚决克服官僚主义、形式主义、弄虚作假、心浮气躁等不良风气,真心实意为群众办实事、做好事、解难事,进一步密切党群干群关系。

二是要加强对基层干部的管理。要加强日常管理,健全群众民主评议和民主测评制度,完善基层干部考核评价机制和干部退出机制,切实把从严管理的要求贯穿于基层干部的教育培养、选拔任用、监督管理的全过程和各个环节;要规范履职行为,特别是要认真清理基层执法项目,规范行政裁量

权,坚决纠正在执法中态度粗暴、方法简单、办事不公、滥用职权、假公济私等行为;要加大问责力度,建立健全并严格执行问责制,认真落实岗位责任制、首问负责制、限时办结制、绩效管理制等制度,对因不履行或不正确履行职责严重侵害群众利益的,要追究领导干部和有关人员的责任。

三是要加强对基层干部的监督。要健全权力运行监督制约机制,严格执行述职述廉、诫勉谈话、函询等制度,强化对基层干部工作实绩考核和经济责任审计,深入开展民主评议基层站所、评议部门和行业风气等工作,总结推广一些地方通过建立村民监督委员会、健全村务监督机制的经验,促进基层权力规范运行。要推进基层事务公开透明,把实行党的基层组织党务公开和政务公开、司法公开、厂务公开、村(居)务公开、公共事业单位办事公开结合起来,完善公开内容、提高公开实效,切实让基层各项权力在阳光下运行。要充分发挥群众监督作用,把党内监督和党外监督、专门机关监督和群众监督等结合起来,拓宽群众监督渠道,健全群众监督机制,注重发挥舆论监督的积极作用,加强对反腐倡廉舆情特别是网络信息的收集、研判和处置,形成监督合力、增强监督实效。

四是要完善基层各项制度。要进一步完善农村集体"三资"〔1〕管理、村居"两委"集体决策和村民议事等制度,促进村级民主管理和监督规范化、制度化;要进一步健全国有企业"三重一大"集体决策制度和权力运行制衡约束机制,完善以

---

〔1〕 农村集体"三资",指农村集体经济中的资金、资产、资源。

职工代表大会为基本形式的企业民主管理制度,规范国有企业领导人员薪酬管理、股权激励和职务消费;要进一步健全学校、医院等公共事业单位的管理制度,完善相关职业规范和权力制衡约束机制;要健全城市社区居民民主议事协商和重大事项民主决策等制度,提高社区管理和服务水平。在健全完善制度的同时,要严格执行各项制度,严肃处理违反制度的行为,提高制度执行力、增强制度实效性。

五是要深入推进改革。要积极推进行政审批、干部人事、财政税收、投融资体制制度等重点领域和关键环节改革,深入推进和规范基层公共资产、资源交易市场建设,积极稳妥地推进事业单位分类改革,加强和创新社会管理,不断从源头上铲除基层滋生腐败现象的条件和土壤。

广大基层干部身处改革发展稳定第一线,工作责任大、任务重,十分辛苦。我们在对基层干部严格要求、教育、管理、监督的同时,要真正重视、真情关怀、真心爱护基层干部,理解基层工作的难处,体谅基层干部的艰辛,做到政治上关心、工作上支持、生活上照顾、精神上激励,充分调动他们的工作积极性和主动性,为他们创造良好的工作环境和条件。

纪检监察工作要做到
"顶天"、"立地"*

（2012 年 11 月 5 日）

刚刚闭幕的十七届中央纪委第八次全会是本届中央纪委最后一次全会，会议开得很圆满、很成功，各方面的反映都很好。为召开这次全会，办公厅等有关单位做了大量工作，感谢同志们的精心组织和辛勤工作。

不久前的 10 月 24 日，本届中央纪委召开了最后一次书记办公会，当天我即搬离了中央纪委的办公室。那次书记办公会后，办公厅的同志曾建议我再到机关走访几个处室。这五年来，我同中央纪委监察部机关的同志建立了很深的感情，但考虑到这段时间工作安排比较紧，机关处室又不能一一都去看望，所以今天把办公厅的有关同志请来，主要是想通过你们，感谢委部机关同志们的辛勤工作，感谢大家对我的关心和支持。

回顾我的工作经历，我感慨很多。我是 1966 年入党、大学毕业，1967 年参加工作。算起来，入党已 47 年，工作已 46

---

* 这是贺国强同志在中南海办公室与中央纪委办公厅部分同志座谈时讲话的主要部分。

年,经历了多个岗位。最早是在工厂搞技术工作、当厂领导,之后在山东省化工厅、济南市、化工部、福建省、重庆市工作,后调到中央工作,先后在中央组织部、中央纪委工作。工作过的部门很多,去的地方很多,可以说是包括了我们国家的"东西南北中",最后一站是在中央纪委。纪检工作非常重要,任务也非常艰巨。党的十七大中央让我到中央纪委工作。以前我没有直接从事过纪检工作,能不能干好,我没有把握,但我愉快地服从了中央决定,并尽最大努力去工作。

回头看过去的五年,我感到很荣幸。通过这五年,我对纪检监察工作有了深入的认识,更感到纪检监察工作肩负中央重托,承载人民期望,具有很重要的地位和作用。历届中央纪委,都做出了很大的成绩和贡献。在纪念党的纪律检查机关恢复重建 30 周年大会上,通过总结过去 30 年纪检工作走过的历程,我深刻体会到,这些年来,纪检监察工作一路走来很不容易,可谓一届接着一届不断开拓创新、不断总结积累经验,这其中凝聚着整个纪检监察系统广大干部职工的辛劳和付出。几年来我感到我们这支纪检监察干部队伍是有战斗力的、可以信赖的,是能打硬仗的。感谢中央给我这个机会和平台,使我有机会深入了解纪检监察工作,认真学习纪检监察工作,还结识了这么多纪检监察干部。快要离开纪检监察工作岗位了,自己的确感到这段经历很值得珍惜。

在中央纪委工作这五年,通过和委部机关的同志一起工作,我学到了不少好的经验和作风,大家对我在工作、生活各方面也给予了很多关心和支持。同时我也感到,我对大家的关心还不够。委部机关干部人数较多,我直接接触的同志不多,许多同志还叫不上名字。十七届中央纪委第八次全会期间,大家在讨论中央纪委向党的十八大的工作报告时,一些中央纪委委员提出,现在很多干部都有脱离群众的倾向,只是程度不同而已。我想这里也包括我自己。平时对大家关心不够,困难解决得也不够,这里向委部机关的同志表示歉意。

回顾这五年的纪检监察工作,总的看,我们做到了在继承中创新,在创新中发展。这也符合事物发展的总体规律。这其中,我有几点体会特别深。

一是要紧跟中央。紧紧围绕中央重大决策部署和中央指示的贯彻落实开展工作,这是中央纪委工作的首要任务。坚持围绕中心、服务大局,既保证了中央政令畅通,也体现了纪委的职能和作用。通过开展监督检查,我们把纪检工作有机融入了党委、政府工作中,形成工作合力,而不是"两张皮"。这样做也减少了腐败现象的发生。事先预防比事后去查要好。同时,对纪检监察干部的成长锻炼也有好处,有利于纪检监察干部开阔思想、增长见识,处理问题也更得力。比如,这几年我们按照中央要求开展的对扩大内需促进经济增长政策落实情况的监督检查,对中央加快转变经济发展方式政策措施落实情况的监督检查,对抗震救灾资金物资管理使用情况的监督检查,对廉洁办奥运、廉洁办世博、廉洁办亚运的监督检查等,都取得了这样的效果。这是大家的共同认识,中央及社会各方面也给予了很高的评价。

二是要紧贴群众。纪检监察工作要与群众的呼声相一致,考虑人民群众的现实需求,这是以人为本的要求和体现,也是做好纪检监察工作的有力保障。纪检监察工作要体现党的宗旨,积极回应群众关切,切实解决人民群众反映强烈的突出问题,切实纠正损害群众利益的不正之风,切实查处发生在群众身边的腐败问题。这样,上对中央负责,下为群众着想,我们的工作就做到了"顶天"、"立地"。

三是要整体推进反腐倡廉工作。加强反腐倡廉建设,一定要把各项工作作为一个整体来推进,不能搞"单打一"。这几年,我们按照建立健全惩治和预防腐败体系的要求,全面开展教育、制度、监督、改革、纠风、惩治等六个方面工作。前几年,我们提出"五个一批"〔1〕的工作部署,也就是要整体推进反腐倡廉工作。反腐倡廉工作是个系统工程,是一项长期的任务,不可能一蹴而就,也不可能一劳永逸。我们坚持标本兼治,先后提出既要抓惩治,又要抓预防;既要抓解决具体问题,又要抓制度建设;既要认真抓好党风廉政建设和反腐败斗争各项长期性、基础性工作,又要着力解决反腐倡廉建设中人民群众反映强烈的突出问题。总之,就是要做到整体推进各项工作。

四是要坚持改革创新。改革开放30多年来,最鲜明的特点就是改革创新。改革创新是事业发展的永恒动力。党的十七大提出,以改革创新精神推进党的建设包括反腐倡廉建设。这几年,我们一直鼓励各地积极探索,创造性地开展工作。2010年,我们在南京召开全国反腐倡廉建设创新经验交流会,会上交流了很多地方、部门和单位探索、总结的有效做法

---

〔1〕 "五个一批",即坚决查处一批腐败案件,严厉整治一批严重损害群众利益的不正之风,重点解决一批领导干部违反廉洁自律规定的突出问题,制定出台一批反腐倡廉制度规定,推进一批改革措施。

和新鲜经验。我们在工作中遇到的问题,坐在办公室思考很久的难题,基层往往有破解的办法。我常讲,再落后的地方也有亮点,就看你是否善于发现。我们要允许基层去试、去闯,尽管有些做法可能还不完善,但不要一开始就否定。当然,无论是哪项工作,要把一项改革放到面上推广,还是要慎重,要进行认真研究和论证,有的要先经过试点,逐步总结完善,具备条件后再推广。

五是要加强自身建设。纪检监察干部承担着光荣而艰巨的职责,社会上对纪检监察干部往往也高看一眼。越是这样,我们越要严格要求自己。现在纪检监察干部面临的诱惑很多,纪检监察干部是监督别人的,如果自己做得不好,说话就没有底气。自身不硬,说话就软。我们把自己的标准和要求提高了,社会就会对我们更信任。如果标准不高、要求不严,就会影响自身的形象,就会影响到纪检监察机关的威信。这几年来,我们始终高度重视加强自身建设,比如开展了为期两年的"做党的忠诚卫士、当群众的贴心人"主题实践活动,之后还建立了长效机制,明确提出了"监督者更要带头接受监督"的要求等,社会反响很好。自身建设是个永恒的主题,这是由反腐败斗争的长期性、复杂性、艰巨性决定的,也是由纪检监察工作的性质、职责决定的。我们对干部的要求是严格的,不护短,这有利于保护干部、保证我们工作开展,有利于维护纪检监察机关的良好形象。

党的十八大以后,我就要正式退休了,这里我也表个态度:一是对中央纪委新班子的工作全力支持,但决不干预,不干预就是最大的支持,相信新班子会干得更好,这也是事物发展的规律;二是继续关心、关注党和国家事业的发展,继续关心、关注党风廉政建设和反腐败工作,继续关心、关注中央纪委监察部的工作;三是继续严格要求自己,人退休了,但党员身份不能退休、党员标准不能降低。

五、制度建设篇

把公开原则和竞争机制
引入干部人事管理*

（1988 年 10 月 20 日）

　　近几年来，我市遵照中央和省委的有关指示精神，结合济南实际，对干部人事制度进行了多方面的改革，积累了一些好的经验。但是，也应当看到，这几年我们所进行的一些改革，在很大程度上是属于探索性的，许多方面还不成熟，改革措施还不配套，干部人事制度改革的任务仍然十分艰巨。我们要按照中央关于干部人事制度改革的部署和要求，继续在深化改革上下功夫、用气力，把干部人事制度改革不断推向前进，逐步实现干部人事管理工作的科学化、制度化、规范化。

　　要改变集中统一的管理体制，实行干部分类分级管理。现行的干部管理体制仍然是高度集中、高度统一的干部管理体制。这种管理体制，在革命战争年代是比较适应的。但是，新中国成立以后，特别是党的十一届三中全会以后，随着党的工作重心的转移，随着改革、开放方针的深入贯彻和社会主义现代化建设事业的蓬勃发展，这种体制就越来越暴露出它的

＊　　这是贺国强同志在山东省济南市组织工作会议上讲话的一部分。贺国强同志当时任中共山东省委常委、济南市委书记。

严重弊端和不适应。现行的干部管理体制,管理权限过分集中,造成党政不分,政企不分,管得过多,统得过死;管理方式单一,不分层次,不分类别,忽视了各类人员的不同工作性质、社会责任和职业特点,致使工作繁杂,管理不善;管理制度不健全,用人缺乏法制,管理缺乏规范,致使组织人事部门在选拔任用干部时无法可依、无章可循。这些问题的存在,致使优秀人才难以脱颖而出,不称职的干部难以淘汰,用人上的不正之风难以根除。目前,随着经济体制改革的不断深化,企业普遍实行经营承包责任制,科研等事业单位逐步实行行政首长负责制,这对于干部管理体制改革将产生很大的促进作用。我们必须适应新形势新任务的要求,逐步改变旧的管理体制,实行科学的分类管理,并且在实践中积极探索具体的分类管理办法。这里需要指出的是,对干部实行分类管理,不是简单地分权管理,更不是各自为政、各行其是,而是必须坚持党管干部的原则,按照党的干部路线和政策办事。干部实行分类管理以后,组织部门直接管理的干部减少了,但任务并没有减轻,仍然是干部宏观管理的主体。要切实转变职能,既要善于抓微观、管好具体人头,又要善于宏观指导、加强政策研究,主动顺应由微观管理到宏观管理的转变,学会新的管理艺术和方法,保证党的干部工作路线、方针、政策的贯彻执行。要在加强宏观管理的前提下,本着"下管一级"的原则,进一步下放干部管理权限,做到管人与管事相结合。

要提高干部工作的开放度和透明度。提高政治生活中的透明度,是建设社会主义民主政治的基本要求,而提高干部工作的透明度是提高政治生活透明度的重要方面。提高干部工作的透明度,就是要坚持走群众路线,扩大民主渠道,增加开放程度,使党内外群众都能按照有关法规赋予的权利,更多地了解和参与对干部的考核、选拔、任用、奖惩、罢免,对整个干部人事工作实行民主监督和公开监督。为了达到这一目的,必须把干部工作的重大方针、政策向全社会公开,使干部群众了解情况,关心、理解、支持组织部门的工作;必须把选拔干部的一些具体要求,在一定范围内公开,使党员、干部掌握政策,明确标准,正确地行使推荐、监督干部的权利;对某些重要人事安排,在正式决策之前,必须在一定层次内征求意见,避免用人上的失误。要总结推广近来在市、区(县)领导班子换届中所普遍采用的民意测验、民主推荐等办法。只有这样,才能为优秀人才的脱颖而出与合理使用创造良好的外部条件。全市各级组织部门要认真总结经验,逐步建立起一套公开的、民主的、科学的选拔干部的法规与程序。要继续坚持领导干部年度考核制度,综合运用个人述职、民主评议、组织考核的办法,全面地了解掌握干部的德能勤绩,促进干部的思想革命化、工作科学化、作风民主化。

要把竞争机制引入干部人事管理。把竞争机制引入企业人事管理是人事制度上的一场革命,其意义不可低估。我市近几年招标选聘企业经营者的实践证明,把竞争机制引入企业人事管理,有利于克服论资排辈、压抑和浪费人才的现象及用人上的不正之风,使大批优秀人才脱颖而出;有利于打破人员的部门所有、单位所有的状况,促进人才的合理流动;有利于克服干部能上不能下、能进不能出的弊端,废除领导职务和干部身份终身制,激励干部奋发进取、多作贡献;有利于把企业经营管理人员和职工的利益同企业的兴衰紧紧地联系在一起，从而调动干部职工的积极性、创造性。引入竞争机制这项改革不仅在企业取得了成功，而且对整个干部人事制度改革有着重大的影响和推动作用。要加强宣传教育，引导广大干部提高对这项改革的认识，为干部人事制度全面改革创造一个良好的政治和舆论环境。要认真研究分析干部人事制度改革中的新情况、新问题，总结新经验，促进这项改革的深入发展。

我们是怎么按
民主集中制原则办事的[*]

（1994 年 6 月 29 日）

民主集中制是我们党的根本组织原则和组织制度，也是领导班子实施正确领导，增强班子凝聚力、战斗力的重要保证。在发展社会主义市场经济的新形势下，特别是在部委实行行政首长负责制的领导体制下，严格执行民主集中制，坚持党组"一班人"在思想上、行动上的统一，依靠集体智慧，实行科学决策，选好用好干部，对于保证党和国家各项方针政策在本部门、本系统全面贯彻落实，加快各项改革和经济发展尤为重要。

几年来，我们化工部党组以民主集中制作为规范党组"一班人"行为的基本准则，建立健全党组议事规则、决策程序和规章制度，自觉维护领导集体的团结和统一，充分发挥党组全体成员的积极性、主动性和创造性，促进了领导班子思想作风建设，在贯彻执行党的路线方针政策、加快化学工业发展上形成了合力，保证了各项工作任务的顺利完成。

＊ 这是贺国强同志代表中共化工部党组在中央召开的部委领导班子思想作风建设经验交流会上发言的主要部分。贺国强同志当时任化工部常务副部长、党组副书记兼机关党委书记。

一、严格执行民主集中制原则，
保证决策的正确和有效实施

随着改革开放和社会主义市场经济的发展，部门单位自主决策的范围扩大了，决策的难度也增大了。在异常繁重的任务面前，我们要把各方面的智慧集中起来，积极性调动起来，保证决策的正确，保证党的路线、方针、政策的贯彻落实，必须严格地执行民主集中制原则。现在有一种说法，认为民主集中制只适用于战争年代、计划经济，而现在搞市场经济，强调放权、搞活，坚持民主集中制会束缚手脚，贻误时机，影响经济发展，实际上这是一种认识上的偏差。市场经济的发展，更需要建立和健全民主的、科学的决策程序，坚持从群众中来到群众中去的决策方针。在实际工作中，要正确处理好实行行政首长负责制与集体领导的关系，广泛发扬民主、充分走群众路线与果断决策的关系。几年来，作为化工部部长、党组书记的顾秀莲同志在部内重大决策过程中自觉地严格执行民主集中制原则，注意倾听各方面的意见，特别是听取不同意见，不搞个人说了算。党组"一班人"按照毛主席《党委会的工作方法》的要求，学会"弹钢琴"，在工作中分工不分家，协调配合；在决策过程中大家知无不言，言无不尽，而一旦作出集体决议后，领导班子的每个成员都能做到认真贯彻执行。

实践使我们体会到，保证重大决策的正确性，必须按照民主集中制原则，注重抓好三个环节的工作。一是深入实际调查研究，全面了解和掌握与决策有关的实际情况。我们党组每个成员,无论工作多忙,每年必须保证有两个月以上的时间到基层作调查研究,特别是国家制定与化工有关的政策前,更要到基层去掌握第一手资料。比如,去冬今春以来,我们分析了全国农业生产的形势,预测到化肥需求将转旺,立即派出六个调查组分赴十一个省区,几位部领导也分头到各地召开生产形势分析会,进行现场办公。同时,及时把企业的实际情况向国务院汇报,争取化肥生产的优惠政策,又紧急召开全国化肥生产电话会议,要求企业按照市场需求开足马力,满足化肥供应,及时缓解了化肥紧张局面,保证了春耕用肥的需要。二是经常广泛地听取群众意见,随时完善和修订决策,以保证决策的正确性。比如,在今年初部机关处以上干部学习《邓小平文选》第三卷学习班上,围绕如何转变职能、理顺关系,我们又广泛听取了干部的意见。随后,党组专门责成一位副部长主持,综合群众意见,提出整改方案。经过党组两次会议认真研究,调整和协调了一些尚未理顺的关系,提高了工作效率,收到了比较好的效果。三是提高执行民主集中制的自觉性,保证中央各项决策的贯彻落实。比如,今年初,为了深化改革,中央采取了"整体推进,配套改革"的方式,一大批重大的改革措施相继出台。由于国家大、情况复杂、经济发展不平衡,有的地方、企业遇到了一些困难。在这种情况下,我们部党组成员不论是在基层考察,还是在各种会议上都反复强调,要自觉维护和服从整体利益、长远利益。从长远讲,各项改革措施有利于市场经济的发展,不要因为暂时的困难而轻易否定、抱怨。与此同时,我们及时派出调查组,对各项改革措施的出台和实施情况进行跟踪调查,及时反馈情况,解决了一些实际问题。我们认为,在新旧体制转换的过程中,坚持和贯彻民主集中制,就要不断增强全局观念,自觉维护党和国家的整体利益,维护党中央、国务院的权威。无论在政治生活中,还是在经济生活中,都要坚定不移地贯彻执行中央的各项政策,以保证党和国家的政令畅通。这是民主集中制最重要的原则,也是最重要的组织纪律。

二、坚持按照民主集中制
原则选拔任用干部

在选拔任用干部问题上,坚持民主集中制,就是一定要按照党的原则和规定的程序办事,坚决抵制用人上的不正之风。

一是坚持认真走群众路线。这是做好选拔任用工作的重要基础,也是民主集中制原则的基本要求。我们做到把走群众路线贯穿于干部选拔任用的全过程:每调整一个班子,每提拔一名领导干部,事先都要利用多种形式广泛听取群众意见,并对推荐、测评的结果作出具体分析。提拔使用后继续跟踪了解,听取群众反映,接受群众监督,及时进行帮助教育。对提拔后情况发生了变化、群众反映强烈、思想作风问题严重、工作态度又差的干部,要根据情节轻重,采取坚决的组织措施进行调整。

二是坚持搞好上下结合,统一思想认识。所谓上下结合,就是把领导的意见和群众的意见结合起来,找准结合部,确定较为合适的预备人选。对领导与群众评价一致的干部,一般都作为重点人选,认真考察。而对于领导和群众反映不太一

致的干部,起用时就要慎重。比如,去年部机关实施机构改革,在配备各司局领导干部的过程中,部党组在听取有关方面意见的基础上,拟定了各司局班子成员名单,其中有几位30岁左右的年轻同志准备提任副司(局)长。为慎重起见,党组同志又进一步听取了群众反映,决定这些同志有的可以马上提拔到司局级领导岗位,有的可以挂职到基层锻炼,有的可以暂缓提拔,留在现岗位继续培养。经过这样调整之后,收到了较好的效果。

三是坚持利用多种形式对干部进行考核。既要注重定期考核,也要针对干部的实际工作过程进行动态的跟踪考核,还要在重大的机构和人事变化前进行集中考核,以全面地掌握干部的政治表现、工作实绩和处理问题的能力。

四是坚持选拔任用干部由党组会集体讨论决定。会前认真做好准备,进行必要的会前酝酿;切实组织好党组讨论,当面交换看法和认识,坚持按事先酝酿准备的人选情况进行讨论,不搞临时动议;对涉及面比较大或政策性比较强的问题,及时向中组部请示汇报,请他们帮助把关;坚持抓好会后落实,对个别干部出于各种原因对组织安排产生不同意见的,党组在复议中认真研究本人意见,达成共识后每位党组成员以一个口径共同做好干部的思想工作。

实践中我们体会到,坚持按照民主集中制原则选拔任用干部,必须做到以下几点:一是相信和依靠化工部干部做好工作。坚持在干部使用上不搞大换班、大调整,对正常的新老交替也持慎重态度,既坚持原则,又注意平稳过渡。同时,注意搞五湖四海,切忌把某某看成是谁提拔的干部,不搞亲亲疏疏,努力把各方面的优秀干部选拔上来。这次化工部机构改革,司局级干部的选拔,我们不局限于部机关、直属单位、化工系统,而是从发展大化工的全局出发,从地方化工厅局选拔了一些优秀的同志到机关司局担任主要领导,这对加强化工行业管理很有好处。二是坚持不先个人定调,也不坚持个人意见第一。党组主要负责同志不先表态,有利于更全面地听取大家的意见,让不同意见能发表得更充分。事实表明,有一些班子不团结,战斗力不强,往往不是在大政方针上有分歧,也不是水平高低的问题,而相当普遍的是在人事安排问题上有矛盾、闹意见,又不能正确处理好。三是坚持多找干部谈心。党组主要负责同志平时注意多和党组其他同志谈心,经常听取各单位情况汇报,谈工作时谈思想,研究问题时交换看法。平时多沟通、多交谈,就会形成一种良好的民主气氛,讨论问题、研究干部也就会有一个良好基础。四是主动为解决难点问题多做工作。在班子调整和干部任免中,有的干部思想问题较多,党组主要负责同志都是主动找其谈话,讲清道理,做好工作,促使他们愉快服从组织上的安排。新机构组建过程中,党组成员深入到各司局,一个司局一个司局地听取汇报,面对面地做好思想工作。

三、坚持民主集中制原则,
开好党组民主生活会

开好党组民主生活会是坚持民主集中制的一个有效途径。我们不是把民主生活会当作"例行公事",而是作为加强党组思想、作风、业务建设,加强班子凝聚力和战斗力,实施党内有效监督的一项重要措施。

在保证党组民主生活会质量方面,我们重点抓了四个环节:

第一个环节是做好民主生活会的会前准备。依据党的路线方针政策和中央精神,国内外形势,化学工业实际以及党组成员的思想和工作实际,事先确定会议主题。一般在会前一个月发出"安民告示",提前打招呼,使党组成员及早做好相关准备,并妥善安排工作,保证按时参加会议。每次会前,党组都委托机关党委广泛征求部机关和在京直属单位党内外群众的意见,帮助党组总结经验,找准问题,为有针对性地开展批评和自我批评打好基础。

第二个环节是加强会议中的组织引导,强调围绕主题,畅所欲言,讲心里话。每次民主生活会,党组成员都能当面交换看法和认识,党组书记和副书记也主动开展批评和自我批评。大家都能敞开思想交换意见,坦诚相见发表看法,开展批评与人为善,自我批评态度诚恳,整个民主生活会始终在一种和谐、民主的气氛中进行。每次生活会结束时,党组书记把大家在会上交流的思想加以归纳和总结,上升到一定的理论高度来认识,用以指导实践,从而达到统一思想、增强团结、提高领导水平的目的。

第三个环节是抓好会后的整改。衡量党组民主生活会质量的高低,就是看能不能真正解决实际问题。每次生活会后,我们都根据群众的意见和生活会反映出来的问题,有针对性地提出改进措施,按照职责范围分头抓好落实。

第四个环节是提高民主生活会的质量。一是注意强调生活会的政治性、思想性。要求每位同志的发言注意研究和解决带有方向性和政策性的问题,避免把生活会开成汇报工作或研究部署工作的会议。同时,鼓励大家把不同意见摆到桌面上来,经过心平气静的讨论,择善而从,在原则问题上取得一致和共识。二是积极地开展批评和自我批评。要求党组成员用共产党员和党员领导干部的标准严格要求自己,"多讲主观,少讲客观;多想办法,少发议论;多讲贡献,少讲条件"。在每次民主生活会上,党组成员都能围绕贯彻党的路线方针政策、改进领导作风、保持清正廉洁、执行民主集中制原则等方面,认真总结经验,自觉查找问题,实事求是地评价工作、评价自己,既作自我批评,也能互相帮助,使民主生活会成为党组政治生活中的交心会、鼓劲会。

四、贯彻民主集中制的体会

实践告诉我们,坚持民主集中制原则,党内生活就正常,班子就团结,干部之间就协调,就能够通过思想作风建设,解决自身存在的矛盾。在贯彻执行民主集中制的过程中,我们形成了以下几点体会:

第一,民主集中制是保持党组一班人在思想上、行动上高度统一的关键。邓小平同志多次强调,民主集中制是我们党和国家的根本制度,也是最便利的制度、最合理的制度,永远不能丢掉。我们党组成员都认为,个人的能力再大也是有限的,而集体的力量是无限的,要完成我们所肩负的繁重而艰巨的任务,必须充分发挥集体的智慧。集体领导是民主集中制的一项重要内容,它对于实现决策的民主化、科学化,维护领导班子的团结统一,增强领导集体的凝聚力和战斗力,关系极大。我们在研究每一项重大问题时,都坚持党组集体讨论,先研究出大体思路和基本观点,然后由主管部长在调查研究和广泛听取各方面意见的基础上,提出初步意见,提交党组讨论,形成党组的意见。这就从根本上保证了党组决策的正确性和科学性。

第二,民主集中制是保证权力正确行使的根本。作为国务院的一个部委,受国务院委托,负责一个行业、一个系统的宏观调控和管理,能否正确行使权力,对于党和国家的路线方针政策能否在本部门本系统全面贯彻至关重要。"班长"又是领导班子的核心,在领导班子贯彻民主集中制方面,起着关键作用。在这方面,化工部党组主要负责同志经常强调,我们党组成员,首先是共产党员,其次才是部长、副部长;作为一名部级领导干部,群众信任你,干部依靠你,并不是你比人家高明多少,而是因为组织上把你摆在了这个位置。我们手中的权力是党和人民给的,要正确地用好这个权,就必须"淡化权力,强化事业",依靠组织,依靠群众,坚持民主集中制原则,否则我们将一事无成。

第三,民主集中制是实现领导班子团结的可靠保证。我们从工作实践中体会到,只有搞好团结,才能形成真正的领导核心,出凝聚力、出战斗力、出新的生产力。团结要有共同的思想和理论基础,进而在这个基础上求大同存小异。党组成员之间,要互相信任,互相帮助,互相补台,互相协作。许多矛盾往往产生在同志之间的互相猜疑上。有问题摆在桌面上，批评得严肃点也没关系，谅解、信任和友谊比什么都重要。我们部党组班子中，民主的气氛很浓，大家都感到心情舒畅，这正是较好地贯彻了民主集中制的结果。

第四，民主集中制是提高干部素质，对领导干部实行有效监督的重要途径。一个领导班子中每个成员各有长处，也有不足，通过实行有效的民主集中制，把个人置于集体之中，置于组织的监督之下，可以相互学习，提高自己，用党性原则、用制度来规范班子成员的行为，加强廉政勤政建设，不犯或少犯错误。

第五，加强制度建设，保证民主集中制的贯彻执行。坚持民主集中制原则，一方面需要靠班子成员自身用党性来保证民主集中制的贯彻执行，另一方面也需要建立和完善必要的制度来规范班子成员的行为。几年来，在民主集中制制度建设上，部党组先后制定了《化工部党组民主生活会制度》、《化工系统各级领导班子建设的"八五"规划》、《关于加强领导班子思想作风建设的意见》等等；对会议制度和请示汇报制度，也都相应作出规定，使民主集中制原则的贯彻有了制度上的保证。

干部人事制度改革重在实践[*]

（2002 年 9 月 9 日）

过去几年，按照中央及中组部的要求，重庆市在干部人事制度改革方面作了一些探索，制定和推行了一系列改革措施，取得了一定的成绩，积累了一些经验。

在民主推荐方面。我们在干部选拔任用工作中一直都在进行民主推荐，包括后备干部也进行民主推荐，效果是好的，下一步，我们要按照《党政领导干部选拔任用工作条例》（以下简称《条例》）的要求继续完善这项工作，进一步明确推荐的范围，完善推荐的程序。

在任前公示制方面。我们对拟任用的干部和后备干部，都在一定范围内进行了为期 7 到 10 天的公示，并要求反映问题要署名。在实行之初，我们也有些顾虑，怕出现诬告的情况，但从实施结果来看，还是比较好的。所以，我们要相信群众，要把这一制度坚持下去。

在实行试用期制方面。对担任各级党委、政府部门副职的委任制领导干部，都实行了一年的试用期。实行试用期制

---

[*]　这是贺国强同志在与中央组织部赴重庆调研组座谈时讲话的一部分。贺国强同志当时任中共重庆市委书记。

有很大的好处,在试用期内,从干部本人而言,有一个不断提高的问题;从组织上而言,有一个进一步考察的问题;从群众来讲,有一个监督的问题。

在公开选拔方面。最近几年我们的实施力度比较大。除了从北京大学、清华大学、中国社会科学院等大专院校和科研院所定向选拔了一批博士、硕士来渝工作以外,还面向全国进行了两次大规模的公开选拔。一次是 2000 年 8 月,我们面向海内外公开选拔了一批副厅局级干部;另一次是市级机关面向全国,从 5000 多名报名者中选拔了 270 多名公务员。此外,部分区县也面向社会选拔了一批公务员。通过公开选拔,遴选了一大批人才,改善了干部队伍的结构,提高了干部队伍的整体素质。总的来讲,这项工作是好的。但这里面也有个情况值得注意,那就是个别被录用干部工作的效果与考试的结果有一定反差,高学历的不一定工作能力就强。这些情况值得总结,也有待进一步研究解决。

在竞争上岗方面。从前年机构改革开始,重庆市市级机关内部进行了一些这方面的探索。总的来看,效果是不错的。以前机关内部有这样一种情况,一些干部不提他不好,提他也不好,感到两难。现在公开竞争,干部的笔试、面试、能力表现,都摆在那里,他就没什么话说了,比较好办了。

在干部交流方面。这些年来,我们加大了干部交流的力度,实践证明这是对的。交流对一个地方、部门和单位的工作有好处,交流进的干部比较超脱,比较容易打开局面,也可以带来一些新的思想、新的观点;对干部本人而言,长期在一地工作也不超脱,在不同的岗位工作,可以培养锻炼他们多方面的能力。今后,我们还要进一步加大干部交流工作的力度。目前,在干部交流工作中,也还存在着一些问题。对地方、部门和单位而言,存在"只想出,不想进"的思想,只想本地本部门的干部交流出去,而不想别的干部交流进来;对干部个人而言,不愿到条件差的、艰苦的地方去,因为这些地方矛盾大,困难多,出成绩慢。这里,有一个如何评价干部政绩的问题,需要进一步研究,提出切实可行的办法,以利于干部到边远艰苦地方去工作。我建议,对干部到边远艰苦地方去工作的,待遇上要有区别,要完善交流的配套措施,提供必要的工作和生活条件。

在实行票决制方面。重庆从市第二次党代会以后就全面开始施行了。有三次市委常委会决定任命个别干部前征求了全体市委委员的意见。我们准备在 11 月份第二次全委会期间集中讨论一批干部,进行全委会表决。全委会表决的,要半数以上通过才能任用,不超过半数不能任用;而征求委员意见的则有所不同,因为个别征求意见时表达意愿并不是那么彻底和充分,只要有三分之一以上的委员不同意,就应暂缓任用。

以上这些制度是近些年我们一直在做,也是下一步要继续坚持和完善的。关于今后一个时期的干部人事制度改革,就是要按《条例》的要求,继续积极探索实践,关键是要抓好三个大的方面:第一个方面是扩大民主,落实群众对干部选拔任用工作的知情权、参与权、选择权和监督权。第二个方面是要严格按程序办事。干部选拔任用怎么推荐、怎么考察、怎么讨论、怎么决定,要严格按照《条例》的规定办。这些规定都已经比较科学化和规范化了。我们的干部工作，包括平时提拔干部怎么办，换届时候怎么办，都要按照程序办。第三个方面是加强监督，要把党内监督与民主监督，组织监督与群众监督、舆论监督，上级监督与同级监督、下级监督结合起来，形成一个全方位、多层次的监督体系。我觉得这三个方面，既是贯彻《条例》的重点，也应当是进一步推进干部人事制度改革的重点。

集中出台一批法规文件是深化干部人事制度改革的重大举措[*]

（2004 年 4 月 13 日、2006 年 6 月 19 日）

党的十六大以来，中央在干部人事制度改革方面先后集中出台了两批法规文件。第一批是，2004 年 4 月，经中央批准、由中央办公厅印发的《公开选拔党政领导干部工作暂行规定》、《党政机关竞争上岗工作暂行规定》、《党的地方委员会全体会议对下一级党委、政府领导班子正职拟任人选和推荐人选表决办法》、《党政领导干部辞职暂行规定》和《关于党政领导干部辞职从事经营活动有关问题的意见》等 5 个法规文件，以及此前中央纪委、中央组织部联合下发的《关于对党政领导干部在企业兼职进行清理的通知》，这可以形象地称之为"5+1"文件。第二批是，2005 年底和 2006 年 6 月，经中央批准、由中央办公厅印发的《党政领导干部职务任期暂行规定》、《党政领导干部任职回避暂行规定》、《党政领导干部交流工作规定》、《关于对党员领导干部进行诚勉谈话和函询

---

* 这是贺国强同志 2004 年 4 月 13 日在深化干部人事制度改革工作会议上讲话和 2006 年 6 月 19 日在贯彻落实《党政领导干部职务任期暂行规定》等 5 个法规文件视频会议上讲话部分内容的综合稿。贺国强同志当时任中共中央政治局委员、中央书记处书记、中央组织部部长。

的暂行办法》、《关于党员领导干部述职述廉的暂行规定》等5个法规文件。实践证明,围绕解决干部人事工作中的重点难点问题,集中出台一批法规文件,不仅是深化干部人事制度改革的重要举措,也是积极推进政治体制改革的实际步骤,在我国干部人事制度改革进程中是一个重要尝试和重大突破。

集中出台干部人事制度改革措施,标志着我们党的干部人事工作水平有了新的提高。当前,干部人事制度改革进入了一个关键时期。改革越深入,难度就会越大,就越需要从整体上加以突破。中央出台的干部人事制度改革措施,抓住了当前干部人事制度改革和干部管理工作中的重点、难点问题,涉及干部人事工作的诸多方面。集中出台改革措施,使干部人事制度改革由局部改革、单项突破向综合配套、整体推进迈出了重要一步,标志着干部人事工作的科学化、民主化、制度化水平有了新的提高。

集中出台干部人事制度改革措施,有利于营造加快干部人事制度改革的良好社会氛围。党的十六大以来,各地区各部门按照中央的部署,加快推进干部人事制度改革,改革的积极性很高。社会上对干部人事制度改革也十分关注,寄予热切期望。集中出台干部人事制度改革措施,顺应了深化改革的要求,回应了干部群众的呼声,抓住了社会普遍关注的热点问题,充分表明了我们党坚定不移地推进社会主义民主政治建设、大力营造鼓励优秀人才脱颖而出的良好环境、坚决纠正干部人事工作中的不正之风和腐败现象的坚强决心和信心,有利于形成规模效应,营造良好社会氛围,调动广大干部群众的积极性,从整体上推进干部人事制度改革。

　　总之,集中出台干部人事制度改革措施,对于拓宽选人视野,引进竞争机制,促使优秀人才脱颖而出;对于规范党政人才的正常流动,推进领导干部能上能下、能进能出;对于加强对干部的日常管理,保证干部公正行使职权,促进干部健康成长;对于扩大党员和群众对干部选拔任用工作的知情权、参与权、选择权和监督权,防止和克服用人上的不正之风,都具有十分重要的意义。

　　这两批法规文件围绕当前干部人事制度特别是干部选拔任用和日常管理监督工作中亟待解决的突出问题,总结吸收近年来各地创造的新鲜经验和成功做法,着眼于优化领导班子结构、增强领导班子活力、保持领导班子相对稳定、促进党风廉政建设,立足于加强对领导干部的日常教育、管理和监督,对党政领导干部能上能下和能进能出、扩大党内民主以及干部的职务任期、工作交流、任职回避、诫勉谈话和函询、述职述廉等分别作出了一系列更加科学、规范、严密的规定,是干部人事制度改革的重要阶段性成果。我们要切实把握好这些法规性文件的基本精神和主要内容,认真抓好落实。理解这些法规性文件的基本精神和主要内容,要注意把握以下几个方面。

　　第一,着眼于拓宽选人视野,促使优秀人才脱颖而出,建立公开、平等、竞争、择优的选人用人机制。公开选拔、竞争上岗是干部选拔任用制度改革的重要成果。近几年来,许多地方和部门推行了这两项改革措施,对于拓宽选人视野,扩大干部工作中的民主,促进优秀人才脱颖而出,防止用人上的不正之风产生了积极作用。中央颁发的《党政领导干部选拔任用工作条例》充分吸收了这方面的成果，并对坚持这两项改革措施作出了原则规定。从实践看，各地在推行过程中也还存在着科学化程度不够高、操作不够规范等方面的问题。针对这些问题，《公开选拔党政领导干部工作暂行规定》和《党政机关竞争上岗工作暂行规定》分别对公开选拔、竞争上岗的适用范围、选拔程序、笔试面试与考察的方法、纪律和监督等环节进行了规范。比如，针对一些参加公开选拔和竞争上岗的干部可能出现"高分低能"的问题，强调要增强试题的针对性，改进面试方法，提高面试水平；强调要重视组织考察的作用，全面考察干部的德、能、勤、绩、廉等情况，尤其要注重考察干部的工作实绩和群众公认程度。这些重要举措，有助于提高公开选拔、竞争上岗的制度化和科学化水平。

第二，着眼于扩大党内民主、加强党内监督，进一步建立健全科学的干部选拔任用决策机制。建立健全科学的干部选拔任用决策机制，对于防止用人失察失误、把人选准用好，对于抵制和纠正用人上的不正之风和腐败现象，关系十分重大。2000年12月召开的中央纪委第五次全会提出，地（市）、县（市）党委、政府领导班子正职的拟任人选，逐步做到分别由省（区、市）、市（地）的党委常委会提名，党的委员会全体会议审议，进行无记名投票表决。在全委会闭会期间，可由党委常委会议作出决定，但在常委会议作出决定前必须征求全委会成员的意见。2001年9月，党的十五届六中全会进一步明确了这一要求，各地进行了积极实践和探索。目前，大多数省（区、市）开始实行省级党委全委会表决市地党政正职人选的办法，在党内和社会上引起了较好反响。为了积累经验，中央组织部还选择部分地方进行了全委会表决制的试点。在总结试点和各地实践经验的基础上,这次出台的《党的地方委员会全体会议对下一级党委、政府领导班子正职拟任人选和推荐人选表决办法》就全委会表决和闭会期间征求意见两种办法的适用范围、表决和征求意见的程序、表决和征求意见结果的处理方法等问题作出了规定,较好地处理了发挥常委会核心作用和常委会向全委会负责、充分发挥全委会作用的关系,较好地处理了发扬党内民主、加强党内监督和科学决策的关系。这一办法的建立和实施,将进一步推动科学的干部选拔任用决策机制的建立健全。

第三,着眼于疏通出口,推进干部能下能出,进一步健全和完善干部监督机制。在新形势下如何有效地加强对各级领导干部的监督管理,推进干部能下能出,是干部人事制度改革面临的重大课题。这次出台的《党政领导干部辞职暂行规定》就是在这方面的一项重要改革成果。这项法规对因公辞职、自愿辞职、引咎辞职和责令辞职四种形式的适用范围、辞职条件、辞职程序、辞职后工作安排以及引咎辞职、责令辞职与纪律处分的关系等作了规范。干部辞职制度特别是引咎辞职制度的推行,充分体现了我们党立党为公、执政为民的本质要求。每个领导干部都必须承担起自己的责任,在工作岗位上尽职尽责,一旦出现失职失误,给工作造成了重大损失或者恶劣影响,不宜再担任现职的,就应当勇于承担责任,主动进行自我追究。实行引咎辞职制度,有利于加强对领导干部的监督,引导领导干部树立科学发展观和正确政绩观,增强责任意识,更好地履行职责;有利于把个别领导干部的失职失误与党和政府的整体形象区别开来,取信于民。引咎辞职、责令辞职不同于纪律处分,各级组织人事部门要严格把握标准和尺度,加强与有关部门的沟通协调,保证这一制度的贯彻落实。对引咎辞职、责令辞职和自愿辞职的干部,可以综合考虑辞职原因、个人条件、工作需要等情况,在适当时候安排适当的工作。对引咎辞职、责令辞职的干部,党委(党组)和有关部门要做好深入细致的思想政治工作,帮助干部认真总结教训,注意继续发挥他们的作用,鼓励他们在新的岗位上努力工作,作出新贡献,取得新进步。

第四,着眼于促进干部队伍正常的新老交替和相对稳定,加强对党政领导干部的任期管理。党中央对建立和完善领导干部任期制度历来十分重视,党的十四届四中全会、十五届六中全会、十六大和十六届四中全会都对建立领导干部任期制问题提出了明确要求。近年来,各级党委结合领导班子和干部队伍建设的实际,进行了积极探索,积累了一些经验。但也要看到,领导干部在同一职位任职无期限、届满不卸任和届内调整多、干部不稳定的问题还没有得到很好解决。《党政领导干部职务任期暂行规定》总结多年来领导班子和干部队伍建设的实践,在反复调研、测算的基础上,对党政领导干部的职务任期、连任限制、最高任职年限、任期内保持相对稳定等问题作了具体规定。这些规定具有很强的针对性,有利于更好地推进干部能上能下,实现干部队伍正常的新老交替;有利于保持领导干部任期内的相对稳定,解决领导干部职务变动频繁的问题。要认真执行文件关于职务任期问题的规定,党政领导职务每个任期为 5 年;党政领导干部在同一职位上连续任职不得超过两个任期,担任同一层次领导职务累计达到15年,不得再任规定范围内的同一层次领导职务,等等。从调查统计的情况看,担任现职务10年以上和担任同一层次领导职务15年以上的人员,在同层次干部中所占的比例比较小,年龄也普遍较大,文件关于连任限制和最高任职年限的规定,不会对干部队伍稳定带来大的影响,推行的难度不大。同时文件还提出,对达到任期制规定最高年限的干部,应"根据干部个人情况和工作需要对其工作予以适当安排",以继续发挥这些干部的作用。要认真执行文件关于适用范围问题的规定,也就是主要适用于县级以上地方党委、政府领导成员和一些工作部门、工作机构的正职领导成员。这样规定,主要是考虑到目前干部能上不能下、任期内不稳定等问题,集中反映在地方党委、政府领导成员及其工作部门或工作机构正职领导成员的管理上。先在这部分干部中实行任期制,符合加强干部队伍建设的实际,也比较稳妥可行。要认真执行文件关于保证领导干部任期内相对稳定问题的规定,党政领导干部在任期内应保持相对稳定,任期内可以变动职务的有六种情形,一个任期内因工作特殊需要调整职务,一般不得超过一次。

第五,着眼于增强干部队伍的生机与活力,推进干部交流工作的制度化、规范化。推进干部交流,是建设高素质干部队伍的一条重要途径。党的十一届三中全会以来,中央先后制定和实施了一系列推进干部交流的政策措施,特别是1999年出台的《党政领导干部交流工作暂行规定》,在推进干部交流工作中发挥了重要作用。当前,干部交流工作面临着一些新

情况新问题,需要进一步健全制度、规范管理。这次出台的
《党政领导干部交流工作规定》吸收近年来一些行之有效的
经验和做法,在《党政领导干部交流工作暂行规定》的基础上
进行修订和完善,对交流的对象、范围、方式、组织实施、工作
纪律、保障措施等作了全面规定。这些规定,对于优化各级领
导班子结构,增强干部队伍的生机与活力,进一步发挥干部交
流在优化人才资源配置、促进经济社会发展中的作用,都具有
重要的意义,我们要认真落实。一是要进一步明确干部交流
的主要对象。干部交流的重点是县级以上地方党委、政府正
职领导成员及其他领导成员,纪委、法院、检察院和党委、政府
部分工作部门(包括我们组织部门)的正职领导成员。这些
干部在领导班子中处于关键岗位,担负着重要责任。重点搞
好这部分干部的交流,有利于培养锻炼干部、调动干部的积极
性,也有利于加强干部的管理监督、促进党风廉政建设。二是
要进一步明确干部交流的重点领域。文件明确规定,干部交
流要重点围绕实施国家经济社会发展战略和人才战略、地方
经济社会发展布局的调整和支柱产业及重大项目的建设来进
行;要加强市、县与中央和国家机关、省级党政机关之间干部
的交流,推进党政机关与国有企业、事业单位之间的干部交
流,等等。三是要进一步健全干部交流的相关配套措施。要
建立健全干部交流激励机制,坚持交流与培养使用相结合,采
取有利于干部健康成长的政策措施,鼓励干部到艰苦边远地
区、复杂环境、重点建设工程和基层经受锻炼、建功立业。要
关心爱护交流干部,妥善安排其工作、生活,帮助他们解除后
顾之忧。要严肃干部交流工作纪律,实行干部交流工作责任

追究制度。

第六，着眼于促进领导干部公正履行职责，完善任职回避制度。建立领导干部任职回避制度，是建立健全干部管理监督机制的重要组成部分，是保证干部公正履行职责、防止不正之风和腐败现象的重要措施。《公务员法》和《党政领导干部选拔任用工作条例》对干部任职回避作了原则规定，需要建立配套的法规加以细化和完善。《党政领导干部任职回避暂行规定》在已有规定的基础上，对领导干部任职回避的适用情形、操作程序等都作出了明确规定。在亲属回避方面，增加了对亲属经营活动进行回避的规定，即：领导干部不得在其配偶、子女及其配偶独资、合伙或者以较大份额参股经营的企业和经营性民办非企业单位的行业监管或者业务主管部门担任领导成员。作出这一规定，主要是考虑一些行业监管和业务主管部门对某些经营活动具有特定的监管职能，领导干部的亲属在其业务管辖范围内从事经商、办企业等活动，容易滋生腐败现象，应当通过实行任职回避加以限制和规范。在地域回避方面，《党政领导干部任职回避暂行规定》总结近年来一些地方的成功做法，将领导干部不得在本人成长地担任党委、政府以及纪检机关、组织部门、法院、检察院、公安部门正职领导成员的规定，由县一级向上延伸到地市一级。上述规定，体现了对干部从严要求、强化监督的基本精神，也体现了对干部的关心爱护，有利于更好地促进干部健康成长。

第七，着眼于促进干部廉洁从政，加强对党员领导干部的日常管理和监督。领导干部辞职"下海"和领导干部在企业兼职，是在发展社会主义市场经济条件下出现的新情况、新问题,社会议论比较多。近几年来,在一些地方特别是经济较发达地区,党政领导干部辞职"下海"的人数增多。据统计,从2000年1月至2003年6月,全国各地(不包括中央部委及所属单位)共有一万多名科级以上领导干部辞职"下海",其中也包括一批县处级和地厅级领导干部。领导干部辞职"下海"是社会主义市场经济条件下正常的人才流动,反映了职业选择的多样化,对促进领导干部能上能下、能进能出,建立干部正常退出机制具有积极作用。但是,也存在一些值得注意的问题:有的领导干部未经组织批准,就擅自离岗;有的领导干部辞职后从事的经营性活动超出了中央"三年两不准"〔1〕的规定范围;干部群众担心一些领导干部辞职容易诱发新的腐败行为,等等。为此,必须正确引导,加强规范,纳入依法管理轨道,充分发挥其积极作用,限制和减少其消极影响。《关于党政领导干部辞职从事经营活动有关问题的意见》和《关于对党政领导干部在企业兼职进行清理的通知》就这两个问题分别提出了规范管理的要求。其中,《关于党政领导干部辞职从事经营活动有关问题的意见》重点对辞职条件、辞职程序、辞职后从业限制等作出了明确的规定。文件重申了"三年两不准"的规定。同时,针对党政领导干部辞职"下海"暴露出来的一些深层次问题,强调要加强对广大干部的理想信念教育,进一步强化对各级领导干部行使权力的监

---

〔1〕 "三年两不准",即县(处)级以上领导干部在离职和退(离)休后三年内,不准接受原任职务管辖的地区和业务范围内的私营企业、外商投资企业和中介机构的聘任,不准个人从事或代理私营企业、外商投资企业从事与原任职务管辖业务相关的经商办企业活动。

督和制约,从源头上防范因领导干部辞职"下海"诱发新的腐败行为。

关于党政领导干部不得在企业兼职问题,中央早有明确规定。这一规定从总体上看执行得是好的,但是也有的地方和部门安排了一些党政领导干部到企业兼职。这种做法虽然可能一时会对某一企业和地区的发展有些帮助,但从总体上讲,弊大于利,它会影响市场的公平竞争,不利于贯彻政企分开原则和完善企业法人治理结构,不利于建立完善的社会主义市场经济体制。同时,也容易诱使某些兼职干部利用其所掌握的公共权力为小集团谋利或为个人谋取私利,损害党和政府在人民群众中的形象。因此,为贯彻落实中央的要求,进一步明确和完善有关规定,中央纪委、中央组织部联合下发通知,重申县(处)级以上党政领导干部不得在企业兼职等有关规定,要求各省(区、市)以及中央和国家机关各部委在2004年4月底以前对县处级以上党政领导干部在企业兼职进行一次集中清理。这是适应完善社会主义市场经济体制要求,加强干部队伍管理的一项重要措施。

近年来,一些地方积极探索干部管理监督的有效途径,试行领导干部诫勉谈话和函询、述职述廉制度,取得了比较好的效果。在总结各地实践的基础上,中央纪委、中央组织部研究制定了《关于对党员领导干部进行诫勉谈话和函询的暂行办法》、《关于党员领导干部述职述廉的暂行规定》,对这两项工作进行了规范和完善。诫勉谈话和函询,是组织上针对了解到的领导干部的有关问题,通过直接谈话或书面询问的形式作进一步的了解,让干部有机会说明或澄清有关问题。同时,对其中需要提醒告诫的干部,组织上及时进行提醒告诫,帮助其改正。《关于对党员领导干部进行诫勉谈话和函询的暂行办法》规定了应当对党员干部进行诫勉谈话的七项内容,明确了诫勉谈话和函询的程序。述职述廉,就是要求党员领导干部按照规定,报告自己在一定时期内履行职责和廉洁从政等方面的情况。《关于党员领导干部述职述廉的暂行规定》明确了党员领导干部进行述职述廉的主要内容,提出述职述廉要结合领导班子民主生活会来进行,述职述廉前要广泛征求干部群众的意见,述职述廉后要结合年度考核进行民主评议或民主测评。这两个文件,从严格要求、关心爱护干部出发,立足于预防和事前监督,完善了干部日常管理的方法和手段。

从整体上推进干部人事制度
改革的思路和任务[*]

（2005 年 4 月 7 日）

对干部人事制度改革问题，党中央高度重视，全社会非常关注。进入新世纪以来，中央先后颁布了《深化干部人事制度改革纲要》、《党政领导干部选拔任用工作条例》等一系列法规文件，干部人事制度改革进入了全面规划、整体推进的新阶段。党的十六大和十六届四中全会着眼于加强党的执政能力建设的全局，对深化干部人事制度改革作出了全面部署。我们一定要认真贯彻中央要求，着力解决干部人事制度改革中面临的重点难点问题，研究确定推进干部人事制度改革的工作思路，抓好各项改革措施的落实，不断把干部人事制度改革引向深入。

一、当前干部人事制度改革
面临的重点难点问题

随着干部人事制度改革的不断深化，我们既积累了宝贵

---

*　这是贺国强同志在中央党校所作干部人事制度改革专题报告的主要部分。

经验，同时一些深层次的矛盾和问题也逐步显现。这些矛盾和问题既是改革的重点，也是改革的难点。这方面问题主要有：

第一，如何正确把握干部工作中扩大民主的问题。近年来，我们在扩大民主方面采取了许多改革措施，取得了显著成效，但也存在一些问题，总的来讲还是扩大民主不够。有的地方的领导担心扩大民主会影响党管干部原则的落实，怕民主多了意见不好集中，也有的担心在用人上说了不算会影响领导的权威，等等，因此在思想上对推行扩大民主的措施不够自觉。在具体工作中，主要存在三个方面的问题：一是落实党员群众知情权、参与权、选择权和监督权的渠道不够畅通；二是任用干部的民主决策措施不够完善，还存有主观随意性；三是如何正确引导民主以及在发扬民主的基础上如何实行正确的集中，还研究不够。比如，在民主推荐、民主测评中，由于受参加人员的范围、对被推荐者了解程度的制约，以及各种利益关系和不正之风的影响，有时出现民意失真；有的地方在民主推荐结果的运用上存在较大的随意性，符合主要领导意图的就采用，不符合的就以各种借口搞"变通"；有的地方在任用干部中常委会作用被弱化，存在书记办公会甚至少数人讨论决定干部的现象；有的地方不对得票情况进行具体分析，不根据考察情况、德才条件、发展潜力、政绩大小、班子结构需要综合考虑，而是简单"以票取人"；还有少数地方"拉票"、"贿选"的问题比较严重，个别地方还呈公开、蔓延趋势。这些问题，严重影响了扩大民主的质量和民主的健康发展。如何保证扩大民主的各项措施不折不扣地贯彻执行、防止变形走样，如何既拓宽民主渠道、又使广大党员干部正确行使民主权利,是在今后改革中必须切实把握和着力解决好的重要问题。

　　第二,如何解决干部能上不能下、能进不能出的问题。多年来,我们在推进干部能上能下、能进能出方面采取了很多措施,做了大量的工作,取得了一定的成效,但是这个问题还没有从根本上解决。干部能上不能下、能进不能出,原因是多方面的,主要是因为渠道不够畅通、配套制度不够健全。由于大多数党政领导岗位没有任职期限的限制,以及不称职、不胜任现职的标准还难以认定,领导干部只要不到退休年龄或不犯大的错误,很难退出领导岗位;由于受专业和工作经历的限制,党政机关干部从岗位上退出后择业面比较窄;由于社会保障体系不健全,一些干部即使想离开党政机关,也因担心失去保障而难下决心,等等。同时,观念上的障碍也是制约干部"下"与"出"的重要原因。我国是一个经历了漫长封建社会的国家,"官本位"的思想在一些人的头脑里根深蒂固,做官成了一些人衡量人生价值的根本尺度。现实生活中,一个人的身份、地位和待遇等大多都与职务级别联系在一起,这就进一步强化了一些人的"官本位"思想,造成千军万马挤"独木桥"。另外,有的地方和单位也由于受不正之风的干扰,一些本该"下"的干部,也因为有"保护伞"或"后台"而下不来。在干部的"下"与"出"受到很多制约的同时,还存在着优秀人才难"上"的问题。在选拔优秀人才的问题上,种种陈旧的用人观念还束缚着一些人的头脑,体制和机制上的一些障碍还没有打破,还很难做到不拘一格地选人用人,以使更多的优秀人才脱颖而出。因此,如何把干部"上"与"下"、"进"与"出"

结合起来,进行统筹考虑,是我们必须下功夫解决的一个重点难点问题。

第三,如何从根本上防范和遏制跑官要官、买官卖官问题。这些年来,跑官要官、买官卖官问题时有发生,已经成为一个"顽症"。在一些地方和部门,不仅想升迁的跑,担心"位子"被挤掉的也在跑;不仅不符合条件的跑,符合条件、已被列为提拔对象的也跟着跑,甚至于一些原本踏实工作的人,因为看到少数人"跑"到了"甜头"、"要"到了"好处",出现了心理不平衡,也跟着托人说情,等等。除了跑官要官,有的地方买官卖官问题也比较突出,个别地方甚至到了相当严重的地步。出现这些问题的原因固然很多,但与干部选拔任用机制和监督管理机制还不够健全和完善也有很大关系。一是一些地方选人用人权过于集中在少数人特别是"一把手"手里,这些人的意见往往起着决定性的作用,而对他们的用人权又缺乏有效的监督和制约。二是对干部推荐、考察、决定任用过程的监督缺乏有效措施。在选拔任用工作中,有的领导干部往往是先定"调子"、划"范围",再按规定的选拔任用程序"找人",表面上走的是正常程序,实际上行的是不正之风,搞的是"暗箱操作"、"程序空转",等等。三是在制度和导向上也存有问题。有些地方和单位对跑官要官、买官卖官制止不力、查处不严,甚至纵容包庇。除了制度和机制上的原因外,从根本上说,是一些党员干部受社会不良风气和腐朽思想的影响,理想信念动摇,世界观、人生观、价值观和权力观、地位观、利益观扭曲。从这些方面看,如何标本兼治,防范和遏制跑官要官、买官卖官,是我们面临的一个重要课题。

第四，如何避免考察失真失实，有效防止和纠正领导干部"带病上岗"、"带病提职"的问题。有的地方和单位出现了一些有严重违法违纪行为的领导干部"带病上岗"、"带病提职"的问题。这些不仅引起干部群众的强烈不满，也严重损害了党的形象，败坏了党风以至社会风气。之所以出现一些领导干部"带病上岗"、"带病提职"问题，既有极少数干部表里不一、善于伪装，违法违纪行为具有很大的隐蔽性，知情面很窄，难以发现等原因，又跟干部考察失真失实、监督管理不力有关。从干部考察的角度讲，由于方法手段比较单一，很难及时发现干部存在的问题，有的即使在考察中听到一些反映，也因缺乏具体线索，在短时间里难以核实查清。同时，由于"好人主义"或担心"跑风漏气"遭到打击报复等因素，有些知情者不愿讲真话，这也大大增加了考察工作的难度。因此，怎样全面准确地了解到一个干部的情况，是长期困扰我们的一个难题，也是必须下决心解决的问题。

第五，如何理顺干部双重管理体制的问题。近年来，实行干部管理权上收和干部双重管理的部门有所增加，在加强宏观调控和监管力度方面发挥了一定的作用，但也随之出现了一些新的问题。一是地方与部门在干部双重管理问题上存在较大分歧。一些地方认为，实行双重管理的部门过多，使地方政府履行职责所必须的执法、调控手段不完整，同时也给干部的管理、交流和使用带来一些矛盾和问题。在这方面，县里的同志反映更为强烈，他们认为是"有限的权力、无限的责任"。而有的部门则认为，部门没有干部管理权限，不利于管人与管事的统一，也容易形成地方保护主义。二是主管、协管双方缺乏有效的协商和沟通,有时甚至相互扯皮、产生摩擦、效率低下,影响干部管理工作的正常开展。三是重任免、轻管理,"管得着的看不见,看得见的管不着",造成"管理真空"。主管、协管双方在相互配合共同加强领导班子建设,特别是干部交流、培训、监督等方面,不同程度地存在工作不到位、履行职责不够的问题。条块关系问题比较复杂,也比较敏感,它与经济体制改革、行政管理体制改革以及中央和地方事权的划分都联系比较紧密,解决的难度也比较大,需要我们深入研究,逐步加以解决。

第六,如何解决领导班子职数过多、职能交叉、结构不合理的问题。目前,一些地方、部门违反规定增加领导职数和超职数配备党政领导干部的现象比较突出,职能交叉的问题也比较普遍。一是党政领导职数过多。省市县各级党政领导班子超职数配备的现象都在一定程度上存在,各地为了解决干部待遇,一再"拉长板凳"。二是党委和政府分工重叠。政府副职分管的工作,党委一般都有一名副书记或常委分管,分工重叠的现象比较普遍,而且在党委内部,副书记和常委的分工也有交叉和重叠。三是地方人大、政协领导班子职数偏多、年龄偏大、班子结构不甚合理。四是有些机构部分职能交叉,还有各种名目繁多的领导小组、办事机构等。这些问题,不同程度地影响着党的执政效率和执政水平,增加了工作成本,造成了相互攀比,也容易带来一些摩擦和矛盾,在干部群众中引起很多议论。

第七,如何解决干部激励保障机制不够健全的问题。当前,干部激励保障机制不够健全的问题比较突出,在一定程度上影响了干部队伍的积极性和稳定性。由于党政机关职务职级的设置不尽合理,干部的各项待遇大多与职务挂钩,体现能力、业绩、资历等要素的科学的职级体系还没有建立起来,导致职级对干部的激励作用逐渐减弱。另外,不同地域、不同单位和部门干部工资待遇差别较大的问题,干部反映较多,给干部工作尤其是干部交流工作也带来了一定的负面影响。

对于这些问题,我们不能回避,必须高度重视,通过深化改革逐步加以解决。

二、从整体上推进干部人事 制度改革的基本思路

当前和今后一个时期,从整体上推进干部人事制度改革,必须牢固树立和认真落实科学发展观以及科学人才观、正确政绩观,紧紧围绕加强党的执政能力建设,以建立健全干部选拔任用机制和管理监督机制为重点,以科学化、民主化、制度化为目标,努力形成广纳群贤、人尽其才、能上能下、充满活力的用人机制。具体来讲,需要重点把握好以下几点:

第一,坚持以科学发展观为指导,引导广大干部树立和落实正确政绩观,形成正确的用人导向。科学发展观是我们党对长期发展实践的经验总结和理论升华,也是干部人事制度改革必须遵循的指导思想。我们要紧密联系干部工作实际,坚持用科学发展观引领正确政绩观,用正确政绩观保证科学发展观的落实,抓紧建立体现科学发展观和正确政绩观要求的干部实绩考核评价标准,形成体现科学发展观和正确政绩

观要求的用人导向,引导和促进广大干部创造经得起实践、群众和历史检验的政绩。

建立体现科学发展观和正确政绩观要求的干部实绩考核评价标准,工作很复杂,难度很大,需要从制定党政领导班子和领导干部综合考核评价办法入手。要注重考察落实科学发展观的实际成效,把是否服务于人民、造福于人民,是否遵循客观规律和科学规律,是否推动经济社会协调发展,是否对子孙后代负责、对长远发展负责,作为考核干部政绩的根本标准。要综合分析个人努力与集体作用、主观努力与客观条件、显性成绩与潜在成绩之间的关系。坚持从实际出发,实事求是,按照科学合理、客观公正、群众认可、便于操作和稳步推进的原则来进行,通过试点积累经验后逐步推进,并在实践中不断加以完善。

第二,适应社会主义市场经济发展的要求,逐步建立与社会主义市场经济体制相配套的干部人事管理制度。随着经济体制改革的不断深化,随着社会经济成分、组织形式、就业方式、利益关系和分配方式多样化趋势的进一步发展,人们的价值观念、择业观念和就业渠道等也都发生了很大变化。在这种情况下,我们要按照建成完善的社会主义市场经济体制和更具活力、更加开放的经济体系的要求,不断深化干部人事制度改革,健全与社会主义市场经济体制相配套的干部人事管理制度。按照政企分开、政事分开、政资分开的要求,进一步理顺干部分类管理体制,积极探索和完善党政机关、国有企业和事业单位干部人事分类管理制度。切实把竞争机制引入干部人事工作中,通过竞争来选人用人、优胜劣汰,激发和调动人们的创造活力。积极探索组织调配干部与市场选聘人才相结合的有效办法,既充分发挥组织调配的作用,为国家实施区域经济发展战略和重大工程选配、输送各类急需人才,又注重发挥市场在人才资源配置中的基础性作用,健全有利于各类人才脱颖而出、健康成长、各尽其能的人才开发机制,构建党政干部、企业经营管理人员和专业技术人员三支队伍之间合理流动的平台,促进整个人才队伍的合理流动。

第三,适应发展社会主义民主政治的要求,正确处理党管干部原则、扩大民主、依法办事三者之间的关系,进一步推进干部工作中的民主和组织制度创新。发展社会主义民主政治,最根本的是要把坚持党的领导、人民当家作主和依法治国有机统一起来。在干部工作中坚持党的领导,最重要的就是要坚持党管干部原则,这是实现党的思想领导、政治领导和组织领导,巩固党的执政地位的重要保证,任何情况下都不能动摇。在干部工作中扩大民主,就是要进一步落实党员和群众对干部选拔任用工作的知情权、参与权、选择权和监督权,提高干部工作的透明度。在干部工作中坚持依法治国的原则,就是要加强干部人事工作制度化、规范化建设,与国家法律法规和党内其他法规相衔接,逐步形成相互配套、约束有力的制度体系,使干部人事工作有法可依、有章可循。把坚持党的领导、人民当家作主和依法治国有机统一起来,体现到干部人事制度改革中,就是要正确处理坚持党管干部原则、扩大民主和依法办事三者之间的关系,将三者有机统一起来。这既是一个理论问题,也是一个实践问题。从当前实际情况来看,必须下大气力进一步推进干部工作中的民主和组织制度创新。要在坚持党管干部原则的前提下,不断改进党管干部的方式方法,根据新形势新任务的需要,不断扩大民主的渠道,改进群众参与的方式,进一步落实党员和群众对干部选拔任用工作的知情权、参与权、选择权和监督权;不断推进用人决策的科学化、民主化、制度化,防止在干部问题上个人说了算或少数人说了算;认真贯彻党员权利保障条例,逐步推进党务公开,增强党组织工作的透明度,使党员更好地了解和参与党内事务;改革和规范党政机构设置,改进领导方式和工作方式,提高工作效率;建立健全常委会向全委会负责、报告工作和接受监督的制度,进一步发挥党的委员会全体会议的作用;积极探索党的代表大会闭会期间发挥代表作用的途径和形式,建立代表提议的处理和回复制度;扩大在市、县实行党代会常任制的试点;完善党内选举制度,改进候选人提名方式,适当扩大差额推荐和差额选举的范围和比例;逐步扩大基层党组织领导班子成员直接选举的范围,等等。

第四,适应构建社会主义和谐社会的要求,切实维护社会公平和正义,加快建立充满生机与活力的用人机制。构建社会主义和谐社会,适应了我国改革发展进入关键时期的客观要求。构建社会主义和谐社会,需要全社会共同努力来实现。这其中有两个重要的支撑点,一是各尽其能,充分调动人的积极性、主动性和创造性;二是各得其所,因为只有各得其所,才能体现公平正义,让人们心情舒畅、和谐相处。这就对我们的用人制度提出了新要求。通过深化干部人事制度改革,建立一个充满生机与活力的用人机制,是构建社会主义和谐社会的必然选择。当前,要在三个方面下功夫:一是改革和完善干部人事管理制度,营造尊重劳动、尊重知识、尊重人才、尊重创造的环境,激发整个社会的创造活力。二是逐步创造公开、平等、竞争、择优的用人环境,通过维护和实现用人上的公平公正,推动以权利公平、机会公平、规则公平、分配公平为主要内容的社会公平保障体系的建立。三是引导各级领导干部以身作则,发挥在构建社会主义和谐社会中的表率作用,坚持做到为民、务实、清廉,创造性地开展群众工作,营造和谐的党群关系、干群关系,正确处理新形势下的人民内部矛盾,让人们能够共享改革和建设的成果,各得其所、各尽其能而又和谐相处。

第五,紧紧围绕加强党的执政能力建设和先进性建设,为建设一支高素质的干部队伍提供制度保证。加强党的执政能力建设,关键是建设一支高素质的干部队伍,培养造就一大批善于治党治国治军的优秀领导人才和其他各方面人才。加强党的先进性建设,也需要通过提高党员干部队伍素质来实现。干部人事制度改革的目的,从根本上说,就是要确保按照党的干部路线方针政策,把那些政治上靠得住、工作上有本事、作风上过得硬的干部选拔到各级领导岗位上来,为提高党的执政能力、巩固党的执政地位、完成党的执政使命提供坚强的组织保证和人才支持。因此,要着眼于加强党的执政能力建设和先进性建设,找准当前推进干部人事制度改革的着力点。要改进和完善干部教育培训制度,创新干部教育培训的内容和方法,把能力建设和先进性建设作为干部培训的重要内容,不断提高培训质量,全面落实大规模培训干部任务。制定进一步加强后备干部队伍建设的措施,有计划地组织和安排干部到艰苦地区、复杂环境和基层一线经受锻炼和考验。研究制定进一步优化领导班子素质结构的措施,使领导班子形成合理的年龄梯次配备,增强整体合力。大力实施人才强国战略,坚持党管干部和党管人才原则,制定三支队伍一起抓的有效措施,保证把各方面的优秀人才集聚到党和国家的各项事业中来,使我们党真正成为优秀人才密集、永葆先进性的执政党。

第六,着眼于从源头上预防和整治用人上的不正之风和腐败现象,建立健全强化预防、及时发现、严肃纠正的干部监督工作机制。防止和纠正用人上的不正之风和腐败现象,要坚持党要管党、从严治党,坚持标本兼治、综合治理、惩防并举、注重预防。尤其要注重制度建设,通过深化干部人事制度改革来完善干部选拔任用工作机制,堵塞漏洞,让那些搞不正之风和腐败的人无机可乘、无计可施。要认真贯彻《党内监督条例(试行)》、《党政领导干部选拔任用工作条例》等党内法规和《建立健全教育、制度、监督并重的惩治和预防腐败体系实施纲要》,完善干部监督工作机制。制定和落实干部选拔任用工作责任制,健全干部选拔任用工作的内部监督机制,把干部监督工作贯穿于干部培养教育、考察考核、选拔任用和日常管理的各个环节,把事前监督、事中监督与事后监督紧密结合起来,做到既防患于未然,又及时发现和果断解决问题。拓宽和健全监督渠道,进一步加强对各级领导班子和领导干部尤其是"一把手"的监督,把权力运行置于有效的制约和监督之下。完善干部交流轮岗、任职回避制度,使干部少犯错误。研究落实防止干部"带病上岗"、"带病提职"和跑官要官、买官卖官的具体办法,加大组织处理的力度,坚决刹住用人上的不正之风和腐败现象。

三、近期推进干部人事制度 改革的主要举措

当前和今后一个时期,要分三个层面,从整体上不断推进干部人事制度改革。第一个层面,对于已经出台的改革措施,要全面地、坚定不移地下大力气抓好落实。第二个层面,对于经过实践检验确属比较成熟的做法和经验,要在总结完善的基础上及时转化为法规性文件,选择合适时机集中配套地推出。第三个层面,对于需要解决而又难度较大的一些问题,要加大调查研究力度,勇于探索,积累经验,力争不断取得新的突破。

(一)抓好已有改革措施的贯彻落实

以贯彻落实《深化干部人事制度改革纲要》、《党政领导干部选拔任用工作条例》和"5+1"法规文件为总抓手,进一步加大力度,全面落实已经出台的各项改革措施。一是抓好督促检查,保证各项规定和要求得到有效的贯彻执行。二是抓好完善细化。认真研究解决执行中遇到的新情况、新问题,不断完善制度规定,细化具体办法,使改革措施更具有可操作性。三是抓好总结推广。及时总结推广各地区各部门在贯彻落实《党政领导干部选拔任用工作条例》和"5+1"法规文件中的好经验、好做法,发挥典型示范效应。

(二)推出九项新的改革措施

近年来,我们针对干部人事制度改革中社会广为关注的重点难点问题,坚持不懈地进行探索实践。有些问题经过试点和总结基层创造的经验,取得了重要进展,适时出台一些制度性、法规性文件的条件已基本成熟。近一个时期,我们将推出九项大的改革措施。

第一,制定体现科学发展观要求的党政领导班子和领导干部综合考核评价试行办法。去年上半年,根据中央的要求,我们成立了干部实绩考核问题专题研究组。通过调查座谈、举办专题研究班等形式,对干部实绩考核问题进行了深入研究。我们还结合省部级后备干部集中考察工作,对用正确的政绩观考察评价干部进行了探索。现已初步形成了《体现科学发展观要求的地方党政领导班子和领导干部综合考核评价试行办法》,近期将选择部分地方进行试点,争取明年省级班子换届前出台。制定这个办法总的考虑是,按照科学发展观和正确政绩观的要求,进一步改进和完善干部考核、考察制度,改进考核、考察方法,将换届考察、年度考核和个别提拔任职考察相结合,通过民主测评、个别谈话、民意调查、实绩分析等形式,调整考核内容,注意合理发挥政府有关部门和广大群众在考核中的作用,重点加强对领导干部在廉洁、团结、作风和心理素质等方面情况的考核,完善考核结果的评定与运用,力求达到考核准确的目的,以坚持正确的用人导向。

第二,制定关于贯彻落实党的十六届四中全会精神,推进省级领导班子配备改革的有关意见。党的十六届四中全会提出了规范党政机构设置、减少职数、优化结构、提高整体功能的要求,这对于改进和完善党的领导方式,加强领导班子建设具有重大意义。为贯彻落实这些重要举措，我们经过近半年时间的调查研究，已就精简省级领导班子职数、减少副书记职数、适当扩大党政交叉任职和规范任职年龄界限等项改革提出了具体意见，将按照"总体设计、分步实施"的原则，经过一段时间的过渡期后，于下次省级领导班子换届时，落实到位。

第三，出台、实施《公务员法》及有关配套法规。制定实施《公务员法》，是依法管理和监督各级机关干部，建设一支高素质机关干部队伍的根本性措施。起草公务员法的工作早在 2001 年就正式启动。今年年初，经过反复修改形成的《公务员法（草案）》已经国务院审议通过，随后提交给全国人大常委会，进入了立法程序。如果顺利的话，可望年内正式出台。公务员法（草案）的特点是，明确我国公务员队伍是党的干部队伍的重要组成部分，必须接受党的领导，坚持社会主义，不搞政治中立；公务员不分政务类和业务类，根据领导干部和机关一般干部的特点，进行有分有合、统分结合的管理；坚持德才兼备原则，公务员在录用、考核、晋升等方面注重思想政治表现、工作实绩和群众公认；公务员可以与其他公职人员进行互相交流。同时，根据我国的现行政治体制和各类机关人事管理的实际情况，适当扩大公务员范围。

第四，制定党政领导干部职务任期暂行规定。关于实行领导干部职务任期制的问题，经过多年的实践和总结，现在推开的时机逐渐成熟。这是解决领导干部在同一职位任职无期限、届满不卸任和干部调动频繁、届内不稳定等问题的根本性制度，对于实现干部能上能下、形成正常的新老交替机制、保持选任制干部届内稳定等具有重要意义。我们考虑，实行任期制的规定主要包括四个方面的内容：一是明确规定任期制的适用范围，对选任制领导职务和部分委任制领导职务实行任期制；二是明确任期时限和届期限制；三是加强任期管理，明确领导干部在任期内职务变动的有关要求；四是从关心和爱护干部出发，妥善安置好任职期满的干部。

第五，制定进一步加强和改进干部交流工作的意见。要在认真总结经验基础上，针对干部交流工作中出现的新情况、新问题，进一步明确工作指导思想和目标要求，扩大交流力度，以县以上党政主要领导干部、重要执纪执法部门和人财物管理部门的领导干部为重点，着力解决面临的突出问题和体制、机制障碍，完善交流工作程序，探索建立组织调配与市场配置相结合的新机制。

第六，制定党政领导干部任职回避暂行规定。依据《党政领导干部选拔任用工作条例》和党风廉政建设的有关规定，对党政领导干部的回避范围、回避方式、实行回避的工作程序等作出规定。实行任职回避，有利于干部更好地开展工作和健康成长，也有利于从制度上防止和纠正用人上的不正之风。

第七，制定关于对违反《党政领导干部选拔任用工作条例》行为的处理规定（试行）。这个规定由中央纪委和中央组织部来共同制定。主要是对违反《党政领导干部选拔任用工作条例》行为处理的原则、种类、量纪标准、管理权限和工作程序等作出规定，进一步加大对干部选拔任用工作中违纪违规行为的查处力度。

第八，制定加强组织部门干部监督工作的意见。中央组织部曾经在 2000 年 12 月印发《关于加强组织部门干部监督工作若干意见（试行）》，对加强组织部门干部监督工作作出规定。去年以来，根据新形势和新要求，我们正在对这个文件进行修改，以进一步明确干部监督工作的指导思想和主要任务，提出完善干部监督工作机制的目标和措施。

第九，制定党员领导干部述职述廉暂行规定和对领导干部进行诚勉谈话和函询的暂行办法。制定这两个制度的目的是，对党员领导干部述职述廉的内容、方式、时间、程序、范围，领导干部诚勉谈话和函询的原则、内容、形式、要求等作出规定。这是《党内监督条例（试行）》和《党政领导干部选拔任用工作条例》的配套制度，也是建立健全干部管理监督机制的重要措施。从去年开始，中央组织部会同中央纪委等单位，在总结实践经验的基础上，已经形成了两个文件初稿。

（三）加强对重点难点问题的研究

当前干部人事制度改革面临的重点难点问题，有的可以通过我们将要出台的改革措施逐步得到解决，有的则需要进一步深入研究和探索。对此，要从五个方面入手：

第一，研究建立和完善干部职务与职级相结合的制度问题。根据党的十六大提出的"完善干部职务和职级相结合的制度，建立干部激励和保障机制"的要求，经过这两年的认真研究，我们对建立和完善干部职务与职级相结合的制度形成了初步意见。主要是改革和完善职务设置，规范非领导职务管理，为机关干部开辟职级晋升的职业发展阶梯。同时，完善党政机关工资福利制度，使职级成为决定干部工资和其他待遇的重要依据之一。这项改革涉及面广，必须与将要出台的

《公务员法》相衔接，需要综合平衡各方面的情况，待时机成熟时推出。目前，中央组织部配合人事部、财政部，正在抓紧进行深入研究和准备工作。

第二，研究改革和完善党内选举制度问题。这个问题属于党的组织制度改革的范畴，但与干部人事制度改革密切相关。两者互为条件，互相促进，需要协调步伐，配套推进。扩大干部选拔任用工作中的民主，一个重要方面就是要完善党内选举制度。重点是探索完善候选人提名方式，进一步扩大差额选举比例，提高差额选举的层次，改进介绍候选人情况的做法，使党员、代表对候选人有更多的了解。要在广泛调研的基础上，研究起草改革和完善党的地方组织选举工作的意见，适时推进这方面的改革。

与此同时，认真做好扩大基层党组织领导班子成员直接选举范围的试点工作。前几年，一些地方进行了这方面的试点，取得了一些有益的经验，但有的不够规范。下一步需要根据党的十六届四中全会的精神，在总结各地自行试点经验的基础上，进行规范的自上而下的扩大试点。

另外，还要对《地方组织法》和《选举法》实施中有关选举问题进行调研，着手起草改进地方人大、政府、政协换届选举工作的意见，为下一次地方换届做好准备。

第三，研究干部双重管理体制问题。这项工作从 2003 年就开始进行，在调查研究和广泛听取意见的基础上，中央组织部起草了相关文件稿。但这个问题比较复杂，也比较敏感，需要慎重推进。下一步，我们将进一步加大调查研究的力度，加强与有关部门的协调配合，为适时出台文件打好基础。

第四,研究建立和完善党政领导干部选拔任用工作责任追究制度问题。主要是依据《党政领导干部选拔任用工作条例》的有关规定,进一步明确民主推荐、考核考察、讨论决定等干部选拔任用工作主要环节的责任主体、责任内容和责任追究方式,尽快把干部选拔任用工作责任追究制度建立完善起来,通过严格的责任追究,防止和纠正用人上的不正之风。

第五,研究国有企业领导人员选拔任用问题。目前,国有企业领导人员的选拔任用,很多方面还是沿用党政领导干部选拔任用的办法,与建立现代企业制度、完善企业法人治理结构不相适应。下一步要按照党的十六届三中、四中全会精神,紧密联系国有企业的实际,尽快研究制定具有可操作性的有别于党政领导干部的国有企业领导人员选拔任用办法。

除以上五个方面的问题外,随着改革的深化,还将出现一些新的重点难点问题,我们也将以改革的精神搞好调查研究,本着积极稳妥的原则,适时推进各项改革方案的实施。

建立健全保持共产党员
先进性长效机制*

（2005 年 9 月 15 日）

先进性教育活动作为党内的一次集中学习教育活动,本身是有阶段性和时间性的,而先进性建设作为党的建设的永恒课题是没有止境的。我们初步考虑,通过在全党开展的历时一年半的保持共产党员先进性教育活动,努力取得实践成果、制度成果和理论成果。建立健全保持共产党员先进性长效机制,是三大成果的重要组成部分,对于保持广大党员在先进性教育活动中激发出来的良好精神状态,把先进性教育活动中创造的成功经验用制度的形式固定下来、坚持下去,巩固和扩大先进性教育活动成果;对于坚持不懈地加强党的先进性建设,更好地发挥广大党员的先锋模范作用,增强各级党组织的创造力、凝聚力和战斗力,保持党的先进性,具有十分重要的意义。各级党组织要进一步增强责任感和使命感,按照中央的要求和部署,切实把这项工作抓紧抓好,抓出成效。这里,我着重强调两点:

---

* 这是贺国强同志在华东七省市保持共产党员先进性教育活动座谈会上讲话的一部分。

第一，明确保持共产党员先进性长效机制的主要内容，着力建立健全相关制度。形成保持共产党员先进性的长效机制，建立健全制度是基础，贯彻执行是关键，两者缺一不可。当前摆在我们面前的首要任务，就是要把制度体系建立健全起来。这个制度体系应当包括以下三个层面。

一是着眼于增强党员意识、提高党员素质、促进党员履行义务和保障党员行使权利，建立健全融党员教育管理监督和服务于一体的党员队伍建设的制度。党员是党的肌体的细胞，党的先进性既要靠党的理论、纲领和路线方针政策来体现，也要靠党员的思想行动来体现。保持共产党员的先进性，就是要通过各种有效的方式激发党员的内在动力，使党员队伍永葆生机和活力。在党员队伍建设的制度方面，主要包括建立健全党员学习教育制度，党员联系群众、服务群众制度，党员发挥作用制度，党内民主参与制度，党内关心服务制度，党员管理制度以及发展党员与纯洁组织制度等内容。

二是着眼于强化基层党组织功能，不断提高基层党组织解决自身问题的能力，进一步增强创造力、凝聚力和战斗力，建立健全基层党组织建设的制度。党的基层组织是党的全部工作和战斗力的基础。党的基层组织活力越强，在群众中的吸引力越大，党赖以存在和发展的社会基础就会越巩固、越强大，党的先进性建设的基础就越牢固。在党的基层组织建设的制度方面，主要包括建立党的组织和扩大党的工作覆盖面的相关制度、基层党组织党内生活制度、基层党组织工作条件保障制度等内容。

三是着眼于把各级领导班子建设成为政治坚定、求真务实、开拓创新、勤政廉政、团结协调的坚强领导集体,建立健全加强党委(党组)思想政治建设和作风建设等制度。各级领导班子及其成员是党的事业的骨干,是保持党的先进性的中坚力量,也是加强党的先进性建设的组织者和领导者。保持共产党员先进性,要对各级领导班子特别是党员领导干部提出更高的要求,充分发挥党员领导干部的表率作用。在加强领导班子建设的制度方面,主要包括党的建设工作领导责任制度,领导班子坚持民主集中制的制度,领导干部双重组织生活制度,领导干部联系基层、服务党员、服务群众制度和廉洁自律制度等内容。

以上我所谈的是制度体系的三个层面,这是基于对党员队伍建设总体考虑提出来的,是长远的、宏观的。当前,要按照中央先进性教育活动领导小组下发的《关于认真做好建立健全保持共产党员先进性长效机制工作的通知》要求,在对已有的制度进行梳理的基础上,把党员学习培训,扩大党内民主、严格党内组织生活,联系群众、服务群众以及党建工作督导检查等四个方面的工作制度建立健全起来,使长效机制建设取得实实在在的效果。

第二,把握建立健全保持共产党员先进性长效机制的工作要求,确保各项任务落到实处。建立健全保持共产党员先进性的长效机制,是一个复杂的系统工程,涉及方方面面,必须把握好以下四条基本的工作要求。

一是立足当前,着眼长远。要坚持现实性和前瞻性的有机统一,既综合考虑当前工作急需、条件具备等因素,又着眼于制度建设的长远性和基础性;既着力解决当前影响党员先进性的突出问题,又充分考虑到今后工作中可能出现的新情况、新问题、新矛盾,使制度能在较长时间发挥作用。

二是坚持在继承的基础上创新。要继承基层党建工作的优良传统及以往党内集中教育活动的成功经验。对已有的制度,行之有效的要继续执行,不完善的要健全完善,没有很好执行的要制定有力措施抓好贯彻落实。要充分尊重基层和群众的首创精神,尤其是要把先进性教育活动的新鲜经验总结好、运用好、发展好,把先进性教育活动的成果用制度的形式固定下来、坚持下去。

三是注重增强制度的系统性和可操作性。要依据党章和国家法律法规以及其他现行党内规章制度,做到相互衔接、系统配套,形成有机整体。要坚持实事求是,既于法周延,又于事简便,注重增强制度的针对性和可操作性,尽可能做到明确具体,简便易行,求实管用,避免抽象笼统,避免单纯追求数量,力戒形式主义。

四是确保制度的贯彻实施。既要制定实体性制度,提出明确的目标要求,更要建立健全程序性制度,提出落实制度的工作措施和保障措施。同时,要加强监督检查,确保制度能够落到实处、有效运转、长期坚持。

实施公务员法要注意
处理好四个关系[*]

（2005 年 9 月 21 日）

我国公务员制度是伴随着我国改革开放和社会主义现代化建设的历史进程逐步建立起来的，是党和国家领导制度改革和干部人事制度改革的产物。1993 年，国务院出台了《国家公务员暂行条例》。今年 4 月 27 日十届全国人大常委会第十五次会议通过、将于明年 1 月 1 日起正式实施的《中华人民共和国公务员法》，正式取代了《国家公务员暂行条例》，标志着中国特色公务员制度已经形成，意味着我国干部人事制度改革又迈出了新的重大步伐。制定实施公务员法，是我们党着眼全面建设小康社会宏伟目标，适应完善社会主义市场经济体制，建设社会主义民主政治要求所作出的一项重大战略决策，对于深化干部人事制度改革，促进我国公务员队伍管理的科学化、民主化、制度化，进一步增强我国公务员队伍的活力和效率；对于改革和完善党的领导方式和执政方式，加强党的执政能力建设和先进性建设，推进依法治国方略，都具有重大意义。我们一定要通过原原本本学习公务员法、深入学习

＊　这是贺国强同志在全国实施公务员法工作会议上总结讲话的一部分。

领会中央关于实施公务员法的要求和部署,全面把握公务员法的立法背景和立法宗旨,全面把握实施公务员法的指导思想和总体要求,全面把握公务员队伍建设的主要任务和努力方向,切实抓好公务员法的贯彻实施工作。

实施公务员法,政策性强,涉及面广,要把公务员法不折不扣地落到实处,需要正确认识和处理好以下四个关系。

一是正确认识和处理坚持党管干部原则与依法管理公务员的关系。坚持党管干部原则,是坚持党的领导在干部人事工作中的具体体现,是我们党长期干部工作实践经验的总结,也是建设适应党和国家事业发展需要的高素质干部队伍的根本保证。公务员队伍是我国干部队伍的重要组成部分。公务员法鲜明地将党管干部原则确立为我国公务员制度必须坚持的重要原则,这是我国公务员制度不同于西方国家公务员制度的根本特点,也是中国特色公务员制度的主要体现。依法管理公务员队伍,是坚持党管干部原则、改革和完善党的领导方式、提高依法执政水平的重要体现。公务员法把依法管理公务员确立为一条重要原则,为实现对公务员的依法管理提供了依据和准则。因此,坚持党管干部原则和依法管理公务员是有机统一的,决不能将两者割裂开来,不能有任何偏废。一方面,必须坚持党管干部原则不动摇。要把党的干部路线方针政策以不同形式体现到公务员管理的各项制度中,使之法制化、制度化,成为公务员管理的重要原则。另一方面,必须坚持依法管理的原则不动摇。要牢固树立法制观念,严格依法办事,将公务员管理工作纳入法制化的轨道。

二是正确认识和处理公务员队伍中的领导成员管理与一

般公务员管理的关系。公务员法将各级各类机关工作人员包括领导人员和机关一般工作人员全部纳入公务员范围,按照统一的原则和制度进行管理。各级党政领导干部即公务员法所称的领导成员,是整个公务员队伍的重要骨干力量,对他们的管理,《党政领导干部选拔任用工作条例》等党内法规文件,从原则、条件、程序、纪律等方面作了全面具体的规定,公务员法吸纳了《党政领导干部选拔任用工作条例》的相关内容,两者精神是完全一致的。各级党委及其组织部门要依据公务员法的要求,继续严格贯彻执行《党政领导干部选拔任用工作条例》等党内法规,加强对党政领导干部的管理。各级党政领导干部要认真执行公务员法,努力使自己成为人民满意的公务员。从整个公务员队伍来看,科级以下职务的公务员占92%,他们是公务员队伍的主体,也是领导干部的重要来源。要按照公务员法的规定,切实加强对他们的教育和管理。

三是正确认识和处理加强监督约束与完善激励保障的关系。公务员法明确规定,"公务员的管理,坚持监督约束与激励保障并重的原则"。对公务员的监督约束和激励保障是相互联系、相互依存的。既要强调监督约束,又要重视激励保障。加强对公务员监督约束的目的,是促使公务员忠于职守,勤勉尽责,正确行使权力,全心全意为人民服务。公务员法主要从以下六个方面加强对公务员的监督:一是明确了公务员的义务和纪律;二是加强对公务员的考核;三是确立了惩戒制度;四是规定了公务员辞职辞退制度;五是规定了公务员回避制度;六是规定了公务员辞职、退休后的从业限制。要严格执行以上规定,加强对公务员队伍管理。同时,要完善各项激励保障措施,维护公务员的合法权益。对此,公务员法提出了一系列措施,比如,明确了公务员的各项权利,规定了公务员的奖励制度、工资福利和保险制度、退休养老制度、申诉控告制度,等等。这些制度规定,都要在公务员法实施中认真贯彻执行。各级党委和政府要从党和国家的事业出发,认真执行公务员监督约束与激励保障的各项制度,努力建立健全吸引人才、留住人才、用好人才、保护人才的良好机制,充分调动公务员队伍的积极性,保持公务员队伍的廉洁高效。

四是正确认识和处理实施公务员法与推进干部人事制度改革的关系。公务员法的颁布实施,既是干部人事制度改革的重大成果,也是整体推进和深化干部人事制度改革的重要机遇。近年来,各地在推进干部人事制度改革中,创造了许多新鲜经验,取得了一批比较成熟的成果,建立了一套行之有效的制度,如民主推荐、公开选拔、竞争上岗等,公务员法充分吸收了这些改革成果。同时,公务员法的制定实施,也为干部人事制度改革建立了一个新的制度平台,其制度框架、管理原则和法律精神,为进一步深化干部人事制度改革提供了广阔的空间。要以实施公务员法为契机,继续从整体上不断推进干部人事制度改革。对公务员法规定的各项改革措施,要抓好贯彻落实;对制度贯彻执行中遇到的实际问题,要积极探索,大胆实践,不断完善配套制度;对干部人事制度改革中的一些重点难点问题,要加强调查研究,锐意创新,力争取得新的突破、新的进展。

总结试点经验，抓紧出台体现科学发展观要求的干部综合考核评价办法[*]

（2006 年 2 月 10 日）

　　科学发展观是推动经济社会发展、加快推进社会主义现代化建设必须长期坚持的重要指导思想。对于组织部门来讲，贯彻落实科学发展观，就必须大力加强各级领导班子和干部队伍建设，为全面落实科学发展观提供坚强的组织保证。这其中的一个重要方面，就是要建立体现科学发展观要求的干部考核评价办法。科学发展观强调全面、协调、可持续发展，这就要求我们进一步改进和完善干部考核评价的方式方法，突出综合考核评价，全面、系统、客观、公正地看待干部；科学发展观的第一要义是发展，这就要求我们必须进一步创新实绩考核的手段，科学、准确地对干部的工作实绩作出评价；科学发展观的核心是以人为本，这就要求我们必须坚持群众公认原则，不断扩大和完善群众参与干部考核、任用工作的渠道与途径，进一步落实群众在干部选拔任用工作中的知情权、参与权、选择权和监督权。

＊　这是贺国强同志在落实科学发展观干部考核工作座谈会上讲话的一部分。

根据中央的要求，中央组织部于 2004 年初成立干部考核评价工作协调小组及专题调研组，就建立体现科学发展观要求的干部综合考核评价办法进行了一系列调研，起草了《体现科学发展观要求的地方党政领导班子和领导干部综合考核评价试行办法》（以下简称《试行办法》），并于 2005 年 5 月至 9 月，选择内蒙古、浙江、四川三省区的 8 个地级市和 28 个县（市、区）进行了试点。同时，其他省区市也都围绕建立科学的干部考核评价体系，从实际出发进行了探索和创新。从试点和各地探索的情况看，干部综合考核评价工作，按照德才兼备、注重实绩、群众公认的原则，以德才素质评价为中心，立足于选准用好干部，普遍采取了民主推荐、民主测评、民意调查、实绩分析、个别谈话和综合评价等方法步骤，加强和改进考核工作。这些做法，有的是对传统方法的完善和改进，有的是对实践中创造的好经验好做法的总结。总体上看，符合干部工作实际，效果也比较明显。

今年和明年上半年，全国省、市、县、乡党委要集中换届，政府领导班子也将进行换届，这是党和国家政治生活中的一件大事。做好干部考察工作，是搞好这次换届的重要环节。我们要积极借鉴干部综合考核评价试点工作的经验和做法，认真做好这次换届考察工作，不断提高干部工作水平。根据上半年副省级城市的试点情况和各地市、县党委换届考察工作的实践，中央组织部将进一步修改完善《试行办法》，报中央批准后正式下发、全面施行。这里，我着重强调以下几点：

一要把握好主要环节中的重点问题。从试点的情况看，在地方领导班子换届中，按照《试行办法》（征求意见稿）的精神做好干部考察工作,在主要环节中要注意把握好以下重点问题:民主推荐环节,要注意解决好第一次会议推荐得票分散、不易集中的问题,充分发挥党委全委会的作用,探索再次进行会议投票推荐的做法。民主测评环节,要根据党委领导班子与政府领导班子、班子现有成员与新进人选的不同要求,有针对性地设计评价内容和要点,并将民主测评与民主推荐结合进行,以便于相互补充、相互印证。民意调查环节,要根据不同层次、区域的具体情况和不同考察任务的要求以及群众关注的突出问题确定调查内容,在方法上不搞"一刀切",除了在"两代表一委员"[1]中进行调查外,还可以探索其他的有效方法。实绩分析环节,要坚持部门评价与群众检验相结合,根据有关方面提供的统计数据和评价意见,分析当地经济发展、社会发展、可持续发展等方面的工作思路与成效;根据民意调查的群众满意度,分析当地物质文明建设、精神文明建设、政治文明建设、和谐社会建设以及党的建设等方面的状况与成效;通过对当地发展状况的总体了解,分析领导班子的工作实绩,从中分析评价干部个人的工作实绩。个别谈话环节,既是民主推荐的重要方式,又是延伸考察、重点考察的重要步骤,要高度重视这一环节的工作,通过面上个别谈话和到拟提拔人选考察对象所在单位、地方谈话,以及与考察对象本人谈话,深入了解领导班子建设状况和考察对象的德才素质,以及需要重点了解的问题。综合评价环节,要在全面掌握考核信息的基础上,采用类型分析、数据分析、比较分析、环境分

---

〔1〕 "两代表一委员",指党代会代表、人大代表和政协委员。

析和历史分析等办法来进行，由考察组集体研究，客观公正地对领导班子和领导干部作出评价。

二要切实提高干部考核工作的针对性。一项工作规定再好，也不可能十全十美，何况是对人的考察。因此，要特别强调按照唯物辩证法的要求，全面地、客观地、历史地、发展地考核评价干部，不搞形式主义、不搞形而上学、不搞烦琐哲学。现在的《试行办法》(征求意见稿)规定了比较详尽的考核内容和方法、步骤，我们既要按照试点工作取得的成功经验和《试行办法》(征求意见稿)的精神开展干部考核工作，又要针对当前干部工作的实际和社会上反映强烈的问题进行重点考察。要在对干部的政治表现进行严格考察的基础上，尤其注意考察干部在以下四个方面的表现：一是勤政廉政的情况。主要看是否有强烈的事业心和责任感，能否自觉遵守中央有关廉洁自律的各项规定，做到勤政为民、廉洁奉公。二是贯彻执行民主集中制的情况。主要看能否自觉维护班子团结，主要领导是否善于发扬民主、集思广益，实行正确的集中；领导班子其他成员是否切实履行职责，积极参与集体决策。考察各级领导班子"一把手"时，特别要注意了解贯彻执行民主集中制情况。三是求真务实的情况。主要看是否脚踏实地、真抓实干，做到察实情、说实话、办实事、求实效，不心浮气躁、不做表面文章。四是心理素质的情况。主要看面对复杂的矛盾和问题，是否有良好的心态、宽广的胸怀、坚强的意志、昂扬的精神状态。考察各级领导班子"一把手"以及纪委和组织等部门的主要负责同志时，更要注意对心理素质方面情况的了解。

　　三要不断研究解决新情况新问题。从试点工作的情况看,还有一些问题需要在实践中进一步研究探索。比如,如何更好地适应不同层次、不同地区、不同类型领导班子和领导干部考核工作要求的问题。从试点情况看,目前提出的考核内容比较适用于省、市两级领导班子,县级领导班子情况复杂、差别较大,有些指标还不完全适用;比较适合于考察党政正职,对考察副职有些不完全适用。各地要结合自身实际进行深入研究,通过对考核内容和指标的科学分解,使综合考核评价办法更好地适用于不同层次、不同对象的考核工作。又比如,如何进一步规范民意调查、实绩分析的有关操作方法的问题。目前对民意调查、实绩分析在综合考核评价中的总体要求和基本做法已经明确,但因涉及多个部门和各方面群众的参与,一些具体操作方法还需要进一步调整和规范,各地要在实践中研究探索便于操作的方法,努力做到简便易行。再比如,关于如何考察干部"生活圈"、"社交圈"和心理素质的问题。试点工作中,虽然对"生活圈"和"社交圈"的考察进行了一些探索,但如何真正全面真实地了解干部的廉洁自律情况,防止出现"带病上岗"、"带病提拔"的问题,还有待进一步深入研究。试点中通过分析领导干部对压力、挫折、困难的态度等,对了解领导干部的心理素质起到了一定作用。但有关心理素质的考察比较复杂,用考察组谈话、简单的测评等办法准确了解领导干部的心理素质还有较大难度。这些问题,需要结合工作实际深入研究,提出有效的解决办法。希望各地在试点和换届考察实践中,解放思想,实事求是,与时俱进,勇于探索,不断总结和完善。

四要不断提高考察人员的素质。"一流之人，能识一流之善；二流之人，能识二流之美。"考察人员的素质如何，往往决定着考察工作的质量。综合考核评价干部，采用的方法和手段改进了，获得的信息增加了，参与考核评价的工作部门也增多了。这对考察人员的思想素质、工作能力、工作作风等都提出了新的要求、新的挑战。要精心挑选考察人员，特别是选好考察组组长。考察人员要进一步加强学习，深入学习党的理论、路线方针政策和国家法律法规，学习政治经济文化知识特别是组工业务知识，不断拓宽知识面，以更好地适应新形势下干部考核工作的需要。要进一步提高思想政治素质和知人善任的能力，增强政治敏锐性和政治鉴别力，准确把握干部的德才标准，善于从各个层次、各个方面发现人才，善于准确地衡量和反映干部的德才素质，善于从干部的政治品德、工作实绩和群众公论中识别干部，防止考察失真失实。要进一步改进作风，坚持公道正派、任人唯贤，坚持用好的作风选人、选作风好的人，坚持从严要求自己，自觉抵制用人上的不正之风和腐败现象。要进一步增强责任感和使命感，以"坚持公道正派、加强能力建设、永葆共产党员先进性"主题实践活动为载体，扎实开展好先进性教育活动，引导广大组工干部加强党性修养，坚定理想信念，以坚强的党性、过硬的本领、优良的作风，为党和人民把好选人用人关。

推进基层党建工作制度化规范化[*]

（2006 年 6 月 30 日）

　　把先进性教育活动创造的成功经验系统化、感性认识理性化、成功做法制度化，形成一批使党员长期受教育、永葆先进性的规章制度，是先进性教育活动要取得的一个重要成果。在认真总结各地区各部门各单位长效机制建设实践经验，充分借鉴吸收各方面成果的基础上，中央先进性教育活动领导小组和中央组织部研究起草了《关于加强党员经常性教育的意见》等 4 个长效机制文件，经中央政治局常委会议审议通过后已于近日由中央办公厅印发。

　　《关于加强党员经常性教育的意见》，明确提出了党员经常性教育要达到提高党员思想政治素质、增强党员工作能力、发挥党员先锋模范作用的目标要求，规定了党员经常性教育的基本内容和方法途径，强化了党员经常性教育的保障措施，对于建立长效的党员学习教育机制具有重要的作用。

　　《关于做好党员联系和服务群众工作的意见》，对党员联系和服务群众提出了五个方面的基本要求，明确了党员联系和服务群众的主要方式，对普通党员和党员领导干部联系和

---

* 这是贺国强同志在全国组织部长座谈会上讲话的一部分。

服务群众分别作出了具体规定;强调了对党员加强马克思主义群众观教育、建立党员联系和服务群众网络、畅通群众表达意愿渠道、加强督促检查等有关问题。

《关于加强和改进流动党员管理工作的意见》,对"流动党员"的概念作出了明确界定,提出了加强和改进流动党员管理的原则,对流出地和流入地党组织在流动党员管理中的责任分别作出了明确界定,并对流动党员自觉接受党组织的教育管理提出了具体要求,明确了流动党员组织关系管理的具体措施。

《关于建立健全地方党委、部门党组(党委)抓基层党建工作责任制的意见》,提出了地方和部门党委(党组)抓基层党建工作的总体要求和原则,明确了地方和部门党委(党组)抓基层党建工作的责任,规定了落实责任的主要措施和考核办法,要求把抓基层党建工作情况纳入领导班子和领导干部考核内容之中,作为领导干部选拔任用、培养教育、奖励惩戒的重要依据。

这4个重要文件的正式出台,标志着党的制度建设迈出了新步伐,对于推进基层党建工作的制度化、规范化具有重要意义。贯彻落实好这4个文件,要把握其鲜明特点。首先,这4个文件是为了解决当前基层党建工作中的突出问题制定的,具有较强的针对性。比如,针对当前有的地方和单位党员教育内容针对性不强,活动不够经常,缺乏吸引力的问题;少数党员宗旨意识淡薄,对人民群众缺乏感情,联系和服务群众不够的问题;流动党员管理机制滞后,一些流动党员长期不与党组织联系,疏于管理的问题;一些地方和部门党委(党组)特别是主要负责同志对基层党建工作重视不够、指导不力,工作落实不够到位的问题,分别提出了解决的办法。其次,这4个文件是在总结和运用先进性教育活动成功经验的基础上推出的,具有较强的创新性。比如,对坚持正面教育为主,广泛开展谈心活动,深入开展党性分析评议,积极开展主题实践活动,增强党员自我教育、自我提高的内在动力;积极吸收群众参与,广泛征求群众意见,采取党员承诺等措施,为党员联系和服务群众搭建平台;党员流入地和流出地党组织密切配合,通过建立流动党员服务站等形式,加强对流动党员的教育管理;坚持实行领导责任制、党员领导干部联系点制度、督查制度和群众监督评价制度,形成一级抓一级、层层抓落实的工作格局等成功经验,都通过制度的形式固定了下来。再次,这4个文件是在广泛深入调研的基础上形成的,具有较强的可操作性。在起草长效机制文件的过程中,充分考虑了不同行业、不同领域的基层党组织的职责和特点,不同岗位、不同职业的党员保持先进性的具体要求,充分考虑了以往基层党建和党员教育管理工作的有关规定,尽可能做到明确具体、简便易行、务实管用。

中央政治局常委会在审议这4个长效机制文件时指出,要认真抓好这批文件的学习宣传和贯彻落实,切实发挥文件的应有作用;强调要通过完善制度和机制,使党的先进性要素充分发挥作用,激励广大党员自觉遵守党章和党规党纪,自觉实践党的先进性基本要求。我们要认真贯彻中央的要求,紧密结合各自实际,把这4个文件贯彻落实好,把基层党建工作的制度化、规范化水平向前推进一步。一要积极开展学习宣传。各级党委(党组)及其组织人事部门要认真组织开展好这4个文件的学习,把这些文件纳入党员干部的培训内容,使广大党员干部掌握主要精神、熟悉基本内容,增强贯彻执行的自觉性。要采取各种方式做好宣传工作,宣传中央关于建立健全保持共产党员先进性长效机制的主要精神,宣传这4个文件的主要内容,宣传长效机制建设取得的成效和工作中的好经验好做法,为这些制度的贯彻实施营造良好的社会环境。二要认真抓好贯彻执行。各级党委(党组)及其组织人事部门要结合各自实际,研究提出贯彻落实的具体措施。要对已有文件进行一次对照梳理,凡与这4个文件主要精神不符合、不一致的,要抓紧修订。各级领导干部要进一步增强制度意识和制度观念,模范执行制度规定,为广大党员作出示范。要切实维护制度的权威,对那些不认真执行制度的基层党组织和党员干部,要及时提醒、批评、教育,情节严重的要按有关规定进行处理,以维护制度的严肃性。三要切实加强督促检查。各级党委(党组)及其组织人事部门要坚持把集中检查与重点抽查、上级检查与自我检查、组织检查与群众监督有机结合起来,确保制度的贯彻执行。要加强对党员干部执行制度情况的监督,把执行制度的情况与考核、表彰等工作挂钩,增强制度的约束力。要发挥群众监督和舆论监督的作用,定期向社会公布各级党组织和广大党员干部执行制度的情况。中央将在适当时候对各地区各部门贯彻落实这4个文件和抓好先进性教育活动整改提高后续工作的情况进行一次检查。

在先进性教育活动中,各地区各部门各单位结合自身实际,也制定了一些长效机制文件,要结合中央下发的这4个文件一并抓好贯彻落实。

进一步发展党内民主[*]

（2006 年 11 月 5 日）

党的十六大提出,要以保障党员民主权利为基础,以完善党的代表大会制度和党的委员会制度为重点,从改革体制机制入手,建立健全充分反映党员和党组织意愿的党内民主制度。十六大以来,党中央坚持把发展党内民主作为加强党的执政能力建设和先进性建设的重要举措来抓,党内民主建设取得了新的重要进展。当前,随着我国经济、政治、文化、社会事业不断发展,对外开放不断扩大,人们思想观念不断变化,民主法制意识不断增强,广大党员要求参与党内事务的积极性越来越高,党内的民主气氛越来越活跃。同时,各地在扩大党内民主方面的新探索和新实践不断深化,为进一步发展党内民主创造了比较好的条件和环境。我们要按照中央的要求,积极稳妥地推进党内民主建设。

第一,进一步深化对发展党内民主重要性和必要性的认识。加强党内民主建设,是一项关系党的前途命运的重大政治任务。马克思主义政党从一开始就是按照民主集中制原则

---

[*] 2006 年 11 月 1 日至 6 日,贺国强同志在重庆市考察调研。期间在万州区召开了加强党内民主建设调研座谈会。这是贺国强同志在座谈会上讲话的一部分。

建立起来的。我们党为民主而斗争,在推进民主的进程中不断发展壮大。各级党组织特别是各级领导干部,要把发展党内民主与党的事业兴衰成败紧密联系起来,深刻认识和理解"党员是党的肌体的细胞和党的活动的主体"的重要论断,把保障党员平等参与党内事务的民主权利同增强党的生机与活力紧密联系起来;深刻认识和理解发展党内民主对于人民民主的示范和带动作用,把发展党内民主、促进党内和谐与推动科学发展、构建社会主义和谐社会紧密联系起来,切实增强发展党内民主的自觉性和坚定性,不断提高发展党内民主的素质和能力。各级领导干部要带头执行党内民主的各项制度规定,带头探索发展党内民主的途径和方法,带头营造发展党内民主的良好环境和氛围,发动和依靠全党的力量,共同推进党内民主建设。

第二,必须坚持发展党内民主的正确方向。党内民主建设,是党的执政能力建设和先进性建设的重要内容,是党的建设新的伟大工程的重要组成部分。在发展党内民主上必须坚持正确方向,注意把握好以下几点:一是要坚持以邓小平理论和"三个代表"重要思想为指导,全面落实科学发展观,按照加强党的执政能力建设和先进性建设的要求,紧紧围绕贯彻党的政治路线、巩固党的执政地位、夯实党的执政基础、实现党的执政使命,加强党内民主建设。二是要坚持走中国特色的党内民主建设路子,要注意学习借鉴外国政党建设的经验,但必须从我们的国情、党情出发,不照搬西方模式,使党内民主建设始终沿着正确的方向健康发展。三是要坚持在党的统一领导下,科学规划,积极稳妥地推进,使党内民主随着历史条件的发展变化而不断发展完善，不能不顾客观条件，操之过急。四是要坚持民主集中制，坚持民主基础上的集中和集中指导下的民主相结合，决不能片面强调某一个方面而忽视另一个方面。五是要坚持以党内民主带动人民民主，通过党内民主的发展积极推动人民民主的发展，进而促进整个国家的民主法制建设。六是要坚持以制度建设为根本，在注重培育和增强党员特别是领导干部的民主意识和民主作风的同时，更加注重建立健全科学严密的党内民主制度体系，以保证党内民主的实现。

第三，切实抓好发展党内民主已有制度规定的贯彻落实。我们党制定颁布了以党章为核心的一系列制度规定，这些制度规定对于党内民主建设具有十分重要的保障作用，发展党内民主首先就要把这些制度规定贯彻好、落实好。要加强学习培训，使广大党员了解这些制度规定的基本精神，熟悉主要内容，并切实贯彻运用到实际工作中。对有明确规定的，要认真贯彻执行。对只作出原则规定的，要结合实际加以细化，使党员能够在实践中更好地贯彻执行。要加强督促检查，保证制度规定落到实处，对侵犯党员权利、压制党内民主的行为必须严肃查处，切实维护制度的权威性。

第四，加强对发展党内民主的宏观指导，开展调查研究，鼓励探索创新。要坚持解放思想、实事求是、与时俱进，既要继承我们党在党内民主建设上积累的宝贵经验，又要积极探索，勇于实践。要尊重基层的首创精神，对基层党组织和党员群众的实践探索给予满腔热忱的鼓励和支持，充分调动广大党员推进党内民主建设的积极性和主动性。要加强调查研究,了解和掌握推进党内民主建设中的新情况、新问题。要加强宏观指导,坚持试点先行,及时总结、推广试点工作的成功经验,不断提高党内民主建设的水平。

健全人才评价、流动、激励机制[*]

（2007 年 1 月 19 日）

人才工作的活力，在很大程度上取决于体制和机制。要继续推进人才工作体制机制创新，充分发挥市场在人才资源配置中的基础性作用，重点在健全人才评价、流动、激励机制方面取得新突破。

一是要建立科学的社会化的人才评价机制。针对各类人才的不同特点，规范职位分类和职业标准，建立多元化的科学的人才评价标准。改革人才评价方式，突出用人单位的评价主体作用，加快人才评价机构的社会化进程，进一步完善人才评价手段，大力开发应用现代人才测评技术，进一步深化职称制度改革，完善职业资格认证制度。

二是要进一步完善人才流动机制。完善人才资源市场配置体系，研究制定推进人才资源市场配置的政策意见。针对人才流动中面临的户籍、身份、人事档案管理、社会保障关系接续等体制性和政策性障碍，提出切实有效的政策措施。根据经济社会发展需要，制定相关政策措施，加大人才对口支持

---

* 这是贺国强同志在中央人才工作协调小组第十三次会议上讲话的一部分。贺国强同志当时兼任中央人才工作协调小组组长。

922

工作力度,引导和鼓励各类人才向农村、基层、边远地区和艰苦行业流动。加强人才市场法制建设,完善人才市场供求信息发布制度。加快构建城乡统一的人才市场和劳动力市场体系。

三是要创新人才激励机制。健全与社会主义市场经济体制相适应、与工作业绩紧密联系、鼓励人才创新创造的分配制度、奖励制度和福利制度。积极探索劳动、资本、技术、管理等生产要素参与分配的有效实现形式和方法,加强对企业经营管理人才和专业技术人才的激励。

进行基层党组织"公推直选"试点既要积极，又要稳妥[*]

（2007 年 4 月 7 日）

上个世纪 90 年代后期，适应我国农村经济进入新的发展阶段对农村基层干部队伍建设提出的新要求，各地积极探索农村党支部新的选举方式，普遍实行了"两推一选"，就是由党员和村民民主推荐党支部委员候选人，经上级党组织考察后进行党内选举，取得了较好的效果。党的十六大提出，要"从改革体制机制入手，建立健全充分反映党员和党组织意愿的党内民主制度"。党的十六届四中全会进一步强调，要"逐步扩大基层党组织领导班子成员直接选举的范围"。近年来，江苏等一些地方在"两推一选"的基础上，探索扩大农村基层党组织领导班子成员直接选举的范围，实行乡镇党委领导班子"公推直选"试点，引起了比较广泛的关注。

试点工作的实践证明，逐步扩大乡镇党委领导班子成员直接选举范围，反映了广大基层党员对扩大党内民主、保障党员民主权利的要求，体现了党管干部原则和群众公认原则的

---

* 这是贺国强同志在调研江苏省开展乡镇党委领导班子成员直接选举试点工作时讲话的一部分。

统一,有利于进一步扩大选人视野、提高干部素质、密切党群干群关系,符合当前我国农村乡镇党委领导班子建设的实际,是进一步扩大党内民主、改革和完善党内选举制度的一项重要举措,方向是正确的。我们一定要从推进基层民主政治建设的高度,正确认识试点工作的重要意义,积极稳妥地做好试点工作。

从试点的情况看,在提名阶段采取"公推"的办法产生候选人,在选举环节扩大差额选举的比例,这一做法符合党章和基层党组织选举工作条例的有关规定,已经比较成熟,可操作性比较强。下一步,可在认真总结经验的基础上,进一步加大"公推"的力度,在基层党组织领导班子成员候选人提名中全面推广。同时,也要对一些具体做法和程序加强研究和探索,进一步取得经验。在此基础上,制定文件加以规范,进一步推进这项工作。

在试点工作中,有些地方也对完善党内选举方式进行了探索,一些乡镇在试点中召开党员大会直接差额选举产生乡镇党委书记、副书记。这种"直选"的做法,突破了现行党章的有关规定,当前在小范围经过批准试验是可以的,在大范围推开还应该十分慎重。对此,我们要按照积极探索、稳妥推进的原则,有领导、有步骤地做好扩大基层党组织领导班子成员直接选举范围的工作。考虑到目前乡镇党委换届工作已经基本结束,下一步,可结合届中调整,从党员人数适中、居住比较集中、交通便利、经济社会发展状况和群众基础比较好的乡镇中选择少量乡镇继续开展"直选"试点。有关"直选"试点工作需经省委批准,报中央组织部备案。

"公推直选"试点工作涉及社会主义民主政治建设,政治性和政策性都很强,必须积极稳妥地加以推进。各级党委一定要高度重视,切实加强组织领导和工作指导。开展试点的地方,在工作中要注意以下几点:一是要坚持党的领导。党的领导是做好试点工作的重要保证。开展"公推直选"试点,从确定试点单位、制定工作方案,到组织开展试点工作,都要加强组织领导和具体指导,真正做到思想认识到位,工作指导到位,牢牢抓住试点工作的领导权和指导权,特别要防止别有用心的人插手和利用,切实保证试点工作平稳有序进行。二是要坚持正确方向。要坚持科学规划,积极探索,循序渐进,使党内民主随着历史条件的发展变化而不断发展完善,依照党章和有关党内法规的规定不断推进,不能不顾客观条件、操之过急。对经过试点证明确属成熟、可以在全国范围内推广的,必须适时修改党内有关法规后再大范围推开。三是要坚持周密组织。试点工作政治性强、敏感度高,党内外普遍关注,这就要求我们认真组织,周密部署,把工作做细、做扎实。要抓好关键环节,精心组织实施,引导党员正确行使民主权利,强化思想政治工作,努力形成风清气正的氛围。四是要坚持求真务实。试点工作要始终坚持解放思想、与时俱进、开拓创新,不这样就谈不上试点。同时,又必须实事求是,求真务实,认真研究解决工作中出现的新情况、新问题,不这样试点工作就没有意义。根据我们了解和大家反映的情况看,现在试点工作还有一些需要研究解决的问题,比如,工作程序繁琐、成本较高的问题;一些地方外出务工党员多,党员年龄偏大、文化偏低,对候选人情况了解不多,容易使选举结果失真的问题;如何在政策规定上解决直选产生的一些乡镇党委领导班子成员的身份,加强对他们的管理监督的问题,等等。这些都需要我们不断研究解决。

关于进一步做好党代会常任制
试点工作的几点意见[*]

(2007 年 7 月 1 日)

最近几年,经中央批准,由中央组织部负责实施,抓了 5 项试点工作。除党代会常任制试点以外,还有在新社会阶层发展党员试点、扩大乡镇党委领导班子成员直接选举范围试点、农村党员干部现代远程教育试点和留学回国人员党员恢复党组织生活试点。经过试点,有的已经转入经常性工作,有的已经取得了阶段性成果,还有的我们准备在调研的基础上研究提出下一步工作的指导意见。浙江是开展党代会常任制试点工作最早的省份,积累了许多好经验、好做法。认真总结这些经验和做法,对于进一步做好党代会常任制试点工作,具有重要意义。这里,根据中央精神,结合这次调研的情况,我就开展这项工作讲几点意见。

第一,充分认识党代会常任制和发挥党代会代表作用的重要意义。党的代表大会制度是我们党的一项带根本性的组织制度。党章规定,党的全国代表大会和它所产生的中央委员会,是党的最高领导机关。党的地方各级代表大会和它们

---

[*] 这是贺国强同志在浙江省调研党代会常任制试点工作时讲话的主要部分。

所产生的委员会,是党的地方各级领导机关。坚持和完善党的代表大会制度,充分发挥党代会代表的作用,是发展党内民主的重要途径。

我们党对完善党的代表大会制度、发展党内民主的探索由来已久。从党的一大到六大,党的全国代表大会基本坚持了每年召集一次。党的二大到六大党章都明确规定,党的全国代表大会每年召集一次。党的七大在修改党章时,考虑到在当时情况下党的全国代表大会年会制难以执行,改为"在通常情况下,每三年召集一次"。新中国成立以后,由于党的工作环境、任务和自身状况对党内民主建设提出了更高的要求,中央曾提出实行党的代表大会常任制的设想。党的八大把实行党代会常任制写入党章。1958年5月,党的八大召开第二次会议,此后全国代表大会没有再继续实行常任制,各地也在九大召开前陆续停止实行党代会常任制。

党的十一届三中全会以后,随着改革的逐步深入和社会主义民主政治建设的不断发展,中央有关部门重新对党代会常任制进行研究。从1988年底开始,浙江等省相继在一些市、县进行了党代会常任制试点,引起了国内外比较广泛的关注。2002年11月,江泽民同志在党的十六大报告中提出:"扩大在市、县进行党的代表大会常任制的试点。积极探索党的代表大会闭会期间发挥代表作用的途径和形式。"党的十六届四中全会也对开展这项工作提出了要求,作出了部署。此后,中央领导同志指出,从全国来讲,可先在县一级进行试点。这主要是考虑县一级在我们党的组织机构中处于重要地位,工作职能、机构设置和运行机制大体相同,在县一级开展试点积累经验后,才可以考虑在更大范围推开。按照中央的要求,中央组织部在县(市、区)一级组织开展了扩大试点工作。截至目前,全国共有 21 个省(区、市)的 97 个县(市、区)开展了试点工作。

党中央对这项工作十分重视,中央领导同志多次听取汇报,作出重要指示和批示,为做好试点工作指明了方向。中央组织部按照中央的要求,跟踪了解试点工作情况,开展调查研究,加强指导,及时向中央反映有关情况。试点单位根据中央精神,坚持发挥地方党委的领导核心作用,积极探索丰富党代会年会内容、完善年会程序的方式方法,积极探索代表产生、职责、活动方式、教育管理的有效途径,积累了有益的经验。与此同时,地方各级党委也在没有进行常任制试点的地方,积极探索在党代会闭会期间发挥代表作用的途径和方式,同样也取得了有益的经验。从中央层面来看,党的十六大以后,中央已经采取很多措施发挥十六大代表的作用。比如说,十六大以来中央历次全会的文件都事先征求十六大代表的意见;这次十七大"两委"人选考察和省级党委换届考察,参加民主推荐人选的范围也扩大到了十六大代表。

从这次调研情况可以看出,试行党代会常任制和党代会代表任期制取得了积极成效。实践表明,实行党代会常任制和党代会代表任期制,有利于更好地发挥党代表大会的作用,进一步加强党对地方工作的领导;有利于扩大党内民主,提高党委决策的民主化、科学化水平,促进决策的贯彻落实;有利于建立并实行有效的监督制约机制,推进党委机关、党委领导班子的自身建设;有利于增强代表的荣誉感、责任感和使命感,密切党群干群关系,扩大党的社会影响力。我们要从发展社会主义民主政治的高度来充分认识开展这项工作的重要意义,把这项工作作为发展社会主义民主政治的重要内容,按照中央的要求,积极探索建立完善党的代表大会常任制、发挥党代会代表作用的途径和形式,扎实有效地推进党内民主建设。

第二,认真总结试点工作经验。浙江省的试点起步早,持续时间长,原椒江市(现台州市椒江区)和绍兴市是全国最早进行这项试点的地方。你们的试点工作历经 19 年,从开始的 1 个地级市和 1 个县级市扩大到目前的 2 个地级市、16 个县(市、区)。从我们平时了解和这次调研的情况看,浙江省的试点工作平稳有序,进展比较顺利。试点工作开展以来,历届省委都高度重视,在省第十次、第十一次党代会报告中,都对试点工作提出了明确要求。不久前召开的省第十二次党代会明确提出,要完善党的代表大会制度,积极探索党的代表大会闭会期间发挥党代表作用的途径和形式,在有条件的县(市、区)进一步推行党代会常任制。在这次党代会上,省委还在会议期间组织代表对全省的工作提出意见和建议,充分发挥代表的作用。历届省委主要领导同志都深入试点单位进行调研,了解情况,总结经验,加强领导。省委组织部切实加强组织指导,及时掌握动态情况,认真总结试点工作的经验和做法,并主动向上级有关部门汇报沟通,帮助试点单位解决工作中出现的问题和困难。试点地方的各级党组织立足实际,积极探索,大胆实践,及时请示汇报,推动了试点工作平稳有序地进行。

从浙江和其他地方的试点情况看,试行党代会常任制的基本内容和做法主要有两方面：一是实行党代会代表任期制。
这方面，各试点地方的做法基本相同。比如，台州市实行党代
会代表任期制，从五个方面进行了探索，包括：规定党代会代
表的任期、明确党代会代表的职责、完善选举制度、建立发挥
党代会代表作用的制度、加强对党代会代表的教育管理等。
为了加强对党代会代表的管理，试点地方还普遍建立了联系
制度，有的地方在党委组织部设立了代表联络组（处）或代表
联络办公室，主要负责代表的联络、组织和管理，有的地方还
建立了党委委员联系代表、代表联系党员、党员联系群众的制
度等。二是实行党代表大会年会制。在这方面各地不完全一
致，有的地方是在每年的人代会和政协会议之前召开一次党
代会年会，有的地方是在届中召开1—2次会议。年会的主
要任务是，听取并审议党委和纪委的工作报告，讨论决定本地
区经济社会发展和党的建设的重大问题等。比如，绍兴市实
行党代会常任制后，原则上每届增加召开两次党代会年会，并
对党代会年会规定了七个方面的职权。

　　经过这些年的试点，浙江和其他地方在试行党代会常任
制、发挥党代会代表作用方面积累了不少好经验、好做法。我
们要认真总结试点工作情况，既总结成功的经验，又研究存在
的问题，既总结一般规律，又分析具体情况，从而研究提出进
一步做好这项工作的措施，为今后的工作提供借鉴。希望浙
江的同志们继续探索，创造出更多的经验。

　　第三，积极稳妥地做好下一步的工作。从你们的情况介
绍和其他地方的试点工作看，以前的试点工作实际上包括两
个方面的内容：一是在党代会闭会期间发挥党代表作用的问

题,我们考虑可通过实行党代会代表任期制的办法来解决;二是党代会年会制的问题,也就是通常所说的党代会常任制问题,我们考虑可选择一些县(市、区)试行。下面,我分别就这两个方面谈一点想法。

关于实行党代会代表任期制。这一制度,从现在看,党内的认识比较一致,在实践中也易于操作,可在进一步总结经验的基础上,考虑在全国各级党组织广泛实行。实行这一制度,有利于充分发挥党代会代表的作用。县级党代会代表发挥作用,要重点在建立并实行重要情况通报、重大决策征求代表意见、代表调研、代表联系党员群众、代表提议、参与民主推荐干部等方面,拓展发挥作用的途径和形式;县级以上党代会代表发挥作用,要重点在参与党内重要文件制定、列席所在地方党组织有关会议、选举出席上一级党代会代表等方面充分发挥作用。要加强对一些具体做法和程序的研究,有关这方面的问题,在中央正式作出决定后,我们将制定文件加以规范。

关于试行党代会常任制。实行这一制度,有利于进一步发挥党代会的作用,但需要相应的条件支撑,特别是要与现行的党内领导体制和工作制度相配套。从目前的情况看,在全国普遍推开条件还不成熟。下一步,可以考虑选择一些经济社会发展状况比较好、领导班子坚强有力、有一定工作基础的县(市、区)试行。试行的有关工作要在中央的统一部署下进行,试行党代会常任制的县(市、区)要经过批准。要在认真总结已有试点经验的基础上,继续对一些重点难点问题进行研究探索。比如,如何处理党代会与全委会、常委会的关系;如何理顺党代会与人代会、政协会议的关系;如何整合资源、降低成本,特别是解决一些经济基础薄弱、交通不发达的地方实行党代会常任制后成本增加的问题;如何保证代表队伍的稳定性和代表性,以及提高党代会代表素质,等等。

第四,切实加强组织领导。探索全面实行党代会代表任期制,选择一些县(市、区)试行党代会常任制,政治性、政策性都很强,各方面都很关注。各级党委一定要高度重视,切实加强组织领导和工作指导,保证工作平稳有序、健康顺利地进行。要在党委领导下,周密部署,科学规划,循序渐进,把工作做深做细。工作中遇到的新情况新问题要及时研究,重要问题要及时请示汇报。

尽快形成比较完善的
巡视工作体制机制制度*

（2008 年 7 月 18 日、2009 年 12 月 18 日）

一

　　我们党成立之初,就对建立党内巡视制度进行过探索,后来由于各种原因,这方面的探索曾经一度中断。党的十一届三中全会以来,随着改革开放的不断深入和党的建设的不断推进,恢复建立和完善巡视制度又摆上议事日程。20 世纪 90 年代,党中央就提出开展巡视工作,并对如何开展巡视进行了初步探索。党的十六大以后,中央颁布实施了《党内监督条例(试行)》,把巡视工作正式确立为党内监督的一项重要制度;中央和各省区市先后组建巡视机构,全面推开巡视工作。党的十七大把巡视制度正式写进了党章。这些年来,在党中央的坚强领导下,在中央纪委、中央组织部以及地方党委的共同努力下,巡视工作取得了重要进展和明显成效,得到了党内外的广泛认可。但是我们也要看到,这项工作开展的时间毕

＊　这是贺国强同志关于建立健全巡视工作体制机制制度两次讲话的节录。贺国强同志当时任中共中央政治局常委、中央纪委书记。

竟还不长,有关制度还不够健全,还需要在总结实践经验的基础上进一步健全和完善。我们要认真学习贯彻党的十七大和十七届中央纪委第二次全会关于进一步完善巡视制度的要求,加快建立健全相关规章制度,努力提高巡视工作的制度化、规范化水平。

一方面,要抓紧制定和完善巡视工作的有关法规制度,切实做到"有法可依、有章可循"。巡视工作的制度化是一个循序渐进的过程。我们要立足当前、着眼长远,积极适应党和国家事业发展对巡视工作的新要求,从当前巡视工作急需而又具备建章立制条件的事项入手,把基础性制度建设与配套制度建设结合起来,把实体性制度建设与程序性制度建设结合起来,逐步建立健全包括巡视情况报告、意见反馈、责任分解、整改意见落实、督促检查、巡视成果运用等方面内容的比较完备的巡视工作制度体系。要勇于实践、大胆探索,深入研究现有制度中存在的问题和不足,及时作出调整、修改和补充;认真总结各地在巡视工作实践中创造的新鲜经验,并努力把这些经验上升和转化为制度成果,推动巡视工作制度不断健全和完善。当前,要抓紧制定《巡视工作条例(试行)》。这是巡视工作的一项基础性法规,是开展巡视工作的重要制度依据。要在前一阶段工作的基础上,继续组织力量,抓紧起草好这个文件,争取早日出台。

另一方面,要严格执行已有的各项制度,切实做到"有章必循、执纪必严"。2008 年 3 月,中央纪委、中央组织部制定出台了《关于加强和改进巡视工作的若干意见》,对健全中央纪委、中央组织部巡视工作领导体制、突出巡视工作重点、加强巡视队伍建设以及进行工作指导等提出了明确要求,对促进巡视工作制度化具有重要意义。下一步的主要任务是认真抓好这个意见的落实。要把"认真"、"严格"的要求贯穿于巡视工作的每个环节和各个方面,通过认真执行巡视工作各项制度,促进巡视工作制度化,提高巡视工作成效。广大巡视干部要增强法制观念和制度意识,认真抓好巡视工作有关制度的学习研究,全面了解和掌握巡视工作的基本规章制度和工作要求,真正成为巡视工作的行家里手;要以身作则,率先垂范,做遵守制度、执行制度的模范,切实做到坚持原则不变通、执行制度不走样,提高制度的执行力;要建立健全督办机制,加强对执行制度情况的监督检查,对不执行制度甚至破坏制度的行为要严肃处理,维护制度的严肃性和权威性。

(2008 年 7 月 18 日在中央纪委、中央
组织部巡视工作会议上的讲话)

二

2009 年 11 月 5 日,中央政治局常委会议讨论通过了《关于成立中央巡视工作领导小组及有关情况的报告》,决定成立中央巡视工作领导小组,明确了领导小组组成人员,并将中央纪委、中央组织部巡视组和巡视工作办公室分别更名为中央巡视组和中央巡视工作领导小组办公室。中央的这一决定,充分体现了对巡视工作的高度重视,进一步提升了巡视工作的地位,标志着巡视工作进入制度化、规范化的新阶段,也为巡视机构充分发挥作用提供了宝贵机遇和广阔舞台。加强

和改进巡视工作,领导小组肩负着重要责任。我们要牢记使命、不负重托,恪尽职守、扎实工作,切实把中央交给的这项重要任务完成好。

第一,要坚持在中央统一领导下开展工作。巡视工作事关全局、责任重大,必须在中央的统一领导下进行。领导小组要认真学习、深刻领会、坚决贯彻党的路线方针政策和中央有关决议、决定,切实把中央的重大决策部署贯彻和体现到巡视工作的全过程和各方面,始终在政治上思想上行动上同党中央保持高度一致。要坚持对中央负责,严格按照领导小组工作规则的规定,对巡视工作中涉及的重大事项及时向中央报告、重大问题及时向中央请示,在严明党的政治纪律、确保中央政令畅通方面作出表率。

第二,要切实加强对巡视工作的领导和指导。要认真履行领导小组的工作职责,根据巡视工作的进展情况,适时召开领导小组会议,听取巡视情况汇报,部署年度和阶段工作,研究提出运用巡视成果的意见和建议;要加强调查研究,及时解决制约巡视工作发展的政策制度问题,加强对省(区、市)和部分中央国家机关及有关单位巡视工作的指导,适时提出推进工作的指导性意见;要加强对中央巡视组的管理和监督,指导和督促他们不断提高巡视工作质量和水平,推动巡视工作健康深入发展。

第三,要加强领导小组自身建设。领导小组的各位成员都担负着本部门的重要领导工作,工作任务十分繁重。大家要统筹兼顾、合理安排,把巡视工作摆上重要日程,加强巡视工作政策和业务学习,切实完成好领导小组交给的任务。要坚持民主集中制,积极参与集体领导,认真抓好分管工作,发挥自身优势,加强协调配合,齐心协力把这项工作做好。要严格遵守《中央巡视工作领导小组工作规则》,不断促进领导小组工作科学化、制度化、规范化。

第四,要紧紧依托中央纪委、中央组织部开展工作。巡视机构的名称虽然变了,但巡视工作中的许多重要事项要经中央纪委常委会和中央组织部部务会研究讨论决定,巡视工作中的一些重要任务要靠中央纪委、中央组织部来完成,巡视成果的运用也要靠中央纪委、中央组织部来落实。我们要继续依托中央纪委、中央组织部做好巡视工作,加强沟通联系和协调配合,同时,要充分调动和发挥各地区各部门的积极性、主动性和创造性,不断增强推进工作的整体合力。

第五,要充分发挥领导小组办公室的职能作用。巡视办作为领导小组的日常办事机构,其工作水平、工作状态和工作成效,对领导小组卓有成效地开展工作具有非常重要的作用。领导小组要加强对巡视办工作的领导,经常听取巡视办的工作汇报,及时帮助他们解决工作中的困难和问题。巡视办要按照《中央巡视工作领导小组办公室工作规则》的要求,积极主动地开展工作,及时传达中央精神和领导小组的部署,认真抓好各项工作任务的落实,加强对巡视工作政策和制度研究,及时向领导小组提出意见和建议;要加强自身建设,建立健全各项工作制度,严格要求,廉洁自律,不断提高干部素质和能力,切实发挥好参谋助手、综合协调和服务保障作用。

(2009 年 12 月 18 日在中央巡视工作领导小组
第一次会议上的讲话)

问责制重在落实[*]

（2008 年 9 月 28 日、2011 年 12 月 17 日）

一

要对近年来推行行政问责制的情况进行总结，进一步健全完善有关工作制度，充分发挥问责制在党风廉政建设中的积极作用，切实践行"对人民负责"宗旨，真正收到"问责一人、教育一片"的效果。

（2008 年 9 月 28 日在《部分干部建议借助集中问责
完善问责制度》一文上的批语）

二

问责制是反腐倡廉的一项重要制度和举措，必须认真贯彻执行。请会同中组部对问责制的执行情况进行一次检查，对舆情反映的一些个案进行核处，以增强这项制度的执

---

[*] 这是贺国强同志关于党政领导干部问责工作的两则批语。

行力。

（2011 年 12 月 17 日在《网民对官员问责的意
见》一文上的批语）

落实党风廉政建设责任制
要抓住三个关键环节*

（2008 年 10 月 20 日）

今年是党中央、国务院颁布实施《关于实行党风廉政建设责任制的规定》10 周年。中央对落实党风廉政建设责任制、扎实推进党风廉政建设和反腐败工作高度重视。近日,胡锦涛同志专门作出重要指示,对进一步落实党风廉政建设责任制提出了明确要求。我们要认真贯彻中央要求,总结 10 年来各地区各部门各单位落实党风廉政建设责任制的经验,进一步提高认识,明确任务,改进工作,更好地推动党风廉政建设责任制的落实,为做好新形势下的党风廉政建设和反腐败工作提供有力保证。

《关于实行党风廉政建设责任制的规定》颁布实施 10 年来,各地区各部门各单位认真贯彻中央要求,在落实党风廉政建设责任制方面取得了明显成效,各级党政领导班子和领导干部的廉政意识和责任意识进一步增强,党风廉政建设和反腐败工作的责任体系进一步完善,反腐败领导体制和工作机

---

* 　这是贺国强同志在全国落实党风廉政建设责任制电视电话会议上讲话的一部分。

制进一步健全,促进了党风廉政建设和反腐败工作的深入开展,为推动科学发展、促进社会和谐提供了有力保障。在落实党风廉政建设责任制的实践中,各地区各部门各单位形成了许多行之有效的做法,为我们进一步落实党风廉政建设责任制积累了经验。同时,也要清醒地看到当前落实党风廉政建设责任制方面存在的问题。比如,有的地方和部门的领导班子和领导干部对执行党风廉政建设责任制的重要性认识不足,"一岗双责"意识淡薄,"一手硬、一手软"的现象仍然存在;有的同志把抓反腐倡廉看作仅仅是纪检监察机关的事,认为与自己关系不大,工作积极性和主动性不强;有的地方和单位纪检监察机构不健全,人员配备不齐,工作力量不足;一些配套制度还不完善,考核评价体系不够科学,考核结果与领导干部业绩评定、奖励惩处、选拔任用挂钩还不紧密;对党风廉政建设方面的失职渎职行为追究力度不够,等等。这些问题,影响了党风廉政建设责任制的落实,必须引起我们的高度重视,并在实践中认真加以解决。

现在,各级领导班子和领导干部抓经济社会发展的责任很重、压力很大,在这种情况下很容易出现忽视抓党风廉政建设的倾向,导致"一手硬、一手软"。对这种现象如果不高度重视和及时纠正,就必然会影响党风政风,影响经济社会发展和各项工作。大量事实证明,凡是重视党风廉政建设的地方和单位,党风政风就好,经济社会发展的环境就好,干部群众干事创业的积极性就高,各项事业发展进步就快。反之,如果一个地方党风政风不正、乌烟瘴气,干部以权谋私、贪赃枉法,就难以吸引投资、汇聚人才、凝聚人心。正如有的同志讲的那样,抓党风廉政建设,同时也是在抓发展环境,抓服务环境,实质上也是在抓经济建设和改革开放。那种把党风廉政建设和反腐败斗争同抓经济建设和改革开放割裂开来甚至对立起来,认为抓了党风廉政建设和反腐败斗争,就会冲击、影响经济建设和改革开放的认识,是没有根据的,也是十分有害的。我们一定要坚持"两手抓,两手都要硬",切实把反腐倡廉建设贯穿于社会主义经济建设、政治建设、文化建设、社会建设各个领域,体现在党的思想建设、组织建设、作风建设、制度建设各个方面。

贯彻落实党风廉政建设责任制,各级领导干部尤其是"一把手"必须切实负起抓党风廉政建设的政治责任。《关于实行党风廉政建设责任制的规定》明确提出,各级领导班子和领导干部不仅要抓好改革发展稳定各项工作,还要对职责范围内的党风廉政建设和反腐败工作切实负起领导责任;不仅要严于律己、以身作则,还要严格要求配偶子女、身边工作人员和下级。只有这样,才是对党和人民的事业真正负责任。如果一个地方、部门或一个单位领导班子的成员接二连三地出问题,"一把手"即使自己是廉洁的,也不能说是称职的。大量事实说明,一个地方、部门和单位领导班子特别是主要领导干部如果不重视党风廉政建设,甚至自己违纪违法,就会助长歪风邪气,就可能毁掉一批干部,带坏一方党风政风和社会风气,影响当地经济社会发展。每一个领导干部,无论是党委领导班子成员还是行政领导班子成员,无论是国有企业领导人员还是高等学校等事业单位领导人员,特别是党政主要领导同志,一定要从讲政治的高度,切实担负起反腐倡廉的政治责任,始终把党风廉政建设和反腐败工作作为关系全局的大事切实抓紧抓好。

责任分解、责任考核、责任追究是落实党风廉政建设责任制的三个关键环节。要紧紧围绕这三个关键环节,制定实施细则和配套规定,明确相关职责,规范工作程序,加强监督检查,严格责任追究,不断完善工作机制,切实增强党风廉政建设责任制的可操作性和有效性。

一是要明确责任分解。落实党风廉政建设责任制,前提是明确责任。责任不明确,制度就难以执行,出现问题也难以追究。各级党委、政府要按照中央关于反腐倡廉建设的总体部署,结合自身实际,认真研究确定本地区本部门本单位党风廉政建设和反腐败工作重点任务,并根据相关部门职能和领导干部岗位职责,将重点任务合理分解到相关职能部门和每一个领导班子成员,细化工作责任,落实责任主体,明确工作目标和工作要求,做到任务分工具体、职责划分清晰、责任要求明确、保障措施有力,使每一个领导干部都知其任、明其职、出其力、尽其责,形成强大的工作合力;使领导班子成员和职能部门真正做到管人与管事相结合、管业务与管党风廉政建设相结合,实现党风廉政建设和反腐败工作与业务工作同部署、同落实。

二是要认真组织考核。落实党风廉政建设责任制,责任考核是一个重要环节,它既是对履行职责、落实任务情况的检查验收,也是进行责任追究的前提和依据。各级党委对下一级领导班子及其主要负责人、本级领导班子副职执行责任制的情况,要按年度进行考核。考核前,要精心研究制定考核方案,明确考核的程序,突出考核的重点,切实提高考核的针对性和实效性。考核中,要严格程序,坚持标准,努力使考核结果客观反映真实情况。考核后,要按照相关规定用好考核结果,除及时予以通报外,要将考核结果纳入对领导班子和领导干部综合考核评价体系之中,与领导干部业绩评定、奖励惩处、选拔任用直接挂钩,形成落实责任制工作考核评价激励机制。

三是要严肃责任追究。责任追究是落实党风廉政建设责任制的有力手段。进行责任追究,目的在于教育和警醒领导干部切实负起抓党风廉政建设的责任,把反腐倡廉工作纳入职责范围,把党风廉政建设责任制落到实处。对在执行党风廉政建设责任制方面严重失职渎职的领导干部,不管是任现职的,还是已经调离、升迁的,都要予以追究;对责任追究工作不力的,有关机关也要按规定对相关人员实施责任追究。要综合运用纪律处分和组织处理两种手段严肃责任追究,加大组织处理力度,坚决把那些不负责任导致重大问题发生的领导干部从领导岗位上调整下来;构成违纪违法的要坚决查处,严肃处理。各级党委要旗帜鲜明地支持责任追究工作。各级纪检监察机关要加强组织协调,形成有效的责任追究协调机制。要注意把握政策界限,正确实施责任追究,把党风廉政建设领导责任与违纪违法直接责任严格区分开来,把主动查找和纠正管辖范围内的腐败问题与失职渎职或故意隐瞒问题严格区分开来,把集体领导责任与领导干部个人的领导责任严格区分开来。要认真总结责任追究的经验,进一步健全和完善相关制度,使之收到"追究一人、教育一片"的效果。

推进改革措施，深化源头治理[*]

（2009 年 6 月 5 日）

　　党的十七大提出，要把反腐倡廉建设放在更加突出的位置，强调要坚持标本兼治、综合治理、惩防并举、注重预防的方针，扎实推进惩治和预防腐败体系建设，在坚决惩治腐败的同时，更加注重治本，更加注重预防，更加注重制度建设，拓展从源头上防治腐败工作领域。当前，反腐倡廉总的形势是好的，消极腐败现象得到进一步遏制，群众对党风廉政建设的满意程度有所提高。但在一些地方和部门，严重腐败案件仍时有发生，反腐倡廉形势依然严峻，反腐败斗争依然呈现出长期性、复杂性、艰巨性。腐败问题之所以易发多发，一些领域中体制机制制度还不完善，使一些腐败行为有机可乘，是一个非常重要的原因。扬汤止沸，不如釜底抽薪。应该说，这些年来，我们查办案件、惩治腐败的力度是大的，我们要在继续保持这种势头的同时，更加注重治本，更加注重预防，更加注重制度建设，始终坚持两手抓、两手都要硬，从源头上不断铲除腐败滋生蔓延的土壤。贯彻"三个更加注重"要求，必须坚持

＊　这是贺国强同志在加强反腐倡廉建设中推进一批改革措施工作座谈会上讲话的节录。

947

把反腐败寓于各项重要改革政策措施之中,通过进一步加大改革力度,巩固和发展反腐败斗争成果,最大限度地遏制腐败现象滋生蔓延势头,最大限度地预防和减少腐败现象。

党的十七大以来,根据中央精神,中央纪委监察部把"推进一批改革措施"作为纪检监察机关"五个一批"重点工作之一,印发了中央纪委监察部机关"推进一批改革措施"工作要点,之后又进一步细化为12项工作任务。各级党委、政府和纪检监察机关认真贯彻落实中央精神,进一步加大治本抓源头工作力度,以改革创新精神不断加强反腐倡廉建设,取得了积极进展。当前和今后一段时间,在加强反腐倡廉建设中推进一批改革措施,总的来讲,要按照中央总体部署,坚持标本兼治、综合治理、惩防并举、注重预防的方针,认真落实《建立健全惩治和预防腐败体系2008—2012年工作规划》和国务院关于深化经济体制改革工作的意见,把推进一批改革措施与教育、制度、监督、纠风、惩治等反腐倡廉其他工作紧密结合起来,以更坚定的态度、更有力的措施、更务实的作风加快推进重点领域和关键环节改革,进一步加大从源头上预防和治理腐败力度,为经济社会又好又快发展提供有力保证。具体来讲,要继续认真治理"五个领域的突出问题"、重点推进"七个方面的改革任务"。

"五个领域的突出问题",一是在工程建设领域,重点要建立招标投标违法行为记录公告平台,推进电子招标投标试点,健全举报投诉处理和案件线索移送机制;二是在房地产开发领域,重点要督促各地开展违规变更规划、调整容积率专项治理,制定城乡规划行政责任追究办法;三是在土地管理和矿产资源开发领域,重点要加强对新上项目执行土地管理法律法规和节约集约用地政策情况的监督检查,坚决纠正违规办理用地和立项审批手续等行为,查处一批违法违规审批和出让探矿权、采矿权的案件;四是在金融领域,重点要研究制定内幕信息知情人管理制度,加大对泄露内幕信息和内幕交易行为的处罚力度;五是在司法领域,重点要推进司法公开,规范司法人员自由裁量权行使,加强对诉讼活动的法律监督。

"七个方面的改革任务",一是在干部人事制度改革方面,重点要规范干部选任初始提名、差额选举、任用重要干部票决制等,逐步扩大干部选任信息公开的内容和范围,进一步完善干部考核评价机制;二是在行政审批制度改革方面,重点要再取消和调整一批审批事项,推广网上审批和行政审批电子监察,完善行政审批信息公开等制度;三是在财税体制改革方面,重点要建立国家财政预算体系,健全现代财政国库管理制度和覆盖各级财政的动态监控机制,推进非税收入收缴管理制度改革;四是在投资体制改革方面,重点要完善企业投资项目的核准制,制定中央预算内直接投资项目管理办法及投资项目决策责任追究意见,抓紧出台代建制管理办法;五是在政府采购制度方面,重点要研究制定政府采购法实施条例,健全政府采购动态监控机制,实施政府采购市场禁入制度;六是在国有企业改革方面,重点要推进中央企业重组和中央企业母公司股权多元化,鼓励中央企业整体或主营业务整体上市;七是在现代市场体系建设及相关改革方面,重点要制定企业国有产权交易操作规则,建立统一的产权交易系统,规范国有产权交易。

贯彻好中央集中出台的
一批反腐倡廉法规制度*

（2009 年 7 月 14 日）

今年 5 月 22 日,中央政治局会议审议通过了《中国共产党巡视工作条例(试行)》(以下简称《巡视工作条例(试行)》)、《关于实行党政领导干部问责的暂行规定》、《国有企业领导人员廉洁从业若干规定》3 项法规制度;6 月 11 日,中央政治局常委会议审议通过了《关于开展工程建设领域突出问题专项治理工作的意见》。在不到 1 个月的时间里,集中出台 4 个反腐倡廉法规和文件,充分体现了中央对党风廉政建设和反腐败工作的高度重视,体现了中央加强反腐倡廉法规制度建设、加大从源头上防治腐败工作力度的决心。我们要深刻理解和全面把握 4 个重要文件的基本精神、主要内容和有关要求,切实把各项制度落到实处。

一是要认真落实《巡视工作条例(试行)》。建立和完善巡视制度,是新形势下加强党内监督的一项制度创新。2003年以来,在党中央的领导下,在中央纪委、中央组织部以及地方党委的共同努力下,巡视工作取得了重要进展和明显成效,

---

＊ 这是贺国强同志在全国纪委书记座谈会上讲话的一部分。

积累了丰富经验,得到党内外的广泛认可,党的十七大把这项制度写进了党章。这次出台的《巡视工作条例(试行)》,对巡视工作的指导思想、基本原则、机构设置、工作程序、人员管理、纪律与责任等作出了明确规定,是规范巡视工作的基础性法规。贯彻落实好《巡视工作条例(试行)》,关键是要坚持党的领导、分级负责、实事求是、客观公正、发扬民主、依靠群众的原则,正确把握巡视的范围和内容,切实加强对党组织领导班子及其成员贯彻执行党的路线方针政策、执行民主集中制、执行党风廉政建设责任制和自身廉政勤政、开展作风建设以及选拔任用干部等方面情况的监督;要规范巡视工作程序,创新巡视工作方式,重视巡视成果运用,抓好巡视整改工作;要加强对巡视工作的领导,重视巡视干部队伍建设,提高巡视干部队伍的整体素质和工作水平。

二是要认真落实《关于实行党政领导干部问责的暂行规定》。权责一致是对领导干部的基本要求,有权必有责,失责要追究。对领导人员的失责行为进行责任追究,是我们党推进依法治国进程的一项重要举措,也是世界各国的通行做法。2008 年以来,按照中央要求,我们对山西襄汾尾矿库特别重大溃坝事故、河北石家庄"三鹿"牌婴幼儿奶粉事件以及贵州瓮安、云南孟连、甘肃陇南等重大群体性事件涉及的一些党政领导干部进行了问责,收到较好的政治和社会效果。这次制定出台的暂行规定,在总结近年来问责工作实践经验的基础上,进一步将党政领导干部问责工作制度化、规范化,有很强的针对性,是加强对领导干部管理和监督的重要法规。贯彻落实好这个暂行规定,关键是要坚持严格要求、实事求是、权责一致、惩教结合、依靠群众、依法有序的原则,把握好政策界限,按照规定的问责情形、方式、程序进行;要搞好问责与纪律处分的衔接,不能以实行问责代替纪律处分,问责后需要追究纪律责任的,要依照有关规定给予党纪政纪处分,涉嫌犯罪的要移交司法机关处理;要慎重对待被问责干部的安排、使用,避免党政领导干部被问责后安排、使用的随意性;要注重发挥问责的积极作用,做好被问责干部的思想工作,督促广大领导干部增强责任意识,忠实履行职责,真正收到"问责一人、教育一片"的效果。

三是要认真落实《国有企业领导人员廉洁从业若干规定》。促进国有企业领导人员廉洁从业,对于保证国有企业改革发展健康顺利进行、促进国有资产保值增值、保障国家和出资人利益、维护职工群众合法权益具有重要作用。这次修订的《国有企业领导人员廉洁从业若干规定》,适应新形势新任务的要求,对国有企业领导人员廉洁从业行为规范、有关职能机构的监督责任、违规行为的处理措施等作了进一步充实和完善。贯彻落实好这个规定,关键是要紧紧围绕加强党性修养和作风建设,引导企业领导人员切实增强廉洁从业意识,严格遵守 5 个方面的行为规范;要建立健全监督制约机制,把廉洁从业的要求贯穿和落实到国有企业决策、管理、生产经营的全过程,做到关口前移、预防在先;要综合运用纪律处分及其他惩戒措施,严肃查处企业领导人员和关键岗位人员违纪违法案件,坚决惩治各种不廉洁行为。

四是要认真落实《关于开展工程建设领域突出问题专项治理工作的意见》。工程建设涉及经济社会发展的各个方面,是腐败现象易发多发的重点领域。特别是在当前中央扩大投资规模、大力加强工程建设的情况下,尤其要治理好工程建设领域的突出问题。中央决定用两年左右时间对工程建设领域的突出问题进行专项治理,不仅对于当前促进扩大内需工程项目廉洁、高效、安全运行具有重要现实意义,而且对于完善惩治和预防腐败体系、从源头上防治腐败具有长远意义。这次出台的《关于开展工程建设领域突出问题专项治理工作的意见》,对专项治理工作的总体要求、主要任务、阶段性目标、工作重点、主要措施以及组织领导等提出了明确要求。贯彻落实好这个意见,关键是要紧紧围绕中央关于扩大内需、促进经济平稳较快增长的决策部署,以政府投资和使用国有资金的项目为重点,认真查找工程建设重点部位和关键环节存在的突出问题,提出改进措施和办法;要落实监管职责,创新监管方式,增强监管实效;要深化改革,创新制度,规范管理,加强市场建设,健全诚信体系;要加大办案力度,严肃查处工程建设领域违纪违法案件;要加强对治理工作的组织领导,建立领导机构,明确部门职责,搞好协调配合,形成工作合力。

完善重大案件剖析
制度和通报制度*

（2009 年 10 月 29 日）

　　党的十七届四中全会《决定》强调"完善重大案件剖析制度和通报制度，发挥查办案件惩戒功能和治本功能"，这对进一步发挥查办案件在推进惩治和预防腐败体系建设中的重要作用提出了新要求。今年以来，发挥查办案件治本功能工作得到了加强，通报了一批案件，对几起影响较大的典型案例作了认真剖析，取得了较好效果。下一步，这方面工作还需要进一步加强。一是要完善重大案件剖析制度。查办案件，惩治腐败分子，挽回经济损失，发挥惩戒和威慑作用，这是办案最直接的作用，也就是我们常说的查办案件工作的前半篇文章。在此基础上，我们还要做好后半篇文章，即对查处的重大案件进行深入剖析，总结教训，从中发现案件背后存在的体制机制制度以及管理上的漏洞和薄弱环节，督促有关单位改进管理、健全制度、堵塞漏洞，从而逐步加大治本力度，从源头上防治腐败。二是要完善重大案件党内通报制度。移送司法机关处

＊　　这是贺国强同志在中央反腐败协调小组第十一次会议上讲话的一部分。贺国强同志当时兼任中央反腐败协调小组组长。

理的省部级以上干部案件,一般都应在党内通报;不移送司法机关但给予党纪政纪处分的省部级以上干部案件,影响大的也要在党内通报。今年我们加大了这方面工作力度。过去担心案件通报多了可能会带来负面影响,现在看来,在网络信息很发达的背景下,正规渠道不通报,小道消息就会满天飞。中央纪委监察部今年查办的几个案件,一采取立案措施就发消息,效果是好的。三是要做好案件宣传报道工作。一些大案要案光在党内通报是不够的,还得见诸媒体。重大案件被立案、被侦破和审判后原则上都应在媒体上报道。报道要坚持分级负责、归口管理,严格审批程序。要增强案件报道的时效性,掌握好时机、分寸,注重政治效果和社会效果。四是要认真做好网上信息的收集、研判、处置工作。五是要选择典型案件开展形式多样的警示教育,力求收到"查办一案、教育一片"的效果,筑牢党员干部拒腐防变的思想防线。

“制度加科技”是
防治腐败的有效途径[*]

（2009 年 11 月—2010 年 10 月）

一

上海探索“制度加科技”方式，用科技手段防止制度走形、保证制度执行、提升防腐效能，取得较好效果。前不久我在上海调研时，也对这项工作进行了考察。请作些跟踪、总结。

（2009 年 11 月 21 日在《上海探索“制度加科技”方式提升防腐功能》一文上的批语）

二

随着经济社会的发展和反腐倡廉建设的推进，腐败现象在得到有效遏制的同时也出现了许多新情况新特点，违纪违法行为日趋复杂化、隐蔽化、智能化，新兴经济领域案件和运

---

* 这是贺国强同志关于总结推广“制度加科技”防治腐败工作经验的两则批语和一篇讲话的节录。

用高新技术手段作案不断增加。这就要求我们必须在坚持运用过去行之有效方式方法的同时,充分发挥现代科学技术尤其是信息技术在反腐倡廉建设中的作用,不断提高惩治和预防腐败的能力。近年来,各地区各部门在这方面作了大量有益尝试。比如,上海等地通过运用"制度加科技"等办法增强监督实效,通过建立电子政务监察系统对权力运行进行实时全程监控和自动预警纠错等,收到了很好的效果。我们要认真总结基层在实践中创造的有益做法和经验,积极探索运用科技手段惩治和预防腐败的有效途径和办法。比如,要运用视频会议系统和数字化办案指挥系统,加强对办案工作的统一领导和组织协调,随时掌握案件进展情况,研究制定突破案件的办法措施,切实做到同步指挥、动态监管;要充分运用新兴媒体、远程教育系统等载体和手段,增强反腐倡廉教育的针对性、实效性和说服力、感染力;要大力推进电子政务建设,逐步把行政审批、政府采购、公共资源交易、服务群众窗口等重点领域和关键环节纳入电子监察范围,增强对权力运行制约和监督的有效性;要建立完善预防腐败信息共享系统,积极推进廉政风险防控机制建设,提高有效防治腐败的能力和水平。

(2010 年 4 月 28 日在中央纪委监察部机关
查办案件工作座谈会上的讲话)

三

中国银行注重源头治理,通过完善管理措施、使用现代信息技术、运用"制度加科技"方式,把反腐倡廉要求与业务工作有机结合起来,既促进了各级管理人员的廉洁自律,又有效防范了经营风险,等等。这些经验和举措值得借鉴。

（2010 年 10 月 26 日在《中国银行关于开展预防腐败工作的情况报告》上的批语）

加强反腐倡廉制度建设[*]

（2010 年 3 月 2 日）

今年 1 月，胡锦涛同志在十七届中央纪委第五次全会上发表了重要讲话，着重阐述了加强反腐倡廉制度建设的重要性、紧迫性和基本要求，对于深入推进党风廉政建设和反腐败斗争特别是反腐倡廉法规制度建设，具有十分重要的意义。我们要认真学习、深刻领会、全面把握讲话的精神实质和主要内容，切实把思想认识统一到中央关于加强反腐倡廉制度建设的要求和部署上来，采取有力措施，推动反腐倡廉制度建设不断取得新进展新成效。

要围绕中心、服务大局，增强反腐倡廉制度建设的针对性和实效性。服从服务于党和国家中心任务和工作大局，是党风廉政建设和反腐败工作的一项基本要求和重要经验，也是加强反腐倡廉制度建设必须坚持的重要原则。党风廉政建设事关全局，要增强政治意识和大局意识，善于把反腐倡廉制度建设的各项任务纳入党和国家的中心任务和工作大局来思考、谋划和部署，使之融入业务工作的各方面，切实做到在开

---

[*] 这是贺国强同志在中央和国家机关贯彻落实胡锦涛同志重要讲话精神加快推进反腐倡廉制度建设任务分工会议上讲话的一部分。

展业务工作的同时推进反腐倡廉制度建设,通过加强反腐倡廉制度建设更好地保证业务工作的开展。当前和今后一个时期,尤其要紧紧围绕加快经济发展方式转变、保持经济平稳较快发展,通过开展中央重大决策部署落实情况的监督检查,及时发现工作中存在的突出问题和薄弱环节,找准廉政风险点,有针对性地建章立制,健全对中央重大决策部署执行情况定期检查和专项督查制度、纪律保障机制,扎实推进反腐倡廉制度建设。

要整体推进、突出重点,增强反腐倡廉制度建设的系统性和协调性。反腐倡廉制度建设是一项复杂的系统工程,涉及经济社会生活各个领域,包含反腐倡廉教育、监督、改革、纠风、惩治等各个方面,必须与中国特色社会主义事业总体布局相适应,与党的建设新的伟大工程总体部署相一致,通盘考虑、总体规划、统筹兼顾、整体推进。要按照建立健全惩治和预防腐败体系的要求,既重视基本法规制度建设,又重视具体实施细则完善;既重视实体性制度建设,又重视程序性制度配套;既重视党内制度建设,又注意与国家法律法规协调;既重视中央立法,又重视地方立法;既重视单项制度设计,又重视各项制度的相互衔接。同时,要突出重点、抓住关键,紧紧围绕解决反腐倡廉建设中存在的突出问题和人民群众反映强烈的问题来推进,通过建立健全制度,切实加强对容易滋生腐败的重点领域和关键环节的管理,并以此来带动整个反腐倡廉制度建设的推进。当前尤其要针对利用人事权、司法权、行政执法权、行政审批权等非法牟利、贪污贿赂、失职渎职、奢靡享乐、腐化堕落等行为,针对人民群众反映强烈的教育、医疗、环境保护、安全生产、食品药品安全、企业改制、征地拆迁、涉农利益、涉法涉诉以及社保基金、住房公积金和扶贫救灾专项资金监管等方面的突出问题,建立健全相关法规制度,不断从源头上有效预防和治理腐败。

要与时俱进、改革创新,增强反腐倡廉制度建设的时代性和创造性。加强反腐倡廉制度建设,既要坚持多年来我们在工作实践中形成的一系列行之有效的制度,保持制度的连续性和稳定性,又要坚持解放思想、实事求是、与时俱进,适应时代发展和实践需要,及时研究新情况、解决新问题、总结新经验,不断推进反腐倡廉制度创新。要抓紧对现有制度进行全面清理,内容和要求已经过时的要及时废止,有明显缺陷的要抓紧修订完善,需要细化的要尽快制定实施细则,需要制定配套制度的要抓紧制定,需要出台新的法规制度的要抓紧研究论证和启动相关工作。要通过深化改革和创新制度巩固改革成果,逐步解决反腐倡廉建设中的深层次矛盾和问题,不断铲除腐败现象滋生的土壤和条件。当前特别要积极推进行政管理体制、干部人事制度、司法体制和工作机制、财税管理体制、投资体制、金融体制和国有资产管理体制改革,进一步减少和规范行政审批,建立健全干部选拔任用监督机制和责任追究制度,健全执法过错、违纪违法责任追究等制度,试行政府重大投资项目公示制,完善财政转移支付制度和政府采购法律制度体系,完善金融账户实名制,建立健全反洗钱工作机制和征信体系。要高度重视现代科学技术尤其是信息技术在反腐倡廉制度建设中的应用,把科技手段融入反腐倡廉制度的设计和制定之中,为反腐倡廉制度创新提供科技支撑。

要深入调研、科学论证,增强反腐倡廉制度建设的科学性和可行性。建章立制是一件非常严肃慎重的大事,涉及调研、立项、试点、起草、修改、论证、发布试行、修订、再发布等诸多环节。要认真细致、深入扎实地做好每个环节的工作,不断提高反腐倡廉制度建设的科学化、民主化水平,确保制定的各项制度行得通、管得住、用得好。一是要加强调查研究。要深入实际、深入基层、深入群众,广泛了解人民群众对反腐倡廉的新要求新期待,充分掌握反腐倡廉建设面临的新情况新问题,及时总结各地区各部门创造的新鲜经验,积极借鉴国(境)外反腐败的有益做法,尤其是要把那些经过实践检验的成功做法上升为制度,把那些通过案例剖析得出的规律性认识运用于制度建设,努力使所制定的制度符合反腐倡廉工作实际,真正做到有效、管用。二是要充分发扬民主。要坚持走群众路线,尊重群众首创精神,广泛听取各方面意见,拓宽党员、群众参与反腐倡廉制度建设的渠道,完善参与的机制、程序和方法,积极发挥专家学者和相关业务部门的作用,进一步提高反腐倡廉制度建设的透明度和公众参与程度,切实使反腐倡廉制度建设集中全党智慧、凝聚社会共识、体现人民意志。三是要加强反腐倡廉理论研究。要深入研究社会主义市场经济条件下共产党执政规律和反腐倡廉建设规律,深入研究反腐倡廉重大理论和实践问题,深入研究新形势下腐败案件发生的特点和规律,积极作出理论回答并及时用于指导反腐倡廉工作实践和制度创新,实现反腐倡廉实践创新、理论创新和制度创新的有机统一。

健全公共资源交易市场*

（2010 年 7 月 12 日、11 月 24 日）

一

天津市探索运用"5+1"（"五个市场、一个中心"[1]）交易管理模式,促进形成统一规范的公共资源交易市场,与此相应,调整市纪委监察局有关厅室职能,这一做法很有创意,请予以关注。

（2010 年 7 月 12 日在《天津市委关于贯彻反腐倡廉创新经验交流会的情况报告》上的批语）

二

这三份材料介绍的重庆、杭州、南平等地推进"公共资源、公共资产、公共资金"管理和交易改革的做法很好,建立交易平台,实行阳光营运,健全相关制度,力求从源头上防治

腐败。请注意总结推广这方面的经验。

　　　　（2010 年 11 月 24 日在《重庆、杭州、福建南平等地
　　　　积极推进国有企业产权交易制度创新、确保国有
　　　　资产阳光交易保值增值》一文上的批语）

执行好领导干部报告个人
有关事项两项法规制度*

(2010 年 11 月 3 日、2012 年 3 月 9 日)

一

2010 年 5 月,中央颁布了《关于领导干部报告个人有关事项的规定》和《关于对配偶子女均已移居国(境)外的国家工作人员加强管理的暂行规定》两项法规制度。其中,《关于领导干部报告个人有关事项的规定》明确提出,把领导干部本人婚姻变化和配偶子女移居国(境)外、从业等事项,领导干部本人的收入以及本人或配偶、共同生活子女的房产、投资等事项纳入报告个人有关事项的范围;《关于对配偶子女均已移居国(境)外的国家工作人员加强管理的暂行规定》,对适用人员配偶子女移居国(境)外情况报告、任职岗位规范、办理公共事务回避、办理因私出国护照和往来港澳台地区的通行证件、申请因私出国(境)或者移居国(境)外等事项及出入境证照的管理、违规行为处理等问题作出了明确规定。这

---

* 这是贺国强同志关于贯彻落实领导干部报告个人有关事项两项法规制度两次讲话的节录。

两项法规制度非常重要,政策性强、涉及面广、情况复杂,中央高度重视,社会广为关注。按照中央要求,2011 年 1 月这两项法规制度就要在全国范围正式实施。为了做好正式实施工作,我们选择有关部门和单位开展了联系点工作,先行先试,以便及早发现问题、及时解决问题。从前一段情况看,联系点工作做得是好的,为正式实施积累了经验、创造了条件。下一步工作中,要注意把握以下几点。

第一,要进一步提高认识、统一思想。近年来,社会上对一些领导干部违反廉洁自律的突出问题和"裸官"现象意见很大。按照中央要求,顺应群众期待,我们把这方面的问题作为解决反腐倡廉建设中人民群众反映强烈突出问题的重要内容,抓紧起草修订了两项法规制度。这两项法规制度出台以后,整个社会反响是好的,广大党员干部也是拥护的。但是从面上反映的情况和联系点工作情况来看,还需要进一步搞好宣传教育,促进广大党员干部提高认识、统一思想,深刻理解贯彻实施两项法规制度的重要意义,切实增强贯彻实施两项法规制度的自觉性,从而更好地搞好廉洁自律、从严管好自己。

第二,要准确把握文件精神,严格按照文件要求进行填报和搞好相关管理、监督工作。这两项法规制度,是在有关方面进行了大量调查研究基础上、经过反复论证形成的,也是经过中央审议批准的,文件的内容、措施都是严密的,都是当前应该做和能够做的。这次申报工作最主要的任务就是先把报告制度建立起来,这本身就是对党员干部廉洁自律一次很好的教育。当前重点要组织广大党员干部进一步学习领会好文件精神和内容,把握政策界限,特别是要严格按照文件规定的适用范围、报告内容以及受理、核实、查阅、保管等程序执行,确保贯彻实施工作健康顺利进行。

第三,要加强调查研究,适时研究制定有关配套政策措施。两项法规制度的贯彻实施涉及许多具体问题,需要逐步研究制定配套措施。中央纪委、中央组织部有关单位要在以往工作的基础上再进行深入调查研究,制定有关政策和配套措施。目前,要在调查研究和联系点工作的基础上,以中央纪委、中央组织部的名义尽快出台一个关于做好两项法规贯彻实施工作的指导意见,把一些在联系点工作中反映出来的、需要明确而且能够明确的问题予以明确,以便促进这项工作的顺利开展。其他配套性文件也可以随着工作的推进,成熟一个下发一个。

第四,要认真抓好 2011 年的首次申报工作。与以往的领导干部报告个人有关事项的要求相比,这次申报的内容增加了,申报人员的面也扩大了,而且是这两项法规制度出台后的第一年申报,对于今后整个申报工作具有基础性、关键性的作用。因此,一定要认真负责、严肃对待,确保顺利实施、不走过场。具体来讲,一是要面广。就是要尽量扩大申报面,切实做到没有特殊情况的都要申报,即使有特殊情况 2011 年 1 月申报不了的,以后也要补报,确保申报工作的覆盖面。二是要准确。就是要严格根据文件精神和要求来申报,该申报的必须申报。三是要真实。就是要引导干部消除思想顾虑,如实申报有关内容,确保真实填报。

第五,关于自查自纠的问题。对这个问题,目前可以明确以下几点：一是不能搞运动性质的自查自纠。二是对于那些通过申报发现的违反纪律规定的问题，要鼓励干部自动改正、自动纠正。三是有些政策界限不明确的问题，可以先申报，等政策明确以后再纠正。对于那些通过申报发现的具有普遍性的问题，中央纪委、中央组织部可以考虑指定专人对这些申报材料进行阅看和研究，提出解决问题的对策措施。

第六，要严肃查处典型的违纪违法案件。通过申报工作，总会发现一些典型甚至严重的违纪违法案件，对这些案件要严肃查处。但是，对于主动申报和主动纠正存在问题的干部，应有一个实行从宽处理的政策，以便鼓励领导干部自觉纠正存在的违纪违法问题。

（2010 年 11 月 3 日在"两项法规"
联系点工作汇报会上的讲话）

二

为了促进领导干部廉洁自律，同时也为了给今后制定财产申报制度打下基础、创造条件，2010 年中央出台了《关于领导干部报告个人有关事项的规定》和《关于对配偶子女均已移居国（境）外的国家工作人员加强管理的暂行规定》两项法规制度。2011 年，中央纪委、中央组织部在全国范围内组织开展了领导干部报告个人有关事项等两项法规制度的第一次申报工作。从汇总分析情况看，申报率是好的，除了因病、出国等特殊情况，按照规定应该申报的基本上做到了 100% 申报。制定实施两项法规制度是促进领导干部廉洁自律的重要途径,但这并不意味着落实两项法规制度仅靠领导干部的自律。比如,《关于领导干部报告个人有关事项的规定》明确提出,根据工作需要,组织(人事)部门、纪检监察机关(机构)可以对报告情况进行汇总综合,对存在的普遍性问题进行专项治理;同时,纪检监察机关(机构)、组织(人事)部门和检察机关还可以按照规定对有关情况进行核查。首次申报结束后,中央纪委、中央组织部就安排专人对中管干部申报情况进行了阅看、汇总和分析,发现申报中确实存在故意不报、瞒报、漏报等不如实申报的问题。比如拿房产来讲,有的领导干部可能同时拥有福利房、商品房等几套住房,只要是合法取得,都是政策所允许的,但应该如实申报,而有的领导干部却没有如实申报。针对这种情况,我们一方面要继续抓好已有制度的落实,督促领导干部如实报告有关情况;另一方面,也要研究如何利用好申报成果的问题,我们考虑今年先对省级领导干部申报情况进行综合分析研究。切实做好领导干部报告个人有关事项等两项法规制度的落实和完善工作,本身就是为建立财产申报制度进行探索、积累经验。

（2012 年 3 月 9 日在参加十一届全国人大
五次会议河南代表团审议时的发言）

建立健全对中央重大决策部署
执行情况监督检查的长效机制[*]

（2010 年 11 月 24 日）

  党的十七大以来，我们按照中央的要求，紧紧围绕党和国家重大决策、重要工作、重大活动、重大事件，及时跟进，全程参与，重点开展了对中央关于推动科学发展重大决策部署、扩大内需促进经济增长政策贯彻落实情况，汶川特大地震、玉树强烈地震、舟曲特大山洪泥石流等抗灾救灾和灾后恢复重建，中央关于维护民族团结和社会稳定政策措施，筹办北京奥运会、上海世博会和广州亚运会等一系列监督检查工作，取得了积极成效。实践证明，这样做，有利于及时发现和纠正工作中的失误和偏差，保证和促进中央重大决策部署的贯彻落实，维护中央权威，确保中央政令畅通；有利于监督关口前移，起到警示和威慑作用，减少腐败现象发生，从而更好地爱护和保护干部；也有利于充分发挥纪检监察机关的职能作用，增强纪检监察工作针对性和实效性，使广大纪检监察干部在参与党和国家中心工作的实践中经受锻炼考验、提高素质能力。党的

---

* 这是贺国强同志在中央扩大内需促进经济增长政策落实暨治理工程建设领域突出问题检查组秋季检查汇报会上讲话的一部分。

十七届四中全会明确提出,要健全对中央重大决策部署执行情况定期检查和专项督查制度、纪律保障机制。党的十七届五中全会再次强调,要严明党的政治纪律,健全对中央重大决策部署执行情况纪律保障机制,确保中央政令畅通。这是对长期以来特别是近年来加强对中央重大决策部署执行情况监督检查工作的经验总结,也是中央着眼于新形势下严明党的政治纪律、保证中央政令畅通、维护党的集中统一、推进党和国家事业发展提出的重大战略课题。我们要按照中央要求,进一步总结经验、把握规律,抓紧建立健全对中央重大决策部署执行情况监督检查的长效机制,促进监督检查工作科学化、制度化、规范化,为中央重大决策部署的贯彻落实提供有力保证。

一、健全监督检查及时跟进机制

开展监督检查,贵在及时、有力、有效。只有紧跟形势任务和中央决策部署,切实做到及时介入、迅速启动、扎实推进,监督检查工作才能真正发挥服务、保障和促进中央重大决策部署贯彻落实的积极作用。

一是要合理确定监督检查任务。党和国家各方面工作千头万绪、任务繁重,如何确定监督检查任务,是开展监督检查工作的首要问题。这就要求我们必须增强政治意识、大局意识和工作敏锐性、鉴别力,密切跟踪了解国际国内形势的发展变化,全面把握党的路线方针政策,紧紧围绕党和国家的中心任务和工作大局,抓住事关我国经济社会长远发展的重大决策、事关改革发展稳定全局的重要工作、中央高度重视和国内外广泛关注的重大活动、关系广大人民群众切身利益的重大问题等,合理确定监督检查任务,报请中央批准后及时对监督检查工作作出安排部署。

二是要及时建立监督检查工作体系。监督检查任务确定后,要根据不同任务的性质、特点和要求,组建相应层级和范围的领导机构和工作机构,比如组建中央和地方各级专项监督检查工作领导小组和检查组,并选调政治强、业务精、作风好的干部包括相应的专业人员参加监督检查工作,为开展监督检查提供有力组织保证。

三是要不断完善监督检查工作部署。要紧密结合形势任务的发展变化、中央重大决策部署贯彻落实的进展情况和监督检查工作实际,适时对监督检查工作的进展和成效进行评估,针对工作中存在的薄弱环节和遇到的新情况新问题,及时调整监督检查的工作重点、工作环节、时间安排和力量投入等,确保监督检查工作顺利进行。阶段性专项检查或集中检查结束后,要在搞好总结的同时,适时将监督检查任务转入常态工作之中。

二、健全监督检查领导协调机制

对中央重大决策部署执行情况开展监督检查,政策业务性强、涉及领域广、工作任务重、社会影响大,需要各地区各部门各单位通力协作、共同完成。

一是要强化统一领导。对中央重大决策部署执行情况开展监督检查,必须在中央的统一领导下进行。各地区各部门各单位以及各级监督检查领导机构和工作机构要认真贯彻中央的决策部署,严格按照中央要求开展工作,并及时向中央领导小组报告工作情况,一些重要情况、重要问题、重要措施要向中央请示汇报。

二是要明确职责任务。各级党委、政府要切实担负起在本地区贯彻落实中央重大决策部署和开展监督检查的双重领导责任,强化监督责任,明确目标任务,落实工作分工,提出纪律要求,狠抓工作落实;党委、政府的有关职能部门要切实承担起监督检查的主体职责,按照职责分工,抓好中央重大决策部署在本部门本系统本行业的贯彻落实,同时发挥职能优势,认真完成好本部门所承担的监督检查任务;各级纪检监察机关要积极协助党委、政府抓好监督检查工作,加强组织协调、综合指导、督促检查,严肃查办违纪违法案件,督促有关部门认真履行职责,推动监督检查工作深入开展。监督检查工作领导小组要切实履行牵头抓总职责,加强组织领导和工作指导,认真研究重要事项,协调解决重大问题,制定有关政策规定,确保监督检查工作扎实推进;领导小组办公室要发挥好参谋助手、综合协调和服务保障作用,加强与各地区各部门各单位的沟通联系,全面掌握工作进展情况,及时传达中央精神和领导小组的部署,研究提出推进工作的意见和建议,认真抓好各项任务落实;各检查组要按照规定范围、内容、程序和方式开展工作,深入实地开展监督检查,了解掌握真实情况、研究提出整改落实建议,并及时向领导小组报告;被检查单位要积极主动配合检查组工作,认真抓好整改落实。

三是要加强协调配合。要确保监督检查工作取得实效，各监督检查主体既要各司其职、各负其责，又要密切配合、形成合力。要密切工作衔接，切实形成联系紧密、沟通顺畅、运转协调、配合有力、规范有序、优势互补的工作格局，增强监督检查工作的系统性、协调性、整体性、有效性；要实现资源共享，畅通各监督主体之间在政策精神、文件资料、调研成果、工作信息、技术力量、工作成果等方面的交流渠道，切实做到互通有无、成果共用；要开展业务互助，对监督检查工作中涉及的专业性、技术性问题或需要协助的事项，要积极组织力量予以解决，切实做到一方有求、各方支援；要加强案件协查，认真受理群众信访举报，拓宽案件线索来源，及时向纪检监察机关和司法机关移送案件线索，积极协助执纪执法机关做好案件查处工作。

三、健全监督检查科学运作机制

监督检查工作是一项复杂的系统工程，必须建立一套科学、合理、规范、高效的工作和业务流程。从近年来监督检查工作的实践来看，一般情况下应主要抓好以下几个环节。

一是制定工作方案、精心组织实施。要在把握政策界限、深入调查研究、科学分析论证的基础上，研究提出监督检查工作的总体方案，明确工作的指导原则、目标任务、工作措施、实施步骤、基本要求等，并结合各监督检查主体的工作职责，将工作任务细化分解到每个地区、部门和单位，切实做到任务明确、责任到人，事事有人抓、件件有落实，确保监督检查工作有目标、有计划、有步骤地进行；要根据中央重大决策部署贯彻落实的具体情况，适时派出检查组深入有关地区、部门和单位开展集中检查，通过实地调查、参加会议、听取汇报、查阅资料、与干部群众座谈等方式，了解真实情况，摸清工作底数。

二是及时发现问题、抓好整改落实。发现问题、解决问题是开展监督检查工作的重要目的。要充分发挥各方面的职能优势，综合运用多种措施和手段，找准被检查地区、部门和单位在贯彻落实中央重大决策部署中存在的突出问题，并深入分析存在问题的原因，督促有关方面明确整改责任、确定整改目标、制定整改措施、落实整改任务，切实做到能够立即解决的要立即整改，暂时不能解决的要提出明确的整改时间表，整改效果不好的要重新进行整改，确保每个问题都整改到位、不留隐患。

三是严格执行纪律、严肃查办案件。要严格责任追究，认真落实党政领导干部问责制，对贯彻落实中央重大决策部署态度不坚决、措施不得力、效果不明显，或者因决策失误、滥用职权、监管不力以及不作为、乱作为等，造成重大损失或者恶劣影响的，要严肃追究领导干部和相关人员的责任；要加大办案力度，坚持依纪依法、安全文明办案，严肃查处贯彻落实中央重大决策部署中的违纪违法行为，切实做到发现一起查处一起，决不姑息迁就。

四是及时反馈意见、完善政策措施。要把在监督检查中发现的薄弱环节和突出问题，及时向被检查地区、部门和单位进行反馈，督促他们认真查找管理和制度上的漏洞，建章立制、改进工作；要把各地区各部门各单位在贯彻落实中央重大决策部署中存在的普遍性、政策性问题及时向中央有关部门反映,以便进一步完善政策措施、研究对策举措,为中央重大决策部署的有效贯彻落实提供政策支持。

五是搞好舆论宣传、营造良好氛围。要把加强舆论宣传作为监督检查工作的重要环节,通过召开新闻发布会、媒体公开报道等方式及时向社会公布监督检查的有关政策规定、进展情况、检查结果和工作成效,特别是要适时公布重大违纪违法案件的有关情况,以回应社会关切、引导社会舆论,为监督检查工作营造良好社会氛围。

六是及时总结经验、推动成果运用。要认真总结各地区各部门各单位在贯彻落实中央重大决策部署实践中创造的好做法好经验,发现先进典型,推广成功做法,加强示范引导,不断提高中央重大决策部署贯彻落实的有效性;要把查找各地区各部门各单位贯彻落实中央重大决策部署中存在问题的过程作为加强和改进监督检查工作的过程,认真总结各地区各部门各单位特别是基层开展监督检查的成功经验和有益做法,不断健全和完善监督检查工作的有关制度,提高监督检查工作的质量和水平。

四、健全监督检查常态运行机制

推动中央重大决策部署贯彻落实,既需要组织专门力量开展集中检查,更要依靠各地区各部门各单位认真履行职责、加强日常监管,实现监督检查工作的常态化。

一是要加强思想教育,增强各地区各部门各单位履行日常监管职责的责任感和紧迫感。要广泛深入宣传贯彻落实中央重大决策部署和加强经常性监督检查工作的重大意义,引导各级党委、政府切实把监督检查工作纳入工作总体布局,同经济社会发展工作一起研究、一起部署、一起推进;引导各部门把监督检查工作与业务工作紧密结合起来,寓监督检查于项目审批、财务审计、业务审核、行业监管等日常工作之中,认真履行部门和行业监管职责;引导各级纪检监察机关认真履行纪律检查和行政监察两项职能,加强和改进执法监察、廉政监察和效能监察,加强对经常性监督检查的组织协调和分类指导,推动经常性监督检查工作深入开展。

二是要深化改革和加强制度建设,推动各地区各部门各单位日常监管工作制度化、规范化。要督促各地区各部门各单位深化体制机制改革,着力解决影响中央重大决策部署贯彻落实和开展监督检查的体制机制障碍;要加强制度创新,针对存在的突出问题和薄弱环节建章立制,同时不断完善和认真落实已有制度,着力提高制度执行力、增强制度实效性。

三是要坚持公开透明,增强日常监管工作的公信度和社会参与度。要认真落实《关于党的基层组织实行党务公开的意见》和《政府信息公开条例》等有关规定,把党务公开与政务公开、厂务公开、村(居)务公开、公共事业单位办事公开等有机结合起来,相互促进、协调运转,督促各地区各部门各单位把日常监管工作置于人民群众的监督之下,拓宽群众参与渠道,发挥人民群众的监督作用,使日常监管工作在阳光下运行。

四是要创新方式方法,增强各地区各部门各单位开展日常监管工作的创造性和有效性。要在坚持和运用以往行之有效的好做法好经验的同时,把全面检查和重点检查、经常性检查和专项检查、传统检查方式和现代科技手段结合起来,努力使监督检查工作形式更灵活、方法更多样、成效更明显。

五是要加强考核评估,增强各地区各部门各单位搞好日常监管工作的积极性和主动性。要完善日常监管考核评估体系,加强绩效考核和管理,把中央重大决策部署贯彻执行情况及监督检查工作情况作为地方、部门领导班子和领导干部考核评价的重要内容,切实加强对各地区各部门各单位领导班子和领导干部履行日常监管职责情况的考核,对贯彻落实中央重大决策部署以及开展监督检查工作成效显著的单位和个人要以适当方式予以表彰奖励,以激发各地区各部门各单位和各级领导干部的工作积极性。

全面实行党的基层组织党务公开*

（2010 年 12 月 14 日）

实行党内民主是马克思主义政党的本质特征和基本政治原则，实行党务公开是加强党内民主建设的重要举措。按照中央的要求和部署，由中央纪委牵头的中央党务公开工作领导小组经过认真研究，确定了党务公开先从党的基层组织抓起，自下而上、循序渐进、稳步实施的基本思路，从全国选择了50 个不同领域、不同类型、工作基础较好的党的基层组织作为党务公开工作联系点，先行先试。各级党组织紧密结合实际，积极开展了党务公开的实践与探索。在深入调查研究、广泛征求意见、总结实践经验基础上，中央有关部门研究制定并经中央审批同意，于今年 9 月由中央办公厅印发了《关于党的基层组织实行党务公开的意见》（以下简称《意见》）。《意见》作为我们党关于党务公开的第一个规范性文件，集中体现了中央关于推进党务公开的决策部署和工作要求，也是对近年来各级党组织推进党务公开实践经验的科学总结。认真贯彻落实《意见》，实行党的基层组织党务公开，对于新形势

---

* 这是贺国强同志在全国党的基层组织党务公开工作电视电话会议上讲话的主要部分。

下加强和改进党的建设、推进社会主义民主政治建设,具有十分重要的意义。各级党组织要认真落实中央要求,充分认识党的基层组织实行党务公开的重要意义,精心组织,周密部署,切实把这项工作抓紧抓好。

一、全面把握和认真落实《意见》关于党的基层组织实行党务公开的基本要求和主要任务

《意见》全面阐述了党的基层组织实行党务公开的重要意义、指导思想、基本原则、主要任务、制度保障和组织领导等内容。我们要认真学习、全面把握《意见》的基本精神和主要内容,明确任务,落实责任,扎实做好党的基层组织党务公开工作。

第一,要搞好宣传教育,提高思想认识。党的基层组织实行党务公开,涉及全党 380 万个基层党组织和 7800 多万名党员,必须加强宣传教育,切实把各级党组织和广大党员的思想与行动统一到中央要求和部署上来。要采取多种形式,深入宣传中央关于党的基层组织实行党务公开的要求和部署,帮助各级党组织和广大党员全面掌握《意见》的精神实质、主要内容和基本要求,增强推进党的基层组织党务公开的工作责任感和紧迫感;要深入宣传党章赋予党员的各项民主权利和义务,引导广大党员正确行使民主权利、切实履行党员义务,积极参与党的基层组织党务公开各项工作,不断提高民主参与的素质和能力;要深入宣传党的基层组织实行党务公开取

得的成效、经验和涌现出的先进典型,及时回应社会关切,正确引导社会舆论,营造良好社会氛围。

第二,要明确职责任务,抓紧全面推开。党的基层组织实行党务公开,涉及面宽、情况复杂,必须在党委的统一领导下进行。各级党委(党组)要认真执行党建工作责任制和党风廉政建设责任制,加强组织领导,建立由党委(党组)主要领导或分管领导任组长、有关部门和单位负责人参加的党务公开工作领导小组,明确办事机构,统一组织、协调和指导党的基层组织党务公开工作,切实形成党委(党组)统一领导、各有关部门齐抓共管、一级抓一级、层层抓落实的工作格局。各级党务公开工作领导小组及其成员单位要加强分类指导,及时解决工作中遇到的困难和问题,为党的基层组织实行党务公开提供有力指导和服务;要加强监督检查,通过开展专项检查、聘请党务公开监督员等形式,加强对党的基层组织党务公开工作的监督,确保党务公开工作机制制度健全,公开的内容真实全面,公开的程序规范严谨;要强化考核评价,把党的基层组织党务公开工作情况作为党组织及其主要负责人年度工作考核和党建工作考核的重要内容;要加大责任追究力度,对不及时公开、不按规定公开、拒不实行公开或弄虚作假的要严肃批评教育、限期整改落实,对情节严重、造成恶劣后果的要严肃追究有关领导和直接责任人的责任。广大基层党组织要发挥在本级组织实行党务公开的责任主体作用,特别是基层党组织主要负责人要担负起第一责任人的职责,按照《意见》要求和上级党组织的部署,紧密结合实际,研究制定切实可行的具体实施方案,精心组织实施好党务公开工作,切实把党务公开在企业、农村、机关、学校、科研院所、街道社区、社会组织和其他单位党的基层组织全面推开,确保到 2011 年底在全国基层党组织中全面实行党务公开。

第三,要规范运作程序,依纪依法办事。党的基层组织实行党务公开是一项政治性、政策性很强的工作,必须严格按规定办事、按程序操作。从近年来各地区各部门各单位的实践看,要着力抓好以下三个环节。一是要规范公开内容。要把党组织决议、决定及执行情况,党的思想建设情况,党的组织管理情况,领导班子建设情况,干部选任和管理情况,联系和服务党员、群众情况,党风廉政建设情况以及其他应当公开的事项等列入公开目录,按照规定及时主动公开;同时,要尊重党员意愿,凡党员关心的热点、难点问题,除涉及党和国家秘密等依照规定不宜公开或不能公开的外,都应当公开。二是要规范公开程序。要严格遵循制定目录、实施公开、收集反馈、归档管理等程序,有序开展党的基层组织党务公开工作。县(市、区、旗)党委和有关党组织要按照中央要求和省部级党委(党组)的意见,分类制定所属党的基层组织党务公开目录,合理确定公开的内容、范围、形式、时限等。基层党组织要依照公开目录认真实施公开。在公开过程中,要认真收集党员对党务公开情况的意见和建议,及时作出处理或整改,并将结果向党员反馈;公开结束后,要对公开的党务信息资料及时登记归档,并做好管理利用工作。这里要强调的是,对于可以向党外公开的事项,要按照先党内后党外的原则,以适当方式向人民群众和社会公开,主动接受人民群众和社会监督。三是要规范公开方式。坚持形式服从内容、注重公开实效,把传统公开方式与现代科技手段结合起来,既要用好党内会议、文件、简报、公开栏等传统手段,又要积极探索运用网络、电视、电子显示屏等现代信息手段实行公开的方法,确保党务公开的时效性。

第四,要紧跟形势任务,突出公开重点。党的基层组织实行党务公开,既要全面公开基层党组织自身建设情况和各方面工作情况,又要紧紧围绕党和国家工作大局特别是抓住基层党组织的重点任务进行,通过党务公开更好地凝聚各方面力量、推动任务完成。当前和今后一个时期,尤其要着力抓好以下三个方面情况的公开。一是要及时公开贯彻落实党的十七届五中全会和中央经济工作会议精神的情况,进一步完善贯彻落实中央决策部署的思路措施,及时发现和解决影响制约科学发展的突出问题,促进加快转变经济发展方式、推动经济社会又好又快发展。二是要及时公开加强和改进新形势下群众工作的情况,倾听群众呼声,回应社会关切,接受群众监督,及时发现、认真解决和适时公开有关征地拆迁、住房保障、低保社保、食品药品安全、环境保护、安全生产、抗灾救灾和灾后恢复重建等涉及民生的突出问题,坚决纠正损害群众利益的不正之风,切实维护人民群众合法权益。三是要及时公开基层党建工作的重要情况,尤其是要结合基层党组织换届和领导班子调整的实际,及时公开干部选任和管理情况,认真听取党员和群众意见。

第五,要总结实践经验,完善制度保障。党的基层组织实行党务公开是一项新的实践,必须认真总结经验、健全工作制度,以完善的制度巩固工作成果、推动工作开展。各级党组织要尊重基层和群众的首创精神,积极鼓励和大力支持基层党组织在实行党务公开中的创新实践,并深入调查研究、认真总结经验,及时研究工作中遇到的新情况新问题,不断把握工作特点和规律,积极探索工作的新思路新办法,增强党的基层组织党务公开工作的科学性和实效性。要加强制度建设,进一步健全党内情况通报、党内情况反映、重大决策征求意见、党内事务听证咨询、党员定期评议基层党组织领导班子成员等制度,畅通党内信息上下互通和党员意见表达渠道;进一步建立健全例行公开、依申请公开以及监督检查、考核评价等制度,不断提高党的基层组织党务公开工作的科学化、制度化、规范化水平。

二、以贯彻落实《意见》为契机,切实
推动各类公开工作深入发展

推进党务公开既是一项长期的战略任务,也是一项复杂的系统工程。我们要以贯彻落实《意见》为契机,把党的基层组织实行党务公开作为推进党务公开的基础性工程来抓,既要认真落实好《意见》提出的各项要求和措施,又要以党的基层组织党务公开推动各类公开工作深入发展,不断提升党务公开工作水平。

第一,要推动党的基层组织党务公开与其他各类公开相互促进、协调运转。党的基层组织实行党务公开对其他各类公开工作具有重要推动作用。各地区各部门各单位要坚持统筹兼顾、系统运作,把党的基层组织党务公开与政务公开、司

法公开、厂务公开、村(居)务公开、公共事业单位办事公开等工作有机结合起来,既注意在党务公开中吸收借鉴其他方面公开工作比较成熟的做法和经验,又注意将党务公开中的重要决策和主要措施在其他方面公开工作中体现出来,使之有效衔接、协调运转。各级政府及其职能部门要认真贯彻《政府信息公开条例》,把公开政府重大决策制定、落实情况与公开党组织决议、决定及执行情况等紧密结合起来,不断提高决策的科学性和执行的有效性;各级司法机关要积极推进司法公开,把除法律法规规定不能公开之外的警务、检务、审务、狱务都置于人民群众监督之下,让司法权在阳光下运行;国有企业和集体企业要把公开厂务管理、生产经营等情况与公开企业党组织发挥政治核心作用、促进"三重一大"集体决策制度贯彻落实等情况紧密结合起来,努力形成促进企业改革发展、维护职工合法权益的合力;农村和城市社区要把公开集体资金、资产、资源管理以及农民直接补贴等情况与公开党组织活动、干部履职等情况紧密结合起来,不断提高服务群众、凝聚人心、化解矛盾、维护稳定的能力和水平;学校、医院等公用事业单位要把公开人民群众普遍关心、涉及群众切身利益的各类事项与公开党组织联系、服务群众等情况紧密结合起来,为人民群众提供更加便捷、周到、优质、高效的服务。

第二,要加强市、县两级党务公开工作联系点建设。根据中央要求,党务公开要坚持自下而上、由点到面,先从党的基层组织实行,不断探索实践、总结经验,成熟后再逐步向党的地方组织推开。明年,中央党务公开工作领导小组办公室将从每个省(区、市)选择1—2个市(地、州、盟)和部分县(市、区、旗)作为地方党组织党务公开工作联系点,先行部署,积累经验,探索规律。各省(区、市)党委要结合本地区实际,加强地方党组织党务公开工作联系点建设,综合考虑经济社会发展状况、工作基础等各种因素,选准、选好联系点,加强调查研究,加大指导力度,及时总结经验,积极探索地方党组织实行党务公开的有效途径和方法。

第三,要推进县委权力公开透明运行试点工作。县委担负着把党的路线方针政策贯彻落实到基层的重要职责。推进县委权力公开透明运行,是规范县委权力行使、强化权力监督、从源头上防治腐败的重要举措,也是推进党务公开、发展党内民主的重要内容。去年以来,中央纪委、中央组织部选择部分县(区)开展了县委权力公开透明运行试点工作,取得了较好成效。今年 11 月,在认真总结试点单位实践经验基础上,经中央同意,中央纪委、中央组织部印发了《关于开展县委权力公开透明运行试点工作的意见》,对这项工作作出具体部署。各省(区、市)党委要高度重视试点工作,切实加强组织领导,明确有关职能部门的职责和任务,精心部署安排,狠抓工作落实。各省(区、市)纪委和党委组织部要把试点工作列入重要议事日程,加强组织协调、综合指导、督促检查,确保试点工作有序推进。各试点单位要结合实际精心制定方案,建立工作机制,完善配套措施,积极探索创新,确保完成好试点工作任务。

进一步完善反腐败
领导体制和工作机制[*]

（2010 年 12 月 21 日）

　　我们党历来高度重视全党动手抓党风廉政建设，历来高度重视落实领导班子和领导干部在党风廉政建设中的领导责任。《关于实行党风廉政建设责任制的规定》作为党风廉政建设和反腐败工作的一项重要基础性法规，自 1998 年颁布实施以来，在促进各级党委和政府抓好党风廉政建设和反腐败斗争、使党不断增强拒腐防变能力和抵御风险能力、提高领导水平和执政水平方面发挥了重要作用。各级党委、政府和领导干部认真落实党风廉政建设责任制，深入推进反腐倡廉建设，取得了显著成效，积累了宝贵经验。根据形势发展和实践需要，特别是针对贯彻落实该规定中存在的一些薄弱环节，中央纪委在认真调查研究、广泛征求意见的基础上，对这个规定进行了修订。今年 11 月，党中央、国务院印发了新修订的《关于实行党风廉政建设责任制的规定》（以下简称《规定》），这是我们党在新形势下坚持党要管党、从严治党方针，深入推进

＊　这是贺国强同志在学习贯彻《关于实行党风廉政建设责任制的规定》座谈会上讲话的一部分。

党风廉政建设和反腐败斗争的一项重要举措,是关系党的建设工作全局的一件大事,对于保证中央反腐倡廉决策部署的贯彻落实、推动做好党和国家工作具有重要意义。落实党风廉政建设责任制,核心在于明确各级领导班子和领导干部在党风廉政建设中的责任。新修订的《规定》进一步明确和强化了领导班子和领导干部在党风廉政建设中的责任,增加了责任分解、加强权力制约和监督、加强作风建设等内容。我们要以学习贯彻《规定》为契机,进一步强化各级领导班子和领导干部的相关责任,切实做到职责划分清晰、任务分工具体、工作要求明确、保障措施有力,进一步巩固和发展党委统一领导、党政齐抓共管、纪委组织协调、部门各负其责、依靠群众支持和参与的反腐败领导体制和工作机制,增强推进党风廉政建设和反腐败斗争的整体合力。

第一,各级党委、政府要高度重视、加强领导。各级党委、政府要切实担负起全面领导党风廉政建设和反腐败工作的政治责任,坚决贯彻中央有关方针政策和工作部署,把党风廉政建设作为党的建设和政权建设的重要内容,纳入领导班子、领导干部目标管理,与经济建设、政治建设、文化建设、社会建设以及生态文明建设紧密结合,与日常业务工作紧密结合,一起部署,一起落实,一起检查,一起考核。各级领导班子要对职责范围内的党风廉政建设负全面领导责任;领导班子主要负责人要认真履行好第一责任人的职责,做到重要工作亲自部署、重大问题亲自过问、重点环节亲自协调、重要案件亲自督办,切实管好班子、带好队伍;领导班子其他成员要根据工作分工,对职责范围内的党风廉政建设负起主要领导责任,切实做到"一岗双责"。各级领导干部要带头执行党风廉政建设责任制,既要以身作则、率先垂范,严格遵守廉洁从政各项规定,又要坚持原则、敢抓敢管,切实抓好职责范围内的党风廉政建设和反腐败工作。要加强调查研究,深入分析党风廉政建设和反腐败斗争形势,全面掌握职责范围内的党风廉政建设责任制落实情况,采取有力措施解决存在的突出问题;要加强工作指导,定期召开会议,经常听取汇报,督促所属单位切实履行反腐倡廉职责;要加强检查考核,认真组织对下一级领导班子和领导干部执行党风廉政建设责任制情况的检查考核,将检查考核结果作为对领导班子总体评价和领导干部业绩评定、奖励惩处、选拔任用的重要依据,形成科学有效的评价激励机制;要严肃责任追究,对职责范围内的党风廉政建设和反腐败工作敷衍塞责、不抓不管,造成不良后果和恶劣影响的,要依照《规定》,综合运用纪律处分和组织处理等手段予以追究;要坚持报告制度,将贯彻执行党风廉政建设责任制情况定期向上级党委(党组)和纪委报告。要充分发挥党风廉政建设责任制领导小组及其办公室的作用,全力支持纪检监察机关依照职责做好工作,为落实党风廉政建设责任制提供坚强保障、创造有利条件。

第二,党委、政府各职能部门要各司其职、各尽其责。党委和政府的各职能部门尽管工作性质、内容各不相同,但都在党风廉政建设和反腐败工作中担负着重要责任。一方面,要紧密结合业务实际,认真抓好本部门、本系统党风廉政建设责任制的落实,把反腐倡廉工作纳入整体工作部署,融入部门业务职能,针对业务工作中容易发生腐败问题的重点部位和关键环节,建章立制,堵塞漏洞,从源头上预防和治理腐败;另一方面,要充分发挥职能优势,按照党风廉政建设责任制的要求,积极抓好所承担的反腐倡廉牵头任务和配合任务的落实。同时,要建立健全反腐败协调机制和相关工作联席会议制度,部门之间经常通报情况、交换意见,做到密切配合、优势互补。人民团体、国有企事业单位也要把落实党风廉政建设责任制作为一项重要任务,与业务管理或生产经营有机结合起来,切实抓紧抓好。

第三,各级纪检监察机关要发挥组织协调、监督检查作用。纪检监察机关是协助党委、政府抓党风廉政建设和反腐败工作的专门机关,必须认真履行党章和行政监察法赋予的职责,充分发挥职能作用。要坚持在党委、政府的统一领导下开展工作,认真贯彻执行党委和政府的决策部署,积极协助党委和政府制定党风廉政建设和反腐败工作的总体规划和实施方案,提出责任分解、责任考核、责任追究的意见和建议,经常向党委和政府汇报请示工作,切实当好党委和政府的参谋助手;要全面履行自身职责,充分发挥在党风廉政建设中组织协调、督促检查、分类指导的作用,及时掌握工作进展情况,积极协调解决各种问题,确保党风廉政建设责任制落到实处;要充分发挥有关部门在党风廉政建设中的积极性、主动性和创造性,切实把各方面力量和资源有机整合起来。具体来讲,对于纪检监察机关直接抓的工作,要毫不放松,牢牢抓在手上,切实做到一抓到底、抓出成效;对于纪检监察机关牵头抓的工作,要认真履行好牵头抓总职责,同时注意调动其他部门的积极性,共同完成好任务;对于其他部门主抓的工作,要加强指导、协调、检查和服务,督促有关部门认真完成好任务。同时,在纪检监察机关内部也要加强协调配合,改进工作方式,提高工作效率,形成整体合力。

第四,全社会要积极参与、大力支持。人民群众是我们党的力量源泉和胜利之本。充分发挥广大人民群众在反腐倡廉建设中的作用,是我们党的一项宝贵经验和政治优势,也是发展社会主义民主政治、深入推进党风廉政建设和反腐败斗争的现实需要。我们要按照中央关于加强和改进新形势下群众工作的新要求,坚持把党的群众路线贯穿于党风廉政建设和反腐败工作的全过程和各方面,切实做到一切为了群众、一切依靠群众、一切工作成效由人民群众检验,在充分发挥专门机关职能作用的同时,不断拓宽人民群众参与反腐倡廉工作的渠道,充分发挥人民群众在建言献策、参与工作、加强监督、营造环境等方面的重要作用,广泛调动社会各方面的积极性、主动性、创造性,使党风廉政建设和反腐败工作拥有坚实群众基础、获得强大前进动力。

反对消极腐败，建设廉洁政治[*]

（2012 年 3 月 25 日）

反对消极腐败、建设廉洁政治，是由马克思主义政党的性质和宗旨所决定的，也是我们共产党人孜孜以求的奋斗目标。我们要坚持党的领导、人民当家作主和依法治国的有机统一，把建设廉洁政治放到社会主义政治建设的大局中去谋划，放到经济社会发展的全局中去体现，放到党风廉政建设和反腐败斗争的实践中去落实，努力做到干部清廉、政府廉洁、政治清明。

今年下半年，我们党将要召开十八大，对党风廉政建设和反腐败工作作出全面部署。这就要求我们必须立足新起点、着眼新发展，围绕建设廉洁政治的目标，深入研究党风廉政建设和反腐败斗争中的一些重大理论和实践问题，进一步完善党风廉政建设和反腐败工作的总体思路、目标任务和重大举措，丰富中国特色反腐倡廉道路的内涵。比如，如何进一步在纪检监察工作中深入贯彻落实科学发展观，不断提高反腐倡廉建设科学化水平；如何进一步加强党员干部作风建设，着力

<small>* 2012 年 3 月 24 日至 25 日，贺国强同志在吉林省考察调研。期间在长春市召开了党风廉政建设和反腐败工作调研座谈会。这是贺国强同志在座谈会上讲话的一部分。</small>

解决一些领导干部脱离群众、心浮气躁、挥霍浪费、特权观念严重等突出问题，始终保持党同人民群众的血肉联系；如何进一步搞好惩治和预防腐败体系建设的顶层设计和统筹谋划，做好下一个五年工作规划的制定和实施工作；如何进一步建立健全腐败案件及时揭露、发现、查处机制，提高突破大案要案能力和依纪依法办案水平；如何进一步健全决策权、执行权、监督权既相互制约又相互协调的权力结构和运行机制，加强对权力运行的制约和监督，促进权力运行程序化和公开透明；如何进一步深化重点领域和关键环节改革，加快推进反腐败党内制度建设和国家立法，提高反腐倡廉制度化、法制化水平；如何进一步加强廉政文化建设，坚定党员干部理想信念，构建社会诚信体系，发挥互联网、手机等新兴媒体在反腐倡廉建设中的积极作用，为反腐倡廉建设营造良好舆论氛围和社会环境；如何进一步加强反腐倡廉制度建设，着力提高制度执行力，切实建立防止同类问题反复发生的长效机制，等等。这些问题，事关党风廉政建设和反腐败斗争的顺利进行和长远发展，也是建设廉洁政治进程中必须解决好的重大理论和实践课题。我们要坚持以中国特色社会主义理论体系为指导，加强实践探索，总结成功经验，不断把反腐倡廉建设引向深入，为实现建设廉洁政治的目标而不懈努力。

责任编辑:张振明　石　涛
装帧设计:安宏川　林胜利
责任校对:王　惠

图书在版编目(CIP)数据

贺国强党建工作文集:全 2 册/贺国强 著.
　-北京:人民出版社:党建读物出版社,2014.1
ISBN 978－7－01－012898－6

Ⅰ.①贺…　Ⅱ.①贺…　Ⅲ.①中国共产党-党的建设-文集
　Ⅳ.①D26－53

中国版本图书馆 CIP 数据核字(2013)第 285869 号

贺国强党建工作文集

HE GUOQIANG DANGJIAN GONGZUO WENJI

贺国强　著

人民出版社
党建读物出版社　出版发行

保定市中画美凯印刷有限公司印刷　新华书店经销

2014 年 1 月第 1 版　2014 年 1 月北京第 1 次印刷
开本:680 毫米×980 毫米 1/16　印张:64.75　插页:1
字数:645 千字　印数:000,001-300,000 册

ISBN 978－7－01－012898－6　定价:99.00 元(上、下)

邮购地址 100706　北京市东城区隆福寺街 99 号
人民东方图书销售中心　电话 (010)65250042　65289539